Fremdheit – Migration – Musik

Waxmann Verlag GmbH
Steinfurter Straße 555, 48159 Münster
info@waxmann.com

Populäre Kultur und Musik

Herausgegeben vom Deutschen Volksliedarchiv

Band 1

Waxmann 2010
Münster / New York / München / Berlin

Nils Grosch, Sabine Zinn-Thomas (Hrsg.)

Fremdheit – Migration – Musik

Kulturwissenschaftliche Essays
für Max Matter

Waxmann 2010
Münster / New York / München / Berlin

Bibliografische Informationen der Deutschen Nationalbibliothek

Die Deutsche Nationalbibliothek verzeichnet diese Publikation in der Deutschen Nationalbibliografie; detaillierte bibliografische Daten sind im Internet über http://dnb.d-nb.de abrufbar.

ISBN 978-3-8309-2284-1
ISSN 1869-8417

© Waxmann Verlag GmbH, Münster 2010

www.waxmann.com
info@waxmann.com

Umschlaggestaltung: Pleßmann Design, Ascheberg
Umschlagabbildung: photocase.com © sto.E

Gedruckt auf alterungsbeständigem Papier, säurefrei gemäß ISO 9706

Inhalt

FSA – Festschriftangelegenheiten

»FSA« lautete das institutsinterne Kürzel, unter dem die Festschrift für Max Matter vorbereitet wurde, denn sie sollte ihn überraschen. Max Matter ist nun nicht unbedingt jemand, der gerne überrascht werden will; eine Festschrift dürfte jedoch seinen Erwartungen am Ende seines Berufslebens entsprochen haben, wenngleich er nicht wirklich damit zu rechnen schien.

Festschriften sind ritualisierte Formen des Dankes und der Ehrung, sie sind Teil akademischer Erinnerungskultur und Rites de Passage, sie markieren einen Übergang, der mit dem Beginn des sechsten Lebensjahrzehnts initiiert wird. Festschriften können nicht eingefordert oder gar bestellt werden, sondern gründen auf dem Bedürfnis Vieler, dem Einen zu danken und ihn zu ehren.

Diese Festschrift zum 65. Geburtstag versammelt kulturwissenschaftliche Essays zu Themen, die für Max Matter im Mittelpunkt seines wissenschaftlichen Schaffens standen und stehen: Fremdheit und Migration. Hinzu kommt die Musik – als Bestandteil popular-kulturwissenschaftlicher Forschung, mit der er als Direktor des Deutschen Volksliedarchivs befasst war.

Gedankt sei all denen, die zu dieser Sammlung beigetragen haben und ebenso jenen, die dabei halfen sie zu realisieren. Diejenigen, die nicht an diesem Band mitwirken konnten, bedauern dies ausdrücklich und haben die Herausgeber gebeten, Max Matter an dieser Stelle die besten Wünsche zu übermitteln.

Max Matters Leben und Werk sind eng miteinander verknüpft. Nach seinem Studium und seiner Promotion bei Arnold Niederer in Zürich kam er als »Gastarbeiter«, wie er sich selber gerne bezeichnet, nach Deutschland. In Münster war er zunächst als DAAD-Stipendiat bei Günter Wiegelmann, dann Assistent bei Heinrich L. Cox in Bonn und wechselte dann als Akademischer Rat an die Universität Mainz. Bei Herbert Schwedt hat er sich habilitiert, um dann schon bald als Professor an das Institut für Kulturanthropologie und Europäische Ethnologie nach Frankfurt am Main zu gehen. Dort lehrte er dann, bis er 1996 den Ruf auf den Lehrstuhl für Volkskunde nach Freiburg im Breisgau erhielt.

Im Fach machte er sich zunächst bekannt als Innovationsforscher, und dies zunächst bezogen auf die Region, in der er damals forschte: dem Lötschental. In seiner 1978 erschienenen Feldforschungsstudie über das Innovationsverhalten von Bauern bzw. Arbeiterbauern in diesem als Reliktgebiet apostrophierten Tal geht es u.a. auch um die »Walliser Schwarznasenschafe«, die bereits in seiner ersten Publikation *Elevage traditionel et innovation: pourquoi on en est revenu au mouton Nez-noir* (1973) eine Rolle spielten. Matter stellt darin überzeugend dar (wie auch Nils-Arvid Bringéus und Bernd-Jürgen Warneken: *Der Mensch als Kulturwesen. Eine Einführung in die europäische Ethnologie*, Würzburg 1990; *Die Ethnographie popularer Kulturen. Eine Einführung.* Wien, Köln, Weimar 2006), warum nur einige Jahre nach dem Einführen der weißen Schafe die meisten Bauern wieder zu der früheren Schafrasse zurückkehrten und, dass dieses Verhalten mitnichten irrational war, sondern mit dem spezifischen lokalen Bedarf zusammenhing.

Mit einer ganz anderen Region beschäftigte er sich dann während der Arbeit an seiner Habilitationsschrift, in der er Bauarbeitergemeinden in der Eifel untersuchte. Danach wandte er sich Themen zu, deren Aktualität bis heute ungebrochen ist und die den wissenschaftlichen wie auch gesellschaftlichen Diskurs bestimmen: Fremdheit und Migration wie auch das Verhältnis von Mehrheiten und Minderheiten. Dabei war es für ihn immer von zentraler Bedeutung, vor Ort am Alltag der Menschen teilzuhaben, mit ihnen zu leben und zu sprechen. Dies praktizierte er bei seinen Feldforschungen in der Türkei wie auch bei Aufenthalten in der Slowakei oder in Ungarn. Sein Schriftenverzeichnis, welches Jörg Giray für die Festschrift zusammengestellt hat, dokumentiert die Vielfalt der von Matter bearbeiteten Themen. Darüber hinaus zeigt sein Engagement beim »Rat für Migration«, zu dessen Gründungsmitgliedern er gehört, wie auch im Beirat der Otto-Benecke-Stiftung, dass für ihn Wissenschaft und soziale Praxis zusammengehören. Dazu zählt auch die Bereitschaft Position zu beziehen, selbst dann, wenn diese unpopulär erscheint oder gar unbequem.

Im Namen aller Mitarbeiterinnen und Mitarbeiter, Freundinnen und Freunde sowie Kolleginnen und Kollegen möchten wir Max Matter für die Inspirationen, konstruktive Kritik, Förderung und Unterstützung danken. Er hat dem Institut für Volkskunde der Albert-Ludwigs-Universität Freiburg ein neues Profil gegeben, den Studiengang konsequent in Richtung Europäische Ethnologie hin ausgerichtet und vorangetrieben, den Bachelor-Studiengang auf den Weg gebracht sowie die Weichen für den Masterstudiengang gestellt. Dem Deutschen Volksliedarchiv in Freiburg gab er entscheidende Impulse auf dem Weg zu einer inhaltlichen und strukturellen Modernisierung. Wir freuen uns darauf, mit ihm auch als Emeritus weiter rechnen zu können und darauf, noch lange sein weit hörbares Lachen durch unsere Institute dröhnen zu hören.

Sabine Zinn-Thomas und Nils Grosch, im Februar 2010

Johanna Rolshoven
Fremdheit is ordinary[1]
Kulturthema Fremdheit in der kritischen Kulturwissenschaft

Fremdheit durchzieht als ein Grundthema unsere Kultur: Sie ist Kulturthema.[2] Fremdheit unterlegt unsere *Human Condition*[3], sie gehört zu den Grundbedingungen unseres Daseins und vielleicht ist sie sogar die wichtigste Dimension der Vergesellschaftung des Menschen, dessen Fußabdruck in der Alltagskultur Gegenstand unseres Faches ist. Erstaunen mag es daher, wie wenig theoretisch präsent – von wichtigen Ausnahmen abgesehen – Fremdheit im Fach Volkskunde ist, ein Fach, dessen Selbstverständnis als Wissenschaft von der *eigenen Kultur* stets ideologieverdächtig oder von den Wirklichkeiten überholt daher kam.

Max Matter hat in seinen Schriften schon früh dieses Eigene ebenso wie das Fremde als Raum kultureller Interferenzen beschrieben, das Eigene und das Fremde nämlich als zwei Seiten ein- und derselben Medaille, vorstellbar auch als *Doublure* eines beidseitig tragbaren kulturellen Gewands oder auch als identisches Kopftuch, das unterschiedlich geknotet jeweils die eigene oder eine andere Sprache spricht.[4] Namentlich seine Arbeiten zur türkischen Arbeitsmigration[5]

---

1   In Anlehnung an Raymond Williams »Culture is ordinary« bzw. »Culture as the whole way of conflict«. Vgl. ders.: *Culture is ordinary*. In: Mc Kenzie, Norman (Hg.): Convictions. London 1958, S. 74–92.

2   So die Formulierung von Alois Wierlacher – mit seinen luziden Publikationen der Zeit stets voraus. Vgl. Albrecht, Corinna und Wierlacher, Alois (Hg.): *Kulturthema Fremdheit*. München 2000 [1993].

3   Ich empfehle als volkskundliche Grundlagenliteratur Arendt, Hannah: *Vita activa oder vom tätigen Leben*. München 2005 [1960].

4   Zu den unvergesslichen Höhepunkten in meinem Facherleben gehört Max Matters »Kopftuchintermezzo« während seines Berufungsvortrages in Bewerbung auf den Freiburger Lehrstuhl! In solchen Momenten ist man gerne Volkskundlerin.

5   Vgl. Matter, Max: *Leben und Arbeiten in Deutschland aus türkischer Sicht*. In: Kuntz, Andreas (Hg.), *Arbeiterkulturen. Vorbei das Elend aus der Traum?* Düsseldorf 1993, S. 241–251; ders.: *Sehnsüchte und Widersprüche. Bilder von der Heimat und Bilder von der Fremde*. In: Greverus, Ina-Maria u.a. (Hg.): Kulturtexte. Zwanzig Jahre Institut für Kulturanthropologie und Europäische Ethnologie. Frankfurt a.M. 1994, S. 201–214; ders.: *Sozialer Wandel und räumliche Veränderungen als Folge von Migration, am Beispiel eines zentralanatolischen Landkreises (Ilce Sereflikochisar)*. In: Frieß-Reimann, Hildegard und Schellack, Fritz (Hg.): *Kulturen, Räume, Grenzen*. Mainz 1996, S. 91–108.

verhielten sich gegenläufig zum lange haltenden Primat einer ethnologischen und soziologischen Einbahnstraßen-Migrationsforschung, durch die der Migrant, in seinen wissenschaftlichen Repräsentationen, zur gepushten und gepullten Figur wurde, die nur fremd bei und für uns sein konnte: ihre Heimat – unsere Fremde, unsere Heimat – ihre Fremde. Die staatliche Integrationspolitik scheint in diesem Diskurs als Palliativ dieser dilemmatischen Situation auf, das der unbegründeten Hoffnung auf Normalisierung des Fremden, quasi der politischen Abschaffung des Anderen schlechthin Vorschub leistet. Migration stellte sich hier dar als Struktur und nicht als Handlung und Bewegung, welche Reziprozität und Dialektik ihres Hin und Her erst eigentlich konstituieren.

Ethnographisch-lebensweltliche Analysen, wie die von Matter, seinen Schülerinnen und Schülern[6], haben einen Stein geworfen für jene Erhellung oder Aufklärung der Konstruktion von eigen und fremd, wie sie – von Edward Said grundlegend aufgezeigt und nach langer Zeit schließlich erhört[7] – nützlich und funktional sind für die westlichen Denkgebäude. Die nationalistisch orientierten Wissenschaften haben die lange missachteten Zwischenwelten[8] als für jegliche Kulturdynamik unentbehrliche Räume nicht erkennen können. Denn Fremdheit, wie wir sie im Alltag spüren, wie sie uns begegnet, ist im Rahmen des uns überformenden strukturellen Gefüges, das heißt, wie sie von Staat und Ökonomie geregelt, reguliert wird, systemisch hochfunktional, und dies durchaus in gegenläufiger Manier. Während sie *conditio sine qua non* Lebenselixir der Wirtschaftskreisläufe ist, macht es die *doxa* des Nationalstaates aus, sich gegen Fremdheit zu verwahren.

Als Kulturthema ist Fremdheit – epochal situiert, in der Zeit verortet – zweifelsohne auch Jahrhundertthema: Denn der Moderne ist sie auf den Leib geschrieben. Abwehr und Anverwandlung als Prinzip des Fremden (er)kennen wir mit der aufkommenden Moderne. Die Artikulationen der modernen Alltagskultur können daher auch als Arten und Weisen des Umgangs mit diesem Widerspruch gelesen werden.

In den folgenden Passagen soll an diesem Gedanken angesetzt und raumtheoretische Bezüge des Jahrhundertthemas Fremdheit beleuchtet werden. Dabei gehe ich von einem grundsätzlich raumtrialektischen Funktionieren kultureller Phänomene aus: »Was auch immer es ist«[9], es bezieht seine Funktionalität in der Kultur

---

6   Zum Beispiel in Matter, Max (Hg.): *Fremde Nachbarn. Aspekte türkischer Kultur in der Türkei und in der Bundesrepublik Deutschland*. Marburg 1992.
7   Said, Edward T.: *Orientalism*. London 2003 (1978).
8   Hettlage, Andrea und Robert: *Kulturelle Zwischenwelten*. In: Schweizerische Zeitschrift für Soziologie 2 (1982), S. 354–400.
9   Ich paraphrasiere Rolf Lindner, der mit dieser Formel bei aller Offenheit des kulturanalytischen Zugangs eindringlich auf die Konstante des Mechanismus der Kontextualisierung hinweist: die Systematik in der Erschließung von Komplexität, wie sie durch die methodi-

aus dem zeiträumlich bestimmbaren Interagieren von Denken, Tun (Handeln) und So-Sein als Artefakt oder natürliche Bedingung, das heißt auch aus dem gelebten (Erfahrungs-)Raum des Individuums, den strukturellen Bedingtheiten des Raumes der Gesellschaft sowie des gebauten Raumes, an dem unsere Körper sich stoßen und den wir spüren können.

In der Illustration dieser aus der phänomenologisch-ethnographischen Erfahrung generierten Raumtriade beziehe ich mich auf Beispiele sowohl aus der Architektur als auch aus dem erlebten Raum, welcher Fremdheit als Dimension kultureller Mobilität bemisst. Damit ziehe ich eine statische und eine dynamische Figur heran: etwas, das steht und etwas, das sich bewegt – übergreifend verwoben mit beiläufigen Gedanken zu den Epistemen einer Kulturwissenschaft des Fremden.

Der gebaute Raum – Xenologie des Gebäudes

Fremdheit oder Vertrautheit von Gebäuden, die das Weichbild unseres Lebensraumes bestimmen, verweisen auf ein gesellschaftliches Dahinterliegendes, auf offensichtliche oder verborgene Intentionen und Dimensionen. Denn Bauten sind stets kulturelle Objektivationen, Entäußerungen mit Verweischarakter. Für Baudenkmale gilt dies explizit, es entspricht ihrem Sinn, und auch bei repräsentativen Bauten stehen *der schöne Schein*[10] oder ihre *Monumentalität*[11] für die vordringliche Absicht. Für die Allgemeinheit der Gebäude jedoch stehen Nutzungszwecke und wirtschaftlicher Gebrauchswert im Vordergrund. Für den Bauherrn, die Architektin sind Ästhetik und Funktionalität die beiden Waagschalen in der Konzeption von Gebäuden, an der sich ihre Reputation bemisst.

Die grundlegende und nicht allzu häufig gestellte Frage nach dem Dahinterliegenden, nach dem kulturellen Sinn des Gebauten und nicht – wie gewohnt – dem pragmatischen und zukunftsgerichteten Zweck des geplanten Baus, nimmt die Herausforderung an, zum einen Fremdheit zu einem grundsätzlichen architekturtheoretischen Thema zu machen[12], und zum andern einen Beitrag zu einer kulturwissenschaftlichen Alteritätsforschung zu leisten. Ihr kommt eine zukunftsweisende Rolle zu in der sich durch ein wachsendes Maß an Vermischungsverhältnissen auszeichnenden spätmodernen Gesellschaft. Ihr brillanter Vordenker, der Germanist Alois Wierlacher, hatte die bislang an- und ausformulierten Elemente

---

schen Relevanzbereiche strukturiert wird. Vgl. ders.: *Vom Wesen der Kulturanalyse*. In: Zeitschrift für Volkskunde II (2003), S. 177–188, S. 186f.

10 Vgl. hierzu Haug, Wolfgang Fritz: *Kritik der Warenästhetik*. Frankfurt a.M. 1971, S. 40ff.

11 Vgl. hierzu Zukin, Sharon: *Whose Culture? Whose City?* (1995) In: Legates, Richard T. and Stout, Frederic (Hg.): *The City Reader*. London, New York 2000², S. 131–142.

12 Vgl. hierzu Wohleben, Marion (Hg.): *Fremd, vertraut oder anders? Beiträge zu einem denkmaltheoretischen Diskurs*. München, Berlin 2009. Eine hier veränderte Fassung des vorliegenden Beitrags wurde zuerst in diesem Band publiziert.

der Disziplinen übergreifenden Xenologie wie folgt benannt: Sie umfasst eine Theorie der Andersheit, welche sich mit der Konstitution von Fremdheitsprofilen befasst, mit Vorurteilsforschung, Integrationsproblematik, der Rolle des Fremden im Kulturwandel und seiner epistemischen Funktion ebenso wie mit Theorie und Geschichte des Ausländerrechtes, einer interkulturellen Hermeneutik, der interkulturellen Germanistik oder auch der Ethnomedizin und Ethnopsychoanalyse[13] – eine für zeitgemässe Anschlüsse offene Reihung an disziplinären Feldern.

Der Raum der Gesellschaft – Die Fremdheit der Moderne

Die Ambivalenz von Nähe und Fremdheit, die das gesellschaftlich Dahinterliegende von Bauten ausmacht, resultiert daraus, dass ihr historischer Sinn und ihr sozialer Sinn sich nicht decken: Zweck und Nutzungsweisen, Repräsentation und Praxis, Wahrnehmung und Realisierung koinzidieren nicht. Denn die Lesarten einer Siedlung oder eines Baues sind so vielfältig wie Zusammensetzung und Interessenlagen von Bewohnerschaft oder BetrachterInnen. Zu den derzeit viel diskutierten Beispielen in diesem Zusammenhang zählen die in der späten Moderne ästhetisch ungeliebten Plattenbauten aus den 1960er- und 1970er-Baubooomjahren, mit denen es nicht nur die große Wohnungsnot in den westlichen und östlichen Industrienationen zu decken galt, sondern an die auch die Hoffnung auf eine veränderte Familien- und Gesellschaftsform verknüpft war. Sie stehen für eine breite Palette an Bedeutungsfeldern, die von dem kollektiven Traum des Modernsein-Wollens reicht bis hin zu der Enttäuschung, dass sich jener als vorübergehend entpuppt hat. Mit dem Fall des Eisernen Vorhangs in den 1990er-Jahren hat sich ihre gesellschaftliche Repräsentation als »Denkmäler des Irrtums«[14] heraus gestellt. Diese Formulierung, einem glänzenden wissenschaftskritischen Pamphlet des Volkskundlers Martin Scharfe entlehnt, lässt sich in diesem Zusammenhang mit einem weiteren kulturtheoretisch prägnanten Gedanken von ihm verknüpfen: dem von der »Scham der Moderne«. Sie kommt dann zum Tragen, diese Scham, so Scharfe, wenn wir uns mit dem Fortschritt *versündigt* haben, es zu weit getrieben haben, und uns ein leichtes Grausen überkommt, das er als eine »Gänsehaut der Kultur« bezeichnet.[15]

Mit historischer Distanz zum gesellschaftlichen Erbauungskontext des sozialen Wohnungsbaus und vor allem mit mehr empirischem Wissen über kollektive

---

13 Ebd., S. 386.

14 Vgl. Scharfe, Martin: *Denkmäler des Irrtums. Kritik einer gläubigen Wissenschaft.* In: Binder, Beate et al. (Hg.): *Ort. Arbeit. Körper. Ethnografien europäischer Modernen.* Münster u.a. 2005, S. 329–336.

15 Vgl. Scharfe, Martin: *Scham der Moderne.* In: Burmeister, Helmut und Scharfe, Martin (Hg.): *Stolz und Scham der Moderne. Die hessischen Dörfer 1950–1970.* Hofgeismar 1996, S. 81–99, S. 81.

Wohnwelten, stehen die Gebäude (sofern sie noch stehen) vor allem für die Widersprüchlichkeit des gesellschaftlichen Umgangs mit der nahen Fremde der eigenen Geschichte der Wünsche. Die ihnen zueigene Ambivalenz von Fremdheit und Vertrautheit äußert sich bei näherer Betrachtung in der Diskrepanz von Innensichten und Außensichten. Der normale Wohnalltag im Inneren hat meist wenig gemein mit dem vornehmlich visualisierenden Augenschein des draußen und damit außen vor stehenden Betrachters.[16] Hier lebt es sich wie gewohnt, wie anderswo auch, mit allen Höhen und Tiefen der Lebensgestaltung, mit Erinnerungen an Vergangenes und Hoffen oder Bangen im Hinblick auf Kommendes. Die durch die *aesthesis* gebotene Distanz des lebensweltlich außen vor stehenden Betrachters offenbart den Charakter der Fremdheit als eines nicht so seienden, sondern stets aufgefassten Anderen. Fremdheit ist immer ein durch unser Vorverständnis gefiltertes »Interpretament der Andersheit und Differenz«[17], eine *Anverwandlung*: Denn schon im Sehen und Hören, schreibt der Kulturanalytiker Hans-Jürgen Heinrichs, verwandeln wir das Andere in Eigenes.[18]

Der gesellschaftliche Raum der Wissenschaft –
Die Fremdheit in der Moderne und die Wissenschaften vom Fremden

Per definitionem scheint die Auseinandersetzung mit den Artikulationen von Vertrautheit und Fremdheit, von eigen und fremd, der Ethnologie als Wissenschaft vom Fremden[19] auf den Leib geschrieben. Als akademische Disziplin ist sie ein Kind der Moderne: mithin Ursache und Wirkung zugleich der *Entwicklung zur Moderne* – einer Moderne, die der Ethnologe Fritz Kramer als eine Kultur ohne Eigenschaften bezeichnet hatte, welche im Anderen ihre Identität sucht.[20] Die Dichotomie von eigen und fremd muss demnach vor dem Hintergrund ihrer spezifischen Historizität gesehen werden: Die abendländische Subjektkonstituierung, deren Vollzug mit der Aufklärung eingeläutet wurde, verdankt sich der Konstruktion eines Anderen.[21] Fremdheit ist zum Leitmotiv der Moderne gewor-

---

16 Cf. La Mache, Denis: *La conquête de l'espace. Habitat et regards croisés dans un ›îlot sensible‹*, in: Terrain no 30, 1 (1998), p. 139–152 ; Bittner, Regina: *Kolonien des Eigensinns*. Frankfurt a.M. 1998; Meggle-Freund, Margarete: *Zwischen Altbau und Platte. Erfahrungsgeschichte(n) vom Wohnen*. Online-Publikation http://margarete.meggle-freund.de/diss/ (06.08.2009).

17 Wierlacher, Alois und Albrecht, Corinna: *Kulturwissenschaftliche Xenologie. Von der Hermeneutik zur interkulturellen Fremdheitsforschung*. In: Nünning, Ansgar und Vera (Hg.): *Konzepte der Kulturwissenschaften*. Stuttgart 2003, S. 280–306, S. 284.

18 Heinrichs, Hans-Jürgen (Hg.): *Das Fremde verstehen. Gespräche über Alltag, Normalität und Anormalität*. Gießen 1997, III.

19 Kohl, Karl-Heinz: *Abwehr und Verlangen. Zur Geschichte der Ethnologie*. Frankfurt a.M. 1987.

20 Kramer, Fritz: *Ethnographie als Literatur. Zu James Clifford*. In: Merkur 2 (1991), S. 150.

21 Cf. Weigel, Sigrid: *Topographien der Geschlechter*. Frankfurt a.M. 1990, S. 259ff.

den als einer Epoche, die mit großer Beschleunigung aus sich heraus – außer sich – geraten ist: Überholung und Entwurzelung betreffen die alltäglichen Lebenswelten in grundsätzlicher Weise. Diese (postulierte) Entfremdung in der Kultur lässt Fremdheit als Bestätigung des Eigenen aufsuchen. So wie Heimat stets aus dem Woanders projiziert wird, lässt sich »Der Traum vom Nichtentfremdeten […] erst in der Entfremdung träumen, er ist die Projektionswand unserer Defiziterfahrungen«.[22] Im Gegenzug sucht das veräußerte Fremde, nämlich der Akt der Zuschreibung des Fremden, das Fremde im Innern zu überdecken. Auch in diesem Kontext eröffnet sich die wichtige Fährte im Denken der auf den ersten Blick allzu dichothomisch daherkommenden Begrifflichkeiten von vertraut und fremd: Es ist ihre Dialektik, ihr uneingeschränktes Aufeinanderbezogensein.

In der Ethnologie, freilich der noch nicht reflexiven und dekonstruierten Kulturwissenschaft der Spätmoderne, galt das Paradigma der Fremdheit als Katalysator im Verstehensprozess des Eigenen.[23] Der Idealismus der Aufklärung liess die Erkundung des Primitiven zur Suche nach einem (ur)eigenen, von der Zivilisation noch unverstellten Kern werden. Der Ethnologe als Person und Persönlichkeit – als ethnologisches Selbst – hat im Zuge dieser Entwicklung sein Selbstverständnis als »professional stranger«[24] entwickelt. Dieses Motiv – in der Ethnologie sicherlich am dezidiertesten oder einleuchtendsten Paradigma – scheint auch in anderen Schlüsseldisziplinen der Moderne auf, wenn es sich nicht gar als Metapher des modernen Menschen oder des Menschen in der Moderne lesen lässt. Der Schritt von der aufgeklärten Distanzerfahrung als Voraussetzung von Selbsterneuerung hin zu modernem Fremd*verstehen* als Vektor der Selbsterkenntnis kann auch als allmählicher Aneignungsprozess des Fremden verstanden werden. Diese Einverleibung scheint Hand in Hand zu gehen mit einer zunehmenden Fremderfahrung im Eigenen, die bis hin reicht zur kulturellen Übertreibung im »Fremdsein als zeitgemässer Existenzform«.[25]

Der im Eigenen fremde Mensch ist als Schlüsselfigur in der modernen Literatur ebenso präsent wie bei jenen Klassikern und Vordenkerinnen der Moderne, die wir in der Gegenwart, nach Jahrzehnten des »Vergessens«, wieder entdecken und Nähe zu ihrem Denken empfinden: unter vielen anderen nenne ich Ruth Bendict,

---

22 Köstlin, Konrad: *Das Fremde im eigenen Land*. In: kea 1 (1990), S. 43–59, S. 46.

23 Im Herzen der Disziplin, das heisst in ihren Lehrbüchern, lebt diese Auffassung fort. Nur ein Beispiel: »Die verschiedenen Formen des Anderen führen uns vor Augen, was wir vermissen und was wir verdrängen, wenn wir uns als individualistisch und modern ausgeben.« In: Berthoud, Gérald: *Vers une anthropologie générale. Modernité et altérité*. Genève, Paris 1992, p. 16.

24 Agar, Michael H.: *The Professional Stranger. An Informal Introduction to Ethnography*. New York u.a. 1980; Nash, Dennison: *The Ethnologist as Stranger. An Essay in the Sociology of Knowledge*. In: Southwestern Journal of Anthropology vol 19, 2 (1963), p. 149–167.

25 Härtling, Peter: *Der Wanderer*. Darmstadt 1988, S. 128, zit. n. Wierlacher, Albrecht: *Fremdheit* (wie Anm. 2), S. 282.

Walter Benjamin, Egon Friedell, Siegfried Kracauer, Georg Simmel oder Margaret Wood. Die eigene Gesellschaft als nahe Fremde und der stets bürgerlich distanzierte Wissenschaftler als Fremder im Eigenen scheinen als Episteme der verstehenden Soziologie auf: von Georg Simmel über Robert Park und seine berühmte Figur des »marginal man« bis hin zu Alfred Schütz, der die Selbstauslegung als Voraussetzung von Fremdverstehen ausgewiesen hatte.[26]

Distanz als Determinante von Wissenschaftlichkeit

Dieser Fremdheitsbegriff oder diese Auffassung vom Fremdsein ist ein wichtiger Schlüssel zur Erkenntnis und damit gewissermaßen heuristischer Trick der Geistes- und Sozialwissenschaften. Denn Wissenschaftlichkeit in der Moderne meint nichts anderes als Strategie des Verfremdens, der Distanznahme zum verhandelten Gegenstand, die sich grundsätzlich mit Theorie und Methodologie verschworen hat unter systematischer Ausgrenzung erfahrungswissenschaftlicher und phänomenologischer Zugänge – dies freilich seit den 1950er-Jahren auch in präventiver Reaktion auf die Erfahrung der Verführbarkeit der Wissenschaften während des Faschismus. Sozialwissenschaft als Beruf zu betreiben, so schrieb Hans-Georg Soeffner 1992, bedeutet »mit engagiertem Desinteresse an die Beobachtungsgegenstände und mit interessiertem Disengagement an die Erscheinungs- und Äusserungsformen des Sozialen« heranzugehen.[27] Nur sie erlaube die Rekonstruktion von Wirklichkeit, wie sie »Erkenntnis und Interesse« der kritischen modernen Sozialwissenschaft entspricht.[28]

Bestenfalls vollzieht sich solche Distanznahme unter Bezeichnung und Reflexion der Standorte von eigen und fremd als Teil des Prozesses der Erkenntnisgewinnung. Am differenziertesten erscheint die Unabdingbarkeit dieser Reflexion für wissenschaftliches Arbeiten in der feministischen Wissenschaftskritik seit den 1970er-Jahren. Ihr Ausgangspunkt ist (in ähnlicher Weise wie bei den soeben erwähnten jüdischen Gelehrten der ersten Hälfte des 20. Jahrhunderts) zwangsläufig Erfahrung der Ausgrenzung und Bewusstsein von Andersheit im Raum der

---

26 Park, Robert: *Human Migration and the Marginal Man*. In: The American Journal of Sociology 33 (1928), p. 881–893; Schütz, Alfred: *Grundzüge einer Theorie des Fremdverstehens* (1932). In: ders.: *Der sinnhafte Aufbau der sozialen Welt. Eine Einleitung in die verstehende Soziologie*. Frankfurt a.M. 1974, S. 137–197; Simmel, Georg: *Exkurs über den Fremden*. In: ders.: *Soziologie. Untersuchungen über die Formen der Vergesellschaftung* (1908). Gesammelte Werke, Bd. 2. Berlin 1968, S. 509–512; Wood, Margaret: *The Stranger. A Study in Social Relationships*. New York 1934.

27 Soeffner, Hans-Georg: *Die Ordnung der Rituale. Die Auslegung des Alltags*. Bd. 2, Frankfurt a.M. 1992, S. 111, Anm. 10.

28 Zur epistemischen Herleitung vgl. Habermas, Jürgen: *Erkenntnis und Interesse*. Frankfurt a.M. 1978 (1968).

Wissenschaft. Sie befindet sich auf der Suche nach dem wissenschaftlichen und gesellschaftlichen Ort, von dem aus *Sie* spricht: grundsätzlich nach dem Subjekt der Wissenschaft. Die Erfahrung der Fremdheit, die Frauen in der *eigenen* Kultur machen, ist konstitutiv für das weibliche Selbstverständnis[29], *ihre* Welterfahrung, das ihr zugrunde liegende Alltagshandeln und auch für die wissenschaftliche Kulturanalyse.

Alois Wierlacher und Corinna Albrecht werten es als »bedenkenswerten Wirklichkeitsverlust«, dass »die kulturstiftende Leistung von Frauen im Umgang dem Problem der Fremdheit« noch immer kaum diskutiert wird[30] – dies trotz inzwischen breiter Exegese des »anderen Geschlechtes«[31], dies trotz der eingeläuteten akademischen Etablierung von Wissenschafts- oder Genderforschung.[32] Auch für die kritische Kulturwissenschaft, die sich mit Praktiken, Repräsentationen und auch mit Epistemen befasst, gibt es hier noch viel *nach* zu denken.

Der dritte Raum dazwischen – Fremdheit als Raum der Kombinatorik

Die Kulturanalyse der gesellschaftlichen Repräsentationen von Fremdheit kann an drei grundlegenden Kulturmotiven ansetzen, welche die Dialektik und Ambivalenz von Vertrautheit und Fremdheit verdichten und die Erscheinungen der Gegenwart – in den Objektivation von Gebäuden ebenso wie Subjektivationen der handelnden Menschen – (be)greifbar machen.

Das erste Motiv beinhaltet (1) die *Fremdheit als Bestätigung des Eigenen*, als Folie, die es überhaupt erst erkennen lässt: Fremdheit als »Doublette« des Eigenen (Bernhard Waldenfels).[33] Diese Form der Selbsterkenntnis setzt Vereinnahmung des Fremden, seine Anverwandlung voraus. Sie vollzieht sich in kulturellen Etappen auf einer diachronischen Strecke, die bis hin zur »Nostrifizierung«[34] oder sogar zur Einverleibung reichen kann – wie beim Kaffee, der von der einst kostba-

---

29 Vgl. u.a. Akashe-Böhme, Farideh: *Frausein – Fremdsein*. Frankfurt a.M. 1993, S. 31.

30 Wierlacher, Albrecht: *Fremdheit* (wie Anm. 2), S. 297.

31 de Beauvoir, Simone: *Das andere Geschlecht. Sitte und Sexus der Frau*. Frankfurt a.M. 1968 (Paris 1949).

32 Cf. u.a. von Braun, Christina: *Nicht Ich*. Frankfurt a.M. 1985; Irigaray, Luce: *Das Geschlecht, das nicht eins ist*. Berlin 1979; Kristeva, Julia: *Fremde sind wir uns selbst*. Frankfurt a.M. 1990; List, Elisabeth: *Die Präsenz des Anderen*. Frankfurt a.M. 1993; WIDEE (Hg.): *Fremde Nähe – Nahe Fremde. Frauen forschen zu Ethnos, Kultur, Geschlecht*. Wien 1993.

33 Fremdheit ist Grundthema des großen Phänomenologen der Lebenswelt Bernhard Waldenfels. Vgl. Waldenfels, Bernhard: *Der Stachel des Fremden*. Frankfurt a.M. 1990; ders.: *Topographie des Fremden. Studien zur Phänomenologie des Fremden I*. Frankfurt a.M. 1999.

34 Vgl. Stagl, Justin: *Die Beschreibung des Fremden in der Wissenschaft*. In: Duerr, Hans-Peter (Hg.): *Der Wissenschaftler und das Irrationale*. Bd. 1, Frankfurt a.M. 1981, S. 273–295, S. 284.

ren exotischen Ware zum nicht mehr weg zu denkenden Alltagsgetränk wurde. Indem wir das Fremde zum Eigenen machen, bannen wir seine Gefahr, die in der Bedrohlichkeit des Unbekannten liegt.

In dem zweiten Motiv erkennen wir (2) *Fremdheit als Überhöhung oder Mythifizierung*. Auch sie äußert sich als Prozess auf unterschiedlichen Ebenen und in unterschiedlichen Bereichen. Sie umfasst einenteils (2.1) die *Fremdheit als Ferment*[35] oder ›*Produktivkraft von Kultur*‹ und verweist auf geschichtsidealistische Konzepte. Solche Sichtweise der »Frucht des Fremden« droht bisweilen zu kurz zu denken. Sie verkennt, dass das Fremde zum Eigenen und Eigenes zum Fremden werden kann. Erst durch diese Ent-Eignung wird es zum Ärgernis, zur Bedrohung, zum Unheimlichen.[36] Die harschen Reaktionen auf Zugeständnisse nationalstaatlicher Integrationspolitik verdeutlichen dies ebenso wie die Diskussion um die Errichtung des Berliner Holocaust-Denkmals. Stets ist Überhöhung, ob gebaut, getan oder gedacht, auch eine Form der Abspaltung oder Ent-Fremdung![37]

Das produktive Prinzip von Fremdheit als Überhöhung kann andernteils auch (2.2) die *Poesis einer Fremdheit im Eigenen* bedeuten. Ihr wird Fermentcharakter zugesprochen, etwa in Gestalt von künstlerischer oder wissenschaftlicher Inspiration oder Weitsicht. Schließlich äußert sich dieses Prinzip auch, profan und unpoetisch, in der (2.3) *Distanzierung als Erkenntnismodus*, die im vorgängig geschilderten Sinne methodologisches Grundprinzip von Wissenschaft ist. Wissenschaftliche Erkenntnis setzt nicht nur Interesse und Teilnahme voraus, sondern ebenso das Moment der Entfernung. Reflexion und Abstraktion, Vergleich, Quantifizierung ebenso wie hermeneutische Tiefenanalyse, Auseinandersetzung ebenso wie Erörterung sind, gleich der Historisierung, der zeitlichen und räumlichen Abstandnahme oder auch der Versenkung, Formen der Distanzierung und Ver-Fremdung des Betrachtungsgegenstandes oder -feldes.

Das dritte Kulturmotiv schließlich, in dem sich die Dialektik des Fremden verdichtet, postuliert (3) *Fremdheit als Makel*, als Stigma, Abspaltung oder Bedrohung. Zwar verhält es sich scheinbar gegenläufig zu den beiden ersten, doch im Grunde kommt auch ihm die Funktion der Bestätigung des Eigenen zu. Denn das Eine lässt sich ohne das Andere nicht denken. Widerpart und Reibung sind konstitutiv jeder Identitätsbildung, Gewahrwerdung, und Gestaltfindung, wie sie sich im architektonischen Entwurf äussern mag, der wissenschaftlichen Definition zu-

---

35 Vgl. Wierlacher, Albrecht: *Mit fremden Augen oder: Fremdheit als Ferment.* In: Krusche, Dietrich und ders. (Hg.): *Hermeneutik der Fremde.* München 1990, S. 60f.

36 Freud, Sigmund: *Das Unheimliche* (1919). In: Mitscherlich, Alexander u.a. (Hg.): Fragen der Gesellschaft. Studienausgabe, Bd. IX, Frankfurt a.M. 1974, S. 241–274.

37 Cf. Angerer, Marie-Luise: *Vom Unbehagen der Geschlechter in der Kultur. Über Differenz, Andersheit und Identität.* In: Luger, Kurt und Renger, Rudi (Hg.): *Dialog der Kulturen. Die multikulturelle Gesellschaft und die Medien.* Wien 1991, S. 110–128, S. 113.

grundeliegt, ja sogar ihr Stachel ist, oder auch dem nationalstaatlichen Selbstverständnis. Auch die reflexive Positionierung des Selbst bedarf im Grunde der »Irritation«.[38]

Diese Dreiheit der Kulturmotive – die empirische Kulturwissenschaft geht von einem alltagsweltlichen und dynamischen Kulturbegriff aus, der sich gesamthaft auf Lebenswelt bezieht – scheint zwangsläufig in ein mechanistisches Modell von Ein- und Ausgrenzung zu münden, einem Entweder-Oder, das kein Dazwischen als logischen oder theoretischen Ort zuzulassen scheint: entweder ist etwas fremd oder nicht, entweder gehört etwas dazu oder es steht außen vor, entweder bereichert es oder es bedroht, entweder Wir oder die Anderen. Dieser Befund legt die Hypothese nahe, dass sich die eigentliche Erschließung der Ambivalenz zwischen Vertrautheit und Fremdheit erst über dieses Dazwischen vollziehen kann. Um es vorstellbar und beschreibbar zu machen, sein Funktionieren zu durchdenken, bedarf es der Ablösung von dualistischen Vorstellungsmodellen, wie sie von der Moderne wegbereitet wurden. Triadisches Denken ist nötig, um das Dazwischen als einen eigengewichtigen dritten Raum zu ermitteln, der Vertrautheit und Fremdheit nicht als Status, sondern als Prozess ausweist: als Raum der »Kombinatorik«[39] oder Quer-Raum von eigen und fremd. Dieser ist ein von Bewegung gekennzeichneter dynamischer Raum, ein zwangsläufig irritierter und irritierender Raum dazwischen, der seine Konstituierung der kulturellen Mobilität von Menschen verdankt, die sich mit ihren immateriellen und materiellen Gütern denkend und handelnd in und zwischen Räumen bewegen. Die Definition dieser *kulturellen Mobilität* aus kulturwissenschaftlicher Perspektive setzt zwingend am handelnden Menschen an und versteht sich als Resultante – auch hier erschließt sich Komplexität über das Konstrukt der Dreiheit – des trialektischen Interagierens von Bewegungsintention, Bewegungsverlauf und Bewegungsziel.

Für die Kulturanalyse offenbart sich dieser dynamische Raum als ein hermeneutisches Zwischen[40], das nur durch die Überschreitung der Grenzen und Felder disziplinärer Zuständigkeiten und die Pflege kulturanalytischen Zusammenhangsdenkens entstehen kann. Vermutlich ist ein solcher Denk-Überschneidungsraum die grundsätzlichste Voraussetzung für die theoretische Auseinandersetzung mit

---

38 Elisabeth Katschnig-Fasch beschreibt, wie sich der Weg zum Verständnis der fremden Kultur über die Reflexion von Irritation erschließt. Vgl. dies.: *Der Unterschied, der Umgebung schafft. Plädoyer für ein methodisches Verstehen, das einer Integration vorausgeht.* Vortragsmanuskript, Ringvorlesung »Interkulturalität und Bildung«. 08.11.2008, Universität Graz, S. 7.

39 Vgl. List, Gundula und Günther (Hg.): *Quersprachigkeit. Zum transkulturellen Registergebrauch in Laut- und Gebärdensprachen.* Darmstadt (Tertiär. Drei- u. Mehrsprachigkeit. Bd. 5); List, Günther: *Für interkulturelle Registervielfalt. Das comenianische »omnino« und seine pädagogische Behinderung.* In: www.uni-muenster.de/InterkulturPaedagogik/Publikation/ iks_interkulturelle_studien/iks27/List.htm (18.07.2009).

40 Cf. Wierlacher, Albrecht: *Fremdheit* (wie Anm. 2), S. 286.

Vertrautheit und Fremdheit. Staatsbürgerlich besehen hätte dies zur Konsequenz, solchen Zwischenraum als Erfahrungsmodus des Einzelnen zu befördern und zu bestärken, um am Projekt der Selbstaufklärung und Selbstrelativierung erzieherisch wie strukturell mitzuwirken. Fremd und eigen sollten stets zusammengedacht und postuliert werden: als notwendige, keineswegs jedoch absolute Dichothomie der kulturellen Identität.

In einer Gesellschaft, in der kulturelle Unterschiede wieder vermehrt als »traditionsverhaftet« und unveränderlich interpretiert werden – als Ethnizität etwa – versteht sich die Annahme einer Kulturellen Mobilität darum nicht allein als Befund oder als Epistem, das Kultur als Prozess zu begreifen erlaubt, sondern auch als Postulat. Ethnizität und auch Identität von Nahem besehen sind begrifflich Zustandswörter, die Substanzialität und Stasis implizieren. Wahrscheinlich ist es nicht immer eine Qualitätsgarantie, den neuen Wein in alte Schläuche zu »gießen«; das heißt, an politisch belasteten Begriffen wie z.B. Integration und Ethnizität festzuhalten in der Hoffnung, dass der neue Wein des erneuerten Erkenntnisinteresses Begriffe neu aufzuladen oder umzupolen vermag.

Dieter Kramer, auf den wir ruhig öfter hören sollten, weist, in der Auseinandersetzung mit dem Thema Fremdheit, auf die Plastizität menschlichen Verhaltens als Voraussetzung seiner Kulturfähigkeit hin. »Wichtig ist«, schreibt er, dass mit einem dynamischen Begriff von Identität, Ethnizität und Kultur Spielräume eröffnet werden.[41] Fassen wir das Eigene als »Identität« und das Fremde als »Ethnizität«, dann beschreiben wir im Grunde ja nichts anderes als kulturelle Gewänder: in unterschiedlicher Weise getragene Kopftücher oder auch Kleider in changierenden Farben, Zweithäute, die für einmal schützen und ein historisches Andermal mit Stigmata versehen sind und ihre Träger verraten – im doppelten Sinne des Wortes.

---

41 Kramer, Dieter: *Zwischen Fremdenfurcht und Neugier*. In: Suhrbier, Mona B. (Hg.): *Fremde. Die Herausforderung des Anderen*. Frankfurt a.M., 1995, S. 41–62, S. 46f.

Wolfgang Kaschuba
Offene Städte!

Im August 2006 ging die Nachricht durch die Medien, die italienische Stadt Padua habe über Nacht eine Art »Berliner Mauer« bauen lassen. Mitten in der Stadt umschließe diese drei Meter hohe Mauer nunmehr den Problemkiez »Serenissima«, ein Viertel mit vorwiegend afrikanischen Migranten, die ihr Quartier nur noch an wenigen Ausgängen betreten und verlassen könnten, überwacht von Videokameras und Polizisten. Die sozialistische (!) Stadtregierung erklärte dazu, dies sei ihr letztes Hilfsmittel, um städtische Prostitution, Drogenhandel und andere kriminelle Aktivitäten überhaupt noch kontrollieren zu können.

Damit betrieb eine europäische Stadtregierung wohl zum ersten Mal in der Nachkriegszeit eine tatsächlich »physische« Politik der sozialen und ethnischen Segregation. Die betroffenen Anwohner jedenfalls – mit oder ohne italienischen Pass – fühlten sich ghettoisiert und ethnisch diskriminiert. Der Corriere della Sera kommentierte, dies sei »ein Beirut, ein Mogadischu, ein Bagdad auf italienischem Boden«.[1] Andere Medien und viele Touristen wiederum hatten schon nach wenigen Tagen diese dritte städtische Attraktion dankend angenommen: Neben dem Anblick der fast 800-jährigen Universität und der mittelalterlichen Basilika San Antonio genoss man nun mit leisem Nervenkitzel auch Paduas geheimnisvolle neue Mauer.

Ich zitiere diese italienische Episode nicht etwa deshalb, weil eine leise Ironie darin liegen mag, wenn ausgerechnet das klassische Heimatland der Mafia in sich einen noch gefährlicheren Kriminalitätsherd entdeckt: die Migranten – also endlich einmal die »ethnisch Anderen«! Und ich zitiere sie auch keineswegs nur aus (m)einer Berliner Perspektive, die fast zwangsläufig leicht Mauer-paranoid daherkommt. Vielmehr soll diese Geschichte beispielhaft illustrieren, wie angespannt und wie ambivalent sich einerseits fast überall in Europa das Verhältnis von Öffentlichkeit und Migration gestaltet. Eben nicht nur in den Brennpunkten von Paris oder London, sondern längst auch in »normalen« urbanen Räumen und Alltagen. Andererseits hat sich die Aufregung über Padua schnellt gelegt. Ähnliche Mauern gegen Migranten, Muslime oder Roma in anderen europäischen Städten sind längst ohne ähnlichen Protest hinzugekommen. Ethnische

---

1   www.digidata.it/documents/Freitag%2005%20-%20Mauer,%20Macht,%20Monopoly%20-%20
    intervista%20a%20Donati%20di%20Tom%20Mustroph.PDF (letzter Zugriff am 01.10.2009).

Abgrenzung scheint hier als »symbolische Politik« also legitim und en vogue. Und sie wird vielfach in ähnlich spektakulären Auftritten und Konfrontationen wie in Padua inszeniert, trotz all jener verbalen Integrationsbekenntnisse auf der Brüsseler Bühne.

Diese Entwicklung ist dramatisch und sie kann in den nächsten Jahren noch dramatischer werden – vor allem zu Lasten der sozialen Qualitäten, der politischen Identitäten und der kulturellen Traditionen unserer Städte. Dies ist meine Befürchtung und meine wenig attraktive Hypothese, die ich nun mit einigen Beobachtungen und Überlegungen in einer europäischen Perspektive etwas erläutern will.

Städte als migrantische Orte

Einerseits wissen wir, dass migrantische Kulturen gerade heute ein besonders wichtiges soziales wie symbolisches Kapital der großen Städte bilden. Diesen Sachverhalt haben die bekannten Studien von Ulf Hannerz, von Sharon Zukin und neuerdings von Richard Florida eindrucksvoll bestätigt.[2] Denn in den Metropolen steht Migration für den Transfer von Arbeitskraft und Wissen, aber eben auch für kulturelle Vielfalt und für exotische Lebensstile. In gewisser Weise verkörpert gerade sie damit die Vorstellung der »Welt vor Ort«, des Kosmopolitischen in der Stadt.

Vor allem jedoch repräsentiert sie hier das kulturell »Fremde«. Ein »Fremdes« allerdings, das wir uns hier, in der eigenen Stadt, längst angeeignet haben und dessen Musik- oder Esskulturen wir in einer Art von urbanem »Heimattourismus« gerne genießen. Diese ethnische Einfärbung der Lebensstile und deren scheinbare Leichtigkeit macht die Metropolen einerseits so attraktiv für Richard Floridas urbane Zukunftsträger, für seine »creative classes«, die diese – ins Europäische übersetzt – »Mediterranisierung« unserer Städte so genießen. Und wir selbst tun dies ja auch.

Andererseits und zugleich jedoch entstehen ganz andere, düstere Assoziationen der Migration. Bilder von Gruppen junger Männer, äußerlich angepasst, aber innerlich religiös motiviert und fanatisiert, wie sie in New York für den 11. September 2001 verantwortlich sind, für die Toten in Madrid oder für die monströsen Terrorpläne in London. Bilder nicht einer fernen al-Qaida, sondern eines nahen »homegrown terrorism« mit migrantischem Hintergrund. Da ist es nebenbei für einen deutschen Beobachter interessant, wie in der Londoner Boulevardpresse nach 60 Jahren »deutscher Nazis« nun britische Moslems zum Feindbild Num-

---

2   Hannerz, Ulf: *Exploring the City: Inquiries Toward an Urban Anthropology*. New York 1980; Zukin, Sharon: *The Cultures of Cities*. Oxford 1998; Florida, Richard: *Cities and the Creative Class*. New York u.a. 2005.

mer eins zu werden scheinen. Aber auch deutsche Neonazis denken mittlerweile laut darüber nach, ob das neue Feindbild »Muslim« heute an deutschen Stammtischen nicht leichter zu vermitteln sei als der alte Antisemitismus.

Historisch betrachtet, sind beide Sichtweisen der Migration – die helle wie die düstere – noch relativ jung. Denn sie beziehen sich wesentlich auf europäische Erfahrungen und Diskussionen von kaum mehr als zehn, fünfzehn Jahren. Vorher, bis zum Anfang der 1990er-Jahre, war Migration zwar lange schon ein zentraler Faktor des Wachstums und des Lebens der großen Städte, doch war sie eher selten ein zentrales und nachhaltiges Thema der großen Politik. Eher unwillig und nur sporadisch hatte man bis dahin über soziale und kulturelle Folgen der Migration gesprochen, über ethnische Communities und Moschee-Bauten, über Schul- und Sprachpolitik. Die wirklichen Probleme blieben meist einer kaum koordinierten Integrationspolitik vor Ort überlassen.

Nun jedoch sind migrantische Herkünfte und ethnische Identitäten das zentrale Motiv einer Diskussion um beides: sowohl um die ökonomischen und die kulturellen Potenziale der europäischen Städte als auch und vor allem um daraus resultierende existenzielle Belastungen und Bedrohungen. Denn beides wird nun in einen ursächlichen Zusammenhang gebracht: migrantische Kultur und migrantischer Terrorismus. Auch in der deutschen Debatte dominiert so längst die düstere, die bedrohliche Seite, wie sie in den Schlagworten von der »sozialen Segregation«, dem »islamischen Fundamentalismus« oder der ethnischen »Parallelgesellschaft« aufscheint.

Mit diesen Begriffen und Bildern sind zwei Ebenen zugleich angesprochen: zum einen der Prozess der Migration selbst mit all seinen sozialen und kulturellen Konsequenzen; zum anderen der politische und mediale Diskurs über die Migranten, der die gesellschaftliche Wahrnehmung zunehmend prägt. Und gegenwärtig muss man den Eindruck haben, dass es weniger der eigentliche soziale Prozess der Migration ist, als vielmehr jener Migrantendiskurs, der die dramatischen und ständig wiederholten Fragen aufwirft: Betreiben Migrantengruppen nicht bewusst selbst eine Politik der »ethnischen Differenz«? Ist dies womöglich die lokale Variante jenes globalen »clash of civilisations«, der für Samuel Huntington an die Stelle des »multiculturalism« getreten ist? Kann also eine urbane Politik der kulturellen Vielfalt, jenes vielbeschworene »management of diversity« überhaupt noch gelingen?

Verhandelt wird in diesem Migrantendiskurs damit offenbar eine neue Form ethnisch-religiöser Differenz in unseren Städten, aus der auch eine neue Qualität kultureller Fremdheit zu erwachsen scheint. Denn die »alten« Gesichter der Migration erschienen bis Mitte der 1990er-Jahre doch bereits gewohnt, fast vertraut: als zwar »fremde« Traditionen und Lebensstile im Sinne von Verschiedenheit und Vielfalt; aber eben nur in bestimmten Lebensbereichen und dort zudem als »vertrautes Fremdes«, das in unseren Städten historisch eigentlich längst zum Eigenen gehörte. Noch ganz im Sinn von Georg Simmel, dessen Fremder heute kam und morgen blieb – der stadtgeschichtlich aber auch stets kommen und bleiben musste, um urbane Kultur und Vielfalt überhaupt entstehen zu lassen. So vergleichsweise unaufgeregt ging New York offenbar auch in den letzten 50 Jahren mit »seinen« Hispanics um, London mit »seinen« Pakistani, Berlin mit »seinen« Türken.

Gefährliche Fremde?

Heute sind es noch dieselben Hispanics, Pakistani, Türken, die kommen oder die geblieben sind, doch verkörpern sie nun offenbar keine »vertraute Fremdheit« mehr. Im Gegenteil: Sie werden mit explizitem Misstrauen beobachtet und lösen offensichtlich ein existenzielles Bedrohungsgefühl aus. Ein Gefühl, das sie kulturell »gleich« macht, das sie als eine homogene Gruppe wahrnimmt, deren »Fremdheit« sie zum potentiellen Tätermilieu macht: Fremde als Feinde – bedrohlich für unsere Kultur, vielleicht sogar für unser Leben. Und das scheint ihr Steckbrief: Phänotyp »orientalisch« (Edward Said lässt grüßen), überwiegend »arabischer« Herkunft (also alle beliebigen Länder von Palästina bis Pakistan), muslimischen Glaubens (also »undeutsch« und »nicht-europäisch«) und überwiegend von »archaischer« Mentalität (so wird die Psyche der Selbstmordattentäter gerne beschrieben – fälschlicherweise, wie die Mittelschicht-Biografien und -Bildung vieler tatsächlicher Täter beweisen).

»Fremd« meint damit also ganz bestimmte Migrantengruppen und ethnische wie religiöse Zugehörigkeiten. Max Matter hat dieses Fremdheits-Konstrukt ja kürzlich nochmals an dem anderen Beispiel der Roma in Europa symptomatisch wie konzeptuell erläutert.[3] Und »fremd« beschreibt in diesem Sinne eine neue Haltung oder zumindest eine neue Form der Aufmerksamkeit in der Mehrheitsgesellschaft, die auch in Europa spätestens seit 9/11 um sich gegriffen hat.

Bislang habe ich im Blick auf diese neue Fremdheit bewusst von »Wahrnehmung« und von »Gefühl« gesprochen. Denn diese neuen Be-Fremdungen sind in der Tat »kulturell«, sie sind »konstruiert« und dies auf beiden Seiten!

Auf der Seite der Einwanderungsgesellschaften wird die bedrohliche Seite der Migration in ihrem Kern als ein sektenhafter Fundamentalismus wahrgenommen. Als ein »Dschihadismus«, der der westlichen Moderne wie den christlichen Werten seine Todfeindschaft erklärt; der diese geistige Feindschaft in militanten Terror umsetzt; und der seine Rechtfertigung dafür aus islamischen und ethnischen Traditionen beziehen will, eben aus kulturellen Quellen. Wer aus densel-

---

3   Vgl. Matter, Max: *Roma – missachtete Minderheit Europas. Ein Plädoyer für eine verstärkte Beachtung in Lehre und Forschung in unserem Fach.* In: Zeitschrift für Volkskunde 102 (2006), S. 17–42.

ben kulturellen Quellen schöpft – und das tun große migrantische Gruppen –, der scheint damit im Umkehrschluss und in den Augen der Mehrheit automatisch Täter-verdächtig. Deshalb stellen die Sicherheitsbehörden wie die Medien auch gleich ganze ethnisch-religiöse »Milieus« unter Generalverdacht.

Auf der Seite muslimischer Migrantengruppen wiederum erlebt man diese Situation als eine Kette konkreter alltäglicher Diskriminierungen. Denn anderes Aussehen, andere Sprache und Religion, also ihre eigenen Identitätsmerkmale, werden dabei wie selbstverständlich als ein Täterprofil verhandelt. So schafft oft erst die Erfahrung dieses Kollektivverdachts tatsächliches Kollektivbewusstsein – jenes trotzige: »Dann sind wir eben euere Fremden!« vieler Jugendlicher. Dies gilt keineswegs nur für den medialen Diskurs, der weithin als diskriminierend wahrgenommen wird. Vielmehr betrifft es auch die unmittelbare Alltagserfahrung: die misstrauischen Blicke auf Straßen und in U-Bahnen ebenso wie die scharfen Passkontrollen oder die entwürdigenden Leibesvisitationen, die ein vermeintlich »arabisches« oder »muslimisches« Aussehen bei der Verkehrskontrolle wie beim Boarding am Flughafen fast automatisch nach sich zieht.

Natürlich sind die Gründe und Anlässe, die zu dieser Situation geführt haben, zunächst nicht kulturell. Sie sind vielmehr wirtschaftlicher und politischer, teilweise eben auch ideologischer und terroristischer bzw. sicherheitspolitischer Natur. Doch sind sie zugleich stets »kulturell« kontextiert und kodiert. Ja, sie unterliegen offenbar einem so strikten »kulturalistischen« Interpretationsschema, dass andere, differenziertere Wahrnehmungen und Deutungen kaum mehr möglich sind: Terrorismus scheint insofern »kulturell« verursacht und unmittelbare Folge von Migration.

Hinter dieser Deutung steht eine in dieser Dominanz neue populäre Vorstellung von kultureller Authentizität und – vice versa – von kultureller Differenz. Und diese Vorstellung zieht sich heute durch viele Formen identitätspolitischer Repräsentation öffentlicher wie privater Art: in Form stereotyper Bilder von einem eigenen »Wir« und einem fremden »Die«, die einen zivilisatorischen Gegensatz behaupten. Einen Gegensatz, in dem wir uns nun auch kulturell repräsentiert sehen: die gesellschaftlichen Minderheiten wie die Mehrheiten. Immerhin glauben angeblich 56% der Deutschen, dass wir uns gegenwärtig in einer Phase der »clashs of civilisations« und der »cultural wars« befinden.[4]

Und umgekehrt denken viele Migranten mit islamischem Hintergrund, dass allein eine offensive und demonstrative Verteidigung ihrer Religion ihnen eigene Identität sichern und Selbstachtung ermöglichen kann. Eben dies verleiht den islamischen Gruppierungen in Europa vielfach auch die charismatischen Züge einer sozialen Bewegung.

---

4   Vgl. Kramer, Sarah: *In aller Ruhe. Terrorismusexperten warnen Politiker vor Aktionismus – und fordern langfristige Strategien.* In: Der Tagespiegel, 23.08.2006.

Beiden Seiten legt der politische und mediale Diskurs damit unausweichlich nahe, sich genau so zu begreifen: als zwei »Seiten«, als feste Fronten in einem fundamentalen kulturellen Konflikt, die sich wechselseitig in Spiralbewegungen hochschaukeln. Und dass es gegenwärtig um solch einen tiefen zivilisatorischen Konflikt geht, bestätigen nicht nur die Politik und die Medien. Auch wir, die Wissenschaften, haben diese Parole vielmehr ausgegeben – eben durch jene Samuel Huntingtons und deren verhängnisvolle Fehldeutung des Kulturellen. Und wer sich mit den Huntingtons der Wissenschaftswelt nicht einig fühlte, hat dies in der medialen Öffentlichkeit vielleicht zu wenig (laut) kund getan. Auch wir sind deshalb also keineswegs nur Beobachter jenes verhängnisvollen »cultural turn«, sondern längst auch dessen Macher und Moderatoren.

Parallelgesellschaft – oder: Alarmismus macht Karriere

Welche entscheidende Rolle dieser Verbund von Politik, Medien und Wissenschaft bei solchen diskursiven und sozialen Formierungsprozessen spielt, lässt sich in Deutschland in der Debatte um ethnische »Parallelgesellschaften« gut beobachten. Dieser Begriff tauchte um das Jahr 1996 in der sozialwissenschaftlichen Diskussion auf, um die Situation vor allem türkischer Migrantengruppen in deutschen Großstädten zu beschreiben: ihre marginale Situation – verursacht durch soziale Ausgrenzung einerseits und durch sprachlich-kulturelle Selbstabgrenzung andererseits. Zunächst blieb dieser Begriff ohne großen Nachhall. Erst im Kontext neuer Diskussionen um deutsche Einwanderungs- und Einbürgerungspolitik griffen ihn Medien und Politik im Jahr 2003 plötzlich auf und seitdem häufen sich unter der Überschrift »Parallelgesellschaft« zahllose Artikel und Reden, in denen beklagt wird, dass türkisch- oder arabischstämmige Migranten in Berlin und Frankfurt morgens zum Zeitungskiosk gehen können, dann zum Bäcker und zum Friseur, ins Caféhaus und in die Moschee, abends zum Tee und zum Würfelspiel, ohne dass sie den ganzen Tag über auch nur ein Wort Deutsch sprechen müssen. Dass im Umfeld bestimmter Moscheen und bestimmter Verwandtschaftsclans deutsche Gesetze keine Gültigkeit und deutsche Polizisten keine Autorität mehr besitzen. Dass dort auch »Zwangsheiraten« und »Ehrenmorde« an der Tagesordnung seien und Hassprediger zum Dschihad aufrufen. Dass in dieser »türkischen« oder »arabischen« Welt also bewusst außerhalb unserer politischen und sozialen Konventionen gelebt werde.[5] Dazu passt schließlich auch, dass es in meinem eigenen Berliner Stadtteil nicht mehr allein die christlichen Kirchen sind, die das Stadtbild architektonisch prägen, sondern dass sie sich ihre Wirkung mit drei neuen und großen Moscheen teilen müssen, deren bewusste Repräsenta-

---

5   Siehe dazu auch Kaschuba, Wolfgang: *Ethnische Parallelgesellschaften? Zur kulturellen Konstruktion des Fremden in der europäischen Migration.* In: Zeitschrift für Volkskunde 1 (2007), S. 65–85.

tionsarchitektur in Kreuzberg neue ästhetische und symbolische Akzente gesetzt hat.

Solche Meldungen bieten gewiss vielfältigen Anlass zu Befürchtungen und zu Fremdheitsgefühlen. Denn sie scheinen gravierende soziale Wandlungsprozesse zu annoncieren und damit auch den schmerzlichen Verlust kultureller Gewohnheiten und sozialer Sicherheiten. Und manche städtischen Anwohner sehen insbesondere in den nun unbestreitbar vorhandenen neuen Moscheen die dramatischen Feldzeichen jener bedrohlichen »Parallelgesellschaft«. Einer Parallelgesellschaft, die mit ihren Minaretten, mit ihren Gemeinschaften und mit ihrem Kinderreichtum sogar im Begriff scheint, die »Mehrheitsgesellschaft« bald zu dominieren.

Andere – wie auch ich – deuten dies anders, eher umgekehrt. Denn islamische Gemeinden verlassen mit solchen Moscheebauten eben auch den Schatten der Hinterhöfe. Sie treten mit dieser Politik der neuen Sichtbarkeit bewusst in eine tatsächlich »urbane« Öffentlichkeit ein. In eine vielfältige Öffentlichkeit also, deren permanente Blickwechsel und Diskurse letztlich auch die religiösen Werte und die sozialen Praxen islamischer Gemeinden offener, vielfältiger und transparenter machen wird. So lautet jedenfalls das historische und kulturelle Gesetz städtischer Öffentlichkeit. Und zu diesem urbanen Gesetz gehört eben auch, dass in den großen Städten unterschiedliche Lebensweisen versammelt sind: Unterschiede in Wohn- und Esskulturen, in Ehe- und Familienformen, in Kleidungs- und Geschmacksstilen; dass auch Mehrsprachigkeit und religiöse Vielfalt herrschen; dass diese kulturelle Heterogenität vor allem dauerhaft bleibt und dass sie sich durch alle Lebenswelten zieht; durch die verschiedenen migrantischen wie die verschiedenen einheimischen Milieus – die ja selbst kaum homogen sind und sich vielfach auch kaum mehr scharf gegeneinander abgrenzen lassen.

Denn Vielfalt und Verschiedenheit bilden »schon immer« das Markenzeichen urbaner Kultur und sie sind zugleich ihre zentrale Ressource. Daraus entstehen aber keineswegs gleich »Parallelgesellschaften« im Sinne eigener ökonomischer, sozialer oder politischer Systeme. Schlimmstenfalls entwickeln sich daraus Kleinmilieus mit eigenen Sprach- und Kulturstilen, die sich manchmal durchaus auch »differenzpolitisch« und »fremd« inszenieren: eben als »türkische community«, als »arabischer Clan«, als »evangelikale« Gemeinde oder als »autonome« Szene. Solche Milieus sind freilich nicht zuletzt durch ihre materielle Abhängigkeit von den einheimischen Wirtschafts- und Sozialsystemen meist doch sehr viel weniger abgeschlossen und »fremd«, als sie selbst oft glauben machen möchten. Öffnung, Mischung, Hybridität wirken als Prinzipien urbanen Lebens vielmehr auch auf sie nachhaltig ein und gewähren ihnen höchstens »Autonomie« auf Zeit.

Mit ihrer ethnisch-religiösen Grenzziehung macht die abschätzige Rede von der Parallelgesellschaft also vieles »fremd«, was in den Städten zunächst als vielfach gewohnte Begleiterscheinung von Einwanderung daherkommt: kleine wie große

Unterschiede in den Lebensstilen und in den Lebenswerten. Daraus entstehen gewiss auch vielfältige soziale Missverständnisse, Spannungen und Probleme. Doch Ehrenmorde oder gar islamistische Terrornetzwerke gehören statistisch wie empirisch höchstens »jenseits der Ränder« dazu.

Solche Phänomene sind also keineswegs charakteristisch für die sozialen Gesichter migrantischer Kulturen in Europa. Diskursiv jedoch werden sie gerne dazu gemacht und ins Zentrum der öffentlichen Aufmerksamkeit gerückt, um diese Grenzziehung zu begründen. So muss man festhalten, dass diese Rede von der Parallelgesellschaft tatsächlich diskriminiert, stigmatisiert, provoziert und desintegriert. Denn sie fordert die Betroffenen zur trotzigen Gegenposition geradezu heraus. Und sie stärkt damit ein kleines islamistisches Lager, das ohne diese Mobilisierung durch Diskriminierung sehr viel schwächer wäre. Denn natürlich gibt es im Umkreis einiger Moscheegemeinden und Koranschulen in Berlin oder Köln auch Gruppierungen, die sich sektenhaft in Gemeinschaften zu organisieren versuchen und die damit gleichsam alternative Lebensentwürfe zur Zivilgesellschaft anbieten.

Dabei machen sie sich einen religiösen Fanatismus zu Nutze, wie er sich gegenwärtig über die Ideologie des Dschihadismus mobilisieren lässt. Jugendliche, oft aus der zweiten und dritten Migrantengeneration, denen berufliche Ausbildung oder soziale Anerkennung versagt bleiben, sind für diese Figur des muslimischen Gotteskriegers und des heroischen Rächers durchaus empfänglich. Ebenso junge und gut ausgebildete Akademiker, denen plötzlich religiös begründete Selbst-Mystifizierungen wie jenes »Ihr liebt das Leben, wir lieben den Tod« als identitäre Wendung in der eigenen Biografie dienen und eine Art charismatische Erfüllung versprechen.

Für beide Gruppen wird diese Figur damit oft zum einzig wirklich erreichbaren Entwurf einer eigenen Identität. Einer Identität als respektiertes Mitglied einer verschworenen Gemeinschaft, die sich einerseits auf feste Traditionen und Werte beruft und sich gerade dadurch auch von der unübersichtlichen deutschen Mehrheitsgesellschaft abgrenzen kann. Andererseits und im Extrem soll sie auch in terroristischer Gewalt ihre Erfüllung finden: Religion als Mittel und Waffe von Politik.

Diesen Weg jedoch gehen letztlich nur ganz wenige. Und es sind längst auch viele islamische Kritiker, die den Predigern des Dschihad längst vorwerfen, sie hätten den Koran »zur Geisel« für terroristische Zwecke genommen.

Dennoch beschäftigt diese verzweifelte Suche nach positiven Ich- und Wir-Bildern, nach erreichbaren Identitätsvorstellungen, sehr viele Kinder und Jugendliche »mit migrantischem Hintergrund«. Denn ihnen fehlen im Alltag meist die sozialen Bühnen und die sozialen Rollen, die ihnen dabei helfen, positive Selbstbilder wie Zugehörigkeiten zu entwickeln. Vor allem eben solche Bilder, die nicht auf ein ethnisches und religiöses »Anderssein« angewiesen sind. Dafür bieten ihnen die Schulen, Jugendklubs, Sportvereine, Discos und auch die Straßen der Städte noch viel zu wenige »eigene« urbane Rollen und Räume an. Von dieser Not sprechen tausende Graffiti in Neukölln oder Kreuzberg – wahlweise in der religiösen Variante: »Musleme sind Die Besten. Es lebe Allah« oder in der weltlicheren: »Muslime lieben am besten«.

An dieser Debatte um die »Parallelgesellschaft« wird grundsätzlich deutlich, weshalb diese Form von »ethnischer Differenzpolitik« so dramatische Folgen hat für die Situation der Städte und ihrer Kultur. »Ethnizität« und »Religiosität« sind zwar nicht die Quelle sozialer Segregation, aber sie verkörpern gegenwärtig deren zentrale Bühnen. Denn der demonstrative Verweis auf ethnische Herkunft und auf religiöses Bekenntnis besitzt als Repräsentationsstrategie gleich zwei Vorzüge: Zum einen lässt sie sich fast beliebig kulturell ausgestalten und zum anderen ist sie fast beliebig weit politisierbar. Ganz praktisch heißt das: Türkische, arabische oder islamische Identität kann fast unabhängig von der eigenen Biografie reklamiert werden, weil es dabei primär um symbolische Zuordnungen geht. Und das daraus begründete »Anderssein« legitimiert wiederum den Kampf um soziale Anerkennung und politische Gleichberechtigung.

Die sozialen Ursachen dafür sind freilich nicht beliebig, sondern durchaus real und bekannt. Sie hängen mit der Erfahrung von Arbeitslosigkeit und sozialer Ungleichheit zusammen, mit dem Fehlen von Bildungs- und Aufstiegsoptionen für Jugendliche, mit sozialen Defiziten und kulturellen Verletzungen im Alltag, unter denen fast alle Migrantengruppen leiden. Deswegen kommt es bei ihnen umgekehrt so häufig zu trotzigen Selbstblockaden, zur Einrichtung in Passivität, zur Flucht in Opferrollen, also zu gesellschaftlichen Verweigerungshaltungen, die oft sprachliche und kulturelle Unbeweglichkeit als Voraussetzung und religiöse wie ethnische »Erweckung« zur Folge haben. Wer in diese Spirale gerät, dem bleiben wesentliche Optionen spätmoderner Gesellschaft endgültig verschlossen. Vor allem die Vorstellung einer persönlichen Individualität, die sich aus den verordneten Kollektividentitäten nationaler, ethnischer und religiöser Gemeinschaft herauszulösen vermag; die freier sein will in der Entfaltung ihrer Lebensentwürfe wie in der Entwicklung ihrer sozialen Loyalitäten. Zwar muss dieser Weg nicht von jedem gegangen werden, aber er sollte jedem offen stehen.

Stadtkultur: Duft der Freiheit?

Diese zentrale Erkenntnis prägt nachdrücklich das kollektive Gedächtnis der Städte: Max Webers Wort vom »Duft der Freiheit«, der von den Städten hinaus wehe aufs feudale Land. Denn historisch bildeten die großen Städte stets die zentralen Eingangstore für neue Ideen und Menschen, die in die Industriegesellschaften des 19. und 20. Jahrhunderts eintraten. Und diese Rolle übernehmen sie heute immer noch und in besonderer Weise: Sie sind Integrationsschleusen für neue

Formen globaler Mobilität und Migration und sie sind damit mehr denn je die Labore zukünftiger gesellschaftlicher und kultureller Entwicklung.

Dies setzt jedoch entscheidend die Fähigkeit voraus, sich als urbane Lebenswelten weiterhin »vielfältig« und »offen« zu gestalten – zwar ständig nach kultureller Homogenität und sozialer Integration strebend, dabei aber dennoch genügend Raum lassend für Individualität, für Vielfalt und für Differenz – also für eine heterogene und offene Kultur als zentrale urbane Ressource. Denn nur das freie Zusammenspiel von Bewegung, Veränderung und Fremdheit schafft als Charakteristikum urbanen Lebens jene soziale und kulturelle Spannung, aus der in der Tat »Kreatives« entsteht: die Fähigkeit zu neuen kulturellen Entwürfen, Bewegungen und Synthesen.

Wenn diese Heterogenität jedoch nicht erhalten bleibt, wenn die Städte kein »offenes System« mehr verkörpern, wenn stattdessen eine Politik der Schließung und eine Kultur des Misstrauens dominiert, dann geht ein entscheidendes Element von Urbanität verloren: die Vielgestaltigkeit und Nonkonformität städtischer Gesellschaft und Kultur. Und diese Gefahr liegt durchaus nahe, denn die Rufe nach mehr polizeilicher Überwachung der Verkehrswege und öffentlichen Räume in den europäischen Städten nehmen zu. Straßen, Verkehrsmittel, Plätze, Gebäude, Versammlungsorte sollen noch intensiver durch Video beobachtet werden, um über Rasterfahndung und biometrische Identifikation Angst, Gewalt und Terror weiter einzudämmen. Gesucht wird nach dem »Verdächtigen«, der nur allzu häufig dem Phänotyp des »Migranten«, des »Muslim« und/oder »Jugendlichen« entspricht. Und kontrolliert werden soll gerade die »mixed zone« der urbanen Kulturen und Milieus: die urbane Öffentlichkeit, die damit zwangsläufig zum öffentlichen Fahndungsraum mutiert. In London ist heute bekanntlich die Wahrscheinlichkeit schon recht hoch, an einem einzigen Tag in der Stadt rund 300 Mal durch Video erfasst zu werden.

Sollte dieses düstere Kontroll- und Diskriminierungsszenario tatsächlich eintreten, verlieren die Städte ihre Offenheit. Und mit ihrer Offenheit verlieren sie auch ihre wichtigsten Ressourcen: die freie Bewegung von Menschen und Ideen, die besondere Atmosphäre urbaner Räume, die Fähigkeit zu beidem: Nähe und Distanz.

Denn gerade Migranten sind als »neue Städter« nicht nur unentbehrliche Arbeitskräfte in städtischen Industrien und Dienstleistungen, nicht nur Träger ethnischer Ökonomie im Tourismuswesen und zentrale Akteure urbaner Kulturindustrie. Vielmehr sind sie darüber hinaus und mehr denn je auch die Pioniere und Akteure einer kulturellen Globalisierung »von unten«. Denn ihre Erfahrung mit Migration und Mobilität, mit prekärer und provisorischer Existenz, mit sozialen Netzwerken und Schattenökonomien verkörpert ein Stück »Welt von morgen«: die kulturelle Kompetenz nämlich zur sozialen Navigation in der Weite transnationaler und transkultureller Räume und damit die Fähigkeit, sich überall kulturell zurechtzufinden und in jeder Situation sozial zu überleben. Insofern meint »Migrationswissen« in der Tat eine Form transkulturellen Wissens, das künftig immer wichtiger werden wird. Die Städte jedenfalls konnten darauf bereits in ihrer Vergangenheit nie verzichten und sie werden dies in Zukunft noch weniger können.

Auch deshalb sprechen alle Migrationspolitiker und Migrationsforscher gegenwärtig so viel von »Integration« – vor allem auch in Deutschland. Vielen von ihnen scheint erst jetzt wirklich bewusst geworden, dass Deutschland ein Einwanderungsland war und ist und dass dieses Land endlich eine bewusste Einwanderungspolitik braucht. Immerhin 12,6% der Menschen in Deutschland verfügen über eigene Migrationserfahrung. Selbst im klassischen Einwanderungsland USA liegt die entsprechende Quote nur bei 11,5%.[6] Dabei gehen bekanntlich viele dieser integrationspolitischen Vorstellungen und Gipfel deutlich in die Irre, wenn sie mit Angeboten »How to be a good German« eine völlig unangemessene Antwort auf die Frage der Migranten nach ihrem Platz in der Gesellschaft versuchen. Wer hier neu ankommt, der fragt zunächst nach seinem Platz im Arbeitsprozess wie in der Zivilgesellschaft, nach einer Lebenswelt wie einem Lebensentwurf. Nicht gefragt in der Regel hingegen ist die Zuweisung einer neuen kulturellen Identität – zumal wenn sich bei ihr wie im deutschen Fall gleich germanische Gene mit Goetheschen Ingenien kreuzen sollen.

Integrationspolitik – wenn dieser problematische Begriff überhaupt Sinn machen soll – muss vielmehr aktiv und intelligent betrieben werden und sie muss gelingen, weil sonst in der Tat die offene Gesellschaft in Gefahr gerät – gerade die der großen Städte und gerade in Europa. Die türkischstämmige Soziologin Necla Kelek warnte schon vor einiger Zeit vor einem naiven europäischen Multikulturalismus, der auf »der irrigen und sentimentalen Annahme« beruhe, »dass alle Kulturen in ihrem tiefsten Grunde auf denselben Werten fußen«. Gerade beim aggressiven Islamismus sei dies eben nicht der Fall. Daher warnt sie seitdem: »Wenn die Vorstellungen und Praktiken einer vormodernen, antidemokratischen Welt weiter unkontrolliert und nicht hinterfragt als ›schützenswerte Kultur‹ gelten (…), dann ist auch unsere Zivilgesellschaft in Gefahr.«[7]

Diese Gefahr würde für unsere Städte dann noch erheblich Dramatischeres bedeuten als nur »ethnische Trennung« mit einer eher skurrilen Mauer à la Padua. Deshalb muss beides in der Tat energisch bekämpft werden: die neue kulturelle Diskriminierung der Migranten wie die neue und aggressive Politisierung von Herkunft und Religion. Damit sich einerseits nicht plattes Differenzdenken und populistischer Antiislamismus in der Mehrheitsgesellschaft weiter ausbreiten, damit andererseits aber auch keine Differenzpolitik von Minderheiten Zulauf

---

6   Vgl. *Zu Hause ist hier*. In: Der Tagesspiegel, 14.08.2006.
7   Kelek, Necla: *Die andere Kultur ist keine Entschuldigung*. In: Der Tagesspiegel, 27.02.2005.

findet. – Auf eine Europäische Ethnologie, wie sie auch ein Max Matter immer verstanden hat, wartet da viel Arbeit!

Andreas C. Bimmer

»ohne Gesellschaft geht es nicht«
Zu einigen Aspekten in der Geschichte soziologisch orientierten Denkens in der Volkskunde

Wohl kaum eine Beziehung im deutschen Wissenschaftssystem ist von Anfang an so belastet gewesen wie das der Volkskunde zur Soziologie – und vielleicht auch umgekehrt. Mit den Worten Konkurrenz, Angstgegnerschaft, Mitleid, Verachtung, Neid und Verdammung, Bewunderung und Unterlegenheit lässt sich über weite Passagen dieses Verhältnis als ein Un-Verhältnis beschreiben. Selten gab es gegenseitige Anerkennung und Anregung. Auch in der Gegenwart gibt es weiterhin kaum inhaltlich orientierte Beziehungen, von einzelnen Ausnahmen abgesehen. Das ist im Grunde verwunderlich, denn Ansätze waren durchaus vorhanden. Nicht zu übersehen sind auch die gegenwärtigen Angebote unseres Faches unter der Ägide einer Kulturwissenschaft, die aber im Wesentlichen bisher einseitig und damit doch unbeantwortet geblieben sind.[1]

Im Folgenden soll in großen Zügen noch einmal an die spezifische Entwicklung eines sozialwissenschaftlichen Fachverständnisses in der Volkskunde erinnert werden, nicht zuletzt um auf einige Desiderate und lohnenswerte künftige Fragestellungen hinzuweisen.

Schon bei Riehl finden sich genügend Anhaltspunkte für ein soziologisch orientiertes Fachverständnis, und sei es schon allein durch die Wahl seiner Themen, etwa »Die Familie« oder die »Bürgerliche Gesellschaft als Grundlage einer deutschen Sozialpolitik«. Natürlich sind das auch Themen, die von den übrigen mit Mensch und Gesellschaft befassten Wissenschaften, vor allem der disziplinär ebenfalls aufstrebenden Soziologie behandelt werden konnten. Und in dieser thematischen Nähe liegt wohl auch eine der wichtigsten Ursachen für dieses Missverhältnis der disziplinären Rivalität.

Riehls soziales Volkskunde-Verständnis hat sich bekanntlich zunächst nicht fortgesetzt, wohl nicht zuletzt, da Riehl in dem Sinne keine eigene Schule gebildet hatte und als Volkskundler keine direkten Nachfolger oder sogar Schüler fand. Das mag ein Grund dafür sein, dass sich in der Formierungsphase der Volkskun-

---

1   Vgl. hierzu umfängliche Rezensionen von Dieter Kramer, Hessische Blätter für Volks- und Kulturforschung 43 (2007), S. 282–293.

de auch etliche andere Bezüge angeboten hatten, Geschichte, Philologie und Geographie, auch Psychologie um nur einige zu nennen. In Riehls wissenschaftlichem Leben folgte dann die Berufung auf die Münchener Professur, u.a. für Statistik, die von da an als eine Gründungsprofessur für Soziologie angesehen wurde. Wie immer man es sehen will, obwohl Riehl mit seinem berühmten Vortrag »Die Volkskunde als Wissenschaft« eigentlich als unser universitärer Ahn hätte gelten können, mit der Berufung nach München reihte er sich auf der anderen Seite ein. In den Fachgeschichten zur Volkskunde – auch in der, die ich nun in 3. Auflage mitverfassen durfte, folgt dann mit sehr großem zeitlichem Abstand in der Wissenschaftsgeschichte soziologischen Denkens in der Volkskunde die sogenannte Schwietering-Schule, die auch als eine soziologische Schule in unserem Fach bezeichnet wird und wurde. Außer mit ein, zwei Grundsatzartikeln zu Aufgaben der Volkskunde hat Julius Schwietering selbst mit seinen Schriften allerdings weniger zu einer soziologischen Orientierung beigetragen, das geht eher auf das Konto der von ihm angeregten und betreuten Arbeiten. Hierfür stehen an vorderster Stelle Martha Bringemeier und Mathilde Hain, aber auch Otto Brinkmann, Robert Wikman, der Rumäne G. Wrabie und einige andere. Mathilde Hain hat in diesem Wissenschaftszusammenhang 1936 ihre berühmte Studie über Mardorf, »Das Lebensbild eines oberhessischen Trachtendorfes« verfasst.

Laut Ingeborg Weber-Kellermann ist mit der Schwietering-Schule auch das Kontext-Konzept in die Volkskunde eingegangen.[2] Das hätte man eigentlich auch später ansetzen können, aber wahrscheinlich gründet sich diese Zuordnung auf dem funktionalistischen Gehalt der Schwietering-Position. Bringemeier hat bereits in Pesslers großem Handbuch der Deutschen Volkskunde von 1934 über die soziologische Methode in der Volkskunde geschrieben und Mathilde Hain, in Wolfgang Stammlers Deutscher Philologie im Aufriß, den Artikel »Die Volkskunde und ihre Methoden« verfasst, mit einem Abschnitt über die soziologische Methode. Wie auch immer man heute inhaltlich darüber denken mag, sind dies mit die ersten methodisch orientierten Texte zu einer soziologisch orientierten Volkskunde.

Julius Schwietering, studierter Germanist und Altertumskundler, Museumsmann, dann mit der Ausweitung der Lehrbefugnis auf Volkskunde, wirkte – bezogen auf seine soziologische Schule – in Münster am dortigen Provinzialinstitut und später an der Frankfurter Universität. Die Bewertung seines wissenschaftlichen Ansatzes, vor allem seiner Impulse für eine, jetzt nenne ich sie »sogenannte« soziologische Schule in der Volkskunde, ist heute sicherlich unterschiedlich anzusetzen. Wissenschaftsgeschichtlich bleibt der Terminus ein Fakt, inhaltlich mag man sich fragen, was für ein Soziologiebild wohl dahinter steht.

---

2   Weber-Kellermann, Ingeborg und Bimmer, Andreas C.: *Einführung in die Volkskunde/Europäische Ethnologie. Eine Wissenschaftsgeschichte*. Zweite erweiterte und ergänzte Auflage. Stuttgart 1985, S. 87.

Auf jeden Fall ist der Einzug funktionalistischen Denkens in die Volkskunde festzuhalten. In bezug auf Schwieterings Präferenz für die Bauernkultur dürften neue Einschätzungen und Bewertungen erforderlich werden. Hierzu hat sich Peter Assion ausführlich in »Völkische Wissenschaft«[3] geäußert und harte Zweifel angemeldet, ob überhaupt von einem Anstoßen soziologischen Denkens durch Schwietering die Rede sein könne. Festzuhalten bleibt dennoch, dass durch die Schwietering-Schule soziologisches Argumentieren und Denken für die Volkskunde hoffähiger geworden war. Funktionalistische Forschungsansätze konnten die Perspektive erweitern und öffnen.

Vieles, wahrscheinlich immer noch nicht genug, wurde in unserem Fach bereits über die Rolle und Funktion der Volkskunde im Nationalsozialismus geforscht und veröffentlicht. Aber die Aufarbeitung der Beziehung von Volkskunde und Soziologie im »Dritten Reich« steht eigentlich noch aus. Natürlich ist bekannt, dass der kritische Teil der Soziologen, etwa der späteren Frankfurter Schule, hat emigrieren müssen, natürlich ist bekannt, dass im Zuge der NS-Umerziehungsprogramme der Volkskunde an Universitäten und vor allem an Pädagogischen Hochschulen besondere Förderung und wohl auch Wertschätzung zukam.[4] Ebenso bekannt ist, daß die verbliebene Soziologie, die dann auch Volkssoziologie hieß, ebenso willfährig war. Namen wie Karl Heinz Pfeffer und andere wären hier zu nennen. Lohnenden Aufschluss könnten Positionierungen der NS-Soziologie gegenüber der Volkskunde ergeben, eventuell durchaus in Richtung einer beiderseitig empfundenen Bedrohung.

> Zu dieser Spielart gehört schließlich eine ›Volkskunde‹, die sich weigert, die Wirklichkeit des politischen Volkes zu sehen und unter ihr eine untergeschichtliche Wirklichkeit des ›gemeinen Volkes‹ (Rumpf) als des eigentlichen Volkes sucht. Indem sie nur ›das alte, friedliche, werktätige Volk in Land und Stadt‹ als Volk erkennt, überläßt sie den harten Alltag der Politik und der Wirtschaft, den Alltag des Volkes selbst, der bürgerlichen Gesellschaft und zieht das völkische Wesen in einen privaten Raum der Tracht oder des Liedes zurück.[5]

Aus diesem Zitat spricht nicht nur die Überheblichkeit der sich überlegen fühlenden Disziplin, die sich damit weiter dem herrschenden System anbiedert, sondern möglicherweise auch eine gewisse Furcht vor volkskundlicher Konkurrenz.

---

3 Assion, Peter: *Julius Schwietering.* In: Jacobeit, Wolfgang Lixfeld, Hannjost und Bockhorn, Olaf (Hg.): *Völkische Wissenschaft. Gestalten und Tendenzen der deutschen und österreichischen Volkskunde in der ersten Hälfte des 20. Jahrhunderts.* Wien, Köln, Weimar 1994, S. 50–61; hier S. 55f.

4 Vgl. hierzu Becker, Siegfried: *Bernhard Martin und die deutsche Volkskunde in Marburg 1934–1945.* In: Köhler, Kai, Dedner, Burkhard und Strickhausen, Waltraud: *Germanistik und Kunstwissenschaften im »Dritten Reich«.* Marburger Entwicklungen 1920–1950. München 2005, S. 99–141.

5 Pfeffer, Karl-Heinz: *Die deutsche Schule der Soziologie.* Leipzig 1939, S. 129.

Bizarr mutet es allerdings an, dass sich diese Stoßrichtung gegen die Volkskunde anscheinend generell und über alle wissenschaftpolitischen Systeme und Zeiten hält.[6] Dennoch sollte man den Faden dieser Perspektive künftig auch einmal aufnehmen, gewissermaßen als eigene Außensicht auf das Eigene.

Nicht so bekannt sind aber meines Erachtens konkrete disziplinäre Kontakte während der NS-Zeit zwischen beiden. Neben vielen anderen Zugängen könnte auch über die 1935 von Wilhelm Brepohl in Gelsenkirchen gegründete »Forschungsstelle für das Volkstum im Ruhrgebiet«, der angesehenen späteren Sozialforschungsstelle in Dortmund gehandelt werden.[7] Auch gibt es Hinweise über einen Auftritt Adolf Spamers während eines Soziologenkongresses in dieser Zeit aber leider keine Details und eindeutigen Nachweise.[8]

Interessant wäre es wohl schon, weil sich während der NS-Zeit wahrscheinlich die Aufgabenstellung und die Gegenstandsbereiche von Volkskunde und Soziologie mehr ähneln und überschneiden mussten als in anderen Epochen der jeweiligen Wissenschaftsgeschichten. Neben inzwischen zahlreichen Ausführungen hierzu ist vor allem die »Völkische Wissenschaft«[9] zu nennen, aber eben überwiegend aus der Volkskunde-Perspektive. Was dachten und argumentierten die zeitgenössischen Soziologen zur Bedeutung und über ihr Verständnis von Volkskunde. Wie gesagt, Ausführlicheres schiene mir schon lohnend.

Für die Zeit nach 1945 kann man nur ganz punktuell und kaum noch chronologisch vorgehen. Aus jeder Einführung bekannt ist der berühmte Aufsatz von 1946 von Heinz Maus, dem Soziologen, der damals in Mainz die Zeitschrift »Die Umschau« redigierte und der später in Marburg einer der soziologischen Fachvertreter war. Ich muss hier seine Thesen und die daraus resultierende Unruhe im Fach und ein sehr viel später zu meiner Marburger Studienzeit von Dieter Kramer und mir geführtes Interview mit Heinz Maus nicht weiter behandeln. Auch nicht das Tübinger Flugblatt auf dem Würzburger Volkskunde-Kongress von 1967, in dem von Tübinger Studenten das Fach aufgefordert wurde, Mausens Vorschläge end-

---

6   Vgl. hierzu auch die mit allgemeiner volkskundlicher Empörung aufgenommene Stellungnahme von Erwin K. Scheuch, dem einst führenden Vertreter einer Empirischen Sozialforschung, über die Volkskunde. Erwin K. Scheuch: *Das Interview in der Sozialforschung*. In: *Handbuch der empirischen Sozialforschung I*. Hg. von René König. Stuttgart 1962, S. 136–196; hier S. 139.

7   Otto Neuloh schrieb hierzu in einem Grußwort anlässlich Brepohls 65. Geburtstags: »wurden von der Forschungsstelle unter Leitung von Wilhelm Brepohl volkskundliche und soziologische Untersuchungen durchgeführt« In: Soziale Welt 9 (1958), S. 193f. Im Übrigen stellte die »Soziale Welt. Zeitschrift für Wissenschaft und Praxis des sozialen Lebens, Herausgegeben von der Arbeitsgemeinschaft Sozialwissenschaftlicher Institute« in den 1950er-Jahren am ehesten ein Forum dar, in dem auch Volkskunde einen gelegentlichen, fast festen Platz hatte.

8   Für weitere Informationen hierzu wäre ich dankbar.

9   Jacobeit, Wolfgang und Lixfeld, Hannjost: *Völkische Wissenschaft* wie in Fußnote 3.

lich umzusetzen.[10] Mit nun über fünfzigjähriger Distanz zum Maus-Vorstoß könnte man sich heute fragen, für wie bedeutend Maus für das Selbstverständnis der Volkskunde eigentlich wirklich war und ob seine Rolle nicht allzu sehr überschätzt wird. Unbestritten hat er zum rechten Zeitpunkt richtige Fragen und Forderungen gestellt. Aber was wusste er eigentlich tatsächlich von der Volkskunde in der NS-Zeit? Wie fundiert war seine Attacke? Wer oder was waren seine Informanten? Es dürfte an der Zeit sein, sich diesem Problem aus nüchterner Perspektive zu nähern.[11]

Ich gehe zeitlich noch einmal zurück und möchte zwei Volkskundler, keine Deutschen, nennen, die dennoch ganz erheblichen Einfluss auf die Entwicklung der Volkskunde in Deutschland und vor allem auch auf die Fortführung soziologischen Denkens in unserem Fach hatten. Es sind – wie nicht anders zu erwarten – der Schweizer Richard Weiß und der Schwede Sigurd Erixon. Beide kann man mit Fug und Recht Funktionalisten nennen, beide sind keine Soziologen, beide waren zu ihrer Zeit die zentralen Vertreter der Volkskunde in ihren Ländern. Beide haben ihre wissenschaftlichen Karrieren nicht erst nach 1945 begonnen.

Mindestens Richard Weiß dürfte aus jeder guten Einführung bekannt sein, unnötig die Geschichte seiner 1946 veröffentlichten »Volkskunde der Schweiz«, vor allem in ihrer euphorischen Wirkung auf die deutsche Volkskunde zu wiederholen. Eindrücklich dürften die funktionalistischen Umformulierungen genannt werden, z.B. nicht von Haus und Siedlung sondern von Hausen und Siedeln, nicht von Tracht sondern von Tragen zu reden, d.h. vom statischen Zustand zur Tätigkeit, zur Nutzung.

Die Einsicht, dass sich die Bereiche der sogenannten sozialen Volkskunde, die sich ganz wesentlich im Brauch abspielten, sozialen Prozesscharakter hätten, dass man da nicht umhin kam, auch Verbindungen zur Soziologie zu sehen verdichtete sich in der Deutschen Volkskunde. Dass aber auch Gegenstände, die bisher eher unter dem Gesichtspunkt einer dingbezogenen Sachforschung betrachtet wurden, nun in funktionalistischer Sicht ebenfalls soziale Zuschreibungen erhielten, das war neu. Funktionalistisch denken hieß auch gleichzeitig soziologisch denken, aber man konnte Weiß auch lesen und für sich verwerten, ohne funktionalistisch und damit soziologisch denken zu müssen, zu breit und vielseitig waren seine Themen und Schriften.

---

10 »Ausdruck des Bedauerns« abgedruckt in Volkskunde Forum: Zeitschrift der Volkskunde-Studenten und -Assistenten. Heft 1, Marburg 1967, S. 13; vgl. auch meinen Kommentar (bi), ebd. S. 14–15; Wiederabdruck des Flugblatts in: *Fach und Begriff »Volkskunde« in der Diskussion*. Hg. von Helge Gerndt. Darmstadt 1988; vgl. »*Interview mit Prof. Heinz Maus*« durchgeführt von Dieter Kramer und Andreas C. Bimmer am 19.03.1968. Abgedruckt in: Volkskunde-Forum Heft 2 (1968), S. 5–17.

11 Zu dieser Thematik bereite ich gegenwärtig eine kleine Studie vor.

Daher wurde eine Kritik an Weiß wohl eine ganze Weile als ›Majestätsbeleidigung‹ angesehen, so einmütig war zumindest die verbale Zustimmung. Eine fundamentale Kritik fand dann erst in der Tübinger Publikation »Abschied vom Volksleben« statt, die zum Volkskunde-Kongress in Detmold 1970 erschien. Auch das ist so bekannt, daß ich mir Einzelheiten ersparen kann. Die Tatsache, daß im »Abschied« von der alten Volkskunde die Demontage oder Dekonstruktion von Richard Weiß im Mittelpunkt stand, zeigt für wie bedeutend er für die Entwicklung der Nachkriegs-Volkskunde angesehen wurde. Es war aber auch gleichzeitig der Beginn einer Abrechung mit funktionalistischem Denken, das sich vor allem auch in der damaligen Soziologie im Abwind befand. Schließlich lehrte Ralf Dahrendorf in Tübingen als soziologischer Mentor, der angetreten war, die strukturfunktionale Soziologie Talcott Parsons um die bis dahin vernachlässigte Kategorie des Konfliktes zu ergänzen. Wie weiterhin jedem von uns bekannt, wurde dann im ›Abschied‹ ein flammendes Plädoyer gehalten für eine sozialwissenschaftlich orientierte Volkskunde als einzig möglichem Weg für einen Neuanfang. Damit einher ging – quasi als Ersatz für die alten Verfahren der Forschung – die Propagierung und Anwendung der Methoden der empirischen Sozialforschung. Viele anders denkenden Volkskundler beurteilten diesen Aufruf als ihr zweites ›Maus-Trauma‹, als einen erneuten Aufruf zur Abschaffung der Volkskunde zugunsten der Soziologie, dieses Mal aus dem eigenen Hause.

Bevor ich im Folgenden begründe, warum ich auch Sigurd Erixon nennen möchte, sollte ich im Zuge einer kleinen Geschichte des soziologischen Denkens in der Volkskunde kurz auf die Entwicklung der sogenannten Gegenwartsvolkskunde hinweisen. Bekanntlich gab es 1927 den ersten Lehrstuhl für Volkskunde in Deutschland in Hamburg mit Otto Lauffer. Der war nun zwar nicht besonders gegenwartsfreundlich in seinen Forschungen und sicherlich auch nicht stadtvolkskundlich. Aber seine Nachfolger, vor allem Walter Hävernick stellten sich auch wissenschaftlich dem großstädtischen Umfeld mit einer bürgerlichen, auch groß- und geldbürgerlichen Bevölkerung. Hävernick, der vor allem durch sein Buch »Schläge als Strafe« ins bundesweite Gerede kam und sogar eine Replik in Form eines ganzen Suhrkamp Taschenbuches erntete, dieser Hävernick berücksichtigte verstärkt Soziologie und Sozialpsychologie für seine stadtvolkskundlichen Arbeiten. Vor allem Peter Hoffstädter, aber auch Konrad Lorenz zählten zu seinen Referenzen und so öffnete er einem über die Volkskunde hinausgehenden Denken den Weg. Auch die Studierenden an den Volkskunde-Instituten in Großstädten, hier kam vor allem nach Hamburg noch München infrage, forderten zunehmend den Einbezug der Stadt und der Gegenwart in den Unterricht. Und Großstadt ließ sich immer weniger mit Landleben und Bauern erklären.

Sigurd Erixon halte ich deswegen für eine hervorzuhebende, bedeutende wissenschaftlich-volkskundliche Personnage, weil er meines Erachtens gleich Richard Weiß wichtigen Einfluss auf die Herausbildung soziologischen Argumentierens in der Volkskunde hatte. Erixon, der als Begründer der schwedischen Folkslivssforssgning gilt, ist in seiner Zeit, er starb 1968 in hohem Alter, wohl der bedeutendste schwedische Volkskundler gewesen. Neben seiner wissenschaftlichen Kompetenz hat er sich auch enorme Verdienste um die Organisation der internationalen Beziehungen der Volkskunde sowie um eine Europäische Ethnologie gemacht. Er ist einer der Begründer der Zeitschrift Ethnologia Europaea und unserer europäischen Vereinigung *Société Internationale d'Ethnologie et de Folklore* (SIEF). Als Vertreter des neutralen Schwedens konnte er in der Zeit des Kalten Krieges eine wichtige Vermittlerfunktion einnehmen und so die europäischen Begegnungen zwischen Ost und West überhaupt erst ermöglichen. Diese ersten Kongresse auf europäischer Ebene nutzte Erixon wiederholt, um Grundsatzerklärungen abzugeben über die Stellung und Aufgaben einer europäischen Ethnologie – verstanden im Sinne einer Vereinigung der nationalen Ethnologien; aber er machte auch Äußerungen zu seinem Fachverständnis, wobei ich für die wichtigste sein Axiom halte, dass kulturelle Erscheinungen, seien es Dinge, seien es Handlungsabläufe mit den Kategorien Zeit, Raum und sozialem Bezug zu erklären und einzuordnen wären. Dieses Wissenschaftsverständnis hatte großen Einfluss auf die volkskundliche Arbeit von Ingeborg Weber-Kellermann, m.E. liegt hier sogar ein relevanter Schlüssel zum Verständnis ihrer Arbeit. Weber-Kellermann führt hierzu aus: »Die Einführung dieses Koordinatensystems war also bestimmt durch die drei großen Kulturdeterminanten: Raum, Zeit und soziale Schicht. Damit war der Begriff des sozialen Kontext verfestigt und die von solchen Bezugssystemen losgelöste Survivalforschung der Vergangenheit anheim gegeben.«[12]

Doch zurück zur sozialwissenschaftlichen Orientierung der Volkskunde ab den 1970er-Jahren. Neben Tübingen galt Marburg als der zweite volkskundliche Ort, an dem ein sozialwissenschaftliches Fachverständnis gepflegt wurde. Unser Institut war schon damals eines der großen Institute mit vielen Wissenschaftlerstellen. Der Gründer Gerhard Heilfurth, der ab 1961 das Institut für mitteleuropäische Volksforschung zusammen mit Ingeborg Weber-Kellermann aufbaute, orientierte sich wissenschaftlich sehr breit und international. Der Mitarbeiterstab, das kann man wirklich sagen, umfasste 1966 – als ich an das Institut kam – neben der Professur und Weber-Kellermanns Dozentur weitere acht Wissenschaftlerstellen, die zum Teil verschiedensten Fächern angehörten. Neben Heilfurth und Weber-Kellermann lehrten noch Ina Maria Greverus, Dieter Kramer sowie Hans Friedrich Foltin am Institut. Jede dieser Personen vertrat eine andere wissenschaftliche Ausrichtung, eine explizit sozialwissenschaftliche vielleicht am ehesten Weber-Kellermann und später Foltin. Kramer verstand sich als marxistischer Gesellschaftswissenschaftler, Heilfurth war eher der international orientierter Kultur- und Sozialwissenschaftler, der damals mit Herbert Huckenbeck, einem Völkerpsychologen, Anschluss an (welt-)weite Forschungsstrategien suchte. Greverus wandelte sich bekanntlich von der ausgewiesenen Erzählforscherin zur Kultur-

---

12 Weber-Kellermann, Bimmer: *Einführung,* ebd. S. 101.

anthropologin. Weber-Kellermann, meine und Siegfried Beckers wissenschaftliche Lehrerin, galt im ganzen Fach als Vertreterin einer soziologisch orientierten Volkskunde.[13] In der Kritik wurden immer wieder ihre ehemalige Zugehörigkeit zur Volkskunde der Ost-Berliner Akademie der Wissenschaften und ihr kritischer Forschungsansatz zu unbequemen Themen verquickt, manchmal sogar bis hin zum Denunziativen.

Vielleicht sollte man noch einmal die Konstellation von Soziologie und Volkskunde im damaligen Marburg beleuchten: Die Soziologie, die zu der Zeit eine gesellschaftswissenschaftliche, zeitweise auch marxistisch ausgerichtete Disziplin war, vernachlässigte all die Bereiche, die man mit dem Begriff Mikrosoziologie umschreiben könnte, im Wesentlichen also Konkretes wie Familie, Gemeinde, Dorf, Vereine, Presse, Fernsehen usw. In diese Lücke sprang die damalige Volkskunde und bediente fortan einen Großteil derjenigen Soziologie-Studenten, die sich für solche Themen interessierten. Diese Seminar-Kundschaft wiederum führte zu einer Erweiterung des Volkskundler-Horizontes auf der lernenden wie der lehrenden Seite. Dadurch profilierten sich aber auch die Kriterien sozialwissenschaftlichen Arbeitens in der Marburger Europäischen Ethnologie, wie sie dann bald hieß. Hierzu gehörte vor allem, den sozialen Kontext zu berücksichtigen: weder ein Gegenstand, etwa ein Pflug ein Krug oder eine Tracht, noch eine Handlung, z.B. ein Brauch, noch eine Institution z.B. eine Gruppe oder ein Verein sind ausschließlich phänomenologisch und für sich isoliert zu betrachten. Sie wurden im Zusammenhang von sozialen Merkmalen, wie Alter, Beruf, Geschlecht usw., der Zugehörigkeit zu Gruppen und in ihrem Wert- und Normsystem analysiert. Die Prozesshaftigkeit, d.h. die soziale Dynamik, ist evident. Ich erinnere noch einmal an Erixon: Raum, Zeit, soziale Situation. Als ich jetzt Texte von Erixon wieder einmal las, fiel mir der spätere besonders enge Zusammenhang zur Marburger Schule und vor allem über weite Bereiche zur wissenschaftlichen Position Weber-Kellermanns auf.

Neben der theoretischen Orientierung einer Volkskunde als einer Sozialwissenschaft muss auch die methodische Herangehensweise näher beleuchtet werden. Es war mehr als en vogue, sich den damals rein quantitativ orientierten Methoden der empirischen Sozialforschung verpflichtet zu fühlen. Im Nachhinein gab es dabei natürlich zahlreiche Merkwürdigkeiten, vielleicht auch Missverständnisse. Eines davon war die Entsprechung der Forderung nach Repräsentativität der Ergebnisse, wie sie in der Soziologie als unerlässlich, einzig gültig usw. angesehen wurde, aber das war eben nicht so ohne weiteres übertragbar; hier wurden in der Volkskunde unnötige Rechtfertigungsmanöver durchgeführt, von denen man ahnte, dass es numerisch vielleicht stimmte, dass aber die Ergebnisse herzlich wenig aus-

---

13 Als ich im Studium 1966 von Münster wegging, weil ich einen Ort suchte, an dem meine beiden Fächer Volkskunde und Soziologie friedlich nebeneinander lebten, sagte mir Hinrich Siuts: »Da gehen Sie mal nach Marburg zu Frau Weber.«

sagen konnten. Vielleicht rührte die Begeisterung für die exakten Methoden auch fachhistorisch aus unserem bis dahin wenig überzeugenden Methodenrepertoire, jedenfalls für den Bereich, den man soziale Volkskunde nannte. Dennoch war die Hinwendung zur empirischen Sozialforschung und ihren Methoden, wo immer sie anwendbar waren, eine entscheidende Wende in unserem Fach.

Derweil liefen sich aber auch in der Soziologie die übersteigerten Quantifizierungen langsam tot. Zum einen, weil immer subtilere Methoden immer teurer und unbezahlbarer wurden, zum anderen, weil man zunehmend erkannte, dass eine qualitative Forschung dichtere Ergebnisse bringen könnte, zumindest entwickelte sich auch diese Ausrichtung immer differenzierter, nicht zuletzt, weil sich auch mehr Disziplinen dieses Zugangs bedienen konnten, als bei einer Analyse der großen Zahl. Die allgemeine, weil zahlreiche Disziplinen betreffende Abwendung von einem sozialwissenschaftlichen Verständnis und die ebenso allgemeine Hinwendung zu einem kulturwissenschaftlichen Fachverständnis hängt meiner Ansicht nach – nicht überwiegend aber auch – mit einer Zuwendung zu qualitativen Forschungsmethoden zusammen. Wenngleich ich diese Begründung nicht für zwingend halte, versteht sich doch auch eine qualitative Sozialforschung immer noch als Sozialforschung.

So vehement in den 1970ern die Hinwendung zu einem sozialwissenschaftlichen Verständnis des Faches war, so vehement scheint gegenwärtig die Abwendung davon zu sein. Selbst glühende Verfechter von einst beklagen inzwischen »die falsche Tendenz«. Die Hinwendung zu einem kulturwissenschaftlichen Verständnis ist unübersehbar. Die Namensfrage hat hierauf meines Erachtens keinen nennenswerten Einfluss, benennen sich doch immer mehr Institute in »Institute für Europäische Ethnologie« und verstehen sich dennoch als Institute für Kulturwissenschaft. Die soziale Qualität von ›Kultur‹ ist nicht zu bestreiten Auch in einem kulturwissenschaftlichen Fachverständnis sollten soziale Merkmale, die Prozesshaftigkeit der sozialen Situation, soziale Werte und Normen sowie deren räumliche Determinanten als analytische Kriterien Beachtung finden. Also neben die Phänomenologie tritt die Sozialbezogenheit von Gegenständen und Objektivationen. Das Soziale als eine der wichtigsten Differenzierungs- und Interpretationskategorien einer sich als Sozialwissenschaft verstehenden Volkskunde gerät in der kulturwissenschaftlichen Diskussion immer mehr in den Hintergrund. Wir sollten uns daher überlegen, welchen Anteil sozialwissenschaftliche Kategorien am kulturwissenschaftlichen Erkenntnisprozess haben sollen, noch haben können, oder ob sozialwissenschaftliches Denken überhaupt noch nötig ist oder tatsächlich entbehrlich sein soll.

Karl Braun

Grenze und Kulturvergleich

Zur Semantik des »›Wir‹ und ›die Anderen‹«

Entgrenzung / Begrenzung

Ziemlich zu Beginn des *Portrait of the Artist as a Young Man* lässt James Joyce seinen Helden Stephen Dedalus über folgende Wortreihe nachdenken, die dieser auf das Deckblatt seines Geographiebuchs geschrieben hat:

Stephen Dedalus
Class of Elements
Clongowes Wood College
Sallins
County Kildare
Ireland
Europe
The World
The Universe[1]

Diese Liste des Schülers drückt zweierlei aus: zum einen Identitätssuche, die in einer Reihe von »Wir«-Verortungen – Klasse, Schule, Gemeinde, Grafschaft, Land, Kontinent, Menschheit – zum Universum, zu kosmischer Entgrenzung führt, andererseits die Abgrenzung, die den Auschluss des »Anderen« impliziert. Auf *Ireland* hätte durchaus *United Kingdom* folgen können, denn 1916, im Erscheinungsjahr des *Portaits* als Buch, hatte Irland die Unabhängigkeit von Großbritannien noch nicht erlangt; erst 1921 wird es – ohne Ulster – selbständiges Dominium innerhalb des Commonwealth und 1937 eigener Staat. Die Selbstverortung Stephen Dedalus' lässt sich also auch als politisches Manifest eines – nach heutigem Sprachgebrauch – Regionalisten lesen, der auf Unabhängigkeit von einem ungeliebten Zentralstaat und auf die Errichtung eines eigenen Nationalstaates pocht.

Beim Gedanken an das Universum taucht für Dedalus Gott als Prinzip des Nicht-Begrenzt-Seins auf. Joyce benennt so einen der schwierigen Punkte des 19. Jahrhundert-Nationalismus in den sich erst säkularisierenden europäischen Gesellschaften: die Anforderungen der eigenen Nation, die den Ansprüchen des christ-

---

1   Joyce, James: *The Portrait of the Artist as a Young Man*. London 1992, p. 12.

lichen Gottes – per Definition übernational – zuwiderlaufen.[2] Stephen Dedalus reflektiert über die verschiedenen Namen Gottes – Dieu, God – in den verschiedenen Sprachen und kommt zu einem Schluss, welcher der Hypostasierung der Nationalsprachen in den Nationalismen scheinbar gerecht wird und zugleich ein Dilemma der irischen Unabhängigkeitsbewegung, deren Argumentation nicht zuletzt auf einem keltischen Ursprungsmythos beruhte, schlagartig aufzeigt: »… and God's real name was God«.[3]

Auch der deutsche Nationalismus vereinnahmte Gott; nur lautete hier der richtige Name Gottes *Gott:* »Mit Gott für Volk und Vaterland« hieß der Schlachtruf des deutschen Nationalismus, aber die Idee der Nation selbst bekam im Kampf um den Nationalstaat mehr und mehr Züge der Göttlichkeit. Die Sakralisierung und Verabsolutierung der eigenen Nation jedoch war janusköpfig, ent- und begrenzte zugleich: Die Übertragung religiöser Gefühlsintensität auf nationale Belange bot die Möglichkeit, Entgrenzungssehnsucht, das Aufgehen des Einzelnen in einem großen Ganzen, in einem »Wir«, zu praktizieren, die notwendige territoriale Beschränkung einer Nation dagegen erzwang eine klare Grenzziehung gegenüber den – meist feindlich gedachten – Nachbarn. Dieser doppelten Bewegung der Ent- und Begrenzung im deutschen Nationalismus (und nicht nur dort) korrespondierte eine zeitliche und räumliche Dimension.

Das eigene Volk wurde als eines ganz langer Dauer gedacht, als »Urvolk«, wie Fichte sagt, als ein organisch-gewachsenes Kontinuum, welches aus germanischer Vorzeit stammend in eine ferne Zukunft hinüberreichte. Aufgabe der Arbeit am Volk müsse es sein, die zeitgenössischen, modernen Bedrängnisse – Verfall im Innern durch undeutsches Handeln Deutscher und »Fremder« sowie durch die Bedrohung oder gar die Knechtung durch Feinde von außen – ein für allemal aufzuheben und die alte ursprüngliche Größe wieder zu erreichen. Diese Sicht auf das eigene Volk als »ewiges« und trotz aller Wechselfälle der Geschichte sich dennoch gleichbleibendes setzte klare Abstammungslinien voraus; damit das Volk als »ewiges« gedacht werden konnte, musste es ethnisch »rein« sein. Dies wiederum war nur möglich durch ein Territorium, das diesem Volk ursächlich zugeordnet war. Eindeutige Grenzen, die das nationale »Wir« von den »Anderen« schieden und trennten und die so die innere Reinheit garantieren sollten, mussten gezogen sein. Man könnte also den Slogan »Blut und Boden«, der sich in Deutschland so unheilvoll ausgewirkt hat, als Chiffre für die räumliche wie zeitliche Achse der »großen Erzählung« sehen, welche die Nationbildung motivierte, begleitete und ihr zur Realisierung verhalf. Ernest Gellner hat das knapp auf den

---

2   Stephen Dedalus is my name / Ireland is my nation.
    Clongowes is my dwellingplace / And heaven my expectation.
3   Ebd.

Punkt gebracht: »Es ist der Nationalismus, der die Nationen hervorbringt, nicht umgekehrt«.[4]

Nationalismus und Grenze

Das Konzept des Nationalismus und Nationalstaats, das die europäischen Gesellschaften des 19. Jahrhunderts prägte, veränderte auch das Konzept der Grenzen: nicht mehr die Grenzen feudaler Herrschaft mit ihren Exklaven, Sonderrechten und soziokultureller Durchlässigkeit. Die deutschen Gebiete mit ihrer Kleinräumigkeit und dem Problem der Religionszugehörigkeit nach dem Prinzip des »cuius regio, eius religio« stellen gewiss einen besonderen Fall dar, für Frankreich hat Norbert Elias im 2. Band von *Prozeß der Zivilisation* die Herausbildung eines frühen Nationalstaates im feudalen Kräftespiel nachgezeichnet. Feudalen Herrschaftspraktiken geht es vorrangig um Zugewinn an Territorium und dessen Konsolidierung, aber kaum um eine ethnische oder kulturelle Vereinheitlichung der Untertanen (lässt man Spanien als Sonderfall ab Ende des 15. Jahrhunderts einmal außer Acht).

Frederik Barth hat in seinem für die Grenzforschung einflussreichen Artikel »Ethnic groups and boundaries« die Territorialkonzeption im nationalistischen Denken als »an island to itself«, als »Insel für sich«[5] bezeichnet, diese »Insellage« muss – die wenigsten Länder haben ein sie völlig umgebendes Meer – durch die Beschaffenheit der Grenzen hergestellt werden. Grenzen sind in diesem Sinne vorrangig Abschottungswälle, d.h. potentielle Frontlinien, ein Bedeutungsgehalt – Lucien Febvre hat es gezeigt[6] – der als militärischer einigen Begriffen für Grenze in der Romania eingeschrieben ist: frontière, frontera. Die Sicherung dieser Frontlinie nach außen muss durch Vereinheitlichung und Homogenisierung im Innern des Territoriums begleitet sein. Homogenisierung meint hier eine Identitätspolitik, die von feststehenden Identitäten und Übereinstimmungen der Bewohner des Territoriums ausgeht bzw. diese wieder herstellen will, da die »identitas«, das »Mit-sich-eins-Sein« durch geringe Wachsamkeit und verlockende fremde Einflüsse unterhöhlt sein kann. Idealtypisches Ziel solcher Homogenisierung wäre eine Gleichung, wie sie Barth benannt hat: »Rasse=Kultur=Sprache und somit eine Gesellschaft, die gleich einer Einheit ist, die Andere zurückweist oder diskriminiert«.[7] Solche Einheitlichkeit wird kaum zu erreichen sein, dennoch ist sie angestrebtes Ziel nationalistischer Politik, zumal wenn das eigene

---

4   Gellner, Ernst: *Nationalismus und Moderne.* Berlin 1991, p. 87.

5   Im gleichnamigen Buch: Barth, Frederic: *Ethnic groups and boundaries.* London 1981, p. 198–227, hier p. 200.

6   Febvre, Lucien: *Frontière – le mot et le notion.* In: ders., Pour une Histoire à part entière. Paris 1962, p. 11–24.

7   Barth, p. 200.

Volk als organische Größe, als »Volkskörper«, gedacht wird. Diesem »Volkskörper« eignet etwas, das ihm und nur ihm zukommt und das Friedrich Ludwig Jahn, »Turnvater der Deutschen« prägnant in seinem Buch »Deutsches Volkstum« benannt hat: »Volkstum ist eines Schutzgeistes Weihungsgabe, ein unerschütterliches Bollwerk, die einzige natürliche Grenze«.[8]

Nimmt man Georg Simmels klassische Formel: »Die Grenze ist nicht eine räumliche Tatsache mit soziologischen Wirkungen, sondern eine soziologische Tatsache, die sich räumlich formt«[9], dann erweist sich das Projekt, das Jahns Sichtweise zugrunde liegt, als doppelt aggressiv-nationalistisches: Zum einen müsste dem »deutschen Volkstum« innerhalb der bestehenden deutschen Grenzen Geltung verschafft werden – Schlagwort »Erfindung der Nation« –, zum anderen stünde es an, deutsche Siedlungsgebiete außerhalb der deutschen räumlichen Grenzen in einen geschlossenen Geltungsraum dieser »einzigen natürlichen Grenze« zu integrieren.

Jahns »Volkstumskunde« zielt auf die bewußte Herstellung einer Tradition, auf die Mischung von Funden, Versatzstücken aus Brauchtum und Alltagshandeln, und Erfindungen wie Tacitus-Rezeption oder die »altdeutsche Tracht«, insgesamt gesehen auf die Bereitstellung eines Tableaus an Symbolen, Handlungsweisen und Sachkultur, das als Altdeutsches und für deutsche Seinsweise Typisches neuen Generationen anerzogen werden konnte.

Die Setzung und die Entfaltung und das Wirksamwerden »deutschen Volkstums«, woran die Volkskunde – als akademisch nicht-instutionalisiert im 19. Jahrhundert und als universitäre Disziplin in der ersten Hälfte des 20. Jahrhunderts – mitgewirkt hat, ist somit immer auch *Grenzpolitik*, Arbeit an der Konstruktion eines nationalen »Wir«, einer »geglaubten Gemeinsamkeit« im Sinne Max Webers.[10]

Euroregionen

Die Grenze ist im Nationalismus als etwas Festes konzipiert, als etwas, das zwar Durchlässigkeit besitzt, das vor allem aber Abschirm-Funktion wahrnimmt. Die ihr zugeschriebene Festigkeit entsprang mitunter auch ideologischem Wunschdenken, in der Realität dürften die meisten europäischen Grenzen weicher gewesen sein – Trennlinien wie der »Eiserne Vorhang« ausgenommen.

---

8 Jahn, Friedrich Ludwig: *Deutsches Volkstum*. Berlin 1991, p. 37. Siehe hierzu Braun, Karl: *Vom »Volkskörper«. Deutschnationaler Denkstil und die Positionierung der Volkskunde*. In: ZfV 105 (2009), S. 1–27.

9 Simmel, Gorg: *Soziologie. Untersuchungen über die Formen der Vergesellschaftung.* Berlin ⁴1958 (Reprint von 1923), S. 467.

10 Weber, Max: *Wirtschaft und Gesellschaft*. Tübingen ⁵1985, S. 219.

Gebiete, die in früheren Zeit wirtschaftlich und kulturell grenzüberschreitend vernetzt waren, oder gar ethnisch oder sprachlich homogene Regionen, die durch die Grenzziehung getrennt wurden, Zonen des klassischen Regionalismus also, haben dieses Konzept von je unterlaufen und dabei den Argwohn der Zentralen erregt.[11]

Durch die Politik der europäischen Vereinigung sind für das Gebiet der EU andere Konzeptionen der Grenze in den Vordergrund gerückt: die Euroregionen. Diese stellen grenzüberschreitende Zusammenschlüsse und Aktivitäten dar, die von administrativen und organisatorischen Größen getragen werden, die im klassischen Nationalstaatdenken niemals mit »internationalen« Beziehungen beauftragt waren: Kommunen, Kreise, autonome Regionen, aber auch Vereine und Interessenverbände. Ziel ist es, die Strukturschwachheit der Grenzgebiete – nicht zuletzt entstanden durch das Grenzkonzept der Nationalstaaten – in gemeinsamer Anstrengung zu überwinden, Ressourcen wie die Tourismusindustrie im Verbund zu nützen und insgesamt die Bedeutung der Staatsgrenze, die ihr die innewohnende Produktionskraft an struktureller Behinderung und sozialer Trennung für die jeweilige Region zu mindern oder langfristig aufzuheben. Leicht geht dabei die programmatische Rede von der »Konstruktion grenzüberschreitender regionaler Identitäten«.

»Europa der Regionen« lautet das Schlagwort. In der Regionalisierungspolitik, von der EU in zahlreichen Programmen (Interreg I–IV) ökonomisch wirksam gefördert, mischen sich administrative Bestrebungen und Zielsetzungen oberster EU-Behörden mit pragmatischen Interessen grenzüberschreitenden Handelns seitens der politischen Repräsentanten und auch der Bevölkerung der Grenzregionen. Ein fernes, jedoch gern und oft benanntes Ziel dieser Regionalisierung ist – gemäß der 1973 gegebenen »Declaration on the European Identity« – die Erneuerung früherer oder die Schaffung neuer grenzüberschreitender Identitäten als Schritt zu einer echten Europäisierung der EU, als Initiierung eines Zersetzungsprozesses vorrangig nationalstaatlicher Verortung.

Praktisch alle Grenzregionen innerhalb der europäischen Union sowie an der EU-Ostgrenze sind inzwischen in grenzüberschreitender Kooperation, in insgesamt über 150 transnationalen Regionalverbänden zusammengefasst. Hatte das Interreg-III-Programm (2003–2006) speziell der ersten Osterweiterung (2004; z.B. ein bayerisch-tschechisches Raumkonzept) der Union Rechnung getragen, ist Interreg IV (2007–2013) über die »Europäische Territoriale und Transnationale Zusammenarbeit« definiert. Interreg IV soll neben der Binnen- und Außengrenzenarbeit vor allem die zweite Osterweiterung (2007; Bulgarien, Rumänien)

---

11 Es liegt auf der Hand, dass die von der EU propagierte Form von Regionalisierung den klassischen Regionalismen – Hermann Bausinger hat diese potentielle Nationen bezeichnet – entgegensteht. Die Nationalisten im Baskenland, ob nun bewaffnet oder nicht, setzen auf Unabhängigkeit, nicht auf transnationale Vernetzung.

strukturell begleiten. Die deutsche Beteiligung an Interreg IV B erstreckt sich auf fünf Programme: Alpine Space, Central Europe, North-West Europe, Baltic Sea und North Sea Region.

Parallel zur internen und Anrainer-Nachbarschaftspolitik der EU wurde 2008 die »Union für das Mittelmeer«, welche die nordafrikanischen und einige Nahost-Staaten (darunter Türkei und Israel) umfasst, und 2009 die »Östliche Partnerschaft« (EaP) mit den osteuropäischen Nachbarn begründet.

Die Meinungen über die Euregio-Aktivität gehen auseinander. Europa-Skepsis sieht nur administrativ-technokratische Zusammenarbeit am Werk, »künstlich« geschaffene Räume, deren Attraktivität für die Macher von unten nur darin bestehe, die von der EU bereitgestellten Gelder abzugreifen, um – zwar im Verband, aber unter gegenseitiger Benutzung der jeweils anderen Seite – Verbesserungen für sich selbst herauszuholen und der – nicht zuletzt durch die Grenzlage bedingten – Schwäche in der Infrastruktur abzuhelfen. Europa-Euphorie dagegen feiert die Aufhebung der Nationalstaaten von ihren Rändern her, den geglückten Aufbruch in ein transnationales Europa.

Wenn ich jetzt in zwei knappen Beispielen die Problematik solcher Euroregionen skizziere[12], will ich weder der skeptischen noch der euphorischen Position das Wort reden, sondern nach dem kulturellen Eigen-Sinn fragen und ob dieser wirklich durch intensiven und geförderten Kontakt nach »drüben«, unterstützt von den Tendenzen allgemeiner Globalisierung, sich aufzulösen und die Trennungslinien zwischen »Wir« und »Sie«, die Anderen, zu verschieben beginnt. Dieser Prozess mag in Regionen mit historisch gewachsener und nur durch willkürlich nationalstaatliche Grenzziehung unterbroche Vernetzung weiter vorangeschritten sein, wie z.B. in der Region »Oberrhein Mitte-Süd«, die das Elsass, Südbaden und das Basler Land umfasst[13], oder in derjenigen um den Bodensee. Diese Situation dürfte eher untypisch sein; von den beiden Regionen, die ich ausgewählt habe, liegt die eine – die Euregio Egrensis – am ehemaligen Eisernen Vorhang und ist trotz alter grenzüberschreitender Vernetzung eine von den Konflikten des 20. Jahrhunderts heimgesuchte und gekennzeichnete Gegend, während die andere Grenze, die spanisch-portugiesische im Bereich des Alentejo-Beira/Extremadura, eine der ältesten europäischen Grenzen darstellt und beide Gebiete, die sie trennt, sowohl aus europäischer wie nationalstaatlicher Perspektive sich in extremer Peripherielage befanden.

---

12 Die Recherchen stammen zum Teil aus den Jahren 1999/2000; neuere Ergebnisse sind eingearbeitet.

13 Siehe: Baasner, Frank und Neumann, Wolfgang: *France – Allegmagne: cooperation dans la grande région frontalière de Mulhouse à Sarrebruck. Un état de lieux* / Deutschland – Frankreich: Zusammenarbeit im grenznahen Raum von Mulhouse bis Saarbrücken. Eine analytische Bestandsaufnahme. Ludwigsburg 2005.

Meine Recherchen bestanden zum einen in Sichtung des publizierten Materials zur jeweiligen grenzüberschreitenden Zusammenarbeit und in Expertengesprächen mit z.B. politischer Verantwortung, zum anderen in punktuellen Befragungen von Leuten aus der Region, in deren Mittelpunkt grenzüberschreitende Aktivitäten und die jeweiligen Fremdbilder standen.

Beispiel 1: Extremadura / Alentejo-Beira (Centro)

Die spanisch-portugiesische Grenze ist eine der ältesten in Europa, sie existiert nun fast unverändert seit mehr als 800 Jahren. Bei einer Länge von 1.234 km gab es bis in die 1980er-Jahre nur 13 offizielle Grenzübergangsstellen, die zudem zum Großteil nur untertags geöffnet waren. Es ist eine gut befestigte Grenze, die Gelüste der spanischen Krone, die gesamte Halbinsel zu vereinen – von 1580–1640 auch verwirklicht –, bedingte, dass die beiden Länder »für Jahrhunderte mit dem Rücken zueinander«[14] lebten, wie William Kavanagh feststellte. Mit dem Beitritt der beiden neuen Demokratien in die Europäische Gemeinschaft und deren innerer Umstrukturierung – z.B. Einführung der Autonomias in Spanien – begann die transnationale Zusammenarbeit zwischen den Grenzregionen, die in den beiden zentralistischen Staaten »Hinterland« gewesen waren. Im Pro-Kopf-Einkommen liegen beide Regionen hinter dem ihrer Länder klar zurück: mit Sicherheit eines der unterentwickeltsten Gebiete Europas.

Das spanische Koordinationsbüro (»Gabinete de iniciativas transfronterizas«), eröffnet wie die portugisiesischen Büros in Évora und Coimbra im Jahr 1992, hat in Merida, der Hauptstadt der Extremadura, seinen Sitz und ist direkt dem Präsidenten der Autonomie-Regierung unterstellt – »Chefsache« also –, wie mir versichert wurde. Es erwartet den Besucher mit einer langen Listen von Erfolgmeldungen, infrastrukturellen Verbesserungen vor allem, neue Grenzübergängen, grenzüberquerender Straßen- und Brückenbau, synergetische Kooperation der jeweiligen »Cámeras de comercio«, der Industrie- und Handelskammern, ein gemeinsamer Tourismusverbund mit gemeinsamen Routen, unzählige Symposien und Kongresse zu verschiedensten Themen, zweisprachige Publikationen wie die literarische Zeitschrift »Espacio escrito« oder die von der Universidad de Extremadura herausgegebene, eigens dem Grenzthema gewidmete »Raya/Raia«. Kulturfestivals, Theater, Film, Musik – Klassisches und Jazziges, Flamenco und Fado und vor allem viel Folklore. Auch die Wissenschaft kooperiert: gemeinsame Projekte, es werden Lektorate zum wechselseitigen Sprachunterricht ausgetauscht, in den naturwissenschaftlichen Fächern ist ein gemeinsames Postgraduiertenstudium eingerichtet. Alles in allem: beeindruckende Aktivi-

---

14 Kavanagh, William: *Symbolic boundaries and ›real‹ borders on the Portuguese-Spanish frontier.* In: Donnan, Hastings und Wilson, Thomas W. (Hg.): *Border Approaches. Anthropological Perspectives on Frontiers.* Lanham, New York, London 1994, p. 75–89, hier p. 80.

täten, eine große Bandbreite an ökonomischen, ökologischen, kulturellen, wissenschaftlichen, pädagogischen Projekten.

Und die Leute, die direkt an der Grenze wohnen: Sie scheinen von alldem nicht allzu sehr beeindruckt zu sein. Was ich immer wieder hören konnte, war: »Mit den Portugiesen kommen wir gut aus«, was heißt, dass es im alltäglichen Leben keine Konflikte gibt, weil auch kaum Reibungspunkte existieren. In Zarza la Mayor, einem kleinen Ort mit ca. 800 Einwohnern direkt an der Grenze, wurde mir immer wieder erzählt, dass es früher viel Kontakt mit der portugiesischen Seite gegeben habe, Schmuggel hin und her, Kaffee, Zigaretten und Sacharin, aber auch Tuche und Schuhe und in den Hungerzeiten der 1950er-Jahre sogar Grundnahrungsmittel wie Kartoffeln und Mehl.[15] »Ir por la ribera«, hieß das, »durch den Fluss gehen«, aber heute sei das nicht mehr notwendig, erstens gebe es seit neuestem eine Brücke, und zweitens könne man auf beiden Seiten in den Supermärkten zu fast gleichen Preisen das selbe kaufen, warum also rübergehen? Auf die Frage nach gemischten Ehen, ja, das käme schon vor, aber – ich habe es mehrmals in der Grenzregion gehört – »ojo, los portugeses son un poco malucos« / »aufgepasst, die Portugiesen sind mitunter etwas übel«. Warum denn? Sie würden ihre Frauen schlagen. Ob es denn keine Spanier gäbe, die das ebenfalls tun würden? Ja schon, aber das seien Ausnahmen, Alkoholiker, sonstig Gescheiterte ... In dieser Zuschreibung, in diesem Stereotyp hat sich vor allem im weiblichen Erzählen, das aber auch im gesamten Alltag present ist – man könnte sagen – die »Grenze« verfestigt: Das Motiv des schlagenden Ehemanns und seine Generalisierung für die »andere« Seite, wirkt neben der räumlichen Grenzziehung als imaginäre Trennlinie im sozialen Raum. Die Bildung einer kleinen aber intensiven grenzüberschreitenden »Wir«-Konstellation, wie sie eine Ehe darstellt, ist im öffentlichen Diskurs als bedrohlich und gefährlich gekennzeichnet. Aufgrund der Patrilokalität, die in der Region vorherrscht, ergibt es sich, dass diese Bedrohung »gendered«, geschlechtlich markiert ist: Das Hinübergehen junger Frauen nach Portugal ist gefährlich, nicht das Herüberkommen von Portugiesinnen: »Die, die hier eingeheiratet haben, die gehören zu uns.«

Beispiel 2: Euregio Egrensis

Die moderne Sage von der gestohlenen Niere, von einer Person, die verschwindet und zwei, drei Tage später wieder auftaucht, etwas benommen und geschwächt, weil ihr eine Niere entnommen worden ist, ist bei den »Anderen« verortet, setzt Distanz. So könnte sie im nordbayerischen Marktredwitz z.B. unmöglich von einer Reise nach Weiden oder Regensburg erzählt werden, für Fahrten aber in die »Tschechei«, nach Tschechien, stand zu Beginn der Grenzöffnung die Organklau-

---

15 Zum früheren heftigen Grenzverkehr siehe: Eusebio Medina García, Contrabando en la raya de Portugal. Cáceres 2003.

Erzählung und andere Wandersagen hoch im Kurs. Bei dem gemeinsamen Projekt eines Gymnasiums und des Egerlandmuseums Mitte der 1990er-Jahre nahmen die Gymnasiasten knapp 40 dieser »Warnerzählungen« auf, von denen ein Großteil im benachbarten, nur 23 km entfernten Cheb/Eger spielt.

Elisabeth Fendl, die die Untersuchung koordinierte, nennt solche Wandersagen »Warnerzählungen«, die auffordern, im Umgang mit dem »Anderen«, mit dem Fremden vorsichtig zu sein.[16] Wer einem, wie in diesen fiktiven Erzählungen – bisher ließ sich keine Nieren-beklaute Person auffinden –, sogar ins Leibesinnere greift, dem kann man auch anderes, mannigfaches »Abgreifen« zutrauen, von dem die Polizeiberichte und die Ängste der Bewohner der deutschen Seite voll sind: verschwundene Geldbörsen, Handtaschen, Autos.

Die bayerisch-tschechische Grenze als EU-Außengrenze markierte das Wohlstandsgefälle zwischen dem kapitalistischen Westen und den ehemaligen staatssozialistischen Ländern. Von der reichen Seite aus betrachtet regierte bei der Grenzüberschreitung Richtung West-Ost, neben der Lust zur Schnäppchenjagd im Billigland, Angst vor illegaler Umverteilung, bei der Gegenrichtung Ost-West dagegen fand sich sogar etwas wie solidarische Überlegungen, sehr herablassende zwar, aber immerhin solche, bei denen »die Anderen von drüben« ins Kalkül einbezogen sind: »Heb's auf und stell's für die Tschechen raus?« Sowohl das bewusste Unversehrtlassen wegzuwerfender Sachen für den Sperrmüll wie die ins körperliche Empfinden gesteigerte Verlustängste sind hilflose, ein Miteiander suchende, also immerhin nachbarschaftliche Gesten, die auf niedriger Alltagsebene die Falschheit des Nach-Wende-Slogans von »der Rückkehr Tschechiens nach Europa« wiederholt haben.

»Nothing bloody stands still«, sagt Stuart Hall beim ersten Amsterdamer Cross-Border-Symposium; die Region um Eger/Cheb kann im 20. Jahrhundert als ein beschleunigtes Modell dieser Aussage gelten.

Eger war selbstbewusste deutsch-österreichische Stadt an der Grenze zum Deutschen Reich, war deutsche Stadt im Minderheitsgebiet eines nicht geliebten Tschechoslowakischen Staates, wurde dann »richtig« deutsch, als im Gewaltakt von München 1938 die Grenze nach Innerböhmen verlegt wurde, und verlor sein Gesicht in der ethnischen Säuberung von 1946, welche die vorherige Grenze wiederherstellte. Im Chebergebiet erfolgte die Neuansiedlung der Region aus allen Teilen, vor allem den strukturschwachen, der multiethnischen Tschechoslowakei, eine Region, die im militärischen Sperrgebiet des Eisernen Vorhangs ins Abseits gedrängt war und keinerlei Entwicklungsmöglichkeit besaß. Mit der offenen Grenze von 1990 änderte sich wieder alles: Die vormalige Peripherie war in die

---

16 Fendl, Elisabeth (zusammen mit Günter Amtmann und Jan Ziegler): *Von geklauten Nieren und gefährlichen Zigaretten. Ein Projekt über bayerisch-böhmische Erzählstoffe.* In: lichtung. ostbayerisches magazin. 7 (1994), Heft 1, S. 12–13.

Mitte gerückt, Tagestourismus mit der harten DM in der Tasche überschwemmte die Region; Arbeitsmöglichkeiten jenseits der Grenze taten sich auf. Das EU-Modell transnationaler Zusammenarbeit lockte, zumal das dem Interreg II zugeordnete Phare-Programm auch Fördermittel in den Anrainerstaaten der EU anbot.

1992 fanden Vorgespräche statt, am 3. Februar 1993 gründete sich die »Euregio Egrensis« als Verein mit Mitgliedern aus Nordbayern, aus den neuen Bundesländern Thüringen und Sachsen und aus einzelnen Kommunen aus vier tschechischen Kreisen – letztere handelten im Alleingang und in Rechtsunsicherheit gegenüber dem zentralistischen Prag.

Prag und Teile der tschechischen Bevölkerung sahen die Tendenzen zu diesem eigenständigen transnationalen Handeln von der Peripherie aus mit großem Argwohn. Sofort waren die alten Ängste präsent, als prominenteste diejenige, es könne sich »München 38«, wiederholen und die Grenzgebiete den Anschluss nach Deutschland suchen. Auf dem Hintergrund des Zerfalls Jugoslawiens und vor allem der eben erfolgten Trennung von Tschechien und der Slowakei bekamen diese Befürchtungen Profil. Die Zentrale in Prag war sich der Loyalität der Bewohner des Grenzlandes nicht ganz sicher: 50 Jahre hatten sie im Abseits militärischen Sperrgebietes und mit dem ökonomisch und ökologisch desaströsen Erbe der Vertreibung der Sudetendeutschen gelebt. Die ethnische Desintegration auf dem Balkan könnte auch in den Westgebieten der Republik, unter tätiger Mithilfe der Deutschen, zu Konsequenzen führen; denn bei der Bevölkerung handelt es sich zu einem guten Teil um Einwanderer aus den nicht-tschechischen Gebieten der früheren Tschechoslowakei, aus der Slowakei, derem ungarischen Gebiet, aus der Karpatho-Ukraine, und deren Kinder und Enkel. Diese Bevölkerung war hinsichtlich der Auseinandersetzung der deutschen Minderheit mit dem Zentralstaat, die zu München und letztlich zur Zerschlagung der Tschechoslowakei geführt hatte, wenig belastet, so waren sie zu unbeschwerterer Kontaktaufnahme bereit. Die Sudetendeutsche Landmannschaft, mit starker Unterstützung Bayerns, forderte (und fordert) eine Regelung der Entschädigung für den enteigneten Besitz, was auf tschechischer Seite für Ängste und für Irritationen sorgt. Das Engagement vieler Egerländer für Belange in ihrer alten Heimat – Renovierung von Kirchen, Pflege von Friedhöfen, Mitarbeit an Partnerschaften – hat diese Beunruhigung, mit der auch Politik gemacht wurde, wenn nicht zerstören, so doch dämpfen können.

Durch die im Prozess der Redemokratisierung erfolgte Dezentralisierung Tschechiens und angesichts der Perspektive eines absehbaren EU-Beitritts hat sich die Position Prags zu transnationalen Aktivitäten gewandelt, Kommunen, Kreise, Verwaltungsbezirke haben sich auf den EU-Beitritt vorbereitet; den an der Euregio Egrensis Beteiligten kam dabei das dort gelernte Know-how zugute. Nach dem Beitritt Tschechiens zur EU im Jahr 2004 wurden die Rollen erstmal getauscht: Es gab fast mehr Beunruhigungen auf deutscher als auf tschechischer Seite. Der EU-Beitritt Tschechiens warf strukturelle Probleme auf: Die neuen Mitglieder wurden, so Birgit Seelbinder, Bürgermeisterin von Marktredwitz und Präsidentin der Euregio Egrensis vor 2002, »zu Höchstfördergebieten ausgewiesen […], während in einigen bisherigen EU-Ländern, darunter Deutschland, die europäische Struktur- und Regionalförderung völlig aufgegeben wird«.[17] Die hinzukommende Freizügigkeit auf dem Arbeitsmarkt sowie die schleichende Krise traditioneller Erwerbszweige Nordbayerns wie Maschinenbau und Elektroindustrie taten ein übriges zur Verunsicherung – eine Verunsicherung, die auch durch die Interreg-Programme nicht ganz aufgefangen werden konnten. 2009 lässt sich feststellen, dass im internen EU-grenzüberschreitenden Handeln eine beidseitige Normalisierung festzustellen ist.

Die Euphorie der Grenzöffnungszeiten, die Lust, das Land, das hinter dem Eisernen Vorhang verborgen war, kennenzulernen oder – als Vertriebene – wiederzusehen, hat nachgelassen, ist der Normalität einer offenen Grenze gewichen. Ein jährliches Kulturfestivel »Mitte Europa« bringt Spitzenleute in die Region, ich könnte die grenzüberschreitenden Aktivitäten, die ich für Extremadura/Alentejo aufgeführt habe, durchaus wiederholen, breche aber hier ab. Zeichnet sich eine gemeinsame grenzüberschreitende Identität ab? »Fahren Sie oft nach Tschechien?« »In die Tschechei nei? … Jetzt nicht mehr. Wir hab'm ja gesehen, was da ist, da ist nix.«

Entgrenzen / Begrenzen 2

Nicht zuletzt unter dem Einfluss der *cultural studies* Birminghamer Provenienz hat sich die Sicht auf Identitäten verändert: Keine festen und festbleibenden Identitäten mehr, sondern durch ständige Neuordnung und Überlappung anderer Kontexte findet eine Verflüssigung statt: Identität als Fluss, in welchem in ständiger Neu-Artikulation der gesellschaftlichen Interaktion viele andere, scheinbar feststehende Begriffe einbezogen sind: Nation, Kultur, Klasse, Rasse, Geschlecht sind ebenfalls in Verflüssigung geraten, vernetzen sich untereinander und bilden faszinierende, unerwartete, ephemere oder längerdauernde Muster im Ablauf des sozialen Geschehens.

Der Umgang der Europäische Union mit ihren räumlichen Grenzen ist ein doppelter: Im Innern sollen die Grenzen zum Verschwinden gebracht und transnationale Identitäten erzeugt werden. An den Außengrenzen dagegen wachsen die Mauern, ob in der Meerenge, von Gibraltar, in der Adria, an der Oder oder z.B.

---

17 Seelbinder, Birgit: *Statement aus der Sicht der Euregio Egrensis.* In: Fleischer, Astrid, Meier, Christoph und Troeger-Weiß, Gabi (Hg.): *Nachbarn im Haus Europa. Perspektiven der EU-Osterweiterung für die Region.* Tutzing 1998 (Tutzinder Materialien 83), S. 67–69, hier S. 69.

am Frankfurter oder Brüsseler Flughafen. Das sich vereinende Europa sucht Schutz vor den Migrationsbewegungen aus den Schwellenländern und den Armutsgebieten. Der Abschottungsmechanismus der »Festung Europa« wirkt auf das Binnenklima, in dem ja die neuen regionalen Identitäten die nationalen ablösen und langfristig *eine* europäische ausbilden sollen, direkt zurück. Die Hoffnung auf Transnationalität in Europa – Regionalisierung als »wahres Forschungslaboratorium«, so Elke-Nicole Kappus im Artikel »Euroregionen. Identitätsmanagement über die Grenzen hinweg«[18] – kann nur im Zusammenhang und in Wechselwirkung mit Globalisierung verstanden werden.

Die globalisierenden Tendenzen – so wird in einem Teil der Forschung angenommen – seien mächtig unterströmt von einer Kraft zur Homogenisierung. Dies bedeute zum einen ein Gleichförmiger-Werden, eine Vereinheitlichung, in die zum zweiten verschiedene Elemente eingegangen und vermischt worden seien. Variäteten als eigenständige Größe verschwänden mehr und mehr, aber dennoch seien sie – zumindest fragmentarisch – aufgehoben in der Durchmischung und Hybridisierung alltäglicher Lebensweisen und kultureller Ausdrucksformen und Werte. »In der Globalisierung [...] schwingt von vornherein auch [...] die Vorstellung vom Verschwinden kultureller Differenzen mit«[19], wie Rolf Lindner in seinem Aufsatz »Globales Logo, lokaler Sinn« kritisch anmerkt, wobei für ihn Globalisierung vor allem ökonomisch und informationstechnisch konnotiert ist.

Die These aber, dass vorher »eigenständige« Identitäten durch vereinheitlichten Markt und Medien kulturell entdifferenziert und durch grenzüberschreitende, homogenisierte ersetzt würden, muss erst erhärtet werden. Lokaler Sinn, Eigen-Sinn, konstituiert von gemeinsamer räumlicher Erfahrung und zeitlich-historischem Zusammenhalt – Geschichte und Tradition mögen ja konstruiert sein, besitzen aber dennoch ihre Wirkungsmacht – verschwindet nicht so leicht, lässt Neues ein, aber lokal modifiziert. Das klassische Beispiel kultureller Auswirkung von Globalisierung, das Fast-Food-Essen in internationalen Ketten, sieht den Gleichlauf in Präsentation, Organisation und Angebot, aber vergisst zu leicht, welche lokale Bedeutung, z.B. hinsichtlich der Statuszuschreibung oder einer Strategie von Alltagserleichterung, ein Besuch eines solchen Restaurants in Prag, Paris oder an der Autobahn besitzt. Ohne eine genaue Semantik der Nutzung wird man allerdings nur Gleiches wahrnehmen, damit aber die kontextuellen Bedeutungslinien, die Alltagserfahrungen, um die es eigentlich geht, außer acht lassen.

---

18 Eurogionen – Identitätsmanagement über die Grenzen hinweg? In: Giordano, Christian und Rolshoven, Johanna: *Europäische Ethnologie–Ethnologie Europas*. Freiburg/Schweiz 1999, S. 201–216, hier S. 215.

19 Lindner, Rolf: *Globales Logo, lokaler Sinn*. In: Giordano/Rolshoven: *Europäische Ethnologie*. op. cit. S. 173–181.

Wer z.B. in Berlin oder Regensburg nicht den Fast-Fooder aufsucht, obwohl er aushausig gerne griechisch, libanesisch oder klassisch mexikanisch isst, setzt auf Distinguierung, auf Exklusion, aus welchen Gründen auch immer. Die Homogenisierung, der eine Auflösung des als Eigen-Zugeschriebenen in den Multi-Mix der Hybridisierung zugeschrieben wird, ruft die Gegenbewegung der Exklusion auf den Plan. Kulinarische Exklusion, von der hier die Rede war, ist ein harmloses Beispiel, ethnische Exklusion dagegen stellt ein soziales Pulverfass dar. »O.k., die Anderen sind anders, sollen sie so sein, wir aber sind, wie wir sind, und es gibt keinen, überhaupt keinen Grund zu einer Gemeinsamkeit«: Diese Position unüberwindbarer Differenz aus kulturellem Fundamentalismus (Verena Stolcke), die Negierung der Möglichkeit integrativen Handelns stellt ideologische Grenzziehung innerhalb offener Grenzen dar, deren Konsequenzen letzlich auf soziale und räumliche Segregation zulaufen. Ethnisierende Exklusion – »Wir« und »diese da, die Andern« und jeder im unsichtbaren Gefängnis seines jeweils Eigenen – illustriert die Wechselwirkung, nach welcher Entgrenzungprozesse (hier die Aufhebung räumlicher Grenzen) neue Grenzziehungen (hier im imaginären Raum, die die Handlungsmöglichkeiten innerhalb einer Gesellschaft strukturieren) nach sich ziehen.

Die Suche nach transnationaler europäischer Identität muss mit den Effekten der »Festung Europas«, der Globalisierung und des Ethnozentrismus rechnen. Die Schnittpunkte all dieser großen Linien gesellschaftsverändernder Dynamik liegen in den Regionen, verknüpfen sich im Kleinen, in der jeweiligen Alltagwirklichkeit mit den ihr eigenen lokalen Bedingungen. Neuartikulation durch grenzüberschreitende Aktivität ordnet die Belange einer Region neu; impliziert Bedeutungsverschiebungen, Erweiterungen, Umgruppierungen, kurz: neue Gebrauchsweisen in der sozialen Semantik. Diese örtlich motivierten Transformationen lassen sich nicht ableiten oder aus anderen Erfahrungen übertragen – das Bild vom Laboratorium erweist hier seine Schwäche. Sie gewinnen erst Gestalt in dichter Beschreibung, die nur unter der Bedingung guter Kenntnis vor Ort und empirisch-ethnologischen Arbeitens möglich ist. Der Begriff »Thick description«, von Clifford Geertz aus der sprachanalytischen Philiosphie übernommen, verweist darauf, dass es um Verstehen, um empirisch gestützte und abgesicherte Hermeneutik geht. Die Grenze trennt und verbindet zugleich, ein Verstehen ihrer distribuierenden Funktion braucht den Blick auf beiden Seiten, der nur als vergleichender denkbar ist. Grenze aber ist ein weiter Begriff.

Der Bedeutung von »wir« ist bereits die Abgrenzung oder kosmische Einmaligkeit – wir Menschen – (was hier vernachlässigt werden soll) eingeschrieben. Max Webers Trennung von »rationalen Vergesellschaftungen« und »persönlichen Gemeinschaftsbeziehungen« versucht die unterschiedlichen Semantiken von »wir« zu fassen: Die persönlichen Gemeinschaftsbezie-hungen, die aufgrund »geglaubter Gemeinsamkeit« sich in »Wir-Gruppen-Prozessen« (Georg Elwert) befinden und von kleineren überschaubaren Einheiten in größere, kollektive – Ethnie, Nation – gehen (man denke an Stephen Dedalus Liste), meinen ein »warmes« und mitunter »wärmendes« »Wir« einer gefühlsmäßigen Zusammengehörigkeit und daraus gemeinsamen politischen Willen, während das »Wir« der rationalen Vergesellschaftungen einfach gemeinsames, einer Zweckrationalität unterliegen des Handelns umfasst; es soll hier als »kaltes«, »Wir« benannt sein.

Euroskepsis sieht das nur das »kalte Wir« am Werk – bloße grenzüberschreitende Synergie im ökonomischen, administrativen oder im Kulturmanagement ohne Initiierung tiefergehender »Wir-Gruppen-Prozesse«, während die Euroeuphorie aus einer großen Menge von Aktivitäten »kalter Wirs« die Entstehung eines neu-en »warmen Wir«, eine grenzüberschreitende Identität, hypostasiert. Bei einer bi-lanzierenden Tagung der Euregio Egrensis 1998 sagte Jiri Pavlas, Geschäftsführer der Sokolover Tageszeitung *Zapodoceske Noviny*, Folgendes, wobei er einen Ton anschlug, der dem herrschenden adminstrativ-politischen sich widersetzte: »Die Zeiten kurz nach der Wende, als wir uns als europäische ›Wirtschaftstiger‹ be-zeichnet haben – und Ihr habt unkritisch zugestimmt – sind längst vorbei. [...] Über den Kontakt mit Euch haben wir unser Gefühl für Europa erneuert.«[20]

Tschechien war niemals aus Europa entlassen; wer das Gegenteil behauptet, der redet der Verdrängung das Wort, die die »beiden Geißeln Gottes«, wie Vilem Flusser sagt, »den Nazismus und den Stalinismus« aus der europäischen Traditi-on ausklammern will. Aber die Negierung der in Europa entstandenen Barbarei-en als europäische gräbt zugleich die Basis aller Identitäten ab, so flüchtig und kontextgebunden diese auch sein mögen, indem das Gedächtnis als Wissen und Orientierung im ständigen Wechsel der Konstellationen seines Inhalts beraubt wird. Was Flusser über seinen Weg durch die Prager Kleinseite sagt: »... was ich jetzt ... durchschreite ... ist das namenlose Unheil ... jenes Unheil, aus dem ich gemacht bin«, kann ebenfalls für alle Wege und Identitäten in der Cheb/Egerer Region gelten.[21]

Die Grenzen werden nicht so schnell verschwinden, gesamteuropäische Identitä-ten bleiben ein weites Fernziel. Aber wenn es gelänge, dass aus »den Anderen« ein wirkliches »Ihr« wird, dann wäre – z.B. in den deutsch-tschechischen Bezie-hungen – viel gewonnen. Diese Prozesse, die fließenden Übergänge vom kalten »Wir« zur »Wir-Ihr-Beziehung« und vielleicht einmal zu einem »warmen Wir«, sind durch die Euregios an den inneren Grenzen zumindest initiiert. Sie bedürfen der ergänzenden Aufklärungsarbeit und Akzeptanzleistung an den eher unsicht-baren Grenzen, den räumlich spürbaren Exklusionslinien innerhalb der europäi-schen Gesellschaften. Dazu wäre die Abschottungspolitik der EU bezüglich der

---

20 Pavlas, Jiri: *Die Bedeutung der EU-Osterweiterung für die Region. Gedanken aus kultureller und sozialer Sicht zu Vor- und Nachteilen, zu Erwartungen und Befürchtungen.* In: Fleischer et al. (Hg.): *Nachbarn,* op. cit. , S. 42–47, hier S. 43 und 47.

21 Flusser, Vilém: *Mein Prager Pfad.* In: ders., Bodenlos. Eine philosophische Autobiographie. Düsseldorf, Bensheim 1992, S. 273–275, hier S. 275.

Außengrenzen (Frontex, Dublin-Vereinbarungen von 1997) – schon aus humanitären Gründen – neu zu überdenken. Für all diese Prozesse bedarf es einer ethnologisch-kulturwissenschaftlicher Begleitung in kritischer Absicht.

Christine Burckhardt-Seebass
Nachbarliches

Ein Basler Beitrag für den Freiburger Kollegen könnte durchaus unter dem Titel
Migration stehen, ist Max Matter doch einer der Schweizer Akademiker, die ausgewandert sind und ihre Entfaltungs- und Wirkungsmöglichkeiten im Ausland
gefunden haben. Für die »echten« Migrationsforscher und -forscherinnen (zu
denen er gehört), die sich den politisch ebenso belasteten wie herausfordernden
Fragen der modernen interkontinentalen und interkulturellen Flucht- und Wanderungsbewegungen stellen, mag der Wechsel ins (gleichsprachige) Nachbarland
allerdings ein »peanut«, kein Thema für die Wissenschaft sein, sondern allenfalls
das biographische Detail einer Erfolgsgeschichte. So vielleicht auch für den zu
Feiernden selbst. Wer zu Nachbarn geht, geht also nicht zu Fremden, er oder sie
emigriert nicht und ist deshalb auch kein Objekt der Migrationsforschung. Eine
Nachbarschaftsforschung aber gibt es (fast) nicht, jedenfalls nicht in der Volkskunde[1], obwohl sie das Alltägliche und Naheliegende doch zum Herzstück ihres
Erkenntnisinteresses zählt. Vielleicht würde sie sich lohnen. Dazu ein paar Spot-
lights.

Die Voraussetzungen: Konstitutiv für Nachbarschaft ist räumliche Nähe, aus die
sich gemeinsame Interessenlage, wohl auch zeitweises oder dauerhaftes Aufei-
nander-Angewiesensein ergeben kann.[2] Nachbarschaft ist personenunabhängig,
gegeben (wenn auch manchmal bewusst gewählt) und ubiquitär, sie kann oder
kann nicht aktiviert werden und ist insofern eine – in den Worten Klaus Roths –
intermediäre Kategorie zwischen Eigen und Fremd.[3] Pointierter gesagt: eine

---

1 Roth, Klaus: *Nachbarn und Nachbarschaftsbeziehungen als Forschungsproblem der Europäischen Ethnologie und der Interkulturellen Kommunikation*. In: *Nachbarschaft. Interkulturelle Beziehungen zwischen Deutschen, Polen und Tschechen*. Münster u.a. 2001 (Münchner
Beiträge zur Interkulturellen Kommunikation 11), S. 9–14, hier S. 10. Besser ist die Situation in der Sprachforschung und in der Wirtschafts- und Kulturgeographie.
2 Rosenbaum, Heidi: *Nachbar, Nachbarin*. In: *Enzyklopädie des Märchens. Handwörterbuch
zur historischen und vergleichenden Erzählforschung*, Bd. 9. Berlin, New York 1999. Sp.
103–109, hier Sp. 104. Wohl nicht von ungefähr wurde eine Soziologin mit der Abfassung
des Artikels betraut.
3 Roth: *Nachbarn* (wie Anm. 2), S. 11.

Nachbarin (und auch ein Nachbar) ist nebenan und gegenüber.[4] Die Kategorie ist also nicht nur intermediär, sie ist ebenso ambivalent. Das Verhältnis kann von Neid, Eifersucht, Macht oder Misstrauen und von Wertschätzung und Dankbarkeit geprägt sein. *Des Nachbars Frau ist allzeit schöner* (16), *Des Nachbars Braten ist allzeit feister* (25), *Ein guter Nachbawer ist ein edel kleinodt* (45) – und besser als der entfernte Bruder (46). Und das Fazit aus den über 130 Nummern im klassischen Wander'schen Sprichwörterbuch, aus dem die Beispiele stammen[5]: *Zwischen Nachbars Garten ist ein Zaun gut* (174). Was nach vergangenen dörflichen Welten klingt, ist als Metapher durchaus aktuell und könnte jederzeit aus der rhetorischen Trickkiste eines Politikers gezogen werden, denn auch auf der höchsten Ebene geht es um Identität und Ansehen, Wohlstand und Erfolg: *Es kann der Frömmste nicht in Frieden leben, wenn es dem bösen Nachbarn nicht gefällt.*[6] Sind aber alle Nachbarn gleich, gleich nah, gleich gefährlich oder gleich wohlgesinnt? Auf der Alltagsebene wohl kaum, obwohl Regeln und Verträge dies sichern und gute, aufgeklärte Beispiele dies vorleben sollen.[7]

Um den Jahreswechsel 2007/2008 trat die Wahl von acht neuen Professoren an die Universität Zürich eine Medien-Debatte los, die über den akademischen, den lokalen und regionalen Rahmen hinaus ihren Schatten bis in die ehrwürdige *Süddeutsche Zeitung* warf.[8] Die Gewählten sind alle Deutsche, Nachbarn also. Die Irritation ging von der Zahl aus (acht Deutsche mehr, acht Eingeborene weniger auf Professorenplätzen), von der Sprache (in den Gängen der betreffenden Institute werde nur noch hochdeutsch gesprochen, was für Schweizer Studierende frustrierend sei[9], ja zu Isolation und Spaltung im Land führen könne[10]), von der Furcht vor mangelnden Assistenzplätzen für den Nachwuchs (da die Neugewähl-

---

4   Schilling, Heinz: *Nachbarn und Nachbarschaften heute.* In: *Nebenan und Gegenüber. Nachbarn und Nachbarschaften heute.* Hg. von Heinz Schilling. Frankfurt a.M. 1997 (Kulturanthropologie-Notizen 59), S. 9–12.

5   Wander, Karl Friedrich Wilhelm: *Deutsches Sprichwörter-Lexikon.* Nachdruck der Ausgabe von 1867. Augsburg 1987, Bd. 3, S. 826.

6   Das Zitat stammt aus Schillers *Wilhelm Tell;* wer bei Google nachschaut, wird aber auf einen Song von Roland Kaiser verwiesen. Der Gedanke selbst wurde schon in der Antike formuliert; vgl. Büchmann, Georg: *Geflügelte Worte.* Ausgabe Berlin 1964, S. 262.

7   Ich denke an die von Helmut Schmidt und Richard von Weizsäcker bei C.H. Beck in München herausgegebene Reihe »Die Deutschen und ihre Nachbarn«, wobei bemerkenswerterweise die meisten Bändchen von Deutschen, nicht von Angehörigen der portraitierten Nachbarn geschrieben wurden resp. werden sollen.

8   Ich habe dazu alle Berichte, Kommentare und Leserbriefe in der Neuen Zürcher Zeitung (NZZ) zwischen dem 21.12.2007 und dem 29.02.2008 gesichtet. Ausgelöst hatte den Sturm ein Interview des Tages-Anzeigers mit dem damaligen Präsidenten des Studierendenrats. Das Letzte war eine Mitteilung der Universität, dass eben drei neue S c h w e i z e r Professoren gewählt worden seien, und die Meldung vom Rücktritt des Studierenden.

9   Gemäß NZZ vom 21.12.2007, S. 51.

10   Leserbrief in der NZZ vom 08.01.2008.

ten ihre akademische Entourage mitzubringen gewohnt seien) und vor der Vernachlässigung schweizerischer Themen in Forschung und Lehre. Es fielen auch Worte wie Germanisierung und alemannische Barbaren (letzteres vermutlich aus dem Mund eines schweizerischen Alemannen, zu denen sprachlich ja auch die Zürcher zählen).[11] Im Zentrum der deutschen Schweiz ist die Empfindlichkeitsschwelle besonders niedrig und die Angst vor der sprachlichen und mentalen Überwältigung durch den »Nachbarn im Norden« immer wieder leicht zu wecken; aber sie legt sich glücklicherweise in der Regel auch ebenso rasch und widerlegt sich selbst mit dem Hinweis auf die (im Vergleich zur Größe des Landes) große Zahl von Schweizern an deutschen Universitäten (darunter, wie wir wissen, auch prominente Volkskundler). Trotzdem ist bis jetzt kein Fall aktenkundig, dass sich gegen die Wahl von österreichischen Akademikern oder Norditalienerinnen an Schweizer Hochschulen (die beide von gleich nah herkommen und denen man dieselben Vorwürfe machen könnte) eine kritische Stimme erhoben hätte. Und schon gar nicht thematisiert wird, ob und dass an der Spitze von Wirtschaftsunternehmungen Belgier, Schweden, Österreicher oder auch Deutsche am Steuer sitzen und ob gelegentlich auch Schweizer das Sagen haben (vielleicht reden die alle ohnehin nur Englisch). Interessant ist ebenfalls, dass die Wahl von Schweizern oder Schweizerinnen an ausländische Universitäten keine einzige Zeitungsmeldung wert ist[12], während die im internationalen Banken- und Fußballwesen tätigen Landsleute, wie die beiden Joes oder Sepps, auch wenn Viele sich ihrer lieber schämen würden, doch mit einem gewissen Stolz betrachtet werden.

Es wird also – wie menschlich! – nicht nur grundsätzlich mit verschiedenen Ellen gemessen, sondern es schickt sich auch nicht eines für alle oder alles für eine, und: es gibt nähere (liebe) Nachbarn und fernere (potentiell bösere, gefährlichere). Dabei scheinen an die akademische Welt paradoxerweise strengere, sprich exkludierendere Maßstäbe angelegt zu werden als an die Welt des big business,

---

11 Anzumerken wäre hier, dass während des 2. Weltkriegs und auch seither die bis dahin für die deutsche Schweiz unbestrittene Ahnherrschaft der Alemannen durch die Berufung auf die älteren und kulturell viel wichtigeren und geheimnisvolleren Kelten verdrängt wurde (mit denen sich, was politisch wertvoll war für den Zusammenhalt des Landes, auch die französische Schweiz identifizieren konnte).

12 Eine Ausnahme sei erwähnt: die Geschichte eines an der ETH Zürich tätigen Nobelpreisträgers, der in die USA ging, als man ihm nach seiner Pensionierung mit 65 Jahren keine Infrastruktur und keine nationalen Forschungsmittel mehr zugestand – der Schweizerische Nationalfonds hat daraufhin seine Praxis etwas gelockert. Eben erst hat ein aus der Schweiz gebürtiger, seit langem in Deutschland lehrender Professor die Aufmerksamkeit der Medien erregt, weil er im Rahmen einer Studie der schweizerischen wissenschaftlichen Akademien das schweizerische Bildungswesen als veraltet bezeichnet habe. Siehe NZZ vom 01.09.2009. Der Unterton des Interviews: Darf er das? Heftige Reaktionen blieben nicht aus.

und die Öffentlichkeit glaubt mehr Anspruch zu haben auf Information über die Procedere.[13] Vielleicht müsste man das so interpretieren, dass die Bildung des Nachwuchses jeweils besonders kritischer Aufmerksamkeit begegnet und dass die primär von den Standortkantonen getragenen Universitäten in der Schweiz auch mehr als »eigen« (nicht national!) betrachtet werden als irgendein global tätiges Wirtschaftsunternehmen. Darauf könnten die Universitäten eigentlich stolz sein – womit ich den Vorgang selbst keineswegs beschönigen will. Ulrich Beck würde unser Beispiel als monolithisches Weltverständnis kritisieren, das Unterschiede essentialisiert und die Fähigkeit zu einem Leben in Widersprüchen und Mischungen, wie es die heutige Weltgesellschaft erfordert, verkümmern lässt. Das habe Schneckenhaus-Effekte zur Folge[14] – die in der Schweiz allerdings kein absolut neues Phänomen sind. Da gründliche Nachforschungen zu derart diffizilen Fragen, zur »Herkunft« und Skalierung der Bewertungen sowie Vergleichsbeispiele aus anderen Ländern zu fehlen scheinen, soll es mit diesen Hinweisen und Mutmaßungen jedoch sein Bewenden haben.

Es dürfte aufschlussreicher sein, von der allgemeinen Ebene auf eine tiefere zu wechseln, die der heute so umworbenen Region. Der Begriff, bis vor ein, zwei Generationen in der Schweiz gänzlich ungebräuchlich (es gab Zonen, Talschaften, Verbreitungsgebiete, und die Kantone wurden mit Sicherheit nicht als Regionen bezeichnet[15]) ermangelt zwar einer klaren Definition, wird von den verschiedenen Ländern unterschiedlich gehandhabt, wird nicht bestimmt durch das Nationale, sondern ist dehnbar und eröffnet damit Anreiz und Gestaltungsspielraum. Dass eine Region jeweils Benachbartes umfasst, darf als gegeben gelten. Sie kann deshalb als Laboratorium benützt werden, in dem soziales Leben, Wirtschaften, Lernen und Kommunizieren unter besonders guten Bedingungen und engen Beziehungen ausprobiert und trainiert, aber auch erforscht werden kann. Die Förderpolitik der EU will ökonomische Randgebiete als Regionen stärken. Die nachbarliche Verständigung über vormalige Grenzen hinweg ist jedoch nicht ihr primäres Ziel. Zu den Vereinigungen »von unten«, die genau dies anstreben, gehört als eine der ältesten in Europa die »Regio Basiliensis« (von einer Handvoll Basler 1963 gegründet), auf dem politischen Parkett nunmehr als »Regio

---

13 In seinem Leserbrief an die NZZ vom 18.01.2008 weist Thomas Maissen, der in Heidelberg lehrende Schweizer Historiker, darauf hin, dass mit der Globalisierung der Akademiker-Märkte lokale Netzwerke bei Berufungen an Einfluss verloren hätten. Darin sieht er einen Grund für öffentliche Irritationen, sicher mit Recht. Die autonom gewordenen Universitäten sind dem Blick der Bürger stärker entzogen. Das Unbehagen über die Verfahren bei Berufungen besteht oft allerdings auch intern.

14 Beck, Ulrich: *Vorwort.* In: *Perspektiven der Weltgesellschaft.* Hg. von Ulrich Beck. Frankfurt a.M. 1998, S. 7–10, hier S. 10.

15 Der Begriff erscheint bezeichnenderweise nicht bei Weiss, Richard: *Einführung in den Atlas der schweizerischen Volkskunde.* Basel 1950.

TriRhena« auftretend.[16] Sie trat damals an mit dem Vorsatz, Europa-Skeptiker zu überzeugen, die einengenden, einer weiträumigen wirtschaftlichen Entwicklung im Weg stehenden Grenzen im Dreiland zu überwinden und durch Vereinbarungen und Kooperationen zwischen Frankreich, Deutschland und den angrenzenden Kantonen der Schweiz auch der Einigung Europas Vorschub zu leisten. Dass man über freundliche Absichtserklärungen und nachbarliche Treffen hinaus kam, obwohl durch das Gebiet auch heute die EU-Außengrenze verläuft, war nicht zuletzt dem Umstand zu verdanken, dass im Verhältnis zur Schweiz keine Kriegsnarben bestanden und vielfältige gute historische Beziehungen evoziert und reaktiviert werden konnten. Die traditionelle Grenzgängerei im Dreiländereck[17], die wirtschaftliche Verflechtung durch die Filialgründungen schweizerischer Firmen im angrenzenden Ausland und (früher) häufige verwandtschaftliche Beziehungen konnten da ins Feld geführt werden, ebenso die Nähe der alemannischen Mundarten zueinander. Es ließ sich also ein historischer Sockel ausmachen, auf dem man aufbauen konnte. Die Universitäten wurden von Anfang an ebenfalls in den Blick genommen. Wissenschaft bewegt sich zwar jenseits nationaler Grenzen. Die Universitäten jedoch sind in die sie tragenden Gesellschaften eingebunden. Sie sollten sich deshalb beim Projekt an der nachbarlichen Annäherung beteiligen. Es kam denn auch – der Anstoß ging von Freiburg aus – noch vor den Erasmus-Programmen der EU zu einer festen grenzüberschreitenden Vereinbarung EUCOR (abgeschlossen 1989)[18], die mit einem Minimum an administrativem Aufwand allen Studierenden der angeschlossenen 7 Universitäten die Mobilität innerhalb des Studiums, unter Anerkennung aller an den anderen Orten erbrachten Studienleistungen, und die Benützung aller Bibliotheken

---

16 Matter, Max: *Regio Basiliensis – Dreyeckland – Regio TriRhena. Grenzen – Räume – Zugehörigkeiten.* In: *Grenzen und Differenzen. Zur Macht sozialer und kultureller Grenzziehungen. 35. Kongress der Deutschen Gesellschaft für Volkskunde, Dresden 2005.* Hg. von Thomas Hengartner und Johannes Moser. Leipzig 2006 (Schriften zur sächsischen Geschichte und Volkskunde 17), S. 437–450. Im selben Band befindet sich auch der Beitrag von Heinz Schmitt: *Schwierige Nachbarschaft – zur Problematik grenzüberschreitender Beziehungen am mittleren Oberrhein,* S. 419–424.

17 Die »Regio Basiliensis« hat dazu mehrere Studien in Auftrag gegeben: Mohr, Bernhard: *Deutsche Grenzgänger in der Nordwestschweiz.* Basel 1986 (Schriften der Regio 9.1); Meyer, Stephan: *Französische Grenzgänger in der Nordwestschweiz.* Basel 1986 (Schriften der Regio 9.2); schließlich den Tagungsband *Grenzgänger in der Nordwestschweiz.* Basel 1987 (Schriften der Regio 9.3). Aufschlussreich auch die Übersicht von Fichtner, Uwe: *Grenzüberschreitende Verflechtungen und regionales Bewusstsein in der Regio.* Basel 1988 (Schriften der Regio 10).

18 Leider liegt dazu bislang kaum publiziertes Material vor, das einen Überblick und eine angemessene Würdigung erlauben würde. Hingewiesen sei auf Schäfer, Sylvia: *Kulturraum Oberrhein.* Basel, Frankfurt a.M. 1996 (Schriften der Regio 15), S. 67; ferner Jäger, Wolfgang: *EUCOR.* In: Badische Heimat 31 (2001), S. 62; Schupp, Volker: *Grenzüberschreitende Zusammenarbeit der Universitäten seit 1983.* In: Badische Heimat 31 (2001), S. 63f.

ermöglichte, dazu den Dozententausch und die Etablierung gemeinsamer Forschungs- und Lehrvorhaben. So lässt sich hier die Probe aufs Exempel machen, ob klar definierte Nachbarschaft mit Institutionen und Regelungen im regionalen, jedoch transnationalen Rahmen von gemeinschaftlichem (auch wissenschaftlichem) Nutzen sein und Entgleisungen, wie sie zu Beginn dieser Betrachtung geschildert wurden, verhindern kann. Vollständigkeit kann dabei nicht angestrebt werden.

Mochte es in der Frühzeit auch rege Kontakte (zwischen Basel und Straßburg etwa durch die Reformatoren), Wanderungen von Professoren und Studenten und damit auch einen gewissen Wettbewerb der oberrheinischen Universitäten untereinander gegeben haben, so kann von einer aktiven Nachbarschaft doch zu keiner Zeit gesprochen werden. Die Geschichte jeder Hochschule verlief anders, bestimmte das Profil immer neu (wobei in Freiburg wie in Basel lange die unterschiedliche konfessionelle Färbung Distanz schaffen mochte), zeitigte Blüten und bestand Krisen, je nach der wechselhaften politischen Geschichte der Länder. Konkurrenzdruck war eher innerhalb von als über die Grenzen hinweg zu spüren. Einzig in einem Punkt mag der Nachbar beispielhaft gewirkt haben: Nachdem Basel schon Ende des 19. Jahrhunderts Studentinnen zugelassen hatte, folgte Freiburg als erste deutsche Universität im Jahr 1900. Mehrfach standen Universitätsangehörige vor dem Zwang zur Emigration, speziell in Straßburg, aber auch hier waren es offenbar nicht die Nachbarn, die sich zuerst öffneten, aus welchen Gründen auch immer. (Dies würde jedoch eine eigene Untersuchung verlangen.) Innerhalb der Disziplinen dürften Grenzen dagegen seit jeher übersprungen worden sein.

Die Volkskunde liefert dazu ein bekanntes, viel diskutiertes Beispiel: die Beziehung zwischen Basel und – nicht so sehr Freiburg, als John Meier persönlich, nach dessen freiwilliger »Migration« vom Basler Lehrstuhl ins Badische, in die private Villa an der Silberbachstraße. Grundlage dieser Nachbarlichkeit war die gemeinsame fachliche Herkunft aus der Germanistik und die methodologische Nähe verschiedener Arbeiten von Meier und dem in Basel verbliebenen Eduard Hoffmann-Krayer[19], deren persönliche Freundschaft, sodann das Meister-Schüler-Verhältnis zwischen Meier und Paul Geiger, der spät eine Universitätskarriere in Basel begann, und Hanns Bächtold-Stäubli, der neben Lehrerberuf und sozialpolitischen Tätigkeiten als »Hobby« treuer Adlatus von Meier wurde und an all dessen hochfliegenden Plänen Anteil hatte. Schließlich hatte der Herr des Deutschen Volksliedarchivs eine treue Dienerin auch in Adèle Stoecklin, die ebenfalls bei Meier doktoriert hatte und in Basel nebenamtlich das Schweizerische Volksliedarchiv betreute. Die John Meier gewidmete Festschrift von 1934 enthält Beiträge der genannten Schweizer Kollegen (Adèle Stoecklin galt nicht als

---

19 Hoffmann-Krayer war der erste Nichtdeutsche auf einem germanistischen Lehrstuhl in der Schweiz!

| Christine Burckhard-Seebass

Kollegin[20]), und zwei von ihnen finden sich auch im Herausgeber-Ausschuss. 1949 gab es ein schmaleres »Angebinde«, zu dem aus Basel noch der Hebel-Forscher Wilhelm Altwegg, Paul Geiger und Friedrich Ranke, der (aus Deutschland gekommene) Nachfolger Hoffmann-Krayers, Beiträge geliefert hatten.[21] Mit dem Tod von Hoffmann-Krayer 1936 wurde das Verhältnis von Basel aus aber eher förmlich. Ob die Abkühlung politisch motiviert war, wissen wir nicht; an sich hielt man Meier hier für unbelastet, aber das hymnisch-nationalsozialistische Vorwort zur Festschrift von 1934 dürfte in Basel deutlicher Missbilligung begegnet sein. Umso mehr stellte einen rechten Freundschaftsdienst die Einladung des Kongresses des Verbands der Vereine für Volkskunde (den Meier präsidierte), der 1938 in Freiburg tagte, nach Basel dar: Er sollte wenigstens an einem Tag die Teilnahme von Fachvertretern ermöglichen, denen die Naziregierung eine Einreise nach Deutschland verweigerte.[22] Dies war aber ein privater Akt, in den beide Universitäten nicht involviert waren. Von gemeinsamen Interessen der Basler Volkskundler[23] und Meiers konnte kaum mehr die Rede sein. Nach der Mitte des 20. Jahrhunderts führte die in Freiburg wie in Basel betriebene Erzählforschung zu erneuerten Kontakten, dann auch zu Lehraufträgen und stärkerem wechselseitigem Interesse, aber sie waren personenabhängig, ohne institutionellen Rahmen.

Dies kennzeichnet wohl nicht nur unser Fach, sondern das universitäre Nachbarschaftsverhältnis allgemein. Zumindest im Bereich der Geisteswissenschaften waren Kontakte mit Straßburg eher noch seltener, abhängig von persönlichen Beziehungen. Eine Plattform fehlte ebenso wie die grundlegende Information. Als es um die Etablierung von EUCOR ging, wurde denn auch festgestellt, dass in Basel

---

20 Vgl. dazu Burckhardt-Seebass, Christine: *Von Bürgersitten und Trachten. Töchter Helvetiens auf ethnologischen Pfaden.* In: *Mass nehmen, Mass halten. Frauen im Fach Volkskunde.* Hg. von Elsbeth Wallnöfer. Wien, Köln, Weimar 2008, S. 164–183, hier S. 169–173.

21 *Volkskundliche Gaben, John Meier zum siebzigsten Geburtstag dargebracht.* Berlin, Leipzig 1934; *Angebinde. John Meier zum 85. Geburtstag am 14. Juni 1949. Dargeboten von Basler und Freiburger Freunden und Kollegen.* Hg. von Friedrich Maurer. Lahr 1949.

22 Der Obmann der gastgebenden Schweizerischen Gesellschaft für Volkskunde, Prof. Karl Meuli, hielt eine mit Nadeln gespickte Rede, die denn auch von Alfred Rosenberg mit Empörung zur Kenntnis genommen wurde. Die Rede findet sich abgedruckt: Meuli, Karl: *Ansprache am Bankett der Volkskundetagung vom 19. September 1938.* In: Karl Meuli: Gesammelte Schriften. Hg. von Thomas Gelzer. 2 Bde. Basel, Stuttgart 1975, Bd. 1, S. 541f. Die nationalsozialistischen Kommentare bei Schmoll, Friedemann: *Richard Weiss. Skizzen zum internationalen Wirken des Schweizer Volkskundlers.* In: Schweizerisches Archiv für Volkskunde 105 (2009), S. 15–32, hier S. 24f.

23 Schmoll (wie Anm. 22) spricht recht salopp von einer Verbandelung der schweizerischen mit der deutschen Volkskunde im Basel der 1930er-Jahre. Außerhalb Basels gab es zu jener Zeit in der Schweiz wenig Volkskunde, hier aber war sie, zumal bei Hoffmann-Krayer, durchaus europäisch ausgerichtet. Nach seinem Tod war es dann für lange Zeit der Altphilologe Karl Meuli, der ihre Geschicke bestimmte und selbst eine anthropologisch-ethnographische Linie vertrat, die innerhalb des Fachs ein Sonderweg blieb.

kaum mehr als 1% der Studierenden aus dem angrenzenden Ausland kam und Freiburg mehr Immatrikulierte aus Japan denn aus dem Oberrheingebiet zählte.[24] Es war also im Rahmen der Academia kein Sockel erkennbar, in den die gewünschte grenzüberschreitende Zusammenarbeit verankert werden konnte. Sowohl der Dozententausch wie das studentische Pendeln fanden aber mit der Zeit Anklang. Es bürgerten sich da und dort regelmäßige gemeinsame Forschungs-Kolloquien, Exkursionen und Fortbildungsangebote ein. Biotechnologie, Klimaforschung, Provinzialarchäologie, Sprachwissenschaft gehören zu den Disziplinen, die langdauernde Forschungskooperationen geschaffen haben, und viele größere und kleinere Initiativen wären zu nennen. Der Nutzen ist für kleinere Fächer vielleicht größer[25], weil sich auf diese Weise das Lehrangebot vergrößern lässt und weitere Forschungsfelder zugänglich werden. Längst nicht alle nehmen die Möglichkeiten jedoch in Anspruch, und zwar in jeder Hinsicht. Während sich der Austausch zwischen Freiburg und Basel und in einigen Disziplinen auch mit Karlsruhe eingespielt hat und problemlos ablaufen kann, scheinen die nachbarschaftlichen Begegnungen zwischen den französischen und den anderen Universitäten seltener zu sein, was nicht nur, aber leider auch an sprachlichen Verständigungsschwierigkeiten nebst den unterschiedlichen Strukturen zu liegen scheint.

Ob damit das Dreiländereck über den Freizeitbereich und die Kulinarik hinaus nachbarlicher geworden ist, bleibt zu fragen. EUCOR ist durch die Erasmus-Programme der EU sozusagen überholt worden und hat etwas von seinem Reiz eingebüsst. Ersetzt ist es aber nicht, auch nicht hinfällig geworden durch »Bologna«. Für die nunmehr angestrebte Angleichung der Studienbedingungen und der interuniversitären Zusammenarbeit hat der Dreiländer-Vertrag wichtige Vorarbeit geleistet. Und während die Bologna-gemäße Straffung des Studiums die Mobilität der Studierenden (vorläufig?) bremst, bietet EUCOR immer noch die einfache, unbürokratische Möglichkeit, wenigstens für einzelne Module »über den Hag« zu schauen. »Wer Heimat hat, hat auch Nachbarn.«[26] Für Global Player ist das Dreiländereck als Heimat aber nicht nur zu klein, sondern auch zu definitiv, und auch jenseits der Schlagworte kann man sich mit Grund fragen, ob die Zeit und die Bedeutung der Nachbarschaft, vom ganz persönlichen, privaten Bereich abgesehen, nicht vorbei ist. In der Wirtschaft ist der Trend zum Verschwimmen

---

24 Frey, René L. und Marcus Kaufmann: *Die regionale Ausstrahlung der Universität Basel*. Basel 1984 (Schriften der Regio 8); Fichtner: *Verflechtungen* (wie Anm. 17), S. 13. Zahlen aus Straßburg liegen nicht vor.

25 In unserem Fach konnten so Freisemester der Dozentinnen wechselseitig ausgeglichen und regionale Themen, Feldarbeiten, Exkursionen verstärkt angeboten und verfolgt werden. Außerdem etablierte sich ein EUCOR-Doktoranden-Kolloquium (mit Straßburg), was das kleine Basler Seminar aus eigenen Kräften gar nicht hätte leisten können. In jüngster Zeit wurde durch Walter Leimgruber der Kontakt zum Deutschen Volksliedarchiv sowohl (wieder) intensiviert wie institutionell abgesichert.

26 Schmid, Adolf: *Nachbarschaft am Oberrhein*. In: Badische Heimat 31 (2001), S. 4.

lokaler Grenzen fortgeschritten, und die *global scientific community* ist nicht nur Anspruch, sondern in manchem auch schon Zwang. Oder gilt es einfach ein wenig zu warten, bis als Gegenkraft die Regionalisierung wieder einsetzt? Nachbarschaft macht reicher!

Siegfried Becker
Zwischen Konversion und Kriminalisierung
Zur Zwangsmobilität der jüdischen Bevölkerung im 18. Jahrhundert

Max Matter hat als einer der wenigen Fachvertreter der Europäischen Ethnologie/ Kulturanthropologie/ Empirischen Kulturwissenschaft dezidiert eine intensivere Beschäftigung mit den Kulturen der Roma eingefordert[1]; zugleich reflektierte er die Gründe für die Abstinenz des Faches auf diesem Forschungsfeld: es sind nicht allein die Zugangsschwierigkeiten, eine Vertrauensbasis aufzubauen, sondern oft auch eine Zurückhaltung im Wissen um die in der Forschungsgeschichte ge- machten Fehler – und die Zurückhaltung vor einem Forschungsfeld, in dem eine apodiktische Kritik an den ersten soziologischen und ethnologischen Ansätzen der 1970er- und 1980er-Jahre kontraproduktiv für Diskurs und Interesse wirken musste.[2] Diese Abstinenz fällt umso mehr auf, wenn die zwar nicht breite, aber doch intensive und stetige ethnologische Forschung zur Sozial- und Kulturge- schichte der jüdischen Bevölkerung, zur Geschichte und Vorgeschichte des Holo- caust in Betracht gezogen wird.[3] Historische Prozesse der Herausbildung von

---

1   Matter, Max: *Roma – missachtete Minderheit Europas. Ein Plädoyer für eine verstärkte Be- achtung in Lehre und Forschung in unserem Fach.* In: Zeitschrift für Volkskunde 102 (2006), S. 17–42.

2   Matter zitiert hierfür zutreffend die Bemerkung Katrin Reemtsmas (die diese apodiktische Kritik ja selbst geführt hatte), dass zwischen Sinti und Kulturwissenschaft Stillstand herr- sche (Matter: Roma, S. 22). Neue Zugänge zum Forschungsfeld entwerfen Reetta Toivanen und Michi Knecht in ihrem Sammelband *Europäische Roma – Roma in Europa.* Münster u.a. 2006 (Berliner Blätter. Ethnographische und ethnologische Beiträge 39).

3   Vgl. etwa *Judaica Hassiaca.* Hg. von Alfred Höck. Gießen 1979 (Hessische Blätter für Volks- und Kulturforschung NF 9); Kaufmann, Robert U.: *Jüdische und christliche Vieh- händler in der Schweiz.* Zürich 1988; Schmidt, Michael: *Handel und Wandel. Über jüdische Hausierer und die Verbreitung der Taschenuhr im frühen 19. Jahrhundert.* In: Zeitschrift für Volkskunde 83 (1987), S. 229–250; Bergmann, Werner und Erb, Rainer: *»Die Juden sind bloß toleriert«. Widerstand der christlichen Umwelt gegen die Integration der Juden im frü- hen 19. Jahrhundert.* In: ebd. 83 (1987), S. 193–218; Daxelmüller, Christoph: *Die deutsch- sprachige Volkskunde und die Juden. Zur Geschichte und den Folgen einer kulturellen Aus- klammerung.* In: ebd. 83 (1987), S. 1–20; Köhle-Hezinger, Christel und Zippelius, Adelhart: *»Da ist der Michel aufgewacht und hat sie auf den Schub gebracht«. Zu zwei Zeugnissen anti- semitischer »Volkskunst«.* In: ebd. 84 (1988), S. 58–84; Jeggle, Utz: *Judendörfer in Württem-*

ethnischen Stereotypen, Rassismus und Antisemitismus als einem heute zentralen Forschungsfeld des Faches aber kommen ohne den Blick auf Konstrukte des Antiziganismus nicht aus; Wolfgang Wippermann hat daher zu Recht einen Vergleich gezogen, der schon im Titel *Wie die Zigeuner* auf Luthers Verdikte gegen die Juden Bezug nimmt und damit auf jene frühneuzeitlichen Vorurteile aufmerksam macht[4], die im 18. Jahrhundert mit einer repressiven Judenpolitik des absolutistischen Staates administrativ manifest werden sollten. Wippermann hat die Verfolgung der Sinti eingehender, die Verfolgung der Juden aber lediglich am Beispiel von Johann Andreas Eisenmengers Schmähschrift[5], ihrer Rezeption und der Zensur angesprochen, ehe er die intellektuelle Vorbereitung der Emanzipation und ihre politische Umsetzung diskutiert. Doch die zweite Hälfte des 18. Jahrhunderts ist die Epoche, in der die später virulenten Vorurteile durch Ausweisung, Kriminalisierung und Verfolgung massiv geschürt und literarisch fixiert wurden. Für einen Teil der jüdischen Landbevölkerung, dem eine Sesshaftigkeit verweigert wurde, blieben nur die Alternativen der Assimilation durch Bekenntniswechsel oder der Anschluss an jene Menschen auf der Straße[6], die nun zunehmend als vagierende Bevölkerungsgruppen kriminalisiert und in die Illegalität abgedrängt wurden. Der frühmoderne Staat, der mit der Herausbildung des Passwesens die Binnenmigration zu kontrollieren und zu steuern suchte[7], sich

---

berg. 2. Aufl., Tübingen 1999 (Untersuchungen des Ludwig-Uhland-Instituts der Universität Tübingen 90); ders.: *Erinnerungen an die Haigerlocher Juden. Ein Mosaik*. Tübingen 2000 (ebd. 92).

4 Wippermann, Wolfgang: *Wie die Zigeuner. Antisemitismus und Antiziganismus im Vergleich*. Berlin 1997. Zur Position Luthers und der Reformatoren vgl. auch Ehrlich, Ernst Ludwig: *Luther und die Juden*. In: Antisemitismus. Von der Judenfeindschaft zum Holocaust. Hg. von Herbert A. Strauß und Norbert Kampe. Bonn 1988 (Schriftenreihe der Bundeszentrale für politische Bildung 213), S. 47–65; Battenberg, Friedrich: *Reformation, Judentum und landesherrliche Gesetzgebung. Ein Beitrag zum Verhältnis des protestantischen Landeskirchentums zu den Juden*. In: Reformatio et reformationes. Festschrift für Lothar Graf zu Dolma zum 65. Geburtstag. Hg. von Andreas Mehl. Darmstadt 1989, S. 315–346.

5 Vgl. dazu auch Berghahn, Klaus L.: *Grenzen der Toleranz. Juden und Christen im Zeitalter der Aufklärung*. 2. Aufl. Köln, Weimar, Wien 2001, S. 12–22.

6 Küther, Carsten: *Menschen auf der Straße. Vagierende Unterschichten in Bayern, Franken und Schwaben in der 2. Hälfte des 18. Jahrhunderts*. Göttingen 1983 (Kritische Studien zur Geschichtswissenschaft 56); vgl. auch *Migrations et migrants dans une perspective historique. Permances et innovations*. Hg. von René Leboutte. Brussels 2000; Moch, Leslie Page: *Moving Europeans. Migration since 1650*. Bloomington 1992; Kleinschmidt, Harald: *Menschen in Bewegung. Inhalte und Ziele historischer Migrationsforschung*. Göttingen 2002; *Arme und ihre Lebensperspektiven in der Frühen Neuzeit*. Hg. von Sebastian Schmidt. Frankfurt a.M. u.a. 2008 (Inklusion/Exklusion. Studien zu Fremdheit und Armut von der Antike bis zur Gegenwart 10).

7 Dazu Burger, Hannelore: *Paßwesen und Staatsbürgerschaft*. In: Grenze und Staat. Paßwesen, Staatsbürgerschaft, Heimatrecht und Fremdengesetzgebung in der österreichischen Monarchie (1750–1867). Hg. von Waltraud Heindl und Edith Sauer. Wien 2000, S.

aber auch mit dem Perfektibilitätsgedanken der Aufklärung eine Legitimation für die Verbesserung von Menschen durch Zwang schuf, begann mit einer Selektion, in der die als untauglich, unproduktiv befundenen Personen ausgegrenzt und ausgewiesen wurden – um dann, abgedrängt und kriminalisiert, wieder aufgegriffen und in einer zweiten Selektion der Zwangsrekrutierung fürs Militär oder der Einweisung in Arbeitshäuser zugeführt zu werden. Diese Phase einer Zwangsassimilation der pauperisierten unteren Schichten im Landjudentum ist in der Literatur mehrfach, wenn auch eher kursorisch behandelt worden[8]; vor allem Ingrid Tomkowiak ist zu danken, dass sie sich, Rudolf Schendas Forderung aufnehmend, »neben die Rechtsvolkskunde auch eine Unrechtsvolkskunde zu setzen«, in einer prononcierten Stellungnahme zur Rechtfertigung der Judenmissionierung durch Göttinger Theologen 1992 differenziert mit den frühneuzeitlichen Bekehrungsversuchen an jüdischen Delinquenten auseinandergesetzt hat.[9] Wie diese schon zeitgenössisch von Juristen als grausam und pervers beurteilten Schauprozesse, Martern und Hinrichtungen[10] die Bekehrung unter Zwang als Triumph des Christentums zu inszenieren trachteten, dienten auch die relativ selten vollzogenen Konversionen von Proselyten der religiösen Propaganda. Dass auch sie unter Zwang, freilich mit subtileren, wenn auch nicht weniger systemati-

---

3–172; Komlosy, Andrea: *Grenzen und die Steuerung der Binnenmigration in den österreichischen und böhmischen Ländern im 18. und 19. Jahrhundert.* In: Über die trockene Grenze und über das offene Meer. Binneneuropäische und transatlantische Migrationen im 18. und 19. Jahrhundert. Hg. von Matthias Beer und Dittmar Dahlmann. Essen 2004 (Migration in Geschichte und Gegenwart 1), S. 263–286; Härter, Karl: *Arbeit, Armut, Ausgrenzung: Rechtliche Reglementierung von Wanderungsbewegungen und Migrationspolitik im hessischen Raum zwischen dem 18. und 19. Jahrhundert.* In: Zuwandern, Einleben, Erinnern. Beiträge zur historischen Migrationsforschung. Hg. von Siegfried Becker und Joana M.C. Nunes Pires Tavares. Marburg 2009 (Hessische Blätter für Volks- und Kulturforschung 43), S. 28–55.

8   Battenberg, Friedrich: *Das europäische Zeitalter der Juden. Zur Entwicklung einer Minderheit in der nichtjüdischen Umwelt Europas.* 2 Bde., Darmstadt 1990, 2. Aufl. 2000; Breuer, Mordechai und Graetz, Michael: *Deutsch-Jüdische Geschichte in der Neuzeit.* Bd. 1 Tradition und Aufklärung 1600–1780, München 1996; Katz, Jacob: *Zur Assimilation und Emanzipation der Juden. Ausgewählte Schriften.* Darmstadt 1982; Heinemann, Hartmut: *Forschungen zur Geschichte des Judentums in Hessen.* In: Fünfzig Jahre Landesgeschichtsforschung in Hessen. Hg. von Ulrich Reuling und Wilfried Speitkamp. Marburg 2000 (Hessisches Jahrbuch für Landesgeschichte 50), S. 351–360; *Bibliographie zur Geschichte der Juden in Hessen.* Bearb. von Ulrich Eisenbarth, Hartmut Heinemann und Susanne Walther. Wiesbaden 1992 (Schriften der Kommission für die Geschichte der Juden in Hessen XII).

9   Tomkowiak, Ingrid: *Bei Folter und Hinrichtung. Bekehrungsversuche an jüdischen Delinquenten.* In: Hören Sagen Lesen Lernen. Bausteine zu einer Geschichte der kommunikativen Kultur. Festschrift für Rudolf Schenda zum 65. Geburtstag. Hg. von Ursula Brunold-Bigler und Hermann Bausinger. Bern u.a. 1995, S. 695–708.

10   Vgl. Güde, Wilhelm: *Die rechtliche Stellung der Juden in den Schriften deutscher Juristen des 16. und 17. Jahrhunderts.* Sigmaringen 1981, S. 58–60.

schen Mitteln und in spezifischen sozialen Notlagen deklassierter Bevölkerungsgruppen stattfanden, soll an einigen Beispielen aus der zweiten Hälfte des 18.
Jahrhunderts betrachtet werden. Gerade diese Epoche ist geeignet, die Konstruktion von Vorurteilen in vergleichender Perspektive auf die Verfolgung von Juden
und Sinti zu analysieren. Freilich darf bei diesem Blick auf die Assimilation durch
Zwang nicht übersehen werden, dass das 18. Jahrhundert auch eine Epoche war,
in der eine beginnende Assimilation durch den Kulturkontakt stattfand[11]: Feste
und Vergnügungen, Handel und Wandel förderten einen Austausch von Sprache
und Liedern; die Chasanim, die häufig eine berufliche Laufbahn auch außerhalb
der jüdischen Gemeinden und Religionsgrenzen einschlugen, trugen seit der
Aufklärung wesentlich zur Präsenz des jüdischen Musiklebens im modernen Europa bei[12], verbreiteten das große Repertoire von jüdischer Musik und sorgten
damit für die Überlieferung von Witz und Ironie in Liedern und Erzählungen, die
ja nicht selten aus einer Reflexion von Armut und Repression hervorgegangen
waren.[13]

In den Akten der Lutherischen Superintendentur Marburg befindet sich als Intus
in einem Vorgang zur Visitation der Kirche in Roth im Lahntal ein Schreiben des
Konsistoriums aus dem Jahr 1754, das Bezug nimmt auf ein Gesuch des Pfarrers
Volmar von Elnhausen und an den »Ehr Würdigen und hochgelahrten Unserm
besonders guten freund Superintendent Junghenn zu Marburg« adressiert ist.[14]
Dieses Schreiben soll, da der darin behandelte Fall nachstehend zu interpretieren
und in den rechts- und kulturgeschichtlichen Zusammenhang einzuordnen sein
wird, zunächst vollständig wiedergegeben werden:

> Unsern freundlichen dienst zuvor Ehrwürdiger und hochgelahrter besonders guter
> freund! Was an Uns der Pfarrer Volmar zu Ellenhaußen wegen eines Juden
> Purschen nahmens Feist von Roth berichtet hat, solches wird Euch hiermit
> communiciret und Euch aufgegeben, diesen Juden Pursch zu examiniren, ob er in
> den Christenthumb behörig informiret, und gegründet seye? und sodann vom be-
> finden an Uns cum remissione accludi [mit Rückgabe des beigefügten (Vorgangs)]
> zu berichten. Versehens Uns und sind Euch frdl. geneigt. Dat. Marbg. d. 25t. Nov.
> 1754. Consistorium daselbsten.

11 Daxelmüller, Christoph: *Hochzeitskutschen und Romanzen. Zur jüdischen Assimilation in
    der frühen Neuzeit.* In: Bayerisches Jahrbuch für Volkskunde 1996, S. 107–120.
12 Salmen, Walter: »*... denn die Fiedel macht das Fest«. Jüdische Musikanten und Tänzer vom
    13. bis 20. Jahrhundert.* Innsbruck 1991.
13 Zur Nachwirkung chassidisch-mystischer Frömmigkeit in den jüdischen Armutsliedern
    vgl. Landmann, Salcia: *Das Volkslied der Juden.* In: Jahrbuch für Volksliedforschung 30
    (1985), S. 93–98.
14 StAMR [Hessisches Staatsarchiv Marburg] Best. 318 Lutherische Superintendentur Mar-
    burg: 331 Visitation der Kirche zu Roth.

Auf diesem Schreiben vermerkte Superintendent Johann August Junghenn auch das Datum des Eingangs:

> pst: d. 28t. nbr.: [praesentatum den 28. Novembris] 1754 hora postmeridiana sta. [sabata, also zur samstag-nachmittäglichen Stunde]: Ich soll den zum Christenthum übergehen wollenden Juden Faist von Roth examinieren ob Er im Christenthum gegründet seye u. zur heil. Tauffe admittiret [zugelassen] werden könne auf des Pf. Volmers Vorstellen zu Ellnhausen.

Nun ist der Name Feist in den Akten zur jüdischen Gemeinde in Roth bisher nicht zu finden: Die Auflistung der Rother Juden mit ihren Familien in der hessischen Judenstättigkeit 1744 enthält ihn nicht, und auch Alfred Höck hat ihn nicht nachweisen können in seiner kleinen Übersicht über die Geschichte dieser jüdischen Landgemeinde im Schenkisch-Eigen[15], für die sich ein früher Beleg 1611 feststellen lässt, weshalb mit einer ersten Anwesenheit von Juden in Roth wie im Schenken-Städtchen Schweinsberg[16] mindestens Ende des 16. Jahrhunderts zu rechnen ist. In einer Schenk'schen Bau-Rechnung von 1630 hat Höck »zwey Juden im Eygen« erwähnt gefunden, weil sie Schutzgeld zahlten, und für 1634 ist darin ein »Moisch Jude zum Rodt« genannt, der aber 1635 schon »davongezogen« sei. In der Rechnung von 1666, also nach dem Dreißigjährigen Krieg, ist die Einnahme des Schutzgeldes von vier Juden eingetragen: Nathan, Wolf Bonfang, Bonfang David, Israel, die auch 1668 noch aufgeführt sind, während Wolf Bonfang 1670 nach Wenkbach verzogen war.[17] Die für die Landgrafschaft Hessen-Kassel 1744 erstellte »Judenspezification« nennt für Roth neben den zwei geduldeten Familien von Salomon Susmann und Löb Juda auch die auszuweisenden, als »untauglich« erklärten Juden, »welche vermöge Allergnädigsten Befehls

---

15 Höck, Alfred: *Zur Geschichte der Juden in Roth (Weimar, OT Roth).* Maschr. vervielfältigt; vgl. auch Kosog, Herbert: *Die Juden von Roth.* In: Heimatwelt. Aus Vergangenheit und Gegenwart unserer Gemeinde (Weimar/Lahn) 5 (1979), S. 11–21; Schmitz, Thomas: *Alltag zwischen Bettel und Handel. Synagogengemeinde Roth war zweitstärkste im Kreis.* In: Oberhessische Presse 1983, Nr. 24 (Stadtausgabe). Zur territorialgeschichtlichen Bedeutung der Schenken als Gerichtsherren im Eigen und im Gericht Reizberg vgl. Eckhardt, Karl August: *Die Schenken zu Schweinsberg.* In: Hessisches Jahrbuch für Landesgeschichte 3 (1953), S. 96–149; *Mitteilungen aus dem Frhrl. Schenck zu Schweinsbergschen Samtarchiv,* 1950ff.; Petersdorff, Friedrich von: *Schen(c)k zu Schweinsberg.* In: NDB 22, Berlin 2005, S. 674–676. Die Schenken erhielten schon 1332 ein kaiserliches Privileg zur Ansiedlung von vier Schutzjuden, ein Recht, das sie in Schweinsberg und im Eigen bis ins 18. Jahrhundert wahrnahmen.

16 Dazu Höck, Alfred: *Notizen über die Schweinsberger Juden.* In: Schweinsberg 650 Jahre Stadt. Marburg 1982, S. 88–94; vgl. auch Stamm, Irmgard, und Walter Dehnert: *Schweinsberg. Aus der Geschichte einer Landstadt und Adelsherrschaft in Oberhessen.* Stadtallendorf 1998.

17 StAMR Best. 340 Schenck zu Schweinsberg, Samtarchiv Abt. 22 (Judensachen), Nr. 3; ebd., Nr. 10, Bau-Rechnung 1614–15; vgl. auch Löwenstein, Uta: *Quellen zur Geschichte der Juden im Hessischen Staatsarchiv Marburg 1267–1600.* Wiesbaden 1989.

vom 4. Tag Augusti 1744 mit Weib und Kindern das Land räumen sollen«: Leser Katz und Frau Gütgen mit den Töchtern Hanna, Rechell und Güttele, die einen landesherrlichen Schutzbrief vom 2. Juni 1733 besessen hatten; Heinemann Liebmann und Frau Beila mit den Söhnen Liebmann und Amsell und der Tochter Besgen (Schutzbrief vom 2. Juni 1733); Seligmann und Frau Fahr mit den Söhnen Heinemann und Aaron und den Töchtern Gente und Edell (Schutzbrief vom 2. Juni 1733); Leser Liebmann und Frau Hennel mit den vier Töchtern Fratgen, Jüttel, Sara und Rebecca (Schutzbrief vom 2. Juni 1733); Hirsch und Frau Hendell mit dem Sohn Wolff und der Tochter Jütgen (landesherrlicher Schutzbrief vom 2. Juni 1733); Gottschalck (»soll bereits fort seyn«); Feibes Katz und Frau Golde mit dem Sohn David (landesherrlicher Schutzbrief vom 2. Juni 1733).

Der Judenschutz, im Spätmittelalter noch kaiserliches Privileg (Judenregal[18]), wurde in der frühen Neuzeit zunehmend territorialisiert, als landesherrliches Recht aufgefasst und in sogenannten Judenordnungen (mit der Funktion als Polizeiordnungen) geregelt.[19] Das Schutzverhältnis blieb Gnadenakt des Landesherrn und erlegte den sogenannten »Schutzjuden« Verpflichtungen auf (Ablegen eines Eides[20], Zahlung von Schutzgeld), führte aber in der Rechtspraxis zu zahlreichen, die schutzrechtlichen Absichten aushöhlenden Problem- und Konfliktfeldern, die sich etwa am Talmud-Verbot und an der Beschlagnahmung hebräisch geschriebener Bücher, am Sonntagsgebot oder an der öffentlichen Kontrolle

18 Frey, Sabine: *Rechtsschutz der Juden gegen Ausweisungen im 16. Jahrhundert*. Frankfurt a.M., Bern, New York 1983 (Rechtshistorische Reihe 30); Güde, Wilhelm: *Die rechtliche Stellung der Juden in den Schriften deutscher Juristen des 16. und 17. Jahrhunderts*. Sigmaringen 1981; Magin, Christine: *»Wie es umb der iuden recht stet.« Der Status der Juden in spätmittelalterlichen Rechtsbüchern*. Göttingen 1999.

19 Battenberg, Friedrich: *Schutzjuden*. In: HRG IV, Sp. 1535–1541; ders.: *Judenordnungen der frühen Neuzeit in Hessen*. In: Neunhundert Jahre Geschichte der Juden in Hessen. Beiträge zum politischen, wirtschaftlichen und kulturellen Leben. Wiesbaden 1983 (Schriften der Kommission für die Geschichte der Juden in Hessen VI), S. 83–122.

20 Röll, Walter: *Zu den Judeneiden an der Schwelle zur Neuzeit*. In: Zur Geschichte der Juden im Deutschland des späten Mittelalters und der frühen Neuzeit. Hg. von Alfred Haverkamp. Stuttgart 1981 (Monographien zur Geschichte des Mittelalters 24), S. 163–204; Schmidt, Rolf: *Judeneide in Augsburg und Regensburg*. In: Zeitschrift der Savigny-Stiftung für Rechtsgeschichte, Germanistische Abt., 93 (1976), S. 322–339; Zimmermann, Volker: *Die Entwicklung des Judeneids. Untersuchungen und Texte zur rechtlichen und sozialen Stellung der Juden im Mittelalter*. Frankfurt a.M. 1973 (Europäische Hochschulschriften, Reihe I, 56); Kisch, Guido: *Forschungen zur Rechts- und Sozialgeschichte der Juden in Deutschland während des Mittelalters*. Zürich 1955, darin die Beiträge: Studien zur Geschichte des Judeneides im Mittelalter, S. 137–165, Ein süddeutscher Judeneid aus dem 14. Jahrhundert, S. 166–171, Nürnberger Judeneide, S. 172–184, Jüdisches Recht und Judenrecht, S. 187–198.

des Viehtriebs aufzeigen lassen.[21] In den 30er-Jahren des 18. Jahrhunderts häuften sich die Verordnungen zur Kontrolle. So erging am 20. August 1731 ein *Regierungs-Anschreiben, daß die Juden so keinen Landesherrlichen Schutz haben, das Land räumen sollen*[22], am 27. Mai 1735 das *Edict wegen der Juden, welche nicht mit Landesherrlichem Schutz begnadigt sind.*[23] Darin wurde festgelegt, dass

alle Bettel- und sonstige verdächtige Juden gantz und gar, die übrige aber zwar nicht verdächtige, jedoch aber mit Schutzbriefen nicht versehene Juden ohne Vorwissen der Obrigkeit länger nicht denn zwey Tage [...] geduldet, sondern solche von den Wirthen oder denjenigen, wobey sie sich aufhalten, sie seyen Christen oder Juden, sofort der Obrigkeit des Orts angezeigt und von dieser nach gesetzter Zeit ausser Landes geschafft werden, es wären dann erhebliche Ursachen vorhanden, warum der keinen Schutz habende Jud länger zu dulden, als welches die Obrigkeit des Orts jedes Malen in solchen Fällen wohl zu examiniren und zu protocolliren, zugleich aber auch dahin zu sehen hat, auf dass sothane Juden, sobald ihre Gegenwart nicht mehr nöthig, sich von dannen wiederum wegbegeben müssen. Auf dass aber zuweilen einige Juden unterm falschen Praetext, ob wären sie mit unserm landesherrlichen Schutz versehen, sich nicht einschleichen mögen, so sol vors künftige ein jeder Schutzjud sich vom Beamten des Orts, wo er wohnhaft, einen Schein mittheilen lassen, des Inhalts ›Dieser Jud NN. hat zu NN. landesherrlichen Schutz‹, welchen Schein dann selbiger, wann er an andern Orten, wo man ihn nicht kennet, einige Verrichtung hat, bey sich nehmen und auf Erfordern produciren mus, inmasen dann ein solcher Schein nach Ablauf jeden Jahrs von Beamten renoviret werden soll.

Diese Verordnungen zogen nicht nur die Einrichtung eines umfassenden Kontroll- und Denunziationssystems im absolutistischen Staat nach sich, sondern trugen mit den Beschränkungen der Einkommensmöglichkeiten von Juden auch zu einer Verschlechterung ihrer wirtschaftlichen und sozialen Situation, ja zu einer wachsenden Pauperisierung vor allem der Landjuden bei.[24]

Die Situation spitzte sich Ende der 30er-Jahre zu; so erging am 12. August 1739 die *Juden-Ordnung*[25], der am 4. August 1744 die sogenannte hessische Judenstättigkeit folgte (die oben bereits erwähnte »Judenspezification«[26]). Den

---

21 Marzi, Werner: *Judentoleranz im Territorialstaat der Frühen Neuzeit. Judenschutz und Judenordnung in der Grafschaft Nassau-Wiesbaden-Idstein und im Fürstentum Nassau-Usingen.* Wiesbaden 1999 (Schriften der Kommission für die Geschichte der Juden in Hessen 16).

22 *Sammlung Fürstlich-Hessischer Landesordnungen und Ausschreiben.* Cassel 1777 (nachf. HLO), Bd. IV, S. 58.

23 HLO IV, S. 288.

24 Vgl. dazu Battenberg: Das europäische Zeitalter, Bd. 2, S. 4ff.

25 HLO IV, S. 586–600.

26 Vgl. Demandt, Karl Ernst: *Die hessische Judenstättigkeit 1744.* In: Hessisches Jahrbuch für Landesgeschichte 23 (1973), S. 292–332.

Ausgewiesenen blieb oft nur die Möglichkeit, sich vagierenden Gruppen anzuschließen, die seit etwa 1680 zunehmend einer Intensivierung, aber auch qualitativen Radikalisierung der Gesetzgebung ausgesetzt waren. Subsistenzdelikte dienten zur Rechtfertigung für eine Militarisierung und Professionalisierung des Streifenwesens, das die Lebensmöglichkeiten der mobilen Randgruppen stark einschränkte und unter dem Verdikt der »Zigeunerbanden« eine massive Kriminalisierung der betroffenen Gruppen als Produkt von Zuschreibungen manifestierte.[27] Noch auf dem Höhepunkt der Vagantenverfolgung zwischen 1750 und 1770 wurde der größere Anteil der aufgegriffenen, inhaftierten und mit drastischen Strafen abgeurteilten Vagierenden mit dem Etikett »Zigeuner« belegt[28], doch stieg ab 1750 der Anteil der als »Betteljuden« bezeichneten Verfolgten, Ergebnis einer erheblichen Dezimierung der Sinti durch die vorausgegangenen Verfolgungsphasen, aber auch der zunehmenden Mobilisierung der jüdischen Landbevölkerung durch die Ausweisungen der Judenspezifikationen. Damit wurden zunehmend auch die Betteljuden in die massive Diskriminierung der Vagantengruppen einbezogen, die 1758 in einer von J.J. Bierbrauer in Kassel vorgelegten Hetzschrift gipfelte, deren Titel bereits das Anliegen der Schrift erkennen lässt: *Beschreibung derer berüchtigten jüdischen Diebes-, Mörder- und Räuber-Banden, welche seither geraumen Jahren, hin und wieder im Reich, viele gewaltsame Beraubungen, Mordthaten und Diebstähle begangen haben, vornehmlich hiesigen hochfürstlichen, sodann auch denen umliegenden Landen ... und Städten ... zum nützlichen Gebrauch.* Die Praxis obrigkeitlich angeordneter »Zigeunerstreifen« trug auch in den oberhessischen Gerichten zu einer massiven Verfolgung vagierender Bevölkerungsgruppen bei; noch 1776 wurde in den Gerichten Reizberg und Caldern Militär eingesetzt, um »3 Banden Zigeuner« zu arretieren, durchaus in der Absicht, »da die Mannspersohnen lauter ansehnliche tüchtige Kerle sind«, sie zum Militär einzuziehen, »die Weibs-Leute aber zu anderer ihnen angemeßenen Arbeit im Stein- oder Zuchthauß« niederzusetzen.[29] Dieses Stein- oder Zuchthaus war der sogenannte »Hexenturm« am Zwinger des Marburger Schlosses; unter den Inhaftierten sind in der zweiten Hälfte des 18. Jahrhunderts neben den als »Zigeuner« deklarierten Personen auch Juden nachzuweisen. Damit kommt den

---

27 Härter, Karl: *Kriminalisierung, Verfolgung und Überlebenspraxis der »Zigeuner« im frühneuzeitlichen Mitteleuropa.* In: Sinti, Roma, Gypsies. Sprache – Geschichte – Gegenwart, hg. von Yaron Matras, Hans Winterberg und Michael Zimmermann. Berlin 2003, S. 41–81; Lucassen, Leo: *Zigeuner im frühneuzeitlichen Deutschland. Neue Forschungsergebnisse, -probleme und -vorschläge.* In: Policey und frühneuzeitliche Gesellschaft. Hg. von Karl Härter. Frankfurt a.M. 2000, S. 235–262.

28 Zur Konstruktion des »Zigeuners« im frühneuzeitlichen Staat vgl. ›*Zigeuner‹ und Nation. Repräsentation – Inklusion – Exklusion.* Hg. von Herbert Uerlings und Iulia-Karin Patrut. Frankfurt a.M. u.a. 2008 (Inklusion/Exklusion. Studien zu Fremdheit und Armut von der Antike bis zur Gegenwart 8).

29 StAMR Best. 17e Landgräfliche Regierung Kassel, Ortsrepositur Lohra: 1 Umherstreifende Zigeuner im Gericht Lohra 1776–1779.

Konversionen ein Quellenwert nicht nur hinsichtlich des Akkulturationsdrucks der Residenzgesellschaft zu, sondern auch im Blick auf Motive und Strategien der Konvertiten zur Überwindung von Verelendungstendenzen im Landjudentum des 18. Jahrhunderts.

So mag auch für das Taufgesuch des Juden Feist aus Roth dieses aufkommende Klima der Verdächtigungen, der massiv geschürten Vorurteile und Verfolgungen Anlass gewesen sein, sich um den Bekenntniswechsel zu bemühen. Verschärft wurde die Situation gerade in den Dörfern des Schenkisch Eigens durch einen noch immer ungeklärten Streit zwischen den Schenken und dem Landesherrn (dem Landgrafen von Hessen) um das Recht zur Einziehung der Schutzgelder, der 1713 begonnen hatte und erst 1779 durch einen Vergleich abgeschlossen wurde[30], so dass die drohenden doppelten Schutzgeldzahlungen gerade für verarmte Personen oder alleinstehende Jugendliche eine Existenzkrise bedeuteten. Denkbar ist, dass Feist mit seinen Eltern allein unter Schenkischem Schutzverhältnis stand und daher in der hessischen Judenstättigkeit 1744 nicht genannt ist.[31] Immerhin ist der Eintrag im Kirchenbuch erhalten[32]:

Johann Wilhelm Henrich Friderich August Moritz Frantz Christian Ein Proselyte aus dem Judenthum gebürtig von Roth an der Löhne in dem 22. Jahr seines Lebens, welcher sich angegeben, um ein Christe zu werden, darauf ich denselben zur Information angenommen, und nach eingenommenen Unterricht ist er auf Befehl Hochfürstl. Consistorii von Herrn Superintendent Junghenn zu Marburg examinirt und nachdem er in examine wohlbestanden, so ist auf deßen Bericht von Hochfürstl. Consistorio Erlaubniß gegeben denselben zu taufen, worauf derselbe d. 6.t. Januarii als auf Feste Epiphaniae alhier in Versammlung sehr vieler Zuhörer öffentlich examinirt und getauft worden, Pathen zu demselben waren der Hochwohlgeborene Herr Johann Gottfried von Heydewolff, Frau Wilhelmina Dorothea Charlotta von Kospoth gebohrne von Heydewolf, der Gemahl Henrich Julius von

30 StAMR Best. 19b Landgräflich Hessische Regierung Marburg: 611 Prozessvergleich zwischen Landesherrschaft und Schenken in Reizberg und Eigen (Rechtsverhältnisse).
31 Leider weisen auch die Quellen zu Judensachen in den Akten der landgräflichen Regierung für das Jahrzehnt, in dem die Taufe stattfand, eine Lücke auf; für frdl. Unterstützung danke ich den Herren Klingelhöfer und Prof. Dr. Hollenberg, Staatsarchiv Marburg. Immerhin ist der Eintrag im Kirchenbuch erhalten.
32 PA Elnhausen, KB Elnhausen 1624–1772, Taufregister 1755 Jan. 6. Das Pfarrarchiv Elnhausen befand sich im Herbst 2004 in der Archivschule Marburg zur Verzeichnung; Pfr. Koller, Elnhausen, danke ich für den frdl. Hinweis. Frau Archivdozentin Dr. Alexandra Lutz teilte mir am 29.10.2004 mit, dass ein Eintrag im KB vorliegt, nicht aber weitergehende Korrespondenz zu diesem Vorgang im Pfarrarchiv erhalten ist; für Recherche und Mitteilung danke ich ihr herzlich. Die KB Elnhausen sind verfilmt worden und können in Kassel eingesehen werden; Herrn Ralf Bansmann danke ich für die Anfertigung einer Kopie des Taufeintrags von 1755 aus dem KB Elnhausen (Mikrofichebestand) im Landeskirchlichen Archiv der Evangelischen Kirche von Kurhessen-Waldeck.

Kospoth, Capitain unter Ihro Hochf[ürs]tl[iche]. Durchl[auch]t. leibregiment zu Fuß, ingleich Fraülein Henriette von Rau […] Carl August von Rau Erl[auch]t. zu Nordeck und Holtzhausen Fraül. Tochter anitzo Stifftschanonisse im Stifft Schacken, ingleich der Aelteste, herr von Canstein, ebenfalß Capitain in eben besagten Regiment, Herr Lieutnant von Schwertzel, Herr Johann Moritz von Schenck zu Schweinßberg, Fraülein Charlotta Elisabetha Francisca von Cyriacin, Herr Capitain von Loos und auch die gantze hießige Gemeinde, dahero er auch seinen Zunahmen Elnhaußen bekommen. Sein Vater hat geheißen Simon, seine Mutter Rachel.

Pfarrer Johann Philipp Volmar, der die Taufe vornahm, war gebürtiger Pfarrerssohn aus Eimelrod bei Korbach; der Vater war 1732 Metropolitan der Herrschaft Itter und Oberpfarrer zu Vöhl. In Elnhausen wurde Pfarrer Volmar von den Schenken zu Schweinsberg, die Patronat und Kollatur innehatten, präsentiert. In seine Amtszeit fällt der Bau der Elnhäuser Pfarrkirche (1741–1745 errichtet, 1747 eingeweiht); er starb 1760.[33] Volmar hatte Feist für das von Superintendent Junghenn vorgenommene Examen vorbereitet und sich dafür auch der Einwilligung durch das Konsistorium gemäß Kirchenordnung versichert. Das hessenkasselische Kirchenrecht schrieb vor, dass »mit Annehmung jedes Proseliten, und vorzüglich solcher, die sich bisher nicht zur christlichen Kirche bekannten«, vom Prediger vorsichtig zu verfahren sei: »Der Regel nach, darf es ohne Vorwissen und Erlaubniß der Consistorien nicht geschehen.«[34] Die besondere Unterstützung, die Feists Taufgesuch gefunden hat, wird in der hochrangigen Besetzung der Patenschaft aus den Familien der althessischen Ritterschaft und der Offiziere deutlich; Angehörige der Familie von Kospoth finden sich mehrfach als Offiziere in landgräflichen Diensten, so Ende des 18. Jahrhunderts der Generalleutnant und Gouverneur Julius von Kospoth. Neben den Schenken zu Schweinsberg (der Konvertit war ja von Roth im Schenkisch Eigen gebürtig) waren u.a. vertreten die Familien von Schwertzell (Willingshausen), von Heydwolff (Germershausen bei Oberweimar) und von Rau zu Nordeck und Holzhausen (dem heutigen Rauisch-Holzhausen, das wie Schweinsberg eine jüdische Gemeinde hatte; die Rau von Holzhausen waren seit dem 16. Jahrhundert, nachdem das ehemals gemeinsame Gericht Nordeck und Allendorf im Lumdatal geteilt worden war, mit Schloss, Tal, Dorf und Gericht Nordeck belehnt[35]). Die Patenschaft von Johann Gottfried

---

33 Schütt, Gerhard: *Wehrshäuser Kirchengeschichte*. In: Wehrshausen bei Marburg. Hg. von Wilhelm A. Eckhardt. Marburg 1974, S. 95–126, hier S. 118f. (nach den Pfarrerberichten im PA Elnhausen).

34 Ledderhose, C.W.: *Versuch einer Anleitung zum Hessen-Casselischen Kirchenrecht*. Kassel 1785, S. 146.

35 Auch im Dorf Nordeck unter dem Rauischen Burgsitz waren Schutzjuden angesiedelt; Nordeck war Geburtsort von Heinemann Stern, dessen eindrückliche Autobiographie die Genese der Vorurteile vom Böckelschen Antisemitismus bis zum Holocaust schildert: *Warum hassen sie uns eigentlich?* Düsseldorf 1970.

von Heydwolff war durch den Ort der Konversion gegeben; er saß nämlich in Elnhausen und ist nach einem Eintrag im Kirchenbuch Oberweimar 1762 auch dort gestorben.[36] Die Bezeichnung der Henriette von Rau als »Stiftschanonisse« bezog sich auf das nach der Reformation zum evangelischen Damenstift (für ledige Töchter des landsässigen Adels) umgewandelte Kloster Schaaken (hier »Schacken« geschrieben) bei Immighausen in Waldeck.[37]

Von den Paten erhielt der Konvertit auch seinen Taufnamen, wobei auch die Vornamen der Patinnen berücksichtigt und in die männliche Form umgewandelt wurden (Wilhelmina in Wilhelm, Franziska in Franz). Das ist auch in den anderen, für das 18. Jahrhundert zahlreich belegten Konversionen von Juden zum christlichen Glauben weithin üblich gewesen. Bereits im Jahr vor der Taufe in Elnhausen hatte eine Konversion in Marburg stattgefunden, an der ebenfalls »eine große Menge Volk in der Kirche« teilnahm; hier war am Palmsonntag ein jüdisches Mädchen aus Gudensberg getauft worden und hatte »den Namen Wilhelmina Christina von des Unterbürgermeisters Frau Klepperin bekommen«.[38] Heldmann hat auf die Namensgebung Friedrich König (nach König Friedrich von Schweden, Landgraf von Hessen) und Wilhelm Graf (nach Landgraf Wilhelm VIII.) in einer Judentaufe zu Rosenthal 1735 aufmerksam gemacht[39], die zugleich zeigt, dass nicht nur der niedere, sondern auch der hohe Adel den Glaubenswechsel ausdrücklich förderten. Dass die Taufgottesdienste gut besucht waren, ja dass mehrfach berichtet wird, es sei »überaus großes Volck« zusammengelaufen[40], darf wohl als Hinweis darauf gewertet werden, wie sehr Kirche und Adel

---

36 Das barocke Herrenhaus (Schloss) auf dem Gut zu Elnhausen wurde von dem geadelten Kanzler Hermann von Vultée (Vultejus) erbaut; nach 1747 verzog Johann Adolph von Vultée nach Wieblingen, das Schloss wurde verkauft, vgl. StAMR Best. 19b Landgräfliche Regierung Marburg: 1504 Versteigerung des adeligen Guts zu Elnhausen 1750. Es ging in den Besitz der 1741 in die althessische Ritterschaft aufgenommenen Familie von Heydwolff auf Gut Germershausen bei Oberweimar über.

37 Vgl. *Zur Geschichte des Jungfrauenstifts Schaken.* Mitgeteilt von Pfarrer Döhne aus dem Pfarrarchiv zu Immighausen. In: Geschichtsblätter für Waldeck und Pyrmont 5/6 (1906), S. 311–315; zur älteren Geschichte Wegener, Heinz: *Untersuchungen zur Geschichte des Benediktinerinnenklosters Schaaken in Waldeck.* In: Geschichtsblätter für Waldeck 80 (1992), S. 7–58; Knöppel, Volker: *Goddelsheim, Schaaken, Werbe.* In: Die Benediktinischen Mönchs- und Nonnenklöster in Hessen. St. Ottilien 2004, S. 517–526. Die archivalische Überlieferung des Kanonissenstifts Schaaken befindet sich im Staatsarchiv Marburg, Best. 133 f und g; vgl. dazu das von Gerhard Menk erstellte Repertorium. Die Klosterkirche ist seit einem Brand 1913 Ruine.

38 Vgl. S. [Stahr, Kurt]: *Eine Jüdin wurde getauft.* In: Hessenland. Beilage der Oberhessischen Presse 1. Jg., Folge 13 (1954).

39 Heldmann, Karl: *Die Judentaufe zu Rosenthal im Jahre 1735. Aufzeichnungen des Pfarrers Joh. Ägidius Ruppersberg d. Ä. zu Rosenthal (1722–1747).* In: Hessenland 38 (1926), S. 234–236.

40 Diehl, Wilhelm: *Eine Judentaufe in der Meicheser Totenkirche im Jahr 1705.* In: Hessische Chronik 12 (1925), S. 31–32.

daran gelegen war, mit öffentlichem Zeremoniell die Taufen als erfolgreichen Vollzug einer Akkulturation und Missionierung der jüdischen Bevölkerung zu vermitteln – eine beinahe an triumphale Gesten erinnernde Ritualisierung des Taufakts; dem entsprach umgekehrt auch die Aufregung, die der Fall des 1615 in Thessaloniki zum jüdischen Glauben übergetretenen Lehrers am Marburger Pädagogikum Konrad Viëtor ausgelöst hatte, dem »blasphemischer Irrtum« und »Blindheit« vorgeworfen wurde.[41]

Der dritte Konvertit in dem von Heldmann mitgeteilten Rosenthaler Beleg erhielt seinen Nachnamen nach der Stadt, da wie im Falle der Konversion zu Elnhausen die ganze versammelte Kirchengemeinde die Patenschaft mit übernahm. Stellvertretend konnten das Presbyterium oder die örtlichen Honorationen wie in Biedenkopf 1730[42] oder Nauheim 1790[43] dafür eintreten. Auch bei einigen weiteren Konversionen ist die Namensgebung nach dem Taufort belegt (Landsberg nach L. an der Warthe[44]; Beerfelder nach Beerfelden/Odw., Lauter nach Lauterbach[45]). Einen Beleg für den Herkunftsort als Nachname hat der genealogisch versierte Marburger Historiker Hans Joachim von Brockhusen (1910–1998)[46] bei Recherchen in den Kirchenbuchbeständen des Rheinlands gefunden und 1964 in einem Artikel über »Hessen im rheinischen Land« veröffentlicht.[47] Im Personenstandsarchiv Brühl[48] stieß er auf einen Eintrag im Kirchenbuch Dülken (kath., Krs. Kempen-Krefeld), wonach dort die Taufe eines im hessen-darmstädtischen Hinterland geborenen Konvertiten stattfand. Am 4. Juli 1785 wurde Abraham, ein Jude im Alter von 28 Jahren, Sohn des »Salamon Herteg« [gemeint war der Name Hertz/Hirz] und seiner Frau »Sprin[z?]«, gebürtig aus »Gladenbach, Landgraviatus Haßedarmstadiensis prope Wezlariam«, getauft.[49] Er war zuvor sechs Jahre als

---

41 Diehl, Wilhelm: *Moses Pardo und seine Gattin*. In: Hessische Chronik 15 (1928), S. 188–189; Meyer zu Ermgassen, Heinrich: *Von einem Marburger, der zum Judentum übertrat, und einer spektakulären Judentaufe im Jahr 1615. Aus den Annalen der Philipps-Universität 1615*. In: Studier mal Marburg 11 (1986), Febr., S. 5–6.

42 Bäumner, Günter: *Eine Judentaufe in Biedenkopf*. In: Hinterländer Geschichtsblätter 64 (1985), S. 72.

43 Brücher, Erich: *Zu einer Nauheimer Judentaufe von 1790*. In: Wetterauer Geschichtsblätter 32 (1983), S. 145–149.

44 Vgl. Diehl, Wilhelm: *Aus dem Leben des Proselyten Johann Christian Landsberg*. In: Hessische Chronik 20 (1933), S. 81–83.

45 Vgl. Diehl; Wilhelm: *Familiennamen übergetretener Juden aus hessischen Orten*. In: Hessische Chronik 17 (1930), S. 88.

46 Menk, Gerhard: *In memoriam Hans Joachim von Brockhusen*. In: Mitteilungen des Vereins für hessische Geschichte und Landeskunde NF 35 (1999), S. 77–78.

47 Hessische Familienkunde 7, 1964, H. 3, S. 129–140.

48 Nordrhein-Westfälisches Personenstandsarchiv Rheinland, Schloss Augustusburg Brühl; zuständig für die drei Reg.-Bezirke Köln, Düsseldorf und Aachen.

49 Zur jüdischen Gemeinde Gladenbach vgl. Runzheimer, Jürgen: *Abgemeldet zur Auswanderung. Die Geschichte der Juden im ehemaligen Landkreis Biedenkopf*. Biedenkopf 1992/1999;

Wollwebergeselle in Coevorden bei Zwolle in Holland tätig gewesen. Fünf Monate war er in der katholischen Religion unterwiesen und erprobt worden; er erhielt den Taufnamen »Udalricus« und den Zunamen »Glader«, also die Kurzform von Glad[enbäch]er. Paten waren Hermann Hoster und Eva Pöeth. Udalricus ist der latinisierte Name des Bischofs Ulrich von Augsburg (St. Ulrich, um 890–973), an dessen Namenstag (4. Juli) die Taufe stattfand.[50] Der jährliche Gedächtnistag (der Todestag Ulrichs) wurde auch außerhalb Augsburgs vielerorts mit erhöhter liturgischer Feierlichkeit begangen, was hier darauf hindeuten könnte, dass wie so viele Judentaufen auch diese Konversion als öffentlichkeitswirksames Zeremoniell durchgeführt wurde. Dass Abraham seinen Zunamen nicht nach dem Tauf-, sondern nach dem Herkunftsort erhielt, mag daher als vielleicht als Hinweis auf eine Wahlmöglichkeit und damit als eine auch von ihm selbst gewünschte Erinnerung an den Geburtsort gedeutet werden können, zumal dort möglicherweise seine Eltern begraben lagen. Denn Salomon und Sprin sind unter den Familien, die im Verzeichnis der jüdischen Einwohner Gladenbachs von 1788 aufgeführt sind, nicht mehr genannt.[51] Familiennamen führte die jüdische Bevölkerung im Amt Blankenstein erst ab 1809, und wie die ohnehin nicht lückenlos erhaltenen Personenstandsmatrikel gibt auch das Verzeichnis von 1788 keine unmittelbaren Anhaltspunkte für die familiäre Tradierung von Namen oder Verwandtschaftsbeziehungen. Abraham war im Jahr der Taufe 28 Jahre alt, wurde also um 1757 geboren. Da es vor 1809 üblich war, dass die Kinder den Vornamen des Vaters als Differenzierungsmerkmal benutzten, dürfte er sich vor der Taufe Abraham Salomon genannt haben. Das würde bedeuten, dass die im Verzeichnis 1788 genannten Gladenbacher Juden Loeser Salomon und dessen Bruder Manasse Salomon seine – allerdings viel älteren – Brüder gewesen sein könnten. 1740 tritt ein Salomon Herz zum ersten Mal als Schutzjude in Gladenbach auf und erscheint bis 1774 jedes Jahr in den Abgabelisten. Er zahlte 1760 das halbe Schutzgeld und 1761 ein Viertel.[52] Mit großer Wahrscheinlichkeit war er der Vater Abrahams; ab 1785 steht an seiner Stelle ein Strich; er war also ausgeschieden. Zur Zeit der Konversion in Dülken waren also die Eltern des Abraham vielleicht schon verstorben.

Sowohl Vor- als auch Nachnamen konnten jedoch auch als Ausdruck eines besonderen christlichen Bekenntnisses gegeben werden (Christlieb, Gotthold etc.[53]), so bei der Taufe eines jüdischen Proselyten 1714 in Fronhausen, ebenfalls mit

---

sowie ders.: *Die Geschichte der Gladenbacher Juden.* In: Gladenbach und Schloß Blankenstein. Hg. von Dieter Blume und Jürgen Runzheimer. Marburg 1987, S. 149–183.

50 Vgl. F. Zoepfl in LCI 8: 507–510.

51 Vgl. Runzheimer: Abgemeldet zur Auswanderung, S. 38–42.

52 StAMR Amtsrechnungen Blankenstein; für frdl. Mitteilung danke ich Jürgen Runzheimer, Gladenbach.

53 Vgl. Diehl: Familiennamen, S. 88; Brücher: Nauheimer Judentaufe (wie Anm. 43), deutet den Zunamen Naumann nicht nur als Bezug auf den Taufort, sondern auch als den aus der Taufe hervorgegangenen »Neuen Mann«.

hochrangigen Patenschaften und dem ausführlichen Kirchenbucheintrag, der die Bedeutung dieses Taufaktes dokumentiert:

> Johann Christian mit dem Zunahme Constans war im 18ten Jahr seines alters alhier bey einer volckreichen Versammlung den 3ten Pfingsttag getaufft, dieser war ein Jude, Student auß Praag in Böhmen, durch die Pest vor 2 Jahren von dar gewichen. Hatte seine attestata und passe bey sich, die auch in der Pfarr deponiret worden. Er war ein halb Jahr zu mainzler [Mainzlar im Lumdatal] praeceptor bey den Juden Kindern, weillen Er allhir mehr mit Christen, als mit Juden umbging, war er verhast u. abgeschafft, kame in fronhausen zu dem Jud Hirsch, war bey deme fast ein halb Jahr, meldete sich den Sontag in der pfarr ahn, u. bat Ihn in der Christl. Lehr zu unterrichten u. zu einem Christen zu machen. Er war in hiesiger pfarr durch treuen fleiß so informiret, das Er in der Christl. lehr so bestanden, das zu wünschen ware, das alle meine PfarrKinder uf solche art ihres bekäntnus rechenschafft geben könnten. Gevatter waren die Sämtliche H[errn]. Schencken zu Schweinsberg u. die Sämtliche GerichtSchöpffen in Fronhausen, nahmentlich Johannes Schmidt, vulgo Debus Johannes [Diewes] genant, Hanß Conrad Ruchß, Hanß Peter Gerhart, Curt Ruth Junior, Hans Curt Ruth der Krämer u. Hanß Wack. item die Sämtliche GerichtSchöpffen im Eigen nahmentlich Henrich Rühl, George Wentz, Hanß Greiff u. Johannes Scherer vom Roth, Hans Caspar Müller u. Henrich Müller von Wenckbach u. Johann Hilberger u. George Eidam von Argenstein. Diese beyde Gerichtsstube [die Schöffen von Fronhausen und dem Eigen] hätten einige aus ihrem mittel abgeordnet, im nahmen der Herren Schencken aber erschiene H[err]. Johannes Bindewald ihr Samptschultheis im Eigen.[54]

Wir erfahren hier ganz nebenbei etwas über die Verbreitung von Nachrichten, hier speziell der Information über grassierende Epidemien.[55] Ganz bewusst ist wohl für die Taufe der Name Constans gewählt worden, hatte er doch bewiesen, dass er fest zum christlichen Glauben stand. Freilich beinhaltete die Wahl des Zunamens (wohl durch den Pfarrer) durchaus auch eine programmatische Absicht, wie ja viele Vor- und Nachnamen, soweit sie sich nicht auf die Tauf- oder

---

54 KB Fronhausen 2 (1706–1765), Taufregister 1714.

55 Eine Pestepidemie in Siebenbürgen als (gewiss administrativ forciertes) Bedrohungsszenario erwähnte auch Georg Seip in Hermershausen 1739 in seinem Tagebuch neben der Schilderung eines starken Schneefalls im Januar und den darauf folgenden Überschwemmungen; das Gewässer sei so »stark geworden, daß wir das Vieh aus dem Kuhstall thun müßen und hat den Steÿgk beÿ dem Dorff hinweg geführt, welche ist aber baufellig geweßen. Die andern Steg vor dem Dorff haben wir 8 Tage zuvor müßen ablegen, welches uns befohlen ward von der Obrigkeit von wegen zu der Zeit regierenden Pest in Sibenbiergen und an mehr Orten, so dann all die frembden Passierende auff das Dorff gehen müßen mit tüchtigen Pässen versehen« (StAMR Best. Handschriften, H 181d).

Herkunftsorte bezogen[56], mit den häufigen Namen Gottlieb, Christian oder dem Nachnamen Naumann den standhaft zum Christentum bekehrten neuen Menschen auszeichnen sollten.

Aus den Einträgen der Kirchenbücher ist selten etwas über die Motive der Taufgesuche und den weiteren Verbleib der Getauften zu erfahren, und auch im Fall der Konversion des Feist aus Roth gibt der Eintrag darüber keine Auskunft. Diehl hat über den Fall eines 1759 um die Schulstelle zu Schwalheim ersuchenden Proselyten berichtet, der jedoch, obwohl er schon im Alter von drei Jahren die heilige Taufe empfangen hatte, abgewiesen wurde.[57] Wenn auch Vorurteile und Ausweisung noch vorwiegend gegen die Religion (den »mosaischen Glauben«) gerichtet waren, zeichneten sich in diesem trotz der Konversion erfolglosen Versuch, eine bürgerliche Existenz zu erlangen, bereits die Grenzen der Toleranz ab, die nicht allein durch den Glaubenswechsel überwunden werden konnten. Eine Konversion kam daher wohl gerade für Waisen oder Halbwaisen in Betracht, die ohne eine wirtschaftliche Absicherung ihrer Familien versuchen mussten, nicht nur eine Existenzgrundlage zu finden, sondern vor allem dann, wenn sie zu den ausgewiesenen oder nur geduldeten Juden gehörten, sich dem massiven Druck der christlichen Residenzgesellschaft ausgesetzt fühlen mussten. Als in der ersten Hälfte des 18. Jahrhunderts die lutherische Orthodoxie zunehmend von einer gefühlsbetonten Frömmigkeit des Spener-Kreises abgelöst wurde, die im Bestreben einer Aufwertung des christlichen Selbstbewusstseins auch eine deutlichere Abgrenzung zu »Juden, Türken und Heiden« vollzog, wird dieser Druck noch spürbarer geworden sein. Damit wird dann auch Feists Entscheidung für den Glaubenswechsel verständlicher.

Die in den meisten Fällen aus den Einträgen ablesbaren besonders feierlich gestalteten Anlässe der Taufen, etwa zur Ordination eines neuen Pfarrers[58], weisen schon auf ihre Funktion als Inszenierung eines Triumphalaktes hin. Gestützt wird dies durch die Taufnamen, die den Proselyten in der Regel von den Personen gegeben wurden, die die Patenschaft übernahmen – dies waren häufig, auch wegen ihrer schutzrechtlichen Privilegien, Adlige aus der Landes- oder Patro-

---

56 1726 wurde in Roth »eines getaufften juden Bernhard Cunibert Lißberg töchterlein« zur Taufe gehoben (KB Fronhausen 2, Taufregister 1726-2-17); der Familienname bezog sich vielleicht auf Lißberg bei Ortenberg oder Lisberg bei Bamberg.

57 Diehl: *Aus dem Leben des Proselyten Johann Christian Landsberg* (wie Anm. 44). Das Publikationsjahr der Mitteilung weist auf die Zeit der beginnenden Verfolgung und des Genozids an der jüdischen Bevölkerung Europas im Holocaust hin; auch die Kirchenbücher als serielle Quellen mit einem gewaltigen Datenmaterial wurden in dieser Zeit archivwissenschaftlich erfasst, worin sich bereits ihre Erschließung für die genealogischen Nachweise im NS-Staat (»Ariernachweise«) andeutete in der Absicht, die Nachkommen konvertierter und assimilierter jüdischer Familien zu eruieren.

58 Diehl, Wilhelm: *Eine Judentaufe in der Meicheser Totenkirche im Jahr 1705.* In: Hessische Chronik 12 (1925), S. 31f.

natsherrschaft.[59] Diese als »christliche Mildtätigkeitsideologie«[60] verbrämte Hervorhebung der Konversionen jüdischer Proselyten wie auch der »Zigeunertaufen« zeigt die Absicht einer durch die Kirche forcierten Heidenmissionierung und spiegelt den hohen Assimilationsdruck, stellt also die Kehrseite der Ausweisungs- und Verfolgungspolitik des Staates dar. Denn eine ganz ähnliche Herablassung des Adels findet sich in der Hochphase der Zigeunerverfolgung am Ende des 17. und zu Beginn des 18. Jahrhunderts in den Einträgen der damals meist sogenannten »Zigeunertaufen«, die trotz (oder gerade wegen) der hochrangigen Patenschaften die ambivalente Haltung gegenüber den Sinti in der frühen Neuzeit erkennen lassen und damit auf ihre bedrängte Situation[61] aufmerksam machen, so 1694 in Fronhausen:

> Henrica Elisabetha Apollonia, Christoph la Rene eines Zigeiners filia nata wie er vorgeben, den 23.t. martij im Kleiberger wald [Krofdorfer Forst] renata den 27. waren Gevatter mein des Pfarrers frau Maria Elisabeth, Apollonia Hanß Curth Ruthen frau u. H[err]. Henrich von Bohlen zu Bohlendorf, H[err]. Christoff Spangenberger hiesiger Schultheis u. Christian Lemp der becker Juvenis [der Bäcker, ein Jüngling].[62]

Weitere Belege aus der Region finden sich etwa in den Patenschaften aus der Familie von Nordeck zur Rabenau bei der Taufe einer Tochter von »Conradt Langenburg Zigeuner u. Catharina Elisabetha ej. uxor« 1686 und einer Tochter des »Johann Christophel Larosch ein Heydenmann« 1707 in Londorf[63] sowie der Patenschaft des Schultheißen zu Roth und der Ehefrau des Amtsadjunkten bei einer Taufe der Tochter »eines gewesenen Ziegeuners nun einwohners zu Treyß Ziegenhain« 1723 in Argenstein.[64]

Die gesellschaftliche Konstruktion des Zigeunerbildes und die Genese der Vorurteile ist inzwischen gut aufgearbeitet, die Unterdrückung durch Ausweisung, Verfolgung, Bestrafung und Ermordung nachgezeichnet worden.[65] Doch gerade die

---

59 *Eine Judentaufe in Breidenbach.* In: Hinterländer Geschichtsblätter 59 (1980), S. 139; Sieburg, Dankward: *Judentaufe in Borken 1591.* In: Jahrbuch Schwalm-Eder-Kreis 1982, S. 106.

60 Vgl. von Soest, George: *Zigeuner zwischen Verfolgung und Integration. Geschichte, Lebensbedingungen und Eingliederungsversuche.* Weinheim 1979, S. 25.

61 Opfermann, Ulrich Friedrich: *»Seye kein Ziegeuner, sondern kayserlicher Cornet« Sinti im 17. und 18. Jahrhundert. Eine Untersuchung anhand archivalischer Quellen.* Berlin 2007.

62 KB Fronhausen 1 (1624–1705), 1694-3-27.

63 Henkel, Heinrich: *Zufallsfunde aus der Rabenau.* In: Hessische Familienkunde 26 (2003), Sp. 303–310, hier Sp. 303f.

64 KB Fronhausen 2 (1706–1765), Taufregister 1723-12-2.

65 *Die gesellschaftliche Konstruktion des Zigeuners. Zur Genese eines Vorurteils.* Hg. von Jaqueline Giere. Frankfurt a.M. 1996 (Wissenschaftliche Reihe des Fritz-Bauer-Instituts 2); Hehemann, Rainer: *»... jederzeit gottlose böse Leute«. Sinti und Roma zwischen Duldung und Vernichtung.* In: Deutsche im Ausland, Fremde in Deutschland. Migration in Geschichte und Gegenwart. Hg. von Klaus Bade. 2. Aufl., München 1992, S. 271–277.

Einträge der Kirchenbücher lassen auch erkennen, dass aus dem gesetzten Recht des frühneuzeitlichen Territorialstaats zur Kriminalisierung und Vertreibung, aus der Ausweisung, Verfolgung und Ermordung von Vaganten nicht notwendig auf eine allgemeine Fremdenfurcht und Fremdendiskriminierung in der Bevölkerung geschlossen werden darf. Sowohl die Vorurteile als auch die Romantisierung (als »edle Wilde«) erfuhren erst in den Epochen von Aufklärung und Romantik durch Belletristik und wissenschaftliche Literatur neue Akzentuierungen, die das »Zigeunertum« in einer kulturellen Differenz zur Mehrheitsbevölkerung festschrieben. Noch im 18. Jahrhundert war vielmehr eine Diskrepanz zwischen obrigkeitlicher Rechtsabsicht und den Praxen alltäglichen Handelns in der Bevölkerung auffällig. Walter Hartinger hat am Beispiel der auch im katholischen Bayern vielfach belegten Missachtung obrigkeitlicher Sanktionsmaßnahmen gegen die als »Ziehgauner« diffamierten Fahrenden betont, dass Volkskultur in der frühen Neuzeit nicht einfach als Addition der von geistlichen und weltlichen Eliten verordneten Gestaltungsmaßnahmen verstanden werden darf – die verwaltete und vielfach als unmündig betrachtete Bevölkerung hat es in offenen oder subtilen Ausdrucksformen verstanden, sich den obrigkeitlichen Vorgaben zu widersetzen.[66] Das machte den administrativ oft beklagten »Eigensinn« in der Volkskultur aus: so sehr der frühneuzeitliche Staat eine Lernfähigkeit in Bezug auf die Verordnungen gegen »Zigeuner und Heiden« vermissen ließ, so sehr er Toleranz und Liberalisierung des Fremdenrechts ablehnte, so sehr auch die Untertanen eingebunden werden sollten in die Aufgebote der »Zigeunerstreifen« und Strafaktionen – so nachhaltig hielten sich die Kontakte zu den Verfemten, deren erwartete und erhoffte Kompetenzen in der Beherrschung des Wahrsagens, der Segens- und Beschwörungsformeln (der Feuersegen vor allem) ein gewichtiger Grund für ihre Achtung gewesen sein mögen. Zunächst aber sind es wohl wirtschaftliche Interessen gewesen, die das ambulante Gewerbe, vor allem die Metallhandwerke, in die dörfliche Ökonomie einbanden, dann auch Informationsbedürfnisse in einer medial noch wenig vernetzten Gesellschaft, die das Hörensagen von Mund zu Ohr[67] noch als höchst wichtiges Instrument des Wissensaustausches nutzte. Hier konnten wandernde Gruppen der Sinti zur Übermittlung von Nachrichten beitragen. Zudem haben gerade die Disziplinierungsabsichten des frühneuzeitlichen Territorialstaats sicherlich eine Abwehr obrigkeitlicher Direktiven provoziert und untertänige Bevölkerungsgruppen motiviert, dem Formungswillen entgegenzuwirken. Diese Widerständigkeit gegen die scheinbar übermächtigen Instanzen der staatlichen Kontrollorgane, die gewiss auch zu Solidarisierungseffekten geführt hat, sieht Hartinger als Movens einer frühneuzeitlichen »Volkskultur«, die erheblich von der obrigkeitlich intendierten abwich.

---

66 Hartinger, Walter: *Volksleben zwischen Zentraldirigierung und Widerstand*. In: Bayerisches Jahrbuch für Volkskunde 1996, S. 51–66.
67 Schenda, Rudolf: *Von Mund zu Ohr. Bausteine zu einer Kulturgeschichte volkstümlichen Erzählens in Europa*. Göttingen 1993.

Diese Solidarisierung der Landbevölkerung mit den Sinti lässt sich auch in den hessischen Territorien nachweisen, indem ihnen gegen den Willen der Obrigkeit Herberge gewährt wurde, wobei die Bestrafungen für diese Unterstützung durchaus bewusst in Kauf genommen worden sind.[68] Solche Belege der Fremdentoleranz sind keine Einzelfälle gewesen, sondern in vielen Territorien der frühen Neuzeit nachzuweisen. Mitgewirkt hat dabei in der Kultur der unterständischen Schichten neben einer Solidarisierung sicher das internalisierte Gebot der christlichen Nächstenliebe.[69] Denn Hilfe wurde den Armen in der Regel bei der Taufe von Kindern zuteil, wie in einem Eintrag 1693 berichtet wird:

> Johann Conrad Mattheus, Matthei Bodensteins eines Bettelmanns filius von Gießen, der ein lahmer auf Krücke gehender ein bein habender man, natus den 17. Maij, renatus den 21. waren gevattern Johannes Wagner, Johann Curt Ruchß und Mattheus Schmidt, alle 3 Junggesellen, v[nd]. gerichtsschöpffen Söhne, und Enche Johann Gerhards tochter, Anna Johann Henrich Hossen tochter und Catharina Hanß Henrich Schmidten S[elig]. tochter alle 3 auch noch ledig.[70]

Die relativ große Zahl von drei Paten und drei Patinnen aus angesehenen Familien (»gerichtsschöpffen Söhne«) lässt den Gestus der Hilfsbereitschaft und Unterstützung erkennen, der durchaus auch Fremden entgegengebracht werden konnte. Freilich finden sich auch, vor allem in Zeiten erhöhter Zuwanderung wie im Fall der Pfälzer Exulanten nach dem Orléan'schen Erbfolgekrieg, Belege dafür, dass Fremde durchaus nicht immer gelitten waren und gastfreundlich aufgenommen wurden; ja es schlug ihnen oft Gefühlskälte und Teilnahmslosigkeit am Flüchtlingselend entgegen. Doch es war noch keine gesellschaftlich breit manifestierte Xenophobie vorhanden, vielmehr lässt sich immer wieder eine christlich motivierte Fremdentoleranz feststellen. Im Kirchenbuch Oberweimar findet sich

---

68 Höck, Alfred: *Recht auch für Zigeuner? Ein Kapitel Minderheitenforschung nach hessischen Archivalien.* In: Das Recht der kleinen Leute. Beiträge zur Rechtlichen Volkskunde. Festschrift für Karl-Sigismund Kramer zum 60. Geburtstag. Hg. von Konrad Köstlin und Kai Detlev Sievers. Berlin 1976, S. 77–88.

69 Diese Einstellung muss mitbedacht werden, und Höck hat am Beispiel der 1703 im kurmainzischen Allendorf getauften Elisabeth Katharina »filia alicuius Zingeri, levantibus Catharina Reinin et Elisabetha Gnauin et aliis quibusdam honestis foeminis« angemerkt, dass die Hervorhebung der Zahl und Ehrenhaftigkeit der Paten nicht nur das Bewusstsein um ein gottgefälliges Verhalten verdeutlicht, sondern auch zeigt, dass weder Ängste noch Verachtung den Fremden entgegengebracht wurden (Höck: *Recht auch für Zigeuner,* S. 78); vgl. auch die Mitteilung eines Taufbucheintrags, nach dem am 8. April 1734 die Elisabeth Schösserin aus Ginseldorf die Patenschaft bei der Taufe eines »Zigeinerkindts« übernahm: Schneider, Alfred: *Auswanderer aus den ehemals mainzischen Ämtern Amöneburg und Neustadt nach Ungarn und Galizien.* In: Amöneburger Blätter, Beiträge und Mitteilungen des Amöneburger Museums zur Geschichte, Landschaft und Volkskunde 16 (2002), H. 4, S. 1–10, hier S. 9.

70 KB Fronhausen 1 (1624–1705), 1693-5-21. 1734 sind die Patenschaften bei der Taufe des Kindes »einer armen weibs persohn« vermerkt, ohne den Namen der Mutter anzugeben.

ein schöner Beleg für ihre pastoraltheologische Unterstützung 1752 im Sterbeeintrag der Margaretha Hermann aus Niederweimar, »Johann Hermans, dermahlen GerichtSchöpffe, KirchenSenioris auch Bauherrn [der Kirche zu Oberweimar]« Ehefrau, die stets »fremdlingen und einheimisch mit einer unverstelten Leutseeligkeit begegnet [sei], gar einem jeden mit Rath und That gedienet, sich aber besonders mit jederman friedlich betragen, und gegen d. Armuth gar mildthätig und reichlich im geben bewiesen [habe], so daß ihr Gedächtniß im Seegen bleiben und ruhen wird«.[71] Dieses Beispiel zeigt noch eine alte Auffassung vom »Fremdsein«, die noch nicht aus der abwehrenden Haltung der Xenophobie gebildet wurde, sondern vom Gebot der christlichen Nächstenliebe und des Mitleids, umso mehr in einer Bevölkerung, deren kollektives Gedächtnis noch fundamental von den Leiden des Dreißigjährigen Krieges geprägt war. Es ermöglichte noch ein Vertrautsein mit den Fremden (und dem Gefühl des Fremdseins), das »fremd« als Ausdruck der Unbehaustheit verstand – in einer Gesellschaft, in der sozialer Status und soziale Sicherheit ganz wesentlich an das Ortsbürgerrecht (Einwartsrecht) gebunden waren. Fremd in diesem Verständnis des mittelalterlichen Begriffs der »Elenden« waren also all jene, die nicht Mitnachbarn, Einwohner oder Gemeindsleute (eben nicht »einheimisch«, behaust und damit: ansässig) waren.

Darin wird die ganze Ambivalenz der durch Adel und Kirche geförderten Konversionen des 18. Jahrhunderts deutlich. Sie stellten nicht nur die Kehrseite der obrigkeitlichen Ausweisungs- und Verfolgungspolitik der »Judenspezification« dar, indem sie den ausgewiesenen, zum Vagieren gezwungenen und durch Marginalisierung und Kriminalisierung existenziell bedrohten Juden einen Ausweg aufzeigten: die Judenmissionierung kann also durchaus als Konsequenz, ja als eine Intention der Ausweisungen und damit als komplementäres Mittel der Assimilationspolitik gewertet werden. Sie trugen aber möglicherweise mit ihren Inszenierungen der Taufen als Triumphalakten auch dazu bei, in der Bevölkerung Wertungen zu vermitteln, die Heiden- und Judenmissionierung als Instrument zu nutzen, um Menschen nach Religion und Herkunft abzuwerten und eine Toleranz gegenüber Fremden zu vermindern.

---

71 KB Oberweimar 1660–1763, Sterberegister 1752/43.

Nadine Bartels
Von Katjuscha, Trojka und Kalinka
Ethnische Ökonomie und ihre Funktionen im Integrationsprozess

1. Einführung

Wenn von der Bedeutung der ethnischen Ökonomie die Rede ist – das heißt von der selbständigen Erwerbstätigkeit von Personen mit Migrationshintergrund und der Beschäftigung in Betrieben, die in einem spezifischen Migrantenmilieu verwurzelt sind[1] – dann ist nicht selten das Wort Heimat oder Ethnizität in all seinen Abwandlungen zu lesen. »Heimat in der Einkaufstüte« ist zum Beispiel der Titel einer Fernseh-Reportage über den Alltag eines »russischen«[2] Supermarkts in Nordrhein-Westfalen. Es ist die Rede von »ethnischer Ökonomie«, »ethnic business« oder »Migrantenökonomie«. Letzterer Terminus legt zudem nahe, in welchem Bereich die meisten Arbeiten und Untersuchungen zu diesem Aspekt angesiedelt sind: Bei der wissenschaftlichen Erforschung von ethnischer Ökonomie geht es vor allem um die Frage nach den Funktionen dieses Wirtschaftszweigs für die Integration von Menschen mit Migrationshintergrund in Deutschland.

Dabei ist auffällig, dass in den letzten Jahren nicht nur ein Boom in der Erforschung der ethnischen Ökonomie in Deutschland festzustellen ist[3], sondern auch eine Umdeutung in der öffentlichen und politischen Bewertung stattzufinden scheint. Wurden ethnische Unternehmen vor nicht allzu langer Zeit vor allem in Verbindung mit dem Entstehen von sogenannten »Parallelgesellschaften« gesehen[4], und hier als eines der sichtbarsten Zeichen von Fremdheit, überwiegt ge-

---

1   Vgl. Schuleri-Hartje u.a., S. 9.
2   In den Interviews wurde stets die Titulierung »russische« und nie »russlanddeutsche« Geschäfte verwandt. Vgl. hierzu auch Retterath, S. 133.
3   Im Vergleich zu anderen Ländern hat die Erforschung ethnischer Ökonomien in Deutschland erst spät begonnen. Gerade in der amerikanischen Soziologie und auch in der Forschung anderer europäischer Länder nimmt das Thema bereits seit längerer Zeit einen größeren Raum ein.
4   Eine vollständige ökonomische Segregation sieht beispielsweise der Politologe Thomas Meyer als einen von mehreren konkreten Indikatoren, die eine Bezeichnung »Parallelgesellschaft« rechtfertigen würden. Weitere Voraussetzungen seien das Vorhandensein einer ethno-religiösen, bzw. ethno-kulturellen Homogenität, einer kompletten Verdoppelung der mehrheitsgesellschaftlichen Institutionen sowie die formale Freiwilligkeit der Segregation.

genwärtig oftmals die Sichtweise von ethnischer Ökonomie als einer Ressource für Migranten wie für die gesamte Gesellschaft. Beispielhaft ist der Koalitionsvertrag der neuen schwarz-gelben Regierung, in dem der Bereich ebenso explizit als Ressource genannt wird[5] wie bereits 2008 im Integrationsplan des Landes Baden-Württemberg.[6] Und auch in Zeitungsartikeln und Reportagen ist immer wieder von den Potentialen ethnischer Ökonomie zu lesen.[7] Die wirtschaftliche Integration als ein wichtiger Bestandteil der gesellschaftlichen Partizipation von Migranten gerät also zunehmend in das Blickfeld der Integrations- und Wirtschaftspolitik wie auch der öffentlichen Wahrnehmung.[8]

Zwar wendet Andreas Kapphan in seiner Studie zur russischen Ökonomie in Berlin zu Recht ein, dass ein »ethnischer Kapitalismus« für bestimmte Gruppen schlichtweg profitabel sei, ohne dass dies Rückschlüsse auf die Integrationsbereitschaft zulasse.[9] Eine Reduzierung von ethnischer Ökonomie in all ihren Facetten allein auf Funktionen für die Integration von Migranten ist sicherlich zu kurz gegriffen. Jedoch ist unbestritten, dass das »ethnic business« als eine Reaktion auf die Bedingungen im Einwanderungsland gelten kann und für Migranten wenigstens implizit viele Funktionen im Integrationsprozess einnimmt. Die Sichtweisen dieser Menschen mit Zuwanderungsgeschichte, ihre Bedeutungszuschreibungen und Bewertungen von russischen Supermärkten als Teil einer ethnischen Ökonomie stehen im Zentrum dieses Artikels. Dabei stützen sich die Ausführungen auf qualitative Interviews mit russlanddeutschen Migranten, unter ihnen mehrere Geschäftsleute und selbständige Unternehmer, die 2006 in Lahr/Schwarzwald und 2008 in Freiburg geführt wurden.

---

5 »Wir wollen bestehende Migrantenunternehmen stärken und neue Existenzgründer gewinnen.« Wachstum, Bildung, Zusammenhalt. Koalitionsvertrag von CDU, CSU und FDP. 17. Legislaturperiode. Beschlossen und unterzeichnet am 26. Oktober 2009, S. 68.

6 Unter dem Stichpunkt »Existenzgründungs- und Ausbildungspotentiale« ist hier aufgeführt, dass die Länder »bei den Menschen mit Migrationshintergrund große Potentiale zur Selbständigkeit und betrieblicher Existenzgründung [sehen]. Sie wollen ihre Informations- und Beratungsangebote – dort, wo das bislang noch nicht geschehen ist – stärker auf diese Zielgruppe ausrichten. Die Länder werden dafür werben, dass verstärkt Betriebe von Inhaberinnen und Inhabern mit Zuwanderungsgeschichte für die Ausbildung gewonnen werden«. Vgl. Integrationsbeauftragter der Landesregierung, S. 179.

7 Beispielhaft sei hier der Artikel von Marina Mai in der taz genannt, der bereits 2002 mit der Überschrift aufmachte »Ethnische Ökonomie ist auch in Berlin eine Chance«. www.taz.de/index.php?id=archivseite&dig=2002/02/01/a0189, Abruf am 25.08.2009.

8 Dass es gerade bei der politischen Umdeutung nicht nur bei einer Betonung von Ressourcen bleibt, sondern auch konkrete Maßnahmen und Projekte konzipiert und gefördert werden, wird etwa durch das Adapt-Projekt an der VHS Duisburg mit dem Ziel der Qualifikation von ausländischen Arbeitnehmerinnen und Arbeitnehmern oder die »Regionale Transferstelle für die Integration ausländischer Unternehmer in NRW«, die in fünf nordrhein-westfälischen Städten eingerichtet wurde, deutlich.

9 Kapphan, S. 123.

2. Von »Tante Emma zu Onkel Ali« – Kennzeichen und Entwicklung der ethnischen Ökonomie

Neben der oben genannten Definition gibt es weitere Merkmale, die Betriebe der ethnischen Ökonomie kennzeichnen. Aufgrund unterschiedlicher Entstehungsbedingungen und Entwicklungsphasen haben Unternehmen von Migranten oftmals anderer Strukturen als deutsche Betriebe, vor allem was die Altersstruktur, die Größe des Unternehmens, die Branchenzugehörigkeit, die Beschaffung des Gründungskapitals und die Ausbildungsbefähigung angeht.[10] Die Erklärungsansätze zum Entstehen eines ethnic business verweisen auch auf bestimmte Phasen der Migration, ihre Bedingungen und die Situation im Einreiseland zu dieser Zeit.

Gewerbe, die der ethnischen Ökonomie zuzurechnen sind, beschränken sich nicht auf eine Branche, sondern reichen von den hier untersuchten Supermärkten über Reisebüros und Videotheken bis hin zu Anwaltskanzleien und Bestattungshäusern. Auch die Angebotspalette der russischen Supermärkte ist sehr vielfältig und bei weitem nicht nur auf Nahrungsmittel begrenzt. Zudem sind neben Büchern und Videos auch Einrichtungsgegenstände und unterschiedlichste Dekorationsartikel zu kaufen.

In der Migrationsforschung wird zumeist zwischen einer Ergänzungs- und einer Nischenökonomie unterschieden, wobei die Übergänge teilweise fließend sind. Die Ergänzungsökonomie geht auf eine Nachfrage ein, die aus der besonderen Migrationssituation resultiert, während die Nischenökonomie primär auf die Nachfrage der Mehrheitsgesellschaft zielt.

In Deutschland gibt es zahlreiche Unternehmen, die sich der speziellen Nachfrage von Zuwanderern widmen. Ein Interviewpartner und Inhaber eines auf russische Produkte spezialisierten Supermarkts beschreibt diese Ergänzungsökonomie, wenn er über die Gründe seines Erfolgs erzählt: »Wir verkaufen die Waren, die keine deutsche Konkurrenz haben. Wir müssen etwas anbieten, das unsere Kunden nicht in deutschen Geschäften finden.« Eingelegter oder getrockneter Fisch, traditionelle Süßigkeiten und bestimmte Konserven wurden von den Interviewpartnern am häufigsten genannt, wenn es um die Produkte ging, die sie in russischen Supermärkten einkaufen würden. Wie Friedrich Heckmann richtig betont, geht es bei der ethnischen Ökonomie also nicht nur um den Import unternehmerischen Potentials, sondern auch um eine Ausweitung der Nachfragemärkte.[11] Dass eine klare Abgrenzung zwischen Ergänzungs- und Nischenökonomie dabei kaum möglich ist, machen die weiteren Ausführungen des Unternehmers deutlich: »Ich verkaufe nicht nur russische Produkte, nee, alles. Fast mehr noch Grundsachen, die jeder braucht. Ich bin der einzige hier, deshalb kommen alle, auch die Einheimischen.« Wie diesem Ladenbesitzer war es allen

---

10 Vgl. Floeting u.a., S. 2.
11 Vgl. Heckmann, S. 11.

Interviewpartnern wichtig hervorzuheben, dass auch Einheimische zu den Kunden ihrer Geschäfte gehören und sie nicht nur russische Waren im Angebot hätten. Die beschriebene Situation, das einzige Lebensmittelgeschäft vor Ort zu sein, verweist zudem auf die Entwicklung, dass ethnische Supermärkte in kleinen Ortschaften oftmals die Rolle der romantisierend Tante-Emma-Läden genannten Geschäfte übernommen haben. Die viel zitierte Rede von den Tante-Emma-Läden, die sich in Onkel-Ali-Läden verwandelt hätten, findet hier eine Bestätigung.

Doch auch wenn viele Einheimische zu den Kunden dieser Geschäfte gehören, ist die Zielgruppe vornehmlich die ethnische community. Ethnizität ist für die Gewerbetreibenden eine Ressource, die es ihnen ermöglicht, ethnische Märkte zu etablieren und konkurrenzfähig zu sein.[12] Das Vorhandensein dieser Märkte ist auch dafür verantwortlich, dass die ethnische Ökonomie in erster Linie ein städtisches Phänomen ist, weil hier mit einer erhöhten Nachfrage nach entsprechenden Produkten zu rechnen ist. Auch in den Städten Lahr und Freiburg befinden sich die Unternehmen von Migranten in Gebieten und Stadtteilen, in denen viele (Spät-)Aussiedler leben.

Die sogenannte Schorn-Siedlung im eingemeindeten Lahrer Stadtteil Kippenheimweiler ist hierfür ein gutes Beispiel. Für kanadische Nato-Soldaten und ihre Familien errichtet, standen zahlreiche Wohnblocks nach dem Abzug der Streitkräfte 1993 leer. Der zur Verfügung stehende Wohnraum zog viele russlanddeutsche Migranten an, die auf der Suche nach einer neuen Heimat nach Lahr gekommen waren. Es entwickelte sich eine wohnräumliche Konzentration, die gleichzeitig das Entstehen eines »ethnischen Marktes« bedingte. Der Inhaber eines russischen Gewerbes in der Schorn-Siedlung verweist auf diesen Markt, wenn er zu den Motiven für die Unternehmensgründung meint: »Das ist eine Marktlücke, man macht es halt wo die Nachfrage stimmt.«

Dass dabei der Kundenkreis bei weitem nicht immer lokal begrenzt sein muss, wurde von mehreren Interviewpartnern betont, die erzählten, dass einige Kunden extra aus entfernten Orten anreisen würden, um hier ihren Spezialitäteneinkauf zu erledigen. Für die Bekanntheit der Geschäfte auch außerhalb der Stadtgrenzen sorge neben Anzeigen (häufig in russischsprachigen Zeitungen) und Flyern vor allem die gute Kommunikation unter den Russlanddeutschen, die nicht zuletzt durch das Phänomen der Kettenmigration bedingt ist. »Bei uns Russen gibt es von Mund zu Mund[-Propaganda]. Es wissen sowieso alle Russen von diesem Laden«[13], meint etwa eine Interviewpartnerin. Diese Netzwerke sind ein soziales Kapital, das für den Erfolg eines ethnischen Unternehmens von enormer Rele-

---

12 Vgl. Kapphan, S. 123.
13 Löchel u.a., S. 43.

vanz ist. Auch wenn sich die ethnische Ökonomie häufig im Nahraum entfaltet, sind die räumlichen Bindungen also weniger wichtig als die sozialen Netzwerke.[14]

Das Vorhandensein sozialer Netzwerke und die Nachfrage nach speziellen Produkten sind Voraussetzungen für das Entstehen einer ethnischen Ökonomie. Diese Voraussetzungen sind in Baden-Württemberg erfüllt, einem Land, das besonders stark von Migration geprägt ist und unter den Flächenländern der Bundesrepublik den höchsten Anteil von Menschen mit Migrationshintergrund aufweist. Jeder vierte Einwohner besitzt hier einen Migrationshintergrund[15], bei Kindern und Jugendlichen liegt der Anteil bei weit über 30 Prozent. Auch die Zahl der ausländischen Selbständigen ist seit den 1990er-Jahren stetig gewachsen und hat sich seither nahezu verdoppelt. Das heißt, dass von den mehr als 1,3 Millionen Ausländern in Baden-Württemberg im Jahr 2004 41.000 in beruflich selbständigen Positionen tätig waren.[16] Zwar liegt die Gesamtzahl der ausländischen Unternehmer in Baden-Württemberg unter der der deutschen Selbständigen, aber wie die Abbildung 1 zeigt, ist die Neigung ein eigenes Unternehmen zu gründen bei Ausländern in Baden-Württemberg und auch in Deutschland seit 1991 weitaus höher, als bei Menschen ohne Migrationshintergrund.

Da Spätaussiedler zumeist die deutsche Staatsbürgerschaft besitzen, sind Zahlen, die sich mit der Beschäftigung von Ausländern auseinandersetzen natürlich nur sehr bedingt aussagekräftig. Aber auch bei dieser Gruppe wird in der Literatur von einer ähnlichen Entwicklung gesprochen und die seit Mitte der 1990er-Jahre stark gestiegene Zahl von Unternehmensgründungen betont. Zudem muss darauf verwiesen werden, dass russlanddeutsche Migranten trotz ihrer rechtlichen Besserstellung, die viele von einer privilegierten Migration sprechen lassen, letztendlich was den Arbeitsmarkt angeht auf ähnliche Probleme treffen, wie andere Migranten. Zwar gilt auch hier selbstverständlich die Einschränkung, dass nicht von einer homogenen Gruppe der Russlanddeutschen gesprochen werden kann, sondern sie wie andere Gruppen auch von einer großen Heterogenität gekennzeichnet ist. Die Motive für den Weg in die Selbständigkeit sind jedoch bestimmten Bedingungen der Einwanderung geschuldet, die für viele ähnliche Auswirkungen besitzen.

---

14 Vgl. Schader-Stiftung.
15 Die Definition des Migrationshintergrunds im Mikrozensus ist exakt definiert und umfasst selbstverständlich Spätaussiedler und Eingebürgerte.
16 Vgl. Leicht, S. 2.

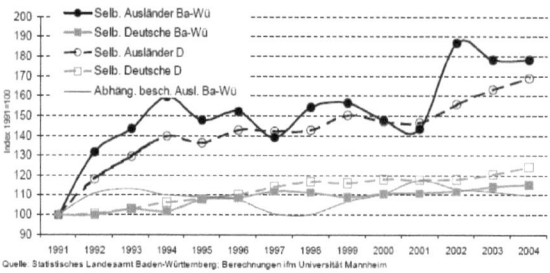

Quelle: Statistisches Landesamt Baden-Württemberg; Berechnungen ifm Universität Mannheim

Abbildung 1: Index der Entwicklung von ausländischen und deutschen Selbständigen in Baden-Württemberg und Deutschland (1991=100).[17]

René Leicht unterscheidet hier zwischen Personen- und eher umweltbezogenen Faktoren, sowie Motiven, die vor allem der Selbstverwirklichung dienen und solchen, die einer Ökonomie aus Not zuzuordnen sind.[18] Doch auch die wirtschaftsstrukturellen Rahmenbedingungen im Einwanderungsland und die Reaktionen der Aufnahmegesellschaft sind bedeutende Motive für die Gründung eines eigenen Unternehmens.

3. Funktionen der ethnischen Ökonomie im Integrationsprozess

So vielfältig und individuell die Gründe für den Weg in die Selbständigkeit auch sind, einige Aspekte wurden von allen Interviewpartnern genannt und betont. Sie verweisen auf Bedingungen im Aufnahmeland und die ähnlichen Erfahrungen, die die russlanddeutschen Unternehmer miteinander teilen und sie als Strukturmerkmale kennzeichnen. Diese Motive für den Schritt in die Selbständigkeit verweisen zudem auf Funktionen der ethnischen Ökonomie aus der Sicht der interviewten Spätaussiedler.

3.1 »Arbeit, Arbeit haben ist das Wichtigste« – Die Arbeitsmarktsituation und die Chancen ethnischer Ökonomie

In allen Gesprächen mit ethnischen Unternehmern und Kunden in russischen Supermärkten wurde die Bedeutung eines Arbeitsplatzes für den Integrationsverlauf hervorgehoben. Das ging sogar so weit, dass der Aspekt, eine Arbeit zu haben als wichtigste Voraussetzung für Integration genannt wurde. Eine russlanddeutsche Migrantin meinte beispielsweise: »Viele sehen sich integriert, weil sie Arbeit haben. Die auf Sozialhilfe angewiesen sind, fühlen sich nicht integriert« und ein weiterer Interviewpartner antwortete auf die Frage nach den Bedingungen von Integration: »Arbeit, Arbeit haben ist das Wichtigste.«

---

17 Vgl. ebd., S. 3.
18 Vgl. ebd., S. 5.

Durch den Wegfall vieler Beschäftigungsmöglichkeiten im produzierenden Gewerbe hat sich die Arbeitslosigkeit besonders unter Migranten in den 1990er-Jahren weiter erhöht. Während vor allem in den 1970er- und 1980er-Jahren noch vom »Integrationsmotor Arbeitsplatz« die Rede war, wird gegenwärtig immer häufiger vom »Integrationsmotor Stadt« gesprochen, der unterschiedlichste Menschen zusammenbringe. Mit dem Wegfall von Arbeitsplätzen ist unbestreitbar auch der Verlust eines wichtigen Integrationsfaktors verbunden. Die ethnische Ökonomie bietet hingegen Migranten, die Schwierigkeiten haben, einen Arbeitsplatz zu finden, unterschiedliche Beschäftigungsmöglichkeiten. Dies gilt für die Unternehmer wie für Angestellte gleichermaßen, denn in den besuchten Supermärkten waren zumeist Mitglieder der eigenen ethnischen Gruppe beschäftigt.

Die Bedeutung der russischen Geschäfte für die strukturelle Integration wird durch Statistiken verdeutlicht, die für das Jahr 1996 – also der Zeit der größten Einwanderung von Spätaussiedlern nach Deutschland – von einer Arbeitslosenquote unter Russlanddeutschen von 14,6 Prozent sprechen, während die Quote bei der deutschen Bevölkerung lediglich bei 8,3 Prozent gelegen hätte.[19] Andreas Kapphan benennt in diesem Zusammenhang eine der wichtigsten Funktionen des ethnischen Unternehmertums, indem er herausstellt, dass ethnische Minderheiten durch die ökonomische Selbständigkeit Nachteile auf dem Arbeitsmarkt zu kompensieren versuchen.[20]

Auch und in besonderem Maße für junge und ungelernte Spätaussiedler bieten sich hier Berufsmöglichkeiten. Doch nicht nur ungelernten Migranten mit Sprachproblemen bietet die ethnische Ökonomie Beschäftigungsoptionen. So berichtet der Inhaber eines Supermarktes über eine seiner Mitarbeiterinnen: »Ich habe eine Verkäuferin, die arbeitet als Verkäuferin. Die hat – das ist so vergleichbar – in Betrieben Finanzprüfungen gemacht. Jetzt muss sie als Verkäuferin Ware auspacken und verkaufen. Ja, die ist auch froh, dass sie wenigstens so was hat.« Damit wird auf einen weiteren wichtigen Aspekt für den Integrationsprozess von Migranten verwiesen – und eine wichtige, aber oftmals noch vernachlässigte Ressource für die wirtschaftliche Entwicklung –, der schwierigen Anerkennung von im Ausland erworbenen Abschlüssen. Migration ist in den meisten Fällen mit einer umfassenden und radikalen Veränderung der Erwerbsbiographie der Migranten verbunden.[21] So berichten alle Interviewpartner, die mit einer abgeschlossene Berufsausbildung oder einem Studium nach Deutschland gekommen waren, von der Erfahrung der Nicht-Anerkennung ihrer Berufsqualifikation und den damit verbundenen Enttäuschungen. »Ich wusste, dass meine Ausbildung wohl nicht anerkannt wird, aber wenn man dann das Formular in der Hand hält, tut

19 Vgl. Kleinknecht-Strähle, S. 49.
20 Vgl. Kapphan, S. 125.
21 Vgl. Han, S. 247.

das doch weh«, erzählt eine Gesprächspartnerin, die in Kasachstan als Verwaltungsfachangestellte beschäftigt war.

Laut einer repräsentativen Studie zur Lage russlanddeutscher Aussiedler in Berlin gaben 50 Prozent der Männer und sogar 58 Prozent der Frauen an, dass ihre Abschlüsse nicht anerkannt worden seien.[22] Wenn man bedenkt, dass russlanddeutsche Aussiedler bei der Anerkennung von im Ausland erworbenen Abschlüssen rechtlich sogar noch besser gestellt sind als andere Migranten, macht dies auch den politischen Handlungsbedarf deutlich.[23]

Von einem weiteren, eindringlichen Erlebnis dieser Art berichtet auch eine selbständige Unternehmerin, die über die Motive der Gründung eines Supermarktes erzählt: »Ich war Ökonom und hier gibt es gar keinen Beruf als Ökonom. Mein Mann ist Techniker. Ihm wurde gesagt: ›Du musst drei Jahre lang lernen gehen. Deine Frau muss putzen gehen. Vielleicht schafft sie das.‹ […] Ich will nicht putzen gehen, verstehen Sie mich? Wir beide sind Ingenieure von Beruf, mit Diplom, mit Erfahrung, und sind plötzlich in Deutschland.« Dass mit der Nicht-Anerkennung nicht nur der Verlust von Berufs- und oftmals auch Karrieremöglichkeiten verbunden ist, sondern auch ein Statusverlust und eine persönliche Enttäuschung, wird in vielen Interviews deutlich. Ein Spätaussiedler brachte diese Enttäuschung auf den Punkt, indem er ausführte, dass die Aberkennung seiner Berufsausbildung der Moment gewesen sei, in dem er »von Deutschland eins in die Schnauze« bekommen habe.

Ethnische Selbstorganisation erscheint Migranten damit oftmals als Chance, durch ethnische Mobilisierung soziale und kulturelle Bedürfnisse zu befriedigen, gesellschaftlichen Einfluss zu gewinnen und verletzte Würdegefühle zu kompensieren.[24] Die Funktionen der ethnischen Ökonomie für russlanddeutsche Migranten reichen damit über das schlichte Angebot eines Arbeitsplatzes hinaus, sie bieten berufliche Bestätigungsoptionen und gerade für Selbständige eine Möglichkeit der Statusverbesserung und Selbstverwirklichung. Ob und wie viele Migranten erwerbslos, in einem Angestelltenverhältnis oder selbständig sind, berührt also in vielfacher Hinsicht die Integrationsbereitschaft und -möglichkeiten.[25]

Aber natürlich sind auch hier Einschränkungen zu machen. Der amerikanische Soziologe Norbert F. Wiley verweist in seiner Theorie von der ethnischen Mobilitätsfalle darauf, dass die positiven Funktionen der ethnischen Ökonomie im In-

---

22 Vgl. Ködderitzsch, S. 83f.

23 Mehrere Bundesländer und auch die Bundesregierung erarbeiten zurzeit eine Vereinfachung des Anerkennungsverfahrens. Die Landesregierung Baden-Württemberg hat erst am 12. Oktober 2009 eine öffentliche Anhörung mit Experten zum Thema durchgeführt, in deren Folge die Erarbeitung eines Konzeptes zur Verbesserung der Annerkennungspraxis im Kabinett beschlossen wurde.

24 Vgl. Heckmann, S. 13.

25 Vgl. Leicht, S. 2.

tegrationsprozess ausgehebelt würden, wenn es langfristig zu einer alleinigen Konzentration auf Aufstiegs- und Karriereoptionen innerhalb der ethnischen Ökonomie kommen würde.[26] Zwar biete die ethnische Ökonomie den Migranten komfortable Karriereopportunitäten. Die relativ leicht erreichbare Anerkennung durch andere Migranten behindere allerdings den steinigen Aufstieg in die statusreichen Positionen der Mehrheitsgesellschaft und damit letztendlich die gleichberechtigte gesellschaftliche Teilhabe. Dass diese Problematik von einigen russlanddeutschen Migranten ähnlich gesehen wird, macht die Aussage einer Geschäftsinhaberin deutlich, die von einem Gespräch mit ihrem Sohn berichtet: »Mein Sohn hat einmal gesagt, ›Mamo, wahrscheinlich werde ich eines Tages diesen Laden übernehmen und weiterarbeiten.‹ Und ich habe gesagt: ›Nur über meine Leiche. Hast du heute Arbeit, arbeitest du und arbeitest dich weiter hoch.‹«[27] In dieser Aussage wird nicht nur eine kritische Sichtweise der Chancen deutlich, die sich durch die ethnische Ökonomie bieten, sondern auch ein Bewusstsein für die Grenzen des Aufstiegs, der Anerkennung und des Erfolgs in der Aufnahmegesellschaft.

Trotz dieser Einschränkung überwog insgesamt eine positive Bewertung der ethnischen Ökonomie durch die Gesprächspartner, bei der die Ressourcen und Potentiale für die Integration in den Arbeitsmarkt im Mittelpunkt ihrer Ausführungen standen.

3.2 »Alle kommen« – Kontaktraum Supermarkt

Ein anderer Aspekt, der immer wieder Erwähnung in den Interviews fand, kann als eine weitere Ressource der Migrantenökonomie gelten: Die Schaffung eines Kontaktraums. Grundlage hierfür ist das Vorhandensein eines Sozialkapitals und damit der »Gesamtheit der aktuellen und potentiellen Ressourcen, die mit dem Besitz eines dauerhaften Netzes von mehr oder weniger institutionalisierten Beziehungen gegenseitigen Kennens oder Anerkennens verbunden sind; oder, anders ausgedrückt, es handelt sich dabei um Ressourcen, die auf der Zugehörigkeit zu einer Gruppe beruhen.«[28]

Die Potentiale, die sich aus dem Vorhandensein dieses Sozialkapitals ergeben, wirken auf zwei Ebenen. Auf der einen Seite bietet sich den russlanddeutschen Migranten mit dem Supermarkt ein Kontaktraum, der unterschiedliche Funktionen für die interviewten Spätaussiedler einnimmt. So meinte ein Interviewpartner zu diesen Funktionen:

---

26 Vgl. Wiley.
27 Löchel u. a., S. 69.
28 Bourdieu, S. 211.

Als Treffpunkt, um Meinungen auszutauschen. Ja gut, da treffen sich einige und vielleicht wird dem einen oder anderen durch die Gespräche weitergeholfen. Vielleicht der ein oder andere hat durch die Nachfrage einen Arbeitsplatz rausgefunden, das wäre möglich. Da ist man dann auch offener und man kann wirklich offen reden miteinander und die bekommen vielleicht auch wirklich einen Tipp.

Ethnische Geschäfte können besonders für Neuzugewanderte die Funktion einer »Insel« einnehmen, auf der man Informationen und Tipps bekommt, seine Sprache sprechen kann und Hilfe für die Orientierung im Alltag findet, der vielen noch fremd erscheint. Oder, wie eine Interviewte ausführte, »das ist wie ein [...] kleines Herz von Russland, weil die Leute hierher kommen und wir hier verschiedene Probleme besprechen oder etwas helfen oder etwas übersetzen oder noch etwas. Immer wieder kommt etwas.«

Die Bedeutung der russischen Sprache, auf die in diesem Zitat verwiesen wird, wurde auch von anderen russlanddeutschen Gesprächspartnern immer wieder betont. Dabei wurde erläutert, dass viele Migranten, die die deutsche Sprache noch nicht beherrschen, in russischen Supermärkten unbefangener einkaufen könnten. Das hier ermöglichte Einkaufen in der Heimatsprache und nach bekannten Verhaltensregeln gäbe ein Gefühl von Vertrautheit und Sicherheit. In diesem Sinne kann die ethische Ökonomie auch als eine Art Schonraum gelten, in dem Migranten nicht permanent mit den Anforderungen der Aufnahmegesellschaft konfrontiert würden. Aber auch des Deutschen Mächtige nutzen oftmals die Möglichkeit, einmal wieder Russisch zu sprechen, wie die Inhaberin eines Supermarktes erzählt: »Ich meine, jedes russische Geschäft wäre ein Treffpunkt für die Leute. Sie wollen sich eigentlich miteinander treffen und ein bisschen Russisch reden. Weil einige Kunden kommen und sagen ›Warum sprichst du mit mir Deutsch, ich will ein bisschen Russisch hören‹. [...] Manchmal kommen junge Leute, die sagen ›Bitte geben sie mir eine CD mit russischer Musik‹. Und ich sage ›Da sind sie alle‹ und sie sagen ›Ich kann nicht lesen‹. Sie wollen alle etwas, aber sie haben Russisch verloren und Deutsch können sie nicht richtig. Praktisch sind sie ohne Sprache und ohne Kultur, dazwischen geblieben. Das ist nicht gut.« Dass Angestellte nicht nur ihre Deutschkenntnisse, sondern auch die Ausdrucksfähigkeit in der eigenen Sprache verbessern können, wird von Experten als weiteres, besonderes Integrationspotenzial ethnischer Unternehmen bezeichnet.[29]

Auf der anderen Seite können russische Supermärkte auch ein Ort des interethnischen Kontaktes sein, an dem sich Migranten und Einheimische begegnen. »Alle kommen«, erklärte eine Geschäftsinhabern zu der Zusammensetzung ihrer Kundschaft. Dass die Supermärkte nicht nur von Spätaussiedlern besucht werden, sondern auch von Einheimischen, war allen interviewten Ladenbesitzern wichtig. Wie eine Untersuchung des Mannheimer Instituts für Mittelstandsfor-

---

29 Vgl. Schuleri-Hartje u.a., S. 74.

schung ergab, ist diese Zusammensetzung der Kundschaft für die wirtschaftliche Zukunft der Gewerbe von großer Bedeutung, denn ohne eine Öffnung hin zur deutschen Kundschaft wäre ein Überleben am Markt nicht möglich.[30] Mit einer solchen Öffnung würden die ausländischen oder russlanddeutschen Unternehmer letztendlich als Vermittler zwischen Migranten und Einheimischen eine bedeutende Funktion in der Migrationsgesellschaft einnehmen[31], denn, wie ein Gesprächspartner heraushob: »Hier lernt man sich kennen, vielleicht auch ein bisschen verstehen.«

3.3 »Gut, die [Lebensmittel] schmecken halt anders und riechen halt anders« – Die Bedeutung von Soulfood

Über Beschäftigungsmöglichkeiten und die Schaffung von Konträumen hinaus nehmen auch die in den ethnischen Supermärkten angebotenen Waren selbst eine Bedeutung ein. Speisen gelten als Kulturträger und Zubereitungsarten sowie Rezepte gehören zu dem, was am einfachsten aus dem Herkunftsland auf die Reise mitgenommen werden kann. Zwar ist – um Simmel zu zitieren – von allem, was den Menschen gemeinsam ist das Gemeinsamste, dass sie essen und trinken müssen.[32] Das *wie* sie es tun und *was* sie essen kann dagegen zu einem Merkmal der Verschiedenheit werden, einem Ausdruck von Fremdheit oder Dazugehörigkeit.

Mehrere Interviewpartner antworteten auf die Frage, was ihnen in Deutschland als erstes auffiel, dass das Essen hier ›anders‹ war als in ihren Herkunftsländern. ›Anders‹ impliziert in diesem Fall das Ungewohnte, Unbekannte und damit letztlich Fremde. »Das riecht halt anders und schmeckt halt anders«, beschreibt beispielsweise ein 21-jähriger Spätaussiedler die Unterschiede. Dass der Einkauf von russischen Spezialitäten für die Interviewten von großer Relevanz ist, macht die Tatsache deutlich, dass jeder ohne lange Bedenkzeit Nahrungsmittel und Speisen nennen konnte, die in russischen Supermärkten eingekauft würden. Viele gaben zudem an, dass sie ihren Einkauf des tagtäglichen Bedarfs oftmals in deutschen Discountern tätigten, für besondere Produkte jedoch die russischen Supermärkte aufsuchen würden.

Einerseits können Nahrungsmittel und Zubereitungsarten als Ausdruck von Fremdheit fungieren, andererseits kann in dem Bekannten und Vertrauten ein Sinnbild gemeinsamer Erfahrungen und Identität erkennbar werden. Der Konsum vertrauter Lebensmittel wird dann zu einem emotionalen Erlebnis, dessen Bedeutung weit über das Stillen von Hunger hinausweist und nicht zuletzt Si-

---

30 Leicht, S. 9.
31 Vgl. ebd., S. 8.
32 Vgl. Simmel, S. 243.

cherheit verspricht oder, wie Max Frisch meint, dass heimatliche Speisen »das gute Gefühl verschaffen, man kenne sich aus in der Welt, wenigstens hier.«[33]

Von Gefühl und Erinnerung ist viel die Rede, wenn es um die »russische Küche« oder spezielle Lebensmittel geht, und oftmals fällt der Begriff Heimat in den Interviews. »Ja, das ist ein kleines Stück von der Heimat« beschreibt etwa eine Interviewpartnerin die Bedeutung der russischen Supermärkte und ihres speziellen Warenangebots. Nahrungsmittel und Speisen fungieren bei vielen Interviewpartnern als emotionale Symbole und können so »ein Stück Heimat«[34] repräsentieren. Konrad Köstlin führt für diese Funktion des Essens den Begriff des Soulfood ein und meint damit Speisen, die emotional aufgeladen im »Dunstkreis von Heimat und Identität« zu verorten seien. In diesem Sinne könnten Nahrungsmittel nicht nur eine gemeinsame Identifikation über die Esskultur ermöglichen, sondern auch ins Zentrum einer ethnischen Selbstzuschreibung gelangen.[35] Bezeichnend für diese Bedeutung der Esskultur ist auch der viel zitierte Satz des französischen Philosophen Marcel Proust, dass eine Madeleine in Lindenblütentee getaucht die Erinnerung an ein ganzes Leben wachrufen könne.

Auch die von den Interviewpartnern genutzte Vorstellung von Heimat war in den meisten Fällen mit Erinnerungen an vergangene Tage und vor allem an die Kindheit verbunden. So antwortete eine Spätaussiedlerin auf die Frage, welche Produkte sie in russischen Supermärkten kaufen würde: »Schon einfach die Sachen, die man von Kind auf kennt. […] Den Geschmack kennst du einfach von Kind auf«, und eine andere erklärte die Bedeutung des Essens mit den Worten: »Wir sind nach Deutschland gekommen und für uns war alles interessant. Aber dann will ich wieder etwas von meiner Kindheit haben. Das brauchen wir.«[36]

Der Inhaber eines russischen Supermarktes sprach in diesem Zusammenhang auch von »Nostalgiewaren« und schränkte daran anknüpfend ein, dass wegen eben dieser die Kunden nicht auf Dauer in seinen Laden kommen würden, sondern der »Heimweheinkauf« ein temporäres Phänomen der ersten Generation von Migranten sei. Er warf damit letztendlich die Frage auf, ob sich die russische Ökonomie mit ihren momentanen Funktionen für russlanddeutsche Migranten auch langfristig hält, wenn sich die nahezu abgeschlossene Migration von Spätaussiedlern etabliert hat.

Die Zubereitung russischen Essens und der Einkauf russischer Spezialitäten wird von vielen bewusst als eine Art Tradition gepflegt und es wird betont, dass auch andere Gerichte gekocht würden. »Dort wo wir einmal gewohnt haben, das kochen wir auch. Und hier kochen wir auch deutsche Gerichte, man muss immer

---

33 Frisch zitiert nach Köstlin.
34 Schuleri-Hartje, S. 86.
35 Vgl. Köstlin, S. 163.
36 Löchel, S. 56.

ein bisschen abwechseln. Immer das gleiche zu kochen hat man satt«[37], meinte eine Interviewpartnerin. Die im Alltag von vielen praktizierte Esskultur ist also nichts Starres, Unveränderbares, sondern durch Vielfalt und Veränderung geprägt. Sie kann identitätsstiftend wirken und ein Gemeinschaftsgefühl ebenso wie Erinnerungen an die Heimat bzw. Kindheit hervorrufen und konservieren. Heimat ist in diesem Sinne jedoch »als Lebensmöglichkeit und nicht als Herkunftsnachweis, Heimat als Identität und nicht als Verhaftung«[38] zu verstehen. Die Ausführungen einer weiteren Gesprächspartnerin machen dies noch einmal deutlich, wenn sie erklärt: »Ich finde, man muss alles behalten, was man früher hatte, aber das muss man offen halten, offen bleiben für Neues. Sonst erinnert man nur die alten Sachen, und das darf man nicht, das wird dann sehr schwierig im Leben.« In dieser Weise kann die ethnische Ökonomie auch als ein Bespiel für die Realität einer Einwanderungsgesellschaft gelten, in der Transkulturalität und hybride Identitäten längst zum gelebten Alltag gehören.

4. Konklusion

Die ethnische Ökonomie ist bei weitem kein unbedeutender Unternehmenszweig mehr. Für die wirtschaftliche Entwicklung der Bundesrepublik spielt sie vielmehr eine wachsende Rolle. Die Sichtweise von Migrantenökonomie als einer Ressource sei allerdings »alles andere als allgemeiner Konsens«, wie Ulla-Kristina Schuleri-Hartje noch 2005 konstatierte.[39] Jedoch kann auch festgehalten werden, und hier schließt sich der Kreis zum Beginn des Artikels, dass die Politik dieses Thema aufgreift und es hier zu einer Bewusstseinsänderung gekommen ist. Die Erforschung von ethnischer Ökonomie und die Bereitstellung von Informationen zum Thema sind auch insofern von Bedeutung, als über die Motive, die Ressourcen, die Probleme oder gar die persönliche Migrationsgeschichte der Existenzgründer und ihrer Mitarbeiter bislang eher wenig ins Bewusstsein der Öffentlichkeit gelangt ist. Die sprichwörtlich »fremde« Unternehmerwelt gebe daher als ein blinder Fleck Spekulationen und letztendlich der Furcht vor Parallelgesellschaften zusätzlich Nahrung, argumentiert der Mannheimer Soziologe René Leicht.[40]

Wie jedoch das Beispiel der russischen Supermärkte gezeigt hat, nimmt die ethnische Ökonomie aus Sicht der interviewten Spätaussiedler zahlreiche Funktionen im Integrationsprozess ein. Wenn Integration bedeutet, dass Migranten eine gleichberechtigte Teilhabe am ökonomischen, sozialen, politischen und kulturellen Leben ermöglicht werden soll, dann ist die Bedeutung der ethnischen Ökonomie für die Integration nicht zu unterschätzen.

---

37 Ebd. u.a., S. 57.
38 Bausinger, S. 23.
39 Vgl. Schuleri-Hartje u.a., S. 22.
40 Vgl. Leicht, S. 6.

Vor allem im Hinblick auf die *strukturelle Integration* bietet das ethnic business den Migranten Beschäftigungsmöglichkeiten und eine Kompensation der Aberkennung ausländischer Berufsabschlüsse. Auch die Schader-Stiftung benennt diese Funktion, wenn sie betont, dass die wirtschaftliche Aktivität der Zuwanderer der Schlüssel für ihre Integration sei.[41]

Auch im Bereich der *kognitiven Integration* eröffnet die ethnische Ökonomie den Migranten Chancen, indem sie Kontakträume für den Austausch von Informationen zur Verfügung stellt. Diese Funktion ist besonders für Neueinwanderer wichtig, für die die russischen Geschäfte oftmals ein erster Anlaufpunkt in der neuen Stadt sind.

Der Kontakt zu anderen Migranten mit ähnlichen Erlebnissen und Erfahrungen, aber auch die Möglichkeit, in einem Supermarkt, beim Einkaufen und damit im Alltag mit Personen der Aufnahmegesellschaft in Kontakt zu kommen, ist eine Funktion der ethnischen Ökonomie, die die *soziale Integration* der Migranten fördert.

Empirische Forschungen zeigen, dass sich eine *identifikatorische Integration* langsamer als andere Bereiche entwickelt.[42] Sie erfordert zudem von Seiten der Aufnahmegesellschaft ein deutliches Identikationsangebot und eine Anerkennung, die nicht selten durch beruflichen und wirtschaftlichen Erfolg erreicht wird. Auch hierfür spielt die ethnische Ökonomie eine Rolle, weil sie Chancen für den wirtschaftlichen Aufstieg und Beschäftigungsmöglichkeiten bereithält. Simone Plahuta verweist zudem in ihrer Studie zur ethnischen Ökonomie in Stuttgart auf die Integrationsthese, die davon ausgeht, dass das Interesse von Unternehmern an den hiesigen Entwicklungen schon allein aufgrund geschäftlicher Erfordernisse wachsen müsse. Außerdem würde eine verbesserte ökonomische, kulturelle und interaktive Integration zu einer stärkeren Identifikation mit der deutschen Gesellschaft führen. Zwar schränkt sie zu Recht im weiteren Verlauf ein, dass die Thesen zur integrationsfördernden Wirkung nur zuträfen, wenn es sich um freiwillig gegründete Unternehmen außerhalb der ethnischen Enklave handele, wobei der Schritt in die Selbständigkeit, wie Studien gezeigt hätten, häufig nicht freiwillig stattfinde.[43] Gleichzeitig verkennt die Zuordnung ausländischer Unternehmer zu ökonomischen »Nischen« dagegen häufig, dass »Ethno-Marketing« längst nicht mehr mit einer Orientierung auf ethnische Enklaven gleichzusetzen ist, wie René Leicht argumentiert[44], und durch die Interviews mit den Inhabern der russischen Supermärkte und ihrer Kundenstruktur bestätigt wird.

Trotzdem müssen an dieser Stelle auch Probleme der ethnischen Ökonomie und negative Ausformung genannt werden, wie die Tendenz der Migrantenunterneh-

---

41 Vgl. Schader-Stiftung.
42 Vgl. Heckmann, S. 9 und den Artikel von Schramkowski.
43 Vgl. Plahuta, S. 5.
44 Leicht, S. 9.

men zum Funktionieren unter ausbeuterischen Bedingungen, die problematische Finanzierung durch die Familie oder die hohen Schließungsraten. Und auch einige Gesprächspartner deuten die Entbehrungen an, die mit dem Betrieb des Unternehmens verbunden seien. Jedoch überwogen die positiven Bewertungen und Funktionen der ethnischen Ökonomie in den Erzählungen der interviewten Geschäftsinhaber und Kunden bei weitem.

Auch für die Aufnahmegesellschaft bieten sich neben dem Angebot kulinarischer Vielfalt weitere Vorteile durch die ethnische Ökonomie, wie die bereits erwähnten wirtschaftlichen Ressourcen oder die Aufwertung von Stadtteilen, die bisher unter der Schließung oder dem Wegzug traditioneller Geschäfte litten. Wenn der gesellschaftliche Zusammenhalt, wie Bukow et al. konstatieren, gegenwärtig nicht mehr durch große Werthorizonte oder national-kulturelle Geschlossenheit gewährleistet wird, sondern im Kontext alltagspraktischer Begegnungen entsteht, wird die Bedeutung der ethnischen Ökonomie für Integrationsprozesse deutlich, denn Supermärkte und andere Geschäfte sind Teil eines tagtäglichen Zusammenlebens.[45]

Literatur

Bartels, Nadine: *Symbol misslungener Integration? Zur ethnischen Kolonie russlanddeutscher Migrantinnen und Migranten in Lahr* (Schriftenreihe der Kommission für deutsche und osteuropäische Volkskunde in der Deutschen Gesellschaft für Volkskunde, 92). Marburg 2007.

Bausinger, Hermann: *Heimat und Identität.* In: Köstlin, Konrad und ders. (Hg.): Heimat und Identität. Probleme regionaler Kultur. 22. deutscher Volkskunde-Kongreß in Kiel vom 16.–21. Juni 1979. Neumünster 1980, S. 9–24.

Bourdieu, Pierre: *Ökonomisches Kapital, kulturelles Kapital, soziales Kapital.* In: Kreckel, Reinhard (Hg.): Soziale Ungleichheiten (Soziale Welt, Sonderband 2). Göttingen 1983, S. 183–198.

Bukow, Wolf-Dietrich u.a.: *Die multikulturelle Stadt. Von der Selbstverständlichkeit im städtischen Alltag.* Opladen 2001.

Everts, Jonathan: *Konsum und Multikulturalität im Stadtteil. Eine sozialgeographische Analyse migrantengeführter Lebensmittelgeschäfte.* Bielefeld 2008.

Floeting, Holger/Reimann, Bettina/Schuleri-Hartje, Ulla: *Von »Tante Emma« zu »Onkel Ali« – Entwicklung der Migrantenökonomie in den Stadtquartieren deutscher Großstädte* (Aktuelle Information, Deutsches Institut für Urbanistik). Berlin 2005.

Han, Petrus: *Soziologie der Migration. Erklärungsmodelle, Fakten, Politische Konsequenzen, Perspektiven.* Stuttgart 2000.

Heckmann, Friedrich: *Bedingungen erfolgreicher Integration.* Vortrag auf dem Bayerisches Integrationsforum »Integration im Dialog – Migranten in Bayern« bei der Regierung von Oberfranken am 28.01.2005 in Bayreuth. www.stmas.bayern.de/migration/integrationsforum/ofr0128h.pdf, Abruf: 01.11.2009.

Integrationsbeauftragter der Landesregierung: *Integration gemeinsam schaffen. Integrationsplan Baden-Württemberg.* Stuttgart 2008.

---

45 Vgl. Bukow u.a., S. 57.

Kapphan, Andreas: *Russisches Gewerbe in Berlin.* In: Häußermann, Hartmut und Oswald, Ingrid (Hg.): Zuwanderung und Stadtentwicklung (Leviathan Sonderheft, 17). Opladen 1997, S. 121–137.

Kleinknecht-Strähle, Ulrike: *Deutsche aus der ehemaligen UdSSR: Drei Phasen der Migration und Integration in der Bundesrepublik Deutschland im Vergleich.* In: Retterath, Hans-Werner (Hg.): Wanderer und Wanderinnen zwischen zwei Welten? Zur kulturellen Integration russlanddeutscher Aussiedlerinnen und Aussiedler in der Bundesrepublik Deutschland. Freiburg 1998, S. 39–59.

Ködderitzsch, Peter: *Zur Lage, Lebenssituation, Befindlichkeiten und Integration der russlanddeutschen Aussiedler in Berlin.* Frankfurt a.M. 1997.

Köstlin, Konrad: *Heimat geht durch den Magen. Oder: Das Maultaschensyndrom – Soul-Food in der Moderne.* In: Beiträge zur Volkskunde in Baden-Württemberg 4 (1991), S. 147–164.

Leicht, René: *Die Bedeutung und Integrationswirkung der ethnischen Ökonomie in Baden-Württemberg. Vortrag auf der Fachtagung des Ausländerbeauftragten der Landesregierung am 29. November 2004 zum Thema »Migranten als Unternehmer – ein Beitrag zur Integration oder ein Wegbereiter ethnischer Abkapselung?«.* www.jum.baden-wuerttemberg.de/servlet/PB/show/1201003/Dr.%20Leicht%20Ethnische%20konomie.pdf, Abruf: 25.10.2009.

Löchel, Kim/Wallrabenstein, Solveigh/Nordhus, Lotte/Stöhr, Anne/Zehrfeld, Nicole: *Unveröffentlichtes Studienprojekt zur ethnischen Ökonomie der Russlanddeutschen in Freiburg im Breisgau im Rahmen des Seminars »Heimat und Identität«.* Albert-Ludwigs-Universität Freiburg, Institut für Volkskunde, Sommersemester 2008.

Meyer, Thomas: *Parallelgesellschaft und Demokratie.* In: Ders. und Weil, Reinhard (Hg.): Die Bürgergesellschaft. Perspektiven für Bürgerbeteiligung und Bürgerkommunikation. Bonn 2002, S. 343–372.

Plahuta, Simone: *Die Bedeutung von schulischen und beruflichen Qualifikationen für die Integration durch ethnische Ökonomie. Vortrag auf der Fachtagung des Ausländerbeauftragten der Landesregierung am 29. November 2004 zum Thema »Migranten als Unternehmer – ein Beitrag zur Integration oder ein Wegbereiter ethnischer Abkapselung?«.* www.jum.baden-wuerttemberg.de/servlet/PB/show/1201002/Plahuta%20Ethnische%20konomie.pdf, Abruf: 25.10.2009.

Retterath, Hans-Werner: *Chancen der Koloniebildung im Integrationsprozess russlanddeutscher Aussiedler?* In: Ipsen-Peitzmeier, Sabine und Kaiser, Markus (Hg.): Zuhause fremd – Russlanddeutsche zwischen Russland und Deutschland. Bielefeld 2006, S. 129–147.

Schader-Stiftung: *Einwanderer-Ökonomie.* www.schader-stiftung.de/wohn_wandel/472.php, Abruf: 25.08.2009.

Schramkowski, Barbara: *»Integration« ist für mich mittlerweile ein negatives Wort« – Sichtweisen junger Erwachsener mit Migrationshintergrund auf Integration.* In: Gemeinschaftswerk der Evangelischen Publizistik (Hg.): Leben Migrantinnen und Migranten in »parallelen Welten«? Möglichkeiten der Integration. Tagung der Evangelischen Akademie Bad Boll in Kooperation mit der Ausländerbeauftragten der Landesregierung Baden-Württemberg und dem Diakonischen Werk Württemberg, 08.–10.06.2005. Frankfurt a.M. 2005, S. 62–66.

Schuleri-Hartje, Ulla-Kristina/Floeting, Holger/Reimann, Bettina: *Ethnische Ökonomie – Integrationsfaktor und Integrationsmaßstab.* Darmstadt 2005.

Schuleri-Hartje, Ulla-Kristina: *Zuwanderer in der Stadt – Integration statt Segregation.* In: Zeitschrift für Ausländerrecht und Ausländerpolitik 25, 5 (2005), S. 164–167.

Simmel, Georg: *Soziologie der Mahlzeit* [1909]. In: Ders.: Brücke und Tür. Essays des Philosophen zur Geschichte, Religion, Kunst und Gesellschaft. Stuttgart 1957, S. 243–250.

Westdeutscher Rundfunk: *Stichwort Programmtipps: Heimat in der Einkaufstüte.* www.lernzeit.de/sendung.phtml?detail=702308&WDH= TE., Abruf: 03.05.2006.

Wiley, Norbert F.: *The Ethnic Mobility Trap and Stratification Theory.* In: Rose, Peter I. (Hg.): The Study of Society. An Integrated Anthology. New York [3]1973, S. 400–411.

Natascha Hofmann
Von Fremderleben und Fremdzuschreibung
Der andere Blick auf Roma-Minderheiten[1]

Es ist April 2007, ich sitze mit meiner Reisebegleitung auf einem sonnigen Platz in einer Kneipe in Sarajevo und lasse meine Gedanken Revue passieren: Wir sind erst vor wenigen Stunden mit dem Bus einer internationalen Linie angekommen. Das Gefühl, in eine mir neue und unbekannte Welt einzutauchen, überkam mich jedoch schon, als ich in den Bus in Freiburg einstieg, denn vom ersten Moment an sprachen die Busfahrer und fast alle Fahrgäste bosnisch, serbisch, kroatisch und gelegentlich englisch. Nur zwei bosnische Mitreisende, mit denen wir während der langen Fahrt etwas näher ins Gespräch kamen, unterhielten sich mit uns auf Deutsch. Sie wollen ihre Familien besuchen und wunderten sich, dass wir in Bosnien Urlaubmachen. Insbesondere Emran, der als bosnisches Flüchtlingskind einige Jahre in Deutschland lebte und zum Zeitpunkt unserer Reise in Köln studierte, konnte nicht nachvollziehen, mit welcher Motivation deutsche Touristen sein Herkunftsland bereisen. Er erzählte, dass das Land immer noch sehr vom Krieg gezeichnet sei. Man könne nur auf bestimmten Wegen in den Bergen wandern, da noch nicht alle Minenfelder geräumt seien. Zudem würden viele junge Menschen in die Hauptstadt ab- oder auswandern, weil sie keine Arbeit fänden. In den ersten Stunden nach unserer Ankunft schienen sich einige von Emrans Schilderungen zu bestätigen. Viele der Häuserfassaden in Sarajevo sind von Einschusslöchern gezeichnet.[2] In der Altstadt ist davon nichts zu sehen. Im Zentrum befinden sich viele kleine Häuser und Läden, die an orientalische Baustile erinnern. Sie sollen offensichtlich Touristen anlocken, und dies scheint auch zu funktionieren. Daneben stehen Bauten, die vergegenwärtigen, wie weit sich das Reich der Habsburger einst ausdehnte. Besonders eindrucksvoll und faszinierend sind die zahlreichen großen und kleinen Moscheen, orthodoxe wie katholische Kir-

---

1 In Europa leben derzeit etwa acht bis zwölf Millionen Roma. ›Roma‹ (pl.) wird ins Deutsche mit ›Männer‹ bzw. ›Menschen‹ übersetzt und ist die Selbstbezeichnung e i n e r ethnischen Minderheit, die sich aus einem M o s a i k verschiedener Roma-Minderheiten zusammensetzt. Vgl. Liégeois, Jean-Pierre: *Die schulische Betreuung ethnischer Minderheiten.* Das Beispiel der Sinti und Roma. Berlin 1999, S. 53.

2 Während des Krieges, der mit dem Zerfall von Jugoslawien einherging, wurde Sarajevo von 1992 bis 1996 belagert und hart umkämpft. An die zahlreichen Opfer erinnern mehrere Friedhöfe in verschiedenen Stadtteilen.

chen und wenige Synagogen, die oft in Sichtweite voneinander entfernt erbaut wurden. Sie spiegeln die Vielfalt der in Sarajevo lebenden Menschen wider. Erstaunlich viele junge Menschen zwischen 20 und 30 Jahren prägen das Straßenbild der Stadt. Ökonomische Unterschiede unter den Einwohnern sind nicht zu übersehen. Was wir sehen erinnert uns an die Schilderung von Emran über die Migrationsprozesse vieler junger Bosniaken und Herzegowiner. Auch in einer Kneipe in einer kleinen Gasse in Sarajevos Altstadt haben wir erfahren, dass (Binnen-)Migration für junge Bosniaken ein Thema ist. Dort sind wir, als ich mich mit meiner Reisebegleitung auf Deutsch unterhielt, von dem jungen bosniakischen Kneipenbesitzer angesprochen worden und ins Gespräch gekommen. Auf die Frage, wie er die Aussichten einer Lebensgestaltung in Bosnien-Herzegowina einschätze, antwortete er, dass sich gerade in Sarajevo viele neue Möglichkeiten für junge Leute eröffnen.

Jedoch nicht für alle jungen Menschen, wie mir schlagartig bewusst wird, als der Kellner uns das bestellte Mittagsessen serviert und ich mit meinen Gedanken wieder im »Jetzt« angelangt bin. Denn im gleichen Moment kommt eine junge Frau, die ich als Romni erkenne, mit Kleinkind auf dem Arm zu uns. Sie gehört sicher nicht zu denjenigen jungen Menschen, denen viele Türen in Sarajevo offen stehen. Wir verstehen zwar ihre Sprache nicht, aber ihre Gesten sind eindeutig: Sie bettelt um Essen oder Geld.[3] Noch bevor wir selbst in irgendeiner Form auf die Bitten der Frau reagieren können, stürzt sich der Kellner auf sie, redet auf sie ein und schickt sie weg. Wir bleiben irritiert zurück.

Diese Begegnung löst ein befremdliches Gefühl in mir aus, das ich im selben Moment nicht ganz fassen und benennen kann. Liegt meinem Gefühl eine Abwehrhaltung dem harschen Verhalten des Kellners gegenüber zugrunde, welches uns die Gelegenheit nahm, selbst auf das Anliegen der Frau zu reagieren? Oder irritiert mich vielmehr das Bild, des stigmatisierenden Stereotyps bettelnder Roma, welches kurzzeitig in meinem Kopf auftaucht – und das, obwohl ich mich mit Ursachenzusammenhängen der oft benachteiligten Lebenssituationen von Roma-Minderheiten beschäftige? Wie ist mein Fremdheitsempfinden zu deuten?

---

3   An dieser Stelle sei betont, dass das hier aufgegriffene, stereotypisierende Fremdbild eines bettelnden Rom oder einer Romni nur einen Bruchteil der Facetten der tatsächlichen Lebenswelten und sehr vielseitigen sozio-kulturellen Interaktion zwischen Roma-Minderheiten und Mitgliedern europäischer Mehrheitsgesellschaften widerspiegelt. Nicht alle Roma, wenn auch ein Großteil der Minderheitengruppen – insbesondere im südöstlichen Europa, führen ein Leben am Existenzminimum. Nicht alle, die in Armut leben, betteln. Wie der Dokumentarfilm »Pretty Dyana« von Boris Mitic (2003) zeigt, greifen arme Roma auf andere Möglichkeiten wie z.B. auf das Recycling-Geschäft zurück, um sich mit einem kleinen finanziellen Verdienst über Wasser zu halten. Vgl. auch UNICEF (Hg.): *Breaking the Cycle of Exclusion: Roma Children in South East Europe*. Serbien 2007, S. 29.

Um Antworten auf diese Fragen zu finden, ist es notwendig, das Beziehungsge-flecht dieser Begegnung genauer zu analysieren und das offen zu legen, was den Interaktionsverlauf beeinflusste und erst mit einem Blick zwischen den Zeilen lesbar wird. Mit anderen Worten geht es um das Ermitteln von Selbst- und Fremdbildern, da jedes Handeln auf bestimmten Deutungsmustern und Erwar-tungshaltungen von einem Anderen als Gegenüber basiert. Solche Fremdbilder entstehen stets vor dem Hintergrund der eigenen Lebenswelt und den damit ver-bundenen erlernten Normen, Werten, sozialen Rollen und kulturell geprägten Kommunikations- und Interaktionsprozessen. Ausgangspunkt der beabsichtigten Analyse ist demnach die Reflexion meiner eigenen Position in dieser Interaktion. Dies soll im Sinne einer reflexiven Kulturforschung zur Rekonstruktion von Handlungsbedeutungen und Sinndeutungen beitragen.[4] Die Anderen dienen mir dabei als Spiegel meines Selbst, die mir vor Augen führen, wie ich mich in Ab-grenzung zu ihnen sehe.[5] Gleichzeitig tragen auch sie verschiedene Bilder von außen an mich heran, konfrontieren mich mit ihren Vorstellungen und Erwar-tungen und fordern dadurch Reaktionen heraus.

Zwischen den Zeilen lesen – Ursache und Wirkung von Fremderleben und -zuschreibung

Um meine eigene Position in dem Beziehungsgeflecht genauer zu benennen, möchte ich zunächst erläutern, dass meine Reisebegleitung und ich als »Fremde in der Fremde«[6] bezeichnet werden können: Wir – zwei deutschsprachige Studie-rende aus einem westlich, kapitalistisch geprägten Land – befinden uns in der Fremde, in einem unbekannten Land, in dem die westliche Kultur erst im Laufe der letzten Jahrzehnte Einzug gehalten hat. Zudem befinden wir uns in einer fremden Stadt, die vom Krieg gezeichnet ist, in der eine fremde Sprache gespro-chen wird und Menschen mit anderen kulturellen Hintergründen leben.[7] Aus un-

---

4   Vgl. Kaschuba: *Kulturalismus: Vom Verschwinden des Sozialen im gesellschaftlichen Dis-kurs*. In: Kulturen – Identitäten – Diskurse. Perspektive Europäischer Ethnologie. Hg. von Ders. Berlin 1955 (Zeithorizonte 1), S. 11–30, hier S. 18.

5   Vgl. Wagner, Peter: *Feststellungen. Beobachtungen zur sozialwissenschaftlichen Diskussion über Identität*. In: Identitäten. Erinnerung, Geschichte, Identität. Hg. von Aleida Assmann und Heidrun Friese. Frankfurt a.M., 2. Auflage 1999, S. 44–72, hier S. 45.

6   Der Ausdruck bezieht sich auf einen Dialog von Karl Valentin und Liesl Karlstadt. Vgl. Va-lentin, Karl: *Die Fremden*. In: Gesammelte Werke, Bd. 1. Monologe und Dialoge. München und Zürich 1981, S. 158–160.

7   Bernhard Waldenfels definiert diese Fremdheit als eine strukturelle, außer-ordentliche Fremdheit, da die eigene Ordnung, welche für eine durch Sozialisation und Enkulturation erschlossene Lebenswelt steht, überschritten wird. Vgl. Waldenfels, Bernhard: *Phänomeno-logie des Eigenen und des Fremden*. In: Furcht und Faszination. Facetten der Fremdheit. Hg. von Herfried Münkler und Bernd Ladwig. Berlin 1997 (Studien und Materialien der Inter-

serer Perspektive ist das Besondere an dieser Begegnung mit Fremden/m, dass wir uns bewusst entschieden haben, Fremde(s) für eine bestimmte Zeit als komplementäres Außergewöhnliches zu unserem Alltag zu suchen.[8] Diese Rahmenbedingungen tragen zu einer gewissen Offenheit und Neugierde unsererseits den/m Unbekannten gegenüber bei und kann somit zum Ausgangspunkt von Fremdverstehen, das heißt einer Aneignung des Fremden und somit zur Erweiterung des eigenen Wissensbestandes führen.[9] Es scheint deshalb nicht außergewöhnlich, dass wir im Bus mit Mitreisenden und kurz nach unserer Ankunft in Sarajevo mit einem bosnischen Kneipenbesitzer ins Gespräch kamen. Unsere Gesprächspartner waren uns zunächst fremd, konnten uns dennoch im Laufe des Gesprächs vertrauter werden. Gleichzeitig nahmen auch sie uns aufgrund unserer anderen Herkunft und Sprache als Fremde wahr. Fremd ist demnach immer der oder das, wer bzw. was nicht vertraut oder bekannt ist, das heißt, dass Fremderleben und -wahrnehmung von der jeweiligen Perspektive abhängen.[10]

In der Kneipe in Sarajevos Altstadt erkennt uns der bosnische Kellner spätestens bei der Bestellung anhand unserer Sprache als Fremde, als Touristen. Auch ihm sind wir in dem Moment ebenso fremd wie er uns, da er uns weder persönlich oder namentlich bekannt ist, noch ist uns seine Lebenswelt vertraut und umgekehrt. Vertraut sind wir uns lediglich durch eine Typisierung des jeweiligen Gegenübers, die uns eine Orientierungshilfe für unsere Kommunikation bietet. Das bedeutet, dass wir uns zwar nicht als Personen kennen, die soziale Rolle des Kellners und des Gastes und die damit einhergehenden Interessen und Verhaltensweisen uns aber aus unseren eigenen Lebenswelten bekannt sind.[11] Die bestehende lebensweltliche Fremdheit zwischen uns wird dadurch nicht vollständig aufgelöst.[12] Im Gegenteil, die Rolle des Gastes und des Servierers könnten sogar von anderen Personen besetzt werden. Rollenträger, das legen die vorangegangenen Überlegungen nahe, können einen dritten Status einnehmen, der neben der vermeintlich binären Unterscheidung zwischen »eigen« und »fremd« steht. Sie sind

---

disziplinären Arbeitsgruppe. Die Herausforderung durch das Fremde der Berlin-Brandenburgischen Akademie der Wissenschaften), S. 65–83, hier S. 72f.

8 Vgl. Jeggle, Utz: *Das Fremde im Eigenen. Ansichten der Volksunde.* In: Kulturthema Fremdheit. Leitbegriffe und Problemfelder kulturwissenschaftlicher Fremdheitsforschung. Hg. von Alois Wierlacher. München, 2. unveränderte Auflage 2001, S. 235–242, hier S. 238.

9 Vgl. Münkler, Herfried und Ladwig, Bernd: *Dimensionen der Fremdheit.* In: Furcht und Faszination (wie Anm. 7), S. 11–44, hier S. 26.

10 Herfried Münkler und Bernd Ladwig formulieren dazu: »Was mir fremd ist, muss dir noch lange nicht fremd sein, und dass ich hier ein Fremder bin, heißt noch lange nicht, dass ich es anderswo auch wäre.« Ebd., S. 14.

11 Bernhard Waldenfels sieht in einer rollenspezifischen Typisierung einen alltäglichen Fremdheitsgrad. Er definiert in seinen Ausführungen verschiedene Grade von Fremdheit: neben der (1) alltäglichen und (2) strukturellen Fremdheit die (3) radikale Fremdheit. Vgl. Waldenfels: *Phänomenologie des Eigenen und des Fremden* (wie Anm. 7), S. 72f.

12 Vgl. Münkler und Ladwig: *Dimensionen der Fremdheit* (wie Anm. 9), S. 26.

»weder Freund noch Feind, weder verwandt noch fremd«.[13] Sie nehmen vielmehr die »Figur der Indifferenz als Beschreibung [ein]er Normaleinstellung gegenüber fast allen anderen Menschen«[14] an. Zumindest gegenüber denjenigen, die erwartungsgemäß agieren, nicht aus dem Rahmen fallen und Aufmerksamkeit erregen.

In dem Moment, in dem wir – und der Bosnier – in der Kneipe die Gast-Kellner-Rollen einnehmen, werden wir einander zum bekannten Gegenüber, zum jeweils Anderen, mit dem wir in einem vorgegebenen Interaktionsrahmen in Beziehung treten. Dieses zeitlich begrenzte und zweckgebundene Beziehungsverhältnis bildet eine wichtige Grundlage für die weitere Analyse der beschriebenen Begegnung mit der jungen Romni. Denn durch ihr Auftreten verändert sich die bestehende Beziehungskonstellation, und die dadurch angestoßenen Reaktionen lassen Rückschlüsse über die einzelnen Beziehungsverhältnisse und die wirkenden Selbst- und Fremdbilder zu. Wie kann also die mich irritierende, harsche Reaktion des Kellners gedeutet werden? Was legt sein Handeln über dessen Beziehung zu der jungen Frau offen und was sagt sein Verhalten gleichzeitig über das (Fremd-)Bild aus, das er uns zuschreibt?

Die Tatsache, dass wir Touristen aus dem »Westen« sind, spielt in meinen Augen eine nicht zu vernachlässigende Rolle für seine Reaktion. Für ihn sind wir nicht nur Gäste in seiner Kneipe, sondern entsprechen möglicherweise zusätzlich dem Stereotyp der aus dem »Westen« kommenden, reichen Touristen, die in der »exotischen« Fremde ihr Geld ausgeben. Sein Geschäft profitiert von solchen Gästen. Das plötzliche Auftreten der Romni scheint den gewünschten Geschäftsablauf zu stören. Möglicherweise schickt er die junge Frau also weg, weil er ihr gegenüber – im Gegensatz zu seinen Gästen – kein ökonomisches Interesse verfolgt. Vielleicht befürchtet er darüber hinaus, dass wir uns gestört fühlen und sich unsere Wahrnehmung von der bereisten »exotischen« Fremde zu einer bedrohlichen Fremde wandeln könnte. Möchte der Kellner also verhindern, dass wir die bettelnde Frau als Teil der von uns bereisten Lebenswelt wahrnehmen und zusammen mit ihm in Erinnerung behalten? Schämt er sich gewissermaßen für sie fremd, weil sie arm ist, in einem anderen sozialen Milieu lebt, von dem er sich abgrenzen und nicht auf gleicher Ebene gesehen werden möchte?

Ob diese Faktoren sein Handeln tatsächlich beeinflusst haben, bleibt an dieser Stelle offen und ist lediglich eine von möglichen Hypothesen meinerseits. Seine Reaktion verdeutlicht jedoch ohne Zweifel, dass er eine Distanz zwischen sich bzw. uns und ihr schafft. Der Kellner schickt sie mit harschem Ton weg und akzentuiert dadurch ihre Nichtzugehörigkeit.[15] Sie, die aus unserer Sicht seine Spra-

---

13 Stichweh, Rudolf: *Soziologie der Indifferenz*. In: Furcht und Faszination (wie Anm. 7), S. 45–64, hier S. 59.
14 Ebd., S. 59.
15 Nichtzugehörigkeit wird durch die Schaffung von Distanzen zwischen sozialen Einheiten betont. Die Distanzen können im übertragenen Sinne auch auf zeitliche, soziale, kulturelle

che versteht, in der gleichen Stadt lebt und somit größere Schnittmengen als wir mit seiner Lebenswelt zu haben scheint, ist in diesem Moment nicht gewünscht und in der Interaktion nicht vorgesehen. Durch seine Handlung wird ihr – und auch uns – vor Augen geführt, dass sie nicht zu ihm gehöre und er nicht zu ihr. Herfried Münkler und Bernd Ladwig definieren diesen kommunikativen Akt als eine Zuschreibung von sozialer Fremdheit, der gleichzeitig eine fortbestehende Beziehung zwischen dem Eigenen und Fremden offen legt. Aus der Perspektive des Kellners bedeutet dies, dass die bettelnde Frau zur ausgeschlossen Fremden wird und gleichzeitig indirekt mit ihm verbunden bleibt, da die Zuschreibung von Fremdheit auf der Basis der Normalitäten seiner eigenen, selbstverständlichen Ordnung geschieht.[16] »Fremdes geht [dann, N.H.] […] aus einer gleichzeitigen Ein- und Ausgrenzung [hervor].«[17] Insofern ist die bettelnde Frau ein Teil der Lebenswelt des bosnischen Kellners, nur eben ein ausgeschlossener.

In Moment unserer Begegnung sind also nicht nur wir aus Sicht des Kellners Fremde, die einen anderen kulturellen Hintergrund haben und als Touristen die Fremde bereisen. Auch die junge Frau ist eine Fremde. Ihre Fremdheit unterscheidet sich jedoch von unserer, wie auch die Haltung des bosnischen Kellners der Romni und uns gegenüber verdeutlicht[18]: Durch seine Akzentuierung ihrer Nichtzugehörigkeit, ihrer sozialen Fremdheit, verweist der Kellner auf eine asymmetrische Differenz zwischen ihm und der bettelnden Frau. Mit diesem Akt disprivilegiert er sie, grenzt sie aus und wertet sich selbst im gleichen Zuge auf.[19] Wir, seine Gäste, erfahren dagegen eine privilegierte Behandlung, die vor allem dadurch zum Ausdruck kommt, dass er glaubt, uns jegliche Auseinandersetzung mit der Romni abnehmen zu müssen. Die durch ihn forcierte Distanzierung zur bettelnden Frau, welche er für sich und für uns geschaffen hat, führt im gleichen Moment zu einer Annäherung zwischen ihm und uns. Aufgrund unserer Kellner-Gast-Beziehung bzw. der Bereisten-Touristen-Beziehung werden wir in diesem bestimmten Moment stärker miteinander verbunden als mit der jungen Frau.[20]

---

oder moralische Abstände anspielen. Vgl. Münkler und Ladwig: *Dimensionen der Fremdheit* (wie Anm. 9), S. 15f.

16 Vgl. Waldenfels: *Phänomenologie des Eigenen und des Fremden.* (wie Anm. 7), S. 73.

17 Ebd., S. 69.

18 Fremdzuschreibung legt immer eine bestimmte Haltung des Sprechers offen. Vgl. Münkler und Ladwig: *Dimensionen der Fremdheit* (wie Anm. 9), S. 15.

19 Peter Wagner bemerkt in diesem Zusammenhang, dass die Markierung von (asymmetrischer) Differenz Herrschaftsverhältnisse offen legt. Vgl. Wagner: *Feststellungen* (wie Anm. 4), S. 62.

20 Die verschiedenen Umgangsformen des Kellners mit Fremden erinnern an die Aussage Rudolf Stichwehs, der hinter jeder Fremdenfreundlichkeit und jeder Fremdenfeindlichkeit den Versuch vermutet, ein Sozialsystem auf Mitgliedschaft zu reduzieren. Die Inklusion des Fremden erfolgt dabei meist unter Sonderbedingungen, das heißt der Fremde wird privilegiert, toleriert oder disprivilegiert. Vgl. Stichweh: *Soziologie der Indifferenz* (wie Anm. 13), S. 48f.

Die bettelnde Frau scheint mir tatsächlich aus verschiedenen Gründen fremd: Sie spricht eine andere Sprache, kleidet sich anders, lebt in Armut und ist nicht zuletzt aufgrund dessen mit einer anderen alltäglichen Lebensrealität konfrontiert als ich. Ihr Auftreten und Bitten führt mir vor Augen, dass ich für sie ebenfalls fremd bin und jemanden verkörpere, der ein privilegiertes Leben führt und von seinem Geld etwas abgeben könne. Vermutlich bin ich jedoch nur eine unter vielen Touristinnen, auf die sie zugeht. Die sprachlichen, kulturellen und sozialen Unterschiede überwölben im Moment unserer Begegnung unsere Gemeinsamkeiten wie etwa unser scheinbar gleiches Alter oder unser Geschlecht. Beide Berührungspunkte werden nicht in den Vordergrund gerückt oder etwa zu gemeinsamen identitätsstiftenden und somit zu verbindenden Eigenschaften. Diese Gegebenheit verdeutlicht, dass sich jedes Selbst aus verschiedenen »partizipativen Identitäten«[21] zusammensetzt, die je nach Kontext hervorgehoben und für (Gruppen-)Identitäten konstitutiv werden. Fremdzuschreibung kann also beliebig viele Inklusionen und Exklusionen hervorbringen. Demnach ist an dieser Stelle festzuhalten, dass

> Fremdheit [...] keine Eigenschaft [ist], auch kein objektives Verhältnis zweier Personen oder Gruppen, sondern die Definition einer Beziehung. Wenn man so will, handelt es sich bei der Entscheidung, andere als Fremde einzustufen, stets um eine Zuschreibung, die oft auch anders hätte ausfallen können. Es gibt in dem Zusammenhang keine Automatismen, sondern nur ›Bedeutungsinvestitionen‹.[22]

Wird »Fremdheit« bzw. Fremdzuschreibung so definiert, kann dies als Analyseinstrument von soziokulturellen Beziehungen herangezogen werden. Eine Betrachtung von Beziehungen unter diesem Aspekt scheint dabei stets Interessens-, Herrschafts- und Abhängigkeitsverhältnisse offenzulegen. Dieser Behauptung werde ich im Zusammenhang mit der Suche nach einer Antwort auf die Frage nachgehen, warum mich die Begegnung mit der jungen Frau mit dem stigmatisierenden Stereotyp von bettelnden Roma konfrontierte und irritierte.

Reproduktion tradierter Bilder – Stereotypen und Ethnisierung des Sozialen[23]

Nun muss an dieser Stelle klar gestellt werden, dass stereotypisierte Selbst- und Fremdbilder zunächst nichts Negatives sind, sondern als natürliche Orientierungshilfe für Kommunikations- und Interaktionsprozesse fungieren, indem sie

---

21 Hahn, Alois: *»Partizipative« Identitäten*. In: Furcht und Faszination (wie Anm. 7), S. 115–158.
22 Ebd., S. 134.
23 Vgl. Kaschuba: *Kulturalismus* (wie Anm. 4), S. 17.

komplexe Erfahrungen und Verhältnisse auf distinkte Eigenschaften reduzieren.[24] Es scheint mir in diesem Zusammenhang interessant darauf hinzuweisen, dass die beschriebene Interaktion ebenfalls auf Stereotypen basierte. Das bedeutet, dass das Wissen über den jeweiligen Anderen »nur wenig strukturiert und kaum differenziert« war.[25] Stigmatisierend wird ein Stereotyp, wenn dieser normative oder moralische Bewertungen beinhaltet und somit zu Pauschalurteilen über Personen oder Gruppen führen kann. Genau dies transportieren stereotypische Bilder von Roma-Minderheiten, die ich hier unter »Zigeuner«-Bilder[26] fasse. Sie werden schon lange Zeit durch Musik, Literatur unreflektiert weitergegeben und verfestigt. Die tradierten, ambivalenten Bilder stellen sie einerseits als romantisierend als lustiges, »freies« und unbeschwertes Volk dar, andererseits als Bettler und Kriminelle. Vor dem Hintergrund dieser schon lange bestehenden und reproduzierten Bilder scheint es nicht außergewöhnlich, dass diese auch in meinem Kopf auftauchen und der Mechanismus von (stigmatisierenden) Stereotypen bei mir seine Wirkung zeigen kann. Obwohl mich dieser Gedanke irritiert, da ich mich mit den unterschiedlichen Lebenssituationen von Roma-Minderheiten im Rahmen meiner wissenschaftlichen Arbeit auseinandersetze und der Ansicht bin, einen grundsätzlich differenzierten Blick zu haben. Gerade vor dem historischen Fachhintergrund der Volks- und Völkerkunde halte ich es für wichtig, das Auftauchen stigmatisierter Bilder zu reflektieren, mich zu positionieren und das Stereotyp der bettelnden Romni zu hinterfragen. Denn es waren und sind nicht zuletzt auch kulturwissenschaftliche Fächer, deren Interpretationen und Zuschreibungen zu starren Abgrenzungen zwischen Menschen beitrugen und beitragen.[27]

Was also sind Gründe für die lang anwährende Verbreitung der verklärenden romantisierenden und kriminalisierenden Bilder des »Zigeuners«? In diesem Zusammenhang lassen sich zwei bedeutende Faktoren hervorheben. Der erste Faktor liegt darin begründet, dass Zuschreibungen, die zu typischen Merkmalen der Roma-Minderheiten stilisiert wurden, Fremdzuschreibungen von Gadsche – den Nicht-Roma – waren und häufig noch sind. Der Blick von außen dominiert(e) und spiegelt eine asymmetrische Beziehung zwischen Roma und Nicht-Roma wider. Dieses Machtgefälle zwischen Eigen- und Fremdinszenierung zeichnet sich beispielsweise deutlich in der Geschichte der »Zigeuner«-Fotografie ab. »Zigeuner« wurden meist »im Freien« und »in Gruppen« fotografiert. Auffallend seien laut Fotohistoriker Anton Holzer »die entblößten Körper«, so tragen »die Frauen […]

---

24 Vgl. Konrad, Jochen: *Stereotype in Dynamik: Zur kulturwissenschaftlichen Verortung eines theoretischen Konzepts.* Passau 2006, S. 149.

25 Münkler und Ladwig: *Dimensionen der Fremdheit* (wie Anm. 9), S. 25.

26 Der Begriff »Zigeuner« wird im vorliegenden Aufsatz verwandt, wenn von tradierten Fremdbildern von Roma-Minderheiten im Sinne von negativ oder positiv stigmatisierenden Stereotypen gesprochen wird. »Zigeuner«-Bilder geben die tatsächlichen Lebensrealitäten von Roma-Minderheiten nicht wider, sondern zeichnen vielmehr ein verklärtes Bild ab.

27 Vgl. Kaschuba: *Kulturalismus* (wie Anm. 4), S. 21.

weit geöffnete Kleider«, die ihre Brust enthüllen.[28] Diese typisierten Fotografien, die die Naturverbundenheit, Freiheit, Gruppenzusammenhalt und Leidenschaft des »Zigeuners« transportieren sollten, entsprachen dem damals gängigen Publikumsgeschmack und Wahrnehmungskonventionen und erfuhren nach der Erfindung von Bildpostkarten um die Jahrhundertwende eine große Verbreitung. Lange Zeit wurden diese Bilder von Fotografen reproduziert und bis zur Mitte des 20. Jahrhunderts nur mit wenigen Ausnahmen hinterfragt. Die nicht hinterfragten, reproduzierten Bilder deuten auf den zweiten Grund der langen Tradierungsgeschichte dieser Fremdbilder. Denn »Zigeuner« sind gängige Projektionsfiguren für Sehnsüchte und soziale Verbote. Sie verkörpern zum einen den Wunsch nach Ungebundenheit, freiem und unbeschwertem Leben, zum anderen stehen sie für negativ konnotierte und gesellschaftlich sanktionierte Handlungen wie kriminelle Straftaten. Diese stigmatisierenden Fremdzuschreibungen haben stets eine normierende Wirkung auf das gesellschaftliche Zusammenleben, da sie der eigenen Gesellschaft einen Spiegel vorhalten und aufzeigen, wie diese nicht ist oder zu sein hat. Insbesondere in sozialen Umbruchzeiten, die mit Verunsicherungen der eigenen Lebenswelt einhergehen, wird auf diese negativen, stereotypisierten Fremdbilder zurückgegriffen. Es folgen reale und symbolische Grenzziehungen zwischen dem vermeintlich »Eigenen« und »Fremden«, die auf der Fokussierung und Überhöhung gemeinsamer Eigenschaften der »Eigengruppe« und der gleichzeitigen Abwertung aller anderen als »Fremdgruppe« basieren. Durch diesen Mechanismus wird die vertraute Lebenswelt stabilisiert und die »Fremdgruppe« nicht selten für die beunruhigende gesellschaftliche Veränderung verantwortlich gemacht. Eine dadurch entstehende Abwehrreaktion kann zur Alienisierung[29], Ausgrenzung oder gar Vernichtung des Fremden führen. Ganz klar legen Fremdzuschreibungen in diesem Zusammenhang bestimmte Interessen und Machtverhältnisse offen.

Die Geschichten von Roma-Minderheiten zeigen, dass diese mehrfach in die Rolle des Sündenbocks gedrängt und infolgedessen diskriminiert, verfemt und verfolgt wurden. Zuletzt gerieten sie in den kriegerischen Auseinandersetzungen um das ehemalige Jugoslawien zwischen die Fronten. Ihre Lebenssituation ist besonders in den südöstlichen Teilen Europas nach wie vor durch Armut geprägt. Sie wohnen überwiegend in räumlich abgetrennten Siedlungen, die – mitten in Europa – den Verhältnissen in ärmsten Entwicklungsländern gleichen.[30] Ein Viertel der Roma-Minderheiten lebt in baufälligen Baracken und mehr als die Hälfte

---

28 Vgl. Holzer, Anton: *Exotik des Fremden. Die Geschichte der »Zigeuner«-Fotografie – Expeditionen am Rande Europas.* In: Neue Züricher Zeitung vom 11./12. Juli 2009, B1.

29 Unter Alienisierung verstehe ich, dass dem Fremden das Attribut fremdartig zugeschrieben wird, mit welchem verklärte Vorstellungen des kulturell Fremden assoziiert werden. Vgl. Münkler und Ladwig: *Dimensionen der Fremdheit* (wie Anm. 9), S. 25.

30 Vgl. Thanei, Christoph: *Roma-Siedlungen. Dritte Welt mitten in Europa.* In: Stern vom 06.04.2004.

sind vom Abwassersystem abgeschnitten.[31] Die schlechte Wohnsituation und die räumliche Abgrenzung von der Mehrheitsgesellschaft begünstigen zudem eine soziale Isolierung der Romagruppen, die sich durch extreme Arbeitslosigkeit, geringe Bildung, schlechte medizinische Versorgung und alltägliche Diskriminierung äußert. Eine Reproduktion der Lebensbedingungen geht hier mit der Gefahr einer Ethnisierung des Sozialen[32] einher. Dies bedeutet, dass Menschen der Mehrheitsbevölkerungen die Handlungen und Lebensstile der dort lebenden Romabevölkerungen nicht primär an deren sozialen Lebensbedingungen, sondern an ethnische und kulturelle Zuschreibungen knüpfen. Als Folge entstehen Kollektivstigmatisierungen und scheinbar typische Bilder – wie das der betteln-den Romni, deren Fortbestehen zudem durch das tatsächliche sozial marginali-sierte Leben der Minderheitenangehörigen begünstigt wird. Denn befinden sie sich bereits in einer sozial schlecht gestellten Position, äußert sich diese nicht nur nachteilig in Bezug auf gesundheitliche Versorgung, Wohnsituation, Zugang zum Bildungssystem und folglich zum Arbeitsmarkt, sondern sie wirkt sich meist er-neut nachteilig auf ihre soziale Stellung aus.[33] Das begünstigt eine Reproduktion von (Kollektiv-)Stigmatisierungen. Zur Kompensation von Diskriminierungen und Stigmatisierungen kommt es nicht selten zu einem Rückzug in die vertraute ethnische oder soziale Gruppe, die für Schutz und Orientierung im »fremden« Umfeld sorgt.[34] Das stärkt meist die »Belebung einer Gruppenkultur […] und ethnische[n] Kultur«.[35] Man spricht in diesem Zusammenhang von Selbstexklu-sion. Um das Eigene wieder Aufzuwerten, distanzieren sich die Stigmatisierten von der Gruppe, die sie exkludiert. Solche Grenzziehungen prägen nach wie vor Beziehungen von Roma und Nicht-Roma.

Problematisch ist in diesem Zusammenhang meist die Deutungsmacht der Mehrheitsbevölkerungen, die durch eine Ethnisierung des Sozialen die Überbrü-ckung von konstruierten ethnischen Grenzziehungen erschwert. Deutliche Grenzziehungen zeichnen sich auch in der Begegnung in Sarajevo ab, wobei die

---

31 Vgl. UNICEF: *Breaking the Cycle of Exclusion: Roma Children in South East Europe.* (wie Anm. 3), S. 29.

32 Vgl. Kaschuba: *Kulturalismus* (wie Anm. 4), S. 17.

33 Vgl. European Union Agency for Fundamental Rights (FRA): *Erster Bericht der Reihe »Da-ten kurz gefasst«. Die Roma.* Budapest 2009 (EU-MIDIS Erhebung der Europäischen Union zu Minderheiten und Diskriminierung). Als PDF-Datei unter: http://fra.europa.eu/fraWebsite/attachments/EU-MIDIS_ROMA_DE.pdf (Stand: 11.10.2009); Vgl. auch die Er-gebnisse der zwei Jahre älteren Studie. European Union Agency for Fundamental Rights: Report on Racism and Xenophobia in the Member States of the EU. 2007, S. 159f.

34 Vgl. Greverus, Ina-Maria: *Kultur und Alltagswelt.* München 1978, S. 237.

35 Heckmann, Friedrich: *Ethnos, Demos und Nation. Woher stammt die Intoleranz des Natio-nalstaates gegenüber ethnischen Minderheiten?* In: Minderheitenfragen in Südosteuropa. The Minority Question in Historical Perspective 1900–1990. Hg. von Gerhard Seewann. München 1992 (Untersuchungen zur Gegenwartskunde Südosteuropas 27), S. 9–36, hier S. 12.

»Andersheit« der Romni neben der ethnischen Zugehörigkeit erst in Kombination mit weiteren Aspekten wie beispielsweise das »Betteln« als Zeichen von sozialer Armut befremdend wird und somit – von außen betrachtet – dem tradierten, stigmatisierten Fremdbild zu entsprechen scheint.

In Anbetracht dessen, dass Roma-Bevölkerungen in europäischen Ländern von Diskriminierung betroffen sind und eine Fremdwahrnehmung von Mitgliedern der Mehrheitsgesellschaften häufig auf stigmatisierende Bilder – wie das der bettelnden Romni – beschränkt ist[36], stellt sich nun die abschließende Frage, ob ein anderer Blick von außen zum Fremdverstehen führen und somit positive Auswirkung auf die Minderheiten-Mehrheiten-Beziehungen ausüben könnte.

Der andere Blick – Plädoyer zur Reflexion von stereotypischen Fremdbildern

Fremdheit, das wird aus der analytischen Durchleuchtung von Fremderleben und Fremdzuschreibung allgemein deutlich, ist immer Ausdruck von Distanzierungen und Grenzziehungen, die je nach Situationskontext, Personenkonstellation und Perspektive der Akteure unterschiedlich verlaufen können. Diese Grenzziehungen sind Bruchlinien, an denen gesellschaftliches Zusammenleben ausgehandelt wird. Es geht dabei um die ausgehandelte Aufrechterhaltung von Identität(en), die durch das Auftreten des Gegenübers (als Anderen) erst bestehen können, aber gleichzeitig aufgrund der Konfrontation mit dem Anderen stets eine Arbeit an der in sich stimmigen Kontinuität und Kohärenz der eigenen Identität fordert.[37] Fremderleben kann in diesem Zusammenhang zur Erweiterung des Erfahrungshorizontes beitragen oder zu Abwehrreaktionen gegenüber dem unbekannten Fremden führen. Fremdzuschreibung dient dann als Hilfsmittel, um dem exotischen oder bedrohlichen Gegenüber Positionen und Rollen zuzuweisen.

Zusammenfassend bleibt an dieser Stelle festzuhalten, dass Fremdheit im Sinne einer Unvertrautheit durch Fremdverstehen, das heißt durch das Vertrautmachen des Fremden, angeeignet werden kann. Hierfür wird jedoch eine Erkenntnisgewinnung über Fremde(s) gefordert. Es kann dabei »nur die lebensweltliche, nicht die soziale Fremdheit, die Unvertrautheit, nicht die Andersheit«[38] aufgebrochen oder aufgelöst werden. Da gerade der Umgang mit den sozial Fremden – in unserem Beispiel die Romni – über die Form des gemeinsamen, gesellschaftlichen Zusammenlebens entscheiden, ist es wichtig zu überlegen, wie ein

---

36 Vgl. European Union Agency for Fundamental Rights (FRA): *Erster Bericht der Reihe »Daten kurz gefasst«. Die Roma*. (wie Anm. 33).
37 Vgl. Wagner: *Feststellungen*. (wie Anm. 4), S. 45.
38 Vgl. Münkler und Ladwig: *Dimensionen der Fremdheit* (wie Anm. 9), S. 37.

Umgang mit deren Andersheit gestaltet werden kann. Dies setzt zunächst voraus, dass sozial Fremde mit einem anderen Blick betrachtet werden. Unter dem anderen Blick verstehe ich, dass Ursachen und Wirkung von Fremdzuschreibung reflektiert und die Beziehung zum Fremden aus neuer Perspektive geprüft werden. Das schließt auch die Reflexion ein, dass die Wahrnehmung und Auffassung von (typisch) »anders« und »fremd« nicht nur subjektiv und individuell ist, denn

> [s]oweit Individuen in ihren Wahrnehmungs- und Deutungsaktivitäten in kollektive Deutungs- und Sinnbildungsprozesse eingebunden sind, ist das, was jeweils als *fremd* aufgefasst wird, von vorherrschenden Modellen und deren sich wandelnden Funktionen in einer Kultur und Gesellschaft abhängig.[39]

Gilt also eine bettelnde Romni als sozial fremd und scheint sich dieses Bild als stigmatisiertes Stereotyp aufgrund bestimmter Lebensbedingungen zu reproduzieren, kann sich diese Wahrnehmung – wie die Ergebnisse des EU-Berichts nahe legen – in kollektive Deutungsprozesse einfügen. Dies begünstigt die Kollektivstigmatisierung von Romabevölkerungen, was zu Grenzziehungen zwischen Roma und Mitgliedern der Mehrheitsgesellschaft führt und letztendlich ein beidseitiges offenes Aufeinanderzugehen im gesellschaftlichen Zusammenleben hindert. Um den stigmatisierenden Wahrnehmungen entgegenzuwirken ist deshalb wichtig, den anderen Blick auf Roma-Bevölkerungen zu richten und stets die Verhaltensweisen von Mitgliedern der Mehrheitsbevölkerungen zu hinterfragen. Das würde einerseits bedeuten, dass die Mehrheitsgesellschaft mit ihrer Verantwortung den Roma-Bevölkerungen gegenüber bewusster umgehen und verstärkt praktische Chancen zur Verbesserung der Lebensbedingungen für den Großteil der Minderheitenangehöriger schaffen müsste.[40] Andererseits sollte die Wahrnehmung der Mehrheitsbevölkerungen, die überwiegend auf »Problemgruppen« oder »Entertainer« der Roma-Minderheiten gerichtet ist, auf die unterschiedlichen Lebensbedingungen und soziokulturellen Hintergründe von Roma gelenkt und insbesondere diejenigen fokussiert werden, die sich leise integrieren.[41] Vor

---

39 Vgl. Albrecht, Corinna: *Der Begriff der, die, das Fremde. Zum wissenschaftlichen Umgang mit dem Thema Fremde – ein Beitrag zur Klärung einer Kategorie*. In: Vom Umgang mit dem Fremden. Hintergrund – Definitionen – Vorschläge. Hg. von Yves Bizeul u.a. Weinheim und Basel 1997, S. 80–93, hier S. 88.

40 Um der prekären Lage vieler Roma im Südosten des europäischen Kontinents entgegenzuwirken, wurden zwar im Rahmen der Dekade der Romaintegration 2005–2015 einige Aktionspläne entwickelt. An der Umsetzung von Integrationsbestrebungen und der Verbesserung ihrer Lebenssituation muss jedoch nach wie vor gearbeitet werden, wie das Europäische Parlament in einer Stellungnahme vom 11. März bestätigt. Online unter: www.europarl.europa.eu/sides/getDoc.do?pubRef=-//EP//TEXT+IMPRESS+20090310IPR51402+0+DOC+XML+V0//DE (Zugriff: 15.10.2009).

41 Klaus Bade bemerkt, dass der »Normalfall Integration« sich still über individuelle bzw. familiäre Bereiche vollzieht, jedoch durch die Konzentration auf »Ausnahmefälle gescheiterter Integration« in wissenschaftlichen Untersuchungen und öffentlichen Debatten aus dem

allem sei jedoch vor einer Ethnisierung[42] oder Kulturalisierung[43] von Roma-Minderheiten gewarnt. Sie bilden keine einheitliche Gruppe, sondern unterscheiden sich durch ihre Sprache oder Dialektvariante des Romanes, durch kulturell bestimmte Regeln und Bräuche, durch ihre nationale Zugehörigkeit oder ihre Konfessionen und religiöse Praxis, durch traditionelle Berufsausübungen oder durch ihre soziale Stellung voneinander. Gemeinsamkeiten von Roma-Minderheiten sind laut eines aktuellen EU-Berichts vor allem geteilte Diskriminierungserfahrungen, beispielsweise Benachteiligungen im Schul- und Ausbildungssystem oder auf dem Arbeitsmarkt.[44] Erst eine vertiefte Auseinandersetzung mit den einzelnen Individuen und Gruppen ermöglicht es, verallgemeinernde Stigmatisierungen und Stereotype zu hinterfragen und aufzubrechen. Voraussetzung aller Teilschritte ist jedoch, dass sich beide Seiten gleichermaßen auf Interaktion und Kommunikation einlassen.

Was Max Matter bereits 2004 nach der EU-Osterweiterung forderte, hat wie die genannte Studie zeigt, an Aktualität nicht verloren. Im Zuge der Osterweiterung wurden etwa eineinhalb Millionen Roma aus den Ländern des östlichen Europas zu Bürgern der EU, wodurch eine »Zuständigkeit […] für diese Menschen klar gegeben ist«.[45] Eine gemeinsame Beschäftigung – von Roma und Nicht-Roma – mit den Lebensumständen von Roma-Minderheiten und deren Beziehungen zur jeweiligen Mehrheitsgesellschaft ist nach wie vor von Bedeutung.

Blickfeld gerät. Vgl. Bade, Klaus J.: *Versäumte Integrationschancen und nachholende Integrationspolitik*. In: Nachholende Integrationspolitik und Gestaltungsperspektiven der Integrationspraxis. Mit einem Beitrag von Bundesinnenminister Wolfgang Schäuble. Hg. von Ders. und Hans-Georg Hiesserich. Göttingen 2007 (Beiträge der Akademie für Migration und Integration 11), S. 21–95, hier S. 24.

42 Vgl. Köstlin, Konrad: *Das ethnographische Paradigma und die Jahrhundertwenden*. In: Ethnologia Europaea 24, S. 5–20.

43 Vgl. Kaschuba: *Kulturalismus* (wie Anm. 4).

44 Vgl. European Union Agency for Fundamental Rights (FRA): Erster Bericht der Reihe »Daten kurz gefasst«. Die Roma. (wie Anm. 33).

45 Vgl. Matter, Max: *Zur Lage der Roma im östlichen Europa*. In: Die Situation der Roma und Sinti nach der EU-Osterweiterung. Hg. von Dems. Göttingen 2005 (Beiträge der Akademie für Migration und Integration 9), S. 11–28, hier S. 27f.

Anna Caroline Cöster

»Importehe« und »Verheiratung für ein Einwanderungsticket«
Hintergründe und Auswirkungen zweier Formen von Heiratsmigrationen am Beispiel von Zuwanderinnen aus der Türkei

Das Heiratsverhalten türkeistämmiger Zuwanderinnen und Zuwanderer ist in den letzten Jahren zunehmend ins öffentliche Interesse gerückt und nicht selten mit Skepsis betrachtet worden. Besonders unter Kritik standen und stehen Heiratsmigrationen, bei denen einer der beiden Ehepartner aus dem Herkunftsland nach Deutschland einheiratet. Vor allem von türkeistämmigen Männern nimmt man an, sie würden ihre »Braut als Schnäppchen«[1], gegebenenfalls auch gegen deren Willen, im Herkunftsland heiraten und anschließend nach Deutschland holen. Im Folgenden soll am Beispiel einer Biographie einer Heiratsmigrantin aufgezeigt werden, dass durchaus auch freiwillige Motive eine Rolle spielen können, einen Mann aus Deutschland heiraten zu wollen. Dass dies wenig mit Zwang zu tun hat, wird im Vergleich mit dem anschließenden Abschnitt deutlich, in welchem dargelegt wird, was Familien veranlassen kann, ihre Töchter und Söhne gegen deren Willen mit einem Mann aus dem Herkunftsland zu verheiraten.

Die Sicht einer Heiratsmigrantin

Dass in Deutschland Zuwanderinnen[2] aus der Türkei leben, die als Heiratsmigrantinnen nach Deutschland kamen und stetig weitere zuwandern[3], ist bereits seit einer ganzen Weile bekannt. Die Annahme, dass viele von ihnen als zwangsverheiratete ›Importbräute‹ nach Deutschland kommen und dort unter dem Druck

---

1 DIE ZEIT vom 27.01.2005, Nr. 5, S. 10. Artikel: *Die Braut als Schnäppchen.*
2 Es kommen natürlich auch Männer als Heiratsmigranten nach Deutschland, doch soll es hier im Folgenden um die weibliche Sicht der Zuwanderinnen gehen. Männliche »Importbräutigame« bezeichnet man auch als *i ç g ü v e y.* Vgl. dazu Straßburger, Gaby: *Heiratsverhalten und Partnerwahl im Einwanderungskontext. Eheschließungen der zweiten Migrantengeneration türkischer Herkunft.* Würzburg 2003. S. 274.
3 Ebd.

ihres Mannes und der Schwiegermutter hart arbeiten müssen oder gar misshandelt werden, hat zuletzt[4] durch Necla Keleks Buch *Die fremde Braut*[5] zu regen Diskussionen geführt.[6] »Die typische Importbraut«, so schreibt Kelek,

> ist meist gerade eben 18 Jahre alt, stammt aus einem Dorf und hat in vier oder sechs Jahren notdürftig lesen und schreiben gelernt. Sie wird von ihren Eltern mit einem ihr unbekannten, vielleicht verwandten Mann türkischer Herkunft aus Deutschland verheiratet. Sie kommt nach der Hochzeitsnacht in eine deutsche Stadt, in eine türkische Familie. Sie lebt ausschließlich in der Familie, hat keinen Kontakt zu Menschen außerhalb der Gemeinde. Sie kennt weder die Stadt noch das Land, in dem sie lebt. Sie spricht kein deutsch, kennt ihre Rechte nicht, noch weiß sie, an wen sie sich in ihrer Bedrängnis wenden könnte. In den ersten Monaten ist sie total abhängig von der ihr fremden Familie, denn sie hat keine eigenen Aufenthaltsrechte. Sie wird tun müssen, was ihr Mann und ihre Schwiegermutter von ihr verlangen. Wenn sie nicht macht, was man ihr sagt, kann sie von ihrem Ehemann in die Türkei geschickt werden – das würde ihren sozialen oder realen Tod bedeuten.[7]

Dieses hier vermittelte Bild d e r Heiratsmigrantin schlechthin lässt sich in dieser Ausschließlichkeit mit den Ergebnissen wissenschaftlicher Untersuchungen nicht erhärten. Zwar ist nicht zu negieren, dass junge Zuwanderinnen (längst nicht ausschließlich als ›Importbraut‹) von ihren Eltern arrangiert oder gar gegen ihren Willen mit einem Mann, der aus dem gleichen Herkunftsland stammt, verheiratet werden. Unbestritten ist auch, dass sich zumindest ein Teil dieser Frauen keinesfalls in einer einfachen Position befindet, da sie sich aufgrund sprachlicher Probleme[8] und mangelnder Netzwerkkontakte zumindest anfangs vielen Schwierigkeiten gegenübersehen.[9] Fest steht jedoch gleichermaßen, dass, entgegen Keleks Schilderung einer »typischen Importbraut«, weitere Lebensformen von Heiratsmigrantinnen wahrgenommen werden müssen, die zum Teil stark von

---

4 Dieses Bild ist nicht neu, bereits in den 1980er-Jahren hatte Tevfik Başer dieses Stereotyp einer Heiratsmigrantin in *40qm Deutschland* verfilmt. Auch Beck-Gernsheim verweist auf eine schon seit den 1970er-Jahren verbreitete Perspektive, die Migrantinnen vorwiegend als »Opfer« sah und sie zum Teil bis heute so sieht. Vgl. Beck-Gernsheim, Elisabeth: *Wir und die Anderen*. Frankfurt a.M. [2]2007. S. 51–73; dies.: *Türkische Bräute und die Migrationsdebatte in Deutschland*. In: Aus Politik und Zeitgeschichte 1–2 (2006). Hg. von der Bundeszentrale für politische Bildung. S. 32–37. Online: http://www.bpb.de/publikationen/1X22BD, 0,T%FCrkische_Br%E4ute_und_die_Migrationsdebatte_in_Deutschland.htm.

5 Kelek, Necla: *Die fremde Braut*. Köln 2005.

6 Vgl. unter anderem DIE ZEIT vom 01.02.2006, Nr. 6, S. 49. Artikel: *Gerechtigkeit für die Muslime!*; DIE ZEIT vom 09.02.2006, Nr. 7, S. 48. Artikel: *Sie haben das Leid anderer zugelassen!*

7 Kelek: *Die fremde Braut* (wie Anm. 5), S. 171.

8 Ob dies nach dem Inkrafttreten des Zuwanderungsgesetzes zum 1. Januar 2005 noch ein gravierendes Problem darstellt, bleibt fraglich. Seitdem müssen Zuwanderinnen und Zuwanderer erfolgreich einen Sprachtest absolvieren, bevor sie nach Deutschland migrieren.

9 Straßburger: *Heiratsverhalten und Partnerwahl* (wie Anm. 2), S. 273–275.

der von Kelek beschriebenen Lebensform abweichen. Ein Beispiel für eine Migrationsbiographie, die in Teilen mit Keleks Beschreibungen übereinstimmt, sich aber teils auch deutlich von diesen abhebt, ist die Biographie von Hatice.[10]

Hatice ist in einem Dorf in der Türkei als jüngste Schwester von insgesamt acht Geschwistern aufgewachsen. Sie hat dort die Grundschule besucht und schließlich, nachdem die Familie in die Nähe einer Stadt in der Türkei umgezogen war, heimlich, ohne Einverständnis ihrer Eltern, begonnen, neben ihrer Arbeit in einer Boutique in Abendkursen den Realschulabschluss nachzuholen. Den Entschluss, einen türkischstämmigen Mann aus Deutschland zu heiraten, fasste sie im Alter von 25 Jahren – aus eigenem Antrieb und ausgesprochen spontan: Hatice hatte sich gerade von ihrem Freund getrennt und wollte von ihrem bisherigen Wohnort wegziehen, da er ihr zu sehr mit Erinnerungen an die Zeit mit ihrem Exfreund behaftet war:

> In der Türkei hatte ich eine große Liebe. Ich war von ihm getrennt und dann war ich natürlich ganz traurig und bin mit zu meiner Schwester in eine andere Stadt gegangen. Ich habe meinen Urlaub genommen, 14 Tage, und dort habe ich meinen Mann kennengelernt. Er war der Verwandte einer Nachbarin. Ich wollte nicht mehr zurückgehen, weil, es tat mir weh. Es war eine kleine Sache, aber ich mochte nicht mehr, ich wollte sofort weggehen, mochte nicht dort bleiben. Und dann habe ich ihn [den Zukünftigen] kennengelernt. Ich habe ihn nie [vorher] gesehen, [wusste nicht], was denkt er, wie ist er, wie sieht er aus, für mich das war alles schwarz damals. Ich wollte nur weggehen, egal. Umland, egal. Von dort [der Stadt] weg. (Hatice)

Der Heiratsantrag ihres künftigen Ehemannes kam Hatice sehr gelegen, wenngleich sie eigentlich zunächst nicht gedachte, über einen längeren Zeitraum in Deutschland zu bleiben:

> Ich habe meinen Mann damals gefragt: ›Kannst du wieder hierher [in die Türkei] kommen?‹ – er ist auch Türke. Er hat gesagt: ›Jaja, ich kann, nach einem Jahr oder zwei, Türkei gefällt mir auch.‹ Und ich bin hierher gekommen, leider war alles nicht so Wahrheit. (Hatice)

Hatices künftiger Ehemann war in der Türkei gezielt auf der Suche nach einer Ehefrau. Genaueres über die Hintergründe, die ihn veranlassten, eine Türkin heiraten zu wollen, ist Hatice jedoch nicht bekannt geworden. Näheres über die Motivationen der in Deutschland lebenden türkeistämmigen Männer, sich eine Ehefrau im Herkunftsland zu suchen, beschreibt Straßburger. Anhand einer Auswertung von nationalen und regionalen Statistiken kommt sie zu dem Ergebnis, dass

---

10 Die im Folgenden ausgewerteten Aussagen von Fatma und Hatice stammen aus Interviews, die die Verfasserin mit ihnen im Zeitraum von 2008 bis 2009 führte. Die Namen wurden geändert.

die meisten der Ehen von Zuwanderinnen und Zuwanderern aus der Türkei[11] transnational und innerethnisch geschlossen werden. Besonders häufig sind es in Deutschland lebende türkeistämmige Männer, die eine Frau aus der Türkei heiraten und diese im Anschluss nach Deutschland »nachholen«. Straßburger begründet dieses Heiratsverhalten mit dem demographisch feststellbaren Mangel an türkeistämmigen Frauen auf dem deutschen Heiratsmarkt: Es gibt unter den Personen mit türkischem Migrationshintergrund mehr Männer als Frauen im heiratsfähigen Alter.[12] Hinzu käme, so Straßburger, dass die individuellen Netzwerkkontakte in erster Linie zu Personen im Herkunftsland bestünden. Dies erhöhe die Möglichkeit, gerade dort potenzielle Heiratskandidatinnen kennenzulernen.[13] Ahmet Toprak hat bei seinen durchweg männlichen Interviewpartnern, die, wie Hatices Mann, in Deutschland geboren oder zumindest größtenteils dort aufgewachsen sind, ebenfalls festgestellt, dass alle sich ihre Heiratspartnerinnen gezielt in der Türkei gesucht haben. Den Grund dafür sieht Toprak darin, dass »sie das Verhalten der türkischen Mädchen in Deutschland als unehrenhaft empfinden«.[14] Zu derartigen Äußerungen kam es auch bei Hatices Mann während ihrer gemeinsamen Ehe:

> Ich habe ihn gefragt: ›Was liebst du an mir?‹ Er hat gesagt, ›du bist eine tolle Mutter, gute Frau und gute Hausfrau. Ich bin stolz, wenn ich mit dir auf der Straße laufe. Ich weiß, du bist keine falsche Frau.‹ (Hatice)

Dass Hatice nach Ansicht ihres Mannes eine »gute Frau« und keine »falsche Frau« sei, lässt ähnliche Rückschlüsse darauf zu, warum er eine Frau aus der Türkei heiraten wollte. Frauen aus der Türkei gelten als geeignete Heiratskandidatinnen, da die Männer meinen, in ihnen eine gute Hausfrau und Mutter mit ehrhaftem Verhalten zu finden. Durch diese strikte Geschlechterrollenverteilung erhoffen sie sich eine Ehe von Bestand.[15]

Die Heirat zwischen Hatice und ihrem Mann verlief traditionell[16] und fand in der Türkei statt. Als Hatice kurz darauf ihrem Mann nach Deutschland folgte, fiel ihr

---

11 Die Untersuchung weist jedoch die Lücke auf, dass nur türkische Staatsangehörige und somit keine eingebürgerten türkeistämmigen Personen berücksichtigt werden konnten.

12 Straßburger: *Heiratsverhalten und Partnerwahl* (wie Anm. 2), S. 310f.

13 Ebd., S. 312.

14 Toprak, Ahmet: *Das schwache Geschlecht – die türkischen Männer. Zwangsheirat, häusliche Gewalt, Doppelmoral der Ehre.* Freiburg i.Br. 2005, S. 90.

15 Ebd., S. 85–99.

16 Der Begriff Tradition soll im Folgenden nicht wertend als Synonym für Rückständigkeit gebraucht werden. Unter Tradition ist hier vielmehr zu verstehen, dass jede Generation auf dem Wissen, den Deutungen und Wertzuschreibungen vorhergehender Generationen aufbaut. Demnach lassen sich Gesellschaften danach unterscheiden, in welchem Grade sie sich aus dem Überlieferten lösen. Unter traditionell sei also ein geringerer Grad dieser Ablösung, verstanden. In dem hier konkreten Zusammenhang der Heirat bedeutet dies, dass beispielsweise vor der Eheschließung die Familie des Mannes bei der Familie der Frau um

das Einleben dort zunächst sehr schwer. Dass Hatice im Anschluss an die Hochzeit zu ihrem Mann und seiner Familie zog, entspricht der sogenannten »virilokalen Tradition«[17] und ist in der Türkei nicht ungewöhnlich. Die Schwierigkeit, welche bei einer transnationalen Heiratsmigration hinzukommen kann, soviel sei Kelek hier in Teilen zugestimmt, ist eine verstärkte Abhängigkeit der zugewanderten Frau von ihrem Ehemann und seiner Familie.[18] Dies ist vor allem dann gegeben, wenn sich die Frau aufgrund sprachlicher Schwierigkeiten zunächst mit niemandem außerhalb des türkischsprechenden Umfeldes verständigen kann. Diese Abhängigkeit empfand auch Hatice:

> Es war, so die ersten drei Monate [in Deutschland] war es für mich gut, aber danach hat mein schwieriges Leben angefangen. In der Türkei war ich ganz selbständig. Ich konnte alles denken für mich, ich konnte alles machen. Ich lebte mit meinem Vater und meiner Mutter zusammen natürlich, aber ich war ganz selbständig. Ich konnte alles alleine machen. Ich brauchte keine Hilfe, gar nichts! Aber als ich hergekommen bin, bin ich ganz tief [gesunken]. Ich war wie ein Kind. Ich musste immer fragen, musste mit jemandem in die Stadt gehen oder zum Arzt gehen oder Einkaufen gehen. Das war für mich eine Katastrophe. (Hatice)

Dieses »Stereotyp der abhängigen Heiratsmigrantin«[19] stellt nur e i n e Facette der Lebensformen von nach Deutschland eingeheirateten Frauen dar. Straßburger spricht sogar davon, dass »in der Regel […] eine Heiratsmigration für Frauen weitaus weniger problematisch zu sein [scheint] als für Männer«.[20] Sie begründet dies damit, dass die Frau, indem sie in die Familie des Mannes einheiratet, schnell Netzwerkkontakte zu Schwägerinnen knüpft. Der Mangel an deutscher Sprachkenntnis lasse sich durch eine oftmals gut ausgebaute innerethnische Infrastruktur ausgleichen.[21] Diese Einschätzung Straßburgers setzt allerdings voraus, dass sich die Frau und die Familie, in welche sie als »gelin« (= Schwiegertochter) einheiratet, gut verstehen. Somit müssen die Möglichkeiten zum Aufbau innerfamiliärer oder innerethnischer Netzwerkkontakte im Umfeld der Heiratsmigrantin erst einmal vorhanden sein, was nicht selbstverständlich der Fall ist. Bei Hatice waren diese Voraussetzungen nicht gegeben, weswegen sie sich in ihrer Ehe von ihrem Mann vernachlässigt und sehr einsam fühlte:

---

deren Hand anhält. Vgl. Fuchs-Heinritz, Werner; Lautmann, Rüdiger; Rammstedt, Otthein u.a. (Hg.): *Lexikon zur Soziologie*. Opladen 1995. S. 684.

17 Das Wort vir kommt aus dem Lateinischen und bedeutet »(Ehe)mann«. Vgl. Straßburger: *Heiratsverhalten und Partnerwahl* (wie Anm. 2), S. 273.

18 Wolbert, Barbara: *Migrationsbewältigung. Orientierungen und Strategien. Biographisch-interpretative Fallstudien über die »Heirats-Migration« dreier Türkinnen.* Göttingen 1984, S. 328.

19 Straßburger: *Heiratsverhalten und Partnerwahl* (wie Anm. 2), S. 273.

20 Ebd., S. 274.

21 Eine noch geringere Schwierigkeit bestehe bei gebildeten Frauen, die möglicherweise auch über deutsche Fremdsprachenkenntnisse verfügten, was das Einleben in Deutschland erleichtere.

Seine Familie ist eine komische Familie. Hat keinen Kontakt. Unsere Familie in der Türkei hat guten Kontakt. Jeden Tag, naja, nicht jeden Tag aber wir können oft telefonieren und am Wochenende treffen, aber hier: Ich habe sie [die Familie des Mannes] nie gesehen. Es waren nur meine Schwiegermutter, mein Mann und ich. [...] Und das war für mich alles fremd natürlich. Und er hat mir nie geholfen. Er hat immer gedacht und so denkt er bis heute: ›Ich möchte frei leben. Gib mir keine Arbeit oder Aufgaben im Haus. Ich kann nicht. Ich möchte frei leben. Du sollst das machen, aber ich nicht.‹ Ich war schwanger und er hat mir nicht geholfen. Ich habe gesagt: ›Bitte, mir ist langweilig, komm, wir gehen eine Stunde oder halbe Stunde laufen, Kaffeetrinken, Abendessen.‹ Ich war immer alleine. (Hatice)

An dieser Stelle besteht eine deutliche Parallele zu einer von Eisenrieder befragten Frau, Meryem, deren Leben nach dem Eingehen einer Liebesehe »lange Zeit zerrieben und blockiert im Haushalt der Schwiegereltern an der Seite eines Mannes, der sich kaum um sie und die Kinder kümmerte, stattfand«.[22] Allein die Tatsache, dass eine Frau sich selbst zur Heirat entschlossen hat, sagt damit nichts darüber aus, wie glücklich die Ehe verlaufen wird. Auch hier kann es zu Vernachlässigungen oder gar Unterdrückungen und Misshandlungen seitens des Mannes beziehungsweise der Schwiegereltern kommen. Schlussendlich kann auch für eine Frau, die eine Liebesehe eingeht, eine Scheidung aufgrund der Angst vor familiärer oder gesellschaftlicher Isolierung und Stigmatisierung als ›geschiedene Frau‹ unter Umständen undenkbar sein.[23] So harrte auch Hatice in dieser für sie unbefriedigenden Situation jahrelang aus, bis sich herausstellte, dass ihr Mann eine Affäre mit einer anderen Frau hatte. Dies war für sie letztlich der Anlass, sich scheiden zu lassen.

Die Heirat mit einem in Deutschland lebenden Türken dient aus Sicht der Heiratsmigrantinnen, so wird argumentiert, in erster Linie einem ökonomischen Zugewinn für die Familie und wird dementsprechend meist mit ihr oder sogar von ihr allein entschieden.[24] Dem liegt ein traditionelles kollektives Familienverständnis zugrunde, nach welchem die Absicherung der Familie vor den eigenen Heiratsvorstellungen des Individuums rangiert. Die Hochzeit dient damit primär dem finanziellen Wohl der Familie. Hatices Beispiel, wie auch das weiterer Frauen[25], hat gezeigt, dass der Entschluss, einen in Deutschland lebenden Landsmann zu heiraten durchaus auch von der Frau selbst ausgehen kann, ohne dass sie die finanzielle Absicherung der Eltern bei der Entscheidung mitbedacht oder gar

---

22 Eisenrieder, Claudia: *Arrangierte Autonomie? Über Eheerfahrungen von Migrantinnen türkischer Herkunft*. Tübingen 2009 (Studien und Materialien des Ludwig Uhland Instituts der Universität Tübingen 33), S. 60–61.

23 Ebd., S. 121.

24 Toprak: *Das schwache Geschlecht* (wie Anm. 14), S. 101.

25 Vgl. Auswertung des Interviews mit Meryem bei Eisenrieder: *Arrangierte Autonomie?* (wie Anm. 22), S. 117.

durch die Eltern ihre Ehe arrangieren ließ. Transnationale Ehen sind also nicht per se arrangierte oder gar Zwangsehen.[26] Hatices Entscheidung zur Eheschließung war vielmehr durch zwei andere, individuelle Anreize motiviert: Zum einen eröffnete sich ihr mit der Heirat die Möglichkeit, ihren Wohnort, mit dem sie zuletzt ausschließlich negative Gedanken ihrer Trennung von ihrem Freund verband, verlassen zu können. Zum anderen reizte sie die Auswanderung, da ein Leben in Deutschland aus Sicht vieler in der Türkei lebender Frauen und Männer einen Prestigegewinn bedeutet. In Deutschland zu leben schafft Bewunderung, die auch Hatice sehr genießt:

> Wenn ich in die Türkei gehe, macht es mich stolz. Wenn ich in die Türkei gehe, kommen alle Nachbarinnen zu mir. Alle sagen herzlich willkommen, eine Nachbarin sagt zum Beispiel: ›Ah, du kannst dich so wie [Hatice] anziehen. Du kannst so wie [Hatice] tanzen.‹ Ich mach keinen Spaß. Das macht mich stolz. Wenn ich heute hingehe, kommt meine Nachbarin und bittet mich um Hilfe. Du machst alles alleine, wie machst du das, kannst du es mir erklären. Ich war immer Vorbild. (Hatice)

Dieses Ansehen im Umfeld ihrer Familie im Herkunftsland ermöglichte es Hatice, dass sie auch als geschiedene Frau allein in Deutschland leben durfte, ohne dass dies jemand zum Anlass nahm, schlecht über sie als ›ehrlose Frau‹ zu reden.[27] »Bei uns in der Türkei«, erklärte Hatice, »eine geschiedene Frau ist ein bisschen anders – nicht ganz aber in etwa so gleich wie eine ›Hure‹« (Hatice). Dass man über Hatice nicht in dieser Weise redete, ist somit keine Selbstverständlichkeit. Dies zeigen auch Fälle wie der folgende, in denen Eltern aus Angst vor einem Ehrverlust alles daran setzen, ihre Tochter mit einem Mann aus dem Herkunftsland »für ein Einwanderungsticket« zu verheiraten und anschließend darauf bestehen, dass sie sich nicht scheiden lässt.

---

26 Auch aus der Perspektive der in Deutschland lebenden Frauen türkischer Herkunft hatten bereits Boos-Nünning und Karakaşoğlu festgestellt, dass zwar 46% der von ihnen befragten Mädchen sich vorstellen können einen Mann aus dem Herkunftsland zu heiraten, aber nur 11% eine arrangierte Ehe befürworteten. Vgl. Boos-Nünning, Ursula; Karakaşoğlu, Yasemin: *Viele Welten leben. Lebenslagen von Mädchen und jungen Frauen mit griechischem, italienischem, jugoslawischem, türkischem und Aussiedlerhintergrund.* Osnabrück 2004, S. 12.

27 Frauen, die sich nicht eindeutig in der Obhut eines Mannes (beispielsweise Vater, Bruder oder Ehemann) befinden, werden oftmals als »Freiwild« betrachtet und laufen Gefahr, beleidigt oder belästigt zu werden. Vgl. Ter-Nedden, Corinna: *Zwangsverheiratung: Erfahrungen in der praktischen Unterstützung Betroffener und Empfehlungen für Politik und Verwaltung.* In: Zwangsverheiratung in Deutschland. Hg. vom Bundesministerium für Familie, Senioren, Frauen und Jugend (BMFSFJ) und dem Deutschen Institut für Menschenrechte. Baden-Baden 2007 (Forschungsreihe des Bundesministeriums für Familie, Senioren, Frauen und Jugend 1), S. 344–371, hier S. 361.

Fatma – zwangsverheiratet »für ein Einwanderungsticket«

Im Laufe der letzten Jahre war eine stetig wachsende Anzahl jener Zuwanderinnen und Zuwanderer zu verzeichnen, die bei verschiedenen Anlaufstellen Zuflucht suchten, da sie der von ihren Familien geplanten Eheschließung nicht zustimmen wollten. Dass eine Heiratsmigration keinesfalls per definitionem im Kontext einer Zwangsehe betrachtet werden darf, ist im vorigen Abschnitt deutlich geworden. Es soll daher auch im Folgenden nicht der Eindruck entstehen, dass die Zwangsverheiratung als Migrationsstrategie schlechthin betrachtet werden kann. Dennoch kann sie unter Umständen tatsächlich eine Möglichkeit sein, einer Frau oder einem Mann die Einreise nach Deutschland zu ermöglichen – und dies somit auch gegen den Willen eines der Heiratspartner oder gar beider. Über diese Gruppe der Zwangsverheirateten ist allerdings noch sehr wenig bekannt.[28] Im Folgenden soll versucht werden, am Beispiel einer »Verheiratung für ein Einwanderungsticket«, näheres über diese und weitere Formen von Zwangsverheiratungen herauszuarbeiten[29], wenngleich vermutlich die meisten der per Ehegattennachzug nach Deutschland zugewanderten Männer und Frauen freiwillig geheiratet haben.

---

28 Bereits das a l l g e m e i n e Heiratsverhalten türkeistämmiger Zuwanderinnen und Zuwanderer wissenschaftlich-empirisch erforschen zu wollen, kann auf Widerstände bei den Befragten stoßen. Vgl. Eisenrieder: *Arrangierte Autonomie?* (wie Anm. 22), S. 55ff. Bei Zwangsverheirateten kommt erschwerend hinzu, dass sie aufgrund mitunter traumatischer Erlebnisse oder aus Scham nur schwer in der Lage sind, sich über ihre Biographien zu äußern. Gerade bei betroffenen Männern kann die Scham sehr groß sein und möglicherweise verhindern, dass sie Rat oder gar Zuflucht bei Dritten suchen. Die Skepsis, sich gegenüber Wissenschaftlern zu äußern, darf daher noch höher eingeschätzt werden, insbesondere dann, wenn die Befragten wissen, dass aus dem, was sie dem Interviewer sagen, eine Publikation entstehen wird.

29 Allgemein gilt zu berücksichtigen, dass arrangierte und erzwungene Eheschließungen stets eine Entscheidung der gesamten Familie sind. Vgl. Straßburger: *Heiratsverhalten und Partnerwahl* (wie Anm. 2), S. 316. Auch wenn man die Ehe nicht direkt von den Eltern arrangieren lässt, so ist es dem Heiratspaar doch meist wichtig, dass die Eltern zumindest nicht völlig gegen die Eheschließung sind. Vgl. Toprak: *Das schwache Geschlecht* (wie Anm. 14), S. 90–94. Will der Wissenschaftler die Hintergründe solcher Formen von Eheschließungen adäquat erfassen, so müsste er alle Familienmitglieder befragen und sich daraus ein Bild machen. Es versteht sich von selbst, dass dies bei Männern und Frauen, die aufgrund einer anstehenden oder bereits vollzogenen Zwangsverheiratung die Flucht ergriffen haben, nicht möglich ist. Die Angst, dass ihre (anschließend publizierten) Aussagen Rückschlüsse bei ihren Familien auf ihren Aufenthaltsort zulassen könnten, kann unter Umständen sehr groß sein. Es bleibt daher nur, sich vorerst auf die Aussagen der Verheirateten selbst zu beziehen – wohl wissend, dass die Darstellungen anderer Familienmitglieder von deren Schilderungen abweichen könnten.

Fatma wurde unter extremer Gewaltanwendung[30] in Deutschland mit einem Mann aus ihrem Herkunftsland verheiratet. Als sie 14 Jahre alt war, hielt aber zunächst ein anderer Mann bei ihren Eltern um ihre Hand an. Ihre Eltern fragten Fatma, ob sie den Mann heiraten wollte und sie willigte ein:

> Die haben mich gefragt, ich habe sofort ja gesagt, ohne zu überlegen, weil ich wollte rausgehen aus dem Leben. […] Wir haben große Feier gemacht, ich war sehr glücklich – obwohl ich ihn nicht kannte. War nur glücklich, dass ich von meiner Familie weggehe. (Fatma)

Als kurze Zeit später Gerüchte über ihren künftigen Ehemann in Umlauf kamen, er sei in kriminelle Machenschaften verwickelt, sagte Fatmas Familie sofort die Hochzeit ab. Fatma war nun allerdings bereits verlobt und somit war Fatmas Familie, als bald darauf ein anderer Mann um ihre Hand anhielt, nahezu erleichtert. Nachdem sie jedoch Fatma gefragt hatten, lehnte diese entrüstet ab:

> Ich habe gesagt ›auf gar keinen Fall‹. Der war nichts für mich! Erstens: der hat Duldung gehabt, Abschiebung. Zweitens: Der ist [anderer ethnischer Zugehörigkeit]. Drittens: Der war einfach nichts für mich. (Fatma)

Das Motiv des Mannes, Fatma heiraten zu wollen, war also die Angst vor der Abschiebung. Im weiteren Verlauf des Interviews erwähnte Fatma, ihr Mann habe zuletzt täglich darum gebangt, ausreisen zu müssen. Da Fatma über einen gesicherten Aufenthaltsstatus verfügte, war diese »Heirat für ein Einwanderungsticket« für ihn eine Möglichkeit, legal in Deutschland bleiben zu können.

Nach Fatmas rigorosem Ablehnen des Heiratskandidaten fürchtete ihre Familie um ihre Ehre, genauer um das, was man in ihrem sozialen Umfeld über sie reden würde. Fatma zitierte die Bedenken ihrer Mutter mit den Worten:

---

30 Der ersten qualitativen Studie zufolge, welche von Strobl und Lobermeier unter Mithilfe PAPATYAs zu Zwangsehen durchgeführt wurde, herrscht in Familien, in denen es zu Zwangsverheiratungen kommt, meist ein allgemein hohes Gewaltpotenzial vor. Vgl. Strobl, Rainer; Lobermeier, Olaf: *Zwangsverheiratung: Risikofaktoren und Ansatzpunkte zur Intervention*. In: *Zwangsverheiratung in Deutschland*. Hg. vom Bundesministerium für Familie, Senioren, Frauen und Jugend (BMFSFJ) und dem Deutschen Institut für Menschenrechte. Baden-Baden 2007 (Forschungsreihe des Bundesministeriums für Familie, Senioren, Frauen und Jugend 1), S. 27–71. In diesem Kontext ist meist die Rede von psychischer und physischer Gewalt, welche von den Akteuren selbst aber nicht unbedingt auch als Gewalt wahrgenommen werden muss. Gewalt wird subjektiv empfunden und ist »mittelbar immer auch Teil eines politischen und gesellschaftlichen Aushandlungsprozesses«. Heitmeyer, Wilhelm; Schröttle, Monika: *Zur Einführung*. In: Gewalt. *Beschreibungen – Analysen – Prävention*. Hg. von Wilhelm Heitmeyer und Monika Schröttle. Bonn 2006, S. 15–22, hier S. 17.

›Was sollen die Leute über uns reden?‹ hat sie [die Mutter] gesagt. ›Du warst einmal verlobt, und jetzt sind die nächsten Leute gekommen, was sollen die Leute über uns reden?‹ (Fatma)

Fatma setzte sich mit aller Kraft gegen den massiven psychischen und physischen Druck, der insbesondere von ihrer Mutter und ihrem Bruder auf sie ausgeübt wurde, zur Wehr. Schließlich, im Würgegriff ihrer Mutter, gab sie dann aber doch nach, was für sie, wie sie sagte, einer »Beerdigung« (Fatma) gleichkam.

Meine Mutter hat mich mit den Händen so richtig gewürgt, ich habe hier überall im [Gesicht] so schwarze Punkte wie Blut gehabt, das Weiß in den Augen war richtig rot, weil ich fast keine Luft mehr gekriegt habe. Ich habe die letzte Zeit gedacht, ich sterbe. Dann habe ich gesagt (weint immer mehr): ›Macht, was euch gefällt.‹ Meine Mutter hat sofort angerufen: ›Kommt her und holt das Mädchen ab.‹ (weint, Pause). Ja, die haben sofort Hochzeit gemacht. Die ganze Zeit habe ich geweint.

Dass Fatma zu diesem Zeitpunkt schier ihr Lebensende sah, wird noch verständlicher, wenn man bedenkt, dass sich die Gewalt auch in der Ehe fortsetzte, ohne dass sie daraus ausbrechen konnte. Fatma wurde von ihrem Mann vergewaltigt, misshandelt und gedemütigt, doch für ihre Familie kam eine Scheidung definitiv nicht in Betracht. Als Fatma eines Morgens vor der Gewalt ihres Mannes zu ihrem Bruder floh, gab dieser alles daran, sie wieder zu ihrem Mann zurückzubringen:

Dann ist mein Bruder gekommen. Er hat immer versucht, mit mir zu reden, ich habe gesagt: ›Nein‹. Er [der Bruder] hat mich geschlagen: ›Du musst. Das [die Gewalt seitens des Ehemannes] ist bei uns ganz normal. Es passiert noch schlimmer mit anderen Frauen als bei dir. Und die sagen nichts.‹ Ich habe ihm gesagt: ›Ja, aber bis wann? Bis wann?‹ Er hat gesagt: ›Das ist dein Mann und normal.‹ Er hat mich gezwungen bis zu mir nachhause reinzugehen.

Hier soll nicht der Eindruck entstehen, als seien Scheidungen in patriarchal ausgerichteten Familien prinzipiell undenkbar. Üblich ist es meist, dass die Frau im Anschluss an eine Scheidung in den elterlichen Haushalt zurückzieht oder gegebenenfalls wieder heiratet. Bei Ehen aber, welche unter Zwang geschlossen wurden, ist auch die Scheidung meist nicht möglich: »Wer zur Ehe gezwungen wurde, wird oft auch gezwungen, diese Ehe aufrecht zu erhalten, Scheidung wird nicht gestattet. Weglaufen ist eine Möglichkeit des Entrinnens, mit der Folge des Ehrverlusts der beiden Familien.«[31] Auch von Fatma wurde dieses Bestehen ihrer Familie auf eine Fortführung ihrer Ehe mit der Familienehre und somit mit der Angst, im sozialen Umfeld an Ansehen zu verlieren, in Zusammenhang gebracht:

---

31 Diese Information entspricht der Einschätzung PAPATYAs in einem von mir per E-Mail verschickten Fragebogen vom 12.05.2008.

> Ja, weil die sind alle Männer, die haben guten Ruf zwischen den Leuten. Und wenn eine Schwester sich scheiden lässt oder sie haut ab, sie kann nicht weiterleben. Weil das bringt schlechte Ehre für den Bruder. Zwischen den Leuten. Dann ist der gute Ruf weg. Und das wollen die nicht. Und wie geht die Ehre wieder sauber? Nur, wenn dein Bruder dich umbringt. Dann ist er ein richtiger Mann und hat immer noch einen guten Ruf. So ist das bei uns. (Fatma)

Fatmas Schilderungen lassen keinen Zweifel daran aufkommen, dass es sich hier um eine Zwangsverheiratung gehandelt hat. Meist wird davon ausgegangen, dass es sich bei einer Eheschließung dann um eine Zwangsverheiratung handelt, wenn sie nicht »im freien und vollen Einverständnis der zukünftigen Ehegatten«[32] geschlossen wurde, wie es die *Allgemeine Erklärung der Menschenrechte* vorsieht. Es ist für Außenstehende nicht in jedem Fall so deutlich wie bei Fatma zu unterscheiden, wann es sich bei einer Eheschließung um eine von den Eltern arrangierte Heirat handelt, mit der sich das Paar einverstanden erklärt und wann eine Ehe unter Zwang geschlossen wurde.[33] Gegner von arrangierten Eheschließungen plädieren daher dafür, auch arrangierte Heiraten als Zwangsehen einzustufen. Sie argumentieren dahingehend, dass Zwang latent ausgeübt werden könne, da de facto den Akteuren keine andere Möglichkeit als die zur Einwilligung in die Ehe bleibe.[34] Hinter dieser Argumentation verbirgt sich die Vorstellung, dass ausschließlich die Option, den Ehepartner selbst zu wählen, als Freiwilligkeit anerkannt werden kann. Dass ein Paar aus freien Stücken entscheidet, den Ehepartner von den Eltern auswählen zu lassen, ist dieser Sicht folgend undenkbar.

Der Unterschied zwischen Zwang und Arrangement ist letzten Endes am besten von den Betroffenen selbst einzuschätzen.[35] Inzwischen sind einige wissenschaft-

---

32 Artikel 16 Absatz 2 der Allgemeinen Erklärung der Menschenrechte vom 10. Dezember 1948. In: *Menschenrechte. Dokumente und Deklarationen.* Hg. von der Bundeszentrale für politische Bildung. Bonn 2004 (Schriftenreihe 397), S. 54–59, hier S. 57.

33 Vgl. Straßburger, Gaby: *Zwangsheirat und arrangierte Ehe – zur Schwierigkeit der Abgrenzung.* In: *Zwangsverheiratung in Deutschland.* Hg. vom Bundesministerium für Familie, Senioren, Frauen und Jugend (BMFSFJ) und dem Deutschen Institut für Menschenrechte. Baden-Baden 2007 (Forschungsreihe des Bundesministeriums für Familie, Senioren, Frauen und Jugend 1), S. 68–82.

34 Vgl. Kelek, Necla: *Heirat ist keine Frage.* In: wie Anm. 33, S. 83–98, hier S. 89–90.

35 Gedik hebt daher in einer später oft zitierten Definition von Zwangsverheiratung vor allem das subjektive Empfinden der Betroffenen hervor: »Eine Zwangsheirat liegt dann vor, wenn die betroffene Person sich zur Heirat gezwungen fühlt und mit ihrer Weigerung kein Gehör findet oder nicht wagt, sich zu widersetzen, weil Eltern, Familie, Verlobte und Schwiegereltern mit unterschiedlichsten Mitteln versuchen, psychischen oder sozialen Druck sowie emotionale Erpressung auf sie auszuüben.« Vgl. Gedik, Ipek: *Zwangsheirat bei Migrantinnenfamilien in der Bundesrepublik.* In: *Jahrbuch Menschenrechte 2005. Schwerpunkt:*

liche Studien entstanden, die einen Schwerpunkt auf die freiwillige, arrangierte Partnerwahl legen und damit demonstrieren, dass viele der Zuwanderinnen und Zuwanderer n i c h t unter Zwang verheiratet werden.[36] Dies soll hier selbstverständlich nicht angezweifelt werden. Dennoch verdichten sich allmählich Hinweise darauf, dass Zwangsverheiratungen, wie auch die von Fatma, in Deutschland ein zahlenmäßig nicht unbedeutendes Problem darstellen. Oftmals stehen sie im Kontext der Heiratsmigration nach Deutschland, etwa in Form der »Verheiratung für ein Einwanderungsticket« wie bei Fatma oder in Form einer »Importehe«.[37] Allgemein werden vier verschiedene Formen von Zwangsverheiratungen unterschieden.[38] Zunächst ist die oben beschriebene V e r h e i r a t u n g f ü r e i n E i n w a n d e r u n g s t i c k e t zu nennen, bei der eine in Deutschland lebende Frau, die über einen gesicherten Aufenthaltstitel verfügt, gegen ihren Willen mit einem Mann aus dem Herkunftsland verheiratet wird, der auf diese Weise im Rahmen des Ehegattennachzugs legal nach Deutschland zuwandern kann. Seltener kommt es zu Zwangsverheiratungen, die in u n t e r i n D e u t s c h l a n d l e b e n d e n Z u g e w a n d e r t e n gegen deren Willen geschlossen werden. Eine weitere Form der Zwangsverheiratung wird als F e r i e n - V e r h e i r a t u n g bezeichnet. Das Mädchen wird während eines Ferienaufenthalts im Herkunftsland zunächst verlobt und schließlich verheiratet. Im Voraus weiß es meist nichts davon und wird erst vor Ort mit der Nachricht »überrascht«. Da das Mädchen nicht nur heiraten, sondern auch gegen seinen Willen im Herkunftsland bleiben muss, spricht man bei dieser Form auch von H e i r a t s v e r - s c h l e p p u n g . Heiratet ein in Deutschland lebender Mann mit Migrationshintergrund eine Frau aus dem Herkunftsland und lässt sie nach Deutschland einreisen, so spricht man von I m p o r t e h e n , die Frau wird als »Importbraut« bezeichnet. Seit dem Erscheinen des oben genannten Buches *Die fremde Braut*[39] ist dieses »Nachholen« einer Braut aus dem Herkunftsgebiet der Eltern des Bräutigams die wohl bekannteste Form der Zwangsverheiratung. Diese Heiratsmi-

---

Frauenrechte durchsetzen. Hg. vom Deutschen Institut für Menschenrechte. Frankfurt a.M. 2005, S. 318–325, hier S. 320.

36 Vgl. u.a. Straßburger: *Heiratsverhalten und Partnerwahl* (wie Anm. 2); Eisenrieder. *Arrangierte Autonomie?* (wie Anm. 22).

37 Vgl.: *Zwangsheirat ächten, Opferrechte stärken, Opferschutz gewährleisten, Prävention und Dialog ausbauen! Bericht der Fachkommission Zwangsheirat der Landesregierung Baden-Württemberg.* Stuttgart 2006, S. 33; Mirbach, Thomas; Müller, Simone; Triebl, Katrin: *Ergebnisse einer Befragung zum Thema Zwangsheirat in Hamburg.* Hg. von der Behörde für Soziales, Familie, Gesundheit und Verbraucherschutz in Hamburg. Hamburg 2006. Im Internet unter: http://www.lawaetz.de/af/few/dokumente/Bericht%20Zwangsheirat%20Hamburg%20Okto ber% 202006.pdf. (01.10.2009).

38 *Zwangsheirat ächten* (wie Anm. 36), S. 19.

39 Kelek: *Die fremde Braut* (wie Anm. 5).

grantinnen haben möglicherweise große Schwierigkeiten, sich scheiden zu lassen.[40] Zum einen, weil sie sich die Trennung aufgrund ihrer oft traditionellen Sozialisation selbst nicht vorstellen können. Zum anderen sind es grundlegende Schwierigkeiten wie Sprachprobleme und aufenthaltsrechtliche Konsequenzen, die dem entgegenstehen. Nach Aussage der Schutzorganisation für Mädchen, PAPATYA, ist ihnen die Rückkehr in das Herkunftsland »oft nicht möglich, da sie häufig nicht mit dem Beistand ihrer Eltern rechnen können, die von ihnen in der Regel verlangen, ihre Ehe unter allen Umständen aufrecht zu erhalten und es manchmal ablehnen, sie wieder aufzunehmen«.[41] Kommen noch weitere Faktoren hinzu, wie beispielsweise dass sie im Zuwanderungsland nach der Trennung konvertiert sind, ist es sogar möglich, dass ihnen im Herkunftsland Gefahren bis hin zum Ehrenmord[42] drohen. Mit einem derartigen Fall wurde TERRE DES FEMMES Schweiz im Jahr 2004 konfrontiert. Da zu diesem Zeitpunkt nichtstaatliche Verfolgung in der Schweiz noch nicht als Asylgrund galt, drohte einer jungen, geschiedenen und zum Christentum konvertierten Iranerin die »Ausschaffung«[43] und damit mit hoher Sicherheit der Tod durch Steinigung.[44] In Deutschland gilt seit Inkrafttreten des Zuwanderungsgesetzes zum 1. Januar 2005 nichtstaatliche Verfolgung, wie sie im Falle einer Bedrohung einer geschiedenen Frau durch ihre Familie im Herkunftsland gegeben sein kann, als Asylgrund.[45] Das allein heißt jedoch noch nicht, dass dadurch eine Trennung von den Betroffenen eher in Betracht gezogen wird. Diese Neuerung soll ihnen aber immerhin die Möglichkeit bieten, einen gewissen Schutz zu erlangen.

War das Thema arrangierte Ehen und Zwangsverheiratung zunächst ein exklusiv weibliches, so wird mittlerweile immer mehr publik, dass auch Männer arrangiert oder gar gegen ihren Willen verheiratet werden. Der Begriff »Importbräutigame«[46] für die männlichen zur Zwangsverheiratung ins Zuwanderungsland nachgeholten Ehegatten findet bislang aber noch zu wenig Erwähnung, und auch von den anderen Formen von Zwangsverheiratungen schien es bislang, als seien aus-

---

40 Die folgenden Angaben sind der Homepage PAPATYAs (http://www.papatya.org) entnommen.

41 Ebd.

42 Vgl. Cöster, Anna Caroline: *Ehrenmord in Deutschland*. Marburg 2009.

43 In Deutschland spricht man von Abschiebung.

44 Neue Zürcher Zeitung am Sonntag vom 22.02.2004, Nr. 8, S. 22. Artikel: *Solidaritätswelle für Bahare, die Perserin*.

45 Vgl. Homepage des Bundesinnenministeriums zum Zuwanderungsgesetz unter: www.zuwanderung.de/nn_1068532/DE/Zuwanderung__hat__Geschichte/AsylundFluechtlinge/AsylundFluechtlinge__node.html?__nnn=true (01.10.2009).

46 Dieser Begriff findet sich auf den Seiten der Schweizer Internetplattform des Vereins Katamaran, die zur Aufklärung rund um das Thema Zwangsverheiratung beitragen soll. Homepage unter: http://www.zwangsheirat.ch/.

schließlich Frauen betroffen. Aktuell beschränken sich die Informationen über Zwangsverheiratungen bei Männern noch größtenteils auf Medienberichte.[47] Wissenschaftliche Untersuchungen, die speziell das Thema Zwangsverheiratung bei Männern näher ergründen könnten, liegen bislang, bis auf einige Publikationen Topraks[48], nicht vor. Zahlen, welche das Ausmaß von Zwangsverheiratungen von Männern erfassen, sind nicht einmal ansatzweise vorhanden. Dies lässt sich zum einen damit begründen, dass bei Männern die Scheu, Zuflucht zu suchen als noch größer einzuschätzen ist als diejenige von Frauen. Hinzu kommt, dass so gut wie keine Anlaufstellen[49] existieren, an welche sich Männer in Notsituationen wenden können.[50] Dies hat zur Folge, dass nur sehr wenig über die Hintergründe von Zwangsverheiratungen bei Männern bekannt ist. Auf der Website zu Zwangsverheiratungen, welche die Frauenorganisation TERRE DES FEMMES eingerichtet hat, heißt es dazu:

> Männer sind von Zwangsverheiratungen ebenso betroffen wie Frauen. Allerdings sind sie zum Zeitpunkt der Verheiratung in der Regel älter. Auch ergeben sich für sie andere soziale Konsequenzen: Männer haben in einer Zwangsehe oftmals mehr Freiheiten als betroffene Mädchen und Frauen.[51]

Diese hier genannten Unterschiede zwischen Zwangsverheiratungen bei Männern und Zwangsverheiratungen bei Frauen lassen sich damit begründen, dass in traditionellen[52] Familien die Erziehung und auch die Bedeutung der Eheschließung je nach Geschlecht differiert. Während bei den jungen Mädchen in der Pha-

---

47 Vgl. u.a. taz vom 10.06.2009, Nr. 8906, S. 13. Artikel: *Der Mann an ihrer Seite* sowie eine Reportage *Opfer der Familienehre – das Tabu der zur Ehe gezwungenen Männer* in der Sendung »Frontal 21« im ZDF vom 28.10.2008. Online anzusehen unter: www.zdf.de/ZDFmediathek/content/Opfer_der_Familienehre/618630/618640.

48 Toprak, Ahmet: »*Auf Gottes Befehl und mit dem Worte des Propheten …*«. *Auswirkungen des Erziehungsstils auf die Partnerwahl und die Eheschließung türkischer Migranten der zweiten Generation in Deutschland*. Herbolzheim 2002; ders.: *Das schwache Geschlecht* (wie Anm. 14); ders.: *Geschlechterrollen und Geschlechtererziehung in traditionellen türkischen Familien. Verheiratung des Mannes als Disziplinarmaßnahme*. In: wie Anm. 33, S. 171–186.

49 Sowohl der Organisation PAPATYA als auch SOLWODI gaben in einem von mir per E-Mail verschickten Fragebogen vom 12.05.2008 an, von keinen Anlaufstellen für Männer bislang erfahren zu haben.

50 Bisher hat nur der Psychologe Kazim Erdogan seit 2007 in Berlin-Neukölln die erste Beratungsstelle für Männer gegründet. Pressemitteilungen zufolge geht es hier auch um das Thema Zwangsverheiratung. Vgl. die Informationen über die »Vätergruppen« der *Initiative für ein noch besseres Neukölln*. Online: http://www.initiative-neukoelln.de/index.php?option=com_content&view=article&id=69:v-g&catid=41:v-g&Itemid=72 (01.10.2009).

51 http://www.ehrverbrechen.de/1/index.php?option=com_content&view=article&id=149&Itemid=112 (01.10.2009).

52 Vgl. Anm. 16.

se der familialen Sozialisation akribisch darauf geachtet wird, dass sie nicht mit einem Jungen zusammen gesehen werden, da dies die Familienehre verletzen könnte, genießen die jungen Männer mehr Freiheit: Diskobesuche, Freundschaften zu Mädchen, ja sogar Alkohol- und Nikotinkonsum werden geduldet.[53] Dem Jungen gegenüber ist man oftmals nachsichtig und begründet dessen Verhalten mit seinem jugendlichen Alter und seiner »Heißblütigkeit«. Doch irgendwann hat der Junge ein Alter erreicht, in dem er »auf Knopfdruck«[54] erwachsen sein und Verantwortung übernehmen soll. Wird der junge Mann diesen Ansprüchen nicht gerecht, indem er sich beispielsweise weiter bis spät abends in Diskotheken »herumtreibt«, mehrere Freundinnen hat und übermäßig Alkohol konsumiert, so ergreifen die Eltern Maßnahmen, um den »Heißsporn« (delikanlı) zu diszip-linieren: Toprak zufolge kann hier zunächst der Militärdienst genannt werden, von dem sich die Eltern aber auch die Söhne selbst erhoffen, dass er dazu beiträgt, den Jungen etwas ruhiger werden zu lassen. Ein nächster Schritt ist schließlich die Heirat, der letzte das Vaterwerden. Spätestens ab diesem Zeitpunkt muss der junge Mann Verantwortung übernehmen, da er von nun an eine Familie zu versorgen hat, wie es die Tradition vorsieht.[55]

Diese »Verheiratung des Mannes als Disziplinarmaßnahme«[56] ist jedoch nicht die einzige Form von Zwangsverheiratungen bei Männern, doch ist sie die einzige, über deren Hintergründe durch Topraks Arbeiten Näheres bekannt geworden ist. Einige Mediendokumentationen lassen auf weitere Motive schließen, durch welche sich Eltern veranlasst sehen, ihren Sohn zu einer Eheschließung zu zwingen. Diese Motive scheinen denjenigen der Familien zwangsverheirateter Frauen sehr ähnlich zu sein und können offenbar auch im spezifischen Kontext der Zuwanderung stehen[57]: So kann die Angst vor Überfremdung oder der Wunsch am Festhalten von Traditionen ein Grund sein, weswegen Eltern darauf bestehen, dass ihr Sohn eine Frau, möglicherweise eine Verwandte, aus dem Herkunftsland heiratet.[58] Da bislang zu Zwangsverheiratungen bei Männern kaum wissenschaftlich geforscht wurde, muss auf die Entstehung künftiger Untersuchungen zu diesem Thema gehofft werden, welche auch diese möglichen Hintergründe berücksichtigen und vielleicht näher beschreiben können.

---

53 Toprak: *Das schwache Geschlecht* (wie Anm. 14), S. 106.
54 Ebd., S. 108.
55 Ebd.
56 Toprak: *Geschlechterrollen und Geschlechtererziehung in traditionellen türkischen Familien* (wie Anm. 48).
57 Weitere Gründe finden sich auf http://www.zwangsheirat.ch/ (01.10.2009).
58 Vgl. Reportage *Opfer der Familienehre* (wie Anm. 47).

Schlussbemerkung

Die Formen von Eheschließungen unter aus der Türkei zugewanderten Personen sind vielfältig und entsprechen oftmals nicht dem gängigen Klischee: Importehen werden nicht zwangsläufig im Familienkollektiv arrangiert oder gar erzwungen. Die Entscheidung, einen in Deutschland lebenden Mann zu heiraten, kann auch eine ganz individuelle und freiwillige Entscheidung sein. Hatices Heiratsentschluss diente hier als ein Beispiel für eine völlig freie, weder durch die Eltern arrangierte noch unter deren Zwang geschlossene transnationale Ehe. Dies heißt jedoch nicht, dass sie in der Ehe und in Deutschland glücklich war, ganz im Gegenteil: Ihr Unwohlsein mit ihrem Partner führte letzten Endes zur Trennung.

Dennoch kann es im Kontext einer Heiratsmigration auch zu Zwang kommen, wie hier am Beispiel der »Verheiratung für ein Einwanderungsticket« erläutert wurde. Gleichzeitig hat dieses Beispiel gezeigt, dass eine arrangierte Heirat in der Regel im Einverständnis mit der künftigen Braut geschlossen wird. Fatma hat, als der erste Mann um ihre Hand bei ihren Eltern anhielt, erfreut eingewilligt. Als das Heiratsvorhaben scheiterte, wollte Fatma den nächsten Heiratskandidaten jedoch nicht heiraten, was ihre Eltern nicht akzeptieren konnten. Dies zeigt eine Fortsetzung des von Straßburger und später auch Eisenrieder proklamierten »Kontinuums ineinander übergehender Partnerwahlmodi«[59] zwischen Liebesehe, arrangierter Ehe und Zwangsverheiratung auf. Bereits innerhalb von Fatmas Familie kippt das Arrangement in dem Moment in Richtung Zwang, als Fatmas Nein nicht akzeptiert wird. Die Eheschließung mit ihrem ersten Mann hätte Fatma nie als Zwangsehe bezeichnet, obgleich sie auch ihn nicht hätte ablehnen dürfen. D e r wesentliche Unterschied zwischen einer arrangierten Ehe und einer Zwangsverheiratung besteht also in der Frage, was passiert, wenn die Frau oder auch der Mann den ihnen zugedachten Heiratspartner ablehnt. Je nachdem, um welche Form es sich handelt, »können die Betroffenen die Eheschließung verweigern oder nicht«.[60] Dass nicht nur Frauen, sondern auch Männer zwangsverheiratet werden, wurde erst in der letzten Zeit publik, doch ist über die Hintergründe bislang wenig bekannt. Eine Anlaufstelle für Männer wäre vielleicht ein erster Schritt, um zum einen die Betroffenen zu motivieren, sich Unterstützung zu suchen und zum anderen Anhaltspunkte über das Ausmaß und die Hintergründe von Zwangsverheiratungen bei Männern zu erhalten.

---

59 Straßburger: *Heiratsverhalten und Partnerwahl* (wie Anm. 2), S. 246.

60 Kizilocak, Gülay: *Zwangsehen Contra Menschenrechte. In: Europa-Fokus: Zwangsehen*, Ehrenmorde – *ein gesamteuropäisches Problem*. Hg. von Europäischem Informationszentrum Niedersachsen. Hannover 2006, S. 14–17, hier S. 14.

Was offenkundig feststeht ist die Heterogenität an Heiratsoptionen und -motivationen türkeistämmiger Zuwanderer in Deutschland. Über eines waren sich jedoch die zwei Frauen, die hier zu Wort kamen, einig: Ein Deutscher kommt für eine Heirat nicht in Frage. Auch andere Studien kamen zu dem Ergebnis, dass die Abneigung, einen deutschen Heiratspartner zu wählen, groß sei. Gründe scheint es dafür mehrere zu geben: So werden beispielsweise spezifische Ehrvorstellungen genannt, die man auf Seiten der Männer von der Frau erwartet.[61] Eine wichtige Bedeutung kommt außerdem den zur Verfügung stehenden Netzwerkkontakten zu[62] sowie der Befürchtung, dass die Eltern einer Ehe mit einem Deutschen entgegenstehen würden.[63] Des Weiteren sind sicherlich auch religiöse Gründe anzuführen, aber auch die »Abschottungspolitik Europas gegenüber geregelter Einwanderung«[64], welche besonders im Zusammenhang mit den »Verheiratung für ein Einwanderungsticket« relevant ist. Zu dieser Vielzahl an Gründen seitens der türkeistämmigen Zuwanderinnen und Zuwanderer kommt hinzu, dass die Abneigung, eine interethnische Ehe einzugehen, auch auf Seiten autochthoner Deutscher besteht.[65] Da zu einer Eheschließung immer zwei Seiten gehören, steht somit auch auf längere Sicht hin fest, dass die (freiwillige aber auch unfreiwillige) Heiratsmigration aus der Türkei nach Deutschland, entgegen den Erfahrungen, welche man mit »klassischen Einwanderungsländern«, wie beispielsweise den USA[66] gemacht hat, weiter anhalten wird.

61 Toprak: *Das schwache Geschlecht* (wie Anm. 14), S. 90.

62 Straßburger: *Heiratsverhalten und Partnerwahl* (wie Anm. 2), S. 312.

63 Boos-Nünning und Karakaşoğlu: *Viele Welten leben* (wie Anm. 26), S. 27.

64 Kizilocak: *Zwangsehen Contra Menschenrechte* (wie Anm. 60), S. 14.

65 Dies wird auch mit dem wenig ansprechenden geringen ökonomischen Kapital der Zuwanderer begründet. Vgl. Warneken, Bernd Jürgen: *Einleitung*. In: *Dazu gehören zwei. Über Sozialbeziehungen zwischen Deutschlandtürken und Deutschen.* Tübingen 2006 (Projektband des Ludwig-Uhland-Instituts für Empirische Kulturwissenschaft der Universität Tübingen), S. 8–26, hier S. 17.

66 Vgl. Spickard, Paul R.: *Mixed Blood: Intermarriage and Ethnic Identity in Twentieth-Century America.* Wisconsin 1989.

Asker Kartarı

Betriebsalltag in deutsch-türkischen Unternehmen in der Türkei

Einführung

Als ein an interkultureller Kommunikation interessierter Doktorand der Universität München beschäftigte ich mich mit der Frage, wo man das tatsächliche Leben von Angehörigen unterschiedlicher Kulturen intensiv beobachten könne (Kartarı: 1997). Durch die methodischen Denkübungen landete ich beim Alltagsleben, das den Forschern viele Möglichkeiten bietet, die kulturellen Eigenschaften beteiligter Gruppen in einem geregelten sozialen Zusammenhang zu untersuchen (siehe Lefebvre: 1971, 1991, 2002, 2004, 2005; Greverus: 1987, 94–107; Certeau: 1984). Nach Lefebvre ist der Arbeitsplatz »all around the house« und die Arbeit unterscheidet sich nicht vom Alltagsleben der Familie (Lefebvre: 1958, 29). Deswegen bieten die »kleinen Angelegenheiten« im Alltagsleben im Betrieb dem Forscher exzellente Aussichten, in die akademischen Probleme einzudringen (Bransen: 2004). Der Alltag läuft nach seinen eigenen Regeln ab und die Menschen verhalten sich in bestimmten Interaktionsmustern. Er bildet einen vertrauten Zusammenhang, in dem die Menschen sich wohlfühlen und sich gemäß ihrer Rolle verhalten (Goffman: 1959).

Der Alltag als unmittelbare Lebenswelt des Einzelnen – seine Gestaltungs- und Kommunikationsformen, seine Abläufe, Handlungen und Interaktionen – ist der Hauptgegenstand der modernen Volkskunde. »Eigentlich erst in den 1980er-Jahren wurde die Erforschung des Alltags als eine seriöse wissenschaftliche Perspektive erkämpft und dann auch akzeptiert« (U. Herlyn: 1996, 11; vgl. Berger/Luckmann: 1969; Schütz/Luckmann: 1975).

Meine Untersuchungen befassen sich mit dem Alltag türkischer Kulturangehöriger in deutsch-türkischen Betrieben der Türkei, denn: »Der Industriebetrieb ist nicht nur eine produktions- und gewinnorientierte Organisation, sondern auch ein sozialer (und räumlicher) Bezugsrahmen der alltäglichen Arbeitserfahrung, in dem mehr geschieht als der Tausch von Arbeit gegen Lohn (oder Gehalt)« (Götz/Moosmüller: 1992, 9).

Ich beschäftige mich seit 1992 mit interkultureller Kommunikation in deutschen und deutsch-türkischen Unternehmen. Dabei wurden Interaktionen zwischen den verschiedenen Kulturangehörigen in ihren alltäglichen Handlungen im Betrieb beobachtet. Einbezogen wurden die Arbeiter, Angestellten und Führungskräfte, sowohl in den Produktionshallen und Büros beim Arbeiten, als auch in der Kantine oder im Freien während der Pausen. In diesem Aufsatz werde ich versuchen, den Arbeitsalltag Angehöriger der türkischen und deutschen Kultur zu beschreiben, um sowohl kulturspezifische als auch interkulturelle Aspekte zu erläutern. Dabei folge ich der »The Day Reconstruction Method«, die

> assesses how people spend their time and how they experience the various activities and settings of their lives, combining features of time-budget measurement and experience sampling (Kahneman u.a.: 2004, 1776).

Unternehmenskultur und Betriebsalltag

Jeder Arbeitsplatz birgt Elemente seiner eigenen Kultur. Diese Art von Kultur wird als »Unternehmenskultur« bezeichnet und »ist die Gesamtheit der tradierten, wandelbaren, zeitspezifischen, jedoch über Symbole erfahrbaren und erlernbaren Wertvorstellungen, Denkhaltungen und Normen, die das Verhalten aller Mitarbeiter und das Erscheinungsbild der Unternehmung (Corporate Identity) prägen« (Krulis-Renda: 1990, 6). Götz und Moosmüller betonen bei der Begriffsbestimmung der Unternehmenskultur insbesondere die »gruppengebundenen Werte und Normen, Einstellungen und Haltungen […], die Wahrnehmungen und Handlungen« (Götz/Moosmüller: 1992, 10).

Der bei MAN in Ankara und bei Mercedes-Benz in Istanbul beobachtete Betriebsalltag hat unterschiedliche Erscheinungsformen. Da beide Unternehmen in der Türkei angesiedelt sind und ihre Belegschaft ausschließlich der türkischen und deutschen (nationalen) Kultur angehören, werden hier zuerst die allgemeinen Aspekte des Betriebslebens in der Türkei thematisiert, die im Kontrast zu ›normalen‹, allgemein sichtbaren Kulturmustern beider Unternehmen stehen (Kartarı: 2000, 2002, 2003, 2005).

Es muss darauf hingewiesen werden, dass die Aktienmehrheit jeweils den deutschen Mutterfirmen gehört. Deswegen sind die deutschen Führungskräfte bemüht, die Kultur ihres Stammsitzes in die Türkei zu transferieren. Das bedeutet, dass sowohl die Arbeitsabläufe als auch die formellen Kommunikationsformen aus Deutschland ›importiert‹ werden (Kartarı/Roth: 2003).

Bei MAN in Ankara findet die schriftliche Kommunikation zweisprachig in Deutsch und Türkisch statt. Nur wenige türkische Führungskräfte sprechen Deutsch. Auch die Mehrzahl der Angestellten und Arbeiter beherrscht kein Deutsch. Bei Mercedes-Benz in Istanbul wird schriftlich ausschließlich deutsch kommuniziert, was englischsprechende türkische Führungskräfte kritisieren. Die Ausstattung der Produktionshallen und Büroräume gleicht denen in Deutschland, doch sie sind nach türkischen Verhältnissen organisiert und strukturiert. In den Produktionshallen gibt es ›Teeplätze‹, die mit Stühlen und Tischen wie in öffentlichen Caféhäusern ausgestattet sind und die als Pausen- und Sozialräume dienen. Die Büroräume sind nach Abteilungen gegliedert. Jede Abteilung hat einen Großraum für Angestellte und kleinere, besser ausgestattete Räume für Führungskräfte. Die Bürotüren der Führungskräfte stehen immer offen und geben von innen den Blick auf die Belegschaft frei. In beiden Betrieben gibt es explizit zwar keine schriftlichen Kleidungsvorschriften, doch ziehen die Arbeiter Overalls oder Kittel in festgelegten Farben an, die Angestellten und Führungskräfte sind angehalten, sich entsprechend ihrer Unternehmenskultur zu kleiden. Ich betone, dass es keine schriftlichen Regelungen dazu gibt. Die innerbetriebliche Bekleidungsordnung unterliegt allein einer mündlichen ›Absprache‹.

Bei MAN in Ankara haben zum Beispiel alle Arbeiter entsprechend ihrer Arbeitsplätze Kittel oder Overalls in bestimmten Farben; Montagearbeiter in dunkelblau, Elektriker in orange usw. Die männlichen Angestellten und Führungskräfte sollen Krawatten tragen und zu formellen Gesprächen im Sakko erscheinen. Für weibliche Angestellte dagegen gibt es keinen Bekleidungskodex. Manche kommen in Jeans, andere in Rock oder Kleid.

Anders verhält es sich bei Mercedes-Benz in Istanbul; dort werden die Bekleidungsvorschriften in den Produktionshallen nicht so streng gehandhabt wie bei MAN. Im Werk-Davutpasa herrschen im Verwaltungsgebäude formelle Bekleidungsregelungen, doch gleich neben diesem Gebäude tragen Arbeiter Alltagskleidung. Im Werk-Davutpasa dürfen aber weibliche Angestellte prinzipiell keine Jeans tragen. Eine weibliche Führungskraft bemerkte dazu, es gehöre zu den Aufgaben, die Praktikantinnen zu ermahnen, sich im Betrieb ›vernünftig anzuziehen‹.

Hier muss angemerkt werden, dass es bei MAN keine weiblichen Führungskräfte gibt. Bei Mercedes-Benz in Istanbul dagegen arbeiten Frauen als Bereichs- oder Abteilungsleiterinnen.

Arbeitsalltag der türkischen Belegschaft in deutsch-türkischen Unternehmen

Aufgrund des überwältigenden Anlagebaus beider Werke, der disziplinierten formellen Verhaltensweisen sowie der geordneten Arbeitsabläufe befinden sich die türkischen Betriebsangehörigen anfangs scheinbar in einer anderen, für sie ungewohnten kulturellen Umgebung, der sie in ihrem privaten Umfeld im Regelfall nicht begegnen.

Trotz dieser kulturellen Andersartigkeit schaffen sie es, sich mit ihrem Arbeitsplatz meist in kurzer Zeit zu identifizieren; mit einem gewissen Stolz adaptieren sie die kulturellen Eigenschaften ihrer neuen Arbeitswelt. Nach kurzer Zeit wird ihr Arbeitsplatz zum Ort ihrer eigenen Kultur, mit den Worten der Kulturwissenschaften gesprochen zur ›Arbeitskultur‹, die mit ihrer bisherigen Kultur harmonisiert.

Der Betrieb ist als Arbeits-, Lebens- und Erfahrungsraum ein Ort der Interaktion und Kommunikation, an dem die Sozialkontakte einer gewissen Regelmäßigkeit unterliegen. Diese Regelmäßigkeit des Arbeitshandelns berechtigt dazu, den Industriebetrieb als einen der zentralen Entstehungsorte für »Kultur« zu betrachten. Der Industriebetrieb ist ein kultureller Interaktionsraum, in dem sich bestimmte Umgangsformen, Handlungsregeln, Kommunikationsmuster, Grundannahmen, Werte, Rituale, Tabus, Geschichten und Philosophien im Zusammenwirken von soziokulturellen Prägungen des Einzelnen mit den Traditionen des Betriebes ausformen; und er erscheint schon aufgrund seiner immensen Bedeutung für das Leben der Betriebsangehörigen als ein Untersuchungsfeld, zu dessen Erforschung die Kulturwissenschaften einen wichtigen Beitrag leisten können (Götz/Moosmüller: 1992, 9).

Eintritt in die Arbeitswelt – das Einstellungsverfahren

Als Angehörige einer »high-context«-Kultur (siehe Kartarı: 1997) haben Türken ein im Allgemeinen sehr gut funktionierendes Kommunikationsnetz, das alle Bekannten und Verwandten umfasst. Jeder weiß innerhalb seiner sozialen Umgebung, wer welchen Beruf ausübt, welche Qualifikationen und Defizite der entsprechende hat.

Wenn jemand von einer freien Stelle Kenntnis erhält, knüpft er gleich Kontakte mit dem Ziel, dass eine Person aus seinem Verwandten- oder Bekanntenkreis diese Stelle erhält. Diese Art der Arbeitsvermittlung wäre nach deutschem Kulturverständnis (vorsichtig ausgedrückt) mit dem Begriff der ›Vetternwirtschaft‹ oder des Amigotums zu beschreiben. Das gilt ebenso in deutsch-türkischen Firmen.

Mit dieser Methode wird dem Arbeitnehmer ein Arbeitsplatz vermittelt, den er auf eigene Initiative höchstwahrscheinlich nicht bekommen hätte. Gleichzeitig verpflichtet ihn die Vermittlung ebenso dem neuen Betrieb wie dem Vermittler gegnüber zu Loyalität. Der neue Arbeitnehmer ist an seinem Arbeitsplatz von Beginn an der sozialen Kontrolle durch die Umgebung von Bekannten und Verwandten, die ebenfalls zum Betrieb gehören, ausgesetzt und kann von ihnen erwarten, dass sie ihm den Einstieg in die neue Arbeitswelt erleichtern.

Verallgemeinernd kann man feststellen: Die meisten Mitarbeiter, insbesondere aus den unteren Hierarchieebenen, stehen in verschiedenartigen Beziehungen zueinander und werden aufgrund ihrer familiären Kontakte oder weitläufiger sozialer Verbindungen auf einen neuen Arbeitsplatz vermittelt. Erst wenn es um besondere Qualifikationen geht, wird bei der Einstellung der formelle Weg beschritten.

Die ersten Tage im Betrieb

Neue Mitarbeiter werden von ihrem Vorgesetzten der Belegschaft vorgestellt. Sie sollen in der ersten Woche kleine Aufmerksamkeiten mitbringen, um diese in der Abteilung zu verteilen. Meist sind dies Süßwaren, die dann von einem anderen Mitarbeiter oder einer Mitarbeiterin verteilt werden.

Wenn man in solchen Fällen Süßigkeiten wie Schokolade, Baklava u.a. angeboten bekommt, fragt man nach dem Anlass. Die Belegschaft kommt nacheinander zu dem neuen Mitarbeiter und heißt ihn willkommen. In solchen Situationen wird auch das Arbeitsklima im Betrieb spürbar, das den Neuen die Chance bietet, die Besonderheiten der Betriebsatmosphäre zu fühlen (Norbergh u.a.: 2002).

Es ist üblich, die reale Situation im Betrieb mit Hilfe ironischer Bemerkungen anklingen zu lassen. Einige schwer zu übersetzende Redewendungen sollen das verdeutlichen: »Hier gab es bisher wenige Sklaven, nun haben wir einen mehr!« oder »Du wirst hier Deine Grenzen erfahren« oder »Wir sind hier eine große Familie, Du wirst hier zufrieden sein« oder auch »Du wirst in kürzerer Zeit die Firma kennenlernen, Du siehst zunächst die goldenen Seiten, aber ich kenne auch die Schattenseiten« – »ici beni, disi seni yakar«, in direkter Übersetzung lautet das so viel wie: »innen brennt es mich, außen brennt es Dich«.

Der Neueingestellte bekommt während der ersten Tage einen gleichaltrigen und gleichgeschlechtlichen Betreuer zugewiesen, der den Betrieb und die Belegschaft gut kennt, nicht nur die spezifische Arbeit. Die neuen Arbeitnehmer erhalten in der ersten Woche oder noch darüber hinaus keine produktive Arbeit, danach beginnen sie mit sehr einfachen, manchmal unnötigen Arbeiten. Sie sollen »die Arbeit lernen«. Wenn sie nicht von sich aus vom Vorgesetzten eine höherwertige Arbeit einfordern, werden sie als faul und inkompetent bezeichnet. Sofern sie danach streben, eine »richtige Arbeit«, soll heißen, eine schaffenskräftige Produktivität auszuüben, dann werden sie als »Streber« tituliert. Durch diese an sich widersprüchliche Reaktion der Mitarbeiter wird die Eigentümlichkeit der kollektivistischen Kultur, zu der Türken zählen, deutlich. Weder der Leistungsschwache, noch der ›Wühler‹ hat in der türkischen Gemeinschaft einen festen Platz; was zählt ist das angepasste, sich in unauffälligen Normen bewegende Verhalten im Kollektiv.

Um einen guten »Neu-Anfang« und auf die Gruppe einen »positiven Eindruck« machen zu können (Goffman: 1959), erfahren die »Neuankömmlinge« die wichtigsten Arbeitsregeln schnell und richten sich nach ihnen. Es gibt jedoch immer viele Unterschiede zwischen gewohnten und an dem neuen Arbeitsplatz üblichen Verhaltens- bzw. Arbeitsweisen.

Zeitliche Gliederung der Arbeit

Die Arbeitszeit in den untersuchten Betrieben beträgt 40 Stunden pro Woche, die aus fünf Arbeitstagen besteht. Die Firmen haben für die Betriebsangehörigen einen Werksverkehr eingerichtet. Dafür gibt es städtische Transportfirmen, die auch Schüler, Angestellte des Privatsektors und des öffentlichen Dienstes zur Arbeit transportieren, weil das Angebot des öffentlichen Nahverkehrs nicht ausreichend ist. Diese Art von Transport ermöglicht den Mitarbeitern einer Firma, an jedem Arbeitstag mit denselben Personen bis zur einer Stunde zusammenzusitzen und sich mit ihnen zu unterhalten. Weil türkische Arbeiter mehr sprechen als lesen, bedeutet die tägliche Fahrt zur Arbeit oder nach Hause für sie eine wichtige Kommunikationsmöglichkeit. Die regelmäßige Fahrt mit dem Firmenbus zur Arbeit ermöglicht das Kennenlernen mehrerer Personen aus dem Betrieb, Kontaktpflege und Austausch über die internen Begebenheiten anderer Bereiche des Betriebs.

Beide untersuchten Unternehmen stellen für ihre höheren Führungskräfte, bei MAN ab der Bereichsleiterebene, bei Mercedes-Benz ab der Abteilungsleiterebene Dienstwagen zur Verfügung. Die Vorsitzenden der Executive-Commitees bekommen Dienstwagen mit Fahrer. Dies führt zu einer gewissen Isolation; je höher die Stellung eines Managers ist, desto weniger Kontakt hat er mit seinen Mitarbeitern ohne Führungsposition.

Der Betriebsalltag fängt in den Bussen bzw. am Arbeitsplatz mit der Begrüßung an. Die Art und Weise der Begrüßung ist bei den untersuchten Unternehmen verschieden. Unterschiede lassen sich nicht zwischen den Betrieben, sondern zwischen den Produktionshallen und Büros bzw. zwischen den Abteilungen desselben Betriebs feststellen. Bei Mercedes-Benz in Istanbul ist es in den Produktionshallen üblich, sich bei Arbeitsbeginn die Hand zu schütteln. Dieses Unternehmen hat in Istanbul zwei Werke und in der Stadt Aksaray ein Werk, von denen ich nur die Istanbuler Werke beobachtet habe. Jeder Mitarbeiter schüttelt den Umherstehenden die Hand. Die Führungskräfte kommen in die Hallen und schütteln die Hände der ihnen unterstellten Mitarbeiter. In den Büros, zum Beispiel im Büro des Personalwesens, ist das Begrüßungsritual ähnlich. Der Leiter der Personalabteilung kommt direkt in sein Büro, begrüßt mit Handschlag seine Sekretärin; dann geht er in das Großraumbüro, wo die Angestellten arbeiten, und gibt jedem die Hand. Seine beiden Vertreter folgen demselben Ritual. Bei MAN gibt es dieses Begrüßungsritual nicht. Die Führungskräfte gehen direkt in ihre Büros und begrüßen ihre Mitarbeiter mit knappen Worten, dann fangen sie an zu arbeiten. Bei Mercedes-Benz beginnt die Arbeit in den Produktionshallen mit einem Klingelsignal. In den Büros dagegen ist der Arbeitsbeginn nicht so förmlich geregelt. Die Leiter sitzen zunächst in den Büros ihrer Mitarbeiter, trinken Tee oder Kaffee und unterhalten sich über alltägliche Themen. Dann kommen sie auf die Belange des Unternehmens und eventuell auf die Angelegenheiten der eigenen Abteilungen zu sprechen. Damit legen sie ›informell‹ die Tagesordnung fest. Mit ritualisierten Worten oder Sätzen wie z.B. »Ich wünsche Euch, dass Euch die Arbeit leicht fällt« (Hadi size kolay gelsin) beenden sie die Unterhaltung und gehen an ihren Arbeitsplatz. Diese Form des langsamen Arbeitsbeginns entspannt alle vom Stress des Istanbuler Berufsverkehrs, der morgens innerhalb von zwei bis drei Stunden etwa sechs Millionen Menschen mobilisiert. Während dieser ›informellen‹ Gespräche wird die Hierarchie nur durch nonverbale Signale spürbar. Mit der Sensibilität des Ethnologen kann man sofort erkennen, wer Leiter, wer Stellvertreter und wer Mitarbeiter ist. Wenn das Gespräch nicht im Büro des Leiters stattfindet, sitzt dieser inmitten seiner Mitarbeiter, zwanglos und ohne festen Platz. Nur seine Körperhaltung zeigt seine Position an. Denn er sitzt sehr bequem, die anderen hingegen mehr mit Etikette. »Derli toplu oturmak« (wörtlich: gepflückt und gesammelt sitzen, sittsam sitzen) heißt, dass man auf dem Stuhl auf traditionelle Weise sitzt; die Beine geschlossen, die Hände auf dem Schoß gefaltet, auf den Knien liegend (Kartarı: 1997, 142). Die Sitzhaltung der Mitarbeiter von Mercedes weichen von diesem Kodex ab. Sie sitzen dennoch bei ihren Leitern ›gesammelt‹. Sie verlassen auch die Gesprächsrunde früher als höhere Angestellte. Am Ende bleiben nur die Führungskräfte übrig. In einigen Abteilungen beginnen dann die täglichen Führungssitzungen; die Türen werden geschlossen und die anstehenden Themen besprochen.

In den Produktionshallen vom MAN werden die Arbeiter zu Arbeitsbeginn von den Führungskräften nicht besucht. Die Manager grüßen die Arbeiter nur, wenn sie ihnen begegnen. In den Büros von MAN findet die Begrüßung nur verbal statt. Vor Arbeitsbeginn gibt es kein ›Teeritual‹. Tee wird erst nach Arbeitsbeginn angeboten.

Formelle und informelle Hierarchie

Bei Mercedes-Benz gibt es schriftliche Stellen- und Positionsbeschreibungen mit Kompetenzen und Verantwortlichkeiten, bei MAN gibt es keine Stellenbeschreibungen. Die Aufgaben jeder Stelle werden vom Leiter des jeweiligen Bereichs oder der jeweiligen Abteilung teils mündlich, teils schriftlich formuliert. Die ausformulierten Stellenbeschreibungen fixieren die Position der Angestellten in der betrieblichen Hierarchie. Es gibt zudem kulturelle Stellenbeschreibungen, die die soziale Stellung der betreffenden Personen bestimmen. Alter, religiöse, politische, wirtschaftliche und soziale Stellung außerhalb des Betriebes beeinflussen auch das Ansehen eines Mitarbeiters in seiner Firma. Insbesondere auf der Arbeiterebene haben ältere Mitarbeiter, Pilger (Mekkabesucher), aktive und einflussreiche Mitglieder politischer Parteien eine höher geachtete Position als die ihnen durch Stellenbeschreibung zugewiesene. Diese ›kulturgeprägten‹ Positionen wirken sich zwar nicht auf das Gehalt aus, aber sie erhöhen den Einfluss und die ihren Worten zukommende Aufmerksamkeit. Aus dem Kreis dieser geachteten Personen werden überwiegend die Gewerkschaftsvertreter gewählt, die wiederum enge Kontakte zu den Führungskräften oder der Verwaltung des Betriebs halten. Vor allem zeigt die Arbeiterschaft hohen Respekt gegenüber im Betrieb arbeitenden Mekkapilgern. Um ein harmonisches Arbeitsklima zu schaffen, kommt diesen älteren und geachteten Mitarbeitern bei Konfliktsituationen oft die Vermittlerrolle zu. Bevorzugte Werte im Betriebsalltag der Arbeiterschaft sind Achtung, Gehorsam, Loyalität und durchschnittliche Arbeitsleistung, sowie Achtung vor allem gegenüber den Älteren, Vorgesetzten und Gästen.

Die deutschen Mitarbeiter, meist Manager, werden zu den »Gästen« gerechnet. Als Indiz ihrer Gastfreundschaft zeigt man ihnen gegenüber mehr »übertriebenen« Respekt, den man in Deutsch als »servil« bezeichnen würde. Zum Beispiel öffnet das Wachpersonal deutschen Managern die Autotür, wenn sie mit ihrem Dienstwagen vorfahren, und bietet ihnen an, ihnen die Aktentasche zu tragen. Ein türkischer Manager berichtete:

> Unsere Leute zeigen vor den Deutschen Respekt auf ›türkische Weise‹, weil sie sie als Gäste betrachten. Um sie als solche bewirten zu können, neigen sie zu Übertreibungen. Die Deutschen halten diese Verhaltensweisen aber für normal und erwarten von allen Türken, dass sie sich ebenso verhalten. Unsere Gastfreundschaft ist unser größtes Problem in internationalen Unternehmen.

Formelle Gespräche

Die formellen Gespräche gehören zum Betriebsalltag der Führungskräfte. In beiden Unternehmen finden tägliche, wöchentliche und monatliche Besprechungen statt, an denen jeweils Mitglieder unterschiedlicher Führungsebenen teilnehmen. Jeder Abteilungsleiter spricht mit seinen Stellvertretern oder unmittelbar Untergebenen über den täglichen Arbeitsablauf. Für diese Routinegespräche ist in der Regel keine arbeitsaufwändige Vorbereitung notwendig und sie dauern meist nicht länger als eine halbe Stunde.

Die Gespräche auf der Bereichsebene finden in der Regel wöchentlich statt. Je nach Tagesordnung nehmen an ihnen neben dem Bereichsleiter alle Abteilungsleiter, Stellvertreter, Gruppenleiter und betroffene Mitarbeiter nach einem festgelegten Terminplan teil. Am Tag vorher bereiten die Abteilungs- und Gruppenleiter die Tagesordnung vor; dies kann auch während des täglichen Gesprächs geschehen, immer in der Absicht, am nächsten Tag in der Anwesenheit der anderen Teilnehmer ›das Gesicht der Abteilung zu wahren‹. Die Mitarbeiter jeder Abteilung fühlen sich als Gruppe und empfinden andere als ›Außenstehende‹. Den ›Gesichtsverlust‹ zu vermeiden ist manchmal wichtiger als Mängel zu beseitigen und damit die Produktivität zu steigern. Erfahrungsgemäß herrscht bei diesen Gesprächsrunden ein formelles und angespanntes Gesprächsklima, weil es oft um das eigene ›Ego‹ geht. Im Mercedes-Werk Aksaray wurde dies erkannt, und als Konsequenz versucht der Werkleiter das Gesprächsklima zu entspannen, indem er im Sitzungsraum jedes Mal einen Imbiss vorbereiten lässt. Es entwickelte sich daraus eine entspanntere Atmosphäre, wobei allerdings dann aber die konkreten Besprechungspunkte zu kurz kamen. Damit sich die Angehörigen der türkischen Kultur öffnen, kommt es darauf an das Gruppengefühl zu fördern.

In beiden Unternehmen ist bei Betriebsversammlungen, an denen alle Führungskräfte von der untersten bis zur höchsten Ebene teilnehmen, die Sensibilität für die Hierarchie türkischer Angestellter deutlich spürbar. Untergebene äußern ihre Ansichten erst, wenn sie gefragt werden. Sie versuchen die Ideen der Vorgesetzten, wenn überhaupt, möglichst ›harmlos‹ zu kritisieren. Für sie ist das beste Gespräch das kürzeste Gespräch. Die Tagesordnung wird dann aber nach der Sitzung informell weiter diskutiert. Die Ergebnisse dieser informellen Diskussionen werden während der folgenden Sitzung von ihren Vorgesetzten wieder zur Diskussion gestellt. Es gibt natürlich Ausnahmen in beiden Firmen, die jedoch von der Persönlichkeit ihrer Mitarbeiter abhängen.

Arbeitsablauf

Während der Arbeit reißt die informelle Kommunikation nicht ab. Für Tee- und Rauch-Pausen gibt es in den Büros keine festgelegten Zeiten. Tee kann jeder bei der auf jedem Stockwerk eingerichteten ›Teeausgabe‹ bestellen. Die ›Teeträger‹ laufen ständig zwischen den Büros hin und her. Für jede Hierarchieebene gibt es unterschiedliche Tassen oder Gläser. Vom Abteilungsleiter aufwärts bekommen die Führungskräfte Teetassen, den türkischen Kaffee in kleinen Mokkatassen. Den untersten Führungskräften wie stellvertretenden Abteilungsleitern oder Gruppenleitern wird Tee in kleinen Gläsern und Kaffee in kleinen Tassen serviert. Die Angestellten außerhalb der Personalabteilung werden nicht bedient, sondern müssen sich in der ›Teeausgabe‹ selbst bedienen, sie erhalten ihr Getränk in Plastikbechern ohne Untertasse. Die Sekretärinnen genießen dieselben Privilegien wie ihre Vorgesetzten. Immer wenn ich einen Angestellten besuchte, entschuldigte er sich, dass er mir den Tee erst von der ›Teeausgabe‹ abholen musste, denn das Teeangebot ist ein Statussymbol.

Für die Arbeiterschaft gibt es im Unterschied zu den Büros festgelegte Pausen, die in den bereits beschriebenen Sozialräumen verbracht und hauptsächlich zum Tee- oder Kaffeetrinken genutzt werden. Die Meister und Vorarbeiter tolerieren es, wenn ein Arbeiter auch außerhalb der Pausen Tee trinkt. Teetrinken gehört zum türkischen Lebensrhythmus nahezu wie das Atmen.

Beim Arbeiten werden sowohl in den Büros als auch in den Produktionshallen gerne Witze und kurze Begebenheiten erzählt. Geschichtenerzähler und Witzereißer werden von den Zuhörern geschätzt. Wo informell kommuniziert wird, dort ist das Arbeitsklima spürbar besser. Besonders die Haltung des Vorgesetzten beeinflusst dieses Klima. Je ›verständnis- und humorvoller‹ der Leiter, desto angenehmer ist die Atmosphäre. Vom Leiter wird erwartet, in bestimmten Situationen auch einmal wegzusehen bzw. wegzuhören. Zuviel ›Nähe‹ schadet dem Ansehen des Leiters. Das Verhalten des Leiters ist ein zentrales Thema innerbetrieblicher Unterhaltungen, meist als Schwatz, über solche Manager werden auch gerne Witze erzählt und sie bekommen fast immer ›Spitznamen‹. So entsteht eine eigene Gruppensprache, die nur von internen Gruppenmitgliedern dekodiert werden kann.

Mittagsessen und Mittagspause

Die untersuchten Unternehmen haben eine oder mehrere Kantinen. Das Mittagessen wird von der Firma bezahlt. Diese Kantinen werden von Cateringfirmen unterhalten. In den Kantinen von MAN gibt es separate Tische für Führungskräfte. Angestellte und Arbeiter essen an Tischen ohne Tischdecke, dagegen gibt es für die Manager Stofftischdecken und Stoffservietten. Arbeiter und Angestellte bedienen sich selbst mit Tabletts und setzen sich in der für sie reservierten Zone an einen beliebigen Tisch. Die Führungskräfte werden von livrierten Kellnern an der gedeckten Tafel bedient. Die Tische der Manager stehen abseits in einer Ecke.

Bei Mercedes-Benz in Istanbul ist der Speiseraum der Manager mit undurchsichtigen Raumteilern von der Arbeiterschaft getrennt. Nur die Manager vom Abteilungsleiter aufwärts dürfen hier essen. Dieser Teil gleicht einem Fünf-Sterne-Restaurant, das Essen wird von Kellnern serviert. Alle deutschen und die Mehrheit der türkischen Manager speisen hier. Gelegentlich essen die türkischen Manager auch zusammen mit ihren Mitarbeitern, dann aber im anderen Teil der Kantine, mit Selbstbedienung und Tabletts am ungedeckten Tisch. Bei Mercedes-Benz in Istanbul und auch in Aksaray füllt man die Sitzreihen auf, bevor ein neuer Tisch besetzt wird. Auf diese Weise wird das Zusammengehörigkeitsgefühl gestärkt und jeder Arbeiter bekommt einen sauberen Platz. Keine Ausnahme wird gemacht, wenn ein Manager mit seinen Mitarbeitern zum Essen geht, auch er nimmt einen Platz inmitten der anderen ein. Die türkischen Manager essen gelegentlich bewusst mit ihrer Belegschaft, um den anderen ihre Zugehörigkeit zu zeigen. Sie nutzen die Kantine als Kommunikationsraum, um mit ihren Mitarbeitern informell zu kommunizieren. Doch auch hier ist die Hierarchiewahrnehmung der türkischen Mitarbeiter zu beobachten. Der Manager, der mit seinen Mitarbeitern zusammen isst, bekommt als erster Salz, Pfeffer und die Wasserkaraffe gereicht. Vor ihm steht niemand aus der Gruppe auf oder verlässt den Tisch.

Nach dem Essen gehen die Manager spazieren, v.a. bei MAN, weil die Firma einen großen Park hat, oder sie gehen ins Büro eines Kollegen. Beim Spazieren oder beim Tee- bzw. Kaffeetrinken werden alltägliche Themen besprochen. Während meiner Feldforschung waren diese Unterhaltungen meine besten Quellen, um Informationen über Personen der Firma und über Arbeitsabläufe zu sammeln. Viele arbeitsbezogene Angelegenheiten werden während solcher Pausengespräche angesprochen und manche oft auch gelöst.

Die Arbeiterschaft geht nach dem Essen häufig in den Park und legt sich zu einer kurzen Erholungspause auf die Wiese. Man beobachtet auch Gruppenbildungen; fast niemand bleibt allein. Nach Auffassung türkischer Kulturangehöriger gehört das Alleinesein Gott. Wenn jemand alleine ist, kommen die anderen zu ihm, um ihn »nicht allein zu lassen«, um ihre Hilfe anzubieten, wird er nach seinen Problemen gefragt, bis er seine Gefühle mitteilt (içini dökmek). Wer somit demnach über seine persönlichen Probleme nicht sprechen will, bleibt in der Gruppe, er darf sich nicht isolieren.

Die Arbeiterinnen verbringen ihre Pause in rein weiblichen Gruppen. Sie sitzen auf Bänken im Schatten des Werksgebäudes oder spazieren im Garten. Beim Spaziergang werden sie manchmal von den jungen Arbeitern angesprochen. Die Pausen im Garten haben deshalb für junge Arbeiter eine besondere kommunikative Bedeutung. Weil sie täglich mit Bussen und meist mit den gleichen Personen zur Arbeit fahren, haben sie nur während der Mittagspause die Gelegenheit, andere zu sehen oder zu sprechen. Die Angestellten spazieren dagegen meist in gemischten Gruppen.

Von den Mitarbeitern erwartet der Betrieb Gehorsam und auch Loyalität. Die Aufstiegschance eines Mitarbeiters ist von diesen Werten abhängig. Loyalität bedeutet für die Belegschaft unbegrenzte Hingabe für die Belange der Firma. Für diese Haltung fordern sie keine finanzielle Gegenleistung. Die türkische Kultur legt aber großen Wert auf die Gegenseitigkeit erbrachter Leistungen. ›Wenn ich für dich etwas geleistet habe, sollst du auch irgendwann für mich etwas leisten‹. Wenn ein Mitarbeiter gegenüber seinem Betrieb loyal ist, muss sich die Firma auch um diesen Mitarbeiter bemühen, ihn schützen und fördern. Es sind in deutsch-türkischen Unternehmen in der Türkei von Mitarbeitern immer wieder Klagen zu hören, dass sie trotz ihrer Loyalität im Stich gelassen oder vergessen worden sind.

In der Türkei gibt es in einigen Industriebetrieben auch weibliche Führungskräfte. Bei MAN in Ankara gibt es keine, bei Mercedes-Benz Istanbul sind es Abteilungs- und Bereichsleiterinnen. Die weiblichen Manager verbringen ihre Mittagspause fast immer in ihren Büros oder außerhalb des Betriebs, um private Dinge zu erledigen. Die Mehrzahl dieser Frauen ist verheiratet und hat Kinder, die sie neben ihrer Berufstätigkeit betreuen. Berufstätige Frauen haben es in der Türkei ausgesprochen schwer, auch wenn sie zu Hause eine Haushaltshilfe beschäftigen. Männlichen ›Führungskräften‹ bleibt entsprechend oft mehr Zeit für ihre Mitarbeiter als ihren Kolleginnen.

Religion im Betrieb

Die große Mehrheit der türkischen Bevölkerung sind Muslime. Insbesondere die unteren Volksschichten halten sich an die religiösen Regelungen. Im Islam gibt es rituelle Pflichtgebete, vom Koran vorgeschriebene Gebete, die fünfmal am Tag abgehalten werden sollen, bei Sonnenaufgang, mittags, nachmittags, bei Sonnenuntergang und nachts. Vor dem Gebet soll man die Hände bis zu den Gelenken sowie Kopf und Füße waschen. Die Gebetszeiten stimmen nicht mit der Arbeitszeitregelung überein. Vor der Mittagspause um 11:00 Uhr oder um ca. 15:00 Uhr, je nach Jahreszeit, wird von den Minaretten zum Gebet gerufen. Die Arbeiter beider Unternehmen stammen aus der unteren Schicht der türkischen Gesellschaft und nehmen die religiösen Bräuche ernster als die Oberschicht. Trotz der Tatsache, dass im Islam auch die Arbeit als religiöse Handlung angesehen wird, wollen einige gläubige Arbeiter nicht auf ihre Pflichtgebete am Arbeitsplatz verzichten.

> Der Wert der Arbeit wird im Islam bestimmt durch die koranische Aussage: ›Für den Menschen gibt es nichts anderes als seine Arbeit. Sein Bemühen wird bestimmt gesehen‹ [das heißt: von Allah anerkannt] (Sure 53, 39–40). In Freitagspredigten wird [die] Arbeit […] charakterisiert als, Quelle alles Guten, von Gesundheit, von Reichtum und Glück. […] Arbeiten regt den Menschen immer zu schönen Gedanken an, […] die Wege des Glücks zu suchen, das Leben aufzubauen und sich emporzuarbeiten‹. Ist die Arbeit auch nach islamischem Verständnis ein wichtiger Teil des Lebens, so sollte ihre Verrichtung nicht […] [die] Grundregeln der Religion [be]hindern, […] [das bedeutet, die] Durchführung der täglichen Gebete oder […] [das] für erwachsene Menschen vorgeschriebene Fasten. Doch soll der Mensch auch imstande sein, alle diese Verpflichtungen in seinem Leben miteinander zu vereinbaren, denn die Gläubigen sind überzeugt, daß Gott dem Menschen mit seinen Gesetzen das Leben erleichtern und nicht schwer machen [wolle]. So […] sagt der Koran: ›Und Gott hat euch in der Religion nichts auferlegt, was euch bedrückt‹ (Sure 22, Vers 78). Im Sinne dieses von der Religion akzeptierten , Pragmatismus‹ ist der Gläubige gehalten, einen Weg zu suchen, […] Verpflichtungen im Arbeitsleben und religiöse Gebote miteinander zu vereinbaren […]. So ist es ihm beispielsweise möglich, die in den Arbeitsprozeß hineingefallenen Gebete zu einem Gebet zusammen[zu]fassen. Dazu bedarf es keiner Moschee und […] keiner Gebetsteppiche, lediglich ein sauberer Ort ist geboten, wo man – in Richtung Mekka – das Gebet verrichten kann, in einem sauberen Gewand, nachdem man zuvor die rituellen Waschungen vollzogen hat. (Türkei Sozialkunde:1994, 138)

In beiden Betrieben werden saubere Plätze, die »Mescid« genannt werden, für die Gebete zur Verfügung gestellt. Für die Freitagsgebete, die von den Gläubigen in der Moschee als Gemeinschaftsgebet gehalten werden sollen, wurde die Arbeitszeit so geregelt, dass sie rechtzeitig daran teilnehmen können. Die Mitarbeiter, die nicht zum Gebet gehen, haben in dieser Zeit frei.

Die Fastenzeit im Monat Ramadan beeinflusst den Betriebsalltag gravierend. Der Ramadan ist der neunte Monat des islamischen Kalenders. Gefastet wird solange es hell ist, abends ist ›Fastenbrechen‹ im Kreis von Freunden und Familie. Enthaltsamkeit wird beim Essen, Trinken, Rauchen und Geschlechtsverkehr gefordert. Weil das Mond- und Sonnenjahr zeitlich wandert, ändert sich auch in jedem Jahr Anfang und Ende des Ramadan. Der Ramadan beginnt immer jeweils zehn Tage früher als im Vorjahr, so dass sich auch die Fastenzeit von Jahr zu Jahr ändert. Im Winter sind die Tage kurz und das »Fastenbrechen« fand um etwa 16 Uhr, also noch während der Arbeitszeit, statt. Während der Feldforschung fand Ramadan im Winter statt. Beide Unternehmen haben dafür die Arbeitszeitregelung so umgestellt, dass die fastenden Mitarbeiter ihr Mittagessen rechtzeitig als »Fastenbrechen« essen können. Da etwa die Hälfte der Mitarbeiter nicht fastete, arbeiteten diese wie gewohnt. Während der nationalen und religiösen Feste der Türkei machen beide Firmen Ferien, sie berücksichtigen jedoch keine deutschen oder christlichen Feiertage.

Signifikante Codes

Bei meinen Untersuchungen der Arbeitswelt türkischer Mitarbeiter in deutsch-türkischen Unternehmern in der Türkei standen – wie beschrieben – sowohl die unteren Ebenen als auch die Angestellten und Führungsebenen im Fokus. Vielfach charakterisieren die untersuchten Normen und Werte nicht nur die genannten Unternehmen, sondern lassen sich auch für andere Betriebe der Türkei verallgemeinern. Deshalb zeigen meine Untersuchungsergebnisse allgemeingültige, (national)kulturelle und auch branchentypische Verhaltensmuster. Sie sind signifikante Codes des jeweiligen kulturellen Verhaltens. Diese Unterschiede deutlich zu machen war die Intention der Untersuchung.

Literatur

Berger P.L./Luckmann, Th.: *Die gesellschaftliche Konstruktion der Wirklichkeit*, Frankfurt a.M. 1969.

Bransen, J.: From *Daily Life to Philosophy, Metaphilosophy*, Band 35, Nr.: 4, July 2004, S. 517–535.

Certeau, M. de: *General Introduction to the Practice of Everyday Life*, Berkeley: CA University Press 1984.

Goffman, E.: *The Presentation of Self in Everyday Life*, Anchor Books: Doubleday 1959.

Götz, I./Moosmüller, A.: *Zur ethnologischen Erforschung von Unternehmenskulturen. Industriebetriebe als Forschungsfeld der Völker- und Volkskunde*, in: Schweizerisches Archiv für Volkskunde, 88. Jg., Heft 1/2, Basel 1992, S. 1–30.

Greverus, I.-M.: *Kultur und Alltagswelt. Eine Einführung in Fragen der Kulturanthropologie*, Frankfurt a.M.: Institut für Kulturanthropologie 1987.

Herlyn, U.: *Einleitung*, in: Grundformen sozialer Situationen. Eine kleine Grammatik des Alltagslebens, hg. von H.P. Bahrdt, München 1996.

Kahneman, D. u.a: *A Survey Method for Characterizing Daily Life Experience: The Day Reconstruction Method*, in: Science, Bd. 306, Issue 5702, S. 1776–1780, 12/3/2004.

Kartarı, A.: *Deutsch-türkische Kommunikation am Arbeitsplatz. Ein Beitrag zur interkulturellen Kommunikation zwischen türkischen Mitarbeitern und deutschen Vorgesetzten in einem deutschen Industriebetrieb*, Münster / New York / München / Berlin: Waxmann 1997.

Kartarı, A.: *Interkulturelle Kommunikationsforschung in Industriebetrieben. Methodische Überlegungen*, in: Bayerisches Jahrbuch für Volkskunde 2005, München 2005, S. 161–166.

Kartarı A./Klaus Roth: *German-Turkish Communication at the Workplace in Turkey*, in: Area Studies, Business and Culture. Results of the Bavarian Research Network forarea*, hg. von Horst Kopp, Münster / Hamburg / Berlin / London: LIT Verlag 2003, S. 128–140.

Kartarı, A.: *Türkische Arbeitnehmer bei deutschen Betrieben. Probleme interkultureller Kommunikation am Arbeitsplatz*, in: Neue Heimat Deutschland: Aspekte der Zuwanderung, Akkulturation und emotionalen Bindung, hg. von Hartmut Heller, Erlangen 2002, S. 223–240.

Kartarı, A.: *Interkulturelle Kommunikation in Joint-Ventures. Deutsche Manager in der Türkei*, in: Lokale Kulturen in einer globalisierten Welt, hg. von Rainer Alsheimer / Alois Moosmüller / Klaus Roth, Münster / New York / München / Berlin: Waxmann 2000, S. 255–266.

Krulis-Renda, J.S.: *Einführung in die Unternehmenskultur*, in: Die Unternehmenskultur. Ihre Grundlagen und ihre Bedeutung für die Führung der Unternehmung, hg. von Ch. Lattmann, Heidelberg: Physica-Verlag 1990, S. 1–20.

Lefebvre, H.: *Everyday Life in the Modern World*, übers. von Sacha Rabinovitch. New York: Harper u. Row 1971.

Lefebvre, H.: *Work and Leisure in Everyday Life* (1958), in: Ders.: Critique of Everyday Life Bd. 1, S. 29–42.

Lefebvre, H.: *Critique of Everyday Life,* Bde. 1–3. London: Verso 1991/2002/2005.

Lefebvre, H.: *Rhythmanalysis: space, time and everyday life*, übers. von Stewart Elden/Gerald Moore, New York / London: Continuum Press 2004.

Norbergh, K.-G. u.a: *The relationship between organizational climate and the content of daily life for people with dementia living in a group-dwelling*, In: Journal of Clinical Nursing 2002, Nr. 11, S. 237–246.

Schütz A./Luckmann, Th.: *Strukturen der Lebenswelt*, Neuwied / Darmstadt 1975.

Zentrum für Türkeistudien (Hg.): *Türkei-Sozialkunde (Turkey in Social Figures)*, 2. Edition, Opladen 1994.

Florian von Dobeneck
Die Eigenen in der Fremde?
Entsandtenforschung retrospektiv

Die Annahme, die Volkskunde sei die Wissenschaft der »eigenen Kultur«, während die Völkerkunde »fremde« Kulturen erforsche, ist zwar hier und da noch anzutreffen[1], doch entspricht sie seit mehreren Jahren keiner zutreffenden Fächerpositionierung mehr. Verantwortlich hierfür scheinen zwei sich ergänzende Entwicklungen: Migrationsprozesse und die damit zusammenhängende interdisziplinäre Öffnung der Sozial- und Kulturwissenschaften, welche zu vermehrten Schnittmengen hinsichtlich unterschiedlicher Thematiken führt(e). So äußerte beispielsweise Klaus Roth vor über zehn Jahren, das Fach hätte sich das »Studium des Fremden im Eigenen« und den Prozessen »des Kulturkontakts und der Akkulturation« zur Aufgabe gemacht.[2] Auch die Untersuchung des Eigenen in der Fremde gehörte und gehört zu einem klassischen Themengebiet. Gedacht sei etwa an die »Sprachinselvolkskunde« und die »interethnische Forschung«, ihre von der völkischen Ideologie bereinigte Nachfolgerin sowie die interdisziplinäre »Interkulturelle Kommunikation«.[3] Doch wie verhält es sich beim Studium des Eigenem im Fremden? Handelt es sich etwa bei Volkstanzgruppen der Karpatendeutschen oder dem Lebensalltag entsandter Manager um »eigene« Kultur, um uns stets Vertrautes oder nur um unvertraut Eigenes oder gar Fremdes, dessen Vertrautheit vor dem Hintergrund des Glaubens an eine national-kulturelle Identität hypothetisch ist?

Voraussetzung derartiger Unterscheidungen hinsichtlich des Eigenen und Fremden waren früher nationale, sprachliche sowie kulturelle Einheitsvorstellungen, die nach heutigem Verständnis jedoch in Auflösung begriffen sind. Dazu schreibt Kaschuba in seiner Facheinführung: Für »das Fremde« gelte, »daß uns dort vieles vertraut scheinen mag, wenn wir einmal die Vorurteile überwunden haben, daß

---

1   Roth, Juliana (gemeinsam mit Klaus Roth): *Blickwechsel. Beiträge zur Kommunikation zwischen den Kulturen.* Münster u.a. 2003 (Münchener Beiträge zur Interkulturellen Kommunikation 15), S. 204.

2   Roth, Klaus: *Europäische Ethnologie und Interkulturelle Kommunikation.* In: Mit der Differenz leben. Europäische Ethnologie und Interkulturelle Kommunikation. Hg. von Dems. Münster u.a. 1996 (Münchener Beiträge zur Interkulturellen Kommunikation 1), S. 13–27, hier S. 13.

3   Vgl. ebd. S. 13f.

große geographische Entfernung, andere Hautfarbe, andere Sprache, andere Religion automatisch ›Fremdheit‹ bedeuten müssen.« Umgekehrt erscheint, mit Christian Lüders ausgedrückt, die eigene Existenzform »vor dem Hintergrund einer hochgradig ausdifferenzierten und pluralistischen Gesellschaft […] nur noch als eine Option von ungezählten anderen.« Fremdheitserfahrungen in der eigenen Gesellschaft duplizieren sich, sie sind zu einer alltäglichen Erfahrung geworden.[4] Damit schwindet jedoch die Bedeutung des »von außen kommenden Fremden« nicht unbedingt. Doch in jedem Fall scheint die des Binnenfremden zu wachsen. Damit wird Fremdheit »weniger räumlich und mehr normativ bestimmt.«[5]

Mit dem Begriff der »nahen Fremde« sollte, so Klaus Roth, »ein Paradigmenwechsel des Faches von einer ganz auf die Beschäftigung mit dem Eigenen ausgerichteten Volkskunde hin zu einer das Fremde stets mitreflektierenden Ethnologie« vollzogen werden.[6] Das Fremde bezieht sich nicht nur auf national Fremdes. »Das Fremde im Eigenen begegnet uns bereits in Form von unterschiedlichen regionalen, konfessionellen und sozialen Teilkulturen« und darüber hinaus im Kontakt mit ethnischen Minderheiten, sprachlicher und sonstiger kultureller Fremdheit.[7]

Subkulturen und spezialsprachliche Expertengemeinschaften müssen, so Klaus Amann und Stefan Hirschauer, gar methodisch als fremde Kulturen behandelt werden.[8] Die »einheimische Ethnographie« ist »ein subkulturelles Unternehmen aus einer marginalen Beobachtungsposition.«[9] Diese Hinweise machen deutlich, dass auch bei der »Ethnographie der eigenen Kultur« Befremdungen gegenüber den Untersuchten, ob perspektivisch erzeugt oder »tatsächlich« vorhanden, Teil des methodologischen Paradigmas sind. Laut Kaschuba kann das Anliegen der Europäischen Ethnologie »als die Beobachtung und Erforschung des Anderen in der Kultur beschrieben werden, wobei dieses Andere stets durch unseren forschenden Blick fixiert und konstruiert wird in dem Moment, in dem wir es zum Beobachtungsgegenstand machen.«[10]

---

4   Lüders, Christian: *Beobachten im Feld und Ethnographie.* In: Qualitative Forschung. Hg. von Ernst Kardoff, Ines Steinke und Uwe Flick. Reinbek 2000, S. 384–401, hier S. 390.
5   Stagl, Justin: *Grade der Fremdheit.* In: Furcht und Faszination. Facetten der Fremdheit. Hg. von Bernd Ladwig und Herfried Münkler. Berlin 1997, S. 85–114, hier S. 108
6   Roth: *Europäische Ethnologie* (wie Anm. 2), S. 12.
7   Ebd. S. 13.
8   Amann, Klaus/Hirschauer, Stefan: *Die Befremdung der eigenen Kultur. Ein Programm.* In: Ders. Die Befremdung der eigenen Kultur. Zur ethnographischen Herausforderung soziologischer Empirie. Frankfurt a.M. 1997, S. 7–52, hier S. 12.
9   Ebd. 13.
10 Kaschuba, Wolfgang: *Einführung in die Europäische Ethnologie.* München 1999, S. 106f.

Angesichts der Tatsache, dass auch die Existenzform und Perspektive des Forschenden nur eine Option unter unzähligen ist, wage ich in diesem Beitrag eine Reflexion eigener Feldforschung unter deutschen Auslandsentsandten. Feldforschung verstehe ich dabei als Strategie der größtmöglichen Annäherung und damit als ein sich weitgehendes Einlassen auf die »Anderen«. In den Jahren 2006 bis 2009 untersuchte ich im Rahmen meiner Dissertation die Gestaltung und Wahrnehmung des Lebensalltages deutscher Entsandter und ihre Familien in São Paulo. Der Großteil der Befragten und Beobachteten hielt sich 3 bis 5 Jahre im Rahmen einer beruflichen Entsendung durch deutsche Firmen oder andere Institutionen in Brasilien auf. Meine Reflexionen beziehen sich darauf, inwiefern deutsche Entsandte, d.h. »Corporate Expatriates«, Diplomaten, Lehrer an Begegnungsschulen oder Mitarbeiter des Goethe-Instituts vor dem Hintergrund einer fremdkulturellen Umwelt Repräsentanten des Eigenen oder der eigenen Kultur sind. Oder ob, und wenn ja aufgrund welcher »Fremderlebnisse« sie mir im Sinne der obigen Ausführungen aus meiner »marginalen Beobachtungsposition« als »Fremde«, »Andere« oder zumindest »nahe Andere«[11] bzw. »ferne Eigene« erschienen.

Dieser die eigenen Forschungsbegegnungen reflektierende Beitrag versteht sich keinesfalls als Belehrung, hinsichtlich dessen »what really goes on in fieldwork«.[12] Er soll auf der einen Seite als Beitrag zur Auseinandersetzung mit Zugangsproblemen verstanden werden. Auf der anderen Seite soll er deutlich machen, dass Ethnographie nicht nur eine Verfremdung der eigenen Kultur bedeutet, sondern Eigenes und Fremdes immer auch der Interpretation des Forschenden und Schreibenden entstammen.

»Auf den Polstergarnituren der Reichen«

Während der Forscher in der klassischen Volkskunde den Untersuchen stets als sozial überlegen galt[13], trifft dies heute nicht mehr zwingend zu. Schließlich ist (Feld-)Forschung unter Managern sowie anderen Personen höherer sozialer Schichten, wie Kaschuba bereits in seiner für Studenten verfassten Einführung

---

11 Kaschuba in Anlehnung an Lindners Auseinandersetzung mit der Stadtkultur. Vgl. Kaschuba: *Einführung* (wie Anm. 10), S. 104; Lindner, Rolf: *Die Entdeckung der Stadtkultur.* Soziologie aus der Erfahrung der Reportage. Frankfurt a.M. 1990.

12 Marcus, George E.: *Introduction: Notes Toward an Ethnographic Memoir of Supervising Graduate Research Through Anthropology's Decades of Transformation.* In: Fieldwork is not what it used to be. Learning Anthropology's Method in a Time of Transition. Hg. von James D. Faubion, Dems. London 2009, S. 1–34, hier S. 19.

13 Vgl. Jeggle, Utz: *Verständigungsschwierigkeiten im Feld.* In: Feldforschung. Qualitative Methoden in der Kulturanalyse. Hg. von Dems. Tübingen 1984, S. 93–112, hier S. 102.

schreibt, keine Neuheit mehr.[14] Da ein großer Teil meiner Befragten aus Managern deutscher Firmen bestand, die nach Brasilien geschickt wurden, um in den dortigen Tochterfirmen u.a. Prozesse zu implementieren, zu koordinieren und zu kontrollieren, wäre mit dem Fokus auf »Etablierte« von einer klassischen Study-up Situation zu sprechen. Dieser Beitrag soll jedoch nicht als Plädoyer für ein »studying up« verstanden werden, wie es etwa von Laura Nader verfasst wurde.[15] Noch sollen klassische Zugangs- und Gesprächsprobleme mit »Etablierten« beschrieben werden. Diesbezüglich zeigte sich, dass ein Großteil der in der Literatur geschilderten Probleme beim Kontakt mit meinen Gewährspersonen kaum Schwierigkeiten erzeugte. So ergaben sich keine Herausforderungen aufgrund von Bildungsunterschieden oder Wissenslücken, weswegen ich meine Art der Forschungssituation vielleicht auch als »study-sideways« bzw. »research on equal terms« bezeichnen würde.[16] Die von Warneken und Wittel geschilderte »neue Angst vor dem Feld« aufgrund von »Paternalismuseffekten«[17] wegen Alters- und Statusunterschieden, einer Nichtanerkennung als Wissenschaftler und intellektueller Unterlegener, blieb mir weitestgehend erspart, da ich mich weniger für den beruflichen als viel eher für den Lebensalltag außerhalb der Firmen interessierte.[18] Meinem Forschungsvorhaben und meinen Fragestellungen, etwa hinsichtlich des qualitativen und hermeneutischen Herangehens, wurde insgesamt mit wenig Skepsis begegnet.[19] Viel eher schienen sich die Befragten in ihren Alltagssituationen wertgeschätzt zu fühlen. Darum geht es hier auch nicht um durch die Forscher-Beforschten-Situation entstandene selbstreflexive Anerkennungs- oder Selbstbewusstseinsprobleme.[20] Ebenso hatte ich auch keine Zugangsprobleme,

---

14 Vgl. Kaschuba: *Einführung* (wie Anm. 10), S. 20f.

15 Nader, Laura: *Up the Anthropologist – Perspectives Gained from Studying Up*. In: Reinventing Anthropology. Hg. von Dell Hymes. New York 1969, S. 284–311, hier S. 291.

16 Vgl. Warneken, Bernd Jürgen/Wittel, Andreas: *Die neue Angst vor dem Feld*. In: Zeitschrift für Volkskunde 93 (1997), S. 1–16, hier S. 6.

17 Zum »Paternalismuseffekt« siehe: Vogel, Berthold: »*Wenn der Eisberg zu schmelzen beginnt …« Einige Reflexionen über den Stellenwert und die Probleme der Experteninterviews in der Praxis der empirischen Sozialforschung.* In: Experteninterviews in der Arbeitsmarktforschung. Diskussionsbeiträge zu methodischen Fragen und praktischen Erfahrungen. Hg. von Axel Deeke, Brigitte Völkel und Christian Brinkmann. Nürnberg 1995, S. 73–84, hier S. 80; Pfadenhauer, Michaela: *Auf gleicher Augenhöhe reden. Das Experteninterview. Ein Gespräch zwischen Experte- und Quasi-Experte.* In: Das Experteninterview. Theorie, Methoden, Anwendung. Hg. von Alexander Bogner, Beate Littig und Wolfgang Menz. 2. Aufl. Wiesbaden 2005, S. 113–130, hier S. 113.

18 Warneken/Wittel: Die neue Angst (wie Anm. 16), S. 2.

19 Warneken und Wittel sowie Lochmann berichten von Schwierigkeiten und Unverständnis auf Seiten von Wirtschaftsvertretern Vgl. ebd. S. 8; Lochmann, Natalie: *Deutsche Entsandte in Kasachstan zwischen Globalisierung und Diaspora*. In: Volkskunde in Rheinland-Pfalz 23 (2008), S. 113–123, hier S. 117.

20 Vgl. hierzu: Trinczek, Rainer: *Experteninterviews mit Managern: Methodische und methodologische Hintergründe*. In: Experteninterviews, hg. von Brinkmann/Deeke/Völkel (wie

wie häufig hinsichtlich der Forschung unter Eliten behauptet wurde.[21] Meine Befragten wehrten sich nicht gegen Einblicke »von außen«, was ich darauf zurückführe, dass ich aufgrund der gemeinsamen Auslandssituation nur bedingt als »Außenstehender« wahrgenommen wurde. Vielmehr wurde mir der Zugang in Form von Gesprächsterminen und der Teilnahme am Leben der Untersuchten entgegenkommend erleichtert. Das Schneeballsystem bei der Vermittlung weiterer Gesprächspartner schien zumindest vorübergehend ohne mein Zutun zu funktionieren. Auch die von Hugh Gusterson genannten, mit der Hierarchie zunehmenden Schwierigkeiten hinsichtlich der teilnehmenden Beobachtung ergaben sich kaum.[22] Ebenso erwies sich die von Thomas geschilderte Zeitknappheit von Managern als geringes Problem, da sich die meisten Gesprächspersonen, sowohl Manager als auch ihre mitausgereisten Partner, ausreichend zeitlichen Freiraum schafften.[23]

Auch die räumlich geographische Mobilität der Befragten stellte mich nicht vor zu erwartende methodologische Schwierigkeiten. In Bezug auf Gisela Welz' Überlegungen hinsichtlich des Mobilitätsdrucks auf den Forscher, um den »Moving Targets«[24] folgen zu können, sei mit Gerndt angemerkt, dass Wissenschaft »›Beweglich‹ im Sinne von ›flexibel‹« seit jeher sein muss.[25] Der geographischen Mobilität der Entsandten kam ich nach, indem ich mich mehrmals in São Paulo aufhielt und den Kontakt zwischendurch über Email und Skype sowie Treffen in Deutschland aufrecht erhielt.

Anm. 17), S. 59–68: Nothnagel, Detlev: *Der Gang der Dinge–Die Feldforschung als Prozeß. Einige Überlegungen am Beispiel der Hochenergiephysik.* In: Ethnologie der Arbeitswelt der Arbeitswelt. Beispiele aus europäischen und außereuropäischen Feldern. Hg. von Sabine Helmers. Bonn 1993, S. 145–164; Vogel: »*Wenn der Eisberg …*« (wie Anm. 17), S. 73–84; Novak, Andreas: *Ein Ethnologe in einem deutschen mittelständischen Unternehmen: Anmerkungen zur Feldforschungs-Ideologie.* In: Helmers: Arbeitswelt. S. 165–193; Warneken/Wittel: *Die neue Angst* (wie Anm. 16), S. 1–16.

21 Hertz und Imber sehen hierfür den Grund, warum sich so wenige Sozialwissenschaftler mit Eliten beschäftigen: »Elites establish barriers that set their members apart from the rest of society.« Hertz, Rosanna/Imber, Jonathan B.: *Fieldwork in Elite Settings. Introduction:* In: Journal of Contemporary Ethnography 22 (1993), S. 1–3, hier S. 3.

22 Gusterson, Hugh: *Studying Up Revisited.* In: Political and Legal Anthropology Review 20 (1997), S. 114–119, hier 116.

23 Thomas, Robert J.: *Interviewing Important People in Big Companies.* In: Journal of Contemporary Ethnography 22 (1993), S. 80–96, hier S. 87.

24 Welz, Gisela: *Moving Targets. Feldforschung unter Mobilitätsdruck.* In: Zeitschrift für Volkskunde 94 (1998), S. 177–194, hier S. 177.

25 Gerndt, Helge: *Kulturwissenschaft im Zeitalter der Globalisierung. Volkskundliche Markierungen.* Münster u.a. 2002, S. 263.

Diese Schilderungen sollen jedoch nicht den Eindruck erwecken, meine Feldforschung wäre gänzlich ohne klassische Ethnographenängste[26] verlaufen. Diesbezüglich sollen hier keine Zugeständnisse zum Forschungsdesign vereitelt werden. Befremdungen und Unsicherheiten meinerseits ergaben sich durchaus, doch wurden sie weniger durch Zugangsbarrieren und Paternalismuseffekte als viel eher durch »die feinen Unterschiede« im Sinne »klassifizierender« Akte hervorgerufen.[27] Da es sich bei meinen Gewährspersonen um »Elitemigranten«[28] oder privilegierte Migranten handelte, die sich während ihres Auslandsaufenthaltes meist in luxuriösen »Lebensstilenklaven«[29] und »expatriates central business districts«[30] aufhielten, stieß ich, als Doktorand mit einem Stipendium, auf Zahlreiches mir eher Fremdes hinsichtlich des Lebensstils.

Auch wenn es sich, bezüglich des oben geschilderten formalen Feldeintritts und des Auskunftsverhaltens, als weniger herausfordernd erwies, Zugang zu den »Polstergarnituren der Reichen« zu bekommen, fiel es mir – aufgrund befremdender Situationen – nicht immer leicht, es mir dort gleichzeitig bequem zu machen, wie einst Robert Ezra Park in seiner Aufforderung zur Feldforschung äußerte.[31]

»If you get in the door, you will be in foreign territory« schrieb Thomas über das Interviewen von Managern, die sich ungern außerhalb ihres »Reviers« befragen lassen.[32] Ein fremdes Gebiet tat sich mir weniger durch das Eintreten in Büros

---

26 Ängste zuzugeben erschien im Zuge des Hypes um selbstreflexive Forschung ein Gütekriterium qualitativer Sozialforschung zu sein. Vgl. etwa: Gans, Herbert J.: *The Participant Observer as a Human Being: Observations on the Personal Aspects of Field Work.* In: Field research: A Sourcebook and Field Manual. Hg. von Robert G. Burgess. London 1982, S. 80–93; Hughes, Everett C.: *The Sociological Eye. Selected Papers.* Chicago / New York 1971; Whyte, William F.: *Street Corner Society. The Social Structure of an Italian Slum.* Chicago 1966; Lindner, Rolf: *Die Angst des Forschers vor dem Feld. Überlegungen zur teilnehmenden Beobachtung als Interaktionsprozess.* In: Zeitschrift für Volkskunde 77 (1981), S. 51–66.

27 Bourdieu, Pierre: *Die feinen Unterschiede. Kritik der gesellschaftlichen Urteilskraft.* Frankfurt a.M. 1984.

28 Elitemigranten werden ethnischen Migranten gegenübergestellt. Mit dieser Unterscheidung soll keiner »neuen globalen Apartheid« Vorschub geleistet werden. Vgl. Moosmüller, Alois: *Interkulturelle Kommunikation aus Ethnologischer Sicht.* In: Interkulturelle Kommunikation. Konturen einer Wissenschaftlichen Disziplin. Hg. von Dems. Münster u.a. 2007 (Münchener Beiträge zur Interkulturellen Kommunikation 20), S. 13–49, hier S. 23.

29 Blakely, Edward J./Snyder, Mary G.: *Fortress America. Gated communities in the United States.* Washington 1997.

30 Cohen, Eric: *Expatriatecommunities.* In: Current Sociology 24 (1977), S. 5–133, hier S. 30.

31 Robert Ezra Park zitiert nach: Leggewie, Heiner: *Beobachtungsverfahren.* In: Handbuch Qualitative Sozialforschung. Grundlagen, Konzepte, Methoden und Anwendungen. Hg. von Uwe Flick. Weinheim 1995, S. 189–208, hier S. 189.

32 Thomas, Robert J.: *Interviewing Important People in Big Companies.* In: Journal of Contemporary Ethnography 22 (1993), S. 80–96, hier S. 82.

von Managern als das Eintreten in den Wohn- und Freizeitbereich der Befragten auf, der vor allem aus Angst vor kriminellen Übergriffen, privatwirtschaftlich organisiert und somit vom öffentlichen Raum isoliert ist.

Werden mit Entsandten ohnehin meist Segregation und mangelnde Sprachkenntnisse verbunden[33], so ist in São Paulo der Aspekt des Rückzugs aus dem öffentlichen Raum sicherlich stärker zu beobachten als an anderen Orten. Entsandte halten sich hier mindestens ebenso wie die brasilianische Mittel- und Oberschicht fast ausschließlich in privatwirtschaftlich organisierten Räumen auf.

Ohne diesen Text als Beitrag zu einer Anekdotenwissenschaft zu verstehen, bei der unterhaltsame Beispiele das Ziel verfolgen, die Glaubwürdigkeit des Forschers zu steigern, sollen im Folgenden dennoch einige Beispiele aus der Forschungspraxis wiedergegeben werden. Ziel ist dabei jedoch nicht Feldforschung wiederholt mit schwerer Symbolik zu überladen.[34] Viel eher soll das traditionell volkskundliche sowohl gegenständliche wie methodologische Paradigma der Untersuchung der »eigenen« Kultur vor dem Hintergrund meiner Erfahrungen differenziert werden. Der gegenständliche Fokus liegt dabei auf Erlebnissen hinsichtlich des Rückzugs der Entsandten aus dem Öffentlichen Raum.

Bereits bei der Terminabsprache mit Gesprächspersonen wurden Diskrepanzen deutlich: »Kommst Du mit dem Auto oder mit dem Taxi?« war eine häufig gestellte Frage, wenn mir meine Gesprächspartner den Weg zu ihrem Wohnort oder einem Treffpunkt schilderten. Tatsächlich fuhr ich in aller Regel mit öffentlichen Bussen in die Wohngegenden der von mir Befragten. Dabei ergaben sich stets mehrere Herausforderungen. São Paulo verfügt über ein durchdachtes, aufgrund der Stadtgröße (20 Millionen) jedoch sehr komplexes und unübersichtliches sowie aufgrund des hohen Verkehraufkommens unregelmäßiges Bussystem. Da ich einen Großteil meiner Gespräche an Abenden führte, wartete ich darum häufig sehr lange auf den richtigen Bus, der mich in der Rushhour im Schritttempo meinem Ziel näher brachte. Selten stieg ich an der gewünschten Stelle aus, da die Betonwüste des Hochhausmeeres im Dunkeln noch weniger Anhaltspunkte als tagsüber erkennen ließ und ich aufgrund der vielen Passagiere meist nicht rechtzeitig den Ausgang erreichte. Verschwitzt und mit zerknittertem Hemd, das ich meist frisch gebügelt hatte, machte ich mich nach mindestens einstündiger Busfahrt dann zu Fuß auf den Weg zu den Wohnanlagen, die von Mauern,

---

33 Vgl. Fechter, Anne-Meike: *Transnational Lives: Expatriates in Indonesia.* Aldershot u.a. 2007, S. 4f.

34 Vgl. James Faubions Versuche, die Feldforschung von ihrem symbolischen und identitätsstiftenden Gewicht zu befreien: Faubion, James: *The Ethics of Fieldwork as an Ethics of Connectivity, or The Good Anthropologist (Isn't What She Used to Be).* In: Fieldwork is not what it used to be. Learning Anthropology's Method in a Time of Transition. Hg. von James D. Faubion und George E. Marcus. London 2009, S. 145–164.

Stromzäunen sowie Videokameras und Security geschützt waren – die sogenannten »condomínios fechados« –, zu einem Restaurant oder einer Bar.

Vor allem anhand der Aufenthaltsorte meiner Befragten zeigten sich Unterschiede hinsichtlich des Lebensstils. Als Beispiel sei hier die Wohnform genannt: Entsprechend dem in brasilianischen bzw. lateinamerikanischen Städten üblichen Modell sozialer Segregation[35], in Form der Abwertung des öffentlichen und Aufwertung des privaten Raums, funktionieren die sozial homogenen »condomínios fechados« »nach privatwirtschaftlich organisierten Prinzipien des Zusammenlebens«.[36]

Vor Eintritt in die »condomínios fechados« entschied ich mich häufig zum klassischen »Um-den-Block-laufen«. Während dies in der Literatur häufig als Strategie des Mutsammelns geschildert wird[37], verfolgte ich in aller erster Linie das Ziel mich abzukühlen, zu kämmen und mir meine Armbanduhr anzuziehen, die ich aus Sicherheitsgründen im Bus in der Tasche verwahrt hatte. Hinsichtlich der äußeren Erscheinung schreibt Thomas über Interviews mit wichtigen Personen: »At minimum, it helps to have clothes appropriate to the situation and to be comfortable enough in them, as well as in that kind of environment, to not be distracted from your principal goal.«[38]

Der Übergang von der lauten und dreckigen öffentlichen Außenwelt in die gepflegten und geschützten Inseln des Wohlstands[39], die meist aus Hochhausanlagen mit einem umfassenden Sport- und Serviceangebot bestehen, kann mit den Worten Certeaus als »lifted out of the city's grasp«[40] umschrieben werden. Außer den Hausangestellten betritt die Wohnanlagen kaum jemand zu Fuß. Treffend reflektiert Caldeira eine Situation, die Chico Buarque in seiner Novelle »Estorvo«[41] schildert. Dabei geht es um einen Mann, der seine Schwester zu Fuß in einem »condomínio fechado« besuchen geht:

> An everyday act such as a visit to a sister involves dealing with privat guards, identification, classification, iron gates, intercoms, domestic servants, electronic gates, dogs – and a lot of suspicion. The man [der seine Schwester besucht] appraching

35 Caldeira, Teresa: *City of Walls. Crime, Segregation and Citizenship in São Paulo*. Berkely, Los Angeles, London 2000, S. 4.
36 Janoschka, Michael: *Wohlstand hinter Mauern. Private Urbanisierung in Buenos Aires*. Wien 2002 (Institut für Stadt- und Regionalforschung 28), S. 106.
37 Vgl. Lindner: *Die Angst des Forschers* (wie Anm. 26), S. 54; Hughes: *The sociological Eye* (wie Anm. 26), S. 497.
38 Thomas: *Interviewing Important People* (wie Anm. 32), S. 84f.
39 Janoschka: *Wohlstand hinter Mauern* (wie Anm. 36), S. 22.
40 Certeau, Michel de: *The Practice of Everyday Life*. Berkeley 1984, S. 92. Vgl. hierzu auch die Schilderungen Fechters Entsandtenforschung in Jakarta: Fechter: *Transnational Lives* (wie Anm. 33), S. 63.
41 Buarque, Chico: *Estorvo*. São Paulo 1991.

the gate of the closed condominium warrants suspicion because he gives the wrong signs: he walks instead of driving a car and thus reveals himself as someone who uses urban public space in a way that the residents of the condominium reject. Closed condominiums, the new type of fortified elite housing, are not places people walk to or even simply pass by. They are meant to be distant, to be approached only by car and then only by their residents, a few visitors, and of course the servants, who must be kept under control and are usually directed to a special entrance.[42]

Aus der Befürchtung heraus, abgelehnt zu werden, habe ich gegenüber meinen Gesprächspartnern selten erwähnt, dass ich mit öffentlichen Verkehrsmitteln und zu Fuß kam. Eine Frau, die ich vor einem Gesprächstermin anrief, da ich die Wohnanlage nicht finden konnte, zeigte sich äußerst empört, als sie erfuhr, dass ich zu Fuß unterwegs war. Dass mein Vorgehen nicht den Vorstellungen richtigen Verhaltens entsprach, wurde mir im anschließenden Gespräch deutlich.

Meine Bemühungen um möglichst große Symmetrie, um das Vertrauensverhältnis nicht zu gefährden, äußerten sich auch darin, dass ich bei Erkundigen meiner Gewährspersonen nach meinem Wohnort in São Paulo nur die ungefähre Lage angab bzw. die Grenze meines Stadtviertels um ein paar hundert Meter verlegte, um damit in einem besseren Stadtteil wohnhaft zu sein. Denn meine Unterkunft war, wie auch Fechter, die unter Entsandten in Jakarta forschte, schrieb, eher bescheiden.[43] Damit spielte ich mit den Worten Lindners Symmetrie in »einer vom Forscher als asymmetrisch gedachten und gehandhabten Situation« vor und »um erwünschte Reaktionen zu stimulieren und unerwünschte Reaktionen auf ein Minimum herabzusetzen«, kleidete ich mich in eine soziale Rolle, von der ich annahm, dass sie die Untersuchungsobjekte ›milde‹ stimmen würde.[44] Meine Befürchtungen waren, mit Lindners Worten, »Ausdruck von dem Bild, das sich der Forscher von dem Bild macht, das sich die designierten Forschungsobjekte vom Forscher machen.«[45]

Für den Heimweg ließ ich mir fast immer ein Taxi rufen, wobei ich mich aus Kostengründen häufig nicht bis vor die Haustür fahren ließ, sondern ein Stück zu Fuß ging oder mit dem Bus fuhr. Häufiger musste ich vor allem auf Ausflüge und somit auf viele potentielle teilnehmende Beobachtungen verzichten, da mir das nötige Kleingeld fehlte, um dieselben Veranstaltungen oder Discotheken zu besuchen, die von meinen Befragten frequentiert wurden. Die von Marcus, in seiner »multisited ethnography« geforderte methodologische Strategie des »Follow the People«[46], die auch Welz in ihren konzeptionellen Überlegungen zu den »Moving

42 Caldeira: *City of Walls* (wie Anm. 35), S. 256f.
43 Fechter: *Transnational Lives* (wie Anm. 33), S. 14.
44 Lindner: *Die Angst des Forschers* (wie Anm. 26), S. 55.
45 Ebd., S. 54.
46 Marcus, George, E.: *Ethnography in/of the World System: The Emergence of Multi-Sited Ethnography*. In: Annual Review of Anthropology 24 (1995), S. 95–117.

Targets« beachtet, scheiterte diesbezüglich weniger an der direkt räumlichen, sondern eher an meiner eingeschränkten sozialen und monetären Mobilität. Die finanzielle Asymmetrie, die hinsichtlich der Lebensstile zum Ausdruck kam, erschwerte damit den Zugang und die teilnehmende Beobachtung. Direkt erlebbar wurde die monetäre Diskrepanz auch, wenn ich bei Gesprächen oder sonstigen Treffen in Restaurants hungrig zuschaute, wie meine Befragten Mahlzeiten zu sich nahmen, während ich vorgab, gerade erst etwas gegessen zu haben.

Ähnlich der oben beschriebenen Situation beim Betreten der Wohnanlagen erging es mir teilweise bei Treffen in anderen Sicherheitszonen, wozu ich nicht nur die Arbeitsorte der Entsandten zähle. Befremdend erschienen Orte der Freizeitgestaltung wie »Countries«, die in São Paulo »Clubs« genannt werden und die in besonderem Maße den ästhetischen Geschmack der brasilianischen und internationalen Eliten widerzuspiegeln scheinen. In den Clubs, zu deren Mitgliedschaft viele Firmen raten, haben die Entsandten die Möglichkeit zu Reiten, zu Golfen oder Tennis zu spielen. Aufgrund der Abgeschlossenheit nach außen und dem eifrigen Dienstpersonal suggerieren diese Orte das Bild einer Fortführung des Lebens kolonialer Gemeinschaften. In diesen »Inseln der Reichen in Ozeanen der Armen«, wie Coy die Aufenthaltsorte der besser Betuchten beschrieb[47], schlenderte ich eines Morgens mit der Frau eines Mitarbeiters einer großen deutschen Firma über eine durch einen Bambuswald führende Reitstrecke, während sie selbstkritisch äußerte:

> Du kriegst ein Häuschen gezahlt, jeder hat seine Angestellten, jeder hat ein Auto, jeder fährt in den Urlaub und jeder lebt sein nicely life. Aber ich wag' zu behaupten, von den ganzen Expats, die ich hier kenne, haben viele überhaupt keine Ahnung, wie ein Brasilianer hier lebt.

Bei weitem nicht alle forderten diesbezügliche Bewusstseinsstandards sich und anderen gegenüber. Häufiger traf ich auf Selbstgerechtigkeit, die vor dem Hintergrund zahlreicher Entbehrungen während des Auslandsaufenthaltes gerechtfertigt wurden, weswegen beispielsweise Auslandszuschüsse von vielen als »Schmerzensgeld« oder »Buschzulage« bezeichnet wurden.

Zurück im öffentlichen Raum, in dem die ärmeren mit teilweise prekären Infrastrukturen überleben[48], fühlte ich mich häufig wie aus einer Schutzhaft entlassen, weniger befremdet und frei. Ich begann, wie um mich der Fortexistenz einer anderen Welt außerhalb der Aktions- und Repräsentationsräume der Entsandten zu vergewissern, enthusiastisch Gespräche mit Taxifahrern oder ging in eine der vielen Straßenbars.

---

47 Coy, Martin: *São Paulo. Entwicklungstrends einer brasilianischen Megastadt.* Geographica Helvetica 56 (2001), S. 274–288, hier S. 283.
48 Ebd., S. 274.

Die Gestaltung der privaten Räume erzeugte aber offenbar nicht nur bei mir Befremden. Die Wohnform war auch für meine Befragten (mit Ausnahme von Dauerentsandten, die sich zum wiederholten Mal beruflich im Ausland befanden) anfangs ungewohnt. Allerdings schienen viele den von der brasilianischen Anthropologin Caldeira als Code der »aesthetics of security«[49] beschriebenen Statuszugewinn durch Sicherheitsmaßnahmen sowie das Leben in Prestigenachbarschaften[50] nach einer gewissen Zeit als der Norm entsprechend internalisiert zu haben. Dies gilt auch für den im Zusammenhang mit den Entsendungskonditionen (Auslandszuschüsse und sonstige Vergünstigungen) erhöhten Lebensstandard. Dieser hat zu einem, vor allem im Zusammenhang mit der momentanen Krise zwar zu korrigierenden, aber dennoch nicht ganz unsachgemäßen Bild von Auslandsentsandten geführt, das in den Medien etwa unter dem bekannten Ausspruch »im Ausland ein Fürstchen, zu Hause ein Würstchen«[51] vermittelt wird. Äußerten viele Frauen in Deutschland ihre Zeit mit Waschen, Bügeln, Kochen und Gartenarbeiten verbracht zu haben, so wurden diese Tätigkeiten nun von Hausangestellten ausgeführt. Die höhere Kaufkraft veranlasste viele zu exklusiven Festen mit bis zu 100 Leuten, Köchen, Bedienungen und teilweise mit DJ. Die Entsendungskonditionen und die Auslandssituation, welche durch Lebensstilcommunities zum Ausdruck kommen, die zum einen durch lockere Netzwerke und zum anderen durch eine hohe soziale Kontrolle geprägt sind, veranlasst die Entsandten zu Übernahme eines neuen Habitus. Da es sich nicht um mit der Sozialisation erlernte Lebensstile, Reaktionsweisen oder Geschmacksurteile handelt, ist mit Habitus hier kein System stabiler Dispositionen gemeint, weswegen der Begriff Habitus streng genommen nicht im Sinne Bourdieus verstanden werden kann.[52] Dennoch lassen sich mit Bourdieus Klassentheorie in Form der Analyse des kulturellen Konsums an dieser Stelle Unterschiede zwischen entsandten Managern und einem Stipendiaten verständlich machen, die durch »klassifizierende« Akte zum Ausdruck kamen. Grundlegende Unterscheidungen ergaben sich aufgrund des ökonomischen Kapitals und daraus sich ergebenden Wirkungen auf das soziale und kulturelle Kapital, wobei sich letzteres weniger auf Bildungs- und Wissensunterschiede als vielmehr Unterschiede hinsichtlich des Lebensstils bezieht. Diesbezüglich wurden mehr als nur »feine Unterschiede« deutlich.

Am deutlichsten wurde der neue Geschmack bzw. Entsandten-Habitus in Gesprächen unter Entsandten, die Aufschluss über den beruflichen und privaten Alltag und das Freizeitverhalten gaben. Dabei ging es häufiger um die Zahlungs-

---

49 Caldeira: *City of Walls* (wie Anm. 35), S. 291f.

50 Blakely/Snyder: *Fortress America. Gated communities in the United States* (wie Anm. 29).

51 Vgl.: Nuri, Midia: *Expatriates. »Im Ausland ein Fürstchen, zu Hause ein Würstchen«*. 20. August 2008. www.spiegel.de/unispiegel/jobundberuf/0,1518,573068,00.html (Stand: 03.10.2008).

52 Bourdieu, Pierre: *Die feinen Unterschiede. Kritik der gesellschaftlichen Urteilskraft*. Frankfurt a.M. 1984.

moral und Serviceleistungen der Firmen, Wohnungsgrößen, klamme Bettwäsche aufgrund der hohen Luftfeuchtigkeit, Hausangestellte, die zu laut Musik hören, Shopping Center sowie Boardküchen der Airlines, Flugmeilen und Reisen nach Buenos Aires, Bahia oder in von der UNESCO erklärte Weltnaturerben wie das Feuchtgebiet Pantanal oder der Archipel Fernando de Noronha. Sowohl Reiseziele wie Shopping-Know-how, »condomínios fechados« und Mitgliedschaften in Freizeitclubs werden zu Statussymbolen und entsprechen materialistischen Zwängen, da sie Auswirkung auf das soziale Entsandten-Netzwerk haben.

Die mitentsandte Frau eines Abteilungsleiters in der Automobilbranche fragte mich eines Tages erstaunt: »Was, Du warst noch nicht im Daslu?« Ich erkundigte mich, was denn so besonders an dem Kaufhaus namens Daslu sein sollte. Die Antwort: »Da kann man Hubschrauber und Ferraris kaufen!« Zwar besuchte die Gesprächsperson eben genanntes Luxuskaufhaus, welches bis vor einigen Jahren als weltweit luxuriösestes galt[53], weniger mit eigenen Kaufabsichten als aus Faszination am Luxus anderer, dennoch galt alleine der Besuch dieses Ortes zu den »Sightseeing-Musts«.

Sich ohne ein eigenes Fahrzeug oder Taxi fortzubewegen oder innerhalb der Community bekannte Attraktionen nicht zu kennen, schien (m)einem von der Norm abweichenden Verhalten gleich zu kommen. Hakte ich diesbezüglich bei meinen Gewährspersonen nach, so wurden umgekehrt das eigene Verhalten oder Gewohnheiten stets als einzig mögliche Form der Umweltanpassung legitimiert. Dieses Verhalten erinnert an Justin Stagls Ausführungen zur Fremdheit:

> Angesichts der von Fremden und von Normalabweichlern ausgehenden Gefährdung ihres Soseins kann sich also keine Gruppe mit der bloßen Praxisbewährung ihres besonderen Umgangsstils mit der Welt zufriedengeben, sie muß diesen vielmehr legitimieren und nach innen und außen verteidigen.[54]

Auch wenn ich aufgrund der Auslandssituation von vielen zumindest vorübergehend als dazugehörig angesehen wurde, so lösten die feinen oder groben Unterschiede gegenüber meinen Gewährspersonen stets Befremden und eine klare Distinktion aus, die aufgrund meines teilweise extremen Konformitätsbemühen allerdings nur ich wahrzunehmen schien. Vor dem Hintergrund der Frage, ob es sich bei Auslandsentsandten wie auch in traditionellen deutschen Diasporen Lebende um »Fremde« in der Fremde handelt, soll hier nicht behauptet werden, deutsche Entsandte erschienen aufgrund ihres Lebensstils fremder als die Bewohner des Residenzlandes. Die nationale Herkunft bleibt bislang auch im 21. Jahrhundert erste Instanz zur Definition von Fremdheit[55], auch wenn hinsichtlich einer nationalen Gegenüberstellung angemerkt werden muss, dass sich die süd-

---

53 Vgl. www.bilanz.ch/edition/artikel.asp?session=%3C&AssetID=2521 (Stand: 10.07.2009).
54 Stagl: *Grade der Fremdheit* (wie Anm. 5), S. 93.
55 Vgl. ebd. S. 109.

amerikanischen Eliten, welche sich stets an Europa orientierten, auf manchen Gebieten relativ wenig von den Entsandten unterscheiden – ein Hinweis darauf, dass sich innerhalb eines Staates deutlichere sozialkulturelle Unterschiede als zwischen Staaten finden lassen. Meine Gewährspersonen können darum lediglich als mir Fremde umschrieben werden. Zwar konnte ich mich mit den Befragten im Rahmen informeller Zusammenkünfte über zahlreiche Themen austauschen, die auf ähnliche Sozialisationsinhalte (z.B. Literatur) und Medienkonsum (z.B. Harald Schmidt, »Wetten, dass ..?«) sowie geteilte Ortskenntnisse (z.B. die Schwäbische Alb) hinwiesen. Über dieses geteilte Wissen hinaus wurden jedoch weniger Gemeinsamkeiten als Unterschiede deutlich. Diese lassen sich stets und egal wo konstatieren. Sie schienen im Spannungsverhältnis zwischen meinem »Dazugehören« aufgrund der Auslandssituation und meinem Nichtdazugehören aufgrund der Lebenskonditionen, jedoch deutlicher hervorzutreten.

Versucht man den Grad der Fremdheit mit Justin Stagls Modell der konzentrischen Kreise zu beschreiben, dann bestand in meinen Augen durchaus eine größere Kompatibilität der Eigensphären, dennoch existierten deutliche Unterschiede zur Sphäre der Entsandten.[56] Diese erschienen vor dem Hintergrund der fremdkulturellen Umwelt São Paulos oder Brasiliens weniger kulturell, als vor dem Hintergrund des Lebensstils der Entsandten, vor allem als sozial fremd.

Resümee

Anstatt häufig beschriebene klassische (Zugangs-)Probleme bei der Erforschung Bessergestellter oder bei der Befragung von Managern zu schildern, ging es in diesem Beitrag um befremdende Erlebnisse bei der Feldforschung unter Auslandsentsandten. Quelle der Befremdung waren dabei Wohnstile, Freizeitstile und Konsummuster, d.h. Lebensstile. Diese scheinen vor allem aufgrund der Entsendungskonditionen und Spezifika von Entsandtencommunities Teil des Habitus zu werden. Auf der einen Seite ergab sich eine unzweifelhafte Zugehörigkeit meinerseits aufgrund der Auslandssituation. Auf der anderen Seite unterlag diese Zugehörigkeit einem vor allem von mir wahrgenommen Bruch aufgrund von Klassenunterschieden. Monetäre Zugangsbeschränkungen erschwerten dabei die Feldforschung im Sinne der Strategie einer möglichst großen Annäherung und eines Sich-Einlassens auf die Anderen. Zugleich hinderte mich dieser Umstand jedoch auch an einem unsachgemäßen und zumindest teilweise doch notwendigen »going native«. Nur so war es mir letztlich aber möglich, im Sinne der Forderung Amanns und Hirschauers zur »einheimischen Ethnographie«, aus einer marginalen Position zu beobachten und die eigene Kultur zu befremden.[57]

---

56 Vgl. ebd. S. 96, 101.
57 Amann/Hirschauer: *Die Befremdung der eigenen Kultur* (wie Anm. 8), hier S. 13.

Doch wie steht es nun um die eingangs diskutierte Frage der »eigenen« Kultur? Aufgrund der Gemeinsamkeiten und Unterschiede bzw. Befremdungen erscheint es angemessen, aus der Perspektive des Forschenden von »nahen Anderen«[58] bzw. eigenen Fremden oder fremden Eigenen zu sprechen. Hier sei angemerkt, dass Kontakte mit Personen der traditionellen Diaspora, d.h. Deutschstämmigen und Migranten, die bereits seit mehreren Jahrzehnten in São Paulo leben, weitgehend größeres Befremden meinerseits auslösten. Grund sind in meinen Augen die geringen direkten Rückbindungen an Deutschland. Dies führt zu dem in klassischen Diasporen anzutreffenden Mythos des Heimatlandes und einer damit zusammenhängenden deutschnationalen Verklärung und folkloristischer Deutschtümelei.[59]

Zuletzt sei darauf hingewiesen, dass eigen und fremd stets als relationale Kategorien zu verstehen sind. So definierte ich die von mir Untersuchten vor dem Hintergrund meiner eigenen lebensweltlichen Erfahrungen als fremde Eigene. Fremdheit ist, wie Alois Hahn festhält, »die andere Seite des Selbst […]. In der Beschreibung von Personen oder Umständen als ›fremd‹ enthüllen (oder verbergen) sich Selbstbeschreibungen.«[60] Nicht nur die Untersuchten, sondern auch der Forscher selber stößt auf Eigentümlichkeiten, die er als befremdend klassifiziert und auch der Kulturwissenschaftler ist kein Kosmopolit, dem Fremdheit fremd ist. Auch er konstituiert seine Identitätsbildung durch Fremdheit. Das Eigene ist also immer in erster Linie das Eigene des Forschenden. Da die Pluralisierung der Lebensstile auch unter den vermeintlich Eigenen zur Verfremdung führt, wird sich die Volkskunde/Europäische Ethnologie stets mit der den Vorstellungen der »Eigenen Kultur« immanenten Widersprüchen auseinandersetzen müssen. In diesem Sinn ist zu fragen, inwiefern die Untersuchung der »eigenen Kultur« derjenigen »fremder« Kulturen überhaupt gegenüber gestellt werden kann. Einteilungen kann die Wissenschaft, wie bei anderen sozialen Kategorien, kaum vornehmen. Was »eigen« und was »fremd« ist, wird durch die handelnden Subjekte bestimmt. Dies hat die Schilderung der eigenen Perspektive in diesem Beitrag deutlich gemacht. Als Wissenschaft der Kulturströmungen und -beziehungen in Europa, nach Europa sowie in außereuropäischen Gebieten und als Wissenschaft der sich dadurch ergebenden Interaktionen und Interdependenzen wird sich das Fach darum aber stets mit dem Eigenen und Fremden befassen.[61]

---

58 Kaschuba in Anlehnung an Lindners Auseinandersetzung mit der Stadtkultur. Vgl. Kaschuba: *Einführung* (wie Anm. 10) S. 104; Lindner: *Die Entdeckung der Stadtkultur* (wie Anm. 11).

59 Zum Mythos des Heimatlandes vgl. Safran, William: *Diasporas in Modern Societies: Myths of Homeland and Return*. In: Diaspora 1 (1991), S. 83–99.

60 Hahn, Alois: »Partizipative« Identitäten. In: *Furcht und Faszination. Facetten der Fremdheit*. Hg. von Ladwig/Münkler (wie Anm. 5). Berlin 1997, S. 115–158, hier S. 115.

61 Roth: *Europäische Ethnologie* (wie Anm. 2), S. 12.

Jorge Freitas Branco
Wie die Feldforschung übernommen wurde:
Über periphere Beziehungen in der Ethnologie

Über den Beginn der modernen Ethnologie

Aus heutiger Sicht beginnt die moderne Ethnologie in Portugal Ende der 40er-Jahre des vorigen Jahrhunderts. Eine Monographie und ein langfristiges Forschungsvorhaben von A. Jorge Dias (1907–1973) werden in diesem Zusammenhang vorgestellt.[1]

Vilarinho da Furna, um aldeia comunitária wurde 1948 zum ersten Mal veröffentlicht und war die portugiesische Bearbeitung einer 1944 an einer deutschen Universität eingereichten Dissertation im Fach Volkskunde. Hauptgegenstand der Untersuchung war der Agrarkollektivismus, bzw. dessen Überbleibsel im Alltag einiger Bergdörfer im Nordosten Portugals. Den Kern der Darstellung bildete die von den Einwohnern gewählte »Junta«, d.h. ein von einem »Zelador« angeführter Einwohnerrat, der über die Durchführung öffentlicher Instandsetzungsarbeiten (Wege, Mühlen, großer Backofen), sowie über die Nutzung der Allmende entschied.

Die Gegenüberstellung von Kollektivismus und Individualismus in der Gesellschaft sollte den Verfasser auf Jahre beschäftigen. Unter dem Titel *Rio de Onor: Comunitarismo Agro-pastoril* kam 1953 ein weiteres Buch heraus. Diesmal handelte es sich um ein durch die Staatsgrenze zu Spanien geteiltes Dorf – ein Zustand, der aber das Leben der Bevölkerung nicht einschränkte. Hier hieß die Selbstverwaltungsinstanz »Conselho« (Rat), dem zwei »Mordomos« vorstanden. Bei der Darstellung Rio de Onors wird der kollektive Faktor weiterhin betont, inzwischen hat aber der Autor eine weitere Komponente in seiner Studie aufgenommen: Im Sinne der amerikanischen »Culture and Personality«-Schule werden die Einwohner dieses grenzüberschreitenden Dorfes als dionysisch eingestuft. Zur Debatte stand die Fortdauer egalitärer Strukturen.

---

[1] Vorliegender Aufsatz ist eine geringfügig veränderte und aktualisierte Fassung meines Vortrags auf der Tagung der Deutschen Gesellschaft für Völkerkunde *Streitfragen – zum Verhältnis von empirischer Forschung und ethnologischer Theoriebildung am Anfang des 21. Jahrhunderts*, die vom 1. bis 4. Oktober 2007 an der Martin-Luther-Universität in Halle stattfand. Für die sprachliche Korrektur bedanke ich mich bei Dr. Eva-Maria Blum (Frankfurt a.M.).

In der einheimischen Fachwelt wurden diese ethnologischen Monographien sehr positiv gewertet, wie man dem damaligen Vorwort eines anerkannten Geographen entnimmt. Dias' Interesse an Gemeindestudien sollte sich Ende der 1950er-Jahre geographisch nach Afrika verlagern, als er das Makonde-Projekt im Norden Mosambiks startete (West 2004).

Parallel zu den Dorfmonographien stellte Dias einen Plan zur Erarbeitung eines »Atlas Etnográfico de Portugal« (1947) auf, ähnlich wie es einige europäische Länder damals schon hatten oder erarbeiteten (Cox 1983). Als neuestes ethnologisches Atlaswerk galt ihm der von Richard Weiss herausgegebene schweizerische Volkskundeatlas als Vorbild. Dieses Projekt konnte an einer kurz zuvor gegründeten Forschungsstelle an der Universität Porto (»Centro de Estudos de Etnologia Peninsular«) begonnen werden. Im Laufe der folgenden Jahre sollten das portugiesische Festland sowie die Inselgruppen der Azoren und Madeira systematisch nach traditioneller agrarischer materieller Kultur erkundet werden. Erste Verbreitungskarten ausgewählter landwirtschaftlicher Geräte (Pflug, Egge, Hacke, Sichel, Dresch- und Anspannmethoden) lagen im Laufe der 1960er-Jahre vor (Oliveira, Galhano & Pereira 1976).

Das Programm der portugiesischen Ethnologie bestand bis Anfang der 1970er-Jahre in der Untersuchung des Fortbestandes bzw. des Ausklangs egalitärer Sozialstrukturen weit abgelegener Dörfer und in der Aufstellung von Verbreitungskarten bäuerlicher Sachkultur auf nationaler Ebene. In diesem Sinne kann man Dias als eine Gründerfigur bezeichnen. Die Gemeindestudien haben kaum Widerhall im Ausland gefunden. Die Teilergebnisse des Atlaswerkes dagegen wurden regelmäßig auf internationalen Tagungen vorgestellt, und zugleich wurde das weitere Vorgehen in entsprechenden Gremien abgestimmt.[2]

Frühe deutsche Einflüsse

Die von Dias für die Ethnologie betriebene Reform baute auf persönlichen Erfahrungen in Deutschland auf: seine bereits erwähnte Promotion und die im deutschsprachigen Raum erarbeiteten Volkskundeatlanten. Diese Erneuerung hatte schon bei anderen der Volkskunde/Ethnologie nahe stehenden Disziplinen begonnen. In diesem Zusammenhang seien die Mundartforschung im Rahmen der Schule »Wörter und Sachen«, die zur führenden Tendenz in der portugiesischen Philologie wurde, und die für Geographen unentbehrliche Geländebeobachtung erwähnt.

---

2   Es handelt sich um die CIAP (Commission Internationale des Arts et Traditions Populaires), 1928 in Prag gegründet, die 1964 auf einer Tagung in Athen in SIEF (Société Internationale d'Ethnologie et Folklore/International Society for Ethnology and Folklore/ Internationale Gesellschaft für Ethnologie und Folklore) umgewandelt wurde. Die Zeitschrift »Ethnologia Europaea« (1967ff.) spielte auch eine wichtige Rolle.

An der Universität Coimbra legte im Jahre 1940 der Romanist Manuel de Paiva Boléo (1904–1992) einen Plan zur landesweiten Durchführung einer schriftlichen Befragung vor. Die gesammelten Daten sollten Grundlage der späteren Erstellung eines portugiesischen Sprachatlasses werden. In der Projektbegründung unterstrich er, dass Portugal das einzige Land Europas sei, das eine solche Unternehmung noch nicht in Angriff genommen habe. Die Idee beschäftigte den Romanisten aus Coimbra bereits in seiner Jugend, als er nach dem Studium in seiner Heimatstadt zunächst als Stipendiat, dann als Lektor für Portugiesisch von 1929 bis 1935 im Romanischen Seminar der Hamburger Universität tätig war. Hier lernte er Fritz Krüger (1889–1974) kennen, der entscheidenden Einfluss auf ihn ausüben sollte (Boléo 1975–1978). Als er nach Portugal zurückkam, setzte er sich für eine Reform der Romanistik ein. Seine Absicht war es, mit den Vorarbeiten für einen Sprachatlas zu beginnen. Ferner vertrat er eine volksnahe Dialektologie, gestützt auf die systematische Befragung bestimmter Bevölkerungsgruppen. Wortgeschichte galt als der Schlüssel zur »Kulturgeschichte des Volkes«. Als Beispiel für das ersehnte Atlasunternehmen hatte er den zwischen 1928 und 1940 von Karl Jaberg (Bern) und Jakob Jud (Zürich) herausgegebenen *Sprach- und Sachatlas Italiens und der Südschweiz (AIS)* vor Augen. Er plante folgendermaßen vorzugehen: Zuerst sollte ein Fragebogen (mit 570 Fragen!) an alle Grundschullehrer und Geistlichen geschickt werden, und dank der erwarteten Mithilfe der Behörden erhoffte er sich eine hohe Rücklaufquote. Die zweite Phase sollte darin bestehen, von Abschlussstudenten Gemeindemonographien anfertigen zu lassen, die den Sommer im jeweiligen Dorf verbringen sollten (Beziehung Forscher/Informant). Erst nach diesen Etappen sollte es möglich sein, ca. 500 Ortschaften auszuwählen, die die Grundlage für den zukünftigen Atlas bilden sollten. Aufgrund des Arbeitsaufwandes konnte dieser letzte Schritt nur in Zusammenarbeit mit der Lissaboner Romanistengruppe bewältigt werden (Boléo 1974). Die Fragebogenaktion startete im Sommer 1942. In der einschlägigen Literatur sollte sie als ILB (*Inquérito Linguístico Boléo*) bekannt werden. Als erklärter Schüler Fritz Krügers vertrat M. Paiva de Boléo eine Sprachgeographie, die sich auf Materialien aus der Feldforschung stützte und nicht mehr vorrangig auf Textstudien. Die Wissenschaft ging zum leseunkundigen Volk. Der Philologe wurde zum »Wanderromanisten« (Settekorn 1991).

Volksnähe bzw. Felderfahrung war auch ein wesentlicher Bestandteil der geographischen Ausbildung. Im Falle Portugals tat sich besonders Orlando Ribeiro (1911–1997)[3] hervor, der von der französischen Schule beeinflusst war. Er hatte u.a. Anfang der 1940er-Jahre in Paris bei Albert Demangeon gehört. Wie er selbst darlegte, hatte er viel von Hermann Lautensach bei gemeinsamen ausgedehnten Wanderungen durch »Horst und Graben« im portugiesischen Bergland gelernt (Ribeiro 1971). Einige Jahre später veröffentlichte Ribeiro ein Buch, das seine be-

---

3   http://www.orlando-ribeiro.info/ (Stand: 27.06.2007).

rühmteste Veröffentlichung werden sollte und seitdem zur Pflichtlektüre auch außerhalb seines Faches wurde: *Portugal, o Mediterrâneo e o Atlântico* (1945, [7]1998). In diesem Essay wird die Eigenständigkeit der Nation durch die Vielfalt der Kulturlandschaft hergeleitet. Die jahrhundertelange Behauptung der politischen Unabhängigkeit Portugals resultiert letztendlich aus einer geographischen Wechselwirkung: vom Süden das Mediterrane, vom Westen das Atlantische, schließlich das Landesinnere. Diese geografische Konstellation verhinderte die Herausbildung eines Dualismus, der etwa zu Konflikten‹ zwischen zwei Hauptströmungen hätte führen könnten.

Portugal als Gegenstand deutscher Wissenschaftler

In der ersten Jahrhunderthälfte übte Deutschland als Wissenschaftsstandort im Bereich der Volks- und Völkerkunde und ihrer Nachbardisziplinen einen bedeutenden Einfluss in Portugal aus. Die Einflussnahme beschränkte sich nicht auf den institutionellen Rahmen, denn die wissenschaftliche Karriere einiger deutscher Akademiker sollte eng mit Portugal verbunden sein.

Manuel de Paiva Boléos Lehrmeister Fritz Krüger reiste 1912 das erste Mal nach Spanien, um die Sprache aktiv zu lernen, bis dahin war er nur in Frankreich gewesen. Als Ergebnis dieser Reise veröffentlichte er die umfangreiche Arbeit *Studien zur spanischen Lautgeschichte westspanischer Mundarten auf Grund von Untersuchungen an Ort und Stelle* (1914). 1924 bekommt er eine außerordentliche Professur für Romanistik an der Universität Hamburg, wo er studiert hatte. Diese Stelle wurde 1928 in eine ordentliche Professur umgewandelt. In der Zwischenzeit brachte er *Die Gegenstandskultur Sanabriens und seiner Nachbargebiete. Ein Beitrag zur spanischen und portugiesischen Volkskunde* (1925) heraus, womit er seine umfassende und immer wieder an ›Ort und Stelle‹ vorgenommene Datenerhebung erneut unter Beweis stellte. Als seine Lebenswerke gelten das sechsbändige *Die Hochpyrenäen* (1935–1939) und eine im Umfang vergleichbare Veröffentlichung, die unter dem Titel *El mueble en los paises románicos* (1960–1963) in Teilbänden in verschiedenen Ländern herauskam. Seine Publikationsliste umfasst mehrere hunderte Einträge. Portugal hat er mehrmals besucht (Settekorn 1991): 1935 folgte er einer Einladung der Universität Coimbra und hielt einen Sommerkursus ab. Zwei Jahre später erfolgte ein neuer Aufenthalt anlässlich einer wissenschaftlichen Tagung, außerdem erhielt er eine staatliche Auszeichnung. Parallel zu diesen intensiven Aktivitäten verlief seine nicht minder ausgefüllte akademische Tätigkeit. Nach einem politischen Verfahren wurde 1933 der zweite Lehrstuhlinhaber entlassen (unter dem Vorwurf der Frankreichfreundlichkeit und sozialdemokratischer Neigungen), so dass Fritz Krüger allein das Romanische Seminar der Hamburger Universität im Sinne des Regimes leiten konnte. Von 1941 bis 1944 war er Dekan der Fakultät. 1945 wurde er auf Anordnung der britischen

Militärregierung suspendiert und kurz danach aus dem Beamtenverhältnis entlassen (Settekorn 1991). 1948 reist er nach Argentinien aus, um eine Romanistik-Professur in Mendoza zu besetzen. Ein früherer Schüler hatte ihm die neue Stelle vermittelt. Fritz Krüger ist heute in Deutschland wegen seiner Verwicklungen mit dem NS-Regime vergessen. Auch der wort- und sachbezogene Ansatz zur Kulturgeschichte hat jeden Reiz verloren.

Im Ausland erfuhren Person und Werk bis heute ein differenzierteres Schicksal. So findet man in einem einschlägigen portugiesischen Nachschlagewerk (GEPB, 14: 471) Auskunft über seine akademische Tätigkeit, mit dem Hinweis, er sei Professor für Romanistik gewesen (die Angaben beziehen sich auf das Jahr 1946), eine Aufzählung der wichtigsten wissenschaftlichen Veröffentlichungen; ferner werden seine Beziehungen zu Portugal hervorgehoben. In einem Zusatzband (GEPB, 39: 901) werden seine spätere Tätigkeit in Argentinien und das weitere Wirken aufgezählt. Der Grund seiner Ausreise nach Südamerika bleibt unerwähnt. Aktuelle spanische Quellen gehen kritischer vor: Seine wissenschaftliche Tätigkeit wird hervorgehoben, sein Handeln als Akademiker in der NS-Zeit wird bei einigen verschwiegen[4], während andere sachlicher vorgehen.[5]

Um die Bilanz der Hamburger Romanistik in der NS-Zeit zu ziehen, wurde 1988 in Wien eine Tagung veranstaltet, auf der französische, deutsche und österreichische Romanisten und Volkskundler/Ethnologen sich mit diesem »Erbe« auseinandersetzten. Es wurde keine negative Bilanz gezogen: Die sachliche Herangehensweise, die fast alle in der damaligen Zeit veröffentlichten Arbeiten kennzeichnet, lässt es heute zu, sie unter einem neuen Licht in den betreffenden Ländern zu betrachten (Hell 1992).

Die inzwischen vergangene Zeit, die mittels Text, Zeichnung und Bild vermittelte Information, die gegenwärtige politische Aufwertung von Regionalismus und lokaler Autonomie, ferner das öffentliche Interesse an Heimatgeschichte, erklären den Rückgriff auf diese wissenschaftliche Literatur, die oft den einzigen Zugang zur Vergangenheit ermöglicht. So wurde W. Gieses Arbeit über den Haut-Dauphiné (1932) ins Französische 1990, und Krügers *Lautgeschichte*, *Gegenstandskultur* und das Pyrenäenwerk jeweils in den Jahren 2006, 1947 und 1995 bis 1996 ins Spanische übersetzt.

Die Beziehung M. de Paiva Boléos zu Fritz Krüger begann Ende 1929, als der frisch gebackene Philologe aus Coimbra in Hamburg als Stipendiat eintraf. In den folgenden fünf Jahren machte sich Boléo mit den neuen Tendenzen der Wissenschaft, wie sie in der Hansestadt aktiv vertreten waren, vertraut. Die Schule der »Wörter und Sachen« befürwortete eine praxisorientierte, menschennahe Einstellung zur Philologie, sie war eine Bewegung gegen die herkömmliche philologi-

---

4   http://www.enciclopedia-aragonesa.com/voz.asp?voz_id=7533 (Stand: 29.05.2007).
5   http://bvg.udc.es/LetrasGalegas2004/Estudios/enigmaticoaleman.html (Stand: 29.05.2007).

sche Büchergelehrsamkeit. Die Tätigkeit der Hamburger Romanisten war bemerkenswert. Sie reisten und zogen kreuz und quer durch die Romania, um in ausgesuchte, abgelegene Gegenden zu gelangen. Dort hielten sie sich auf, wenn sie sich nicht sogar niederließen, um die Menschen direkt zu befragen und sie in ihren alltäglichen Beschäftigungen zu beobachten. Dazu gehörte das akribische Notieren auf Papier, das Skizzieren, das Photographieren und zu späterer Gelegenheit das Vergleichen auf der Basis des Literaturstudiums und der gesammelten Erfahrung. Die Veröffentlichungen des Hamburger Seminars für romanische Sprachen und Kultur wirken sachlich und ideologiefrei, wie Settekorn (1991) festgestellt hat. In den 1930er-Jahren kamen mehrere Studenten Krügers nach Portugal, um Recherchen für ihre Dissertationen durchzuführen.

Hermann Lautensach (1886–1971) gilt als einer der bedeutendsten deutschen Geographen seines Jahrhunderts. Im Herbst 1927 kam er zum ersten Mal nach Portugal, wo er Verwandte hatte, was sich fördernd auf seine Forschungen auswirkte (Ribeiro 1966). Er habilitierte sich mit einem Thema über die portugiesischen Küstenformen. 1933 unternahm er eine Zugreise nach Korea, die acht Monate dauerte. Dadurch konnte er die beiden subtropischen Halbinseln in der westlichen und östlichen Spitze Eurasiens untersuchen und vergleichen. 1935 wurde er Professor in Greifswald und nach dem Krieg wechselte er zur TU Stuttgart. In den 1930er-Jahren kam sein zweibändiges Portugalwerk heraus (*Portugal: I Das Land als Ganzes*, 1932 und *Portugal: II Die portugiesischen Landschaften*, 1937).[6] Seine Gesamtdarstellung der Iberischen Halbinsel (Lautensach 1964) wurde ins Spanische übersetzt (*Geografía de España y Portugal*, 1967), was die Verbreitung in den betroffenen Ländern ermöglichte. O. Ribeiro hat sich immer wieder auf Lautensach bezogen und schon zu einem frühen Zeitpunkt den Wunsch geäußert, mit ihm ein großes geographisches Portugalwerk zu verfassen, was erst Ende der 1980er-Jahre geschah (Ribeiro, Lautensach & Daveau 1987–89).

Durch Rat und Tat nahmen deutsche Forscher persönlichen Einfluss auf ihre portugiesischen Kollegen. Was sie verband, war das gemeinsame Interesse an ihrem Forschungsfeld.

Koloniale Abstecher

Nach der Berliner Konferenz (1884–1885) begann die territoriale Aufteilung Afrikas unter den europäischen Mächten, was die geographische und ethnographische Erschließung vor allem des Landesinneren beschleunigte. Aufwändige Expeditionen wurden organisiert und von den portugiesischen Kolonien schenkte

---

6   Auch zu Korea kam ein umfassendes Werk heraus: *Korea: Eine Landeskunde auf Grund eigener Reisen und der Literatur* (1945). Eine englische Übersetzung erschien 1988.

man Angola die meiste Aufmerksamkeit (Heintze 1999, 2002). Auch im Laufe der ersten Hälfte des 20. Jahrhunderts sollten deutsche Forschungsreisende überwiegen.

Alfred Schachtzabel (1887–1981) hielt sich im Auftrag des Berliner Museums für Völkerkunde in den Jahren 1913 bis 1914 für 17 Monate im Hochland von Angola auf. Mit dem Ausbruch des Weltkrieges musste er die Expedition unterbrechen. Seine ursprüngliche Absicht, den unfreiwilligen Aufenthalt wissenschaftlich zu nutzen, indem er zurück ins Landesinnere ging, schlug fehl. Unter dem Verdacht, die einheimische schwarze Bevölkerung gegen die Kolonialverwaltung aufwiegeln zu wollen, wurde er festgenommen und das noch nicht abgeschickte Material beschlagnahmt. Immer noch unter Arrest wird er von Lobito über Luanda nach Lissabon verschifft. Wenig später gelingt es ihm nach Madrid auszureisen. Da er mittellos ist, nimmt er eine bescheidene Anstellung beim deutschen Konsulat in Valencia an. Im Februar 1917 heiratet er die Tochter eines in Portugal niedergelassenen und wohlsituierten deutschen Reeders. Erst im Oktober 1919 kann er sich bei seiner eigentlichen Stelle im Berliner Museum zurückmelden und bekommt einen festen Arbeitsvertrag als Kustos in der afrikanischen Abteilung. Die Ergebnisse seiner Forschungsreise werden unter dem Titel »Im Hochland von Angola« (1923) in Buchform publiziert. Versuche, das wissenschaftliche Material aus Angola frei zu bekommen, schlagen immer wieder fehl. Es wurde schließlich privat veräußert. Weiterhin nach B. Heintzes (1995) Rekonstruktion seiner Biographie weiß man, dass Schachtzabel 1933 portugiesischer Staatsbürger wurde. Später wird ein Disziplinarverfahren gegen ihn wegen illegalen Devisenbesitzes eingeleitet, in dessen Folge er seine Arbeitsstelle zunächst verliert, dann aber amnestiert wird. Nach Kriegsende scheitert er an der Entnazifizierung und wird entlassen.

Zwei von Schachtzabel gesammelte Ngangela-Masken sind später in einem vom Berliner Museum veröffentlichten Katalog westafrikanischer Plastik aufgelistet worden (Krieger & Kutscher 1961: 87).

Hermann Baumann (1902–1972) war von 1921 bis 1938 Mitarbeiter beim Berliner Völkerkundemuseum. 1926 promovierte er in Leipzig. Im Auftrag des Museums reist er 1930 für 8 Monate nach Angola, um im Osten der Kolonie eine ethnographische Sammlung bei den Chokwe (Krieger & Kutscher 1961: 86–87), den Lunda und anderen Völkern zusammen zu stellen. Von 1939 bis 1945 wird er Professor in Wien, in Folge der Entnazifizierung erhält er aber Berufsverbot (Seidler 2003). 1955 bekommt er eine Professorenstelle in München. Von April bis August 1954, wahrscheinlich im Auftrag des Frobenius-Instituts und mit Mitteln der DFG, unternimmt er eine zweite Angolareise, diesmal um im Südwesten zu forschen. Die 1.018 Objekte seiner Sammlung darf er nicht nach Deutschland ausführen, obwohl Dubletten für Museen in Angola vorgesehen waren. Die Ethnographica gerieten später unter die Obhut der Bergbaufirma Diamang und wurden im ostangolanischen Dundo im technisch gut ausgestatteten Firmenmuseum aufbewahrt. 1972 wurde H. Baumann von der erwähnten Diamantengesellschaft nach Angola eingeladen, um die Sammlung zu bearbeiten. Er starb an einem Malariaanfall, kurz nach seiner Rückkehr nach München. Die Sammlung wurde von Beatrix Heintze (2002) bearbeitet. Baumann war ein international angesehener Afrikanist.

Der Österreicher Hugo A. Bernatzik (1897–1953) reiste fast durch die ganze Welt und popularisierte die Exotik in zahlreichen Büchern, die bis heute in vielen Sprachen übersetzt, weiterhin ein breites Publikum finden. Er war ein ausgezeichneter Photograph, was die antiquarische Nachfrage nach seinen Büchern erhöht. Nachdem er sich in unterschiedlichen Studienrichtungen versucht hatte, promovierte er 1932 in Wien im Fach Ethnologie. 1938 bekam er eine Professur in Graz. Fachlich setzte er sich für eine angewandte Völkerkunde im Sinne einer gezielten Verwaltungspolitik für die Kolonialvölker ein. In den Jahren 1930 bis 1931 machte er eine Expedition in das damalige Portugiesisch-Guinea, in Begleitung seiner Frau Emmy und des Dresdner Anthropologie-Professors Bernhard Struck. Wie alle seine Reisen finanzierte er auch diese mit Werbung für Firmen, die Material bereitstellten, sowie durch den erfolgreichen Verkauf seiner Bücher. Bei diesem Unternehmen ging es ihm um den Nachweis eines äthiopischen Einflusses in Westafrika. Als Ergebnis dieser Expedition brachte er ein zweibändiges Werk in Großformat und aufwändiger Ausstattung heraus, eine einmalige Übersicht der Völker dieser Kolonie (Bernatzik, H. 1933). Es erschienen noch zwei populärwissenschaftliche Bücher, die Teilaspekte der Expedition (Bernatzik, H. 1933a, Bernatzik, E. 1936) behandeln. Die spanische Ausgabe des Bijago-Buches wird immer noch (1998) aufgelegt. Bernatzik sammelte Ethnographica, denn die Aussicht auf Abnahme durch (deutsche) Museen war ein erhoffter Beitrag zur finanziellen Absicherung seiner Expeditionen. Das Berliner (Krieger & Kutscher 1961: 35–36) und das Dresdner Museum nahmen ihm Objekte ab.

Wenn Expeditionsergebnisse nicht in Form von Veröffentlichungen bekannt werden, geraten die vollbrachten Leistungen schnell in Vergessenheit. Dies geschah mit einer 1931 durchgeführten Expedition nach Zentral-Moçambique, an der die Ethnologen Günther Spannaus (1901–1984) und Kurt Stülpner (1901–1980) im Auftrag des Staatlichen Forschungsinstituts für Völkerkunde in Leipzig teilnahmen. Man wollte eine wenig bekannte Bevölkerung Ostafrikas erforschen. Nach Beratungen mit gebietskundigen Missionaren und in Abstimmung mit dem »International African Institute« fiel die Wahl auf die Ndau.

Von März bis Dezember hielten sich die beiden Ethnologen im Forschungsgebiet auf und konnten den vorgesehenen Plan einhalten. Zu den Ergebnissen zählt eine ethnographische Sammlung mit ca. 1.600 Objekten. Die Absicht des Leipziger Instituts, die Dubletten an andere Museen zu verkaufen, scheiterte an der damaligen hoffnungslosen finanziellen Lage. Anders als die bis jetzt erwähnten Expeditionsteilnehmer konnten Spannaus und Stülpner keine bruchlose Karriere in der Ethnologie machen. Nach der Rückkehr fanden beide keine Anstellung, was sie trennte und dazu beitrug, dass das Expeditionsmaterial nicht von ihnen bearbeitet werde konnte. Lediglich ersterer schaffte es, Anfang der 1960er-Jahre Professor der Ethnologie in Göttingen zu werden, während sein früherer Forschungskollege Bibliothekar wurde (Bautz & Blesse 1999).

Während im ausgehenden 19. Jahrhundert die Expeditionen nach Zentralafrika vorrangig politisch motiviert waren (Fabian 2000), änderte sich später der allgemeine Rahmen, in dem sie stattfanden. Zunehmend tritt die wissenschaftliche Zielsetzung in den Vordergrund. Die Teilnehmer waren ausgebildete Ethnologen, die meistens im Auftrag von Museen einen systematischen Sammelplan erfüllen wollten. Im kolonialen Umfeld scheint es damals kaum eine Berührung mit portugiesischen Kollegen gegeben zu haben. Gegenleistungen wurden vermutlich erst von den 1950er-Jahren an verlangt, als die internationale Dekolonisierungsdebatte ihrem Höhepunkt entgegen ging. Vorher wurde eine amtliche Genehmigung erteilt, um den internationalen wissenschaftlichen Gremien Kooperationsbereitschaft zu zeigen.

Zeitgeist

Die Bedeutung des von Dias aufgestellten und umgesetzten Plans zur Erneuerung der Ethnologie in Portugal liegt in der entstandenen diskursiven Autonomie gegenüber den Nachbarfächern (Philologie, Geographie, Heimatgeschichte). Zugleich hieß es auch, entschieden für eine Trennung von der Physischen Anthropologie, der Vorgeschichte und der Archäologie aufzutreten. Der ethnographische Diskurs gewann eine eindeutige kulturwissenschaftliche Prägung. Zu dieser Wende kam es, weil die Berufskarriere einiger Akademiker in Portugal und Deutschland konvergierten: Mal bestand die Übereinstimmung mehr in der (rechtsgerichteten) politischen Ausrichtung, mal in der wissenschaftlichen Konvergenz.

Aus seiner Hamburger Zeit brachte Boléo die eine neue Auffassung darüber mit, wie man das Fach in Lehre und Forschung zu vertreten habe: Die Kombination von direkter Datenerhebung und Volksverbundenheit waren die Hauptbestandteile eines institutionalisierten wissenschaftlichen Betriebs.

Daraus ergaben sich drei neue Aspekte: Erstens die Veränderung im wissenschaftlichen Inhalt der Romanistik in Coimbra (Sprachgeographie und Dialektologie), zweitens eine projektorientierte Forschung (Sprachatlas) und drittens Feldforschung und Kartographie als Arbeitsmethoden. Da die Dialektologen aus Coimbra und Lissabon im Laufe des hier behandelten Zeitraums es nicht schafften, sich auf eine Kooperationsbasis zu einigen, scheiterten damals sämtliche Pläne zu einem portugiesischen Sprachatlas.

Zeitlich parallel erfasste eine ähnliche Veränderung die volkskundliche/ethnologische Forschung. Es bildete sich eine kleine (bald professionalisierte) Forschergruppe, um den Volkskundeatlas in Angriff zu nehmen.

Zur Verselbständigung des ethnographischen Diskurses trugen auch die Gemeindestudien bei, die den bäuerlichen Egalitarismus erörterten. Diese Frage kann als charakteristisch für die portugiesische Ethnologie bis Anfang der 1970er-Jahre gelten. Obwohl davor vor allem Geographen sich mit der Thematik auseinandergesetzt hatten, waren Dias' Monographien die ersten ausführlichen Arbeiten, die nach einem Plan entstanden.

Es galt die Identität der Portugiesen auf einer neuen Basis zu erklären. Demnach sollten diesbezügliche Erscheinungen vor ihrem kulturhistorischen Hintergrund geprüft werden: Zur Debatte stand die Rolle von Germanisierung und Romanisierung im iberischen Raum. Es darf hierbei angenommen werden, dass persönliche Erfahrungen Dias' in Deutschland eine Rolle spielten. Nach seinem bis jetzt einzigen Biographen hatte Dias keine besondere Beziehung zu Otto Höfler (1901–1987), seinem Doktorvater in München, gehabt. Er war bemüht, immer wenn die Zustände es erlaubten, bei Richard Thurnwald in Berlin zu hören (Lupi 1984). Nirgends wird Höfler vom ehemaligen Doktoranden erwähnt. Als vier Jahre später die stark überarbeitete Fassung seiner Dissertation in Portugal erscheint (Dias 1948), wird im Vorwort lediglich mitgeteilt, dass die Erlangung des akademischen Grades in Deutschland im Fach Volkskunde erfolgte.[7]

Otto Höfler war Mitglied der NS-Kulturorganisation Ahnenerbe. 1938 bekam er einen Ruf nach München, wo er Ordinarius für Germanistische Philologie und Volkskunde wurde. 1945 sprachen die Alliierten ein Berufsverbot gegen ihn aus. 1957 folgte er einem Ruf nach Wien, wo er bis zur Pensionierung wirkte. In seinem Werk vertrat er eine germanische Kontinuitätsthese (Blockhorn 1994: 482–484), im Anschluss an H. Schurtz' Buch *Altersklassen und Männerbünde. Eine Darstellung der Grundformen der Gesellschaft* (1902). Es ging um die Stellung von Männerbünden zu früheren Zeiten, um Analogien zur NS-Gegenwart herzustellen (See 1994: 230). So wurden Führer (germanischer Königsheil) und seine organisierte Gefolgschaft (Männerverbände) als Fortdauer eines alten Brauchs gesehen, der angeblich wieder eine wichtige Rolle in der Gesellschaft spiele. Was hat Höflers Kontinuitätsthese mit dem abgelegenen portugiesischen Vilarinho zu tun?

---

7   Dias, A. Jorge (1944) *Vilarinho da Furna. Um povo autárquico na Serra da Amarela*. München: Phil. Diss. In einem Aufsatz geht J.M. Sobral auf die Frage ein, dass Dias trotz seines damaligen Aufenthaltes in Deutschland kein Sympathisant des Naziregimes gewesen sein dürfte (2007: 512). Die Klärung dieser Frage spielte für die jüngere Generation Ende der 1970er-Jahre eine wichtige Rolle.

Dias berichtete seinem Biographen, wie er seit 1940 jeden Sommer das Dorf besuchte (Lupi 1984), um Material für seine Dissertation zu sammeln. Die Spuren kollektivistischer Agrarverfassungen im Nordwesten der Iberischen Halbinsel faszinierten ihn, und bewogen den noch Germanisten, aber schon angehenden Ethnologe, sich für die Durchführung von ›community studies‹ zu entscheiden. Sowohl in den Dorfmonographien als auch in seiner Gerätestudie über den Pflug (Dias 1948a) bringt er die Persistenz von immateriellem Brauchtum (Kollektivismus *versus* römischer Individualismus) und von materieller Kultur am Beispiel eines Gerätetyps (vierkantiger Pflug, »arado quadrangular«) in Verbindung mit germanischem Einfluss (Sueben). Diese kulturgeschichtliche Ableitung steht nicht im Widerspruch zur Kontinuitätsthese. Was trieb Dias zum akademischen Vatermord?

In Zuge seiner Feldforschungen war er bestrebt, die Identität Portugals ethnologisch zu begründen. Die von ihm aufgesuchte bäuerliche Welt sollte zwar nach den entfernten Ursprüngen befragt werden, tatsächlich aber galt es, die Portugiesen als eigenständiges Volk und nicht als Nachkommen von Germanen, von Römern oder von Mauren zu interpretieren: Nicht Kontinuität zählte für ihn, sondern Eigenständigkeit als Wesen nationaler Identität. Für die damalige Intellektuellengeneration galt es, Portugals politische Selbständigkeit innerhalb der iberischen Halbinsel kulturhistorisch zu legitimieren. Dadurch wurde für Dias die Darstellung von lokalen, politischen Instanzen (die »Junta« in Vilarinho, der »Conselho« in Rio de Onor) als ordnungsschaffende, männerbündische Formationen zu einem wichtigen Anliegen. Frauen durften nur in der Funktion des Familienoberhauptes an den Versammlungen teilnehmen und dann auch wählen, konnten aber nicht gewählt werden: Der Männerbund hatte Vorrang vor den Familienbanden.[8]

Das Herausstellen bestehender agrarkollektivistischer Verhältnisse war eine ideologische Aufwertung des Nordens gegenüber dem Süden des Landes, wo Individualismus und Lohnarbeit in der Landwirtschaft vorherrschten und der vorhandene Großgrundbesitz zu unversöhnlichen sozialen Gegensätzen führte. Durch den offenen sozialen Konflikt stand man hier kulturell der Stadt aufgeschlossener

---

8   Auf die Rolle von (Ehe-)Frauen im hiesigen Kontext kann hier nur hingewiesen werden, da von mir kein Material systematisch gesammelt werden konnte. Es sei auf Dias' Frau Margot (1908–2001) hingewiesen, die aus Deutschland stammte und 1944 zusammen mit ihm nach Portugal übersiedelte. Sie wurde später wissenschaftlich aktiv, auch als Einzelautorin u.a. im Makonde-Projekt (Mosambik). Sie publizierte vor allem über materielle Kultur und Musikethnologie. Hugo A. Bernatzik reiste auch mit seiner Frau Emmy, die eigene populärwissenschaftliche Veröffentlichungen herausbrachte. Ein anderer Aspekt der Zusammenarbeit mit Frauen in einem wissenschaftlichen Kontext geht ebenfalls auf Bernatzik zurück. Bereits bei der Expeditionsplanung sicherte er sich die Zusammenarbeit mit der damals bereits berühmten Fliegerin Elly Beinholm, um Luftaufnahmen von Siedlungsformen zu machen (dann im Guinea-Werk veröffentlicht).

gegenüber. Hiermit lieferte er ein Stück bürgerlich-urbaner Zivilisationskritik ab. Der agrarische Kollektivismus stand für eine nostalgische Vorstellung einer imaginären, maschinenunabhängigen Zeit.

Geländeerprobte Geographie und feldgeprüfte Ethnologie waren nun dabei, eine konvergierende Erklärung für die Identität der Portugiesen und ihrer Staatlichkeit abzugeben.

Bereits in früheren Arbeiten über Portugal ging H. Lautensach von der Fragestellung aus, wie die Eigenständigkeit des Landes geographisch zu erklären sei (Lautensach 1964, Ribeiro 1966). Er ging vom naturräumlichen Gegensatz zwischen Humidität und Aridität aus, ferner leitete er, anhand von Ortsbezeichnungen germanische Kultureinflüsse im Norden und arabische im Süden ab. Diese Kontraste bewogen den jungen Ribeiro zu kritischer Reflexion und so entstand seine richtungweisende Darstellung Portugals – als das Resultat eines geographischen Zusammenspiels vom Mediterranen, vom Atlantischen und schließlich vom Landesinneren geprägt (Ribeiro 1945).[9] Obwohl Lautensach Ribeiros Buch »als geistreiches Frühwerk« seines portugiesischen Kollegen bezeichnete (Lautensach 1964: 27), wirkte diese Darstellung der nationalen Identität weit über die Geographie hinaus. Bereits in seiner Arbeit über den Pflug (1948a) übernahm Dias dieses Erklärungsmodell, das im Volkskundeatlas wie eine Schablone Anwendung fand (Oliveira, Galhano & Pereira 1976).

Ein bestimmter Zeitgeist schwebte über Europa und erfasste in Portugal die Ethnologie und ihre Nachbarfächer. Chronologisch setzte es mit Fritz Krügers (»Wander)Romanistik« ein, der Germanisierungs- und Romanisierungsschübe in Geschichte und Gegenwart ausspielte. Danach machte sich Hermann Lautensach an die geographische Ausdeutung einer Zivilisationsdualität auf der Iberischen Halbinsel (germanische und maurische Züge). Während die deutschen Forscher den gesamteuropäischen Kontext vor Augen hatten, machten sich in deren Schatten die portugiesischen Fachkollegen an eine Legitimation ihrer nationalen Identität im Zuge der europäischen Ideenneuordnung. Es entstand ein Diskurs der Individualität. Um aus der vorgegebenen Dualität (germanische oder römische Welt) auszubrechen, griffen sie auf eine historisch ältere Zeit zurück, um eine ursprünglichere Kulturströmung zu bestimmen.

Diese ideelle Grundstimmung war die Voraussetzung für eine wissenschaftliche Beeinflussung, die auf einem asymmetrischen Verhältnis beruhte. So verfügten die deutschen Forscher über finanzielle Mittel und über eine materielle Ausstattung, die den portugiesischen Kollegen nicht zur Verfügung standen. Am Beispiel der Forschungsreisen in den Kolonien wird diese Diskrepanz sichtbarer. Im eige-

---

9　Die Rolle der Landschaftsinterpretation im Sinne der nationalen Identität der Portugiesen, hat João Leal (1999) bei Dias, Ribeiro und dem späteren Ethnologen (britischer sozialanthropologischer Prägung) José Cutileiro untersucht.

nen Kolonialreich überwogen die ausländischen Expeditionen, wobei die deutschen die Mehrzahl stellten. Vergleicht man die ethnologischen Museen beider Länder, so fällt es u.a. auf, wie spärlich in Portugal die Bestände aus der Zeit vor dem Zweiten Weltkrieg sind.

Über Peripherien

Seit Anfang der 1930er-Jahre bis Ende des Zweiten Weltkrieges kann man einen bedeutenden Einfluss deutscher Wissenschaftler in den Bereichen der Volkskunde/Romanistik und Geographie (Krüger, Lautensach) auf die inhaltliche und methodische Entwicklung dieser Fächer in Portugal feststellen. Dabei spielt die parallele persönliche Erfahrung von Portugiesen in Deutschland eine wichtige Rolle (Boléo, Dias).[10] Im damaligen internationalen Vergleich der kulturwissenschaftlichen Fächer positionierten sich beide Länder unterschiedlich: Während Portugal keine Rolle in der Wissenschaftsproduktion spielte, erlebte Deutschland eine zunehmende Isolation, als Folge der nationalen politischen Entwicklung (Exil vieler Wissenschaftler, Neubestimmung des Wissenschaftsinhalts durch das NS-Regime). In diesem Zusammenhang wird man von gegensätzlichen peripheren Entwicklungen sprechen müssen.

Unter diesen Umständen bildete sich in Portugal ein ethnographischer Diskurs heraus. Es wurde dadurch möglich, dass eine gezielte Tätigkeit von Volkskundlern/Ethnologen auf professionalisierter Basis ausgeübt werden konnte (Volkskundeatlas, Gemeindestudien). Volkskundliche/ethnologische Fragestellungen sollten in Zukunft getrennte Behandlung erfahren, und nicht mehr nur in einer Ergänzung der Fächer von Philologen oder Geographen aufgehen. Die Untersuchung kultureller Erscheinungen unter dem Gesichtspunkt der Authentizität gewährte dem Fach die erforderliche Identität. Wissensreproduktion kann allerdings noch nicht stattfinden, da die Institutionalisierung der Ethnologie als akademische Disziplin bis zur Beseitigung der Diktatur (1974) ausbleibt.

Im Zuge einer politisch bedingten und z.T. geförderten bilateralen Zusammenarbeit bis Ende des Zweiten Weltkrieges wurden bestimmte Themen bevorzugt. Bei der Interpretation portugiesischer Kulturgeschichte tendierte man auf deutscher Seite zu einer dualen Sichtweise, während die Portugiesen eine dritte, ältere (keltische) Strömung fokussierten. So meinte auch Ribeiro bei der geographischen Erklärung der Eigenständigkeit Portugals, die Vielfalt basiere auf drei und nicht zwei Hauptströmungen. Und Dias (1948a) bestimmte für den ethnologischen At-

---

10 Die Archäologie bleibt hier unberücksichtigt, obwohl der deutsche Beitrag umfangreich ist, da die Frage der Feldforschung sich hier anders stellt (Ausgrabungen). In Lissabon gab es jahrelang eine Außenstelle des Deutschen Archäologischen Instituts (DAI).

las im Bereich der Pfluggeräte einen dritten, vorrömischen Typ, den er Radialpflug (»arado radial«) nannte.[11]

Als in den 1960er-Jahren die ersten Atlaskarten fertig waren, hatte sich der allgemeine Kooperationsrahmen in Richtung einer multilateralen europäischen Abstimmung und Debatte geändert (Beck 1997). Die ethnologische Geräteforschung diente als Brücke der Verständigung im entfachten Kalten Krieg.[12] Die materielle Kultur der nicht mechanisierten Landwirtschaft wurde zu einem ideologieübergreifenden Untersuchungsgegenstand, der Ethnologen beider Lager einte. Hierbei konnte Portugal vielerorts einen agrarischen Alltag vorweisen, der anderswo schon lange nur noch museal inszeniert vorkam. Die kulturwissenschaftliche Ausrichtung verlor zugunsten von sozialgeschichtlichen Ansätzen an Bedeutung.

Die ab Mitte der 1970er-Jahre in Portugal erfolgte Institutionalisierung der Sozialwissenschaften erfasste auch die Ethnologie. Eine junge wissenschaftstheoretisch im Sinne von Social Anthropology, Strukturalismus oder Marxismus z.T. im Ausland ausgebildete Ethnologengeneration übernahm den nun akademisch verankerten Start des Faches. Egalitarismus, Männerbünde und Atlaswerk hatten ausgedient.[13]

Bibliographie

Baumann, Hermann: *Die ethnographische Sammlung aus Südwest-Angola im Museum von Dundo, Angola* (1954): Katalog. A colecção etnográfica do sudoeste de Angola no Museu do Dundo, Angola (1954). Bearb. und Hg. von Beatrix Heintze. Köln 2002.

Bautz, Karin, G. Blesse: *Die vergessene Expedition. Auf den Spuren der Leipziger Moçambique-Expedition von 1931.* Begleitbuch zur Ausstellung. Leipzig 1999.

Beck, Stefan: *Umgang mit Technik. Kulturelle Praxen und kulturwissenschaftliche Forschungskonzepte.* Berlin 1997.

---

11 Der (vorrömische) Radialpflug gehörte zum kargen Bergland des Landesinneren, der Krumelpflug war im (romanisierten) mediterranen Süden vorherrschend, schließlich der auf germanischen Einfluss zurückzuführende vierkantige Pflug (im nordwestlichen, atlantischen Flachland dominierend).

12 Die Rolle von Ethnologien im Kalten Krieg wird jetzt verstärkt erforscht. Als Beispiel sei hier eine Studie über Sol Tax erwähnt (Stocking Jr. 2000).

13 Endprodukt und zugleich »kulturelles Erbe« des autonomisierten ethnographischen Diskurses stellt das das daraus erwachsene Museum dar. Es handelt sich um das Lissaboner »Museu de Etnologia«, dessen Bau 1975 fertig gestellt, aber erst seit 1986 für das Publikum geöffnet wurde (damals dem Erziehungsministerium unterstellt). 1992 fand die Umbenennung in »Museu Nacional de Etnologia« statt, das wie alle Nationalmuseen dem Kultusministerium unterstellt ist. Es beherbergt Sammlungen aus Portugal und außereuropäischen Ländern (vor allem aus den ehemaligen portugiesischen Kolonien in Afrika). Es wird nicht zwischen Volkskunde und Völkerkunde unterschieden, man geht von regionalen Ethnologien aus.

Bernatzik, Emmy: *Afrikafahrt. Eine Frau bei den Negern Westafrikas.* Wien 1936, ³1938.

Bernatzik, Hugo Adolf: *Äthiopen des Westens. Eine Forschungsreise in Portugiesisch-Guinea.* Wien 1933.

Bernatzik, Hugo Adolf: *Geheimnisvolle Inseln Tropen-Afrikas. Frauenstaat und Mutterrecht der Bidyogo.* Berlin 1933a.

Bockhorn, Olaf: *Von Ritualen, Mythen und Lebenskreisen: Volkskunde im Umfeld der Universität Wien,* in: Völkische Wissenschaft. Gestalten und Tendenzen der deutschen und österreichischen Volkskunde in der ersten Hälfte des 20. Jahrhunderts. Hg. von W. Jacobeit, H. Lixfeld, O. Bockhorn. Wien 1994, S. 477–526.

Boléo, Manuel de Paiva: *Estudos de Linguística Portuguesa e Românica. I. Dialectologia e História da Língua.* Coimbra 1974.

Boléo, Manuel de Paiva: *Prof. Dr. Fritz Krüger (1889–1974),* in: Revista Portuguesa de Filologia, 17, 1–2 (1975–78), S. 1193–1207.

Cox, Heinrich L.: *Wechselseitige Beziehungen zwischen Dialektologie und thematischer Kartographie in der deutschen Volkskunde,* in: Dialektologie: Ein Handbuch zur deutschen und allgemeinen Dialektforschung. Hg. W. Besch. Band 1.2., Berlin 1983, S. 1579–1597.

Dias, A. Jorge: *Acerca do Atlas Etnográfico de Portugal,* in: Trabalhos de Antropologia e Etnologia, 11, 3–4 (1947), S. 352–357.

Dias, A. Jorge: *Vilarinho da Furna, uma aldeia comunitária.* Lissabon 1948, ²1981.

Dias, A. Jorge: *Os arados portugueses e as suas prováveis origens.* Porto 1948a.

Dias, A. Jorge: *Rio de Onor, comunitarismo agro-pastoril.* Lissabon 1953, ³1984.

Fabian, Johannes: *Out of Our Minds. Reason and Madness in the Exploration of Central Africa. The Ad. E. Jensen Lectures at the Frobenius Institute., University of Frankfurt.* Berkeley 2000.

GEPB *Grande Enciclopédia Portuguesa e Brasileira.* Lissabon / Rio de Janeiro o.J.

Heintze, Beatrix: *Alfred Schachzabels Reise nach Angola 1913–1914 und seine Sammlungen für das Museum für Völkerkunde in Berlin. Rekonstruktion einer ethnographischen Quelle.* Köln 1995 (Afrika-Archiv, 1).

Heintze, Beatrix: *Ethnographische Aneignungen. Deutsche Forschungsreisende in Angola.* Frankfurt a.M. 1999.

Heintze, Beatrix: *Afrikanische Pioniere. Trägerkarawanen im westlichen Zentralafrika.* Frankfurt a.M. 2002.

Hell, Bertrand: *Rezension zu »K. Beitl und I. Chiva: Wörter und Sachen. Österreichische und deutsche Beiträge zur Ethnographie und Dialektologie Frankreichs. Ein französisch-deutsch-österreichisches Projekt,* in: Etudes Rurales, 127–128 (1992), S. 231–243.

Krieger, K. & G. Kutscher: *Westafrikanische Masken.* Berlin 1961.

Lautensach, Hermann: *Die Iberische Halbinsel.* München 1964.

Leal, João: *Mapping Mediterranean Portugal: Pastoral and Counter-Pastoral,* in: Croatian Journal of Ethnology and Folklore Research, 36, 1 (1999), S. 9–31.

Lupi, João: *A concepção de Etnologia em Jorge Dias.* Braga 1984.

Oliveira, Ernesto V. de: *Prefácio,* in: Os arados portugueses e as suas prováveis origens, J. Dias. Lissabon 1982, S. 7–34.

Oliveira, Ernesto V. de, F. Galhano, B. Pereira: *Alfaia Agrícola Portuguesa.* Lissabon 1976.

Ribeiro, O., H. Lautensach, S. Daveau, Hg.: *Geografia de Portugal. I, II, III.* Lissabon 1987–1989.

Ribeiro, Orlando: *Hermann Lautensach e a Península Ibérica,* in: Finisterra Revista Portuguesa de Geografia, I, 1 (1966), S. 125–128.

Ribeiro, Orlando: *Hermann Lautensach (1886–1971),* in: Finisterra Revista Portuguesa de Geografia, VI, 12 (1971), S. 161–163.

See, Klaus von: *Barbar, Germane, Arier. Die Suche nach der Identität der Deutschen.* Heidelberg 1994.

Seidler, Christoph: *Wissenschaftsgeschichte nach der NS-Zeit: das Beispiel der Ethnologie. Die beiden deutschen Ethnologen Wilhelm Mühlmann (1904–1988) und Hermann Baumann (1902–1970).* Freiburg i.Br.: 2003, Magisterarbeit, online: http://www.ethno-im-ns.uni-hamburg.de/download/seidler_ma_arbeit.pdf (Stand: 25.06.2007).

Settekorn, Wolfgang: *Romanistik an der Hamburger Universität. Untersuchungen zu ihrer Geschichte von 1933 bis 1945,* in: Hochschulalltag im Dritten Reich. Die Hamburger Universität, 1933–1945. Hg. von E. Krause, L. Huber, H. Fischer. Berlin / Hamburg 1991, S. 757–774 (Hamburger Beiträge zur Wissenschaftsgeschichte, 3–II).

Sobral, José Manuel: *O outro aqui tão próximo: Jorge Dias e a redescoberta de Portugal pela antropologia portuguesa (anos 70–80 do século XX),* in: Revista de História das Ideias, 28 (2007) S. 479–526.

Stocking Jr., George W.: *Do Good, Young Man. Sol Tax and the World Mission of Liberal Democratic Anthropology,* in: Excluded Ancestors, Inventive Traditions. Essays Toward a More Inclusive History of Anthropology. Hg. von R. Handler. Madison, WI 2000, S. 171–264.

West, Harry G.: *Inverting the Camel's Hump. Jorge Dias, His Wife, Their Interpreter, and I,* in: Significant Others: Interpersonal Commitments in Anthropology. Hg. von R. Handler, S. 51–90. Madison, WI 2004, S. 51–90.

Klaus Schriewer

Touristen, Ausländer oder Immigranten?
Zur sozialen Konstruktion des Nordeuropäers in Spanien

Die Stadt Alhama in der spanischen Region Murcia erlebt schwierige Zeiten, die Bevölkerung ist in zwei Lager gespalten. Alles begann damit, dass die Baufirma »Polaris World« vorschlug, einen Golfplatz mit mehr als 35.000 Wohnungen zu errichten. Käufer solcher Immobilien sind vor allem Nordeuropäer, die sich dann mehr oder weniger lange Perioden des Jahres in Spanien aufhalten. Voraussetzung für das Vorhaben war eine Modifizierung des lokalen Bebauungsplans, und weil diese in den öffentlichen Versammlungen des Gemeinderates verhandelt werden musste, wurde dieser Bebauungsplan zum Anlass der öffentlichen Auseinandersetzung. Hier trafen die Argumente für und gegen den Vorschlag aufeinander, soweit diese öffentlich geäußert werden konnten. Man sprach hier über die ökonomischen Auswirkungen des Bauvorhabens auf die Gemeinde und die lokale Wirtschaft, über die Vorteile für die Besitzer der betroffenen Ländereien, über die Wasserversorgung sowie über die Folgen für die Landschaft.

Alhama ist kein Einzelfall, vielmehr ist diese Gemeinde paradigmatisch für die bis zur Krise vom sogenannten Fortschritt träumenden Gemeinden der spanischen Ostküste. Paradigmatisch nicht nur, weil der Bau des besagten Golfplatzes letztendlich genehmigt wurde, sondern auch aufgrund der Diskursführung. In den Debatten über neue Wohnsiedlungen beschränken sich die Argumente in der Regel auf die wirtschaftlichen Auswirkungen (öffentliche Einnahmen, die lokale Wirtschaft, Arbeitsplätze etc.) und die ökologischen Folgen (Umwelt, Landschaft, Wasserversorgung). Überraschend ist, dass die sozialen und kulturellen Implikationen in diesen Debatten nicht thematisiert worden sind. Dies ist verwunderlich, da in einer Gemeinde wie Alhama, mit seinen knapp 20.000 Einwohnern die Ansiedlung einer fast ebenso großen Bevölkerungsgruppe unweigerlich Auswirkungen auf das Alltagsleben der Bewohner haben muss.

Im Fall von Alhama fehlte sowohl auf Seiten der Befürworter als auch auf Seiten der Kritiker der politische Wille, über die zukünftigen Auswirkungen auf das soziale und kulturelle Leben der Kleinstadt zu sprechen. Ich betone dies, da alle im Gemeinderat vertretenen Parteien von einer Forschergruppe den Vorschlag unterbreitet bekamen, die Debatte mit einer anthropologischen Studie über die Einstellungen der Bevölkerung zu ergänzen. Allerdings reagierte keine der Parteien auf diesen Vorschlag. Scheinbar widersprach eine solche Studie den politischen Interessen.

Ein eindeutiges Beispiel für die Veränderungen, die die Ansiedlung der Nordeuropäer mit sich bringt, ist die lokale Politik selbst. Denn die EU garantiert ihren Bürgern das lokale Wahlrecht. Entlang der spanischen Ostküste finden sich Orte, in denen mittlerweile die Anzahl der nicht-spanischen Europäer die der einheimischen Bevölkerung übersteigt. Vielerorts engagieren sich die neuen Mitbürger in der lokalen Politik und verändern die bisherigen Strukturen tiefgreifend. Dieses Beispiel aus dem politischen Leben illustriert, dass es notwendig ist, die sozialen und kulturellen Implikationen in diesem Feld zu bedenken.

Es ist eine der Aufgaben der Sozial- und Kulturwissenschaften das Zusammenleben zwischen den neuen nordeuropäischen Mitbürgern und der einheimischen spanischen Bevölkerung zu untersuchen. Es handelt sich um einen komplexen Forschungsbereich, der vom »kulturellen Gepäck« ausgeht, das jeder mit sich trägt. Dieses »kulturelle Gepäck« beeinflusst, welche sozialen Grenzen wir ziehen, und es trägt zur Entstehung von Stereotypen und Identitäten, Alltagspraktiken sowie Interaktions- und Kommunikationsgewohnheiten bei.

Die theoretische Konzeption dieses Forschungsgebietes wurde von verschiedenen Tendenzen geprägt. In ihrem Kontext ist die Idee des Historikers Benedict Anderson zu stellen, der Gemeinschaften als imaginär definiert.[1] Anderson sieht Gemeinschaften also nicht als etwas Gegebenes an, sondern als ein soziales Konstrukt, das sich immer wieder von neuem bildet. In gewisser Hinsicht wurde die Idee Andersons bereits von dem Anthropologen Frederik Barth[2] vorweggenommen. Dieser behauptet, dass die Konstruktion von Grenzen ausschlaggebend für die Bildung einer Gruppenidentität ist, die folglich nicht auf objektiven kulturellen Eigenschaften beruht. Nach Barth ist es also die Grenzziehung (und nicht angebliche objektive Unterschiede wie Kleidung oder Sprache), die zur Schaffung verschiedener sozialer Gruppen führt. Barths Vorstellung ist in den ethnologischen Disziplinen und dort insbesondere in der Migrationsforschung fortgeführt worden, und eine Reihe junger Forscher geht der Grenzziehung als einem permanenten Prozess der sozialen Konstruktion nach.[3]

Mit diesem Artikel möchte ich auf einen kleinen Teil dieses breiten Forschungsgebietes eingehen. Ich versuche zu ermitteln, wie die spanische Bevölkerung jene Gruppe sozial konstruiert, die in einer ersten, ungenauen Annäherung als »Nordeuropäer« bezeichnet werden kann. Dabei geht es um die in der spanischen Bevölkerung bestehenden Wahrnehmungen von Vorstellungen und Einstellungen zu anderen EU-Europäern. Diese wiederum gilt es, gesellschaftlich und in ihrer zeit-

---

1   Anderson, Benedict: *Imagined communities. Reflections on the origin and spread of nationalism.* London, New York 1983.
2   Barth, Frederik: *Ethnic groups and boundaries: The social organization of culture difference.* Bergen 1969.
3   *Ethnizität und Migration. Einführung in Wissenschaft und Arbeitsfelder.* Hg. von Brigitta Schmidt-Lauber. Berlin 2007.

geschichtlichen Entstehung zu verfolgen. Der Aufbau des Artikels basiert auf der primär durch zwei Faktoren beeinflussten nordeuropäischen alltäglichen Wahrnehmung, nämlich einerseits auf der Gleichzeitigkeit von Altersmigration und Arbeitseinwanderung und andererseits auf der vermeintlichen Nähe zum Tourismus.

Die Wahrnehmung der Nordeuropäer im Kontext der Immigration

Seit den 1980er-Jahren lassen sich in Spanien zwei Formen der Immigration beobachten. Einerseits wurde das Land zu einem der wichtigsten europäischen Zielländer für Migranten auf der Suche nach Arbeit und Wohlstand. Die Protagonisten dieser Immigration sind Nordafrikaner, insbesondere Marokkaner, und Lateinamerikaner. Seit Mitte der 1990er-Jahre macht sich auch die Einwanderung aus Osteuropa und aus Ländern südlich der Sahara bemerkbar. Andererseits ist Spanien zum bedeutendsten Ziel einer Migrationsbewegung geworden, die ich europäische Wohlfahrtsmobilität[4] nenne, und die sich aus Bürgern der reichen Staaten Westeuropas rekrutiert …

Diese beiden Formen der Immigration entstanden zeitgleich. Diese Tatsache muss berücksichtigt werden, wenn man von der Wahrnehmung und Kategorisierung der Nordeuropäer und der Konstruktion des Bildes dieser neuen Mitbürger spricht. Das wechselseitigen Beziehungen zwischen Wohlfahrtsmobilität und Arbeitsmigration sind zudem vor dem Hintergrund eines Landes zu sehen, das bis vor kurzem ein Auswanderungsland war und keinerlei nennenswerte Erfahrungen mit Immigranten hatte, die langfristig in Spanien bleiben wollten. Die spanische Bevölkerung musste sehr plötzlich mit dem Wandel von einer ethnisch mehr oder weniger homogen wahrgenommenen Gesellschaft (abgesehen von den Zigeunern, die historisch marginalisiert wurden)[5] zu einer Gesellschaft umgehen, die ganz dem internationalen Diskurs folgend als multikulturell beschrieben wird.

---

4   Es sind verschiedene Bezeichnungen für das Phänomen vorgeschlaen worden. So spricht der britische Gerontologe Anthony Warnes von retirement-migration, die deutschen Migrationsforscher Kaiser und Friedrich von Ruhesitzwanderung. Zum Begriff Wohlstandsmobilität siehe: Schriewer, Klaus; Rodes, Joaquín: *Die offizielle und die verborgene europäische Wohlstandsmobilität. Behördliche Registrierung und individuelles Meldeverhalten von EU-Bürgern in der Region Murcia (Spanien).* In: IMIS Beiträge 33 (2008), S. 85–104. Warnes, Anthony M.: *Permanent and seasonal international retirement migration: the prospects for Europe.* In: Netherlands Geographical Studies, 173 (1994), S. 69–81. Kaiser, Claudia; Friedrich, Klaus: *Deutsche Senioren unter der Sonne Mallorcas: das Phänomen Ruhesitzwanderung.* In: Praxis Geographie 2/2002, S. 14–19.

5   Die Idee eines homogenen Spaniens hat sich seit der Transition durch die Identitätspolitik einiger autonomer Regionen relativiert, aber im Kontext dieser Untersuchung, die sich auf die spanische Mittelmeerküste konzentriert, ist die doppelte Identität (spanisch/regional) nicht von Bedeutung.

Das gleichzeitige Bestehen von europäischer Wohlfahrtsmobilität und Arbeitsmigration ist keine Besonderheit der Region Murcia, sondern lässt sich entlang der gesamten spanischen Mittelmeerküste von Barcelona bis Cádiz sowie auf den Balearen und den Kanaren beobachten. Der Soziologe Peré Salvá Tomás spricht mit Blick auf dieses Phänomen von einem »Neuen Kalifornien«[6], das sich dadurch auszeichne, dass hier ältere Einwanderer aus dem Norden und Einwanderer aus dem Süden zusammentreffen; die einen auf der Suche nach einem angenehmen Klima, und die anderen auf der Suche nach Arbeit. Das Bild deutet die Problematik an, wenngleich es nicht ganz stimmig ist, denn in Spanien ist die Arbeitsmigration eine Wanderungsbewegung gering qualifizierter Personen, die in nichtqualifizierten Tätigkeiten ihr Auskommen finden, während die Arbeitsmigration im amerikanischen Kalifornien sich durch ein Nebeneinander gering qualifizierter und hochqualifizierter Arbeitskräfte auszeichnet.

Bereits anhand dieser kurzen Beschreibung der Mobilitätsströme nach Spanien lässt sich erkennen, dass es mir unmöglich war, auf eine weitgehende Kategorisierung zu verzichten. Von Nicht-Europäern und Europäern zu sprechen, Nationalitäten, geographische Regionen oder die Herkunft für die Beschreibung von Personen zu benutzen, sind kaum vermeidbare Praktiken, die implizit soziale Realitäten schaffen.

So auch in diesem Falle. Als erstes lässt sich beobachten, dass die soziale Konstruktion von Gruppen im Migrationskontext die benennt, die auf der Suche nach Arbeit und Auskommen sind, und dabei diejenigen zusammenfasst, die aus nicht-europäischen oder osteuropäischen Ländern stammen. Diese Kategorisierung findet sich eindeutig im alltäglichen Sprachgebrauch der murcianischen Bevölkerung wieder: Der Begriff »inmigrante« (Immigrant) wird beinahe ausschließlich benutzt, wenn von Personen mit den eben genannten Merkmalen die Rede ist. Gruppen, wie die Nordeuropäer, sind in der Alltagskommunikation nicht Teil dieser Kategorie. Vielleicht wäre dies anders, wenn interregionale Migrationsströme innerhalb Spaniens dominieren würden. So aber wird der Begriff »inmigrante« jedoch im allgemeinen für Personen aus anderen Staaten benutzt.

---

6 Salvá Tomás, Pere: *The Complex Human Mobility Flows in the Mediterranean Region: The Case of the Balearic Islands as Phenomenon Type ›New California‹*. In: Human Mobility in a Borderless World? Hg. von Armando Montanari, Rom 2002, S. 243–258.

Die Arbeitsimmigration und die europäische Mobilität älterer Menschen verwandeln Südspanien in ein ›Neues Kalifornien‹. Die soziale Wahrnehmung dieser verschiedenen Gruppen, die nach Spanien kommen, entsteht in diesem Kontext (Foto: Klaus Schriewer).

Wenn in der Alltagssprache von »inmigrante« gesprochen wird, impliziert dieser Begriff in seiner Hauptbedeutung keine diskriminierenden Konnotationen. Es muss berücksichtigt werden, dass Immigration für lange Zeit von der spanischen Bevölkerung als etwas Notwendiges und Unumgängliches wertgeschätzt wurde.

Trotz alledem steht zu bedenken, dass die soziale Konstruktion deutlich zwischen verschiedenen Herkunftsregionen und Nationalitäten unterscheidet. Man spricht von Lateinamerikanern, Nordafrikanern und »subsaharianos«, was die wachsende Gruppe von Afrikanern bezeichnet, die aus dem Gebiet südlich der Sahara nach Spanien einreisen. Im Falle einer detaillierteren Differenzierung wird dann häufig auf das Kriterium der Nationalität zurückgegriffen.

Diese soziale Landkarte der Immigranten ist mit einer sehr differenzierten Akzeptanzskala verbunden. Die Migranten unter den Nicht-Europäern, die am ehesten toleriert werden, sind die Lateinamerikaner; nicht nur die Argentinier, die als fast wie Europäer betrachtet werden, sondern auch die große Gruppe der Ecuadorianer und Bolivianer. Viele Spanier begründen ihre positive Einschätzung mit drei Argumenten: Die Lateinamerikaner sprechen dieselbe Sprache oder zumindest Portugiesisch, stammen in der Regel aus einem katholisch geprägten Kontext und haben im Allgemeinen eine ähnliche Kultur. Letzteres Argument ist nicht nur in der spanischen Bevölkerung weit verbreitet, sondern es bildet auch eine der Säulen der traditionell sehr engen Beziehungen zwischen Spanien und den lateinamerikanischen Ländern.

Mit vielen dieser Länder hat Spanien Abkommen abgeschlossen, die die Möglichkeit vorsehen, eine doppelte Staatsbürgerschaft anzunehmen. So besagt der Vertrag über die doppelte Staatsbürgerschaft zwischen Spanien und Ecuador aus dem Jahre 1964, dass

›1. – Spanier und Ecuadorianer Mitglieder einer Gemeinschaft sind, die durch eine Identität der Traditionen, Kultur und Sprache charakterisiert ist;

2. – dieser Umstand dazu führt, dass sich die Spanier in Ecuador und die Ecuadorianer in Spanien nicht als Ausländer fühlen‹.[7]

Die durch den Staat geförderte und in der Bevölkerung verbreitete Akzeptanz zeigt sich auch in der von den spanischen Zigeunern für die beiden Gruppen benutzen Bezeichnungen. In ihrer Umgangssprache bezeichnen sie die Spanier als »payos« und die Südamerikaner als »payo ponys«. Der Wortzusatz »pony« hat eine einfache Erklärung: die Zigeuner sehen die Südamerikaner als Personen mit einem niedrigeren Wuchs an als die payo-Spanier, und da die Pferdehaltung unter den Zigeunern verbreitet ist, wählten sie dieses Wort, um ihrer Wahrnehmung Ausdruck zu verleihen. Die Tatsache, dass die Zigeuner, die weiterhin als eine marginalisierte Gruppe in der spanischen Gesellschaft leben, den Namen »payo« für die Südamerikaner benutzen, zeigt, dass sie jene als Teil der spanischen Gesellschaft ansehen oder zumindest als eine dieser Gesellschaft nahe stehende Gruppe.

Trotzdem lässt sich in der kurzen Geschichte der lateinamerikanischen Immigration ein Wandel hinsichtlich ihrer Akzeptanz auf Seiten der Spanier erkennen. Die Ereignisse in der ca. 10.000 Einwohner umfassenden Gemeinde von Totana sind symptomatisch für diesen Prozess. Als sich die ersten Latinos Mitte der 1990er-Jahre in der Gemeinde niederließen, erhielten sie durch verschiedenen Demonstrationen große öffentliche Unterstützung. Die Zahl der Immigranten, auch der irregulären, wuchs rapide. Diese Begeisterung wich schnell einer Ernüchterung, deren Gründe nicht bekannt sind, und nur ein Jahr später kam es zu Demonstrationen gegen die Immigration, die inzwischen als massiv wahrgenommen wurde. Mittlerweile hat sich die Atmosphäre (wieder) beruhigt und das Zusammenleben von Spaniern und Ecuadorianern vollzieht sich ohne größere Konflikte, aber die anfängliche Euphorie ist verflogen. Trotz dieser Entwicklungstrends sind die Lateinamerikaner weiterhin die von der spanischen Bevölkerung am meisten akzeptierte nicht-europäische Immigrantengruppe.[8]

---

7 Abkommen über die doppelte Staatsbürgerschaft zwischen der Republik Ecuador und dem Königreich Spanien vom 4. März 1964. Für en Hinweis danke ich Juan Ignacio Rico. Siehe auch: Becerra, Rico; Ignacio, Juan: *El inmigrante »enfermo«*. Murcia 2009.

8 Zur Migration in Spanien siehe auch: Barbara Laubenthal: *Der Kampf um Legalisierung. Soziale Bewegungen illegaler Migranten in Frankreich, Spanien und der Schweiz*. Frankfurt 2007.

Dies ist anders im Falle der Nordafrikaner. Schon im Sprachgebrauch deutet sich eine negative linguistische Abgrenzung an: Die Marokkaner und andere Nordafrikaner werden von den Spaniern häufig als »moros« (Mauren) bezeichnet, in den oberen wie unteren Schichten der Gesellschaft. Es handelt sich hierbei um einen Begriff, der die gesamte Geschichte der nicht immer friedlichen Beziehungen zwischen den Spaniern und ihren muslimischen Nachbarn durchzieht. So weist der unter Spaniern verbreitete Nachname »Matamoros« (Maurentöter) auf den kriegerischen Kontext dieser Beziehungen hin. Der Schutzheilige Spaniens, Santiago, der den Beinamen »Matamoros« trägt, symbolisiert die in einem nicht kleinen Teil der spanischen Bevölkerung bestehende Ablehnungshaltung und Wahrnehmung tiefgreifender kultureller Unterschiede. Diese empirischen Beispiele zeigen, dass soziale Konstrukte sich immer aus bereits existierenden und geerbten Ansichten entwickeln. Bezeichnend ist dabei, dass bei der Verwendung dieses Begriffs immer wieder darauf verwiesen wird, dass der Begriff ›moro‹ im Mittelalter ein Fachterminus ohne diskriminierende Konnotationen war. Heute hingegen ist der Begriff ›moro‹ eindeutig negativ konnotiert.[9]

Die Nachbarn aus dem nahen Nordafrika waren die erste nicht-europäische Immigrantengruppe, die Ende der 1980er-Jahre auf die Iberische Halbinsel kam. Viele von ihnen reisten ohne Papiere nach Spanien ein und arbeiteten in der Landwirtschaft der Mittelmeerküste, die zu dieser Zeit aufgrund der Schaffung verbesserter landschaftlicher Bewässerungsanlagen und der Öffnung der Märkte der anderen EU-Länder expandierte. Die einsetzende Konkurrenz mit den zwischen einheimischen und immigrierten Arbeitskräften war und ist indes relativ, da ein recht großer Teil der marokkanischen Immigranten, insbesondere jene ohne Papiere, in für Spanier unattraktiven Branchen arbeiten, wie der Landwirtschaft oder dem häuslichen Dienstleistungssektor. Sobald sie eine permanente Aufenthaltsgenehmigung erhalten, versuchen sie jedoch in für Spanier interessante Berufsfelder wie die Bau- und Hotelbranche zu wechseln, in denen durchaus ein Wettbewerb mit der einheimischen Bevölkerung besteht.

---

9   González Alcantud, José Antonio: *Lo moro: las lógicas de la derrota y la formación del estereotipo islámico*. Barcelona 2002; Santamaría, Enrique: *La incógnita del extraño. Una aproximación a la significación sociológica de la »inmigración no comunitaria«*. Barcelona 2002.

Die nordeuropäischen Einwohner werden nicht mit der wirtschaftlichen Immigration in Verbindung gebracht. Sie gelten deshalb nicht als Immigranten sondern schlicht als Ausländer (Foto: Klaus Schriewer).

Anders als die gerade genannten und als Immigranten bezeichneten Gruppen werden Bürger aus zentral- und nordeuropäischen Staaten nicht als Einwanderer wahrgenommen oder bezeichnet. Im Kontext einer durch nicht-europäische Arbeitsimmigration geprägten sozialen Realität werden die Nordeuropäer nicht unter dem Begriff Immigrant subsumiert. Die Grenzen sind nicht eindeutig – wie es gewöhnlich bei Alltagskonzepten der Fall ist – aber es lässt sich konstatieren, dass Bürger der west- und nordeuropäischen Mitgliedstaaten der Europäischen Union sowie Norweger und Schweizer in aller Regel nicht als Immigranten bezeichnet werden, während die Bürger jener Staaten, die 2004 der Europäischen Union beitraten – insbesondere Polen und Rumänien –, durchaus als Immigranten wahrgenommen werden.

Diese Wahrnehmung der Nordeuropäer außerhalb des Migrationskontextes spiegelt sich auch in der Sprache wider. Gewöhnlich werden die Nordeuropäer als »extranjeros« (Ausländer) bezeichnet oder – wenn auch weniger häufig – als »forasteros« (Fremder). Trotz der Ethymologie des Wortes, die uns zum Begriff des Fremden in der Alltagssprache führt, hat es keine negativen Konnotationen. Die Wahrnehmung der Nordeuropäer speist sich vielmehr aus drei Aspekten, die im Laufe des letzten Jahrhunderts entstanden sind: Erstens, die Bindungen, die bedeutsame Personen des sozialen Lebens (Intellektuelle, Wissenschaftler etc.) zwischen Spanien und den nordeuropäischen Ländern schufen. Hier kann man Spanier wie Angel Ganivet Garcia, José Maria Blanco White und José Ortega y Gasset nennen, Engländer wie Brenan und Ernest Hemingway oder den Dänen Hans Christian Andersen. Zweitens, die Erfahrungen der spanischen Emigranten, die Anfang der 1960er-Jahre auf der Suche nach Arbeit in die nördlichen Industrieländer auswanderten und dort für kürzere oder längere Zeit lebten. Hört man heute die Erzählungen der damaligen Migranten, die größtenteils nach Spanien zurückkehrten, so handeln diese zumeist von einem harten Leben, wobei die Länder Nordeuropas jedoch gleichzeitig als positiv dargestellt werden. Der dritte Faktor, der Einfluss auf die Wahrnehmung der Nordeuropäer in Spanien hat, beruht auf dem sich Anfang der 1970er-Jahre ausbreitenden Phänomen des Massentourismus. Es ist dieser dritte Faktor, der Tourismus, dem ich nachgehen möchte, da er einen besonderen Einfluss auf die Alltagserfahrung und damit auf die soziale Konstruktion des Nordeuropäers hat.

Die Konstruktion des Nordeuropäers als Tourist

Um diesen Aspekt zu behandeln, ist es notwendig von einer Beschreibung der Charakteristika auszugehen, die dem sozialen Typus des Touristen zugedacht werden. Eine Quelle, die sich für ihre Definition des Begriffs »Tourist« auf historische Dokumente bezieht, ist das Grimm'sche Wörterbuch. Unter dem Begriff »Tourist« liest man hier folgendes:

> Es handelt sich um eine modifizierung des französischen Wortes Tour ›Reise‹, das wie das englische Wort die Grundform einer Vielzahl neuer Wortkreationen war: das Wort Tourist findet sich bereits im Jahre 1800 im Englischen, im Jahre 1816 im Französischen; ins Deutsche wurde es in den dreißiger, vierziger-Jahren aus dem Englischen übernommen und breitete sich rasch aus. 1) In seiner ursprünglichen Bedeutung bezog sich der Begriff ›Reisender‹ auf eine Person, die zum Vergnügen und ohne festes Ziel *für* längere Aufenthalte in fremde Länder reist; häufig mit der Konnotation des reichen, vornehmen, unabhängigen Mannes.[10]

Diese Beschreibung des damaligen Gebrauchs des Begriffs »Tourist« enthält einige Elemente, die auch die heute nach Spanien reisenden Nordeuropäer charakterisieren. Wenn in der Definition im Grimm'schen Wörterbuch vom ›reichen, vornehmen und unabhängigen‹ Mann gesprochen wird, so wird hier Bezug auf die »Grand Tour« des 18. und 19. Jahrhunderts genommen, die zu jener Zeit innerhalb des Adels und des Bürgertums gängig war und eine besondere Praktik dieser sozialen Schichten darstellte. Die Reise Goethes nach Italien oder die Wanderung Hans Christian Andersens durch Spanien sind nur zwei der vielen Beispiele für derartige Touren, die ihre Reise mit dem Ziel verbanden, die Landschaften, Traditionen und Kulturen der bereisten Länder kennenzulernen. Definitionen des modernen Tourismus verweisen nicht mehr auf diese Schichtenzugehörigkeit der Reisenden. So wird der Begriff »Tourist« im Lexikon der Real Academia Española zum ersten Mal 1914 erwähnt und wie folgt definiert: »(Vom engl. ›touris‹) m. Reisender der ein Land zur Zerstreuung und Erholung bereist«.[11] Diese Definiti-

---

10 *Deutsches Wörterbuch.* Jacob und Wilhelm Grimm. Bd. 22. München 1999.

11 Real AcadémiaEspañola: *Diccionario de la lengua española.* http://buscon.rae.es/ntlle/SrvltGUI LoginNtlle [10.8.2009].

on des Begriffs umfasst lediglich Personen, die, ohne dass dies beruflich notwendig wäre, von einem Ort zu einem anderen ziehen. In diesem neuen Typus des Touristen spiegelt sich die sogenannte »Demokratisierung« des Reisens im 20. Jahrhundert wider. Nicht nur die privilegierten Schichten begeben sich nun in andere Länder, Schritt für Schritt erweitert sich dieser Trend auch auf die mittleren und unteren sozialen Schichten. Der Massentourismus ist geboren.

Nach dem Zweiten Weltkrieg, zur Zeit des sogenannten Wirtschaftswunders, entsteht eine neue Reisekultur. Die Nordeuropäer entdecken die Sommerferien und reisen in Wohnmobilen nach Italien. Als Spanien sich Ende der 1950er-Jahre internationalen Investitionen öffnet und die touristische Infrastruktur fördert, löst es Italien als wichtigstes europäisches Reiseland ab. Das Aufkommen von Charterflügen begünstigt diesen Wandel.

Mit dem Massentourismus beginnt der wirtschaftliche Aufschwung des Landes. Der Dienstleistungssektor entwickelt sich und die Baubranche wächst. Es werden Flughäfen und Autobahnen gebaut und die Küste wird urbanisiert. In der Bevölkerung werden die Touristen als Garanten der wirtschaftlichen Genesung angesehen, die das Land aus den Jahren der Armut und des Hungers herausführt. Deshalb sind sie willkommene Besucher. Sie bringen die dringend benötigten Devisen nach Spanien. Dabei wächst die Zahl der Touristen rapide, 1959 sind es 4.194.700 Personen, 1970 bereits 24.105.300 und 1980 schon 38.026.800 Spanientouristen.[12]

Der in großem Maße durch den Tourismus ausgelöste wirtschaftliche Aufschwung hat dazu geführt, dass die Spanier den nordeuropäischen Touristen, trotz der Vermassung des Phänomens, als gutsituiert ansehen und damit der zitierten Wörterbuchdefinition folgen. Grund für diese Wahrnehmung sind einerseits die Verbesserung der wirtschaftlichen Situation der Spanier und andererseits die unterschiedlich bewerteten Währungen. Die spanische Peseta hatte einen relativ geringen Wechselwert, was dazu führte, dass Spanien für die Nordeuropäer ein sehr attraktives Reiseziel wurde. Diese Situation änderte sich nicht bis zur Einführung des Euros. Doch auch darüber hinaus wird der Tourist weiterhin als eine ökonomisch gutsituierte Person angesehen.

Ein weiterer bereits im Lexikon der Gebrüder Grimm erwähnter Aspekt ist von Bedeutung für die Wahrnehmung des Touristen durch die Spanier: das Vergnügen. Doch im Gegensatz zu jener Wörterbuchdefinition, die noch von einer Bildungsreise ausgeht, welche Teil eines besonderen Bildungsprozesses der höheren Gesellschaftsschichten war, ändert sich die Definition mit dem Aufkommen des Massentourismus. Während die Vorstellung vom Reisevergnügen dort mit dem

---

12 Bote Gómez: *El desarrollo del turismo en España: cambio de rumbo y oportunidades científicas*. In: Revista Valenciana d'Estudis Autonòmics, nº25 (1998), S. 29–43. Moreno Garrido, Ana: *Historia del turismo en España en el siglo XX* . Madrid 2007.

Begriff ›Muße‹ bezeichnet werden konnte, resultiert die neue Definition des Vergnügens aus dem mit der Industrialisierung verbundenen Gegensatz von Arbeit und Freizeit. In der aktuellen Tourismusforschung ist deshalb auch intensiv die Frage behandelt worden, ob die Urlaubsreise nicht eine Flucht vom Alltagsleben mit seinen Anforderungen des täglichen Funktionierens ist.[13]

Für die Konstruktion des Nordeuropäers als Tourist spielt eine wesentliche Rolle, dass seine Unterhaltungs- und Urlaubskultur eine Art kulturelle Revolution in Spanien auslöste, einem Land, das bis dahin durch den Katholizismus geprägt war. Das wichtigste Symbol dieses Kontaktes mit der nordeuropäischen Freizeit-, Körper- und Unterhaltungskultur dürfte der Bikini sein. Ein Auszug aus dem ca. 1960 von dem Schriftsteller Rafael Azcona geschriebenen satirischen burlesken Roman *Die Europäer*[14] zeigt, welche ethischen Überzeugungen zu dieser Zeit aufeinanderstießen: Einer der Protagonisten des Romans, Miguel, beobachtet am Strand zwei füllige Frauen (›jamonas‹), sich über ein junges ausländisches Paar empören, das auf einer Luftmatratze in der Sonne liegt und sich küsst. Die Kommentare der Frauen erregen die Aufmerksamkeit weiterer Strandbesucher und zu guter Letzt rufen diese die Polizei, die das Spektakel beendet. In dem Roman zeigt diese Szene die Ablehnung des Protagonisten hinsichtlich der Moralvorstellungen der Spanier. Im weiteren Verlauf des Buches zeigt er uns, wie das Zusammentreffen von spanischer Prüderie und nordeuropäischer Freizügigkeit das Bild des Touristen beeinflusst hat und welche Irritationen die Kultur und das Verhalten der Touristen in der spanischen Gesellschaft ausgelöst hat.

Der Roman Azconas zeigt nicht nur das Zusammentreffen zweier unterschiedlicher Kulturen, sondern beschäftigt sich auch mit dem Bild der nordeuropäischen Frau. Der Roman ist eines der vielen Werke, die zum Entstehen des Topos der blonden, nordeuropäischen Frau beigetragen haben, die sich leicht bekleidet am Strand amüsiert und einem romantischen Abenteuer nicht abgeneigt ist (insbesondere mit einem südländischen Mann). Dieses Bild findet sich in Begriffen wie ›la sueca de Torremolinos‹ (die Schwedin von Torremolinos) wieder und die Behauptung erscheint nicht übertrieben, dass es die (erotischen) Fantasien einer ganzen Männergeneration sowie das kollektive Bewusstsein beeinflusst hat. Verschiedene Kinofilme der 1960er-Jahre behandeln dieses Thema in immer wieder neuen Variationen und haben so den Topos gefestigt. Die Touristin hat hier, abhängig von der jeweiligen Perspektive, entweder die Funktion einer kulturellen Provokateurin oder einer kulturellen Befreierin.

---

13 Enzensberger, Hans Magnus: *Einzelheiten I. Bewußtseins-Industrie.* Frankfurt 1964.
14 Azcona, Rafael: *Los europeos.* Paris 1960, S. 144.

In der Regel werden die Nordeuropäer mit dem Tourismus in Verbindung gebracht, was zu einer allgemeinen Aufwertung führt (Foto: Klaus Schriewer).

All diese Aspekte haben zur Entstehung eines eher positiven Bildes des Touristen beigetragen. Der wirtschaftliche Aufschwung und die kulturelle Öffnung einer Gesellschaft, die sich zuvor als statisch wahrnahm, sind verbunden mit den nordeuropäischen Touristen.

Wenn die älteren in Spanien ansässigen Nordeuropäer generell mit dem Tourismus in Verbindung gebracht werden, geschieht das zunächst, weil die Senioren aus den gleichen Ländern wie die Touristen stammen. Oft ist nicht zu erkennen, ob es sich um einen Touristen, der nur für eine begrenzte Zeit in Spanien ist und in einem Hotel abgestiegen ist, oder um eine Person handelt, die für eine längere Zeitspanne in Spanien bleibt und möglicherweise im eigenen Haus lebt.

Eine weitere unter den Spaniern verbreitete Meinung ist, dass die älteren Nordeuropäer, ebenso wie die Touristen, wohlhabend sind. Den für diese Meinung wohl glaubhaftesten Anhaltspunkt hat man bis zur aktuellen Wirtschaftskrise auf dem Immobilienmarkt finden können. Hier zeigte sich, dass sich die Nordeuropäer in der Regel teure Objekte leisten konnten.

Zudem sehen viele Spanier die neuen Mitbürger als Touristen an, weil sie eindeutig mit der Freizeit- und Ferienkultur in Verbindung stehen. Dieses Bild wird gestützt durch die Werbeanzeigen, insbesondere für Golfplätze, deren Fotos und Illustrationen eine Erlebnis- und Freizeitkultur assoziieren. Eine ähnliche Bewertung findet sich in der Forschungsliteratur. So charakterisieren Autoren wie Hall und Williams die Migration der älteren Nordeuropäer als ›Consumption-led Mobility‹.[15]

Trotzdem scheint die Frage des Freizeitvergnügens in ihrer modernen Bedeutung im Falle der Senioren sehr spezifisch. Viele von ihnen sind Rentner und gehen keiner bezahlten Beschäftigung nach. Der Gegenpol Arbeit den die Tourismusforschung hervorgehoben hat, ist in diesem Fall nicht existent, da das berufliche Leben nicht den Gegenpol des Alltags bildet. Das Leben in Spanien kann nicht als ›die besten Wochen des Jahres‹ bezeichnet werden, von denen man wieder zur Arbeitsroutine zurückkehren muss – wie es die Beschäftigten tun, sondern um Altersruhe.

Im Alltagsleben der einheimischen Bevölkerung in den spanischen Küstenregionen ist die Begegnung mit den Nordeuropäern Routine, im Inland jedoch noch nicht so häufig. Die Nordeuropäer werden allerdings in beiden Zonen sehr ähnlich wahrgenommen und dies beeinflusst massiv die Entstehung des Bildes dieser Gruppe. Wenn ich mit Spaniern über die »guiris« (umgangssprachlicher Ausdruck für nordeuropäische Touristen) spreche, treffe ich immer wieder auf das Klischee, dass diese sich anders kleiden, insbesondere an den Füßen. Obwohl es sich um ein Stereotyp handelt, da es nicht auf alle Nordeuropäer zutrifft, stimmt doch, dass das Tragen von Sandalen mit Socken bei den Spaniern zu Irritationen führt. Es lässt sich einwenden, dass dieser Umstand nicht über das Anekdotenhafte hinausgeht, klar ist aber auch, dass auffällige und offensichtliche Merkmale von Bedeutung für unsere Wahrnehmung anderer Menschen sind.

Ein weiterer Aspekt, der Einfluss auf die Gleichsetzung von Nordeuropäern und Touristen hat, findet sich in den Strategien der Immobilien- und Baubranche. Es ist verständlich, dass diese Unternehmen ein Bild von ihren nordeuropäischen Klienten wollen, das diese nicht mit der Immigration, sondern dem Tourismus in Verbindung bringt.

Dabei kommt ihnen das aus der Forschung stammende Konzept des »turismo residencial«, d.h. des Residenztourismus entgegen. Es kann nicht überraschen, dass Polaris World, das größte Unternehmen der Branche in Murcia, sich als »Nummer 1 im Residenztourismus« präsentiert und nicht als »Nummer 1 in europäischer Migration«. Dies ist lediglich ein Beispiel, das zeigt, wie die Kommunikationsmedien zu einem beträchtlichen Teil zur Entstehung des Bildes der Nordeuropäer als Touristen beitragen.

---

15 Williams, Allan A.; Hall, Michael: *Tourism, migration, circulation and mobility: The contingence of time and place.* In: Tourism and Migration. New relationships between Production and Consumption. Hg. von Allan A. Williams, Michael Hall. Dordrecht 2002, S. 1–5.

Fazit

Ausgehend von der Annahme, dass soziale Bilder kontinuierlich in der Sprache und der alltäglichen Wahrnehmung produziert und reproduziert werden, wurde die Beobachtung analysiert, dass die spanische Bevölkerung die Nordeuropäer, die in Spanien Immobilien erwerben und während des Jahres für mehr oder weniger lange Zeiträume im Land leben, mit generell positiven Attributen beschreibt.

Dies wird vor dem Hintergrund der Einstellungen gegenüber der internationalen Immigration nach Spanien diskutiert, in deren Kontext sich Unterschiede zwischen Einwanderern aus wirtschaftlich schwachen insbesondere nicht europäischen Regionen und aus zentral- und nordeuropäischen Ländern entwickelt haben. Hier liegt die Schlussfolgerung nahe, dass die Spanier die Nordeuropäer mit dem Tourismus und dessen wirtschaftlichen, sozialen und kulturellen Auswirkungen in Verbindung bringen.

Sabine Zinn-Thomas

»Region« Oberhessen?
Bemerkungen zu einem räumlichen Konstrukt an einem konkreten Beispiel

Mit »Menschen in ihren Regionen« hat sich Max Matter sein ganzes Forscherleben über auseinandergesetzt. Im Mittelpunkt stand für ihn die Erkenntnis,

> beim Bestreben, das Regionale zu betonen, nicht die größeren Zusammenhänge aus den Augen zu verlieren und nicht den Eindruck aufkommen zu lassen, Regionen seien schon immer und quasi natürlich gegeben gewesen, denn wir wissen, Regionen sind von Menschen gemacht und wer sich auf Region bezieht, tut dies meist mit ganz bestimmten Absichten. Region bedeutet in verschiedenen – auch wissenschaftlichen – Lebenswelten d.h. konstruierten Wirklichkeiten, je und je verschiedenes.[1]

Regionen als erkenntnistheoretische Konstrukte sind abhängig vom »Zweck einer Operation: von theoretischen Überlegungen, empirischen Untersuchungen, historischer Rekonstruktion, wirtschaftspolitischer, ökologischer oder sozialer Planung. Sie können also immer nur aufgrund einzelner isolierter Merkmale (Indikatoren) definiert werden.«[2] Zu diesem objektivistischen Konstrukt aus Funktion(en) und Raum tritt ein in dem Einzelnen ausgebildetes Bewusstsein, ein subjektives Moment hinzu. Von daher stellt Region vor allem ein Geflecht von Menschen dar, sie ist derjenige Bereich, in dem u.a. Biografie und Gesellschaft miteinander verknüpft sind.

Am Beispiel von Oberhessen, einer Region, die als Verwaltungseinheit längst aufgehört hat zu existieren, die aber im Bewusstsein vieler vor Ort immer noch präsent ist, wird nach deren Funktion (z.B. »Heimat«, Erinnerungsraum, Marketinginstrument) sowie gegenwärtigem Gebrauchswert gefragt. Dabei soll auch herausgearbeitet werden, welche Konstruktionen von Region bzw. von Oberhessen als Kulturraum – im

---

1   Max Matter: *Menschen in ihren Regionen*. In: *Grenzen – grenzenlos. Bildungspolitische Ziele an regionalen Freilicht- und Industriemuseen*. Hg. vom Verein Hohenloher Freilandmuseum e.V. Schwäbisch Hall 1998 (Hohenloher Freilandmuseum – Kleine Schriften 10), S. 9–30, hier S. 27.

2   Knoch, Peter: *Was ist eine Region? Zum Problem der Gegenstandsbestimmung einer Didaktik der Regionalgeschichte*. In: *Heimat oder Region? Grundzüge einer Didaktik der Regionalgeschichte*. Hg. von Peter Knoch und Thomas Leeb. Frankfurt a.M., Berlin und München 1984, S. 8–14, hier S. 9.

weitesten Sinne also volkskundliches Forschen und (ethnografisches) Wissen seit Mitte des 19. Jahrhunderts – heute noch wirkmächtig und prägend sind.

Verortung der Region Oberhessen

»Wer iwes eabbes eas, eas ean Owerhess«, lautet ein mundartlicher Spruch, der vor allem der regionalen Selbstvergewisserung und -behauptung dienen soll und heute noch in der Region um den Vogelsberg gebräuchlich ist. Doch »die Oberhessen« gibt es eigentlich nicht, wie auch Oberhessen als verwaltungspolitische Einheit bereits 1937/38 aufgehört hat zu existieren. Dennoch hält sich diese Bezeichnung hartnäckig und wird heute noch benutzt, sei es im Namen für eine regionale Messe in Marburg, die sogenannte »Oberhessenschau« (seit 1988), oder für die Tageszeitung »Oberhessische Presse«, die im Kreis Marburg-Biedenkopf erscheint. Oberhessen wird aber auch als Herkunftsbezeichnung für Wurst- und Backwaren angeführt und gilt als Gütesiegel für »hausgemachte« Produkte, wie sie vor allem auf den sogenannten Bauern-Märkten in Frankfurt, Gießen oder Marburg angeboten werden.[3] Das Oberhessische Museum, für dessen Besuch die Stadt Gießen wirbt, und welches bereits 1979 auf ein hundertjähriges Bestehen zurückblicken konnte, setzt wiederum ganz andere Assoziationen frei, suggeriert die Bezeichnung doch, dass es sich hier scheinbar um einen weitgehend abgeschlossenen und in sich homogenen Raum handeln muss, den es tatsächlich einmal gegeben hat oder sogar noch gibt, und wofür die ausgestellten Sammlungen Zeugnis ablegen.

Zu Beginn des 13. Jahrhunderts bestand die Landgrafschaft Hessen aus zwei größeren, in sich zusammenhängenden Gebieten: Der nördliche Landesteil um Kassel wurde als Niederhessen, der südliche Landesteil mit dem Mittelpunkt Amöneburg als Oberhessen bezeichnet. Nach Ende des Dreißigjährigen Krieges wurde der nördliche Teil des alten oberhessischen Landes mit Marburg, Kirchhain, Frankenberg und auch Ziegenhain Landesteil der Landgrafschaft Hessen-Kassel, ab 1815 Kurfürstentum Hessen, während der südliche Teil mit Gießen, Grünberg, Alsfeld und Butzbach zur Landgrafschaft Hessen-Darmstadt, ab 1806 Großherzogtum Hessen, kam. Bis 1866 gab es nun zwei verschiedene Landesteile, die sich Oberhessen nannten.

Entwickelte sich das darmstädtische Oberhessen zum geschlossenen Gebiet der Provinz Oberhessen mit Gießen als Hauptstadt, wurde das kurhessische Oberhessen ebenfalls zu einer eigenen Provinz Oberhessen im Kurfürstentum. Allein erstgenannte blieb im Großherzogtum Hessen-Darmstadt (bis 1918) und auch im Volksstaat Hessen eine verwaltungspolitische Größenordnung, wohingegen das nördli-

---

3   Siehe hierzu Gyr, Ueli: *Währschafte Kost. Zur Kulinarisierung von Schweizer Spezialitäten im Gastrotrend.* In: Österreichische Zeitschrift für Volkskunde 105 (2002), S. 105–123.

che Oberhessen in dem 1867 gebildeten preußischen Regierungsbezirk Kassel seine Bedeutung verlor und der Name zu einem reinen Landschaftsbegriff wurde.

Die darmstädtische Provinz Oberhessen umfasste bis zu ihrer Auflösung (1937/38) rund 3.300 km² mit ca. 350.000 Einwohnern in den Kreisen Gießen, Alsfeld, Schotten, Lauterbach, Büdingen und Friedberg. Seit 1981 wird die Region in der Mitte des Landes zwischen Nord- und Südhessen als Mittelhessen bezeichnet und zählt zum Regierungsbezirk Gießen. Zu diesem wiederum gehören der Kreis Marburg-Biedenkopf, der Vogelsbergkreis, der Lahn-Dill-Kreis, der Kreis Limburg-Weilburg und der Kreis Gießen.

Diese Markierungen bzw. Verortungen der Region Oberhessen geben zwar Auskunft über ihre Geschichte als Verwaltungseinheit und damit einhergehende Grenzziehungen, sie sagen jedoch nichts darüber aus, inwiefern diese Konstruktionen das regionale Orientierungswissen des Einzelnen vor Ort sowie dessen Selbstverständnis und Ortsbezogenheit beeinflussten oder gar prägten.

Die Region als Konstruktion im Raum

Regionen sind Konstruktionen im Raum, die einem steten Wandel unterliegen. Durch das erfahrende und wahrnehmende Subjekt, durch die Art der Erinnerung und der Deutung, die eine Gesellschaft an sie heranträgt wie auch durch mediale Diskurse wird erst die Region zur Region.[4] Von daher gilt es danach zu fragen, wer sich unter welchen Umständen wann auf Region bezieht.[5]

Die Beschäftigung mit Region, also gemachten Räumen, und Regionalisierung als einem Prozess, der Kultur in Räumen festmacht und vorgibt, eine bestimmte Kultur sei nur hier zu finden, hat im Fach Volkskunde/Europäische Ethnologie eine lange Forschungstradition. Dazu zählt auch eine in der Literatur regelmäßig konstatierte »Wiederkehr des Regionalen«.[6] Der Begriff der Region wurde dabei immer mehr Teil eines definitorischen Systems, welches die Beschreibung bzw. Zuschreibung und nicht die Erklärung räumlicher Phänomene ermöglichen sollte.[7]

---

4   Köstlin, Konrad: *Region in europäischen Modernen.* In: *Ort. Arbeit. Körper. Ethnografie Europäischer Modernen. 34. Kongress der Deutschen Gesellschaft für Volkskunde in Berlin vom 3.–5. Oktober 2003.* Hg. von Beate Binder u.a. Münster u.a. 2005, S. 119–126, hier S. 120.

5   Matter: *Menschen in ihren Regionen* (wie Anm. 1); Matter, Max: *Schwierigkeiten mit der »Region«. Gedanken zu Begriffsinhalt und -umfang, zu Alltags- und Wissenschaftssprache.* In: *Die Region der Kultur.* Hg. von Ronald Lutz. Münster 1998, S. 31–48.

6   *Die Wiederkehr des Regionalen. Über neue Formen kultureller Identität.* Hg. von Rolf Lindner. Frankfurt a.M. 1994.

7   Matter: *Schwierigkeiten mit der »Region«* (wie Anm. 5), S. 39.

Mit Region als »Heimaten der individualisierten Gesellschaft« beschäftigte sich von 1992 bis 1995 ein Forschungsprojekt mit Studierenden in Frankfurt.[8] In dem Untersuchungsvorhaben ging es um die Erforschung raumspezifischer Identitäten in zwei ausgewählten Landkreisen: dem Vogelsbergkreis (er umfasst einen Teil des früheren Oberhessens) und dem Main-Kinzig-Kreis. Neben Dokumenten- und Presseanalyse wurden standardisierte Befragungen und qualitative Interviews mit ca. 200 Probanden durchgeführt. Dabei wurden in dem zugrunde liegenden Raumorientierungsmodell alle Raumorientierungen als relevant für die Identitätsbildung, -bestätigung und -diffusion angesehen. Das heißt, dass die Identifikation mit einem Raum von der möglichen Befriedigung von Lebensbedürfnissen abhängig ist.[9] Region wird somit als »Handlungslandschaft« des Einzelnen gesehen, wobei davon ausgegangen wird, dass sich eine überlokale Identität aus einer aktiven, handlungsgeleiteten Erfahrung und Aneignung des Raumes bildet. [10]

Bei der Erforschung regionaler Identität geht es demnach nicht nur um die Erforschung von Ausdrucksformen eines Bewusstseins des Regionalen in der spezifischen Alltagswelt der Interviewpartner sowie um die Frage, »woraus entsteht und wie relevant ist Region?«[11], sondern auch darum zu analysieren, inwiefern der eigene Landkreis Handlungs- und Orientierungsebene sein kann. Die Studie zeigt, dass die »Region der individuellen Erfahrung und damit der Definitionsautonomie des Einzelnen unterliegt, zur individuell benennbaren und begrenzbaren Raumgröße wird« und es auf einer nicht-institutionalisierten Ebene wie der individuellen sich kaum Anzeichen für kollektive raumspezifische Identitäten analysieren lassen.[12]

Im Mittelpunkt des Forschungsinteresses stand hier vor allem die Art und Weise, wie Menschen Raum er- und verfassen, wie auch andere, eigene Territorien konstruieren. »Dem-Raum-Bedeutung-Verleihen« wurde als kultureller Akt und Text der Bewohner eines Territoriums verstanden. Es ging darum, die »Identität i n d e r Region nicht d e r Region« zu erforschen.[13] Ganz anders stellte sich dieses hundert Jahre zuvor in den Arbeiten des Kasseler Rektoren Carl Heßler dar, der selbstverständlich von einer oberhessischen Identität und Kultur der Region ausging, die es zu erforschen galt.[14]

8   Schilling, Heinz und Ploch, Beatrice: *Region. Heimaten der individualisierten Gesellschaft.* Frankfurt a.M. 1995 (Kulturanthropologie-Notizen 50).

9   Greverus, Ina-Maria: *Der territoriale Mensch. Ein literaturanthropologischer Versuch zum Heimatphänomen.* Frankfurt a.M. 1972. S. 382f.

10   Schilling und Ploch: *Heimaten* (wie Anm. 8), S. 71.

11   Ebd., S. 72.

12   Ebd., S. 146.

13   Ebd., S. 536 (Hervorhebungen im Original).

14   Heßler, Carl: *Hessische Landes- und Volkskunde. Das ehemalige Kurhessen und das Hinterland am Ausgange des 19. Jahrhunderts.* 2 Bde. Marburg 1904.

Während heute also von einer historischen und sozialen Gebundenheit von Raum bzw. Region ausgegangen wird, bei der es u.a. um Dekonstruktionen von wie auch immer gearteten Regionalidentitäten geht, basierte das Verständnis von Heßler auf einem Raumbegriff, der die volkskundliche Kulturraumforschung seit dem zweiten Drittel des 19. Jahrhunderts dominierte. Darin wird Raum »als euklidisches Gefäß oder Behälter […] als Modell für konkretes national-territoriales Gebiet genommen, dann als ›Behälter‹ kultureller Erscheinungen imaginiert, so beschrieben und damit auch festgeschrieben.«[15] Region wird dadurch zur relativ homogenen räumlichen (gewachsenen) Einheit mit einer einheitlichen Geschichte und Kultur und als ein deutlich abgegrenztes territoriales Gebilde gesehen, das zu dem einen eigenen »Menschenschlag« auszubilden scheint.

Oberhessen als Forschungsregion der Volkskunde

Heßler zufolge lokalisiert sich

> Oberhessen, wo heute ein noch von uns ganz verschiedener Menschenschlag lebt […] im weitesten Sinne um […] Marburg herum […] und umfaßt nicht nur das ganze Lahnflußgebiet von der Quelle bis etwa vor Lollar hin, sondern auch das ganze schöne Ober-Eddertal bis kurz hinter Wildungen und die reichen, 1450 zu Hessen gekommenen, Grafschaften Ziegenhain und Nidda, bis an den Spieß, […] sowie den ganzen, jetzt zumeist großherzoglich hessischen Nordwestabhang des Vogelsberges.[16]

Sein Beitrag basiert auf den Beschreibungen von zehn Gewährsleuten, überwiegend Lehrern aus der Umgebung von Marburg. Sie geben ausführlich Bericht darüber, was in Röddenau, Schweinsberg, Niederwetter, Vollmar, Amöneburg, Wehrhausen, Rothenditmold, Marburg und Dorsitter und Wetter im Hinblick auf Kleidung (Tracht) und Schmuck, Geburt, Jugend, Hochzeit und Begräbnis, Hausbau, Erntefest, Kirmes, Schlachtefest, Spinnstube, Handel, Dienstwechsel, Musterung, die Feste des Kirchenjahres, der »Glaube an Hexen«, Volksmedizin und Träume wie auch besondere örtlich begrenzte Feste üblich ist. Doch wurde bereits in der ersten zeitgenössischen Rezension von Wilhelm Schoof angemerkt, dass hier zwar umfangreiches Material angesammelt worden war, dies jedoch der Interpretation und methodischen-theoretischen Erschließung bedürfe.[17]

Ähnlich verhält es sich auch mit anderen frühen Arbeiten, die über diese Region entstanden sind. Sie basieren meist auf statistisch-kameralistischen Quellen, deren Auswertung sich jedoch häufig darauf reduziert, eine Kulturlandschaft Ober-

---

15 Johanna Rolshoven: *Von der Kulturraum- zur Raumkulturforschung. Theoretische Herausforderungen an eine Kultur- und Sozialwissenschaft des Alltags.* In: Zeitschrift für Volkskunde 99 (2003), S. 189–213, hier S. 191.

16 Ebd., S. 23f.

17 Siehe hierzu Schoof, Wilhelm: *Eine hessische Volkskunde.* In: Hessenland 18 (1904), S. 333.

hessen zu konstruieren, u.a. indem die dort lebenden Menschen entsprechend ihrer »Stammenseigenthümlichkeit« charakterisiert werden. Neben dem oberhessischen Glossar des Juristen Johann Georg Estor ist hier vor allem der Archivar Georg Landau (1807–1865) und seine Beschreibung des Kurfürstentums (1842) zu nennen.[18] Entsprechend seinen Vorstellungen von einer Landeskunde, bei der Geschichte und Geographie miteinander verbunden werden, charakterisiert er »die Oberhessen« als einen kräftigen Volksschlag, der »ehrwürdig durch seine Sitten, volksthümlich in seiner Tracht und fleissig in der Pflege seines Ackers und seines Viehes« sei.[19] Von ihm stammen auch die ersten Ausführungen über oberhessische Töpferkunst[20] sowie über den Hausbau[21] im Ebsdorfer Grund und Schwalmgrund.

Einen bildlichen Eindruck von dem dörflichen Leben Oberhessens vermittelt der Marburger Orientalist und Sprachwissenschaftler Ferdinand Justi (1837–1907), der insbesondere durch seine Bilder von den bunten Trachten der Schwalm bekannt wurde. Justis Zeichnungen und Aquarelle entstanden in den letzten drei Jahrzehnten des 19. Jahrhunderts und stellen eine der umfassendsten und eindrucksvollsten Dokumentationen der ländlichen Kultur Oberhessens dar. Viele Skizzen, die Justi auf Ausflügen in die Umgebung Marburgs unternahm, hat er zu typisierenden Darstellungen einer oberhessischen Bauernwelt zusammengestellt, als Abbildungen oder auch Nachbildungen der vergehenden ländlichen Lebensform.[22]

Anders als Justi, der »seine Studien der Kleidungsformen in ein Umfeld der Bauernstuben und Landschaften hineinkomponierte, in denen er das Eigentümliche, Besondere der bäuerlichen Kultur Oberhessens in der Zusammenstellung ausgewählter Einzelstücke zu rekonstruieren suchte und damit […] zu den tieferen historischen Schichten der Volksseele vorzudringen hoffte«[23], arbeitete Mathilde Hain (1901–1983) in ihrer exemplarischen Untersuchung des katholischen Trachtendorfes Mardorf die symbolische und emblematische Bedeutung der Kleidung im soziokulturellen System des bäuerlichen Alltags heraus. Sie geht darin von ei-

---

18 Landau, Georg: *Beschreibung des Kurfürstenthums Hessen.* Kassel 1842.

19 Zitiert nach Höck, Alfred: *Notizen zur hessischen Landes- und Volkskunde im 19. Jahrhundert.* In: Hessische Blätter für Volkskunde 60 (1969), S. 39–61, hier S. 42.

20 Landau, Georg: *Die Tongruben zu Großalmerode.* In: Zeitschrift des Vereins für hessische Geschichte und Landeskunde (1842), S. 353–363.

21 Ders.: *Der Hausbau.* In: Correspondenzblatt des Gesammt-Vereines der Deutschen Geschichts- und Alterthums-Vereine 6 (1857/58).

22 *Bilder aus oberhessischen Dörfern. Zeichnungen und Aquarelle des Marburger Orientalisten Ferdinand Justi (1837–1907). Katalog zur Sonderausstellung mit Beiträgen von Alfred Höck und Siegfried Becker.* Hg. von Jürgen Wittstock. Marburg 1987; Justi, Ferdinand: *Hessisches Trachtenbuch.* Marburg 1905.

23 Becker, Siegfried: *Hinwendung zum Volk. Die Anfänge der wissenschaftlichen Volkskunde in Hessen um 1900.* In: Archiv für hessische Geschichte 58 (2000), S. 233–257, hier S. 241; Hain, Mathilde: *Das Lebensbild eines oberhessischen Trachtendorfes. Von bäuerlicher Tracht und Gemeinschaft.* Jena 1936.

ner Raumgebundenheit aus, die sie zum einen mit den Gemarkungsgrenzen des Dorfes und zum anderen mit der »Tradition der Bauerngeschlechter« begründet. Als wichtigste Gemeinsamkeit beschreibt sie jedoch die religiöse Einheitlichkeit des Dorfes, welche »innerhalb einer landschaftlichen Einheit eine christliche Konfession gegen die andere absetzte. [...] Alle Vielheit der persönlichen Ausprägung zeigt im wesentlichen stets den gleichen religiösen Gehalt der Gruppe«.[24] Aus dieser Zusammenschau der »gemeinschaftsbildenden Momente« heraus analysiert sie den Stellenwert der Tracht für den Zusammenhalt des Dorfs.

Das Forschungsinteresse an der Region Oberhessen ist sowohl zeitlich wie auch personell eng verknüpft mit der Gründung der ersten Geschichtsvereine in Hessen zu Beginn des 19. Jahrhunderts. Interessierte Laien, Heimatforscher, Lehrer und Pfarrer begannen – meistens aus persönlichem Interesse – sich aus volkskundlicher Perspektive mit ihrer näheren Umgebung und Heimat zu beschäftigen. Im 1878 in Gießen gegründeten Oberhessischen Geschichtsverein entwickelte sich 1897 unter der Leitung des Germanisten Otto Behagel (1854–1936) eine eigene Abteilung für Volkskunde, die wenig später in Gießen zur Gründung der Hessischen Vereinigung für Volkskunde 1901 führen sollte. Die Umbenennung des Vereins wie auch des 1902 gegründeten Publikationsorgans, die durch den Gießener Professor für klassische Philologie Albrecht Dieterich betrieben worden war, trägt bereits sehr früh einem sich änderndem Regionalverständnis Rechnung, denn zukünftig soll nicht mehr von »hessischer Volkskunde«, sondern von »Volkskunde in Hessen« die Rede sein.

Im Publikationsorgan des Vereins, den Hessischen Blättern für Volkskunde, finden sich in nahezu jeder Ausgabe bis 1942 Aufsätze oder Beiträge zu oder über Oberhessen.[25] Eine Durchsicht aller Jahrgänge zeigt, dass das Themenspektrum den damals gültigen traditionellen volkskundlichen Kanon widerspiegelt. Es reicht von Glauben, Religion, Seelenkunde, über Sprache, Spottnamen, Sprichwörter, Mundart, Schwänke, Sagen, Volkslieder, Spinnstube, Tracht und Taufsitten bis hin zu Brunnen- und Wasserstellen und Flurnamen. Auffallend jedoch ist, und obwohl Arbeitsfeld und Einzugsgebiet der Hessischen Vereinigung für Volkskunde explizit beide Hessen – also die preußische Provinz Hessen-Nassau wie auch das Großherzogtum Darmstadt – umfasst, dass mit Oberhessen meistens die Region um den Vogelsberg mit seinen Ausläufern bezeichnet wurde. Hier richtete sich dann das Interesse vor allem auf die Bauerndörfer und die dort lebenden Bauern. Diese Hinwendung zum Bauern, gar zur »bäuerlichen Seele«, korrespondiert mit dem generellen volkskundlichen Interesse jener Zeit: einer

---

24 Hain: *Lebensbild* (wie Anm. 23), S. 81.
25 1942 wurden die regelmäßigen jährlichen Veröffentlichungen unterbrochen. Die Reihe wurde dann 1951 mit dem Band 42 fortgesetzt und erscheint seit 1975 als »Neue Folge« mit thematischen Schwerpunkten.

vorwiegend von Laien betriebenen »Bauernvolkskunde«, die im Zuge einer sich formierenden Heimatschutzbewegung noch ihren Platz suchte.

Zu den Autoren, die sich am häufigsten in den Hessischen Blättern mit der Region Oberhessen beschäftigten, zählten die Pfarrer, allen voran Otto Schulte (1861–1945). Er stammte aus Düsseldorf und war nach seiner Ausbildung am Predigerseminar in Friedberg zunächst Pfarrverwalter in Engelrod (1889), später dann Pfarrer in Beuren (1897–1905) und Großen Linden (1906–1928). Von 1906 bis 1921 war er Vorsitzender der Hessischen Vereinigung für Volkskunde und anlässlich seines 70. Geburtstages erhielt er die Ehrenmitgliedschaft. Oberstudiendirektor Georg Faber aus Friedberg würdigte ihn vor allem wegen seiner Sammlungen von Kinderreimen und Kindersprüchen, wie auch von Flurnamen.[26] Letztere hatte er mit Julius Reinhard Dietrich begründet.

In seinen Aufsätzen thematisiert Schulte überwiegend das Dorfleben seiner Pfarrgemeinden. So etwa bereits 1902 im ersten Band der Hessischen Blätter mit der Kirchweih[27], des Weiteren mit der Volksreligiosität[28] und der Spinnstube.[29] Seine Ausführungen über Spottnamen verleiteten ihn dazu, Rückschlüsse von der Lust am Spott auf Charaktereigenschaften der Oberhessen zu konstruieren: »Die Lust an Spott und Neckereien [kennt] […] auch unser oberhessisches Bauernvolk […] und pflegt sie, und das, wie ich behaupten möchte, in hohem Grade. Vielleicht scheint dies Urteil manchem bei dem im allgemeinen so ruhigen und so zugeknöpften Charakter unseres Oberhessen übertrieben. Aber gerade die stillen Wasser sind tief. […] Ich glaube, wenn man alle Spottnamen und Erklärungsgeschichten Oberhessens, die in dieses Gebiet fallen, beibrächte, man ganz gut allein mit Hilfe dieses Materials ein Bild des oberhessischen Bauern zeichnen könnte, wie er diesem selbst als Ideal vorschwebt, z.B. reich, nicht geizig, ein Freund von leben und leben lassen, kein Prahler, kein Lügner, kein Dieb etc.«[30]

Auch nachdem Schulte die Pfarrstelle in Großen-Linden übernommen hatte, setzte er seine Studien fort und publizierte regelmäßig in den Hessischen Blätter vor allem über Bräuche, welche ihm im Umfeld seiner Amtshandlungen begegneten[31] oder all-

---

26 Faber, Georg: *Otto Schulte*. In: Hessische Blätter für Volkskunde 30/31 (1932) S. I–VI.

27 Schulte, Otto: *Die Kirchweih im Vogelsberg*. In: Hessische Blätter für Volkskunde 1 (1902), S. 65–86.

28 Ders.: *Worin erkennt der Bauer des nördlichen oberen Vogelsbergs Dasein und Wirken Gottes? Ein Beitrag zur religiösen Volkskunde Hessens*. In: Hessische Blätter für Volkskunde 2 (1903), S. 1–23; ders: *Die Totenkirche bei Meiches, ein altes Bauernheiligtum in Oberhessen*. In: Hessische Blätter für Volkskunde 3, (1904), S. 81–97.

29 Ders.: *Die Spinnstube im Vogelsberg*. In: Hessische Blätter für Volkskunde 3 (1904), S. 101–127.

30 Ders.: *Spottnamen und -verse aus Ortschaften im nördlichen Oberhessen*. In: Hessische Blätter für Volkskunde 4 (1905), S. 142–166, hier S. 142 und 155.

31 Ders.: *Taufsitten und -bräuche in einem oberhessischen Orte vor 250 Jahren und heute*. In: Hessische Blätter für Volkskunde 7 (1908), S. 65–78; ders.: *Die Treuringe in Oberhessen*. In:

gemein Lokalhistorisches.[32] Zunehmend beklagte er auch den kulturellen Wandel, vor allem »das Schwinden der Trachten, Sagen, Volkslieder und Bräuche in Oberhessen« und dem damit einhergehenden Verlust von überliefertem Wissen.[33]

Weitere Pfarrer, die sich in den Hessischen Blättern aus volkskundlicher Perspektive in erster Linie mit ihrem Pfarrbezirk auseinandersetzen, sind Gustav Schönen (Eschenrod)[34], Ernst Siebeck (Echzell)[35], Heinrich Wolf (Ranstadt).[36] Bleiben die meisten in ihren Ausführungen auf der deskriptiven Ebene und berichten vor dem Hintergrund des Sammelns und Bewahrens, versucht sich der Reichelsheimer Pfarrer Karl Rühl in seinen Ausführungen zur »Seelenkunde des Vogelsberger Bauern« an einer Typologisierung. In seiner Analyse verknüpft er Wahrgenommenes mit den geographischen Bedingungen vor Ort, und vereinigt diese zu einer Mentalität des Vogelsbergers, der tiefernst und »schwer wie der Basaltboden seiner Heimat sei«[37] Beinahe bewundernd fährt er fort, sei »seine Unempfindlichkeit unseren modernen Forderungen gegenüber. Seit dreihundert und vierhundert und vielleicht gar seit tausend Jahren sitzt sein Geschlecht im selben Dorf, z.T. im gleichen Hof. Wie viel Pfarrer und Lehrer allein hat es erlebt!«[38] Für ihn ist der Vogelsberger ein »echter Bauer«, weil er durch seine Stellung zum Acker ausdrücken, dass er diesen nicht als reines Erwerbsmittel ansehe, sondern sich mit ihm verbunden fühle. Diese Vorstellung einer Verbundenheit des Bauern mit seiner Scholle, wie sie später dann auch von den Nationalsozialisten propagiert wurde, klingt hier bereits an.

Neben den Pfarrern sind die Lehrer als nächst größere Gruppe zu nennen, die sich als Laien mit Oberhessen befassten und sich besonders bei der Flurnamenerhebung engagierten.[39] Mehr philologischem Erkenntnisinteresse verpflichtet sind die Untersuchungen über Sprichwörter und Volkslieder[40], wohingegen die Aus-

---

Hessische Blätter für Volkskunde 9 (1908), S. 147–148; ders.: *Ein Schneeballgebet aus dem Vogelsberge.* In: Hessische Blätter für Volkskunde 9 (1908), S. 146–147.

32 Ders.: *Die Ordnung der Stadt Großen-Linden.* In: Hessische Blätter für Volkskunde 13 (1914).

33 1925 in der Jubiläumsausgabe des Gießener Anzeigers (1750–1925) S. 17; ders.: *Oberhessische Trachten.* In: Hessische Blätter für Volkskunde 27 (1928), S. 199–201, hier S. 201.

34 Schönen, Gustav: *Erinnerungen und Überbleibsel vergangener Zeiten aus dem Dorfe Eschenrod im Vogelsberg.* In: Hessische Blätter für Volkskunde 3 (1904), S. 54–80.

35 Siebeck, Ernst: *Aus Echzeller Kirchenkonventsprotokollen.* In: Hessische Blätter für Volkskunde 36 (1937), S. 168–172.

36 Wolf, Heinrich: *Die Macht der Dorfsitte.* In: Hessische Blätter für Volkskunde 29 (1930), S. 173.

37 Rühl, Karl: *Beiträge zur Seelenkunde des Vogelsberger Bauern.* In: Hessische Blätter für Volkskunde 24 (1925), S. 1–16, hier S. 8.

38 Ebd., S. 5.

39 So etwa der Niddaer Oberlehrer Kurt Becker: *Die Flurnamen Niddas.* In: Hessische Blätter für Volkskunde 18 (1919), S. 1–103.

40 Stein, Aktuar: *Sprichwörter und bildliche Redensarten aus der Wetterau.* In: Hessische Blätter für Volkskunde 6 (1907), S. 44–72; Weber, Heinrich: *Die Storndorfer Volkslieder.* In: Hessische Blätter für Volkskunde 9 (1910), S. 1–125.

führungen zum sogenannten Aberglauben wiederum dazu beitragen, ein eher agrarromantisches Bild der bäuerlichen Bevölkerung zu zeichnen.[41]

Das akademische Forschungsinteresse jener Zeit, welches vor allem kunsthistorisch oder philologisch ausgerichtet war, fokussierte sich auf Dorfkirchen[42], Töpferei- und Ziegelkunst[43], Mundartlichem[44] oder Märchen und Sagen.[45] Es zeigt sich wie erwartet, dass der Bezug auf Oberhessen vor allem dadurch zustande kommt, dass sich die Forschungen auf Dörfer und Gemeinden beziehen, die geographisch zu dem Gebiet Oberhessen zählen bzw. zählten. Orientierten sich die Laienforscher eher an dem Modell eines geschlossenen Kulturraums Oberhessen, dessen Zeugnisse es zu sammeln und zu bewahren galt, fühlten sich die akademisch gebildeten – wenn auch universitär noch nicht etablierten – »Volkskundler« eher den »großen Zusammenhängen« verpflichtet, wie sie Adolf Strack in seinem Geleitwort in der ersten Ausgabe der Hessischen Blätter formuliert hatte.[46]

Volkskundliche Regionalforschung in Oberhessen nach 1945

Nach dem Krieg finden sich in den Hessischen Blättern nur noch selten Aufsätze, die sich in ihrem Titel explizit auf Oberhessen beziehen, was damit zusammenhängen kann, dass diese 1937 als Provinz aufgelöst wurde.[47] 1968 bezieht sich

---

41 Ders.: *Gewitterglaube der Vogelsberger Bauern*. In: Hessische Blätter für Volkskunde 11 (1912), S. 220–222; ders.: *Nebel und Regen im Vogelsberger Volksglauben*. In: Hessische Blätter für Volkskunde 15 (1916), S. 137–140.

42 Sauer, Bruno: *Oberhessische Dorfkirchen*. In: Hessische Blätter für Volkskunde 5 (1906), S. 92–107.

43 Spamer, Adolf: *Vorbemerkungen zu einer Darstellung der hessischen Töpfer- und Zieglerkunst*. In: Hessische Blätter für Volkskunde 32 (1933), S. 52–99.

44 Schoof, W.: *Zeitbestimmungen der Schwälmer Mundart*. In: Hessische Blätter für Volkskunde 11 (1912), S. 99–121.

45 Helm, Karl: *Das Ulrichsteiner Schloßbergslied*. In: Hessische Blätter für Volkskunde 17 (1918), S. 76–80; Hepding, Hugo: *Ilbeshäuser Papagei*. In: Hessische Blätter für Volkskunde 21 (1922), S. 57–58.

46 Strack, Adolf: *Zum Geleite*. In: Hessische Blätter für Volkskunde 1 (1902), S. 1–2.

47 So etwa bei Studienrat Dr. Hans von der Au (Darmstadt) über den oberhessischen Schwank: *Der Bürgermeister von Meiches*. In: Hessische Blätter für Volkskunde 42 (1951), S. 26–58. Ebenfalls in diesem Band wird das 1951 erschienene Buch des Architekten Karl Rumpf (1885–1968) *Deutsche Volkskunst. Hessen* besprochen. Darin veröffentlicht Rumpf nicht nur Photographien »oberhessischer Bauern« um 1900, sondern beschwört noch einmal die »alte künstlerisch so geschlossene Kultur« wie auch die »Bauernkunst« für die Erkenntnis der künstlerischen Kultur eines Volkes. Rumpf, Karl: *Deutsche Volkskunst. Hessen*. Köln 1951, S. 101.

Karl Rumpf in einem Aufsatz über Bauernmöbel ausdrücklich auf Oberhessen – einer der letzten Verweise auf die Region.[48]

Auch im Überblick über Forschungsarbeiten seit den 1970er-Jahren in dem gemeinsam mit Walter Stolle herausgegeben Band von Ingeborg Weber-Kellermann *Volksleben in Hessen 1970*[49] bleibt die Suche nach der Bezeichnung Oberhessen ergebnislos. Der Begleitband zur gleichnamigen Fernsehreihe bezieht sich zwar auf Dörfer und Gemeinden, die ehemals zu Oberhessen zählten, will jedoch den Eindruck der Rekonstruktion einer »vermeintlich ›heilen‹ und pittoresken Bauernwelt« vermeiden.[50] Vielmehr geht es beiden Autoren eher darum, den Strukturwandel einer vorwiegend bäuerlichen Landschaft aufzuzeigen: »Die ›hessische Heimat‹ ist keine statische Institution, […] wer vom Zusammenbruch einer ›heilen Welt‹ spricht […] weiß nichts von den Zwängen altbäuerlicher Lebensnormen. Sozialstruktur und Sozialkultur stehen in engster lebendiger Verbindung, und ihre Wechselwirkungen aufzuzeigen, gehört zu den vordringlichen Aufgaben unserer Wissenschaft«.[51] Verwiesen sei an dieser Stelle auch auf die Hessische Bibliographie, die seit 1977 über 140.000 Veröffentlichungen fasst. Im Katalog der deutschen Bibliothek in Frankfurt a.M. erhält man unter dem Stichwort »Oberhessen« 203 Titelnennungen.

In den Abschlussarbeiten der Universitätsinstitute in Frankfurt a.M. und Marburg, die in den seit 1965 erscheinenden dgv-Informationen angezeigt werden, kommt zwar zum Ausdruck, dass sich die Studierenden für dörfliches Leben und ländliche Kultur zu interessieren scheinen, diese jedoch weniger auf einen bestimmten Raum beziehen oder gar auf eine regionalspezifische Identität hin untersuchten.[52] Im Kontext der Dorf- und Gemeindestudien dominieren Themen, die mit der Analyse von Dorfstrukturen bzw. dörflichem Leben im weitesten Sinne[53] oder mit dem Wandel ländlicher Arbeit[54] zu tun haben. Dazu kommen neue

---

48 Rumpf, Karl: *Bauernmöbel – Oberhessische Schränke.* In: Hessische Blätter für Volkskunde 59 (1968), S. 57–86 (posthum veröffentlicht).

49 Weber-Kellermann, Ingeborg und Stolle, Walter: *Volksleben in Hessen. Arbeit, Werktag und Fest in traditioneller und industrieller Gesellschaft.* Göttingen 1971.

50 Ebd., S. V.

51 Ebd., S. VI.

52 Eine Ausnahme stellt die Arbeit von Reinhard Gutbier: *Der Landgräfliche Hofbaumeister Hans Jakob von Ettlingen-Marburg. Eine Studie zum herrschaftlichen Wehr- und Wohnbau des ausgehenden 15. Jahrhunderts in Oberhessen und den angrenzenden Gebieten* (Diss. Marburg abgeschl. dgv-Informationen 5/69) dar, der sich jedoch im historischen Kontext auf Oberhessen bezieht.

53 Helmstaedter, Dieter: *Dorfkultur und Industrialisierung. Volkskundliche Studien im Landkreis Alsfeld (Oberhessen) Mainz.* (Diss. Frankfurt a.M.) Mainz 1967; Böth, Gitta: *Kleidungsverhalten in hessischen Trachtendörfern. Der Wandel von der Frauentracht zur städtischen Kleidung 1969–1976 am Beispiel Mardorf/Oberhessen Frankfurt a.M.* (Diss. Marburg) Frankfurt a.M. 1980; Beckmann, Ralf: *Gemeinschaftshäuser als Modelle sozialer Integrati-*

Forschungsaspekte ins Blickfeld wie die Rolle der Frau[55] oder der von Jugendlichen auf dem Land[56], Tourismus[57], Medien[58] und Kulturentwicklung.[59] Verortet werden diese Arbeiten entweder unspezifisch im ländlichen Raum/Region, dem hessischen Dorf/Gemeinde (mit Namen des Beispielsortes) oder durch eher kleinräumliche Bezeichnungen wie »in der Schwalm« oder im »Schlitzer Land«. Auffallend ist, dass die neue Bezeichnung »Mittelhessen«, die seit 1981 den Raum des ehemaligen Oberhessens bezeichnet, sich nicht durchzusetzen vermochte.[60]

»Oberhessen« heute

In der Region, welche vormals das Gebiet der Verwaltungseinheit Oberhessen umfasste, ist die Bezeichnung mehr denn je präsent, auch wenn sich der Name

on in Hessen. Ein wirksames Instrument auf dem Weg zur Chancengleichheit ländlicher Gemeinden (Diss. Marburg) dgv-Info 3/1983.

54 Stolle, Walter: *Der Strukturwandel der Landwirtschaft Hessens von 1890–1970. Heuernte und Hausindustrie in Hessen von 1890–1970.* (Diss. Marburg) Marburg 1973; Rückriegel, Erwin: *Volkstümliche Korbflechterei im Gründautal* (MA Frankfurt a.M.) dgv, 10/1968; Becker, Siegfried: *Arbeit und Gerät als Zeichensetzung bäuerlicher Familienstrukturen. Zur Stellung der Kinder im Sozialgefüge landwirtschaftlicher Betriebe des hessischen Hinterlandes zu Beginn des 20. Jahrhunderts.* (Diss. Marburg) Marburg 1985.

55 Salzmann, Irmgard: *Arbeit und freie Zeit der dörflichen Frau im Wandel der letzten 50 Jahre. Dargestellt am Beispiel des Dorfes Merzhausen in der Schwalm* (Diss. Marburg angekündigt, dgv-Informationen 4/1966); Kolbe, Susanna: *Räume und Wege im Dorf. Lokale Orientierungen und Bindungen im Alltag junger Frauen in einer hessischen Gemeinde.* (MA Marburg) Marburg 1991.

56 Binder, Jana: *»Is ja net jeder der vom Kaff kommt gleich e'n Bauer«: Jugendkulturelle Praxen in ländlichen Regionen.* (MA Frankfurt a.M.) Münster 2001.

57 Römhild, Regina: *Histourismus. Fremdenverkehr und lokale Selbstbehauptung.* (MA Frankfurt a.M.) Frankfurt a.M. 1990 (Kulturanthropologie-Notizen 32).

58 Schäfer, Harald: *Strukturuntersuchung zur Situation der Familie vor und auf dem Bildschirm.* (Diss. Marburg) Marburg 1973; Geistler, Manfred: *Die »Hessenschau«. Inhaltsanalyse zur Ermittlung formaler und inhaltlicher Strukturen einer regionalen Informationssendung.* (Dipl. Marburg) Deutsche Gesellschaft für Volkskunde 1984. Hoffmann, Henri: *Hessen vorn? Regionalradio im Hessischen Rundfunk. Eine vergleichende Studie.* (Diss. Marburg) Wiesbaden 1992.

59 Ploch, Beatrice und Zens-Petzinger, Christoph: *Kulturentwicklungsplan am Beispiel der mittelhessischen Kleinstadt Bad Nauheim.* (MA Frankfurt a.M.) Bad Nauheim 1991.

60 Siehe hierzu den Beitrag von Daniel Deckers in der FAZ: *Wo liegt eigentlich Mittelhessen? Nicht weltläufig, nicht mehr vernachlässigt: die Region zwischen Marburg und Limburg.* In: Frankfurt Allgemeine Zeitung Nr. 20 vom 24.01.2003, S. 3. Vgl. auch Heinz Schillings Ausführungen über die Schwierigkeiten der Herausmodellierung eines Mittelhessen-Bewusstseins: Schilling, Heinz: *Region zwischen Konstruktion, Interpretation und Manipulation oder: Cuius definito, eius regio als mediales Konzept.* In: Die Region der Kultur. Hg. von Ronald Lutz. Münster 1998, S. 49–62, hier S. 52.

weniger auf eine Region als vielmehr einen fiktiven oder »Erinnerungsraum« bezieht, dem in der Realität jegliche (verwaltungsrechtliche) Entsprechung abhanden gekommen ist. Zwar sahen weder die Evangelische Kirche mit der Propstei Oberhessen[61] noch die Oberhessischen Versorgungsbetriebe AG Friedberg (OVAG), die auf eine über 90-jährige Geschichte zurückblicken können, bislang einen Grund, ihren Namen zu ändern. Doch was bei den einen als Ausdruck für Kontinuität und Tradition gelten mag, ist von Werbestrategen bereits in den 1980er-Jahren als Marketingstrategie umgesetzt worden. Das Bekenntnis zu Oberhessen als Heimatregion: »Wer iwes eabbes eas, eas ean Owerhess«, wie es von dem Wetterauer Sparkassenverband hundertfach auf Plakate und T-Shirts gedruckt und verteilt worden ist, basiert auf einer Umwidmung von Oberhessen als Region, die dabei zur Marke oder zum Label wurde. Region und Heimat Oberhessen wurden zum Marketinginstrument umfunktionalisiert und Oberhessen zum marktkompatiblen Sympathieträger der Wir-Gefühle evoziert, weswegen sich heute viele mit dem Begriff des »Owerhessen« identifizieren zu können glauben.[62] Dies scheint mit einem Bedürfnis vor Ort zu korrelieren, welches sich bereits – als Reaktion auf mehrere Gebietsreformen – durch »verstärkte Binnenaktivitäten« Bahn brach und durch die jährliche Präsenz der Hessentage folkloristisch präformiert worden ist.[63]

Am Beispiel Oberhessen wurde deutlich, wie eine Region als Verwaltungseinheit kreiert und durch die Generierung volkskundlichen Wissens als Kulturraum etabliert wurde. Ihr Gebrauchswert heute wird letztendlich bestimmt von jenen Vorstellungen und Bildern der Region, die bis ins 19. Jahrhundert zurückreichen. Sie geben dem Einzelnen erneut die Option, sich darüber zu identifizieren und sich regional zu verorten.

Oberhessen heute meint eine Region, in der man »Häbbi-Punkte« mit der Oberhessen-Card, der ersten regionalen Bonuscard, sammeln kann. Mit den Ersparnissen des »Häbbi-Rabatts« kann man dann zur Oberhessenschau nach Marburg fahren, um an dem Höhepunkt der Messe, der Miss-Oberhessen-Wahl, dabei zu sein. Hier öffnet sich ein weites Feld für Regionalstudien, bei denen nicht nur die Wechselwirkungen von disziplinären Diskursen und außerwissenschaftlicher Nutzung, d.h. die Verschränkung von Wissenschaft und Alltag weiter zu erforschen, sondern auch der Frage nachzugehen wäre, wie ethnografisches Wissen

---

61 Diese umschließt elf Dekanate zwischen Vogelsberg und Wetterau. Siehe hierzu auch die Internetseiten der Öffentlichkeitsarbeit der Evangelischen Propstei Oberhessen *Bei uus dehaam in Oberhessen* unter www.dike.de/oberhessen (Stand: 12.08.2003).

62 Seit 1994 fördert zudem diese Sparkasse u.a. den »Sparkassen-Oberhessen-Cup« eine Laufveranstaltung für alle Generationen, sowie weitere regionale Kulturaktivitäten.

63 Bimmer, Andreas: *Neue Aufgaben der volkskundlichen Regionalforschung in Hessen im Anschluß an Raumplanung und Gebietsreform.* In: Jahrbuch für Volkskunde und Kulturgeschichte 30 (1987), S. 178–184, hier S. 183.

zur sinnstiftenden Ressource von Gesellschaft werden kann. Nicht zuletzt könnten dabei Untersuchungen zu den Bedingungen der Konstituierung von Regionen jene ergänzen, die nach dem Bezugscharakter, d.h. den »Menschen in ihren Regionen«, fragen.

Outi Tuomi-Nikula

»Letztlich ist man da zu Hause, wo man seine Geschichte hat«[1]
Zum Heimat-Begriff der adeligen Rückwanderer in Mecklenburg

Zur Heimat der Vertriebenen

Spricht man in Deutschland von den Heimatvertriebenen, denkt man spontan an deutsche Staatsangehörige oder deutsche Volkszugehörige, die als Folge des Zweiten Weltkrieges ihre Heimat in den damaligen deutschen Ostgebieten, d.h. in den Grenzen von 1914 und 1937 oder den Gebieten Österreich-Ungarns verlassen mussten und die in dem damals restlichen Teil Deutschlands – der späteren Bundesrepublik Deutschland und DDR sowie in Österreich – aufgenommen wurden.[2] In Finnland entsprechen den deutschen Heimatvertriebenen die 400.000 karelischen Aussiedler, die nach 1944 die früheren karelischen Gebiete des heutigen Russlands verlassen mussten und in Finnland angesiedelt wurden.[3] Gemeinsam ist den Heimatvertriebenen in Deutschland und Finnland ihr Schicksal, keine Möglichkeit zu haben, später in die »alte Heimat«, wo sie geboren und aufgewachsen waren, zurückzukehren, sondern sie mussten in der »neuen Heimat« zurechtkommen und dort eine neue Existenz aufbauen. Da die Rückkehr in die alte Heimat nur noch durch Kindheitserinnerungen möglich war, wurde die »verlorene Heimat« sowohl bei deutschen Heimatvertriebenen als auch bei karelischen Aussiedlern Finnlands zum Ziel der lebenslangen Sehnsucht und Nostalgie.[4] Das äußerte der

---

1 Lasdin, Bernd: *Die Rückkehr der Familien. Alte und neue Gutsbesitzer in Mecklenburg-Vorpommern*. Photographien von Bernd Lasdin. 2. Auflage. Bremen 2002, S. 23.

2 Siehe z.B: *Die Vertreibung der deutschen Bevölkerung aus den Gebieten östlich der Oder-Neiße*, 3 Bände, Band I+II, Bonn 1953; *Vertreibung und Vertreibungsverbrechen, 1945–1948. Bericht des Bundesarchivs vom 28. Mai 1974. Archivalien und ausgewählte Erlebnisberichte.* Kulturstiftung der Deutschen Vertriebenen. Bonn 1989.

3 In Finnland wird die aus den ehemaligen finnischen Ostgebieten Kareliens stammende Bevölkerung *Karjalan siirtoväki* (»Karelische Aussiedler«) genannt.

4 Vgl. Brepohl, Wilhelm: *Heimat und Heimatgesinnung als soziologische Begriffe und Wirklichkeiten*. In: Das Recht auf die Heimat. Sammel- und Ergänzungsband. Vorträge – Thesen – Kritik. Studien und Gespräche über Heimat und Heimatrecht. Hg. von Kurt Rabl. Bd. 2. München 1965, S. 42–58, hier S. 55f.

Präsident des Bundes der Vertriebenen (1970–1994), Dr. Herbert Czaja[5], im Jahre 1980, ca. 35 Jahre nach seiner Vertreibung aus Schlesien, auf folgende Weise:

> Ich bin mit vielen anderen von meiner freien Heimat in der Vergangenheit geprägt worden, sie bleibt als freie Heimat auch mein Ziel in der Zukunft. Das vertiefte Heimatbewusstsein wird in unserem Volk begleitet von einer schrittweisen Besinnung auf unsere Geschichte. Die Heimat ist Geschichte in überschaubaren Regionen.[6]

Die deutschen Heimatvertriebenen haben – dank der Bestrebungen von Johannes Künzig, der bereits 1950 die Forschungsstelle für die Volkskunde der Heimatvertriebenen gründete, welche als Würdigung seines Lebenswerkes 1983 in »Johannes Künzig-Institut für ostdeutsche Volkskunde« umbenannt wurde – ein großes wissenschaftliches Interesse geweckt, das sich in einer Reihe von Publikationen niederschlägt.[7] Das Thema »Heimat«, welches die Heimatvertriebenen selber bereits in den Nachkriegsjahren immer wieder ins Gespräch brachten, wurde anfangs von den deutschen Volkskundlern wegen der Vereinnahmung des Faches durch den Nationalsozialismus für problematisch gehalten und deshalb vermieden.[8] Auschlaggebende Impulse zum wissenschaftlichen Diskurs kamen dann auch nicht aus der Volkskundle sondern aus der Soziologie. Vier Mal fanden sich in den Jahren 1958/1959 Fachgelehrte verschiedener wissenschaftlicher Richtungen in den Räumen der Evangelischen Akademie in Hessen und Nassau und des Albertus Magnus Kollegs in Königstein/Taunus zum Gedankenaustausch über das Thema »Heimat« zusammen, wo vor allem das Begriffspaar »alte und neue Heimat« sowie das »Recht auf die Heimat« problematisiert wurden.[9] Eines der Hauptergebnisse des Seminars bestand darin, den Heimat-Begriff von der politisch belasteten »Blut- und Boden-Ideologie« zu trennen. Für den Soziologen Wilhelm Brepohl war »Heimat« kein Raumbegriff. Stattdessen betonte er den zwischenmenschlichen Zusammenhang als Grundkomponente der Heimat. Nach Brepohl sollte die Heimat nun als ein sozialer Raum verstanden werden, der eine aus Erfahrungen, Sprache, Kultur und Raum entstandene Einheit bildet. In diesem Sinne war Heimat ein Gefüge von Lebensregeln, die der Mensch durch Erziehung und Anpassung mitbekommt und sich erarbeitet. Wegen der zunehmenden Mobilität der Menschen wird diese Einheit jedoch zerlegt, weshalb sich die Heimat

---

5 http://de.wikipedia.org/wiki/Herbert_Czaja, Abruf: 14.07.2009.

6 *Heimat. Begriffsempfindungen heute. Eine school-time Dokumentation.* Hg. von Frank-Dieter Freiling. Königstein/Ts. 1981, S. 17.

7 Siehe die Publikationen des Johannes Künzig-Instituts für ostdeutsche Volkskunde (Freiburg/Br.). www.jkibw.de/?Publikationen, Abruf: 14.07.2009.

8 Reinholz, Halrun: *Über den Begriff Heimat in der Volkskunde.* In: Heimat, Heimatverlust, Heimatlosigkeit. Ethnologische und literarische Betrachtungen (Schriftenreihe des Hauses der Heimat. Die Deutschen und ihre Nachbarn im Osten. Geschichte und Gegenwart). Stuttgart 1995, S. 9–17, hier S. 12f.

9 Rabl, Kurt, *Vorwort.* In: Das Recht auf die Heimat 1965, S. 7–8 (wie Anm. 4).

in einem ständigen Wandlungsprozess befindet. Deshalb baut sich der Mensch seine Heimat immer wieder dort neu auf, wo er lebt und wohin er zieht.[10]

In der deutschen Volkskunde regten die neuen Inhalte des Heimat-Begriffs einen wissenschaftlichen Diskurs an, dessen Ergebnisse auf dem 22. Deutschen Volkskunde-Kongress »Heimat und Identität. Probleme regionaler Kultur« im Jahre 1979 diskutiert wurden.[11] Davor hatte bereits Ina-Maria Greverus Heimat ebenfalls als einen sozialen Raum erklärt, in dem die menschlichen Schutz-, Aktions- und Identitätsbedürfnisse sichergestellt und befriedigt werden. »Heimat« ist ein Raum, in dem der Mensch sich sicher fühlt und wo man ihn kennt, erkennt und anerkennt, wie Brepohl es schon vor 20 Jahre geäußert hatte. In seiner Heimat braucht er nicht zu überlegen, was ist falsch und was ist richtig. Damit stellt Heimat dem Menschen einen Identifikationsraum dar.[12] Anhand einer Untersuchung des Phänomens Heimat unter Vertriebenen hat Greverus festgestellt, dass das Heimatgefühl als retrospektive und nostalgische Besetzung eines Lebensraumes vom Grad der gegenwärtigen Satisfaktion abhängig ist. Funktioniert die Ich-Umwelt-Beziehung in der neuen Heimat, verliert die »alte Heimat« an nostalgischem Glanz. Schließlich kam sie zu dem Schluss, dass Heimat subjektives Bewusstsein ist und daher die Erforschung des Satisfaktionsraumes »Heimat« nur über das erlebende Subjekt möglich ist.[13] Man kann dies auch so äußern, dass Vertriebene mit ähnlicher Herkunft und Lebenserfahrung zwar im Prinzip einen Grundkonsens haben, jedoch definiert jeder seine Heimat tendenziell anders.[14]

Die Gedanken von Wilhelm Brepohl und Ina-Maria Greverus wurden von Hermann Bausinger bestätigt und fortgesetzt. Für ihn bildet Heimat nicht nur eine Grundlage der Identität, sondern macht gewissermaßen das Wesen der Identität aus.[15] In späteren Schriften problematisiert er vor allem die verlorene Heimat. Bausinger stellt fest, dass die zunehmende Mobilität von heute dazu geführt hat, dass der Mensch immer wieder »seine kleine Welt«, seine Heimat, neu aufbaut. Diese resultiert aus der Wechselwirkung zwischen physischem Raumgefühl, sozialer Umwelt und der Lebenserfahrung. Damit ist Heimat Aneignung und Umbau gemeinsam mit anderen. Sie ist die selbst geschaffene kleine Welt, eine konkrete

---

10 Brepohl 1965, S. 46–56 (wie Anm. 4).

11 *Heimat und Identität. Probleme regionaler Kultur.* Hg. von Konrad Köstlin und Hermann Bausinger. 22. Deutscher Volkskunde-Kongress in Kiel vom 16. bis 21. Juni 1979 (Studien zur Volkskunde und Kulturgeschichte Schleswig-Holstein, Band 7). Kiel 1980.

12 Greverus, Ina-Maria: *Der territoriale Mensch. Ein literaturanthropologischer Versuch zum Heimatphänomen.* Frankfurt a.M. 1972; vgl. Brepohl 1958, S. 48 (wie Anm. 4).

13 Greverus, Ina-Maria: *Die Erforschung horizontaler Zwangsmobilität in Deutschland nach 1945 und das Heimatphänomen.* In: Weber-Kellermann, Ingeborg, Zur Interethnik. Donauschwaben, Siebenbürger Sachsen und ihre Nachbarn. Frankfurt a.M. 1978, S. 150–159, hier S. 151.

14 Vgl. Reinholz 1995, S. 14 (wie Anm. 8).

15 Bausinger, Hermann: *Heimat und Identität.* In: Heimat und Identität 1979, S. 9–24. (wie Anm. 11).

menschlich gestaltete Umwelt, die Verhaltenssicherheit gibt, weshalb sie Medium und Ziel praktischer Auseinandersetzung ist.[16]

Der Ort der Kindheitserlebnisse – egal, ob es sich um ein konkretes Haus, Dorf, einen Stadtteil oder nur noch um einen nostalgischen Ort des Erinnerns handelt, gilt für viele Deutsche als einzige »richtige« Heimat – trotz der vielen theoretischen Konzepte, mit denen oft versucht wurde, den geographisch festgelegten Ort als Heimat zu umgehen oder sogar zu leugnen. Nach einer Untersuchung des TEMNID-Institutes in Bielefeld im Jahre 1980 gaben 36% der 1.009 Befragten den Geburtsort und das Elternhaus mit der damit verbundenen Kindheit als ihre Heimat an. Weitere wichtige Definitionen zur Heimat waren: »mein Zuhause, Verwandte, Freunde« (19%), »Deutschland« (14%) sowie »Geborgenheit, Ruhe und Frieden« (7%). Für die große Zahl der Heimatvertriebenen spricht das Ergebnis dieser Befragung, wonach 8% der Deutschen von damals ihren Heimatbegriff durch die verlorene Heimat und ihr Heimweh definierten.[17]

Die Heimatvertriebenen erster Generation, denen die alte Heimat unerwartet und unvorbereitet gegen ihren eigenen Willen geraubt wurde und die gezwungen waren, in der neuen Heimat zurechtzukommen, klammern sich viel stärker an die alten Werte und Erinnerungen der verlorenen Heimat als die Migranten, die freiwillig ausgewandert sind. Für die Vertriebenen ist deshalb eine retrospektive Haltung charakteristisch, die auf Dauer zu einer Minderung ihrer Lebenstüchtigkeit führen kann.[18] Diese retrospektive Haltung äußert sich als Sehnsucht nach der verlorenen Heimat und verwandelt sich in Erinnerungen zur Glorifizierung des Ortes, an dem alles besser war als in der neuen Heimat. In Gesprächen mit den Heimatvertriebenen erster Generation kommt die Sehnsucht nach der verlorenen Heimat immer wieder vor, wie meine Erhebungen bestätigen. So antwortete die 81-jährige Maria N., die als junges Mädchen bei der Flucht aus Schlesien ihre Eltern verlor, sich in der Nähe von Rostock als Flüchtling ansiedelte und später dort einen Bauern heiratete, auf die Frage nach ihrer Heimat:

> Ich versuche zu vergessen, aber immer sind sie da. Das Haus, der Hof, alle meine Lieben. Vor dem Haus hatten wir eine große Eiche […] ein Versteck für uns Kinder. Jetzt sind alle verstorben, keiner ist mehr da, alle sind schon tot. Geblieben ist nur noch ein Haufen Steine und meine Erinnerungen. Sie kann keiner von mir wegnehmen. Das ist meine Heimat.[19]

---

16 Bausinger, Hermann: *Heimat in einer offenen Gesellschaft. Begriffsgeschichte und Problemgeschichte*. In: Heimat. Analysen, Themen, Perspektiven. Bundeszentrale für politische Bildung. Bonn 1990, S. 76–90, hier S. 88.

17 *Heimat. Begriffsempfindungen heute* (wie Anm. 6), S. 90–93.

18 Brepohl 1958 (wie Anm. 4), S. 54–56.

19 Hw1-40. Das empirische Material dieses Artikels wurde im Rahmen des von der Finnischen Akademie der Wissenschaften (Suomen Akatemia) finanzierten Projekts »Daheim in einem denkmalgeschützten Haus – eine ostdeutsche Erfahrung« (WS 2007–SS 2008) gesammelt.

In der finnischen Volkskunde wurde das Thema »Heimat« nur selten problematisiert. Zurückzuführen ist dies womöglich darauf, dass der Begriff in Finnland im Vergleich zu Deutschland politisch weniger belastet ist. Statt den Begriff »Heimat« (kotiseutu) zu benutzen, wird heute im Wissenschaftsdiskurs das Wort »Ort« (paikka) oder auch »Raum« (tila) verwendet. Im Rahmen dieser Begriffssetzung hat sich allerdings ein reger interdisziplinärer Diskurs entwickelt, der sich in einer Reihe von Publikationen niederschlägt.[20] Im Mittelpunk dieser Diskussion steht ein konkreter, verlorener oder symbolischer Ort oder Raum, der sich mit dem Fortschreiten der Zeit verändert. Der Mensch, der den Ort erlebt oder erlebt hat, gibt ihm unterschiedliche Bedeutungen, die aus seiner eigenen Erfahrungen und Identität zu entschlüsseln sind. Dadurch wird ein »Ort« dem Menschen bedeutungsvoll. Er wird zum »Ort des Erinnerns«.[21] Bei den karelischen Auswanderern hat die alte Heimat als Ort des Erinnerns mit der Zeit immer mehr an Realität durch die damit verbundenen nostalgischen Erinnerungen verloren. Die Nostalgie an die verlorene karelische Heimat wird mit Hilfe des im ganzen Land verbreiteten Vereinslebens der karelischen Aussiedler, der von ihnen organisierten Seminare und Sommerfeste, kollektivaufrecht erhalten. Wie Outi Fingerroos in ihren empirischen Untersuchungen gezeigt hat, hat sich der »Ort des Erinnerns« zum »Ort der Utopien des Erinnerns« als Stütze der ursprünglichen karelischen Identität in der neuen Heimat verwandelt.[22]

Für die Durchführung des Projektes war als Gastinstitut das Institut für Volkskunde (Wossidlo-Archiv) von entscheidender Bedeutung. Für das Projekt wurden insgesamt 52 qualitative Tiefeninterviews mit Frauen und Männern, die in einem denkmalgeschützten Haus wohnten, durchgeführt. Die denkmalgeschützten Häuser – Gutshäuser, Hallenhäuser und städtische Bürgerhäuser – befinden sich im heutigen Mecklenburg-Vorpommern. Außer mir führten im Rahmen eines Projektseminars deutsche und finnische Studenten und Studentinnen einige Interviews zum Thema durch. Das empirische Material befindet sich in meinem Besitz an meinem Arbeitsort in Pori (Finnland). Die Anonymität der Informanten ist sichergestellt. Ihre Basisdaten wurden mit folgendem Code verschlüsselt: G=Gutshaus, H=Hallenhaus, W=weiblich, m=männlich, 1=hat in der DDR gewohnt, 2=Rückkehrer, die Zahl 1 bis NN bezeichnet die fortlaufende Nummer des Interviews. Danach beinhaltet die Code-Nummer Hw1-40 folgende Basisdaten des Informanten: Eine Frau, die in einem Hallenhaus wohnt, in der DDR-Zeit lebte und sich im 40. Interview äußert.

20 Siehe z.B. *Eletty ja muistettu tila* [Erlebter und erinnerter Raum]. Hg. von Taina Syrjämaa ja Janne Tunturi. Helsinki 2002; Peltonen, Ulla-Maija, *Muistin paikat* [Orte des Erinnerns]. Vuoden 1918 sisällissodan muistamisesta ja unohtamisesta, Helsinki 2003; *Koti. Kaiho, paikka, muutos* [Das Zuhause. Sehnsucht, Ort, Veränderung]. Hg. von Päivi Granö, Jaakko Suominen ja Outi Tuomi-Nikula. Kulttuurituotannon ja maisemantutkimuksen laitoksen julkaisuja IV. Pori 2004.

21 Fingerroos, Outi: *Uuskarelianit nyky-Karjalassa*. In: Nykytulkintojen Karjala. Hg. von Outi Fingerroos ja Jaana Loipponen. Jyväskylä 2007, S. 17.

22 Fingerroos, Outi: *Haudatut muistot. Rituaalisen kuoleman merkitykset Kannaksen muistitiedossa*. Helsinki 2004; auch Fingerroos, Outi: *Muistojen Karjala – utopiat paikasta*. In: Sananjalka 46, S. 125–140, hier S. 138ff.

Die adeligen Gutshausbesitzer zwischen Elbe und Oder

Eine besondere soziale Gruppe unter den Vertriebenen bilden die Gutshausbesitzer Ostdeutschlands, die nach Kriegsende bis zum Jahre 1946 aus der »Sowjetischen Besatzungszone« (SBZ), dem Gebiet der späteren DDR, nach dem Westen flüchteten. Sie konnten nicht bleiben, da sie als Folge der ersten Bodenreform von 1945 enteignet wurden, womit ihnen die Existenzgrundlage entzogen war. Unter dem Motto »Junkerland in Bauernland« wurden von 1945 bis 1949 landwirtschaftliche Betriebe mit einer Fläche von über 100 ha ohne Entschädigung verstaatlicht, um die Grundlage für einen Arbeiter- und Bauernstaat, frei von Großgrundbesitz, zu schaffen. Insgesamt wurden ca. 3,3 Millionen Hektar auf diese Weise enteignet.[23]

Von dieser ersten Enteignungswelle waren die meisten Gutshausbesitzer betroffen. Sie ließen ihren Besitz auf der Flucht vor der sowjetischen Besatzungsmacht zurück, taten dies unter den sich abzeichnenden politischen Veränderungen in der SBZ, oder sie wurden ausgewiesen. Die meisten dieser Enteigneten gehörten zu alten Adelsfamilien. So befanden sich vor dem Zweiten Weltkrieg zwei Drittel der insgesamt etwa dreitausend Gutshöfe auf dem Gebiet des heutigen Mecklenburg-Vorpommern im Besitz der Aristokratie.[24] Das Eigentum der adeligen Familien umfasste meist mehrere Gutshöfe und ganze Dörfer mit Landarbeiter- und Bauerhäusern sowie eine Kirche, die mitten im Dorf stand und in der Regel

---

23 Landeszentrale für politische Bildung Thüringen, *Bodenreform 1945–1952. Blätter zur Landeskunde*, Erfurt 2001.

24 Nach einer Schätzung existierten auf dem Gebiet der ehemaligen drei Nordbezirke der DDR ca. 3.000 Gutshäuser, Herrenhäuser und Schlösser, von denen die 2.328 größten sofort nach Ende des Krieges enteignet wurden; Meyer, Hans-Joachim: *Auf dem Weg ins 21. Jahrhundert – Denkmalschutz und Denkmalpflege in Deutschland. Dokumentation der Tagung des Deutschen Nationalkomitees für Denkmalschutz am 25. und 26. Februar 1999 in Berlin*. Schriftenreihe des Deutschen Nationalkomitees für Denkmalschutz. Band 61. Bühl/Baden 1999, S. 7–9. De Veer ermittelte in ihrer Inventarisation aller ehemaligen Gutsstandorte auf dem heutigen Gebiet Mecklenburg-Vorpommerns 2.904 Standorte für Guts- und Herrenhäuser, von denen im Jahre 2000 noch 2.192 Gebäude vorhanden waren. Der Verlust beträgt danach 712 Häuser; De Veer, Renate: *Steinernes Gedächtnis. Gutsanlagen und Gutshäuser in Mecklenburg – Vorpommern. Ein Handbuch. Band I.* Schwerin 2006, S. 10. Zander nennt 637 Gutshäuser, die abgerissen wurden; Zander, Dieter, *Schlösser und Gutshäuser in Mecklenburg-Vorpommern – Eine Bilanz der Jahre von 1945 bis 1992.* In: Burgen, Schlösser, Gutshäuser in Mecklenburg-Vorpommern. Hg. von Bruno J. Sobotka. Veröffentlichungen der Deutschen Burgenvereinigung e.V., Reihe C 2. Witten 1995, S. 42. Dass die Zahlenangaben über den Schwund der Bausubstanz differieren, ist nicht zuletzt auf unterschiedliche Kriterien der Zuordnung zurückzuführen. So ist der Unterschied zwischen einem Gutshaus, Herrenhaus, Großbauernhaus und Schloss nicht immer eindeutig; Tuomi-Nikula, Outi: *Kotina vanha talo entisessä Itä-Saksassa.* In: Kotina suojeltu talo. Arkea, elämää ja rakennussuojelua Suomessa ja Saksassa. Hg. von Outi Tuomi-Nikula und Eeva Karhunen (Kulttuurituotannon ja maisemantutkimuksen laitoksen julkaisuja, XIII). Pori 2007, S. 297–316, hier S. 300.

als Patronatskirche von der adeligen Familie erbaut wurde.[25] Den Grundstock der Gutswirtschaft bildete der Landbesitz, der manchmal eine Größe von mehreren tausend Hektar umfasste. Die reichste Familie in Mecklenburg-Vorpommern war die Familie von Hahn, der im Jahre 1795 insgesamt 25.607 ha Land gehörte.[26] Zu den reichsten zehn Adelsfamilien zählte damals etwa die Familie von Oerzen mit insgesamt 7.658 ha Land, auf dem hauptsächlich Ackerbau auf mehreren Gütern betrieben wurde: Im 14. Jahrhundert besaßen von Oerzens 12 Güter, im 17. Jahrhunderts bereits 27 Güter sowie im 18. und 19. Jahrhundert 55 (bzw. 56) Güter. Zum Zeitpunkt der Enteignung im Jahre 1945 waren noch 22 Güter im Besitz der Familie.[27] Die Güter wurden mit Hilfe von unfreien und vom Gutsherrn abhängigen Bauern bewirtschaftet.[28]

Im Gegensatz zu den Heimatvertriebenen aus den ehemaligen deutschen Ostgebieten, die bis heute keine Möglichkeit haben, in die von ihnen zurückgelassenen Höfe zurückzukehren, machte die Wiedervereinigung Deutschlands es den ehemaligen Gutsbesitzern möglich, in ihre alte Heimat zurückzukehren. Als »Alteigentümer«[29] hatten sie, ihre Kinder oder Enkelkinder nach 1990 die Möglichkeit, ihre Gutshäuser als bevorzugte Anspruchsberechtigte zu Konditionen zurückzuerwerben, die zunächst 50 %, später (nach einer EU-Intervention) 66 % des Verkehrswertes betrugen. Eine Rückübertragung des enteigneten Grundbesitzes an die Alteigentümer war ausgeschlossen.[30] Aus dieser Sachlage ergaben sich eine Reihe von Problemen und Kritikpunkten für diejenigen, die nach der Wende als Alteigentümer ihr Interesse bekundeten, zurückkehren zu wollen. In einigen Fällen führten die Probleme dazu, dass der Rückkehrer auf den Gutshof der Familie verzichtete und eine andere Lösung für sich fand:

---

25 Über die ritterschaftlichen und domanialen Dörfern Mecklenburgs siehe Bentzien, Ulrich: *Volkskultur in Mecklenburg. Ein historischer Abriss.* In: ders. und Siegfried Neumann (Hg.): Mecklenburgische Volkskunde. Rostock 1988, S. 10–120, hier S. 16–29; Meßner, Gerhild: *Gutsdörfer im Müritzkreis.* Schwerin 2004, S. 7.

26 *Historischer und geographischer Atlas von Mecklenburg und Pommern. Band 2. Mecklenburg und Pommern. Das Land im Rückblick.* Schwerin 1995, S. 64.

27 Von Oerzen-Briggow, Arndt-Heinrich: *Die Oerzens.* In: Burgen, Schlösser, Gutshäuser in Mecklenburg-Vorpommern (wie Anm. 24). Hg. von Bruno J. Sobotka (Veröffentlichungen der Deutschen Burgenvereinigung e.V., Reihe C 2). Witten 1995, S. 110–112, hier S. 110.

28 Siehe z.B. Moll, Georg: *Der Weg der mecklenburgischen Bauern aus feudaler Abhängigkeit.* In: Ein Jahrtausend Mecklenburg-Vorpommern. Biographie einer norddeutschen Region in Einzeldarstellungen. Hg. von Wolf Karge, Peter-Joachim Rakow und Ralf Wendt. Rostock 1995, S. 222–225, hier S. 222; Burkhardt, Jürgen: *Bauern gegen Junker und Pastoren.* Berlin 1963, S. XV.

29 Vgl. das *Gesetz zur Regelung offener Vermögensfragen vom 31. August 1990*, geändert durch Gesetz vom 22. März 1991 (BGBL I, S. 766, 1928), Art. 1; Gesetz vom 14. Juli 1992 (BGBL I, S.1257), Art. 1.

30 Hill, Burkhard: *Einleitung.* In: Lasdin 2002 (wie Anm. 1), S. 10–16, hier S. 13f.

Die Möglichkeit, in die Heimat zurückzukehren, war für uns die Erfüllung eines Traumes. Allerdings kam die große Enttäuschung, als der Staat unseren geraubten Besitz, der ihm durch die Wende in die Hände gefallen war, nicht wieder herausgab. Riesige Lösegeldforderungen konnten und wollten wir nicht erfüllen. Es gelang uns, ein Bodenreformhaus auf unserem ehemaligen Acker zu erwerben.[31]

Eine Reihe von Klagen gegen die Regelungen des Einigungsvertrages wurden bis hin zum Bundesverfassungsgericht geführt. Die Betroffenen kritisierten insbesondere die Veräußerungspraxis der Treuhandanstalt und ihrer Nachfolgerin, der bundeseigenen Bodenverwertungs- und -verwaltungs GmbH (BVVG). Sie fühlten sich in den Verhandlungen hinsichtlich der zugrundegelegten Verkehrswerte und wegen der unzureichenden Ermäßigungen für Bevorrechtigte materiell benachteiligt.[32] Der Erwerb des früheren Familienbesitzes bedeutete also für viele »schwerste Enttäuschung vom sogenannten Rechtsstaat wegen der aussichtslosen Sanktionierung der Enteignungen«[33], denn in vielen Fällen mussten sie Haus, Hof und Land durch mehrere komplizierte Verträge kaufen und pachten. Dazu ein Adeliger über den Erwerb des Gutshofes seiner Großeltern:

Wir haben alles gekauft. Bekommen haben wir gar nichts. […] Denn es haben ja 1991 nicht die Kommunisten, sondern Herr Kohl hat uns ja komplett enteignet. Die haben die Enteignung 1991 festgeschrieben, und dadurch haben wir nichts wieder bekommen; also weder das Haus – das hab' ich von der Gemeinde gekauft, den Hof hab' ich von der Treuhand gekauft, von der BVVG gekauft, also von diesen staatlichen Unternehmen, die privatisieren, und das Land hab' ich teilweise von Privat gekauft und teilweise kauf ich's von der BVVG. Ich durfte nicht als Alt-Eigentümer das Land kaufen, nur als Pächter.[34]

Trotz solcher Schwierigkeiten kehrten viele nach 45 Jahren »Exil« in die Heimat ihrer Eltern und Großeltern zurück[35], wo auf sie ein stark renovierungsbedürftiges Gutshaus wartete. Da in der DDR Gutshäuser als sichtbare Zeugen der feudalen Gesellschaft und der Unterdrückung des werktätigen Volkes galten, wurden die kulturhistorisch wertvollen Gutshäuser, Herrenhäuser und Schlösser bestenfalls zu Flüchtlingsheimen, Kindergärten, Bildungsstätten, Kaufhallen (›Konsums‹), Landwirtschaftlichen Produktionsgesellschaften (LPGs), dörflichen Kulturzentren oder Lagerhallen umfunktioniert und entsprechend umgebaut. Die zu den Gutshäusern gehörenden Parkanlagen verwilderten und wurden mit Baracken

---

31 Lasdin 2002, S. 45 (wie Anm. 1).
32 Hill (wie Anm. 30), S. 13f.
33 Lasdin 2002, S. 35 (wie Anm. 1).
34 GM2-44.
35 Nach Angaben der Süddeutschen Zeitung wurden bis zum Jahre 2001 ca. 3 Milliarden von der BVVG erwirtschaftet und an die Staatskasse überwiesen; Hill (wie Anm. 30), S. 13.

oder Plattenbauten versehen, während die dazu gehörenden Teiche nicht selten als Müllkippe für Gülle benutzt wurden.[36]

Nur 21 der Gutshäuser wurden unter Denkmalschutz gestellt, was bedeutete, dass sie weder abgerissen noch restauriert wurden. Von den ca. 3.000 Gutshäusern, die noch vor dem Zweiten Weltkrieg bewohnt waren, wurden 687 absichtlich gesprengt oder abgerissen, oder sie wurden freigegeben für diejenigen, die Baumaterial für ihre eigenen Häuser brauchten.[37] Damit stellten die Gutshäuser eine wichtige Materialbank für die Besitzer älterer Häuser dar, die sonst kaum eine Möglichkeit hatten, in der Mangelgesellschaft der DDR Steine, Kacheln, Dielenbohlen, Fenster, Türen und weiteres für die Renovierung ihrer Häuser zu bekommen.[38] In dieser Hinsicht ähneln die Schilderungen der Rückkehrer über den völlig heruntergekommenen ehemaligen Familienbesitz, wo alles Wertvolle schon längst abgebaut und weggetragen war, einander. In einigen Fällen stand der Abriss kurz bevor, den nur noch die Wende verhindern konnte, wie einer der Betroffenen erzählte:

> Das [Gutshaus] wollten die in DDR-Zeiten schon abreißen, so '88 sollte es gesprengt werden, und dann ist die Wende drüber gekommen und es ist nicht gesprengt worden. Also, es war in einem Zustand, wo mir der Architekt, den mir mein Vater aus Bonn mitbrachte, sagte, es kostet vier Millionen Mark und das machen sie mal lieber nicht. Wir haben es dann trotzdem gemacht und es hat bei weitem nicht vier Millionen, es hat eine Million Mark gekostet, die wir natürlich auch wieder finanzieren mussten.[39]

Das heruntergekommene Gutshaus war nicht das einzige Problem für die Rückkehrer. Vorurteile der Bank gegenüber einem risikoreichen Unternehmen, tiefverwurzeltes Misstrauen der Dorfbewohner den ehemaligen »Junkern« gegenüber und eine soziale Umwelt ohne Freunde und Verwandte kamen hinzu.[40] Die neuen Gutshausbesitzer scheuten aber die Probleme nicht, sondern gingen sie an. Nach ihrer Rückkehr renovierten sie das Gutshaus mit großem finanziellen Aufwand zu ihrem eigenen Zuhause – oft verbunden mit der Nutzung als Hotel, Bildungs- oder Kulturstätte –, und kauften oder pachteten Land dazu, das früher ihrer Familie gehört hatte. Sie erweckten die alte Gutsanlage zu neuem Leben, wo auf Besucher kulinarische, musikalische oder andere kulturelle Erlebnisse in ei-

---

36 So z.B. die Informanten in Gm2-3 und Gm2-5.

37 Zander (wie Anm. 24); Tuomi-Nikula (wie Anm. 24).

38 Tuomi-Nikula (wie Anm. 24), S. 311f.; Tuomi-Nikula, Outi, Kierrätystä ja verkostointia. Keinoja vanhan talon saneeraukseen Rostockin vanhassa kaupungissa entisessä DDR:ssä. In: TUUMA 2008/3, S. 21–24.

39 Gm2-44.

40 Tuomi-Nikula, Outi, *Kotiseutu kulttuuriperintöprosessina – saksalainen kokemus.* in: Elore 2009/1(http://www.elore.fi/ojs/uusin.html, Abruf: 14.07.2009), S. 1–25, hier S. 19f.

nem vorgeblich »authentischen« Gutshausmilieu mit einem Reiterhof oder einem ökologisch ausgerichteten landwirtschaftlichen Betrieb warteten.[41]

Das alles war für die Rückkehrer also nicht einfach. Aus dieser Tatsache heraus interessiere ich mich für die Motive der vormals adeligen Rückwanderer, die ihre bislang sichere Existenz im Westen oder (nicht selten) außerhalb der deutschen Grenzen im Ausland mitsamt ihrem sozialen Umfeldes verließen, um sich in Mecklenburg-Vorpommern, das sich damals in einer starken Aufbauphase befand, eine neue Existenz zu schaffen. Hierfür waren qualitative Tiefeninterviews mit den Rückkehrern erforderlich, die ich in den Jahren 2007 und 2008 in Mecklenburg-Vorpommern durchführte.[42] Sie bilden die empirische Basis meines Beitrages. Bei den Antworten auf Fragen nach den Gründen der Rückkehr wurde der Begriff »Heimat« immer wieder herangezogen. Deshalb frage ich danach, wie die adeligen Rückkehrer ihre »Heimat« definieren und welche Faktoren dabei eine Rolle spielen.

Die Interviews mit den neu zugezogenen, vormals adeligen Gutshausbesitzern waren mit einigen methodischen Problemen verbunden, die im Folgenden erörtert werden sollen. Ein erstes Problem stellte der Begriff »Rückkehrer« dar. Er wird zumeist mit der Rückkehr von Migranten der ersten Generation, mit der Rückwanderung, assoziiert. Da die Rückkehrer entweder Kinder, Enkel oder auch Verwandte der Gutshausbesitzer vor 1945 waren, handelt es sich bei den von mir so bezeichneten »Rückkehrern« nur in Ausnahmefällen um Rückwanderer der ersten Generation, denn es wurden fast ausschließlich Familienmitglieder der zweiten oder dritten Generation interviewt, die auf die »Scholle« ihrer Vorfahren zurückgekehrt waren. Zudem ergibt sich unter den Rückkehrern der ersten Generation das Problem, dass im Jahre 2009 das Leben im einstigen Gutshaus bereits 64 Jahre zurückliegt. Die beiden Gewährspersonen waren im Jahr der Vertreibung drei beziehungsweise fünf Jahre alt, sodass Erzählinhalte über deren einstiges Gutshausleben weitgehend fehlten.

Alle anderen interviewten Personen waren außerhalb Ostdeutschlands geboren und aufgewachsen. Trotzdem bildet das Gutshaus stets einen zentralen Teil der kollektiv erzählten Familiengeschichte. Deshalb gilt es zu erfahren, auf welche Art und Weise die neuen Gutshausbesitzer den familiären Zusammenhalt bzw. die Familientradition im Exil wachgehalten haben, besonders angesichts der Tatsa-

---

41 Im Jahre 2001 wurden von damals ca. 2.000 Gutshäusern 60% als eigene Wohnung benutzt. Weitere Nutzungsformen waren – meist in die Wohnungsnutzung integriert – die Benutzung als Museum (1%), als akademische Bildungsstätte, Schule oder Forschungsstätte (3%), als Hotel, Pension oder Ferienwohnung (6%), als soziale Einrichtung (4%) und als landwirtschaftlicher Betrieb (1%). Zur Kategorie »andere Nutzung« zählte 1% der Gutshäuser. Ohne jegliche Nutzung waren fast ein Viertel der Gutshäuser (24%). Quelle: Denkmalrat Mecklenburg-Vorpommern: *Denkmalbericht (2001) Mecklenburg-Vorpommern: Gutshäuser und Schlösser.* Landeshauptstadt Schwerin, S. 7. Siehe auch: www.gutshaeuser.de, Abruf: 14.07.2009.

42 Vgl. Anm. 18.

che, dass acht der interviewten Gutshausbesitzer einen großen Teil ihres Lebens außerhalb Deutschlands verbracht haben. Ein weiteres Augenmerk richte ich darauf, welche Elemente die Informanten in der Familiengeschichte betonen oder verschweigen und welche Rolle beim Prozess der Tradierung des Kulturerbes bei den Informanten die einstige Zugehörigkeit ihrer Familie zu der machthabenden Oberklasse der Landbesitzer Mecklenburgs spielt. Denn es ist eine historische Tatsache, dass sich die wirtschaftliche Situation der im Argarbereich tätigen Landbevölkerung durch die Abschaffung der Leibeigenschaft im Jahre 1820/21 besonders im ritterschaftlichen Gebiet, also den gutsherrlichen Dörfern, nicht verbesserte, sondern eher verschlechterte, weil sie keine Möglichkeit hatte, sich eine selbständige Existenz aufzubauen.[43]

Um ihren Lebensunterhalt zu bestreiten, mussten die Landarbeiter weiterhin für den Gutsherrn tätig sein, mit dem Unterschied, dass die Gutsherrschaft keine Verpflichtungen mehr gegenüber ihrer Arbeiterschaft hatte, da der Großteil der Landbesitzer mit der Abschaffung der Leibeigenschaft von sämtlichen Verpflichtungen der Feudalgesetze freigesprochen war. So mussten die Gutsherren nicht mehr dafür sorgen, dass die Untergebenen Arbeit hatten und entlohnt wurden, um sich selbst versorgen zu können. Damit wurde die Armut der Bauern noch größer. Den Knechten des Landadels war es nicht einmal gestattet zu heiraten, es sei denn, der Gutsherr gab sein Einverständnis und stellte einen Platz zum Leben zur Verfügung.[44] Die Gutsherren Mecklenburgs waren zudem überwiegend keine Innovatoren, wie das in Finnland der Fall war, wo es keine Leibeigenschaft gab und auf den Gutsanlagen neue landwirtschaftliche Methoden und Alltagsgeräte sowie soziale Verbesserungen für die Arbeiterschaft eingeführt wurden.[45] Der ty-

---

43 Im domanialen (herzoglichen) Bereich hingegen wurde, bedingt durch die sich abzeichnende Auswanderung, durch das 1753 geschaffene Büdnerpatent die gesetzliche Grundlage für eine kleinbäuerliche Existenz geschaffen. Im Verlauf des 19. Jahrhunderts erreichten die Büdnereien durch die Separation und Zupachtung von Land Betriebsflächen von ca. 5 ha. Ab 1846 wurden im Domanium zudem sogenannte Häusler zugelassen, wodurch die Zahl der kleinbäuerlichen Existenzen vermehrt wurde. Mittelbäuerliche Betriebe waren im Domanium dagegen schwach vertreten, es gab hier also entweder Groß- oder Kleinbauern; vgl. Bentzien, Ulrich: *Bauern*. In: Bentzien/Neumann (wie Anm. 25), S. 122–147, hier S. 135f.

44 Burkhardt (wie Anm. 28); Bentzien/Neumann (wie Anm. 25), S. 42ff.

45 Siehe über die Gutswirtschaft in Finnland: *Suomen maatalouden historia 1, Perinteisen maatalouden aika esihistoriasta 1870-luvulle*. Hg. von Viljo Rasila, Eino Jutikkala und Anneli Mäkelä-Alitalo. Helsinki 2003; Tornberg, Matleena: *Kartanotalous ja rälssitalonpoikien asema Varsinais-Suomessa läänityskaudella*. Turku 1978. Innovative Entwicklungen auf den Gütern kamen typischerweise von außerhalb. Das zeigt der Fall des bekannten deutschen Agar- und Wirtschaftswissenschaftlers Johann Heinrich von Thünen (1783–1850), der auf seinem gepachteten Gut in Tellow bei Teterow in Mecklenburg innovative soziale Leistungen für seine Arbeiterschaft einführte und noch heute als Musterlandwirt gilt. Thünen entstammte nicht dem mecklenburgischen Landadel, sondern war Zugereister.

pische gutsherrliche Betrieb Mecklenburgs war vielmehr eine rückständige, an alten Traditionen festhaltende Institution, in der die patriarchalisch-feudalistische Einstellung gegenüber den Arbeitern bis zum Zweiten Weltkrieg anhielt.[46] Als eine der Repräsentationen kann die reiche Tradition der antifeudalen Sagen Mecklenburgs angesehen werden, in der das Bild von einem hartherzigen Gutsherrn von einer Generation zu der anderen tradiert worden ist.[47]

Das Stereotyp des ›schlechten Gutsherrn‹ wurde in der DDR in der Filmindustrie als propagandistisches Mittel gegen die kapitalistische Gesellschaft eingesetzt. Ein Zeugnis hiervon legt die propagandistische Verfilmung des sozialkritischen Versepos *Kein Hüsung* von Fritz Reuter (1810–1874) nach dem Drehbuch von Ehm Welk (1884–1966) ab. Die Vorlage Reuters schildert die sozialen Zustände auf den ritterschaftlichen Gütern sehr drastisch, indem ein leuteschindender Gutsherr vorgeführt wird, der seinen Knecht Johann bis auf das Blut reizt: Der Gutsherr stellt Marie, der Geliebten seines Knechtes, nach und verweigert diesem die Niederlassung auf seinem Gut (»Hüsung«), nachdem Marie schwanger geworden ist. Auf dem Gipfel seines Zornes ersticht Johann den Gutsherrn mit einer Forke und flieht nach Amerika, während Marie im Wahn Selbstmord begeht.[48]

Meine eigenen Erhebungen habe ich mit der Fotodokumentation von Bernd Lasdin aus dem Jahre 2001 ergänzt. In seiner Publikation ließ Lasdin die dort dokumentierten 78 Familien, die in den Jahren von 1990 bis 2001 aus dem Westen nach Mecklenburg-Vorpommern rückgewandert sind, selbst zu Wort kommen, so dass diese kurz die wichtigsten Gründe für ihre Rückkehr nennen. Diese Texte dienen mir als zusätzliches empirisches Material.[49]

Zurück zu den Wurzeln

> […] und dann bin ich nach Kapstadt gegangen. Und immer fragten mich die Leute: ›Where is your home?‹ Und da hab’ ich immer gesagt: ›Mecklenburg, but now I’m here, there is a wall and I cannot across, so therefore I’m here‹. […] Dann war ich sehr viel in Hongkong, und schließlich war ich so oft in Asien, sodass ich dann ge-

---

46 Räsänen, Matti und Tuomi-Nikula, Outi: *Saksanmaalla. Elämää keskiajalta nykyaikaan.* Helsinki 2000, S. 166.

47 Rogalla von Bieberstein, Johannes: *Die Junker als Feinde des Volkes.* In: Deutsches Adelsblatt Nr. 9/1994, S. 198–201; *Herr und Knecht. Antifeudale Sagen aus Mecklenburg. Aus der Sammlung Richard Wossidlos.* Hg. von Gisela Schneidewind. Berlin 1960.

48 Schmitt, Christoph, *Fritz Reuters »Kein Hüsung« als filmischer Text. Zur DEFA-Verfilmung des niederdeutschen Versepos nach dem Drehbuch Ehm Welks.* In: Rösler, Richard und Monika Schürmann (Hg.), ... damit ich nicht noch mehr als Idylliker abgestempelt werde. Ehm Welk im literarischen Leben Mecklenburg-Vorpommerns nach 1945. Rostock 1989, S. 143–169; Bentzien/Neumann (wie Anm. 25), S. 44.

49 Lasdin 2002 (wie Anm. 1).

sagt hab': ›So, jetzt geht die ganze Familie nach Asien!‹ Und dann sind wir mit der Familie nach Hongkong gegangen, und da fragten die mich auch: ›Wo bist du denn zu Hause?‹ – ›Ja, in Mecklenburg.‹ Das wusste ich ja [und fügte hinzu:] ›Aber da ist eine Mauer, da komme ich nicht rüber, deswegen bin ich hier.‹ Und dann waren wir in Japan. Und das gleiche. […] Und dann war ich in Nordchina. Und da fragten sie mich auch: ›Wo bist du denn eigentlich zu Hause?‹ Das war immer dasselbe und eines Tages fiel die Mauer, und wir waren kurz vor dem Mauerfall hier.[50]

Diese Worte erzählte mir ein 67-jähriger Adeliger, der fast sein ganzes Leben außerhalb der deutschen Grenzen verbracht hat, auf die Frage nach den Gründen, in das Gutshaus seiner Familie zurückzukehren. Wir saßen im Kaminzimmer des im Jahre 1830 gebauten und stilvoll restaurierten Gutshauses und tranken Tee aus dem Familienporzellan. An den Wänden rund um uns hing eine Reihe von Gemälden von seinen Vorfahren. Diese Gemälde waren im Dachgeschoss tief unter den Holzspänen wieder aufgetaucht. Die großformatigen wertvollen Ölgemälde waren dort vom letzten Besitzer des Gutshauses versteckt worden, bevor er 1945 mit seiner Familie vor »den Russen« nach Westen floh. Die Bilder waren in ihrem Versteck fast 50 Jahre lang unversehrt erhalten geblieben, was der Familie wie ein Wunder erscheinen musste. Die Geschichte der auf den Gemälden dargestellten Personen kennt mein Gastgeber auswendig, er hat sie schon viele Male erzählt. Immer noch berichtet er gerne und lange davon. Außerdem scheint der wohl länger tradierte Ursprungsmythos der Familie, die bereits vor mehr als 800 Jahren in Mecklenburg nachgewiesen ist, von besonderer Bedeutung für ihn zu sein. Ich höre die spannende Geschichte von zwei Brüdern, die als Ritter Heinrichs des Löwen eine wendische Prinzessin, die Ahnfrau der Familie, aus einer brennenden Burg retteten. Aus dieser Legende werden auch die Symbole des Familienwappens erklärt. Weiterhin erfahre ich, auf welche Weise die Familie bereits gegen Ende des 12. Jahrhunderts den heutigen Standort des Gutshauses wählte und dort die erste Befestigung und einen Ringgraben mit einem Wehrturm erbauen ließ. Schließlich ist der Familie auch der Bau einer Feldsteinkirche Anfang des 13. Jahrhunderts zu verdanken. Als Beweis wird ein erst 1983 entdecktes Freskobild angeführt, das die Legende der adeligen Familie illustriert. Der Ahnfrau begegnet man nicht nur auf dem Familienwappen und in der Kirche, sondern ebenso auf dem Giebel des Gutshauses, der mit dem Relief eines Frauenkopfes geschmückt ist.

Als wichtigsten Grund seiner Rückkehr nach Mecklenburg nennt mein Informant seine mecklenburgischen Wurzeln und Vorfahren, obwohl er selbst weder in Mecklenburg geboren ist, noch jemals dort gelebt hat oder überhaupt vor 1989 Gelegenheit hatte, das Gutshaus, das einst seiner Familie gehörte, zu sehen. Im Prinzip war Mecklenburg für ihn ein absolut fremdes Land, in dem er keine Verwandten hatte. Damit hatte er auch keine Möglichkeit, Mecklenburg durch eigene Kindheitserfahrungen zu seiner Heimat zu machen. Nach Brepohl hätte seine

---

50 Gm2-5.

Heimat jedoch dort sein müssen, wo er geboren und aufgewachsen ist und wo seine wichtigen persönlichen Beziehungen zu finden sind.[51] Nicht ihm, sondern vielmehr seinen Großeltern und Eltern war die ›alte Heimat‹ geraubt worden. Als erfolgreicher Geschäftsmann war seine ›Ich-Umwelt-Beziehung‹ überall, wo er ohne größere Probleme lebte, weshalb – nach Ina-Maria Greverus – die vermeintliche ›alte Heimat‹ an nostalgischem Glanz hätte verlieren müssen. Das war jedoch keineswegs der Fall, wie er es selbst ausdrückte:

> Ich bin überall gerne gewesen. Ich war gerne außerhalb Deutschlands, in Amerika, in Florida, in China [...] Aber Heimat ist das nicht. Heimat ist, ich denke, wo die Wurzeln sind und meine Vorfahren, die die Kirche gebaut haben, und wo Traditionen meiner Familie sind.[52]

Der Gedanke von einer »Wurzellosigkeit« und das Gefühl, »Flüchtling« zu sein – egal, wo man sich aufhält –, taucht immer wieder in Aussagen der Rückkehrer auf: »Wenn einem die Heimat genommen wird, bleibt man alle Zeit nur Flüchtling, egal, woher man kommt und wohin man geht, egal, wer oder was man ist.«[53]

Fragte ich danach, was mein Informant über Mecklenburg, das heißt über die Heimat seiner Vorfahren in all den Jahren, als er im Ausland lebte, gewusst habe, wurde wiederholt der Großvater als Traditionsvermittler angeführt:

> Und das hat unser Großvater uns sehr nahe gelegt, immer wieder. Großvater hat uns Mecklenburg nahe gebracht, das Heimatgefühl. Und mein Vater auch. Und ich glaube daher: es ist einfach Heimat, Heimat, wo ich nicht nur zu Hause bin zwischendurch und eine Wohnung habe, sondern wo ich auch wirklich hingehöre.[54]

Die Eltern und Großeltern meines Informanten, die selbst in Mecklenburg glückliche Jahre als Kinder, Jugendliche und Erwachsene in einer privilegierten Gutshausfamilie verbracht haben, kannten nur »eine richtige Heimat«, und diese Heimat war Mecklenburg. Da sie ihnen jedoch gewaltsam geraubt war, wurde Mecklenburg zum »Ort der Utopien des Erinnerns«[55], wo alles besser und schöner war als in der neuen Heimat, denn ihre Sehnsucht und Nostalgien projizierten sie auf ihre eigenen Kinder und Enkelkinder, die eine dankbare Hörerschaft für die alten Geschichten darstellten. So waren die Mythen des Ursprungs, Geschichten der Familie und der Alltag als Gutshauskinder Themen, die sich tief in das Bewusstsein der Kinder verankerten und mit denen sie sich identifizieren konnten.

---

51 Brepohl (wie Anm. 4), S. 43ff.
52 Gm2-5.
53 Volkmann, Katrin, *Einleitung*. In: Lasdin 2002, S.8 (wie Anm. 1).
54 Gm2-5.
55 Fingerroos (wie Anm. 21).

> Mein Großvater erzählte uns immer wieder spannende Geschichten von Rittern
> und Schlössern und von Heinrich dem Löwen. Es war damals aufregend zu wissen,
> dass wir Kinder mit diesen Geschichten etwas zu tun hatten.[56]

Die Traditionen der Familien wurden noch auf andere Art und Weise gepflegt. So
war für den Zusammenhalt der Familien das regelmäßige Familientreffen von
großer Bedeutung, vor allem in der Zeit, als die Familien im Exil zerstreut – und
oft im Ausland – lebten. Nach der Wende sammelt sich die Familie bevorzugt in
dem Gutshaus, das sich nach einem halben Jahrhundert wieder im Besitz der
Familie befindet. Es ist auch ein Ort, wo alte Geschichten erzählt und Erinnerungen wach gehalten werden.

Ein weiterer Rückkehrer, der ebenfalls sein früheres Leben im Ausland verbracht
hatte, beschrieb sein Zugehörigkeitsgefühl zu Mecklenburg noch spezifischer, indem er die Verhaltenssicherheit als eines der wichtigsten Merkmale der alten
Heimat seiner Eltern und Großeltern nannte. Für ihn war Mecklenburg ein Ort,
an dem seine Schutz-, Aktions- und Identitätsbedürfnisse befriedigt wurden,
auch wenn er vor der Wende kein einziges Mal in Mecklenburg gewesen war. In
Mecklenburg hatte er das Gefühl, dass man ihn kennt, erkennt und anerkennt,
denn »sogar unser Bürgermeister sagt, dass wir hier eine alte mecklenburgische
Familie sind«.[57] Deshalb könne er es sich auch erlauben, seine kritische Meinung
frei zu äußern, ohne dabei das Gefühl zu haben, sich schlecht zu benehmen.

> Weiß ich nicht, warum ich mich hier zuhause fühle, […] vielleicht, weil ich weiß,
> dass wir von hier kommen, keine Ahnung […], aber wenn mir hier jemand erzäh-
> len würde, ich bin hier nicht zu Hause […] das ist ja auch immer mein Problem
> gewesen. In Südamerika und in Afrika kam der Punkt, wo man die Kritik ein biss-
> chen zurückhalten musste, weil man Gast war. Das tue ich hier nicht, das nehm'
> ich mir einfach raus, und wenn sie irgendwie schimpfen – aber das darf ich hier.
> Weil, ich bin hier so zu Hause, wie die Sioux in Nordamerika oder die Aborigines
> in Australien.[58]

Zum Schluss seiner Analyse bringt er den Kern seiner Gedanken auf den Punkt,
indem er sich mit den Ureinwohnern der indigenen Völker vergleicht. Mecklenburg bedeutet für ihn als Heimat seiner Vorfahren nicht nur einen Identifikationsraum, sondern noch mehr: Das Land bietet ihm auf selbstverständliche Weise ein
ultimatives Recht als »Ureinwohner«, das tabu ist, das keiner in Frage stellen
darf. Damit verbindet der Rückkehrer sein Heimatverständnis mit dem Begriff
Domicilium, einem Ort, wo der Mensch ein juristisches Heimatrecht besitzt. In
der Deutschen Enzyklopädie von Barrentrapp und Wenner aus dem Jahre 1870
wird die Heimat als der Ort oder das Land, wo jemand zu Hause ist, mit dem

---

56 Gm2-6.
57 Gm2-45.
58 Gm2-45.

Verweis auf das Stichwort Domicilium, definiert, das die juristischen Zusammenhänge erläutert. Auch wenn hier der Hinweis fehlt, dass man ein Domicilium durch Geburt erwerben kann, wird die Heimat als eine Art »Naturzustand« aufgefasst, dessen man sich erst bewusst wird, wenn er nicht mehr vorhanden ist.[59]

Die Genealogie und die jahrhundertealte Familiengeschichte mit den dazugehörigen einflussreichen Persönlichkeiten der adeligen Familien als »Ureinwohner« Mecklenburgs stellt »die große Geschichte« der adeligen Familien dar, die ausnahmslos von allen interviewten adeligen Rückkehrern ausführlich und zumeist ungefragt erzählt wurde. Das Interesse für die eigene Genealogie eint alle der von mir interviewten Adeligen. Die Genealogie, und selbst die eigenen »Gene«, die im Boden Mecklenburgs verwurzelt seien, wurden als Grund zur Rückkehr angeführt, wie aus der Aussage eines vormals Adeligen, dessen Familie seit 1170 als Grundbesitzer auf mecklenburgischem Boden wirkte, hervorgeht: »Ich fühle mich hier heimisch, weil ich natürlich diese Wurzeln hier einmal wiedergefunden habe und ich auch irgendwo in meinen Genen einen Bezug zum Boden habe«.[60]

Bereits vor den Interviews hatte ich mich mit der Genealogie und der wichtigsten Etappe der Familiengeschichte auf den Internetseiten der interviewten Familien vertraut gemacht. Auffallend an den Homepages ist das Fehlen der Information über das Alltagsleben der Adelsfamilien in ihren letzten 100 Jahren als traditionelle Gutswirte. Das war auch ein Thema, worüber ich kaum Informationen bekam, mit Begründungen wie: »Ich weiß nicht. Ich habe ja selbst damals nicht im Gutshaus gelebt«. Dieses »Ich weiß nicht« möchte ich in Frage stellen, da alle Informanten mit Sicherheit Geschichten über den Alltag im Gutshaus von den Traditionsvermittlern, also ihren Großeltern oder Eltern, gehört haben. Ich vermute vielmehr, dass die neuen Gutsbesitzer die patriarchalische Gutsführung ihrer Vorfahren, die heute als negativ, unmenschlich und undemokratisch angesehen wird, bewusst aus ihrem Gedächtnis ausgrenzen. Dabei handelt es sich um einen Schutzmechanismus der Vergangenheitsbewältigung, bei dem negative Gegebenheiten und Tatsachen aus dem Familiengedächtnis ausgegrenzt werden, wie eine empirische Untersuchung über die Familien mit Nazivergangenheit gezeigt hat.[61] Einen weiteren Hinweis für diese Annahme könnte die Tatsache liefern, dass die Rückkehrer in der Regel das Land Mecklenburg, und nicht das Gutshaus ihrer Vorfahren, als ihre wiedergefundene Heimat nannten.

Die Geschichte der Adelsfamilien ist in erster Linie die ihrer Genealogie. Das bestätigen auch die auf Adelsforschung spezialisierten Institutionen, so das im Jahre 1993 gegründete Institut für Adelsforschung, das vor allem für die Erforschung der Genealogie, des Ursprungs der Adelsnamen, des historischen Heiratsmarktes,

59   Zitiert nach Reinholz (wie Anm. 8), S. 10 ; vgl. Brepohl (wie Anm. 4), S. 43.
60   Gm2-49.
61   *Opa war kein Nazi. Nationalsozialismus und Holocaust im Familiengedächtnis.* Hg. von Harald Welzer u.a. 6. Aufl. Frankfurt a.M. 2008.

der Besitztümer, der Gutshäuser u.a.m. verantwortlich ist, aber meines Wissens keine Alltagsgeschichten über das erinnerte Leben im Gutshaus vermittelt. Vergeblich sucht man ebenfalls etwas über den Alltag der Adelsfamilien in der für den Adel spezialisierten Datenbank www.adelsbank.de herauszufinden, wo die Mitglieder des historischen Adels interne Daten über ihre Familien mittels eines persönlichen Accounts erhalten können.

»Die Arbeit der Vorfahren wieder fortsetzen«[62]

Die mecklenburgischen Wurzeln, die Ursprungsmythen, Ahnen und die jahrhundertealte Familiengeschichte, sich als die ersten Bewohner Mecklenburgs vor- und darzustellen, wurden immer wieder als Gründe der Rückkehr betont (»dieses Gut hier hat meiner Familie seit 1309 gehört«[63]; »weil meine Wurzeln in Mecklenburg sind!«[64]). Die Rückkehr wird als Endpunkt eines langen historischen Prozesses angesehen, bei dem die Vertreibung und das Leben im Exil nur eine kleine Episode in der großen Geschichte der Familie bilden, denn: »was sind schon 50 Jahre in der 800-jährigen Geschichte unserer Familie – eine kurze bedeutungslose Episode!«[65] Ein anderer Adeliger schildert die Ereignisse von Flucht und Vertreibung als Kreislauf, der sich mit der Rückkehr der Familie schließt:

> Enteignung – Vertreibung – Teilung
> Wiedervereinigung – Rückkehr – Integration.
> Mühsam schließt sich ein Kreis.[66]

Die Rückkehr wird nicht nur mit dem Recht auf die Heimat der Vorfahren begründet, sondern auch mit der sprichwörtlich gewordenen Pflicht: »Was du ererbst von deinen Vätern, erwirb es, um es zu besitzen!«[67] Das Pflichtgefühl gegenüber den früheren Generationen, welche die Gutshöfe, Kirchen und Schulen erbauten, in der Wirtschaft und Politik eine führende Rolle spielten und somit als Inhaber vieler bedeutsamer Ämter dazu beitrugen, das Land Mecklenburg zu fördern und zu entwickeln, spiegelt sich auf alten Hausinschriften der Gutshöfe wider. Ein eingravierter Text aus dem Jahre 1648, der in der Halle eines Gutshofes hängt, stellt eine solch große Bedeutung für seinen heutigen Besitzer dar, dass er diesen als wichtigsten Grund für seine Rückkehr zitierte:

---

62 Lasdin 2002, S. 157 (wie Anm. 1).
63 Gm2-44.
64 Lasdin 2002, S. 143 (wie Anm. 1).
65 Gm2-4.
66 Lasdin 2002, S. 77 (wie Anm. 1).
67 Ebd., S. 59. Goethe verwendet diese Mahnung in seinem *Faust* (Erster Teil, Nacht, »Faust in seinem Studierzimmer im Monolog«).

Dieses Bassewitzen Haus, von Vätern fest erbaut
und bei dreihundert Jahr den Kindern anvertraut,
hab ich vergnügt bewohnt und gänzlich repariert,
dabei den ganzen Hof von neuem aufgeführt.
Es hätt zwar Krieg und Neid es gerne umgerissen,
doch wer nur ehrlich lebt und hat ein gut Gewissen,
der kann durch Gottes Gnad sich so ein Denkmal setzen,
zur Ehr der seinigen, das niemand kann verletzen.[68]

Dieser Spruch ermahnt den jeweiligen Besitzer des Gutshauses an seine moralische Pflicht gegenüber den nachkommenden Generationen, den Familienhof
immer in Ordnung zu halten. Wenn er sich daran hält, wird er durch die erwor-
bene Ehre in der Familiengeschichte ebenso unsterblich wie seine Lebensleistung,
das ererbte Gut wieder neu erschaffen zu haben, da ihr und damit dem Gut die
göttliche Gnade des Schutzes zuteil wird. Ähnliche Schriften findet man mehrfach, mitunter mit der moralischen Mahnung an den sozialen Ausgleich. Ein Beispiel stellt hierfür folgende Inschrift auf dem Schmuckfachwerkgiebel der Burg
Kurzen Trechow (bei der Stadt Bützow) aus dem Jahre 1785 dar: »Ein jeglicher
arbeite, damit er habe zu geben den Bedürftigen«.[69]

Die moralische Pflicht, den alten Familienbesitz zu renovieren und die Arbeit der
Vorfahren fortzusetzen, wird auch den Erhebungen von Lasdin zufolge als Grund
der Rückkehr genannt:

> Meinen Vorfahren verpflichtet, bin ich auf unseren ehemaligen Familienbesitz zu-
> rückgekommen, um auf diesem Landwirtschaft zu betreiben.[70]
> Für die Eltern – das verlorene Paradies. Für uns nach der Wiedervereinigung eine
> menschliche Verpflichtung, einen Teil des ehemaligen Besitzes gegen den massiven
> Wiederstand der Gemeinde zurück zu erwerben.[71]

Die Pflicht gegenüber den Vorfahren wird allerdings mit eigenen persönlichen
Wünschen verbunden. Das alte marode Gutshaus wird als Herausforderung angesehen. Es bietet die Möglichkeit zu einem neuen Gewerbe, aber auch zur »stan-
desgemäßen« Lebensweise, denn das Leben im Ausland war »langweilig und ohne Möglichkeiten, sich weiterzuentwickeln«.[72] »Man wollte im Leben noch einmal etwas Neues anpacken, etwas bewegen.«[73] Nicht selten sprudelten die
Protagonisten im Gespräch vor Energie, Ideen und Unternehmungslust. Sie wollten die »Ärmel hochkrempeln und noch mal was auf die Beine stellen«[74] – ganz

---

68 Lasdin (wie Anm. 1), S. 23.
69 www.gut-trechow.de, Abruf: 22.07.2009.
70 Lasdin 2002, S.175 (wie Anm. 1).
71 Ebd., S. 165.
72 Gw2-5.
73 Gm2-39.
74 Gm2-33.

im Sinne ihrer Vorfahren. Viele packten auch in der Tat energisch an, und zwar ohne Scheu vor einem erheblichen finanziellen Risiko und gegen die Vorbehalte von Bankdirektoren, die nicht immer das Gutshaus als förderungsfähiges Unternehmen ansahen. Manchmal waren es auch die Gemeinden, die dem Vorhaben kritisch gegenüber standen, das alte Familiendomizil möglichst fachgerecht restaurieren zu lassen und es zum repräsentativen Zuhause einer Adelsfamilie einzurichten, wo Gemälde, Antiquitäten und sonstige luxuriöse Einrichtungsgegenstände an deren Glanzzeiten erinnern sollen.

Was die Absicht der Adelsfamilien anbelangt, sich in einem möglichst feudalen Ambiente darzustellen, so bestätigen dies neben meinen eigenen Erfahrungen aus Besuchen in mehreren Gutshäusern die Fotoaufnahmen Lasdins, für dessen Dokumentation sich die Rückkehrer an einem selbst gewählten Ort ihres Gutshauses fotografieren ließen. Solche Fotos bilden eine wertvolle Quelle zur Erfassung und Deutung performativer Aspekte der abgebildeten Akteure, ein Verfahren, das im Bereich der Visuellen Anthropologie seit einiger Zeit stärkere Gewichtung erfahren hat, im Rahmen dieses Aufsatzes aber nur angedeutet werden kann. Die Gesten der Abgebildeten und ihre Blickachsen, ihre Kleidung, die Wahl des Schauplatzes (z.B. Kaminzimmer), das Interieur (Gemälde, Möbel, Jagdhunde) u.a.m. erzählen viel darüber, welchen Wert die Rückkehrer ihrer Familiengeneration zumessen, oder genauer gesagt, welchen Ausschnitt aus diesen Werten sie gegenüber der Öffentlichkeit kommunizieren wollen. So, wie sie posieren, möchten sie in der Öffentlichkeit gesehen werden.

In der Regel werden auf einem Foto zwei oder drei Generation abgebildet, die in ihrem Prachtraum, einem Wohn- oder Kaminzimmer, auf einem antiken Sofa sitzen, über dem an der Wand Ahnengemälde hängen. Mit dieser Pose verketten sich die heutigen Besitzer der Gutsanlage geradezu andachtsvoll mit ihrer Genealogie und ordnen sich ihr unter. Sie reihen sich damit noch zu ihren Lebzeiten symbolisch in die Geschichte Mecklenburgs ein. Man ist versucht, die räumliche Anordnung so zu lesen, als schwebe die Ahnengalerie über den Lebenden wie jenseitige Mächte, gleich Schutzengeln oder guten Hausgeistern.

Häufig stehen die Rückkehrer in vornehmer Kleidung vor den Ahnengemälden, als ob sie dadurch ihren Vorfahren eine besondere Ehre erweisen möchten. Wie weit die Identifikation mit der Ahnentradition fortschreiten kann, zeigt das Foto einer Frau, die ähnliche Kleidung trägt und auf ähnliche Weise mit einem kleinen Hund unter dem Arm posiert, wie auf dem Konterfei ihrer Ahnin, das als großes Ölgemäldes über ihr hängt. Selten sind auf den Fotoaufnahmen Requisiten zu sehen, die davon erzählen, wie die Ahnen noch dazu Zeit fanden, in ihren weitläufigen Jagdrevieren Schwarz- und Rotwild zu jagen. Solche Gegenstände sind etwa auf den Gesimsen von Kaminen ausgestellt. Die auf auffallend vielen Fotos dargestellten Hunde bezeugen nicht nur die Jagdtradition, sondern können als Symbole der Treue zur alten Heimat gelesen werden.

Doch kam man in der Performanz der Akteure auch manche Gegenwehr zum überkommenen Adelsbild erblicken. So tragen manche Rückkehrer gewöhnliche Arbeitskleidung, womit sie sich von der distinguierten Rolle ihrer Vorfahren distanzieren. Andere sitzen z.B. in der gemütlichen Küche und trinken Kaffee. Dadurch knüpft diese Klientel an ihr bisheriges Leben an und versucht, den Eindruck eines »neuen und modernen Adels« zu erwecken, der sich vor körperlicher Arbeit nicht scheut und sich und nicht von dem gemeinen Volk unterscheidet.

Das neue »Alltagsbild« der einstigen privilegierten Bevölkerungsgruppe wird wohl auch deshalb verbreitet, um in der neuen Heimat die Vorurteile gegenüber den früheren »Junkern« abzubauen. Unter den von mir interviewten Personen befand sich auch ein zum »historischen Hochadel« gehörender »Aristokrat«, der mir in dieser Hinsicht seine Beziehung zu den Bauern schilderte:

> Ich bin ja auch nichts anderes wie ein Bauer. Unsere Familientraditionen sind genau diese, die bäuerlichen. Fleißig sein, früh aufstehen, mehr Sein als Schein, und die ganzen Geschichten, die hat jeder Bauer auch drauf. Jeder, der Tradition hat, der hat das auch drauf. Insofern haben die auch keinen Diskussionsbedarf mit mir. […] Wir denken ganz ähnlich, und das hat das sehr einfach gemacht.[75]

Im Allgemeinen waren die Antworten auf Fragen, welche die Beziehungen zu den Dorfbewohnern klären sollten, eher spärlich. In der Rolle der Exploratorin spürte ich oft eine Distanz – nicht nur zwischen mir und den Interviewpartnern, sondern ebenso zwischen den Dorfbewohner und der jeweiligen Adelsfamilie. Diese Vermutung wird eher von Nebenbemerkungen bestätigt wie:

> Die Schwierigkeit hier liegt beim Personal, das natürlich keine Erfahrung mit Hotels hat […] die kennen nur das Milieu. Und da kann es schon passieren, dass das Personal die Gäste duzt. Und das geht natürlich nicht. Das ist schon ein Problem.[76]

Auch in Lasdins Dokumentation ist das Thema »Nachbarn« weniger präsent. Werden die nachbarschaftlichen Beziehungen überhaupt thematisiert, so nur auf pauschalisierende positive Weise (»Wir sind gut angenommen worden«; allerdings mit der Nachbemerkung »trotz aller Schwierigkeiten«[77]).

Rückkehr als Folge des tradierten Familiengedächtnisses

Die Rückkehrmotive der adeligen Familien wiederholen sich sowohl in meinen Erhebungen als auch in Lasdins Dokumentation. Die Liebe und Sehnsucht nach der verlorenen Heimat Mecklenburgs, die nur gestillt wird, wenn man zurückkehren kann und endlich wieder dort zu Hause ist, an einem Ort, mit dem man

---

75 Gm2-45.
76 Gm2-4.
77 Lasdin (wie Anm. 1), S. 19.

die eigenen Wurzeln und die eigene Geschichte verbindet. Erst mit der geglückten Rückkehr sehen sich die Familien mit ihren Generationen vollends verkettet, denn nur hier, am Ort ihrer Ahnen, der Gutsanlage, können sie an ihre Familientraditionen anknüpfen, und nur hier besteht die Hoffnung, dass diese »einmal von ihren Kindern und Enkeln fortgesetzt werden.«[78]

Verbreitet ist auch das Gefühl der Dankbarkeit, nach Enteignung, Vertreibung und Exil zurückgekehrt zu sein sowie die Verantwortung und Pflicht übernehmen zu dürfen, den Familienbesitz zu restaurieren und aus der »alten Heimat« etwas Bedeutungsvolles zu machen. Insofern wird dieses Verhalten – jedenfalls nach außen hin –, als Ehrentat dargestellt, die aus Dankbarkeit gegenüber den früheren Generationen geschieht.

Die Rückkehr nach Mecklenburg, welche für die adeligen Familien in Wirklichkeit ein wagemutiger Schritt aus sicheren Lebensumständen ins Unbekannte bedeutete, wird also neben anderen Triebkräften durch ein allen gemeinsames Motiv begründet: aus einem in gewisser Hinsicht als »Exil« empfundenen vormaligen Leben auf die »Scholle der Vorfahren« zurückkehren zu können – eine Hoffnung, die den Eltern und Großeltern versagt blieb und daher umso verlockender erscheinen musste. Nur hier, auf der »Scholle« am Ort der »Wurzeln«, meint man, der Familientradition ihr »natürliches« Umfeld zurückgeben zu können. Und nur hier meint man, die familiäre Überlieferung weiterreichen zu können. Man möchte nicht als Brecher der Familientradition in deren Geschichte eingehen, der die Chance, den widernatürlich geöffneten Kreislauf zu schließen (so die oben geäußerten Bilder), nicht genutzt hat.

Durch die von den Eltern und Großeltern erzählten Ursprungsmythen und Geschichten über familiären Vorfahren, die zur Geschichte Mecklenburgs keinen unerheblichen Beitrag leisteten, wuchs im Bewusstsein der nachfolgenden Generationen die Vorstellung, auch selber etwas Besonderes zu sein. Diese Auserwähltheit nach außen hin zu demonstrieren sowie am Ort der Ahnen und der von ihnen geschaffenen Architekturen nachzuempfinden, war vor allem im Ausland nicht möglich, wo die Geschichte des deutschen Adels kaum bekannt ist und die dortigen Adeligen eine eher durchschnittliche bürgerliche Existenz führen mussten. Zu Letzterem sind zwar viele Rückkehrer auch in Mecklenburg gezwungen, jedoch mit dem Unterschied, dass ihre Geschichte und ihre Adelstitel wahrgenommen werden. Hinzu kommt die Gutsanlage als neues repräsentatives Zuhause der Familie, in deren Alltag die Geschichte und das Leben früherer Generation noch zu spüren ist.

Wie sehr darauf Wert gelegt wird, am zurückgekehrten Ort Familientraditionen wieder aufleben zu lassen, demonstriert neben den bereits erwähnten Ahnenge-

---

78 Ebd., S.143.

mälden, historischen Möbeln und Artefakten die von den Altvordern einmal festgezurrte Namensgebung, wie ein Informant mir erzählte:

> Mein Großvater hieß mit dem Vornamen Heinrich, wie ich auch Heinrich heiße. Wenn mein Sohn Henning eigene Kinder hat, wird sein Sohn auch Heinrich heißen. So ist die Tradition in unserer Familie.[79]

Obwohl jede Geschichte meiner Informanten individuelle Züge aufweist und anders verlaufen ist, kann man in den Erzählungen doch viele gemeinsame Züge entdecken. Ein wiederkehrendes und damit konstitutives Narrativ ist die Familiengeschichte, die stets als »groß« dargestellt wird. Sie ist keine gewöhnliche Biographie von Generationen, sondern eine Familiensaga. Deren Erzählmotive und Erzählstrukturen bereiten zu keinem geringen Teil den Narrationen der Rückkehrer über ihre eigenen Erlebnisse den Boden. Sie dient als Erzählreservoir, an dem sich die eigenen Erinnerungen ausrichten und entsprechend gewichten. Diesen Mechanismus, die Familiensaga den Erzählungen über eigene Erlebnisse zugrunde zu legen, die sich daher wie ein roter Faden durch die Rückkehrererzählungen webt, beobachtete die finnische Folkloristin Katriina Latvala ebenso in ihrer empirischen Forschung über das Familiengedächtnis finnischer Familien.[80]

Schlussbetrachtung

Die Narrationen der »adeligen« Rückkehrer haben insofern gemeinsame Elemente mit den Erzählungen der karelischen Aussiedler, als auch in deren Erinnerungen das »verlorene Karelien« ganz oben stand und nostalgisch verklärt wurde. Solche Zuschreibungen haben zwar viel Gemeinsames, doch gibt es auch Unterschiede.

Für die erste Generation, d.h. für diejenigen, die in Karelien geboren und aufgewachsen sind und als Erwachsene zwangsausgesiedelt wurden, besteht der Schauplatz der Erzählungen fast ausnahmslos aus Orten, an die sich Erinnerungen an das eigene Elternhaus, den Hof und die Landwirtschaft knüpfen. Für die Kinder dieser Aussiedler, die ihre ersten Kindheitsjahre in Karelien verbracht hatten, wurden als typische Geschichten Reisen nach Karelien erzählt. Für die dritte Generation der Vertriebenen, die in Finnland geboren ist und Karelien nie selbst erlebt hat, bedeutet das verlorene Karelien das »erzählte Karelien«. Ihnen sucht man das Traditionswissen über Dörfer, Sitten, Bräuche, Landschaften, Sprache und die Menschen, die in Karelien gelebt hatten, nicht nur kognitiv, sondern auch emotional mit Hilfe von Erzählungen zu vermitteln.

---

79 Gm2-45.
80 Latvala, Pauliina: *Katse menneisyyteen. Folkloristinen tutkimus suvun muistitiedosta.* Helsinki 2005.

Vergleichbar damit gehören die adeligen Rückkehrer Mecklenburgs zur dritten Generation der Erzähler. Für sie bedeutet die verlorene Heimat das »erzählte Mecklenburg« mit einer 800-jährigen Geschichte der Familie, deren Mitglieder zu den frühen Eroberern, Bewohnern und Entwicklern Mecklenburgs zählen.

Groß ist die Familiengeschichte des mecklenburgischen Landadels aber nicht nur, weil dieser den Aufbau (und in Wahrheit auch die Rückständigkeit) des Territoriums beförderte, sondern auch, weil diese Geschichte mit der Enteignung und Flucht, also dem erlittenen Unrecht (und damit vergleichbar den Kareliern) erst die nötige Fallhöhe gewann. Insofern erweist sich die bereits zitierte Äußerung eines Informanten, dass Flucht und Vertreibung angesichts der langen Geschichte des mecklenburgischen Landadels nur »eine kurze bedeutungslose Episode« sei, geradezu als absurd. Kurz mag diese »Episode« angesichts der geschichtlichen Dauer des Landadels gewesen sein, aber bedeutungsvoll war sie über alle Maßen. Die »wahren Helden« sind nämlich die Rückkehrer, die ihre familiengeschichtliche Tradition mit der Dramaturgie des letzten Augenblicks retteten. Sie fühlen sich als Auserwählte, weil weder ihre Eltern noch Großeltern auf die deutsche Wiedervereinigung hoffen konnten. Im kollektiven Gedächtnis hatte sich die deutsche Teilung längst als unverrückbare Tatsache eingebrannt. Niemand konnte noch Jahre zuvor auf die deutsche Wiedervereinigung hoffen.

Seither beleben die Rückkehrer ihre inzwischen vertrocknete, bisweilen auch stereotype Familiensaga vor Ort des legendären Geschehens mit lebensnahen und in der Tat höchst spannenden Erzählungen ihrer Großväter und Väter, die sie nun selber fortsetzen und vermitteln. Man kann sie dabei »live«, sozusagen als echte Darsteller, beobachten. Ihre jüngste Geschichte tangiert den Erwerb und die Restaurierung des Gutshauses, dessen Restaurierung und Ausbau zu einem touristischen Gewerbe oder einem landwirtschaftlichen Betrieb mit Ferienwohnungen. Anders als ihre Eltern und Großeltern zogen die neuen Helden freiwillig hinaus, und sie suchen dabei nicht dem Kerker oder Tod zu entrinnen, sondern sie suchen die wirtschaftliche Herausforderung. Mancher von ihnen wird dabei vielleicht mit der Wiederherstellung der Familienehre auf jenes übernatürliche Glück hoffen, das die oben genannte Hausinschrift verheißt.

Was die Familientradition aber wirklich bedeutet, wie sie von den Rückkehrern mit Leben gefüllt wird, ist so unterschiedlich wie deren Biographien. So wird sich erst zeigen, auf welche Weise die adeligen Rückkehrer ihr kulturelles Selbstverständnis jenseits wirtschaftlicher Interessen und der Erfüllung denkmalgeschützter Bauvorhaben nicht nur formulieren, sondern konkretisieren. So kann man die oben zitierte Äußerung, sich in Mecklenburg, »wie die Sioux in Nordamerika oder die Aborigines in Australien« zu fühlen, sowohl als Heimatdefinition wie als Freibrief auffassen. Mutig waren sie allerdings bisher, die Rückwanderer, das muss man ihnen lassen.

Max Peter Baumann
Musik der Alpenländer
Von der Zukunft einer Retrospektive[1]

Das Europa der Regionen beginnt kulturell zusammenzuwachsen und ersetzt inzwischen das alte Europa der Nationen. Es ist dies ein Paradigmenwechsel, der sich spätestens seit Ende des Zweiten Weltkrieges einerseits mit der *Charta der Vereinten Nationen* (1945) und der *Allgemeinen Erklärung der Menschenrechte* (1948)[2] ins internationale Bewusstsein eingeschrieben hat und inzwischen mit Nachdruck durch die Europäische Union mit ihrer Kulturpolitik anvisiert wird. Ziel der Europäischen Gemeinschaft ist es »einen Beitrag zur Entfaltung der Kulturen der Mitgliedstaaten unter Wahrung ihrer nationalen und regionalen Vielfalt sowie gleichzeitiger Hervorhebung des gemeinsamen Kulturerbes (Art. 151 EGV)« zu erbringen.[3] Das finanzielle Instrument des Programms *Kultur 2007* sieht vor allem eine Förderung von Projekten vor, die eine europaweite Dimension im Fokus haben, um gemeinsame Kulturräume zu schaffen und zu erforschen.[4] Nicht mehr Nationalidee, sondern die überregionale und internationale Kulturpolitik der Gemeinsamkeiten im Sinne auch eines Weltkulturerbes bildet den Fokus. Der Tunnelblick national-ideologischer Perspektiven wird in diese übergeordnete Sichtweise eingepackt. Die Denkfigur von Ethnozentrismen und übersteigerten Nationalismen gehört der Vergangenheit an und mündet ein in eine neue weltzentrierte Aufmerksamkeitskoalition, mit der das Kulturerbe nicht mehr in erster Linie als nationales, sondern als gemeinsames für die ganze Menschheit verstanden wird. Dies hat sich bereits niedergeschlagen in der Förderungspolitik von Kulturprojekten, die eine Zusammenarbeit über einzelne Nationen und Regionen hinweg verlangen.[5]

---

1 Ein kleiner Essay als kleine Hommage an Max Matter, dem in seinen Schriften interkulturelle und interethnische Beziehungen sowie wechselnde Perspektiven zwischen Bildern der Heimat und Bildern der Fremde immer ein zentrales Anliegen blieben.

2 Siehe *Charta der Vereinten Nationen* (1945) und *Allgemeine Erklärung der Menschenrechte* (1947).

3 Rom 1957, Europäische Union (1957), Art. 151(1).

4 *Kulturelle Vielfalt* (2006), in: Europäische Kommission (2007:128).

5 Europäische Kommission (2002:3): »Die Gemeinsamkeiten der europäischen Kulturen herausstellen und das Zusammengehörigkeitsgefühl stärken, ohne die kulturellen, nationalen und regionalen Unterschiede zu verwischen, zur Entfaltung und Verbreitung der Kulturen beitragen – das sind die Ziele, die sich die EU mit ihrer Politik gesetzt hat.«

In solch einem Kontext ist auch der Forschungsverbund zur »Volksmusik in den Alpen« zu verstehen, wenn auch terminologisch und kulturgeographisch weder »die Alpen« noch ethnomusikologisch ihre »Volksmusik« in den Griff zu bekommen sind (Keller 2006).[6] Geographisch handelt es sich um die innereuropäischen Gebirgsketten der Westalpen beginnend am Mittelmeerraum, am Golf von Genua bis zur Linie Aostatal und Montblanc. Die Zentralalpen erstrecken sich zwischen Aostatal-Montblanc und Brennerpass. Die Ostalpen schließlich ziehen sich vom Brennerpass bis Slowenien. Alpenvorland, mittelgebirgige Voralpen und Hochalpen, Nord- und Südalpen sind von unterschiedlichen Kultur-, Bewirtschaftungs- und Sprachregionen geprägt: deutschsprachig in Österreich, in Südtirol, in der Schweiz, in Deutschland und Liechtenstein, italienischsprachig in Italien und im Tessin, französisch in Frankreich, in der Westschweiz und Monaco, und südslowenisch in Slowenien. Alle Sprachen zeugen neben ihren regional ausgeprägten Dialekten und Sonderheiten sowie den Kleinsprachen des bündnerischen Rätoromanisch, des Ladinisch in Südtirol und Friaulisch in der Gegend von Udine von der linguistischen und zugleich musikkulturellen Vielfalt der Regionen.

»Musik der Alpen«, »Volksmusik der Alpen« oder »Alpenmusik«, wie letztere in der *Musik in Geschichte und Gegenwart* (Suppan 1994) noch aufgeführt ist, kann allerdings nicht als eine kulturgeographische Einheit betrachtet werden, sondern eher als ein Konglomerat mannigfacher Ausdrucksformen mit tiefer Vielfalt. Sie umfasst einerseits Musizier- und Singpratiken, die sich sowohl auf regional, historisch und national basierten, identitätsstiftenden Vorbildern stützen. Zugleich schließt diese Vielfalt auch alle gegenwärtigen Neuerungen der postmodernen Folklore ein, indem sie diese mit Althergebrachtem und überregionalen und inter- und transkulturellen Ausdrucksformen verknüpft. Einbezogen sind hier insbesondere auch populäre alpenländische Unterhaltungsmusik, Alpenrock und Alpen-Pop sowie alle Spielarten zwischen »Neuer Volksmusik«, »Volxmusik«, Volksfunk und »Tradimix« im Crossover von Folk, Jazz, Rap, Rock, Pop und »avantgardistischer Folklore«.[7] Gattungsgemäß sind und waren einst die zahlrei-

---

6 Marcelo Sorce Keller (2006:9) fasst die wichtigsten musikalischen Elemente der Alpenländer wie folgt zusammen: (1.) Mehrstimmigkeit in Terzen (auch in Balladen), (2.) vorwiegend Dur-Skalen, (3.) wenige Reltikte nicht temperierter Töne wie etwa das Alphornfa (11. Naturton), (4.) das Auftreten des Tritonus sowohl in Melodien als auch in Harmonien, (5.) alpine Lieder stehen bevorzugt im ¾-Takt, was analog für die Tanzformen wie Ländler und Walzer gilt, (6.) Melodien basieren vielfach auf Dreiklangsbrechungen, (7.) in zweistimmigen Liedern liegt die Begleitstimme unterhalb der Hauptstimme (Sekundieren) oder aber sie liegt darüber (Überschlag), (8.) neben den strophischen Liedern gibt es nicht-strophische Gesänge wie Jodel, Kuhreihen und Alpsegen.

7 Vgl. Hermann (1995) und Safer (1999). Einen Überblick zu den wichtigsten Vertretern und Gruppen der ›Neuen Volksmusik‹ sowie von ›Alpenrock‹ siehe Wikipedia (http://de.wikipedia. org/wiki/Neue_Volksmusik). Das Thema, wie Komponisten der ›klassischen‹ Musik von

chen Bräuche fest eingebunden in kirchliche Feste, Riten und Vergnügungen[8], von der mehrstimmigen Volksmesse im Tessin bis zum Neujahrslied in Osttirol, von Lärm-, Schellen- und Fastnachtsbräuchen der schwäbisch-alemannischen Narrenzunft in Lindau bis zum Maskenumzug in Slowenien und den Gstanzln in Wien. Almlieder, Viehlockrufe, Juchzer, Jodellieder, Alpsegen, religiöse Gesänge und Weihnachtslieder gehören zu der alpinen traditionellen Vielfalt so gut wie romantisierende Hirten-, Jäger-, Alpler-, Orts- und Heimatlieder. Letztere werden inzwischen oft mehrstimmig oder in bearbeiteter Form von Chören gesungen. Die Konstrukte der einst als »echt« oder »authentisch« deklarierten Formen von Lied und Gesang, Tanz, Musikinstrumenten und Ländlermusik der Alpenregionen wurden abgelöst durch die Auffassung eines »authentischen Musizierens« im Umgang mit Tradition und Moderne, zwischen Stadt und Land, zwischen Heimat und Fremdsein.[9] Das »echte« Alphorn wird unter anderem auch abgelöst durch das teleskopartig-ausziehbare Kohlefaser-Alphorn. Die urbane Belebung des Alpsegens will mit überdimensionierter Folle (Milchtrichter) die neue Perspektiven der urbanen Volkskultur ausloten.[10] Alpenländische Volksmusik bewegt sich mehr denn je im Spannungsfeld von Pflege und Erstarrung, Innovation, World Music und Avantgarde, zwischen Musikantenstadl, Kommerzialismus, Eventkultur und Einschaltquote. In all den Fällen aber setzen sich die Volksmusikszenen jeglicher Couleur traditionell, restaurativ, mehr oder weniger innovativ auseinander mit dem, was unter der Vergangenheit des Eigenen verstanden wird

---

Mozart über Richard Strauss bis Ernst Fischer sich durch Motive, Tänze und Instrumente aus den Alpengebieten anregen ließen und ihre individuelle ›Alpenmusik‹ schafften, wird hier ausgeklammert. Man vgl. hierzu etwa das MaerzFestival 2007 in Berlin, das die Musik des Alpenraums in den Mittelpunkt stellte. (www.berlinerfestspiele.de/media/de/2007/maerzmusik/downloads/mm_07_programm.pdf, aufgerufen am 27.08.2008).

8   Vgl. hierzu stellvertretend für die unterschiedlichen alpinen Bräuche die Dokumentationen aus jüngerer Zeit von Zitzenbacher (1980), Scholze/Trouillet (1994), Thüler (1997) und Bachmann-Geiser (2007), Zoller (2008).

9   Die Moderne ist allerdings immerzu auf die alten Quellen angewiesen, sie adaptiert diese kreativ in der Auseinandersetzung mit gegenwärtigen Strömungen. Dies bezeugen nicht nur Re-Editionen der älteren Quellen wie etwa die *Sonnleithner-Sammlung* (1800) und die *Kühreihen-Sammlung* (1826) – (Haid/Hochradner 2000; Bachmann-Geiser/Simmen 1979) –, sondern auch etwa die Wiederauflagen zahlreicher Liederbücher, wie jüngst etwa als Beispiel *Alpenländische Volkslieder* (Muthspiel 1980) oder *Der Röseligarte* (von Greyerz 2008).

10 Siehe z.B. das Warsteiner Kohlefaser-Alphorn-Esemble (www.waldfrevel-warstein.de/2.html) und das Alpsegen-Projekt LOBA TOWN: ›Inspiriert vom Beispiel der Schweizer Sennen, die in alter Tradition mit dem Alpsegen allabendlich ihren Wünschen und Ängsten lautstark Ausdruck verleihen, hat LOBA TOWN die unausgesprochenen Freuden, Ärgernisse und Visionen der Städter und Städterinnen in Lausanne, Bern, Zürich und Basel aufgespürt. LOBA TOWN gibt ihnen mit Hilfe von zwei Entlebucher Sennen, einem Freiburger Vacher und vier erfolgreichen Schweizer Vertretern der Rap-Kultur eine zeitgenössische Form des ›spoken word‹ und lässt diese LOBArhymes in einer spektakulär unspektakulären Live-Aktion im Abendrot von Dachterrassen klingen.‹ (siehe Loba Town: http://was.lobatown.ch/?view=:de).

und dem, was als Fremdes von außen kommt, sei es, dass das musikalisch Andere und Fremde als Bedrohung empfunden oder als Bereicherung erlebt wird. Insgesamt zeichnet sich eine neue, unverkrampftere Wende ab, gleichsam eine »Rückkehr in die Gegenwart«.[11]

1. Volksmusik der Alpenländer aus ethnomusikologischer Sicht: eine Retrospektive

Alpen-Festivals, Alpenjazz, Alpenrock, Alpenklassik, alpine Volxmusik, d.h. Modernität und Traditionalismen, Einheit und Vielfalt der Perspektiven, kennzeichnen die »neue Unübersichtlichkeit« (Jürgen Habermas) von heute. Die einst suggerierte Einheit des Herder'schen Begriffs »Volksmusik«[12] – und diesen nun zugleich im regionalen Verbund der Alpen zu sehen – ist als mentales Konstrukt demaskiert, müsste es doch richtig heißen »Musik der Alpenvölker«, wo doch schon Bertolt Brecht darauf hingewiesen hat, es wäre stimmiger von Bevölkerung denn vom »Volk« zu sprechen. Richtiger wäre es es denn von »Musik der Alpenbewohner« zu sprechen, um einen Titel von H. Szadrowsky aus dem Jahre 1867/86 wieder aufzugreifen: »Die Musik und die tonerzeugenden Instrumente der Alpenbewohner«.[13] Wer aber gehört heute zu diesen »Alpenbewohnern«? Zu ihnen gehören inzwischen auch viele Ausländer aus verschiedensten Ländern: Über 9 Prozent der Gesamtbevölkerung stellen die Ausländer in Bayern dar, in Österreich sind es über 14,5 Prozent und in der Schweiz sogar mehr als 20 Prozent. Die schon seit mehreren Jahren eingebürgerten Personen oder jene Ausländer, die bereits in einem der Alpenländer geboren wurden, sind zahlenmäßig hier nicht einmal eingerechnet. Im Zusammenhang mit den Aspekten Migration und Integration stellen sich hiermit schon lange ganz neue Fragen zum Gegenstandsbereich, da letztlich zur »Musik der Alpenbewohner« auch die Musik der in den Alpenregionen lebenden ausländischen Mitbürgerinnen und Mitbürger eingeschlossen werden müsste. Diesen Aspekten der »interkulturellen Horizonte und Crossovers« hat man sich inzwischen dankenswerter Weise geöffnet.[14] Verstärkt werden Forschungen sich den Fragen der identitätsstiftenden Klischees aus der Vergangenheit und Gegenwart und jenen der Migranten- und Minderheitenmusik stellen. Widmen müssen wird man sich zusehends auch der Konfliktbewältigung in der Auseinandersetzung zwischen dem Selbst- und Fremdverständnis von alpenländischen Traditionalisten, Synkretisten und Vertretern des Crossover.

---

11 Zum Thema vgl. die Publikation von Antonietti/Meier/Rieder (2008) sowie eine neue Ausrichtung hin zur Zukunft der Volksmusik bei Seiler (1995).

12 Zur Geschichte des Begriffs und zur Kritik der Volksmusik-Konstrukte s. Baumann (2002 und 2009).

13 Mit dem Untertitel: »Eine kulturhistorische Skizze« (Szwadrowsky 1867/68:275–352).

14 Vgl. *Volksmusik in den Alpen: Interkulturelle Horizonte und Crossovers* (Nußbaumer 2006).

H. Szadrowsky war es auch, der im Jahr 1864 (ibid. 1875) einen Aufsatz zum »Nationalen Gesang der Alpenbewohner« schrieb. Die Konstruktion des »Nationallieds« ging noch auf Herder zurück. Dieses Spektrum wurde im 19. Jahrhundert überbetont. War im Zusammenhang der Gründung von Nationalstaaten die Idee der Nation im Sinne eines Blickpunkts bei der Volksliedforschung vorerst noch positiv und progressiv im Sinne der Erweiterung des regionalen Horizonts, so steht diese national orientierte Forschungsrichtung heutzutage eher in Schieflage zu den überregionalen und transkulturellen Wechselverhältnissen. Da die Forschung in vielen Bereichen jedoch weiterhin auf regionaler und nationaler Ebene gefördert wird, verharrte sie in weiten Kreisen meist in diesem Kontext und hatte in zahlreichen Bereichen so eher das Trennende zu ihren Grenzen erklärt als sie das Gemeinsame und Verbindende betonte. So ist es nicht erstaunlich, dass Volksmusikforschung unzeitgemäß immer noch vorwiegend im national verstandenen Sinn als »deutsche, österreichische oder schweizerische Volksmusik-Identität« und »Volksmusikforschung« angesprochen wird. Spätestens mit Josef Felder ist die Frage der Migration überfällig geworden, galt er doch lange als Prototyp für den Schweizer Jodler, obwohl er als Küher in Österreich lebend und in die Schweiz zurückkehrt, vorwiegend nach österreichischer Manier jodelte (Gassmann 1908). Nicht nur die herumziehenden Tiroler Sänger seit Ende des 18. Jahrhunderts, sondern auch der rege Austausch von gesammelten Liederbüchern und die zahlreichen »Wanderhändler, Schiffs- und Fuhrleute, Arbeitssuchende und Zuwanderer brachten selbstverständlich auch ihre musikalische Kultur mit« (Walcher 2000:42).[15] Das Regionale ist schon lange hybridisiert, und viele geistliche Lieder, Brauchtumslieder, Moritaten und Ländlermelodien haben ihre überregionale Verbreitung gefunden und zugleich lokale Adaptionen hervorgebracht. Die Gesetzmäßigkeit des Umsingens, Adaptierens und Bearbeitens finden sich heute in einer akzellerierten und viel weitergehenden Form besonders in der populären Musik nachvollziehbar, wie z.B. selbst in der Adaption von lokalen Elementen im Alpen-Rap.

Innerhalb all der nationalen Grenzen gab es und gibt es eine reichhaltige, wenn auch arg zersplitterte Vielzahl von lokalen und regionalen Einzeluntersuchungen zu Liedgattungen, Musikinstrumenten, Musik, Fest und Brauchtum. Nur wenige Arbeiten widmeten sich nach H. Szadrowsky dem zusammenfassenden Thema der Alpenmusik. Unter ihnen sind vor allem zu nennen R. Hohenemsers Beitrag »Über die Volksmusik in den deutschen Alpenländern« (1910), die tellurische und mythische Ausdeutung von Fritz Gysi (»Tellurische Musik«, 1927) und »Die Alpen und ihre Darstellung im Lied« (1923). Wolfgang Sichardts »Alpenländischer Jodler« (1939) und »Alpenländische Volksmusik im Lichte ethnologischer Forschung« (1937) basieren auf eigenen Magnettonaufnahmen, während Man-

---

15 Leopold Schmidt (1974) setzte sich u.a. mit den quellenkundlichen Zeugnissen des ländlichen Musizierens auseinander.

fred Bukofzer die Volksmusik vor allem in »Magie und Technik der Alpenländer« (1936) verortete. Werner Graf widmet sich mit zwei Beiträgen der »Alpinen Musik« (1925) und dem Thema »Musik und Berge« (1936).[16] Ebenfalls unter dem Titel »Alpine Musik« (1940) steuerte einige Jahre später Antoine-Elisée Cherbuliez einen kurzen Beitrag bei[17], bis schließlich Walter Wiora um 1949 mit seiner Studie »Zur Frühgeschichte der Musik in den Alpenländern« einen historischen Akzent setzte und ein umfangreicheres Panorama mit dem Artikel »Alpenmusik« (1949–50) entwarf, wogegen Manfred Szadrowsky (1952) den Begriff der »Urtümlichen Musik« von neuem prägte, ein Thema, das in dem Film *Ur-Musig* von Cyrill Schläpfer (1993) vierzig Jahre später auf eine ganz neue Sichtweise weitererzählt wurde. Spätestens mit *Heimatklänge – vom Juchzen und anderen Dingen* (2008), einem Film von Stefan Schwietert, haben sich die Verkrampfungen zwischen Alpen- und Stadtlandschaft, Heimisch, Urtümlich und Fremdländisch, zwischen mongolischem Obertongesang und expressivem Experiment des Alpenjodlers, zwischen Ernst und Heiter, Traditionell, Avantgarde und Eklektizismus gelöst und wurden zahlreiche Prozesse der Veränderung und Erneuerung wieder in Schwung gebracht.

Walter Kolneder mit seiner Innsbrucker Dissertation *Vokale Mehrstimmigkeit in den österreichischen Alpenländern* (1949)[18] und Karl Magnus Klier mit seinem Band *Volkstümliche Musikinstrumente in den Alpen* (1956)[19] hatten thematisch weitere Bausteine für eine auf die ganze Alpenregion ausgerichtete Forschung gesetzt. Eine Standortbestimmung zum »alpenländischen Volkslied« erfolgte 1963 durch Walter Deutsch[20] und ein spezieller Beitrag zu »Rhythmische Formen des alpenländischen Liedes« brachte Nobert Wallner (1968). Die ganzheitlich auf alle Alpenländer ausgerichtete Perspektive versiegte allerdings alsbald, dafür verzeichnet man aber eine große Fülle an speziellen Untersuchungen und Studien, die auf einzelne Talschaften, Regionen oder Länder bezogene Forschungsergeb-

---

16 Siehe weitere Arbeiten wie etwa *Musik der Alpen* (Ritter 1889), *Die Melodie der Alpen* (Rüsch 1942) und Baumann (1980, 1981).

17 Wegleitend für die Schweiz ist vor allem Cherbuliez' kommentierte *Anthologie authentischer Volksmusik aus den Schweizer Bergen* im *Forum Alpinum* (1965), eine Anthologie, die von Etz/Ramseyer (2008) mit Kommentaren von Brigitte Bachmann-Geiser neu ediert wurde.

18 Die Publikation fand erst 1981 eine weite Verbreitung. Man vgl. hierzu auch Walter Salmen (1984). Adler, der Begründer der Musikwissenschaft hatte mit seiner Studie *Die Wiederholung und Nachahmung in der Mehrstimmigkeit* dem Jodler in den Alpen einen besonderen Platz im Nachweis bestimmter Entwicklungszüge der Mehrstimmigkeit eingeräumt (vgl. zum Jodel im interkulturellen Kontext auch Baumann (1996) und Plantega (2004).

19 Siehe auch dessen Artikel *Die Steirischen Alpensänger* (Klier 1956) sowie Heinz L. Kretzenbachers *Ostalpine Lärmgeräte als Brauchtumsrequisite* (1957).

20 Vgl. Deutsch: *Das alpenländische Volkslied* (1963) und *Das alpenländische Liederbuch* (1979), sowie die beiden Bde. von Deutsch/Schneider (1978–1980). In Bezug auf alpenländische Musikpflege und Schule s. Haller (1929) und Kolleritsch (1984).

nisse lieferten.[21] Ohne Zweifel lag Österreich vom Umfang und der Leistung her gesehen immer an der Spitze, nicht zuletzt begünstigt durch eine auf die Bundesländer ausgerichtete Förderungspolitik im Zusammenhang mit dem *Österreichischen Volksliedwerk* (Deutsch 1995:12–50) als Dachverband der Bundesländervolksliedwerke, dem damit verbundenen Jahrbuch und ihren Tagungen sowie dem Projekt der Gesamtausgabe *Corpus musicae popularis Austriacae* (COMPA), die allesamt getragen wurden und werden von zahlreichen herausragenden Sammler- und Forscherpersönlichkeiten, wie es vergleichsweise in keinem der anderen Alpenländer der Fall ist (s. Deutsch 1993ff.). So ist es denn auch nicht erstaunlich, dass die jüngste Initiative zur überregionalen Erforschung der Volksmusik in den Alpen vorwiegend von Österreich ausging, wo Dokumentation, Forschung, Pflege, alpenländischer Volksmusikwettbewerb (seit 1973/1974) und Öffentlichkeitsarbeit eine lange Tradition haben und sich inzwischen auf eine neue kreative Weise gegenseitig stützen und ergänzen. Neue ideelle Impulse kamen bereits seit den 1972er-Jahren durch die *Arbeitsgemeinschaft Alpenländer* (ARGE ALP)[22] und 1991 durch die Alpenschutzkonventionen[23], einem Staatsvertrag zur Gewährleistung des Schutzes und einer nachhaltigen Entwicklung des Alpenraums. In diesem Kontext und insbesondere durch den von Gerlinde und Hans Haid herausgegebenen Band *Alpenbräuche: Riten und Traditionen in den Alpen* (1994) sowie deren exzellente Klang-Dokmentation *Musica Alpina I–VI* (1993/1999/ 2004)[24] schlossen sich seit 1998 die Symposien zur Volksmusik der Alpen mit den daraus hervorgegangenen Innsbrucker Hochschulschriften (Serie

21 Für die französischen Alpen setzte Tiersot (1903) wichtige Impulse, die 2004 durch den *Atlas sonore Rhône-Alps* wieder aufgegriffen wurden. Beiträge zur *musica delle montagne* (Gherzi 2000), zur norditalienischen Alpenmusik (Staro 2000) und zur Musik in den slowenischen Alpen (Golež Kaučič 2006) thematisieren zusehends transregionale Aspekte.

22 ARGE ALP (http://www.argealp.org/): »Die unzähligen Folgen ökonomischer, umweltbezogener und gesellschaftlicher Entwicklungen machen nicht an Staatsgrenzen halt. Daher will die ARGE ALP durch grenzüberschreitende Zusammenarbeit gemeinsame Probleme und Anliegen, insbesondere auf ökologischem, kulturellem, sozialem und wirtschaftlichem Gebiet behandeln, das gegenseitige Verständnis der Völker im Alpenraum fördern und das Bewusstsein der gemeinsamen Verantwortung für den alpinen Lebensraum stärken.« Siehe auch Autonome Provin Bozen-Südtirol (1984) und Haid (1992).

23 Offizielle Seite der Alpenschutzkonvention (1991), www.alpenkonvention.org/page1_de.htm: bzw. www.convenzionedellealpi.org/index.htm: »Die Alpenkonvention ist ein internationales Übereinkommen zum Schutz des Naturraums und zur Förderung der nachhaltigen Entwicklung in den Alpen. Die Konvention legt ferner großes Augenmerk auf die Sicherung der wirtschaftlichen und kulturellen Interessen der einheimischen Bevölkerung in den Unterzeichnerstaaten.« Die Konvention ist hervorgegangen aus den Vorarbeiten der *Commission Internationale pour la Protection des Alpes* (CIPRA), www.cipra.org/de/CIPRA.

24 Siehe die Tonträger-Dokumentation mit ausführlichen Kommentaren und Transkriptionen *Musica Alpina I–IV* (Haid/Haid 1993/1999) und *Musica Alpina V–VI* (Nußbaumer 2004).

B) an, herausgegeben von Gerlinde Haid, Thomas Nußbaumer und Josef Sulz[25] sowie das länderübergreifende Forschungsprojekt *European Voices*[26] unter der Federführung des Instituts für Volksmusikforschung und Ethnomusikologie der Universität für Musik und darstellende Kunst Wien. Es sind Publikationen und Aktivitäten, die den Fokus auf das alpenländische Musikleben legen und in ihrer Kontinuität bereits die Signatur eines zukünftigen Paradigmas in sich tragen. Zugleich wurde hiermit das Fundament einer europäisch und kulturwissenschaftlich orientierten Musikforschung gelegt, die die Untersuchung des Musiklebens und Musikverhaltens in den Alpenregionen in seiner ganzen Breite zum Gegenstand erklärt. Dabei kann es nicht mit den Worten von Konrad Köstlin um die »Veralpung der Volksmusik« gehen (Köstlin 2000:124), sondern um die Untersuchung, welche Rolle das alpine Verständnis über Musik in den Alpenländern innehat, welche Diskurse zwischen (Volks)Musikern, Wissenschaftlern, Pflegern und Vertretern der Politik, der Medien und der Religionsgemeinschaften geführt werden und an welchen Schnittstellen sich musikalische Identitäts- und Authentizitätsdiskurse anheben und welche regionalen, nationalen und transnationalen Verflechtungen sich in der Musik aufspüren lassen. Entlang der Stereotypen von »echter Volksmusik«, Musikantenstadl, Tradimix, Alpenjazz, Alpenrock bis Alpenrap geht es weniger darum, musikalische Strukturen zu analysieren als vielmehr Prozesse, Konzepte und Verhaltensweisen, die mit Bildern des Alpenländischen eine Bricolage eingehen, Patchwork-Identitäten hervorrufen, denen sich in der modernen Welt der Globalisierung Puristen, Traditionalisten lieber entziehen möchten oder wollen. Die singende und musizierende Aneignung von Heimat, Umwelt und Gegenwelt, die Wiederentdeckung des Vergangenen in der Moderne und die Sorge um die globalisierte Zukunft sind als Ausdrucksformen des alpinen und des in den Alpen lebenden Menschen in gleicher Weise Themen der intra- und interkulturellen Dialogkompetenz.[27] Es ist der fremde Blick in der Auseinandersetzung mit der Sicht auf das Eigene, das die Erweiterung der Perspektiven bringt[28], auch in der Relativierung des vermeintlich »Echten«, das wohl in der Regel nur das betont, was man selber bevorzugt (Köstlin 2000:126).

Ein Retrospektive der Volksmusikforschung mit Zukunft wird sich all diesen mentalen Konstrukten wie der »mündlichen Überlieferung«, der »Popularität«, »Authentizität«, »Anciennität und Persistenz«, der »Dignität«, »Anonymität«,

---

25 Vgl. hierzu die einzelnen Beiträge in den *Innsbrucker Hochschulschriften*, Serie B: Musikalische Volkskunde/Musikethnologie (Haid, Nußbaumer, Sulz 2000–2006).

26 *European Voices I: Multipart Singing* (Ahmedaja/Haid 2008). Die zweite Tagung *European Voices II* widmete sich dem Thema *Cultural Listening and Local Discourse in Multipart Singing Traditions in Europe*.

27 Man vgl. hierzu etwa eine Ikone wie Hubert von Goisern, der die traditionellen Grenzen im Blick auf die World Music schon früh zu sprengen begann (s. Huber 2001).

28 Vgl. hierzu als Fallbeispiel die Publikation von Binder/Fartacek (2006): *Der Musikantenstadl: Alpine Populärkultur im fremden Blick*.

»Territorialität und Ethnizität«, »Laizität und Simplizät« sowohl in Bezug auf Vergangenheit als auch Gegenwart dialogisch noch einmal stellen (Baumann 2002). Die Zukunft der Retrospektive wird eine Ideengeschichte der Motivationen, der Ziele und des Geistes, die auch die Geschichte der Volksmusikforschung noch einmal kritisch beleuchtet. Unter dem Aspekt der Wiederentdeckung der Alpen im globalen Zeitalter wird man aus der Gegenwart heraus agieren und sich der Vergangenheit retrospektiv nähern. In der Gegenwart sein, hieß oft – als Pendant zur Moderne – mit volkskulturellen Ausdrucksformen die Vergangenheit zu leben. Inzwischen aber ist die Volksmusik mit ihrer Vielfalt auch in der Zeitgenossenschaft der künstlerischen Moderne angekommen und besinnt sich neu auf das Vergangene in zeitgenössischen Formen. Ihre Erinnerung ist der Blick auf die Vergangenheit, ihre Erwartung jene auf die Zukunft. Erinnerung allein kann allerdings keine Kontinuität sein, sie muss in der Gegenwart sich mit Zukünftigem verketten.[29] Im Zusammenwirken vieler kleiner Zeichen und Symbole (Alphorn, Akkordeon, Jodel, Trachten, Kühreihen), zahlreicher Texte (Lieder, Gedichte, Berichte und Erzählungen) sowie historisierender Inszenierungen (Älplerfeste, Volksmusik- und Jodlerwettkämpfe) und Festivals[30] sind die Alpen eine schillernde Metapher geworden. Sie stehen für die ständig sich verändernden Wechselwirkungen von Mythos, Geschichte und Moderne (Aufklärung, Globalisierung, Klimawandel), von Heimat und Umwelt, von Wiederbeleben und Erneuern (Restauration und Revival) sowie von Verändern und Bewahren (Tradition und Innovation). Das mentale Konstrukt der neuen Urklänge, der Berg- und Alpenmusik reihen sich insgesamt ein in jene großen Erzählungen, die im Kontext der Unsicherheit, das Denken der Menschen durch immerwährende Identitätskrisen führen, im erfahrbaren Widerstreit der Verlusterfahrung der alten Heimat und der rasanten Veränderung der neuen Zeit.[31] Es ist der mentale Verlust des Paradieses im ossianischen Sinn, der Verlust der Unschuld vom Lande

---

29 Im Hier und Jetzt traditioneller Lebenswelten, in ihrem Zusammenprall mit der Moderne und ihren technologisch bestimmten postmodernen Lebenswelten ist es der über Lied, Musik und Tanz kommunizierende Mensch, der mittels vielfältigster symbolischer Ausdrucksformen Klänge und Bewegungen kreativ gestaltet, diese hörend verarbeitet, überliefert und ihnen einen kulturspezifischen Sinngehalt und Wert zuspricht (vgl. Baumann 2009:40).

30 Verwiesen sei z.B. auf den Alpenländischen Volksmusikwettbewerb, auf das Festival Alpentöne (Oehme 2007) im Kanton Uri, auf Bayern Alpenmusik/Wiesn, das Alpenschlager-Festival Engelberg, das Alpern Jazzfestival Staernberg, das Alpenallianz Festival Walsertal, das Alpen Adria Folk Festival, den Alpen Grand Prix, das Festival de Musique Alpine in Feufliazhe à Bogeve (Haute-Savoie), insgesamt auch auf die zahlreichen Festivals regionaler Volks- und Jodlervereine sowie auf die medialen Großereignisse in Fernsehen und Rundfunk, die sich neben den von ORF, ARD und Schweizer Fernsehen koproduzierten Sendungen des *Musikantenstadl* (1981–2005) auch dem populären Schlager der Alpenregionen widmen.

31 Vgl. Siegenthaler (1992): *Hirtenfolklore in der Industriegesellschaft. Nationale Identität als Gegenstand von Mentalitäts- und Sozialgeschichte.*

im Haller'schen Sinn, der Verlust der vorindustriellen Alpenwelt aus der Perspektive der schwindenden Gletscher, der Verlust der Heimat im Sinn der Heimtschutzbewegung seit 1900, sowie der Verlust der ökologischen Umwelt in der aktualisierten Erzähltradition der Grünen. Die Alpen kristallisieren sich zu einer nachhaltigen Narration, welche die Widersprüche der eigenen Zeit mit mentalen Konstrukten einer anderen, imaginierten Zeit von außen immer wieder aufs Neue thematisieren. Der Diskurs basiert vielfach auf der vagen Idee einer mentalen folkloristischen Gegenwelt angesichts von Orientierungs- und Modernisierungskrisen und schreibt sich in der Differenz zur sozialen, ökologischen und ökonomischen Realität weiter. Es ist ein Diskurs, der nicht zuletzt dadurch lebendig bleibt, weil er die alten Probleme von Identitäts(er)findung und Identitäts(ver)lust in jeder neuer Zeit von neuem und doch wieder ganz anders artikuliert. Aber vielleicht trifft ja die Bemerkung von Pius Knüsel, dem Chef der Schweizerischen Kulturstiftung Pro Helvetia und Organisator des ›echos‹-Festival der Volkskultur für morgen zu, wenn er bemerkt:

> Es gibt in der Volkskultur paradoxerweise keinen Kern von Identität, den sie verlieren kann. Sie ist ihrerseits das Produkt einer kulturellen Assimilation. Das lässt sich an der Schweizer Volksmusik sehr gut zeigen: Die Polka, der Schottisch, die Mazurka wurden ganz offensichtlich nicht in der Schweiz erfunden. Volksmusik hat sich schon immer alle Einflüsse einverleibt. Wenn unsere Volksmusik wieder so offen und durchlässig wird, wie sie war, werden wir sie in hundert Jahren kaum mehr wiedererkennen. Aber sie wird sich nach wie vor von französischer oder indischer Volksmusik unterscheiden. Da glaube ich an die Erfindungskraft der Künstler, die an den Differenzen hängen und sie pflegen. Volkskultur ist mehr eine Haltung als ein Repertoire. Sie bietet einen unkomplizierten Zugang und bejaht die Gegenwart. Und sie ist ein emotionaler Fundus. (Fellmann 2008).

2. Von der Zukunft des Vergangenen im transnationalen Diskurs

Und in der Tat : Der dynamische Fluss der Globalisierung, Mobilität und Digitalisierung zieht auch in den Alpen – wie überall auf der Welt – eine Entgrenzung der regional-ethnisch-kulturellen Verhaltensformen nach sich: Das einst lokal verkörperte Umfeld der Traditionen wird zur Ubiquität der globalen Verfügbarkeit; die einst kalendarische Zeit der Bräuche und Riten wird zur Omnipräsenz in Bühnenaufführungen, zu beliebigen digitalisierten Zeiten, in unterschiedlichen Ländern und im Internet Die einst auf einer lokalen Vorstellung basierenden Werte der kulturellen Identität entgrenzen sich immerzu zu einer möglichen modernen Patchwork-Identiät selektiv wahrgenommener Performanztechniken. Ent-Zeitlichung, De-Territorialisierung, Ent-Nationalisierung und De-Identifizierungen gehen einher mit interkulturell geprägten Konzepten solch performativen Handelns. Mittels einer Erweiterung der Horizonte werden bühnenwirksame, mediale und virtuelle Präsenz überregional, transnational oder sogar global konstruiert. Neue Orte der Gleichzeitigkeit des Ungleichzeitigen bringen hybride Formen aus vermischten Elementen von Alpenländischem, von populärer Musik, Jazz, Kunst, Avantgarde und Volksmusik und World Music auf die Bühne. Unterschiedliche Elemente aus nahen und distanten Kulturtraditionen gehen wie seit je eine neue Symbiose ein, geraten damit aber zusehends auch mit sich selbst in der eigenen Kultur in Konflikt.[32] Galt für die Ökonomie lange noch der Lehrsatz, dass Kultur wegen ihrer lokal bezogenen Bedeutung ein stagnatives Moment in der Akzelleration der Globalisierung darstelle, so unterliegen heutzutage allerdings viele der kreativen und fusionierten Innovationen bereits den beschleunigten Verfallszeiten von Moden, oft zudem auch auf Kosten der inhaltlichen Tiefe.[33] Dennoch: Kultur, und mit ihr auch die Repräsentanten musikalischer Ausdrucksformen, sind immerzu im Fluss, im performativen Wandel der Narrationen. Narrationen sind Diskurse, die sich mit künstlerischen Ausdrucksformen kreativ in Bezug setzen zu Heimat, Region, Nation, zu den Alpenländern und der Welt, sei es mit der schöpferischen Absicht der Konservation des Altüberlieferten, der bewussten Innovation durch Neues, der Akkulturation und des Austausches zwischen den Alpenländern, zwischen Europa, Immigranten und der Welt oder der Hybridisierung aus differenten Kulturtraditionen. Die Diskurse verlaufen je nach Standort parallel, intrakulturell, interkulturell und transkulturell zugleich. »Kulturelle Vielgestaltigkeit ist ein Merkmal der Welt, das erhalten zu werden verdient. Anstatt Kultur als eine geistige und wertbezogene Einheit zu definieren, lässt sich Kultur besser als ein Konglomerat tiefer Differenzen, als eine Pluralität von Zugehörigkeiten und Seinsweisen, als *tiefe Vielfalt* begreifen« (Wulf 2002), die sowohl auf lokalem, regionalem, nationalem und internationalem Level Konflikte und kontrastierende Perspektiven hervorheben. Aber gerade aus diesen inneren Konflikten zwischen Tradition, Moderne und weltläufiger Globalisierung resultiert eine reflektierte Dynamik, welche sowohl demokratische als auch antihegemoniale Kräfte freisetzt. De-Identifizierung und Re-Identifizierung sind immer mit dem Bewusstsein der potentiellen Alterität und einem Druck von außen gekoppelt. Im Unterschied zu den Identitätsstrategien des 19.

---

32 »Sobald traditionale Kultur mit Modernisierungsschüben konfrontiert wird, Gesellschaften also einen strukturellen und folglich mentalen Umbruch durchlaufen, geraten diese Kulturen mit sich selbst in Konflikt.« (Senghaas 1998:44).

33 Unter Globalisierung wird in der Regel ein kulturelles Wachstum verstanden, das in inter- und transkulturellen Netzwerken zustande kommt und eine Kultur der Übergänge darstellt. Die Globalisierung ist geprägt von einem transnationalen Bewusstsein, aber auch von internationaler Vermarktung und dem individuellen Interesse, fremde und andere Produkte, Ideen, Technologien kennenzulernen, zu adoptieren oder zu differenzieren. Negative Aspekte wie Homogenisierung und Stereotypisierung werden oft angeführt, wobei vielfach übersehen wird, dass globale Phänomene wie Pop und Rock auf lokaler Ebene kreativ wieder weiterentwickelt werden. Vgl. Baumann (2006:26–31): *World Music als Phänomen der globalen und technologische orientierten Moderne.*

Jahrhunderts, die primär nationalistisch orientiert waren, ist die Idee des immateriellen Weltkulturerbes, wie es die UNESCO postuliert, inzwischen weltzentrisch orientiert, d.h. das Projekt des immateriellen Kulturerbes muss die Phasen des Ethnozentrismus und der nationalen Zentrismen hinter sich lassen und sich zu Gunsten einer integralen Denk- und Sichtweise im Kontext eines weltzentrischen Verhaltens öffnen. Man wird gut daran tun, wenn sich die zukünftige Musikforschung zur alpenländischen Musik nicht nur wissenschaftlich im inter- und transdisziplinären Gespräch und im Umfeld der Forschungsaktivitäten zur Alpenschutzkonvention einbringt, sondern auch die Ideen des immateriellen Kulturerbes aufgreift. Letzteres definiert traditionelle Musik im Kontext eines weltweiten Reservoirs von Kreativität und eines Weltarchivs für die ganze Menschheit.[34] Nicht mehr der Nationalgedanke, sondern das Kulturerbe der gesamten Menschheit steht im Vordergrund. National oder privatwirtschaftlich orientierte Strategien der Kulturindustrie stehen somit im Wettbewerb mit einer globalen Idee des Kulturerbes. Im intra- und interkulturellen Diskurs erhält diese Musik der Alpenländer, die gegen den Mainstream antritt, allerdings immerzu auch etwas Widerspenstiges. Die Strategen der Globalisierung tun gut daran, eine Balance zu finden zwischen der musikalischen Vielfalt und der Moderne als kontinuierliches Moment der Differenz, Aspekte der traditionellen, rituellen und ästhetischen Werte miteinander abzuwägen, den Anteil von Unterhaltung im Kontext der musikalischen Erziehung zu artikulieren und die Marketingstrategie als Teil des sanften Tourismus unter dem Ziel der transkulturellen Verständigung und des Weltfriedens zu reflektieren. Die antagonistischen Kräfte zwischen Ökonomie, Marketing, künstlerische Freiheiten, ästhetischen, ethischen und selbstreflexiven Konzepten, zwischen Künstlern, Managern, Organisatoren, Massenmedien und Rezipienten bestimmen jeweils ein konstruktives Aushandeln. Demokratie und Menschenrechte sind insbesondere nicht ohne die Vielzahl des intellektuellen und künstlerischen Ausdrucks zu begreifen, welche allerdings in erster Linie dem Fortschritt des Menschen zu dienen haben. Im selbstreflexiven Handeln sollten allerdings künstlerische und wissenschaftliche Freiheiten, ihre demokratische Vielfalt und Pluralität der Ideen und Kreationen nicht den ökonomischen Zwängen einer Kulturindustrie unterworfen werden. Die Möglichkeit des Wachstums des Bewusstsein und dessen Entwicklung in Freiheit besteht in der Akzeptanz und Bekräftigung der Vielfalt von Perspektiven im Verbund einer nicht nur al-

---

34 Siehe das am 20.10.2005 von der UNESCO-Generalkonferenz verabschiedete und am 18.03.2007 in Kraft getretene *Übereinkommen zum Schutz und zur Förderung der Vielfalt kultureller Ausdrucksformen* bzw. das Übereinkommen zur Bewahrung des immateriellen Kulturerbes UNESCO, Paris, den 17. Oktober 2003 (siehe u.a. www.unesco.de und www.unesco.org/culture/intangible-heritage/). Siehe auch das Portal der UNESCO zur kulturellen Vielfalt (www.unesco.org/culture/en/diversity/convention). – Zum Thema des kulturellen Gedächtnisses vgl. Jan Assmann (1999:52–54) sowie Baumann: *Musikalische Vielfalt als Weltarchive des Wissens* (2006:37–42).

penzentrisch oder eurozentrisch, sondern letztlich weltzentrisch ausgerichteten Friedenspolitik.[35]

Kulturelle Werte sind letztlich immer ein Aushandeln zwischen Vergangenheit, Erinnerung, Gegenwart und zukünftigen Erwartungen. Traditionen werden vergessen, wiederbelebt oder (neu) erfunden. Dieser Dialog der alpenländischen Regionen und Kulturen untereinander und miteinander kann und darf allerdings nicht auf der Oberfläche der Event-Gesellschaft und des Edutainment allein verharren, sondern muss die Tiefe ausloten, welche letztlich weniger das Trennende als vielmehr das Gemeinsame zu Tage fördert. Nicht prä-rational, nicht regressiv sondern fortschreitend auf den Sprossen zu einer transrationalen und integralen Denkweise, die Vergangenes, Gegenwärtiges und Zukünftiges einzuschließen vermag, muss sich diese globale Aufmerksamkeitskoalition entwickeln, die sich gegen hegemoniales Denken, gegen Hierarchien von Herrschaft richtet und zugleich getragen ist von den unbekannten Attraktoren, die in einer menschlichen Zukunft liegen (Wilber 2001:301–306).[36] In diesem Sinne ist der alpine Raum kulturell betrachtet ein virtueller Raum geworden, wo alles geht, wo alles vorhanden ist, alle menschenmöglichen Musikarten, von der Musik der Alteingesessenen zur Musik der alpenländischen Immigranten, vom Crossover bis zur Kreativität ohne Grenzen, von *iTunes*, *youTube* und *weChat*, mit mp3 und Videos im globalen Netz und zugleich im globalen Kontext, insgesamt eine Kultur des Musizierens mit Bezug zu den Alpen, thematisch, textlich, kompositorisch, lokal, regional, transnational und global zugleich.

3. Literatur zur alpinen Musik im überregionalen Verständnis

Aedaja, Ardian und Gerlinde Haid (Hg.) (2008): *European Voices I. Multipart Singing in the Balkans and the Mediterranean. With Summaries in German.* Wien (Schriften zur Volksmusik 22) – (CD and DVD).

Allgemeine Erklärung der Menschenrechte (1948) (Resolution 217 A /III der Generalversammlung vom 10. Dezember 1948). Brüssel (www.unric.org/index.php?option=com_content&task=view&id=105&Itemid=146).

Antonietti, Thomas, Meier, Bruno und Rieder, Katrin (Hg.) (2008): *Rückkehr in die Gegenwart: Volkskultur in der Schweiz.* Baden 2008.

Assmann, Jan (1999): *Das kulturelle Gedächtnis.* 2. Aufl. München.

---

35 Mit Nietzsche wendet sich Han Byung-chul gegen jenen Ortsfundamentalismus der künstlichen Nationalismen und gibt ein Plädoyer für den Weltfrieden. Es gelte an der Verschmelzung der Nationen zu arbeiten. Der Weltfriede beruhe nicht auf der Absonderung, sondern auf der Verschmelzung der Nationen und Völker (Han 2005:66).

36 Wilber (2001:304) zum Kampf der Weltanschauungen: »Aus dem gleichen Grund kann die Wissenschaft sich nicht ausschließlich ihren Forschungen widmen, sonder muss immer auch – und mit Voltaires Schlachtruf ›Denkt an die Greuel!‹ – gegen Mythen und die in ihrer Natur liegenden Herrschaftshierarchien ankämpfen.«

Autonome Provinz Bozen-Südtirol (Hg.) (1984): *Musikerziehung in den Ländern der Arge Alp: ein Vergleich*. Bolzano (Reihe Informationsschrift / Arbeitsgemeinschaft Alpenländer).

Bachmann-Geiser, Brigitte und Simmen, René (Hg.) (1979): *Schweizerische Kühreihen und Volkslieder*. Hg. von Johann Rudolf Wyss. Reprint nach der 4. Ausgabe. Zürich.

Bachmann-Geiser, Brigitte und Seboek, Géza (Hg.) (2007): *Customs and Traditions in Switzerland*. Bern (2 DVDs).

Baumann, Max Peter (1980): *Musik der Alpenländer*. In: Das große ADAC-Alpenbuch. Hg. vom ADAC-Verlag. München, S. 158–164.

— (1981): *Alpine Volksmusik*. In: ders.: Bibliographie zur ethnomusikologischen Literatur der Schweiz. Winterthur, S. 93–94.

— (1996): *Jodeln*. In: Die Musik in Geschichte und Gegenwart: Allgemeine Enzyklopädie der Musik, 2. neubearb. Ausg. Hg. von Ludwig Finscher. Kassel, Sachteil 4, Sp. 1488–1504.

— (2002): *Der Volksliedbegriff und seine Folgen für die Pflege – Zur Kritik der Konstrukte*. In: Volksmusik: Forschung und Pflege, 14. Seminar. Hg. von Franz Schötz und Margarete Heimrath. München, S. 65–91.

— (2006): *Musik im interkulturellen Kontext*. Nordhausen (Interkulturelle Bibliothek 118).

— (2009): *Tradierung – Popularisierung – Medialisierung: Bausteine zu einer Theorie des populären Singens*. In: Leimgruber, Walter; Messerli, Alfred und Oehme, Karoline (Hg.): Ewigi liäbi – singen bleibt populär, Tagung »Populäre Lieder: Kulturwissenschaftliche Perspektiven«, 5.–7. Oktober 2007. Münster (Schweizer Beiträge zur Kulturwissenschaft 2), S. 37–54.

Binder, Susanne und Fartacek, Gebhard (Hg.) (2006): *Der Musikantenstadl: Alpine Populärkultur im fremden Blick*. Wien.

Bukofzer, Manfred (1936): *Magie und Technik in der Alpenmusik*. In: Schweizer Annalen 3 (1936), S. 205–215.

Charta der Vereinten Nationen (1945). Brüssel (www.unric.org/index.php?option=com_content &task=view&id=108&Itemid=196&limit=1&limitstart=19).

Cherbuliez, Antoine-Elisée (1940): *Alpine Volksmusik*. In: Volkshochschule 9, S. 215–220.

— (1965): *Die Musik (Jura, Greyerz, Waadtländer Alpen, Wallis, Berner Oberland, Emmental, Uri Schwyz, Unterwalden, Glarus, Tessin, italienisch Bünden, Graubünden, Appenzell, Toggenburg, St. Galler Oberland)*. In: Forum Alpinum. Hg. von der Arbeitsgemeinschaft Forum alpinum. Zürich, S. 42–46; S. 90–94; S. 146–151; S. 198–202; S. 250–254; S. 302–307; S. 354–59 (Beilage: 8 LPs *Anthologie authentischer Volksmusik aus den Schweizer Bergen*).

Deutsch, Walter (1963): *Das alpenländische Volkslied: Ein Beitrag zur Bestimmung seines Begriffes und seines Wesens*. In: Österreichische Musikzeitschrift 18 (1963), S. 49–55.

— (1995): *90 Jahre Österreichische Volksliedwerk: Dokumente und Berichte seiner Geschichte 1904–1994*. In: Jahrbuch des Österreichischen Volksliederkes 44, S. 12–50.

— (1979): *Das alpenländische Liederbuch*. Wien (Ravensburg 2/1981).

Deutsch, Walter (Hg.) (1993–2008): *Corpus musicae popularis Austriacae [COMPA]. Gesamtausgabe der Volksmusik in Österreich* im Auftrag des Österreichischen Volksliedwerkes. Wien (Lieder und Tänze ausgewählter Regionen 1–19).

Deutsch, Walter und Manfred, Schneider (Hg.) (1978/1980): *Volksmusik in den Alpen (Lied, Tanz, Instrumente)*. Thaur (Bd. 1 und Bd. 2).

Europäische Kommission (Hg.) (2002): *Ein Europa der Völker bauen: Die Europäische Union und die Kultur*. Luxemburg (http://ec.europa.eu/publications/booklets/move/31/txt_de.pdf).

— (2007): *Kulturelle Vielfalt*. In: Gesamtbericht über die Tätigkeit der Europäischen Union 2006. Luxemburg.

Europäische Union (Hg.) (1957/1997): *Konsolidierte Verträge: Vertrag über die Europäische Union – Vertrag zur Gründung der Europäischen Gemeinschaft.* Luxemburg. (http://eur-lex.europa.eu/de/treaties/dat/12002E/htm/C_2002325DE.003301.html, bzw. www.fifoost.org/EU/geschichte/eu_vert_amsterdam.pdf).

Etz, Ingrid und Ramseyer, Hugo (Hg.) (2008): *Traditionelle Schweizer Musik / Traditional Swiss Music* (aus *Forum Alpinum* 1965). Texte: Brigitte Bachmann-Geiser. Oberhofen (Box mit 4 CDs).

Fellmann, Christoph (2008): *Schweizer Volkskultur exotischer als China.* In: Tages-Anzeiger – Kultur (aktualisiert am 18.09.2008) (www.tagesanzeiger.ch/kultur/diverses/Schweizer-Volkskultur-exotischer-als-China/story/28626573).

Gassmann, Alfred Leonz (1908): *Natur-Jodel des Josef Felder aus Entlebuch (Kt. Luzern).* Zürich (vgl. http://www.jodellieder.ch/komponisten/felder_portrait.html).

Gherzi, Andrea (2000): *La musica delle montagne: musicisti e alpinisti fra vette e pentagrammi.* 1. ed. Torino (Rivista della montagna, N. 240, Supplement).

Golež Kaučič, Marjetka (2006): *La tradition de la chanson folklorique, de la musique et de la danse dans les Alpes slovènes.* In:. Furter, Reto et al. (Hg.) Cultures alpines / Alpine Kulturen. Zürich, S. 12–25.

Graf, Werner (1925): *Alpine Musik.* In: Die Alpen. Monatsschrift des Schweizer Alpenclub 1, S. 378–384.

— (1936): *Musik und Berge.* In: Schweizer Musikzeitung 76, S. 321–324.

Greyerz, Otto von (Hg.) (2008): *Im Röseligarte. Schweizerische Volkslieder.* Hg. von Otto von Greyerz (1863–1940) mit Buchschmuck von Rudolf Münger (1862–1929). [Gesamtausgabe zu den Erstausgaben Bern, Bd. 1–6, 1908–1925]. (Vorwort zur Gesamtausgabe von Brigitte Bachmann-Geiser). Oberhofen.

Gysi, Fritz (1923): *Die Alpen und ihre Darstellung im Lied.* In: Schweizerische Musikpädagogische Blätter 12, S. 52–54.

— (1927): *Tellurische Musik.* In: Die Alpen. Monatsschrift des Schweizer Alpenclub 3, S. 418–426.

Haid, Gerlinde (1977): *Burgenländisches Volkslied – alpenländisches Volkslied. Ein Vergleich.* In: Burgenländische Heimatblätter 39, S. 157–165.

— (1986): *Wege alpenländischer Volksmusikpflege in Österreich.* In: Niederbayerische Blätter für musikalische Volkskunde 7, S. 93.

— (1989): *Zur Mehrstimmigkeit im österreichischen Volksgesang.* Aosta (Vortrag im Rahmen der Alpentagung der Italienischen Gesellschaft für Musikethnologie.

— (1992): *Tagung der Arbeitsgemeinschaft Alpenländer. Phänomene der Volkstümlichen Musik – Popularmusik im Alpenraum.* In: Salzburger Volkskultur. Zeitschrift der Salzburger Heimatpflege 16, S. 148–152.

— (1994): *Sie kamen von drei Bergen … Vom Dreikönigssingen in den Alpen.* In: Haid, Gerlinde und Haid, Hans (Hg.): *Alpenbräuche. Riten und Traditionen in den Alpen.* Bad Sauerbrunn, S. 71–98.

— (2001): *Youidi-la-ho répondit l'écho / Jodeln in den Alpen.* In: L'Alpe. Les chants d'un monde (Grenoble) 13, S. 41–43.

— (2006): *Musica Alpina – männliche und weibliche Horizonte.* In: Volksmusik in den Alpen: Interkulturelle Horizonte und Crossovers. Hg. von Thomas Nußbaumer. Anif/Salzburg (Innsbrucker Hochschulschriften, Serie B: Musikalische Volkskunde 6), S. 19–37.

Haid, Gerlinde und Haid, Hans (Hg.) (1993): *Musica Alpina. Volksmusik aus den Alpen I: »Die Gedanken sind frei« und II: »Schnee auf den Bergen«.* Innsbruck (2 CDs).

— (1994): *Alpenbräuche. Riten und Traditionen in den Alpen.* Bad Sauerbrunn.

— (1999): *Musica Alpina III: »Owa Diandl-Cara mamma« und IV: »Wir haben das Türlein gefunden.* Hg. vom Institut für Volksmusikforschung, Pro vita alpina, Alpenakademie und Arunda. Innsbruck (2 CDs).

Haid, Gerlinde und Sulz, Josef (Hg.) (1996): *Improvisation in der Volksmusik der Alpenländer. Voraussetzungen, Beispiele, Vergleiche.* Innsbruck (inkl. 1 CD).

Haid, Gerlinde; Nußbaumer, Thomas und Sulz, Josef (Hg.) (1997): *Das Volkslied im Chor. Zur Funktionalität volkshaften Singens der Chöre in den Alpenländern.* Anif/Salzburg (Innsbrucker Hochschulschriften, Serie B: Musikethnologie 2) – (inkl. CD).

— (2000): *Der authentische Volksgesang in den Alpen. Überlegungen und Beispiele.* Anif/Salzburg (Innsbrucker Hochschulschriften, Serie B: Musikalische Volkskunde 1) – (inkl. 1 CD).

Haid, Gerlinde und Thomas Hochradner (Hg.) (2000): *Lieder und Tänze um 1800 aus der Sonnleithner-Sammlung der Gesellschaft der Musikfreunde in Wien.* Wien (Corpus Musicae Popularis Austriacae 12).

Haller, Hans (Hg.) (1929): *Alpenländisches Liederbuch für Hauptschulen und verwandte Lehranstalten.* Graz.

Han, Byung-Chul (2005): *Hyperkulturalität: Kultur und Globalisierung.* Berlin.

Hermann Fritz (1995): *Neue Volksmusik? Stilmischung zwischen Kleinkunst und Kommerz.* In: Weg und Raum, Sommerakademie Volkskultur, 26. August–4. September 1994, Altmünster, Gmunden. Hg. von Walter Deutsch und Franziska Pietsch. Wien, S. 300–305.

Hohenemser, R. (1910): *Über die Volksmusik in den deutschen Alpenländern.* In: Sammelbände der Internationalen Musikgesellschaft 11, S. 324–395.

Huber, Michael (2001): *Hubert von Goisern und die Musikindustrie.* Wien.

Keller, Marcello Sorce (2000): *Gebiete, Schichten und Klanglandschaften in den Alpen.* In: Volksmusik in den Alpen: Interkulturelle Horizonte und Crossover. Hg. von Thomas Nußbaumer. Innsbruck (Innsbrucker Hochschulschriften, Serie B: Musikethnologie 6), S. 9–17.

Klier, Karl Magnus (1956): *Die Steirischen Alpensänger um* 1830. In: Jahrbuch des Österreichischen Volksliedwerks 5, S. 1–15.

— (1956): *Volkstümliche Musikinstrumente in den Alpen.* Kassel.

Köstlin, Konrad (2000): *Der Wandel der Deutung: Von der Modernität der Volksmusik.* In: Volksmusik – Wandel und Deutung. Festschrift Walter Deutsch zum 75. Geburtstag. Hg. von Gerlinde Haid, Ursula Hemetek und Rudolf Pietsch. Wien (Schriften zur Volksmusik 19), S. 120–132.

Kolneder, Walter (1949): *Die vokale Mehrstimmigkeit in den österreichischen Alpenländern.* Innsbruck, Diss. (maschr.).

— (1981): *Die vokale Mehrstimmigkeit in der Volksmusik der österreichischen Alpenländer.* Winterthur.

Kolleritsch, Otto (1984): *Aspekte der Musikpflege im Alpen-Adria-Raum seit dem 2. Weltkrieg, Referate des Symposiums an der Hochschule für Musik und darstellende Kunst in Graz vom 14.–16. Dezember 1984.* Graz.

Kretzenbacher, L. (1957): *Gusalo, Dudalo, Vugas, Büllhäfen, und Verwandtes: Ostalpine Lärmgeräte als Brauchtumsrequisiten.* In: Slovenski Etnograf 10, S. 125–156.

Lach, Robert (1928): *Die Tonkunst in den Alpen.* In: Die Österreichischen Alpen. Eine zusammenfassende Darstellung. Hg. von H. Leitmeier. Leipzig, S. 332–380.

Muthspiel, Kurt (Hg.) (1980): *Alpenländische Volkslieder:185 alpenländische Lieder aus Österreich, Bayern und Südtirol,für gemischten Chor oder andere Besetzungen.* Graz (5. Aufl. 1991).

Natter, Martina und Nussbaumer, Thomas (Hg.) (2007): *Alpenländisches Liederbuch: Altbekannte und neuentdeckte Volkslieder.* Innsbruck.

Nußbaumer, Thomas (2004): *Musica alpina V: »Auf ihr Hirten säumt euch nicht«; VI: »Auf Erden, auf Erden, jetzt und alle Zeit«. Ötztaler Alpen.* Hg. im Auftrag von Pro Vita Alpina. Innsbruck (mit 2 CDs).

Nußbaumer, Thomas (Hg.) (2006): *Volksmusik in den Alpen: Interkulturelle Horizonte und Crossover.* Anif/Salzburg (Innsbrucker Hochschulschriften, Serie B: Musikethnologie 6) – (ink. 1 CD).

— (2008): *Bäuerliche Volksmusik aus Südtirol 1940–1942. Originalaufnahmen (von Alfred Quellmalz) zwischen NS-Ideologie und Heimatkultur. Texte, Notenbeispiele und Anmerkungen.* Innsbruck (Buch mit Doppel-CD).

Nußbaumer, Thomas und Sulzer, Josef (Hg.) (2001): *Musik im Brauch der Alpenländer. Bausteine für eine musikalische Brauchforschung.* Anif/Salzburg (Innsbrucker Hochschulschriften, Serie B: Musikethnologie 3) – (inkl. 1 CD).

— (2002): *Religiöse Volksmusik in den Alpen. Musikalisch-volkskundliche und theologische Aspekte.* Anif/Salzburg (Innsbrucker Hochschulschriften, Serie B: Musikethnologie 4) – (inkl. 1 CD).

Oehme, Karoline (2007): *Musikfestival Alpentöne.* In: Schweizer Volkskunde 97, S. 121–127.

Plantenga, Bart (2004): *Yodel-Ay-Ee-Oooo: The Secret Histoty od Yodeling Around the World.* New York.

Ritter, Herrmann (1889): *Musik in den Alpen.* Wien.

Rüsch, Walter (1942): *Die Melodie der Alpen.* Zürich-Zollikon.

Safer, Andreas (1999): *Folk & Volxmusik in der Steiermark.* Gnas.

Salmen, Walter (1984): *Guido Adler und die »Gesänge der Alper«.* In: Jahrbuch des Österreichischen Volksliedwerkes 32/33, S. 19–22.

Schläpfer, Cyrill (1993): *Ur-Musig. Eine Reise durch die Klanglandschaften der Innerschweiz und des Appenzellerlandes. Ein Volksmusikfilm von Cyrill Schläpfer.* Zürich (DVD 2003). (http://www.csr-records.ch/ur-musig/index.html).

Schmidt, Leopold (1974): *Volksmusik: Zeugnisse ländlichen Musizierens.* Salzburg (Lizenzausg., München 1983).

Scholze, Christian und Trouillet, Jean (Hg.) (1994): *The Alps: Music from the Old World (Musik aus dem Alpenraum).* Frankfurt a.M. (World Network – Worlds of Music) (CD 56.982.).

Schwietert, Stefan (2007): *Heimatklänge: Vom Juchzen und anderen Gesängen, mit Erika Stucki, Noldi Adler und Christian Zehnder. Ein Film von Stefan Schwietert.* Berlin (www.venturafilm.de/heimatklaenge/index.html).

Seiler, Christian (Hg.) (1995): *Schräg dahoam. Zur Zukunft der Volksmusik.* St. Andrä-Wördern.

Senghaas, Dieter (1998): *Zivilisierung wider Willen: Der Konflikt der Kulturen mit sich selbst.* Frankfurt a.M.

Sichardt, Wolfgang (1937): *Alpenländische Volksmusik im Lichte ethnologischer Forschung.* In: Anthropos 32, S. 773–779.

— (1939): *Der alpenländische Jodler und der Ursprung des Jodelns.* Berlin.

Siegenthaler, Hansjörg (1992): *Hirtenfolklore in der Industriegesellschaft. Nationale Identität als Gegenstand von Mentalitäts- und Sozialgeschichte.* In: Erfundene Schweiz. Konstruktionen nationaler Identität. Hg. von Guy P. Marchal. Zürich, S. 23–35.

Suppan, Wolfgang (1994*): Alpenmusik.* In: Die Musik in Geschichte und Gegenwart: Allgemeine Enzyklopädie der Musik, 2. neubearb. Ausg. Hg. von Ludwig Finscher. Kassel, Sachteil 1, Sp. 470–479.

Staro, Placida (2000): *Der Gesang im norditalienischen Alpengebiet.* In: Der authentische Volksgesang in den Alpen. Hg. von Gerlinde Haid, Thomas Nußbaumer und Josef Sulz. Anif/Salzburg, S. 123–58.

Szadrowsky, H. (1864): *Nationaler Gesang bei den Alpenbewohnern*. In: Jahrbuch des Schweizer Alpenclub 1, S. 504–526.

— (1867/68): *Die Musik und die tonerzeugenden Instrumente der Alpenbewohner: Eine kultur-historische Skizze*. In: Jahrbuch des Schweizer Alpenclub 4, S. 275–352.

— (1867/68): *La musiqe et les instruments de musique chez les populations alpestres*. In: Annuaire du Club alpin suisse, S. 301–78.

— (1875): *Nationaler Gesang bei den Alpenbewohnern*. In: Neue Alpenpost 2, S. 172–73; S. 178–179; S. 186–187.

Szadrowsky, Manfred (1952): *Bergmusik*. In: Die Alpen. Monatsschrift des Schweizer Alpenclub 28(1), S. 13–16; 28(2), S. 39–48; 28(3), S. 49–54; 28(4), S. 106–112.

— (1953): *Urtümliche Musik*. In: Sonntagsblatt, Basler Nachrichten 47(39), S. 2.

Thüler, Margrit (Red.) (1997): *Feste im Alpenraum: Schweiz, Österreich, Deutschland, Italien, Frankreich*. Zürich.

Tiersot, Julien (1903): *Chansons populaires recueillies dans les Alpes françaises (Savoie et Dauphiné)*. Grenoble.

[Tiersot, Julien] (2004): *Chansons populaires recueillies dans les Alpes françaises [Enregistrement sonore] (Savoie et Dauphiné)*, d'après le livre de Julien Tiersot / Christian Abriel, Estelle Amsellem, chant ; Robert Amyot, chant, cornemuse… [et al.]. Saint-Fons (Atlas sonore Rhône-Alpes 18) – (CD mit Booklet).

Walcher, Maria (2000): *Unter der Martinswand: Eine kleine Gedankensammlung zur Authentizität der alpenländischen Liedtradition in Wien*. In: Der authentische Volksgesang in den Alpen. Überlegungen und Beispiele. Hg. von Gerlinde Haid, Thomas Nußbaumer und Josef Sulz. Anif/Sulz (Innsbrucker Hochschulschriften, Serie B: Musikalische Volkskunde 1), S. 39–59.

Wallner, Norbert (1968): *Rhythmische Formen des alpenländischen Liedes*. In: Jahrbuch des Österreichischen Volksliedwerkes 17, S. 22–38.

Wilber, Ken (2001): *Eros, Kosmos, Logos: Eine Jahrtausend-Vision*. Frankfurt a.M.

Wiora, Walter (1949): *Zur Frühgeschichte der Musik in den Alpenländern*. Basel (Schriften der Schweizerischen Gesellschaft für Volkskunde 32).

— (1949–51): *Alpenmusik*. In: Die Musik in Geschichte und Gegenwart: Allgemeine Enzyklopädie der Musik (Hg.) von Friedrich Blume. Kassel, Sp. 359–370.

Wulf, Christoph (2002): *Anthropologie–Alterität–transkulturelle Bildung. Statement des Fachausschusses Bildung und Erziehung der Deutschen UNESCO-Kommission*. In: unesco heute online (Ausgabe 11. November 2002). (www.unesco-heute.de/1102/wulf.htm).

Zitzenbacher, Walther (1980): *Feste und Bräuche*. In: Das grosse Adac-Alpenbuch. Hg. vom Adac-Verlag. München, S. 150–153.

Zoller, Ulrike, Red. (2008): *Obacht! Musik aus Bayern*. Fürstenfeldbruck (CD Bay001).

Websites

Arge Alp (http://www.argealp.org).

Commission Internationale pour la Protection des Alpes CIPRA (http://www.cipra.org/de/CIPRA) Festival de Musiques Alpine. Feufliazhe à Bogeve (Haute-Savoie) (http://musiques-alpines.ifrance.com/) und (http://www.123envoiture.com/detail-evenement-festival-de-musique-alpine-feufliazhe-2051.html).

Offizielle Seite der Alpenschutzkonvention (1991), aus Vorarbeiten der CIPRA
(www.alpenkonvention. org/page1_de.htm) und
(www.convenzionedellealpi.org/index.htm).

Swiss Alpine Music (swissinfo)
www.swissinfo.ch/ger/swissalpinemusic/index.html?siteSect=25000.

UNESCO Convention 2005.

Convention on the Protection and Promotion of the Diversity of Cultural Expressions:
http://www.unesco.org/culture/en/diversity/convention.

Susanne Schedtler
In einem fremden Land

> Um fremde Leut zu sehn, und ihre Sitten,
> Muss jeder andere fort, weiß Gott wohin,
> Doch hier in Wien ist man in ein paar Schritten,
> Schon mitten in die fremden Sitten drin,
> Auf allen Straßen tun ja die Gäste wandeln,
> um unsre Wiener Welt mit uns zu teil'n,
> Doch tun wir sie zur Vorsicht so behandeln,
> Daß sie nur ja nicht lang verweil'n.[1]

Ich bitte den geneigten Leser, meinen persönlichen Einstieg in das Thema mit Nachsicht zu behandeln. Als Ethnologin ist man schnell geneigt, andere zu beobachten und eigene Erfahrungen zu vernachlässigen. Ein kurzer Einblick in meine Emigrationsgeschichte ist aber hier durchaus ein Zugang zu den Ressentiments, die Wiener und Wienerinnen mit einer geradezu gemütlichen Selbstverständlichkeit pflegen und die wir auch im 19. Jahrhundert in zahlreichen Liedflugblättern nachspüren können.

Meine berufliche Laufbahn brachte mich zunächst vom Norden (Hamburg) in den Süden Deutschlands (Freiburg i.Br.). Nach meinem spannenden und leider viel zu kurzen Aufenthalt im *Deutschen Volksliedarchiv* verschlug es mich nach Wien. Dort sollte ich mich in Zukunft um das regionale Volksliedgut, dem sogenannten »Wienerlied« kümmern. Meine Aufnahme im *Wiener Volksliedwerk* war zunächst kühl. Rundum fragte man sich, ob »wir« denn keine eigenen Leute hätten. Es blieb lange der Stachel, dass eine Institution, die den tiefsten Identitätsfetisch dieser Stadt, nämlich die wienerische Volksmusik »verwaltet«, in den Händen einer *Piefkenesin*[2] lag. Jetzt, nach sieben Jahren, beginnt man sich an mich zu gewöhnen. Deutsche, oder eben *Piefkes*, haben einen Sonderstatus in diesem Land. Wer die Ursachen genauer erkunden möchte, sollte einmal das Buch *Der*

---

1   Zweite Strophe des Wienerlieds *Meine Welt*, T: Hans Weigel (1908–1991), M: Hans Lang (1908–1992).

2   Die weibliche Form von Piefke. Das ist der Spottname der Österreicher für die Preußen (wobei hier Preußen für alle deutschen Gebiete außer Bayern und Baden-Württemberg steht) und geht zurück auf den preußischen Militärkapellmeister Johann G. Piefke, der nach der Niederlage der Österreicher gegen die Preußen 1866 den *Königgrätzer Marsch* komponierte.

Kampf um die Österreichische Identität von Friedrich Heer[3] lesen. Etwas vereinfacht: Ich war und bin (auch) ein Opfer der Auseinandersetzungen zwischen Friedrich des Großen mit Maria Theresia, aber auch von Bismarck und Wilhelm II. Der Zeit danach wird gerne mit einer gewissen Unschärfe der Wahrnehmung begegnet. Da es die Wiener vorziehen, vorwiegend in der Vergangenheit zu leben, die hier die ›Gu(a)te, alte Zeit‹ genannt wird, ist diese auch erstaunlich präsent – wenn auch in Klischees. Diese werden überdies hochgradig touristisch verwertet: Schloss Schönbrunn, die Hofburg, samt Kaiserin Sissi und Franz Joseph, die Hofreitschule und die verkehrsbehindernden Kutschen, die man hier ›Fiaker‹[4] nennt, prägen das Außenbild von Wien wesentlich. Das allgemeine Geschichtsbewusstsein endet 1918. Der Freitod von Kronprinz Rudolf und seiner blutjungen Geliebten Marie Vetschera im Jagdschloss von Mayerling im Jahre 1880 ist übrigens heute noch gelegentlich Gesprächsthema in Wien und gab auch so manchem beflissenen Autoren die Initialzündung für ein gefühlsduseliges Wienerlied. Etwa: *Im grünen Wald von Mayerling // ein schöner Traum zu Ende ging*[5], das in der schaurig-schönen Interpretation von Helmut Qualtinger (1928–1986) mit André Heller vorliegt. Die beiden Interpreten decken gnadenlos das völlig unangebrachte Pathos der Autoren Fiedler und Petrak in dieser tragischen Geschichte des begabten aber ungeliebten Thronfolgers auf.

Die Liebe der Wiener zu den »Deitschen« ist eher unbeschreiblich. Geschätzt werden wir für unseren Fleiß, Zuverlässigkeit und Ordnung. Auch für den germanischen Eigentumsbegriff, der hier, an der Schwelle zu Ost- und Südosteuropa, nahezu als Alleinstellungsmerkmal gilt. Wir werden aber auch für unseren Fleiß, unsere Zuverlässigkeit und unsere Ordnung belächelt. Man liebt uns so, wie man etwa Schulmeister liebt.

In der Hierarchie der »Zuagrasten«, oder wie man heute sagt, der »Menschen mit Migrationshintergrund«, stehen Deutsche mit Angloamerikanern an der Spitze. Dann kommen die romanischen Völker. Zwischen diesen und den Schwarzafrikanern kommen Balkanbewohner (ausgenommen Griechen, die natürlich Dank Renaissance und Klassik weiter oben rangieren) und Türken. Zu Asiaten hat man

---

3 Wien: Böhlau 1981. Friedrich Heer (1916–1983) arbeitete als Historiker, Dramaturg und Redakteur und wurde 1962 Titularprofessor für *Geistesgeschichte des Abendlandes* an der Universität Wien. Angelpunkt seiner Forschung war die Frage nach den Ursachen der politischen Krise, die er in kulturellen bzw. religiösen Konflikten im europäischen Abendland festmachte. In Österreich konstatierte Heer eine »lokale Mentalität« und spezifische Verhaltensmuster, die s.E. bis heute für Konflikte verantwortlich zeichnen. Für seinen heute noch beachtlich aktuellen aber kritischen Forschungsansatz wurde Heer (zumindest zu Lebzeiten) in Österreich entsprechend gering gewürdigt.

4 Die Fiaker sind Mietkutschen (Droschken), die im 18. Jahrhundert in Wien modern wurden. Der Name stammt von der »Rue de St. Fiacre« in Paris, dem Standplatz der ersten Lohnkutscher dieser Stadt.

5 *Das letzte Lied*. T: Josef Petrak (1908–1979), M: Josef Fiedler (1898–1970), Eberle Verlag 1955.

keine ausgeprägte Meinung, die über Franz Lehárs Operette *Das Land des Lächelns*[6] hinausgeht. Zurzeit leben etwas mehr Deutsche als Türken in Wien. Die gefühlte Anzahl der Türken ist aber weit größer. Was wahrscheinlich an der Kleidung und möglicherweise der Sprache liegt.

Ach ja, die Sprache: Ich spreche, zumindest in meinem Selbstverständnis, so etwas wie Hochnorddeutsch. Das demaskiert mich hier augenblicklich. Als ich einmal den diensthabenden Kassier eines Supermarktes, namens Özdemir Celin[7] um eine »Tüte« bat (das wienerische »Sackerl« will mir bis heute nicht über die Lippen), erntete ich sofort ein »Sie san aber net von hier«!

Aber es sind nicht die Worte allein. Der Österreichische Dichter Franz Grillparzer hat wohl Bibelnah geschrieben: »Dein Wort soll sein: Ja, ja, Nein, nein … Wär nur der Mensch erst wahr, er wär' auch gut.«[8] Das ist aber literarischer Euphemismus. In Wien schätzt man derlei triviale Wahrheiten gering und ahnt die Komplexität der Welt. Die Sprache hier hat eine ausgeprägte Metaebene, häufig auch mehrere. Möglicherweise hat jahrhunderte lange Zensur und ein ausgeprägtes Untertanenbewusstsein dazu geführt, dass man das Herz nicht auf den Lippen trägt. Das hat nichts mit Falschheit zu tun. Es ist wie ein Spiel, das man entweder beherrscht oder eben nicht. Ich bin dabei es zu lernen. Unangenehme Wahrheiten direkt auszusprechen, gilt eher als brutal und unhöflich. In der Praxis meines Berufslebens fragen mich oft auch weniger begnadete Musiker, wie mir ihr Auftritt gefallen hätte. In Wien hat man dann einfach zu sagen »Es war ganz gut«, »… recht nett«, oder schlimmstenfalls »interessant«. Nie würde man direkt sagen, dass etwas schlecht war. Die beliebteste Leerformel auf alle vorgetragenen Wünsche ist »schau ma amal«. Sie ist die Garantie dafür, dass dieses Anliegen die nächsten zehn Minuten nicht überleben wird.

Ich wohne jetzt in Ottakring, am Rande des Wienerwaldes, ziemlich nahe meiner Arbeitsstätte, dem »Liebhartstaler Bockkeller«. Ottakring ist der 16. Bezirk Wiens und hat nicht ganz die Hälfte der Einwohnerzahl Freiburgs. Hier gibt es etliche Heurigenlokale[9], die vorwiegend von Wienern frequentiert werden. Den international viel bekannteren Weinort Grinzing hat man der Touristenindustrie überlassen. Normale Wiener findet man dort kaum. Hier hingegen mehr, als einem manchmal lieb ist. Das »Wiener Volksliedwerk« ist seit 1993 im »Bockkeller« zu

---

6 Diese heute noch beliebte Operette wurde 1929 in Berlin uraufgeführt. Ursprünglich hieß das Stück *Die gelbe Jacke* (1912), hatte aber mit diesem Namen keinen nennenswerten Erfolg. Text: Ludwig Herzer und Fritz Löhner-Beda.

7 Name von der Redaktion geändert.

8 Bischof Gregor in *Weh dem, der lügt*, 1. Aufzug.

9 Das Wort »Heuriger« hat zwei Bedeutungen. Damit ist einmal der »heurige (diesjährige) Wein«, also der zuletzt gekelterte Wein gemeint. Zum Anderen nennen sich die Weinlokale, die diesen Wein ausschenken, ebenso. Diese sind vergleichbar mit Buschenschänken oder Straußenwirtschaften.

Hause. Direkt am Eingang des Liebhartstales gelegen und an den Ottakringer Friedhof angrenzend, wurde dieses Lokal 1906 ursprünglich als Ausflugslokal und Gaststätte für Feierlichkeiten nach Begräbnissen gebaut. Daher gibt es einen schönen Saal – für das was man hier »a schöne Leich«[10] nennt. Dieser wird jetzt für unsere Konzerte und sonstige Veranstaltungen genutzt.

Wien hat, wie manch andere Städte dieser Welt auch, eine ausgeprägt eigene Musikkultur der ›einfachen Leute‹. Über Wien als Musikstadt ist genug geschrieben worden, hier geht es um ›Volksmusik‹ in einem etwas erweitertem Sinn und nicht in der idealistisch-romantischen Formel Herders. Etliche Städte haben ihre ganz spezifischen Lieder, aber keine Stadt ist so exzessiv besungen und musikalisch selbstbespiegelt worden wie Wien. Niemand weiß genau, wie viele Wienerlieder es gibt. Wir vermuten so etwa um die 70.000 als Untergrenze. Es könnten auch deutlich mehr sein. Was aber besingen diese zahllosen Lieder? Eigentlich alles. Überwiegend aber die Stadt selbst, dann die Wiener Musik, die Wiener und ihre schiere Einmaligkeit. Aber vor allem: den Wein.

Außerhalb Wiens, also im übrigen Österreich, ›in der Provinz‹ gelten die Wiener eher als arrogant, mühsam und missmutig. »Grantig« heißt das hier.[11] Die Wiener selbst hingegen, glauben an ihre eigene Gemütlichkeit, die dem ›goldenen Wienerherz‹ entspringt. Diese ist im Grunde nicht viel mehr als sentimentales Phlegma. Diese »Weana Gmüatlichkeit« erscheint anfangs wirklich außergewöhnlich. Man hat sich diese solange selbst zugesagt und zugesungen, bis man davon überzeugt war, dass es wirklich so sei. Jene Gemütlichkeit entsteht in engster Kooperation mit dem Weingenuss. Daher nimmt auch im Wienerlied der Wein eine vorherrschende Stellung ein. Weit mehr als die Hälfte der Lieder sind diesem gewidmet. »Das muss ein Stück vom Himmel sein – Wien und der Wein«, heißt es in einem bekannten Wienerlied. Schon nach Einnahme weniger ›Vierterln‹[12] entsteht eine beruhigende Distanz zwischen dem Ich und dem Rest der Welt – ein seelischer Schutzwall. Das Leben, durch die grüne Veltlinerbrille betrachtet, erscheint erträglich. Man schimpft dann zwar auch über die Regierung, die Steuern, die EU und die Ausländer, aber das gehört eben zum folkloristischen Teil der wienerischer Seelenhygiene und ist nahezu unverzichtbar.

---

10 Unter einer »schönen Leich« versteht man ein erstklassiges Begräbnis mit anschließendem »Leichenschmaus«.

11 Nach dem Spanischen Erbfolgekrieg und dem Verlust Spaniens für die Habsburger, kam Kaiser Karl VI. nach Wien – mit großem spanischem Gefolge. Den spanischen, streng gekleideten und den Wienern fremd und ernst aussehenden »Granden« verdanken wir das Wort »grantig«.

12 Vierterl=Diminutiv von Viertel. Diese Verkleinerungsform lieben die Wiener sehr. Das Glas wird zum »Glaserl«, der Wein zum »Weinderl« und die Einkaufstüte zum »Sackerl«.

Gerne singen, eigentlich sangen die Wiener über die ›Fremden‹. Selbstverständlich waren diese im 19. Jahrhundert vorwiegend in Spottliedern beheimatet. Heute versucht man so etwas wie »political correctness« und unterlässt das Absingen der Lieder über die »Krowotn«, »Behm« und »Kongoneger«.[13] Und wenn ich gelegentlich die Textzeile »[…] für so was haben's kan Sinn in London und Berlin, // das gibt's allanig [alleine] nur in Wien«[14] zu hören bekomme, verspüre ich so etwas wie Erleichterung für meine Landsleute. Nichtsdestoweniger möchte ich auf diese Lieder näher eingehen, da sie immer auch hochinteressante Zeitzeugnisse und Befindlichkeitsbarometer sind.

Unter dem Genretitel *Böhmische Parodie, Kostüm-Couplet* oder *Komisches Volkslied* resp. *Intermezzo* resp. *Komischer Vortrag im deutsch böhmischen Dialekt* finden wir im Archiv des Wiener Volksliedwerkes Hunderte von Liedflugblättern, die zwischen 1850 und 1930 von Wiener Verlegern wie Carl Barth (ab 1853), Mathias Moßbeck (ab 1864), Carl Fritz (ab 1873) und Josef Blaha (1895–1930) ge-

---

13 Kroaten, Böhmen (diese stellten die Mehrheit der Zuwanderer in Wien bis zum 1. Weltkrieg dar). »Kongoneger« lernte man bei den Völkerschauen des Zirkus Hagenbeck, Hamburg kennen. Siehe das Lied *So a Congoneger, der hat's halt guat* von Wilhelm Wiesberg und Johann Sioly (um 1880/1890), S. 11ff.

14 Aus dem Lied *Sehn'S, des is weanerisch* oder *Hoch und spleni* von Carl Lorens (um 1900) und zahlreichen späteren Bearbeitungen des Liedes u.a. von Fritz Wolferl (1972) und Peter Wehle (um 1980).

druckt wurden. Versierte Wien-Kenner wie Harald Leupold-Löwenthal[15] oder Gertraud [Schaller-]Pressler[16] haben ausführlich über den Fremden-Topos im Wienerlied geschrieben und dabei immer auch den Unterhaltungscharakter der Materie unterstrichen. Während heutzutage der FPÖ Politiker Karl-Heinz Strache auf Wiener Marktplätzen mit ausländerfeindlichen Hetz-Sprüchen dem aufrecht roten Wien immer mehr Wähler abspenstig macht, fanden dazumal sogar die Verspotteten Gefallen an den Vorträgen der Volkssänger. Freilich befremdete so manchen diese unreflektierte Rezeption; der tschechische Sozialdemokrat Gustav Haberman betrachtete etwa das Amüsement seiner Landsleute als Verrat:

> ›Der Wenzel kommt von der Taborlina‹[17] oder ›Der Wenzel kommt, der Wenzel kommt, der Wenzel ist schon da!‹ und hundert andere ähnliche Lieder und Pamphlete auf die Tschechen erweckten stürmischen Beifall und riefen die ausgelassenste Stimmung hervor. Anfangs war mir eine solche Verspottung der Tschechen ungemüthlich. Sie ärgerte mich. Ich wunderte mich sehr, daß ein großer Teil der heftig applaudierenden Gäste, häufig die Überzahl, Tschechen waren, von denen nur ein geringer Prozentsatz recht und schlecht deutsch sprach. Ich empfand es sehr schwer, daß diese Tschechen, Gesellen und Meister mit ihren Frauen, sich darüber nicht nur nicht beleidigten und ärgerten, sondern es als selbstverständlich ansahen, diesen Scherzen Beifall zu klatschen und sie zu belachen, gleichsam um darzutun, daß sie keine Tschechen mehr seien, daß sie mit den dummen Wenzeln und Böhmaken nichts mehr gemein hätten und durch ihren Applaus eine Probe ihrer vollen Assimilation mit dem echten Wiener abzulegen.‹[18]

Der Volkssänger Karl Kampf (1817–1886)[19] war seinerzeit einer der besten Imitatoren des böhmischen »Wenzel«. Er trat mit seiner Gesellschaft jeden Tag in einem anderen Lokal auf, unter anderem jeden Montag im Hotel »Schwarzer Bär«

---

15 *Wien und die Fremden*, in: Wiener Vorlesungen, Bd. 17. Hg. von Hubert Christian Ehalt, Wien 1992.

16 *Wie Böhmen noch bei Österreich war. Zum Topos des Tschechischen im Wienerlied des 19. und 20. Jahrhunderts*, in: Doma v cizine. Cesi ve Vidni ve 20. stoleti // Zu Hause in der Fremde. Tschechen in Wien im 20. Jahrhundert, Hg. von Vlasta Vales, Prag 2002, S. 125–134; *Jüdisches und Antisemitisches in der Wiener Volksunterhaltung*, in: Musicologica Austriaca 17, Identität und Differenz, Hg. von Michael Weber und Thomas Hochradner, Wien 1998, S. 63–82.

17 Tabor ist eine Stadt in Südböhmen. Die Taborlinie war Befestigungsanlage, sowie Zoll- und Mautgrenze entlang der Donaubrücke. Die aus Böhmen stammenden Migranten kamen hier entlang. Die Taborlinie wurde so zu einem Synonym für die Zuwanderung, vgl. auch Pressler: *Böhmen*, S. 128.

18 Haberman, Gustav: *Aus meinem Leben*. Wien 1919, S. 56f.

19 Vgl. Koller, Josef: *Das Wiener Volkssängertum in alter und neuer Zeit*, Wien 1931, S. 54–58.

in der Taborstraße[20] oder Samstags in der ›Bretze‹ in Neulerchenfeld.[21] Seine Soireén gaben Zündstoff, der aber bald in wienerischer Art beigelegt wurde:

> Ein ›Kampfabend‹ ohne ›Böhm‹ war undenkbar. Er wusste die Figur so lebenswahr, so komisch zu gestalten und die Wortverdrehungen der nicht gut deutsch sprechenden Tschechen so glänzend zu bringen, daß ihm selbst diese niemals böse sein konnten. Scheinbar! Denn nicht immer lief die Sache glatt ab. Kampf war der erste, der den ›Böhm‹ als komische Figur auf das Brettl stellte, er hat diese Gestalt geschaffen, die für Wien später Begriff wurde. Es gab damals viele Hetzer politischer Parteien, die aus Kampfs lustigen Szenen Kapital schlagen wollten. In Zeitungen wurde die Nachricht verbreitet, Kampf mache die böhmische Nation lächerlich und darüber jubeln die deutschen Wiener. Pünktlich setzte das Demento ein. Kampf sei gutmütig, ein harmloser Wiener, der keinen Haß kennt. Er bringt nur die ewig sich gleich bleibende Figur des aus Podiebrad oder Caslau eingewanderten Urtschechen, der sich aus angeborenem, stets vom Glück begünstigtem Spekulationstrieb hier freiwillig germanisiert, immer wieder eine ›Wittfrau mit klane Eckhäusel‹ findet und heiratet, dabei in verschmitzter Weise ›kecke Wiener Lausbub‹ überlistet und schließlich als ›reiche Seilerermaste‹ sein Glück findet.[22]

Etwas eigenartig erscheinen heute auch Parodien und Spottlieder über Juden, die alle bekannten Klischees bedienen – aber sehr häufig aus dem Bereich des Jüdischen Kabaretts, beispielsweise der »Budapester Orpheumsgesellschaft« oder dessen Umfeld kamen. Hervorzuheben ist hier Carl Lorens (1851–1909), der zahlreiche Spott-Couplets verfasst hat und offensichtlich ein guter Menschenkenner war.

> Es ist was Eig'nes auf der Welt,
> In jeder Stadt und Land, kennt man die Leute
> wer sie sind, schon aussen nach'm G'wand.
> Zum Beispiel ich darf wem anschaun,
> so kommt mir gleich in Sinn, von wo er ist,
> weil ich ein grosser Menschenkenner bin, ||: (1.)

Der Autor macht nun einen Spaziergang durch Wien und gibt uns Kunde von den *Wiener Straßenfiguren*:[23]

---

20 Die Taborstraße ist in der Leopoldstadt, dem heutigen 2. Bezirk. Das Viertel um die Taborstraße wurde auch ›Mazzesinsel‹ genannt, seit Kaiser Ferdinand II. 1624 die Juden aus der Stadt vertrieb und in diesem Wohngebiet ansiedeln ließ. Auch heute leben wieder viele Juden in der Leopoldstadt.

21 Im Vorort Neulerchenfeld (heute: 16. Bezirk) waren etliche Lokale und Heurige angesiedelt, wo Volkssängergesellschaften täglich aufgetreten sind. Die direkt an oder in der Nähe der ›Lina‹ (Linienwall = Grenze zwischen Vorstädten und Vororten) gelegenen hatten am meisten Zulauf.

22 Koller, *Volkssängertum*, S. 55.

23 *Wiener Straßenfiguren*, T & M: Carl Lorens, Verlag Josef Blaha (Druck ab 1895, komponiert um 1880).

Wer niemals ein Cilinder trägt
Auf Stiefel dran hat Sporn
Im G'sicht an g'wichsten Schnurrbart
Und auf d'Schwaben hat an Zorn.
Jahr aus, Jahr ein nur Golasch isst
Mit sehr viel Paprika
Schreit Bassama Teremtete,
Das ist ein Kern Magyar (4.)

Hat Einer eine krumme Nos
An Kaftan um den Leib
Fahrt hundertmal nach Tarnopol
Doch nicht aus Zeitvertreib
Geht in die Häuser, schreit »handle«
Kauft Sachen schlecht und güt
|: Doch niemals ohne Rebbach,
Sehn's das ist a kosch'rer Jüd.: | (6.)

Wenn Einer drauss't von Tabor kommt
Zur schönen Frühlingszeit
Er blast Trompeten, Klarinet,
Auch Bombardon voll Freud.
Wenn einer Volapük studirt
Und Wazlawek heisst blos
|:So kann man mit Bestimmheit sag'n
Das is a Stockfranzos : | (7.)

»Volapük« war eine Plan(welt)sprache, die 1880 von dem Pfarrer Johann Martin Schleyer erfunden wurde und in Europa Furore machte. Nachdem um 1888 das Interesse bei den zahlreichen Anhängern wieder abflaute, weil die Sprache nicht eingängig genug und zu schwer erlernbar war, können wir das Lied sicher in den Zeitraum zwischen 1880 und 1889 datieren. Der Hinweis von Lorens auf Volapük (zusammengesetzt aus »world« und »speak«) diskreditiert den armen Wazlawek als Kauderwelsch sprechenden Ausländer, der des Deutschen kaum mächtig ist und nennt ihn wahrscheinlich des Reimes zuliebe »Stockfranzos« und nicht »Stockböhm«.[24] Angeblich hörte man in Wien kaum noch deutsch:

Deutsche Worte hör ich wieder

In mein' Haus, da hats mi wirklich mit die Nachbarsleut beim Frack,
links neb'n mir logirn zwa Stockböhm, rechts neb'n meiner a Slovak.
Oben wohnt a Italiener, z' eb'ner Erd' drei Magyar'n unt' im Keller a Kroatin,
denkens da mein Stand, mein schwar'n. Einzig nur wann ich in Hof schau,
ruf ich öfters ganz erfreut:
|: Deutsche Worte hör ich wieder, weil a Jud' grad' ›handeln‹ schreit. :|[25]

---

24 Stockfranzose: »Ausländer, der in den Anschauungen seines Landes völlig befangen ist, was sich für unseren Wortbegriff besonders darin äuszert, dasz er nur s e i n e Sprache spricht«, aus: *Deutsches Wörterbuch von Jacob Grimm und Wilhelm Grimm*. 16 Bde. [in 32 Teilbänden]. Leipzig 1854–1960. Der ›Stockböhm‹ war entsprechend der Tscheche, der nur tschechisch sprach.

25 *Deutsche Worte hör ich wieder. Couplet*. Gesungen von Josef Steidler in Danzer's Orpheum T: Bartl & Fritz, M: Anton Göller, Verlag Josef Blaha o.J.

Aber: ›Der Preusse ist vorlaut, und führt's grosse Wort‹, heißt es in einem Wienerlied von Carl Lorens[26], bei aller Lobpreisung der deutschen Sprache blieben die Piefkes also nicht ungeschoren. In einem Couplet des jüdischen Autoren Alexander Krakauer (1866–1894) werden in neun Strophen 32 Hochdeutsch-Übersetzungen von wienerischen Ausdrücken aufs Korn genommen:

Hört man schön deutsch reden, das is a Wonne,	Dö sag'n »Pantoffel«
doch is das Weanerische auch net ganz ohne.	Und wir nennen's »Hatschen«,
Dialekt und Schriftsprache correspondieren;	Wir heissen's »Watschen«,
wir woll'n jetzt amal s'Übersetzen probieren!	Dö sagen »züchtigen«
Dö nennen's ›Ländler‹	Wir lehren »Mores«
Und wir heissen's ›strampfen‹,	Sö rauchen »Cuba«
Dö sag'n ›Klavier spiel'n‹	Und wir »Stinkadores«! (6.) […][27]
Und wir nennen's ›klampfen‹,	
Wir heissen's ›Prater‹	
Dö trinken ›Kaffee‹	
Und wir nur a ›G'schlader!‹ (2.)	

Um die Jahrhundertwende wird der Ton gegenüber den »Fremden« etwas rauer. Der große Spötter Carl Lorens ergeht sich nun in pathetischen Klagen und trauert der alten Zeit nach, die trotz Armut, Wohnungsnöten und Wirtschaftskrise irgendwie golden gewesen sein muss. Nicht nur er warnt vor der Überfremdung:

[…] Wien, paß auf! Viel Fremde zum Vergnügen,
Wien, paß auf! In d' Weanerstadt wir kriegen,
Wien, paß auf! Von Časlau stolz und keck,
Wien, paß auf! Die bringst du nimmer weg […][28]

Im Zuge der Demolierung des alten Wien und der neuen Einteilung der Stadt in vorerst 19 Bezirke kamen Scharen von neuen Arbeitsmigranten aus den Kronländern nach Wien:

Die alten Baracken	Die Linawall[29] fall'n no'
Die werd'n demoliert – Juheh!	Das macht ein Wirrwarr – Juheh!
Krowotten die kommen	Beim Tabor da gib'ts jetzten
In Schaar'n anmarschiert, – Juheh	Schon a gross' G'schra – Juheh!

---

26 *So müssen d'Weanaleut sein!* Verlag Josef Blaha o.J.
27 *Fein und ordinär!* Couplet. T & M: Alexander Krakauer, Verlag Josef Blaha o.J.
28 *Wien, paß auf!!!*, T: Josef Philippi, M: Theodor Wottitz, Verlag Josef Blaha o.J. (um 1920).
29 Die »Linawall« war der einst um die Wiener Vorstädte gezogene äußere Befestigungsgürtel (Linienwälle), der heutige »Gürtel«. Seine einzelnen Straßenabschnitte heißen jetzt »Mariahilfer Gürtel«, »Lerchenfelder Gürtel«, »Hernalser Gürtel« usw. Die Eingemeindung der Vororte wurde 1893 abgeschlossen.

D'Italiener die bleib'n
Dann a net zu Haus
Die Brandveiner bau'n sich vom Fusel a Haus.
Juheh! – Juheh! Und Juheh!
Und mir kriag'n krowotische Flö (2)

No' wann das der Fall is ui jegerl, o mein
Wo kommen denn dann uns're Urwiener h'rein.
Juheh! – Juheh! Und Juheh!
Bei Taborspitz hams a Idee! (5)[30]

Der Urwiener in Gestalt des Wenzels vom Taborspitz – eine größere Horrorvision konnte sich anscheinend die echte Wiener Seele nicht vorstellen. Der Tiefenpsychologe Hans Strotzka (1917–1994) beschrieb einmal treffend die spezielle Situation der Wiener:

> Unsicherheit und Angst sind auch die Wurzeln von Xenophobie und manchen paranoiden Zügen. Die Problematik wird oft durch einen eigenartigen Humor abgewehrt, auch eine gewisse liebenswürdige Gemütlichkeit bestimmt zumindest die Oberfläche.[31]

Die Couplets und Parodien über die tschechischen Zuwanderer thematisierten aber auch immer wieder den »Wenzel« als dummen doch willigen Soldat oder potentiellen Musiker, die gutmütige »Marianka« als Köchin. Bis heute ist die böhmische Küche mit ihren Palatschinken, Powidltascherln und Topfengulatschen ein fester Bestandteil in der Wiener Küche, der böhmische und slowakische Musikant ein gern gesehener Unterhaltungskünstler in den Heurigen der Außenbezirke. Während die Palatschinke aber anstandslos als ureigenes Wiener Produkt gilt, wird der böhmische Musiker nur den Touristen präsentiert. Da scheitert es einfach an der Sprache, Wienerlieder können eben nur von echten Wienern gesungen werden, es sei denn, der »Zug'raste« ist schon in dritter Generation hier.

Als der Zirkus Hagenbeck 1878 die erste Völkerschau nach Wien brachte[32] und zahlreiche weitere etwa in »Venedig in Wien«, dem großen Vergnügungspark des Praters (1895–1901) gezeigt wurden, bekam der aufrechte Wiener Angst um sein Ehegespons:

Wiener Aschanti-Buam
[…] Dass so a Pankert von an Schwarzen
Auch nicht an jeden Mann gefällt,
das ist begreiflich nach dem Ganzen,
weil ein jeder gleich die Scheidung wählt.
Refr.: A so a Aschanti mit brater Nosen,
großer Papen, ohne Hosen,

---

30 *Gross-Wien-Gstanzl'n*, T: Josef Hornig, M: Theodor Franz Schild, Verlag Josef Blaha o.J.
31 Zitiert bei Leupold-Löwenthal: *Wien und die Fremden*, S. 12.
32 Hagenbeck kam 1878 mit einer Gruppe von Nubiern nach Wien, 1884 mit Singhalesen, vgl. in: *Das Pratermuseum. 62 Stichwörter zur Geschichte des Praters*, Hg. von Museen der Stadt Wien, (Text: Ursula Storch), Wien 1993, S. 25.

Der g'fällt den Wiener Frauen so guat,
Drum die Aschanti dürfen net furt.[33]

Ein früheres undatiertes Wienerlied über »Neger« stammt von Wilhelm Wiesberg (1850–1896) und Johann Sioly (1843–1911). Wiesberg war ein genialer Texter, der schon mit 13 Jahren angeblich Glossen für Wiener Witzblätter wie den *Figaro, Kikeriki* oder *Zeitgeist* geschrieben hatte. 1875 wurde er Teilhaber bei dem Gesangskomiker Anton Amon, der eine ambulante Singspielhallen – Konzession besaß, 1879 gründete Wiesberg mit Wenzel Seidl eine eigene Volkssängergesellschaft, die bis 1890 große Erfolge feierte.[34] Die beiden Komiker engagierten den Pianisten und Orchestermusiker Johann Sioly zur Vertonung und Begleitung ihrer oft tagesaktuellen Liedtexte. Sie kannten Befindlichkeiten und Ängste der Wiener sehr genau und verpackten diese in Couplets, von denen uns viele als Drucke erhalten geblieben sind. *So a Congo-Neger hat's halt guat!* muss seinerzeit ein Riesenerfolg gewesen sein, im Archiv des Wiener Volksliedwerks befinden sich allein drei Ausgaben des Liedes, darunter eine großformatige färbige Klavierausgabe der Musikalienhandlung »M. Krämer's«.[35] Das Lied war so populär, dass wir es in einem anderen Lied zitiert finden:

Seh'ns, mir Weanaleut' mir hab'ns halt fein!
Melodie: So a Congoneger hat's halt guat! Couplet von A. Friedrich = (Umgeher)

Wir armen Europäer, »Nach der Mode=Geher«,
So a Lied vom Wiesberg ist bekannt,
net nur im Congo=Lande
Diese schwarze Bande, hat's so gut,
als wie's im Lied genannt [...][36]

---

33 *Wiener Aschanti-Buam*, T: Grillpatzer, M: Wenzel Schestak – Afrikaforscher, Verlag Vsetecka Stan., um 1896; vgl. auch Peter Altenbergs literarische Skizzen zur Ashanti-Ausstellung von 1896: *Ashantee*. Berlin 1897.

34 Vgl. Koller, *Wiener Volkssängertum*, S. 37f.; und *Wienerlied und Weanatanz*, Hg. von Susanne Schedtler, Wien 2004, S. 171 und 177.

35 *Wiener Couplet. So a Congo Neger hat's halt guat!* für Pianoforte u. Gesang, verfasst und gesungen von Wilh. Wiesberg. Musik von Joh. Sioly.

36 Gedruckt im Verlag C. Fritz (zwischen 1873 und 1880).

Das Original von Wiesberg und Sioly lautete also:

> Wir armen Europäer, nach der Mode Geher,
> wir hab'n Sorgen, die uns's Herz beschwer'n.
> Wie wir bei Taufen, Leichen, Hochzeit und dergleichen
> Einen schwarzen Anzug kaufen werd'n;
> Jedoch die Afrikaner krieg'n schon alser klaner,
> so an' Anzug glei bei der Geburt,
> |: und rennen dann Winter und Summer alser schwarzer uma,
> so a Congo Neger der hat's guat :| (1.)
> Wenn man bei uns in Wean, d'Kapelle Strauss will hör'n
> So kost't das mindestens an' Guld'n Entrée,
> Hernach für'n Winterrock a Sechserl, an' für'n Stock,
> Und dann' Programm 10 Kreuzer, wiss'n ma eh:
> Doch bei die wilden Männer thut der Strauss umrenna
> In der Wüste, voller Uebermuth,
> Kost't nöt' amal an' Schuss, is auch a Kunstgenuss,
> Ja, so a Congo-Neger hat's halt guat! (3.)
> Und auch mit'n Ehestand san s' drin im Kongoland
> So ziemlich aus'm Wasser, d' schwarzen Herrn,
> Die heute auserwählte is schon morg'n die G'fehlte,
> Wenn er haben möchte' a andere gern,

Und auch mit der Toilett' gibt's bei der Frau kann G'frett.

Dö braucht kan Seidenklad, kan Manillahuat,

Und wann s' ihn granti macht, so frisst er s' z'samm auf d' Nacht:

Ja, so a Congoneger hat's halt guat! (4.)

Die Imagination des Fremden ist hier schon an der Grenze des Erträglichen, der Humor scheint heute eher schal. Damals war der Topos des Fremden einfach zu reizvoll, um nicht immer wieder in der Volksunterhaltung aufgegriffen zu werden. Ganze Volkssängerkarrieren sind mit Vorträgen dieser Art gestartet worden, das perfekte »Böhmakeln«, also das Nachahmen des böhmisch-deutschen Kauderwelschs oder das »Jüdl'n«[37] haben stets gute Einnahmen garantiert. Böhmen und Ostjuden stellten eine reale »Bedrohung« für das Urwienertum dar, ihre berufliche Verwendung als Ziegelbrenner, Soldat, Schuster oder Schneider erzeugte freilich weniger Unmut. Noch lieber waren den Wienern die Böhm als Musikanten wie Josef Kaderka (1910–1993) auch in der Retrospektive im 20. Jahrhundert feststellt: »Wann der Weaner a böhmische Musi hört // wird ihm gleich um's Herz so weich! // Ja man merkt, einmal hab'n die zwei z'sammeng'hört: 's Böhmerland und Österreich!«

Fremde aus dem ostasiatischen Raum waren da eher Phantasiegestalten, derer sich auch die Autoren der »Budapester Orpheumgesellschaft« um die Jahrhundertwende angenommen haben:

In China

Fern in China, dem schönen Land
ist der Fortschritt noch unbekannt.
Pferderennen und Rudersport,
auch das Bycicle kennt man nicht dort.
Ehebruchdramen und Schwurgericht,
wie bei uns hier, o das gibt's dort nicht
und auch die Hörner von unseren Herr'n,
die trägt der Chinese nicht gern. (1)
Refrain (chinesische Pantomimik):
In China, in China, da laufen die Leut mit den
  Zöpfen herum,
in China, in China, da sind halt die Leut noch
  hübsch dumm.

Mit Kartätsche und mit Shapnell
Expediren den Feind wir schnell
Auf paar Kracher – »bum bum bum bum«
Fall'n Zehntausend wie Fliegen um
Uns're Taktik ist comme il faut,
Und wir morden nur mehr en grosse.
O Chinesen! Wärt Ihr so weit,
Möcht Japan nicht prügeln Euch heut! (2)
Ref... [...][38]

---

37   Vgl. z.B. *Koschere Gstanzln* von Heinrich Eisenbach: »Die Tanten sein Godl'n / Die Steyrer, die jodl'n / Die Zigeuner, die fiedl'n / und ich wer' jetzt jüdl'n!«, aus: Wacks, Georg: *Die Budapester Orpheumsgesellschaft. Ein Varieté in Wien 1889–1919*, Wien 2002, S. 84.

38   *In China. Humoristisches Couplet*, T: Wilhelm Jürgens, M: Gilbert Gaunt, Musikalienhandlung Zipser & König, Budapest, um 1895.

Die »Budapester Orpheumgesellschaft« war seinerzeit das erfolgreichste Varieté in Wien, einzigartig in seiner Vielfalt an Darbietungen. Das Konzept der Verbindung von Jargontheater und Wiener Volkssängertum, Kabarett, Tanz und Unterhaltungsmusik zeigte sich in den 30 Jahren ihres Wirkens als goldrichtig, zahlreiche Künstler mit Rang und Namen hatten dort Engagements. Die »Budapester« waren nach Karl Kraus »der Spiegel und die abgekürzte Chronik des Zeitalters«.[39] Die Gesellschaft nannte sich so, weil ihre Gründungsmitglieder auch in den besten Etablissements in Budapest auftraten und jene in Wien einen sehr guten Ruf hatten.[40] Budapest legte nach der Zusammenlegung von Buda und Pest im Jahre 1872 im Unterhaltungssektor gehörig zu und wurde neben Wien bald ein Eldorado der Volksunterhaltung. Auf dem Cover des Liedblattes *In China* ist noch vermerkt, dass es zu den Liedern und Couplets des [Budapester] »Etablissement Somossy« gehöre und von den »Geschwistern Barrison« gesungen werde. Damit waren natürlich nicht die echten »Five Sisters Barrison« [41] aus Amerika gemeint, sondern sehr wahrscheinlich deren Wiener Parodisten Heinrich Eisenbach, Bernhard Liebel und das Trio Rott aus der »Budapester Orpheumgesellschaft«.[42] Die Illustration auf dem Liedblatt zeigt in der Tat fünf Gestalten in aufwändigen Frauenkleidern, die allem Anschein nach Männer sind. Die »Budapester« hatten einen anderen Zugang zum Weltgeschehen als so mancher Volkssänger und Wienerliedautor, deren Sorge um 1900 immer mehr der Überfremdung Wiens galt. In *Fern in China, dem schönen Land* machen sie sich lustig über die kulturelle Rückständigkeit der Chinesen und über deren militärischen Verluste im Chinesisch-Japanischen Krieg von 1894/1895. Doch bei diesem billigen Spott bleibt es nicht, dagegen wird – mit leichtem Sarkasmus – die eigene blutrünstige Kriegstechnik gehalten.

Sämtliche Befindlichkeiten der echten Wiener kann man bis heute in ihren Liedern studieren, selig sind sie beim Hören der wienerischen Weisen, die den Wiener Wald, die schöne blaue Donau, die Reben und die Stadt preisen. Sympathisch ist aber auch die ungebremste Freude der Wiener an Liedern, die spöttisch die eigene Gemütlichkeit als Tugend besingen:

Da san mer net scharf drauf in Wien!. Ein Lied von der Wiener Seele
Mir in Wien san eine sonderbare Rasse,
an Charakter ham ma net, dös strengt uns an;
Aber trotzdem san ma eine eigene Klasse,

---

39 Kraus, Karl: *Mein Vorschlag*, in: Die Fackel 343/344, Wien 1912, zitiert bei Wacks, *Budapester Orpheumgesellschaft*, S. 237.

40 Der junge Hans Moser wurde 1912 für die »Budapester« engagiert und hatte dort seine ersten Erfolge.

41 Die »Five Sister Barrison« waren in Amerika lebende Schwestern dänisch-deutscher Herkunft und machten um 1900 in Amerika und Europa Furore mit Gesang und Tanz, sie traten auch in Wien auf, vgl. auch Wacks, *Budapester Orpheumgesellschaft*, S. 79.

42 Ebenda, S. 79.

mir san mir und hab'n an ganz besonderen Schan! […] (1)

Refr.: Da san mer net scharf drauf in Wien, is net wahr?

Mir schau'n, ob die Trauben hübsch blüh'n, aber klar!

Mir hab'n ja an Herrgott, der macht uns schon g'sund,

und wann er es nicht macht, na, geh'n ma halt z'Grund,

aber arbeiten und uns bemüh'n, sehn's!

Da san mer net scharf drauf in Wien![43]

Nur Georg Kreisler (*1922), der kritischste aller Wienkritiker, kennt keine Gnade. Mit seinen Worten möchte ich schließen, nicht ohne zu betonen, dass ich nun nach sieben Jahren ja doch irgendwie dazugehöre, auch wenn ich niemals eine »echte Wienerin« werden kann.

Wien, Wien, Wien

Ich bin so stolz auf mich: Ich bin ein echter Wiener!

Ich bin so stolz auf mich: Ich stamme nicht aus Rom!

Ich bin kein Brünner, kein Tessiner,

kein Berliner, kein Argentiner, kein Turiner, nicht aus China,

nein, meine Geburtsklinik, sie stand am Donaustrand![44]

---

43 Schan = Art (Genre); Liedanfang aus: *Da san mer net scharf drauf in Wien*, T: Fritz Grünbaum, M: Ernst Arnold, Verlag Ludwig Doblinger 1924. Fritz Grünbaum (1880–1941), erfolgreicher und brillanter jüdischer Kabarettist wurde 1938 verhaftet und starb 1941 im KZ Dachau.

44 Kreisler, Georg: *Die alten bösen Lieder. Ein Erinnerungsbuch*, Wien 1989, S. 95.

Tobias Widmaier

»Has anynone seen a German band?«
Ein Music-hall-Song von 1907 als Dokument für die Arbeitswanderungen pfälzischer Musikkapellen nach Großbritannien

I.

Den 4. August 1914, seinen 6. Geburtstag und zugleich Datum der britischen Kriegserklärung an Deutschland, verband Osbert Lancaster, einer der namhaftesten englischen Illustratoren und politischen Karikaturisten des 20. Jahrhunderts, mit einer bestimmten Erinnerung. Wie in den Jahren zuvor verbrachte das Kind aus guten Verhältnissen den Sommer im südlich von London gelegenen Seebad Littlehampton. Am Strand fällt dem kleinen Osbert an jenem Tag eine Veränderung im vertrauten Geschehen auf, die im Rückblick zum Symbol des abrupten Endes einer verklärten Vorkriegswelt wird:

> [T]he beach when we got there did seem subtly different. The number of long-legged little girls […] was not visibly reduced, most of my accustomed playmates and their nannies were there, and only the grown-ups and casual strollers seemed fewer than usual. In what then did this sense of unusual lie? At least I discovered what was wrong; my favourite among all the beach entertainers – a small brass-band […] clad improbably in tight-braided hussar uniforms, who would normally at this hour be giving a spirited rendering of a selection from *Tannhauser* two breakwaters away from our hut – were nowhere to bee seen. After fruitless searching up and down the length of the beach […] I finally put the problem to my father who was lying flat on his back on the shingle with his panama tilted over his eyes. The only reply I got was the whistled refrain of a familiar popular tune
>
> Has anyone seen a German band,
> German band,
> German band,
> I've looked everywhere both near and far,
> Near and far,
> Ja, Ja, Ja,
> But I miss my Fritz

What plays twiddley-bits
On the big trombone.[1]

II.

Im Seebad Littlehampton wurde für die Sommermonate von 1901 bis 1914 stets die gleiche »German band« als Kurkapelle engagiert. Ein Foto aus dem Jahr 1902 zeigt ein schmuck uniformiertes dreizehnköpfiges Ensemble.[2] Es stand unter der Leitung von Peter Engel (1861–1932) aus Adenbach, einem kleinen, unweit von Kusel gelegenen Dorf, dann von Paul Rosinus, eines Verwandten aus dem benachbarten Ginsweiler.[3] Auch die Musiker stammten aus den genannten und umliegenden Ortschaften. Im Nordwesten der seinerzeit dem Königreich Bayern zugehörenden Rheinpfalz hatte man sich seit den 1830er-Jahren auf diese spezifische Form temporärer Arbeitsmigration verlegt und zog, um den wirtschaftlichen Nöten der Heimat zu entfliehen, mit kleinen, meist bläserbesetzten Kapellen buchstäblich in alle Welt.[4] Laut einer 1909 durchgeführten Erhebung des »Musikgewerbes« im Bezirksamt Kusel gab es allein im Distrikt Lauterecken (dem der Ort Adenbach zugehörte) 311 »Berufsmusiker«, die ihr Geld »im Umherziehen« verdienten, und zwar 162 in England, 56 in Australien und 38 in den skandinavischen Ländern. Bedeutende Musikantendörfer lagen im Distrikt Wolfstein: 1909 waren aus Essweiler 110, aus Jettenbach 113 Musiker unterwegs.[5] Auch in den benachbarten Amtsbezirken war das Musikgewerbe zum Teil stark verankert: In Mackenbach (Bezirksamt Homburg) gab es 1913 bei rund 1.000 Einwohnern 220 ausgebildete Musiker und 42 »Lehrlinge«[6], kürzlich schulentlassene Knaben (»Osterbuben«), die nebenher schon einige Jahre das Spiel eines oder auch mehrerer Instrumente bei erfahrenen Kräften erlernt hatten. Die ersten Reisen mit ei-

---

1   Lancaster, Osbert: *All Done from Memory*. London 1963, S. 47f.; vgl. auch *Cartoons & Coronets. The Genius of Osbert Lancaster*. Hg. von James Knox. London 2008, S. 15.
2   Fuhrmann, Marliese: *Kuckucksruf und Nachtigall. Die Pfälzer Wandermusikanten*. [Blieskastel] 2000, S. 238.
3   Nach Auskunft von Paul J. Engel (Kusel), Enkel von Peter Engel, dem an dieser Stelle herzlich gedankt sei.
4   Dazu ausführlich Widmaier, Tobias: *Westpfälzer Wandermusiker. Ein Beitrag zur musikalischen Migrationsforschung*. In: Lied und populäre Kultur/Song and Popular Culture. Jahrbuch des Deutschen Volksliedarchivs 52 (2007), S. 155–167.
5   Decker, Rudolf: *Das Wandergewerbe in Bayern im Jahre 1908*. In: Zeitschrift des Königlich Bayerischen Statistischen Landesamts 42 (1910), Nr. 2, S. 165–196, hier S. 196 (Tabelle X. Das Musikgewerbe im Bezirksamte Kusel); die in der Tabelle gemachten Angaben beruhen nicht auf einer formellen Zählung, sondern auf einer »Umfrage bei den Bürgermeisterämtern« im Sommer 1909 (vgl. S. 186).
6   Mannweiler, Günter: *Mackenbach. Geschichten aus dem Musikantendorf*. Mackenbach 1998, S. 26.

ner »Partie« bildeten dann die eigentliche berufliche »Lehrzeit«, Schliff erhielten viele Musikanten zudem durch Dienst in einer Militärkapelle. Die Leiter der für eine Saison oder (bei entfernteren Zielen) für eine längere Frist zusammengestellten Wanderkapellen schlossen mit ihren Musikern (»Engagisten«) Kontrakte mit jeweils festgeschriebenem Wochenlohn für den gesamten Zeitraum fern der Heimat. Sie trugen zudem sämtliche Kosten für Reise, Unterkunft und Verpflegung und gingen damit ein hohes unternehmerisches Risiko ein, das sich freilich meist auszahlte. In der zweiten Hälfte des 19. Jahrhunderts entwickelte sich das Musikgewerbe zu einem bedeutenden regionalen Wirtschaftsfaktor, dessen sichtbarstes Zeichen die vielerorts errichteten Musikantenhäuser waren. Neben der Baubranche profitierten auch andere Handwerkszweige (z.B. Schneider und Instrumentenbauer) von den Einkünften der Wandermusiker. Der globale Erfolg pfälzischer Kapellen gründete darauf, dass sie einen wachsenden Bedarf nach unterhaltsamer Musik auf eine ansprechende und unverwechselbare Weise zu befriedigen wussten. In England oder den USA gehörten »German bands« zu den markantesten Erscheinungen städtischer Straßenmusik. Daneben fand man Festengagements etwa als Schiffs-, Zirkus- oder Kurkapelle.

III.

Wie Osbert Lancaster begeisterten sich im Viktorianischen Zeitalter Briten aus allen Gesellschaftsschichten für »German bands« und behielten sie teilweise ein Leben lang als »a source of wonder«[7] im Gedächtnis. Unter den Straßenmusikanten Glasgows der 1870er- und 80er-Jahre ragte nach den 1932 veröffentlichten Erinnerungen J.J. Bells eine aus Deutschland stammende Kapelle besonders hervor:

> The itinerants most welcome to all but juveniles arrived every Tuesday, and were the German Band. The German Band had by then become a British institution. There were superior persons who sneered, but in quiet streets the Band was sure of its pennies. Our band wore a sort of uniform and carried stands for its music. […] [They] carefully adjusted its flimsy tripods, as if it were going to spend the afternoon with us, secured its music to the frame with crisscrosses of string, paused impressively, and then struck up, as one man. There were five performers – a clarinet, cornet, euphonium and trumpet – I cannot remember the fifth. Invariably the first item was a rousing march. It was followed by an operatic selection […]; then a waltz […]. By way of compliment, the fourth item was always Scottish. When it was

---

7   Als »a source of wonder« bezeichnete eine 1888 geborene Zeitzeugin rückblickend jene German bands, die auf dem Weg zu den Küstenorten Skegness und Mablethorpe in ihrem kleinen, abgeschiedenen Dorf in Lincolnshire einige Male Station machten; vgl. Parratt, Catriona M.: »More Than Mere Amusement«. Working-class Women's Leisure in England, 1750–1914. Boston 2001, S. 108.

ended [...] the cornet player and another tucked their instruments under their
arms and started off a door to door collection.[8]

Nachhaltigen Eindruck hinterließ auch eine andere German band, die George B.
Gardiner – der u.a. als Volksliedsammler hervortrat (*Folk Songs from Hampshire*,
London 1909) – in seinen Jugendjahren in Edinburgh erlebte. Diese achtköpfige
Straßenkapelle unter der Leitung von Michael Gilcher (1822–1899) aus dem erwähnten Ort Essweiler, die die schottische Hauptstadt 1867–1872 alljährlich auf-
suchte, prägte Gardiner in musikalischer Hinsicht tiefgreifend: »As a boy I used
to follow these players for hours with melomaniac *acharnement*.«[9] An den Stationen ihrer Rundgänge durch Edinburgh spielte die Kapelle Gilcher jeweils drei bis
vier Nummern, darunter stets auch ein Opernpotpourri:

> The operatic selections were drawn from the whole range of Italian and the most
> popular French and German operas. For nothing or a copper one could enjoy the
> finest arias from ›Il Trovatore‹, ›La Traviata‹, ›Lucrezia Borgia‹, ›Faust‹, ›Le
> Prophète‹, ›Der Freischütz‹, and ›Zauberflöte‹ [...] With such skill were the pieces
> reduced from the score for military bands or adapted from the piano edition, that
> much of the full effect was preserved.[10]

Gardiners musikalische Idole aber blieben eines Tages aus: »In 1872 the band
suddenly migrated to America, and I was disconsolate.«[11] In der Folge beschaffte
er sich Klavierauszüge vieler Stücke, die er durch die Kapelle Gilcher kennenge-
lernt hatte, »as a permanent memorial of the performances of the band«.[12]

German bands waren sicherlich nicht durchweg zu so hohen musikalischen Leis-
tungen fähig wie jene beiden, an die Bell und Gardiner gerne zurückdachten.
Aber auch solche, die nur ungeschulteren Ohren Vergnügen boten, fanden ihr
Auskommen.

IV.

Der englische Schriftsteller Compton Mackenzie legte 1912 unter dem Titel *Kensington Rhymes* ein Bändchen mit schlichten Gedichten vor, die Alltag und Ge-
dankenwelt eines fiktiven kleinen Jungen umkreisen, der in einem der vornehme-
ren Londoner Stadtviertel lebt. Eines von ihnen ist »The German band« über-

---

8 Bell, J.J.: *I Remember* (Edinburgh 1932); zit. nach Manz, Stefan: *Migranten und Internierte.
   Deutsche in Glasgow, 1864–1918*. Stuttgart 2003 (Historische Mitteilungen im Auftrage der
   Ranke-Gesellschaft 52), S. 120f.
9 Gardiner, George B.: *The Home of the German Band*. In: Blackwood's Edinburgh Magazine
   Bd. 122 (1902), S. 451–465, hier S. 451.
10 Ebd., S. 451f. u. 453.
11 Ebd., S. 453.
12 Ebd.

schrieben und schildert die Empfindungen des Protagonisten, während er abends im Bett einer Straßenkapelle lauscht. Der Junge wird durch ihr Musizieren in Phantasiewelten entführt und äußert zugleich Unverständnis, dass die »German band« andere gleichgültig lässt oder gar als Plage bezeichnet wird:

I love to lie in bed and hear
   The jolly German band.
Why people do not care for it
   I cannot understand.
[...]

In winter when it's dark at eight,
   The jolly German band
Drives all unpleasant thoughts away
   Just like a fairy-wand.

In summer when it's light at eight,
   The German band still plays;
It makes me think of pleasant things
   And seaside holidays.

I've heard that it plays out of tune,
   And upsets talking, and
I've heard it called a nuisance, but
   I love the German band.[13]

Als Quälgeister (»nuisance«) wurden German bands im Viktorianischen England nicht nur von Eltern attackiert, die wollten, dass ihre Kinder ungestört einschliefen. Eine Begleiterscheinung der urbanen Expansion Londons in der zweiten Hälfte des 19. Jahrhunderts war die Zunahme des Straßenlärms. Im Kampf um dessen Eindämmung bildeten die Straßenmusikanten, vor allem die seinerzeit in großer Zahl umherziehenden italienischen Drehorgelspieler, eine wesentliche Zielscheibe.[14] Aber auch die lautstarken Darbietungen der German bands waren in diesem Kontext immer wieder Thema. 1864 wurde auf Initiative des Parlamentsabgeordneten Michael T. Bass ein Gesetz verabschiedet, wonach Straßenmusiker sich zu entfernen hatten, wenn dies ein Bewohner eines Hauses forderte, vor dem sie sich produzierten; im Weigerungsfall drohte eine Geldstrafe.[15] In einer dicht bebauten Stadt wie London blieb eine solche Regelung jedoch weitgehend ohne Wirkung, wie dies eine Leserzuschrift aus dem Viertel South Kensington an die *Times* 1896 zeigt:

Sir, – I have been urged by many friends and correspondents to ask your permission to lay the following grievance before the public. [...]

On every Wednesday and Saturday evening a band commences about 6 30 p.m. in Rosary-gardens (sometimes two rival bands succeed each other); it then moves to Brechin-place, unless ordered away, then to Cranley-gardens, and then Onslow-gardens, so that it is sometimes past 9 p.m. before it is out of earshot of the unfortunate houses in the centre of the noise. During all these hours the sound of the in-

---

13 Mackenzie, Compton: *Kensington Rhymes*. London 1912, S. 49–52 (Strophe 1 u. 10–12).
14 Vgl. hierzu ausführlich Picker, John M.: *Victorian Soundscapes*. Oxford, New York 2003, S. 41–81 u. 167–175.
15 Vgl. Bass, Michael T.: *Street Music in the Metropolis. Correspondence and Observations on the Existing Law, and Proposed Amendements*. London 1864, S. 120.

struments and repetition of the tunes can be distinctly heard, precluding all attempts to work, or read, or write, or even rest.

On Mondays a third band comes round, choosing other corners, though equally within earshot, and winding up with Onslow-gardens. It is not that the inhabitants of Onslow-gardens love street music, for I have received several letters of strong complaint, but the owners of the houses are, as a rule, too busy to prosecute these pests, and prefer paying them to move to spending a whole day at the police-court charging them. [...]

Can nothing be done to compel these Germans to move out of the district when they have played and not to return more than once a week to the same neighbourhood? The almost nightly annoyance is becoming a very serious matter, and there is no other city in the world where such a thing would be tolerated.[16]

V.

Bei dem »familiar popular tune«, dessen Refrain der Vater Osbert Lancasters am Strand von Littlehampton pfiff, als dort am 4. August 1914 die deutsche Kurkapelle ausblieb, handelt es sich um einen Music-hall-Song aus dem Jahr 1907. Die Music hall, eine »spezifisch britische Ausprägung der urbanen Massenkultur, die Gastronomie und Theater in Form von kurzen, aneinandergereihten Gesangs- und Tanznummern, kleinen dramatischen Szenen, sensationellen Präsentationen und artistischen Kunststücken« vereinigte, entwickelte sich seit Mitte des 19. Jahrhunderts »zum ersten Zweig der modernen Unterhaltungsindustrie«.[17] 1914 besaß allein London 51 größere Music halls (viele von Ihnen wurden in Form von Aktiengesellschaften betrieben), weitere gab es in den ärmeren Gegenden der Stadt.[18] Stars der Music Halls waren die Sänger, viele ihrer Lieder verbreiteten sich »by quick magic [...] over the lenght and breadth of the land«, wie ein Zeitgenosse schrieb.[19] Anteil daran hatte, dass das Publikum der Music halls stets »part of the performance« war. Die Sänger bezogen es in ihre Auftritte ein, animierten es zum Mitmachen. »Die elementare Struktur der Songs mit ihrem

---

16 *German Bands and the Public. To the Editor of the Times.* In: The Times, Ausgabe vom 19. November 1896, S. 14.

17 Helms, Dietrich: *Music hall.* In: Die Musik in Geschichte und Gegenwart. Allgemeine Enzyklopädie der Musik. 2., neubearb. Ausg., hg. von Ludwig Finscher, Sachteil Bd. 6. Kassel u.a. 1997, Sp. 647–654, hier Sp. 647.

18 Schneider, Ulrich: *Die Londoner Music Hall und ihre Songs 1850–1920.* Tübingen 1984 (Buchreihe der Anglia 24), S. 89 et passim.

19 J.A. Hobson (1901), zit. nach ebd., S. 1.

Wechsel zwischen vom Sänger vorgetragenen Strophen und vom Publikum mitgesungenem Chorus ergibt sich aus dieser Kommunikationssituation.«[20]

Die Music halls waren Vergnügungsorte primär der kleineren Leute. Osbert Lancaster berichtet, dass die Haushälterin seiner Familie der »upper-middle-class«, Kate, »loved the music-hall and her evenings off were regularly spent at one or other of the many suburban houses then still happily flourishing«. Aber auch sein Vater besuchte (wie andere Vertreter höherer Schichten) die Music hall. Die standesübergreifende Popularität der dort gesungenen Lieder in einer Zeit ansonsten streng voneinander abgeschotteter Gesellschaftsmilieus fiel Lancaster bereits als Kind auf:

> In the strictly stratified social world of my childhood they [these music-hall songs] seemed to me in my bourgeois pram to be the one thing enjoyed in common by the world represented by the whistling errand-boy and the ladies I occasionally observed, humming gaily, if a little off-key, as they emerged from the glittering paradise of The Devonshire Arms[21] (in passing which my nurse always developed an additional turn of speed [...]), and the world of which the pillars were Kate and my father. I specify my father rather than my parents as his taste was almost identical with Kate's [...], whereas my mother's was more accurately represented by Traumerei and Songe d'automne, beautiful works, doubtless, but hardly with so universal an appeal.[22]

VI.

Der Music-hall-Song *Has anyone seen a German Band?* (Text: Bennett Scott [1875–1930], Musik: Arthur J. Mills [1871–1919]) erzählt von einer jungen Frau aus Deutschland, Katrina, die nach England kommt, um ihren »Fritz«, der Posaune in einer Wanderkapelle spielt, zu suchen, ist ihr doch zu Ohren gekommen, dass er ihr von einem anderen Mädchen ausgespannt worden sei. Es handelt sich um ein typisches Produkt dieses Genres, das auf Erheiterung wesentlich abzielte. So sind die Katrina in den Mund gelegten Sätze sprachlich recht holprig (die »Verulkung« von Dialekten und Soziolekten trifft man in diesen Songs häufig[23]), »Fritz« wiederum ist durch ungezügelten Appetit auf Limburger Käse und Sauerkraut charakterisiert und entspricht damit dem englischen Stereotyp eines Deutschen. Auch das Thema vom untreuen Liebhaber war in der Music hall populär: In einem mit *Has anyone seen a German Band?* eng verwandten Song sucht

---

20 Ebd., S. 95.
21 Pub in Kensington.
22 Lancaster (wie Anm. 1), S. 14.
23 Schneider (wie Anm. 18), S. 132.

eine junge Italienerin ihren Geliebten, der mit seinem Eiskarren in der Großstadt untergetaucht ist:

> Oh! Oh! Antonio! He's gone away,
>
> Left me a-lone-i-o, All on my own-i-o,
>
> I want to meet him with his new sweetheart,
>
> Then up will go Antonio and his icecream cart.[24]

Musikalisch spielt der Refrain von *Has anyone seen a German Band?* auf den Walzer *An der schönen blauen Donau* an, der für britische Ohren das Repertoire deutscher Straßenkapellen idealtypisch repräsentierte.

Has anyone seen a German Band? Written by A.J. Mills, Composed by Bennett Scott. London: The Star Music Publishing Co. (©1907)

Once a little German Girl lonely and sad,

Came to merry England from her Fatherland,

Looking for her sweetheart whose front name was Fritz,

And he played the Trombone in some German Band;

She search'd round the City by night and by day

And asked ev'ry one on the way

›Has anyone seen a German Band? German Band, German Band,

I've been looking about all upon my own,

---

24 Vgl. ebd., S. 182.

I've search'd ev'ry street both near and far, near and far, yah, yah, yah!
I want my Fritz vot plays twiddly bits on der big trombone.‹

›Fritz was very fond of me‹, Katrina said,
›When he was in Germany over the seas;
And he used to come round to mine Fader's house,
He'd make love and eat all our Limburger cheese,
He'd serenade me with ›The watch on the Rhine‹
And I thought his trombone divine.‹

Has anyone seen a German Band? &c.

›P'raps you wonder why I am over here now‹,
Said the little Katrina, ›I'll tell you true,
There's another girl and she's stolen my Fritz,
She gives him sweet kisses, and saurkrout too;
But wait till I meet him, I'll get back mine own,
I'll jump two times on his trombone.‹

Has anyone seen a German Band? &c.

Has anyone seen a German Band? war von 1907 an im Repertoire vieler Music-hall-Sängerinnen.[25] Auf einer zeitgenössischen Postkarte mit dem Refrain des Songs (die ein Beleg dafür ist, dass es eine unterhaltungsindustrielle Verwertungs-kette schon vor dem Ersten Weltkrieg gegeben hat) ist eine von ihnen, vermutlich die berühmte Florrie Forde, im Bühnenkostüm der Katrina zu sehen (Abb. 1).

VII.

»He'd make love« sang die Bühnen-Katrina in den Music halls, um das Verhält-nis des Posaunisten »Fritz« zu ihr zu charakterisieren, ein in Zeiten prüder Sexu-alnormen gewollt doppeldeutiger Sprachschnitzer. Die nach England kommen-den German bands waren ausschließlich männlich besetzt. Belegt sind allerdings Fälle mit einem Kapellmitglied verheirateter Frauen, die mit auf Reisen gingen, um den Musikern den Haushalt zu führen. Ein junger Klarinettist einer in Lon-don tätigen siebenköpfigen German band gab David Mayhew, einem Pionier der Sozialreportage, in den 1850er-Jahren beispielsweise zu Protokoll:

---

25 Auf dem Titelseite der dem Verfasser vorliegenden Ausgabe des Songs heißt es: »Sung by Misses Florrie Forde, Ella Retford, Florrie Gallimore, Daisy Dormer, Mena Brae and Others«; die fünf namentlich genannten Sängerinnen sind außerdem auf Fotos zu sehen (Bodleian Library Oxford, Signatur »Harding Mus. R 1267«; für die rasche und unkompli-zierte Zusendung einer Scankopie sei Martin Holmes gedankt).

Abb. 1 und 2, Privatsammlung des Autors

> We all live togeder, ze seven of us. We have three rooms to sleep in, and one to eat in. We are all single men, but one; and his wife, a German woman, lives wis us, and cooks for us. She and her husband have a bedroom to themselves.[26]

In ihren Beziehungen waren die Musiker der Wanderkapellen in der Mehrzahl wohl stark heimatorientiert; viele von ihnen heirateten Frauen aus der Herkunftsregion, die während der Berufsreisen zurückblieben und für »Kinder, Haus und Hof sorgten«.[27] Es finden sich jedoch vereinzelt auch Spuren von Mitgliedern

---

26 Mayhew, Henry: *London Labour and the London Poor*, Bd. 3: *The London Street Folk*. London 1861, S. 164. Der Klarinettist gab Mayhew zufolge an, seine Kapelle stamme aus »Oberfeld, eighteen miles from Hanover«; ein solcher Ort existiert allerdings nicht. Bemerkt werden muss in diesem Zusammenhang, dass in Großbritannien nicht ausschließlich nur Wanderkapellen aus der Westpfalz tätig waren. Einzelne German bands kamen z.B. auch aus Elz bei Limburg (vgl. Weimer, Erhard: *Chronik der Gemeinde Elz.* Limburg ²1983, S. 79–81) oder aus Salzgitter (vgl. Dieck, Alfred: *Die Wandermusikanten von Salzgitter. Ein Beitrag zur Wirtschafts- und Kulturgeschichte des nördlichen Harzvorlandes*, Bd. 1. Göttingen 1962, S. 226–228).

27 Deissner, Vera: *Die Frauen im westpfälzischen Wandermusikgewerbe.* In: Volkskunde in Rheinland-Pfalz 6/2 (1991), S. 46–55, hier S. 46.

deutscher Bands, die ein englisches Mädchen geehelicht haben und auf Dauer in ihrem Gastland blieben.[28]

VIII.

Ob die aus der Pfalz stammende Kurkapelle von Littlehampton am 4. August 1914 von sich aus davon Abstand nahm, Musik zu machen, oder ob ihr Auftritt unterbunden wurde, ist nicht überliefert. Klar dagegen ist das folgende Geschehen: Mitglieder dieser wie viele weiterer damals in Großbritannien tätiger German bands wurden bald nach Kriegsausbruch als Bürger eines Feindstaates in ein Internierungslager auf der Isle of Man verbracht, wo sie bis zu dessen Ende verblieben.[29] Nur einzelnen, vor allem jugendlichen Musikern gestattete man die Ausreise.[30] Insofern ist falsch, was Mitte 1915 in der *Times* über das offenbar auch Bedauern hervorrufende Ausbleiben der deutschen Straßenkapellen zu lesen war:

> One by one the wandering purveyors of »cheerful noises« have vanished from the streets of London. The German band which used to blare the »Blue Danube« from the street corner was the first to go. The bandsmen have laid down the saxhorn and taken up the rifle.[31]

Ein bemerkenswertes Beispiel dafür, wie Liedern unter geänderten historischen Bedingungen neue Konnotationen zuwachsen, ist eine ab Herbst 1914 verbreitete Propagandapostkarte, die Titel und erste Refrainzeile des Music-hall-Songs *Has anyone seen a German Band?* aufgriff (Abb. 2). Sie zeigt eine (Großbritannien symbolisierende) Bulldogge, die gerade eine German band (die hier für den Kriegsgegner Deutschland schlechthin steht) mit bissigen Attacken aus dem Feld geschlagen hat. Die deutschen Wanderkapellen, vor dem Ersten Weltkrieg »a British institution« (Bell), verschwanden mit ihm für immer.

---

28   Auf der Webseite *Yahoo! Answers* wendete sich »Olderthanmost« 2008 in folgender Angelegenheit an die Netzöffentlichkeit: »Does anyone have information on the ›German Bands‹ which entertained in Victorian England? […] The band in which I have a particular interest played in Worthing, Sussex around 1870. At least three of their number married local women.« URL: http://uk.answers.yahoo.com/question/index?qid=20080814014308AAP6aSP, Zugriff 30.8.2009.

29   Zur Behandlung der Deutschen in Großbritannien während des Ersten Weltkriegs vgl. Panayi, Panikos: *The Enemy in Our Midst. Germans in Britain During the First World War.* New York, Oxford 1991; von Panayi nicht ausdrücklich angesprochen werden Maßnahmen gegen German bands.

30   Vgl. Edinger, Emil: *Vom Kriegsausbruch überrascht. Der »letzte Osterbub« erzählt.* In: Westrichkalender Kusel 1985, S. 103–105.

31   *Vanished Street Musicians. No »Cheerful Noises«. The Children's Sorrow.* In: The Times, Ausgabe vom 1. September 1915, S. 11.

Michael Fischer

Auswandererschicksal als Medienereignis
Der Brand des Schiffes »Austria« im Jahr 1858

New York, 13. Nov. 1860

Wertgeschätzte Madame Witte!

Ich verließ Deutschland am 1ten September 1858 um nach Californien zu reisen, wo ein Bekannter, der schon 13 Jahre dort gewesen war, mir mit nehmen wollte, und mir einen sehr guten Verdienst versprach, der Mensch denkt, aber Gott lenkt. Unsere Reise ging ziemlich gut von statten, obgleich wir etwas langsam fahren mußten, in dem uns der Wind immer entgegen kam, so vergingen 12 Tage, am 13ten, es war auf einen Montag, wurden unsere Luftschlösser auf einmal zertrümmert, denn nähmlich zwischen 2–3 Uhr des Nachmittags kam durch Unvorsichtigkeit einiger Schiffsmannschaften Feuer auf dem Schiffe aus und zwar im Zwischendeck, die Passagiere waren größtentheils auf Deck. Sie werden sich wohl vorstellen können welche Verwirrung auf dem Schiffe entstand, wo über 400 Passagiere auf waren. Es war nämlich das Hamburger Dampfschiff Austria, wo Sie damals in Deutschland werden von gehört haben. Ich werde nun die schrecklichen Scenen, welche sich meinem Auge darboten überspringen, und Ihnen nur mittheilen, daß ich des Abends um 8 Uhr auf ein französisches Schiff mit noch 65 Leidensgefährten gerettet wurde. Alles hatte ich verloren, 400 thl. in barem Geld, und mein sämtliches Zeug dazu, ich habe weiter nichts gerettet als das nackte Leben.[1]

Glück gehabt! Der 29-jährige Friedrich Betke, der Schreiber der Zeilen, war einer der wenigen, die das Schiffsunglück im Jahr 1858 überlebt hatten. Durch den Brand der »Austria« kamen von 542 Menschen, die sich an Bord befanden, die meisten zu Tode. Insgesamt konnten nur 88 Menschen durch ein französisches und ein norwegisches Schiff gerettet werden.[2] Verursacht wurde das Unglück

---

1   Brief des Auswanderers Friedrich Betke (New York, 13. November 1860) an Sophie Witte (Ausschnitt). Eine Transkription des Briefes wurde mir freundlicherweise von der Forschungsbibliothek Gotha der Universität Erfurt zur Verfügung gestellt. Das Dokument stammt aus der früheren »Bochumer Auswandererbriefsammlung BABS« (Serie Carl August Meyer).

2   In den Quellen und in der Sekundärliteratur werden auch geringfügig abweichende Zahlen genannt.

durch Teer, dessen Rauch zum Desinfizieren des Schiffes verwendet wurde und der unbeabsichtigt in Brand geraten war.

I. Bedingungen der Amerikaauswanderung

Die Auswanderung von Deutschen nach Amerika war in der Regel die Antwort auf eine wirtschaftliche bzw. soziale Notlage. Im mittleren 19. Jahrhundert stellte sie ein Massenphänomen dar: Zwischen 1846 und 1894 wanderten jedes Jahr zwischen 50.000 und 150.000 Menschen nach den Vereinigten Staaten aus.[3] Im Rekordjahr 1846 wurden sogar über 250.000 Auswanderer gezählt.

Interessant ist das Sozialprofil derjenigen, die ihre Heimat verlassen wollten. Die Mehrheit der Auswanderer war männlich und zumeist im arbeitsfähigen Alter zwischen 15 und 40 Jahren. Sie entstammten überwiegend der Unterschicht und der unteren Mittelschicht, oft mit Berufen aus dem landwirtschaftlichen, handwerklichen oder gewerblichen Bereich. In der zweiten Jahrhunderthälfte gesellten sich Industriearbeiter hinzu. Da die Kosten für die Überfahrt aufgebracht werden mussten, gehörten die Armen und Verelendeten nicht zu der Gruppe der Auswanderer. In seiner Untersuchung über die Massenauswanderung nach Amerika hebt Markus Günther hervor, dass Mitte des 19. Jahrhunderts die Überfahrt auf einem Segelschiff mindestens 30 Taler kostete, »was ungefähr dem Jahresgehalt eines ganzjährig beschäftigten Knechtes entsprach oder drei Jahresgehältern eines Dienstmädchens.«[4]

Die sozialen Bedingungen der Übersee-Auswanderung waren zum Teil erschreckend, angefangen von der Unterbringung in den Einschiffungs- und Landungshäfen bis hin zur eigentlichen Überfahrt.[5] Was den Komfort und die Sicherheit der Schiffspassage betraf, rieten entsprechende Ratgeber zur Vorsicht. In dem vielfach aufgelegten *Hand- und Reisebuch für Auswanderer und Reisende nach Nord-, Mittel- und Südamerika* von Traugott Bromme wird etwa auf »Stürme, Unbequemlichkeiten, Langeweile und Seekrankheit« verwiesen, ebenso auf den »Aufenthalt in einem beschränkten Raume« sowie die karge Kost.[6] Allerdings sei die Seereise nicht so gefährlich, »als man gewöhnlich« denke und darüber hinaus habe man »nicht vorwitzig diese Unannehmlichkeiten herbeigeführt«, sondern

---

3   Vgl. Günther, Markus: *Auf dem Weg in die Neue Welt. Die Atlantiküberquerung im Zeitalter der Massenauswanderung 1818–1914.* Augsburg 2005, S. 26–33.

4   Ebd., S. 32.

5   Vgl. hierzu: Gelberg, Birgit: *Auswanderung nach Übersee. Soziale Probleme der Auswandererbeförderung in Hamburg und Bremen von der Mitte des 19. Jahrhunderts bis zum Ersten Weltkrieg.* Hamburg 1973.

6   Bromme, Traugott: *Hand- und Reisebuch für Auswanderer und Reisende nach Nord-, Mittel- und Süd-Amerika.* Zweiter Abdruck der Siebenten, sehr vermehrten und verbesserten Auflage. Bamberg 1853, S. 613.

»sich aus Pflichtgefühl, zur Sicherung der Zukunft der Seinen, oder seiner eigenen, denselben unterworfen«.[7] Speziell vor der Passage im Zwischendeck – das sich als billigste und einfachste Unterbringung zwischen dem Laderaum und dem Oberdeck befand –, warnt Carl Ludwig Fleischmann. Er rät allen, »welche an Bequemlichkeiten gewöhnt und im Besitz ausreichender Geldmittel sich befinden«, von den dortigen »Widerwärtigkeiten« ab.[8] Er macht auf die schlechte Belüftung aufmerksam, mangelnde Hygiene und Taktgefühl der sich dort Aufhaltenden. Insbesondere seien Frauen gefährdet; die Gewohnheiten der im Zwischendeck befindlichen »arbeitenden Klassen« seien wenig rücksichtsvoll.[9] Den Reisenden wird auch davon abgeraten, die Matrosen von ihrer Arbeit abzuhalten oder den Kapitän mit nutzlosen Fragen zu behelligen.[10] Schließlich gibt es noch Tipps gegen die Seekrankheit: Vor »gierigem Genuß von Speisen und Getränken« wird gewarnt, der »Gebrauch von gutem Cogniac« aber als heilsam empfohlen.[11]

Die tatsächlichen Zustände auf den Auswandererschiffen waren aber in Wirklichkeit noch furchtbarer als in den Warnungen der Ratgeber angedeutet. Die Behörden versuchten, durch gesetzgeberische, organisatorische oder wohltätige Maßnahmen regulierend einzugreifen – nicht zuletzt, um die eigene Bevölkerung vor Krankheiten zu schützen und um auf dem Gebiet der Auswanderung konkurrenzfähig zu bleiben. So wurde beispielsweise in Hamburg 1855 durch Verordnung festgelegt, wie die Verschiffung abzulaufen habe.[12] Insbesondere wurden Vorkehrungen getroffen, um Überbelegungen der Schiffe – und damit untragbare menschliche und hygienische Zustände – zu vermeiden. Vorgeschrieben wurden Mindesthöhen für das Zwischendeck (5,5 Fuß), ebenso die Mindestlänge für Kojen (6 Fuß). Kochgeschirr war in ausreichender Menge mitzuführen, eine Waage und Medikamente. Selbstverständlich durften Aborte nicht fehlen, für bis 100 Personen mussten allerdings lediglich zwei, »für eine größere Anzahl bis zu je funfzig Passagiere ein Privet mehr vorhanden sein«.[13] Viele der Bestimmungen sind indes unpräzise, wie der Hinweis, »für hinreichende Ventilation« müsse gesorgt sein.[14] Aus heutiger Sicht skandalös sind die geringen Anforderungen an

---

7   Ebd.

8   Fleischmann, Carl Ludwig: *Wegweiser und Rathgeber nach und in den Vereinigten Staaten von Nord-Amerika.* Stuttgart 1852, S. 21.

9   Ebd., S. 22.

10 Ebd., S. 27.

11 Ebd., S. 28.

12 *Revidierte Verordnung in Betreff der Verschiffung der über Hamburg direct nach andern Welttheilen Auswandernden. Publicirt den 30. April 1855.* In: Hamburger Handels-Archiv. Sammlung der auf Schiffahrt und Handel bezüglichen Hamburgischen Verträge, Verordnungen und Bekanntmachungen. Bd. 1. Hamburg 1864, S. 106–112.

13 Ebd., S. 108 (§ 6). Für Schiffe, die nach den USA reisten, galten allerdings die dortigen Vorschriften.

14 Ebd.

Rettungsmittel: Notwendig waren lediglich drei Rettungsbojen und bei Schiffen mit mehr als 150 Passagieren *ein* Rettungsboot. Sehr detailliert wurde hingegen die Verproviantierung geregelt, offenbar gab es hier besonders gravierende Missstände. So erfahren wir genau, wie viel Ochsen- und Schweinefleisch, Heringe, Brot, Kartoffeln, Erbsen, Bohnen, Kaffee und Tee etc. mitzuführen waren. Zum Räuchern des Zwischendecks ist in dieser Verordnung von »Weinessig oder Wacholderbeeren« die Rede[15], also nicht von dem auf dem Unglücksschiff »Austria« gebrauchten Teer.

Bei diesem Schiff handelte es sich um ein Gefährt der 1847 gegründeten »Hamburg-Amerikanischen Packetfahrt-Actien-Gesellschaft« (HAPAG). Gebaut wurde es im Jahr 1857 als hochmodernes Dampfsegelschiff. Es verfügte über einen eisernen Rumpf und eine Schiffsschraube, war 95 Meter lang und 13 Meter breit. Angetrieben wurde das Schiff mit einer Zwillingsdampfmaschine mit 1.500 PSi.[16] Es konnte 60 Passagiere in der ersten Klasse, 120 in der zweiten und 450 in der dritten Klasse (Zwischendeck) befördern. Die »Austria« verfügte über 86 Mann Besatzung.[17]

Im Folgenden soll nun das Brandunglück, das sich am 13. September 1858 ereignete, aufgrund verschiedener publizistischer Erzeugnisse beleuchtet werden. Zunächst sollen Zeitungsmeldungen (II.) zeigen, wie breit und tiefgehend das nationale wie internationale Interesse an dieser Katastrophe war. Der Fokus wird dabei auf die in Rudolstadt herausgebrachte *Allgemeine Auswanderungs-Zeitung* gerichtet. Im Anschluss daran wird eine Schrift vorgestellt, die unter dem etwas reißerischen, aber attraktiven Titel *Die Austria in Flammen* (III.) in Darmstadt erschien. Neben einem Bericht über das Unglück enthält diese Dokumentation ausführliche Äußerungen von Überlebenden, die offenbar aus der periodischen Presse entnommen worden sind. Der Rechenschaftsbericht der Reederei (IV.) verfolgt hingegen eine ganz andere Strategie: Gegenüber der Öffentlichkeit sollte dokumentiert werden, dass Reederei und Mannschaft sich verantwortlich verhalten haben und daher keine Schuld an dem Unglück tragen. Abschließend sollen populäre Lied- und Moritatendrucke (V.) zeigen, wie der schreckliche Nachrichtenstoff zu einem unterhaltsamen Genre umgeformt und dabei das Grauen ästhetisch sublimiert wurde.

---

15 Ebd., S. 110 (§ 8).

16 Angaben nach: Kludas, Arnold: *Die Geschichte der deutschen Passagierschiffahrt. Bd. 1. Die Pionierjahre von 1850 bis 1890*. Hamburg 1986, S. 22. – Die Leistungsangabe PSi bezieht sich auf die Innenleistung einer Kolbendampfmaschine.

17 Ebd. Bei der Unglücksfahrt waren allerdings nur 439 Passagiere, aber 103 Mann Besatzung an Bord. – Zur HAPAG und zum Nordatlantik-Dienst dieser Reederei in den Jahren 1856–1862 vgl. Kludas: *Die Geschichte* (wie vorige Anm.), S. 17–24.

Abb. 1: Illustration aus der Leipziger *Illustrirten Zeitung* vom 30. Oktober 1858[18]

II. Zeitungsmeldungen

Der Brand der »Austria« fand aufgrund seiner Tragweite und der Herkunft der Passagiere sowohl in deutschen als auch in internationalen Blättern Widerhall. So berichtete die *New York Times* am 30. September 1858 über das Unglück, am 6. Oktober erschien ein Artikel im schottischen *Glasgow Herald*, am 11. Oktober in der Londoner Zeitung *Daily News*, um nur einige wenige Beispiele aus der Fülle der erschienenen Artikel herauszugreifen.[19] Der Brand der »Austria« war gleichfalls ein prominentes Thema in deutschsprachigen Zeitungen, angefangen von den täglich erscheinenden Blättern[20] über die Leipziger *Illustrirte Zeitung* bis hin zu Fachzeitschriften wie das *Preußische Handelsarchiv*.[21]

Bemerkenswert ist, dass das *Handelsarchiv* – ein offiziöses Blatt, das »nach amtlichen Quellen« und »mit Genehmigung des Ministeriums für Handel, Gewerbe

18 Nr. 800, S. 276, Ausschnitt.

19 Recherchemittel: Online-Archiv der *New York Times* (http://spiderbites.nytimes.com/); Britisch Newspapers 1800–1900 (http://newspapers.bl.uk/blcs/); letzter Abruf: 1. September 2009. – Im Staatsarchiv Hamburg befindet sich unter der Signatur ZAS A 941 Austria eine Mappe mit Zeitungsausschnitten (freundliche Mitteilung durch Barbara Koschlig, Staatsarchiv Hamburg), die leider nicht eingesehen werden konnte.

20 Selbst in Süddeutschland wurden die Vorgänge mit Interesse wahrgenommen. Vgl. beispielsweise die Nachrichten und Artikel in der *Freiburger Zeitung* (Freiburg im Breisgau) vom 7., 9., 10., 12., 13., 14., 16. und 17. Oktober 1858 (Digitale Ausgabe der Universitätsbibliothek Freiburg: www3.ub.uni-freiburg.de/index.php?id=117; letzter Abruf: 1. September 2009).

21 Vgl. *Illustrirte Zeitung*. Leipzig 30. Oktober 1858 (Nr. 800). *Preußisches Handelsarchiv. Wochenschrift für Handel. Gewerbe und Verkehrsanstalten*. Berlin 22. Oktober 1858 (Nr. 43), S. 566f.

und öffentliche Arbeiten« herausgegeben wurde[22] – das Schicksal der »Austria« unter einem ganz speziellen Blickwinkel beleuchtete. Dort wurden die schlimmen Folgen des Brandes im Oktober 1858 auf den hohen Anteil an Auswanderern zurückgeführt. Der Mannschaft wäre es angeblich leichter gefallen, »Personen, die der Mehrzahl nach der gebildeten Klasse angehören, von der Nothwendigkeit der Aufrechterhaltung der Ordnung zu überzeugen«.[23] Auswanderer gehörten, so das preußische Blatt, »der untersten Klasse« an und hätten »von einer Seereise und deren Gefahren keinen Begriff«.[24] In Verkehrung der tatsächlichen Verhältnisse heißt es resümierend:

> An der Austria hat sich daher ohne Frage [...] auf die eklatanteste aber auch schrecklichste Weise bewahrheitet, daß die Benutzung eines gleichzeitig mit Auswanderen besetzten Packetschiffes für transatlantische Reisen nicht zu empfehlen sei, weil die gegründete Befürchtung vorliege, daß bei eintretenden Unglücksfällen die Mehrzahl sich der Herrschaft des Schiffes bemeistern und dasselbe ins Verderben reißen werde.[25]

Einen ganz anderen Standpunkt nahm die *Allgemeine Auswanderungs-Zeitung* ein, deren ausführliche und differenzierte Berichterstattung nun betrachtet werden soll.[26] Gegründet und herausgegeben wurde diese Spezialzeitung von dem Rudolstädter Verleger Günther Fröbel (1811–1878), der sich zugleich als Versicherungs- und Auswanderungsagent betätigte. Auf dem Höhepunkt der Auswanderungswelle zwischen 1850 und 1859 vermittelte er jährlich mehr als 1.200 Personen nach Übersee.[27] Fröbel war unter anderem für die HAPAG tätig und warb in seinem eigenen Organ für eine Überfahrt mit der »Austria«.

---

22 Titelblatt. Jahrgang 1858. Zweite Hälfte.

23 *Preußisches Handelsarchiv*. Berlin 22. Oktober 1858 (wie Anm. 21), S. 567.

24 Ebd.

25 Ebd.

26 *Allgemeine Auswanderungs-Zeitung*. Rudolstadt. Digitalisat: http://zs.thulb.uni-jena.de/content/main/journals/aaz.xml; letzter Abruf: 1. September 2009. – Die Auswandererzeitungen gehörten neben den Auswanderervereinen und -gesellschaften mit entsprechenden Beratungsbüros zu der Infrastruktur, welche die Massenauswanderung im mittleren 19. Jahrhundert begleitet hat. Neben der in Rudolstadt herausgebrachten *Allgemeinen Auswanderungs-Zeitung* (1846–1871) erschien ab 1847 *Der deutsche Auswanderer* in Darmstadt und Frankfurt sowie ab 1848 die *Deutsche Auswanderungszeitung* in Leipzig (vgl. Wolfram Siemann: *Vom Staatenbund zum Nationalstaat. Deutschland 1806–1871*. München 1995, S. 91f.).

27 Zu Fröbel vgl. Taszus, Claudia: *Fröbel, Günther*. In: Thüringer Biographisches Lexikon (THBL). Reihe Lebenswege in Thüringen. Hg. von Felicitas Marwinski. 3. Slg. Jena 2006, S. 97–101.

Abb. 2: Werbeanzeige in der *Allgemeinen Auswanderungs-Zeitung*[28]

Die Berichterstattung in der *Allgemeinen Auswanderungs-Zeitung* (AAZ) war sehr ausführlich und erstreckte sich gleichfalls auf die Beilage, die unter dem Titel *Der Pilot* vertrieben wurde.[29] Wie im 19. Jahrhundert üblich drückten Zeitungen vielfach Meldungen anderer nationaler wie internationaler Organe ab, wobei »telegraphische Depeschen« für herausragende oder besonders aktuelle Meldungen genutzt wurden.[30]

8. Oktober 1858, AAZ

Die *Allgemeine Auswanderungs-Zeitung* berichtete erstmals in der 41. Ausgabe vom 8. Oktober 1858 über das Unglück, und zwar in einer Mitteilung aus Hamburg vom vierten desselben Monats. Diese wiederum bot im Kern eine dreizeilige »telegraphische Depesche« aus Southampton, nach der die »Austria« durch Feuer zerstört worden sein soll (S. 177). Es folgt eine redaktionelle Erläuterung: Die »Austria« habe 420 Passagiere und 100 Mann Besatzung an Bord gehabt, zu denen in Southampton weitere Passagiere hinzugestoßen seien. In einer weiteren Nachricht vom 5. Oktober und ebenfalls aus Hamburg stammend, bringt die Zeitung eine erste Liste der mitgereisten Passagiere (erste Klasse), wobei über deren Schicksal noch nichts bekannt war (S. 178).

---

28 4. Juni 1858. Veröffentlichung mit freundlicher Genehmigung des Thüringischen Staatsarchivs Rudolstadt.

29 Im mittleren 19. Jahrhundert, vor Erfindung der Fliegerei, bedeutete »Pilot« soviel wie Steuermann, Lotse.

30 Zur Telegraphie und ihrer Bedeutung für das Nachrichten- und Pressewesen vgl. Faulstich, Werner: *Medienwandel im Industrie- und Massenzeitalter (1830–1900)*. Göttingen 2004, S. 48–59.

15. Oktober 1858, AAZ

In der nächsten Ausgabe (Nr. 42 vom 15. Oktober) wird Näheres über die Katastrophe mitgeteilt. Wieder ist es eine telegrafische Nachricht, welche die Aktualität und Seriosität der Nachricht verbürgt:

> Liverpool. 10. Oct. Das Feuer auf der »Austria« brach am 13. September Nachmittags um 2 Uhr beim hinteren Eingange zum Zwischendeck aus. Da das Schiff gegen den Wind lief, verbreitete sich das Feuer nach hinten. Es fielen alsdann schreckliche Scenen vor; Passagiere sprangen in die See, und von den acht Böten, welche die »Austria« am Bord führte, schlugen zwei beim Hinunterlassen voll Wasser. Erst um 5 Uhr Nachmittags erreichte eine französische Brigg, »Maurice«, das brennende Schiff und nahm 40 Personen vom Bugspriet auf. Die übrigen Geretteten wurden aus einem Metallic-Life-Boat und von Wrackstücken aufgefischt. Nur sechs Frauen befanden sich unter den Geretteten. Der Capitain kam schon beim Beginne des Feuers um. Im Ganzen sind durch die französische Brigg »Maurice« neun und sechzig Personen gerettet. Am nächsten Morgen wurde eine norwegische Bark in der Nähe des Wracks gesehen. Dieselbe mag wol noch einige, aber gewiß nur wenige, von den Schiffbrüchigen gerettet haben. Entstanden ist das Feuer durch Räuchern mit Theer im Zwischendeck, indem das Gefäß umstürzte und Feuer fing (S. 181).

In der *Allgemeinen Auswanderungs-Zeitung* wird der Bericht durch eine Liste der Geretteten ergänzt; diese wurde offenbar direkt von der HAPAG ausgegeben, da sie mit »Direction der Hamburg-Amerikanischen Packetfahrt-Actien-Gesellschaft« schließt (ebd.). Die Beiträge zur »Austria« enden mit einem Hinweis: Kurz vor Redaktionsschluss seien Berichte aus amerikanischen Blättern eingetroffen. Diese sollten in der Beilage *Der Pilot* publiziert werden (ebd.).

19. Oktober 1858, Pilot

Der Pilot war als unterhaltende Beilage zur Rudolstädter *Auswanderungs-Zeitung* konzipiert.[31] In ihr hatte auch Erzählstoff seinen Platz, insbesondere dann, wenn dieser emotional aufgeladen war. Insofern war der Abdruck eines Augenzeugenberichts publizistisch dort gut aufgehoben. Der in Nummer 42 veröffentlichte Report stammte von einem englischen Passagier namens Charles Brews, der in Southampton zugestiegen war. Die spätere Wahrnehmung des Unglücks wurde von dieser Stellungnahme gelenkt, nicht nur weil sie einer der ersten und ausführlichsten war, sondern auch, weil Brews schwere Vorwürfe gegenüber dem Kapitän und der Mannschaft erhob. So behauptete der Engländer, er habe während des Brandes keinen Offizier des Schiffes gesehen, ebenso wenig jemanden

---

31 *Der Pilot. Unterhaltendes Wochenblatt zur Allgem. Auswanderungs-Zeitung.* Rudolstadt. Digitalisat: http://zs.thulb.uni-jena.de/content/main/journals/aaz.xml. letzter Abruf: 1. September 2009.

von der Mannschaft (S. 166). Der Kapitän soll »Wir sind Alle verloren!« gerufen haben und »zufällig oder nicht« über Bord gefallen sein (ebd.).

Diese Vorwürfe waren selbstverständlich schlimm und ehrenrührig. Sie wurden noch durch den Umstand gesteigert, dass die New Yorker Handelszeitung ergänzte, der Brand sei »durch die gröbste Nachlässigkeit einiger Leute von der Mannschaft entstanden.« Der Redakteur des Piloten wollte diese Anklage nicht unkommentiert stehen lassen und merkte in einer Fußnote an: »Andere Nachrichten widersprechen dieser Behauptung; ein Verhör der Geretteten von der Mannschaft wird die volle Wahrheit wohl an den Tag bringen« (ebd.).

22. Oktober 1858, AAZ

Den Lesern der *Auswanderungs-Zeitung* wird in der 43. Ausgabe vom 22. Oktober 1858 aus Berlin mitgeteilt, neun Überlebende von der Schiffsmannschaft hätten sich gegenüber der *Times* geäußert. Ihre Absicht war es, »wie sie sagen, zu beweisen, daß sie ihre Pflicht gethan« hätten (S. 187). Sie versicherten

> daß alle Löschversuche unmöglich waren, nachdem gleich anfangs die Bleiröhren der Wasserleitung schmolzen, daß man den Lauf des Schiffes nicht aufhalten konnte[32], da der Brand im Mittelschiffe den Zugang zum Maschinenraum wehrte, daß endlich Boote genug vorhanden waren, aber daß sie von den erschreckten Passagieren nicht regelrecht hinabgelassen werden konnten (ebd.).

In einer anderen Nachricht, aus Frankfurt stammend, wird das Verhalten und Schicksal des Kapitäns diskutiert. Zu seinen Gunsten wird ein Zeugnis des Passagiers Glaubensklee angeführt, das ursprünglich in der *New York Times* vom 2. Oktober 1858 abgedruckt worden war (ebd.). Glaubensklee versicherte: »Der Capitän der ›Austria‹ benahm sich keineswegs in jener entehrenden und muthlosen Weise, die ihm von einigen Blättern zur Last gelegt wird« (ebd.). In der gleichen Ausgabe der *Auswanderungs-Zeitung* wird noch ein weiterer Bericht wiedergegeben, diesesmal aus der *Weser-Zeitung*. Das zuletzt genannte Blatt legte dar, dass aufgrund eines Artikels in der Londoner *Times* und aufgrund der Berichte der überlebenden Mannschaftsmitglieder das ungünstige Urteil über die Schiffsoffiziere einen Umschwung erfahren habe. Zudem widersprächen sich die in New Yorker Zeitungen abgedruckten Aussagen der überlebenden Passagiere. Weiter wird erklärt, in Hamburg finde nicht nur die übliche »gewöhnliche Verklarung« (i.e. Klärung eines Schadensherganges auf See) statt, sondern der Senat habe zudem eine Vernehmung der Mannschaft durch die Kriminalbehörde verfügt. Überdies wolle auch die Reederei selbst zur Vernehmung der Offiziere und der Mannschaft schreiten – »und zwar unter Zuziehung von Berichterstattern der Presse« (ebd.).

---

32 Durch die Fahrt des Schiffes wurde das Feuer angefacht und die Rettung der Passagiere, insbesondere das Hinablassen der Rettungsboote, erschwert.

26. Oktober 1858, Pilot

Wenige Tage später wurden in der Beilage *Der Pilot* (Nr. 43, S. 170) »weitere Details über die Katastrophe« bekanntgemacht. Auffallend ist die Emotionalisierung; es wird unmittelbar an die Gefühle der Leser appelliert. Die Zeitungsbeilage weist ebenso darauf hin, man solle der »durch die öffentliche Meinung bereits Verurtheilten auch Zeit und Gelegenheit zur Vertheidigung« geben (ebd.). Bemerkenswert ist der Hinweis auf die amerikanische Presse, die – so wird angedeutet – das Unglück zugunsten der eigenen Schifffahrt ausbeute. Beigedruckt ist eine »Corrigirte Liste der Geretteten« (S. 170f.).

3. Dezember und 10. Dezember 1858, AAZ

Im Dezember endlich lässt die *Allgemeine Auswanderungs-Zeitung* ihre Leser in den Nummern 49 und 50 wissen, dass der Hamburger Senat die Untersuchungsakten »bis auf Weiteres« geschlossen und keine Veranlassung gefunden habe, »gegen die Betheiligten einzuschreiten« (Nr. 49, S. 211). Vielmehr solle die Sache auf sich beruhen. Publizistisch begleitet wurde dieser formale Vorgang durch einen ausführlichen Rechenschaftsbericht der Reederei in Form einer *Ansprache der Direction der Hamburg-Amerikanischen Packetfahrt-Actien-Gesellschaft an das Publikum*, die sowohl in den *Hamburger Nachrichten* als auch als Separatdruck verbreitet wurde (ebd.). Weiter unten (IV.) wird auf diesen Bericht ausführlich eingegangen werden.

Hier genügt der Hinweis, dass sich die *Allgemeine Auswanderungs-Zeitung* diese Lesart insofern zu eigen machte, als sie diese Rechtfertigungsschrift in ihren Hauptzügen mit zustimmenden Urteilen paraphrasierte bzw. zitierte. Am Schluss wird noch eine Form der allzeit beliebten Verschwörungstheorien als »Amerikanischer Humbug« abgetan: In der New Yorker Handelszeitung war die Vermutung ausgesprochen worden, das Schiff sei aufgrund einer Wette des Kapitäns durch Überhitzung der Maschine in Flammen aufgegangen (Nr. 50, S. 215).[33]

17. Dezember 1858, AAZ

Kurz vor Jahresende erschien dann noch, in der 51. Nummer, ein Nachtrag zu der *Ansprache* der HAPAG-Direktion. In einem Bericht der *Augsburger Allgemeinen Zeitung* wurde dieser gerügt. Die Leitung der Reederei habe sich, so der Vorwurf, »dem offenen Geständnis entzogen [...], daß das Unglück der ›Austria‹ ganz unwidersprechlich von den mit der Theer-Räucherung Beauftragen verschuldet worden sei« (S. 220). Dem Redakteur der *Allgemeinen Auswanderungs-Zeitung* schien dieser Vorwurf jedoch »ungerecht« zu sein, da es an Beweisen mangele (ebd.). Das Rudolstädter Blatt pflichtete aber der Augsburger Zeitung in

---

33 Auch nach dem Untergang der »Titanic« im Jahr 1912 wurde kolportiert, sie sei im Kampf um das »Blaue Band« für die schnellste Atlantiküberfahrt aufs Spiel gesetzt worden.

einem anderen Punkt bei: Es solle eine Gesetzgebung geschaffen werden, welche den Unfallopfern bzw. den Hinterbliebenen eine Unterstützung gewährt (ebd.).

III. Die Austria in Flammen (Darmstadt 1858)

Das Druckerzeugnis *Die Austria in Flammen* erschien als anthologische Sammlung von Berichten und Nachrichten bereits im Unglücksjahr 1858 in zweiter, vermehrter Auflage bei dem Darmstädter Verlag Gustav Georg Lange.[34] Dieses Verlagshaus brachte vor allem illustrierte Werke heraus, ebenso verschiedene Führer, ein Kochbuch, Atlanten und Karten.[35] Dass der Schrift über das Brandunglück ein Stahlstich »in Royal-Quart«, einer heute nicht mehr üblichen Formatangabe, beigegeben wurde, war Ausdruck einer entsprechenden Verlagsproduktion bzw. -erfahrung und sollte das Publikum zum Kauf der Schrift animieren.

Das Bild zeigt den dramatischen Höhepunkt des Unglücks, nämlich die Explosion des Schiffes. Der brechende Mast, der kippende Schornstein, der aufsteigende Rauch und das Elend der Menschen bieten einen wirksamen Kontrast zum von der Ferne herbeieilenden Segelschiff am rechten Bildrand. Die Beischrift »nach der Skizze eines Augenzeugen« suggeriert Authentizität, zumal dem Leser auf der Titelseite eine »Zusammenstellung der Berichte über ihr entsetzliches Verhängniß und einem Verzeichnis der geretteten Passagiere« versprochen wird.

Zu Beginn der 56-seitigen Schrift wird auf die »schmerzliche Sensation«[36] hingewiesen, welche der Brand erregt habe (S. 3). Nach der Beschreibung des Schiffes (S. 3f.) folgt knapp die Schilderung der Katastrophe (S. 4–9). Breiten Raum nehmen die Berichte von Augenzeugen ein, sei es von Mannschaftsangehörigen oder von Passagieren (S. 9–41). Ergänzend werden Notizen über einige Opfer (S. 41–45), verstreute kleinere Nachrichten (S. 45–48), ein Namensverzeichnis der Mannschaft und der Passagiere (S. 48–54) sowie als Nachtrag ein weiterer Brief eines Augenzeugen (S. 55f.) gegeben.

---

34 *Die Austria in Flammen auf der Reise von Hamburg nach New-York am 13. September 1858, dargestellt in einem Stahlstich in Royal-Quart nach der Skizze eines Augenzeugen.* Nebst einer Zusammenstellung der Berichte über ihr entsetzliches Verhängniß und einem Verzeichniß der geretteten Passagiere. Darmstadt: Druck und Verlag von Gustav Georg Lange 1858. – Der Titel ist heute nur noch in der Stadtbibliothek Mainz nachweisbar (Recherchemittel: Karlsruher Virtueller Katalog). Der Verfasser dankt dieser Bibliothek für die freundliche Bereitstellung einer Kopie.

35 Vgl. Rudolf Schmidt: *Deutsche Buchhändler. Deutsche Buchdrucker.* Bd 4. Berlin/Eberswalde 1907, S. 591.

36 Der Begriff »Sensation« ist im mittleren 19. Jahrhundert noch mit »Sinneseindruck« und »Empfindung« konnotiert, mit dem ein gewisses Aufsehen verknüpft ist.

Abb. 3: Stahlstich aus der Schrift »Die Austria in Flammen« (Darmstadt 1858)[37]

Leider legt der Herausgeber bzw. der Verlag nicht offen, aus welchen Quellen im Einzelnen geschöpft wurde. Der Rekurs auf »die verschiedenen an die Oeffentlichkeit gelangten mehr oder weniger glaubwürdigen Berichte von Augenzeugen« (S. 9) macht aber hinreichend klar, dass auf die aus der Presse bekannten Informationen zurückgegriffen wurden.[38]

Das genaue Erscheinungsdatum der Darmstädter Dokumentation ist unbekannt. Da in Deutschland die ersten Informationen ohnehin erst Anfang Oktober eingetroffen sind, dürfte die Publikation frühestens Ende Oktober / Anfang November vorgelegen haben. Diese Datierung wird gestützt durch einen aufgenommenen Bericht, der explizit auf den 20. Oktober 1858 datiert ist (S. 39).

Inhaltlich ist bemerkenswert, dass die Schrift die Reederei vor Angriffen in Schutz nimmt. Schon die Beschreibung der »Austria« enthält sich nicht des Lobes. So sei die Inneneinrichtung des Schiffes »bewundernswerth« gewesen und »Alles gethan« worden, um den Passagieren angemessenen Komfort zu bieten (S. 4). Besonders engagiert sich die Schrift für den Kapitän und die Besatzung: Entsprechende Berichte von »Augenzeugen«, die behaupteten, der Kapitän sei nach Ausbruch des Brandes ins Meer gesprungen, werden als »Lüge« zurückgewiesen (S. 6). Auch die Offiziere auf Deck und die Maschineningenieure (die alle umge-

---

37 Veröffentlichung mit freundlicher Genehmigung der Stadtbibliothek Mainz (Sign. 26/7b).

38 Vgl. die Bemerkung auf S. 3: »Wir entlehnen zunächst einem Hamburger Bericht eine kurze Beschreibung des Schiffes.« Auf Seite 41, Anm., wird auf eine Nummer der *Reform* verwiesen (vermutlich handelt es sich dabei um die zwischen 1848 und 1892 in Altona erschienene Tageszeitung *Die Reform. Ein Volksblatt*).

kommen waren) hätten ihre Pflicht getan (S. 7). In Zweifel gezogen werden insbesondere die Schilderungen des Zwischendeckpassagiers Charles Brews, dessen Aussage (S. 12–16) bereits in der Beilage zur *Allgemeinen Auswanderungs-Zeitung* vom 19. Oktober 1858 wiedergegeben wurde (vgl. III.).

Für die Frage nach dem Schicksal von Auswanderern sind jedoch nicht nur die Berichte der Überlebenden interessant – insbesondere was die menschliche Dimension der Katastrophe betrifft –, sondern auch das angehängte »Namensverzeichniß der Mannschaft und aller Passagiere der ›Austria‹« (S. 48–54). Dieses lässt sich nicht nur als eine Liste der Opfer lesen[39], sondern gibt auch Auskunft über die Herkunft und die soziale Stellung der Passagiere. Demnach reisten in der ersten Klasse vornehmlich Kaufleute, darunter auch eine stattliche Zahl aus den USA. In der zweiten Klasse war der Anteil von Kaufleuten ebenfalls hoch, allerdings finden sich auch Berufe wie Apotheker, Tischler, Goldschmied etc. Bei den Zwischendeckspassagieren schließlich dominieren »Farmer« und handwerkliche Berufe (Schmied, Bäcker, Schuhmacher, Seemann). Bei den Herkunftsorten lässt sich kein geographischer Schwerpunkt ausmachen: Passagiere der dritten Klasse stammten beispielsweise aus den Städten Prag und Breslau, Köln und München, Worms und Gießen. Hamburger finden sich kaum; insgesamt ist der Anteil von kleineren, unbekannten Ortschaften hoch. Der Anteil erwachsener bzw. selbständig reisender Frauen lag in der dritten Klasse bei etwa 20 Prozent.[40] Groß war die Zahl der unverheiratet Reisenden, das gilt nicht nur für das Zwischendeck, sondern auch für die Passagiere der zweiten Klasse.[41] Dieser Umstand hängt vermutlich mit dem jugendlichen Alter der Personen zusammen. Die Sozialstruktur der »Austria«, insbesondere der »drittklassig« Reisenden, deckt sich also mit den Erkenntnissen, welche die Auswanderungsforschung für die Mitte des 19. Jahrhunderts gewonnen hat.[42]

---

39 Die Geretteten sind in der Liste mit einem Asteriskus gekennzeichnet. Auffallend ist, dass sich anteilig mehr Passagiere aus dem Zwischendeck retten konnten als aus der Ersten und Zweiten Klasse. Möglicherweise lag dies daran, dass sich die Zwischendeckspassagiere beim Räuchern ohnehin im Freien befanden.

40 Nach der in der *Allgemeinen Auswanderungs-Zeitung* vom 8. Oktober 1858 (Nr. 41, S. 178) veröffentlichten Statistik ergibt sich jedoch ein etwas anderes Bild. Demnach waren 169 der Passagiere aller drei Klassen (inkl. Kinder, exkl. der in Southampton an Bord gegangenen Personen) weiblich, 251 männlich. Damit betrug der Anteil weiblicher insgesamt Personen etwa 40 Prozent.

41 In der Passagierliste der zweiten Klasse werden fast ein Viertel der Personen als unverheiratet gekennzeichnet.

42 Vgl. oben den Abschnitt »Bedingungen der Amerikaauswanderung« (I.) und die bei Günther: *Auf dem Weg in die Neue Welt*, S. 29–33 mitgeteilten Fakten. Freilich reisten in der dritten Klasse auch Personen, die keine Auswanderer waren, sich aber trotzdem keine bessere Unterbringung leisten konnten.

IV. Der Rechenschaftsbericht der HAPAG (Hamburg 1858)

Der Rechenschaftsbericht der Reederei wurde im November 1858, also zwei Monate nach der Katastrophe, unter dem Titel *Austria. Ansprache der Direction der Hamburgisch-Amerikanischen Packetfahrt-Actien-Gesellschaft an das Publikum* herausgebracht.[43] Vorab wurde der Bericht, wie die *Allgemeine Auswanderungs-Zeitung* am 3. Dezember 1858 meldete, in der Nr. 282 der *Hamburger Nachrichten* publiziert. Auf diesen Sachverhalt wurde bereits weiter oben (II.) verwiesen.

Der Titel der *Ansprache* nennt sowohl den Sender als auch den Empfänger des Kommunikationsvorgangs: Die Reederei richtete sich als Eigentümerin des Schiffes an eine unbestimmte Öffentlichkeit. Der Separatdruck hat einen Umfang von 28 paginierten Seiten; das eingesehene Exemplar ist mit einem grünen Papierumschlag mit der gedruckten Aufschrift »Austria« versehen.[44] Bereits die äußere Gestaltung weist also einen hohen Grad an Nüchternheit auf und unterscheidet sich damit von dem zuvor besprochenen kommerziellen Produkt, das mit seinem dramatischen Titel und dem Stahlstich Kaufinteresse wecken wollte.

Die Einleitung des HAPAG-Berichts hebt auf zwei Aspekte ab: Erstens habe der »Verlust unseres Postdampfschiffes AUSTRIA« sowohl »in allen Kreisen des Publicums, wie nicht minder in der Presse eine zum Theil heftig erregte Besprechung erfahren« (S. 3); es geht also um ein öffentliches Interesse, das zugleich als ein Medieninteresse ausgewiesen wird. Zweitens habe die Reederei selbständig die überlebenden Offiziere und Mannschaftsmitglieder vernommen und den offiziellen Untersuchungsbericht des Senats abgewartet (ebd.). Hier wird auf den rechtlichen Aspekt des Brandes abgehoben, insbesondere durch die ausdrückliche Bemerkung, der Hamburgische Senat habe »keine Veranlassung gefunden, gegen die Betheiligten einzuschreiten, vielmehr resolvirt [beschlossen], daß die Sache für jetzt auf sich zu beruhen habe« (ebd.). Auf diese wichtige Tatsache machte die *Allgemeine Auswanderungs-Zeitung* vom 3. Dezember gleichfalls aufmerksam.

Die *Ansprache* der HAPAG wird mit einer Sachverhaltsschilderung eröffnet (S. 4ff.). Danach schreitet die Direktion zur Widerlegung vier verschiedener Anklagepunkte. Aufgezählt werden im Einzelnen: »1. Die Räucherung mit Theer im Allgemeinen und die dabei beobachtete Prozedur. 2. Die Beschaffenheit der Löschapparate. 3. Die an Bord befindlichen Rettungsmittel. 4. Das Verhalten der Besatzung« (S. 6). Hinsichtlich der Desinfektion wird von der Reederei auf die oben bereits angeführte *Revidierte Verordnung in Betreff der Verschiffung der über Hamburg direct nach anderen Weltheilen Auswandernden* aus dem Jahr

---

43 *Austria. Ansprache der Direction der Hamburgisch-Amerikanischen Packetfahrt-Actien-Gesellschaft an das Publikum.* Hamburg, November 1858.

44 Der Verfasser dankt dem Deutschen Schifffahrtsmuseum in Bremerhaven für die Ausleihe des seltenen Titels.

1858 verwiesen. Zitiert wird aus dem § 16, der die Reinigung, Räucherung und Beleuchtung des Schiffes gebietet (S. 7). Der schon unter »I. Bedingungen der Amerikaauswanderung« mitgeteilte Umstand, dass dort Weinessig oder Wacholderbeeren vorgesehen waren (§ 8), wird allerdings verschwiegen. Stattdessen wird darauf abgehoben, das Desinfizieren mit Teer habe sich auf allen Auswandererschiffen als zweckmäßig und sicher erwiesen. Nicht ganz so eindeutig positioniert sich die Reederei bei der Frage, ob der Hergang der Räucherung den Vorschriften entsprochen und die entsprechende Sorgfalt gewaltet habe. Da dies jedoch nicht mehr zuverlässig zu klären sei, wird in diesem Falle auf »ein höheres und schärferes Auge als das menschliche« verwiesen: Nur dieses könne ermitteln, »ob eine schuldvolle Nachlässigkeit oder ob nur das Walten eines unglücklichen Zufalls zu beklagen« sei (S. 8).

Die Feuerlöscheinrichtungen des Schiffes – der zweite Punkt der Anklagen – werden als ausreichend beschrieben. Eine größere und vier kleinere Spritzen hätten zur Verfügung gestanden, dazu Löscheimer (S. 8f.). Allerdings habe sich das Feuer so schnell ausgebreitet, dass die Löschmittel nicht mehr gebraucht werden konnten (S. 9). Ebenso verhalte es sich bei den Rettungsmitteln. Nicht ohne Stolz verweist die Direktion darauf, dass die »Austria« über fünf eiserne und drei hölzerne Boote verfügt habe, das »fünffache der gesetzlichen Vorschrift« (S. 10 mit Anm.). Aber auch hier ließ die Schnelligkeit des Feuers und die Panik der Passagiere keine wirksamere Rettung zu.

Als letzter Punkt geht der Rechenschaftsbericht auf das Verhalten der Besatzung ein, sicherlich der heikelste Punkt, die insbesondere den verunglückten Kapitän Heydtmann betraf. Verschiedene Berichte hatten ja kolportiert – insbesondere derjenige des bereits genannten Charles Brews – Heydtmann hätte in einem Akt der Verzweiflung »Wir sind alle verloren« gerufen und sich über Bord gestürzt (S. 13). Hier wird der sonst eher nüchterne Bericht leidenschaftlich und nimmt den toten Kapitän in Schutz:

> Wir dürfen diese Erzählung geradezu als unwahr bezeichnen. Keiner der hier [in Hamburg] vernommenen Zeugen hat jenen Ruf gehört, keiner hat ihn [Kaptitän Heydtmann] unentschlossen und muthlos gesehen, keiner weiß aus eigener Wissenschaft zu sagen, wie und wann er um's Leben gekommen (S. 13).

Die Direktion versucht gleichfalls, die Glaubwürdigkeit der Überlebenden zu erschüttern:

> Wer jene Passagierberichte mit einiger Aufmerksamkeit gelesen hat, wird den Eindruck zugeben müssen, daß sie in manchen Theilen nicht das mit eigenen Sinne Erlebte schildern, sondern anderen Schilderungen nacherzählt sind (S. 14).

Die Reederei bezieht sich also explizit auf schriftliche Berichte, vermutlich aus der Presse, möglicherweise aber auch auf Publikationen wie *Austria in Flammen*. Es ist auch von »veröffentlichten Privatberichten« die Rede, die zum größten Teil von Zwischendeckspassagieren stammen sollen (S. 14). In medialer Hinsicht ist ferner aufschlussreich, dass die Reederei versucht, mit einem Artikel der *Weser-Zeitung* vom 22. Oktober 1858[45] einen ungünstigen Beitrag der Berliner *National-Zeitung* zu entkräften. Das Berliner Blatt habe es gewagt, »neben der Besatzung der Austria zugleich den ganzen deutschen Seemannstand begeifern zu lassen« (S. 15) – so die Sicht der Reederei. Der Autor der *Weser-Zeitung* fällte hingegen ein günstigeres Urteil als sein Berliner Kollege, obgleich auch er die Frage, ob der »Capitain pflichtvergessen den Tod suchte« (S. 16) nicht kategorisch verneinte.[46] Die öffentliche Meinung war gespalten und die Zeitungen der Ort der Auseinandersetzungen.

Die Diskussion um eine eventuell vorliegende Schuld des Kapitäns wird – wie schon bei der Frage, ob die Mannschaft beim Räuchern mit Teer unverantwortlich gehandelt habe (S. 8) – mit Berufung auf den Allerhöchsten beschlossen. Jedoch erfolgt dieser Rekurs auf eine supranaturale Letztinstanz nur indirekt: Zumindest vor »dem menschlichen Richterstuhl« könne Heydtmann sein Recht nicht mehr wahrnehmen (S. 16).

Nachdem schon vorher explizit »Vorurtheilsfreie« (S. 19) durch den Bericht angesprochen werden, folgt am Schluss der Appell, das

> Publicum wolle nunmehr unbefangen urtheilen, ob die schonungslosen Anschuldigungen, welche hie und da aus dem Verlust der Austria hergeleitet worden, vor einer gerechten Prüfung bestehen können (S. 27).

Wie es in Rechtfertigungsschriften bis heute Gepflogenheit ist, spricht sich die Direktion selbst von aller Schuld frei, entnimmt aber »aus dem Geschehenen heilsame Lehren für die Zukunft« (S. 27). Ein Dankeswort an die Kapitäne der beiden Schiffe, welche die Überlenden geborgen haben, und an das zur Linderung der Not gegründete Hilfskomitee[47] beschließen die Ausführungen.

---

45 Auch die *Allgemeine Auswanderungs-Zeitung* berief sich in ihrer Ausgabe vom 22. Oktober 1858 auf einen früheren Bericht der *Weser-Zeitung*.

46 Später wird noch ein entlastender Bericht eines Korrespondenten der *Hannoverschen Zeitung* eingerückt (S. 25ff.).

47 Im Staatsarchiv Hamburg wird unter der Signatur 611-20/31 ein Kleinbestand zum »Austria-Unterstützungsfond« verwahrt. Dieser enthält eine Archivguteinheit mit dem Titel »Aufrufe zu Spenden und Abrechnungen des Austria-Unterstützungsfonds für die Angehörigen der Opfer des Dampferuntergangs 1858–1866«, darunter befindet sich auch eine Besatzungsliste des Schiffes »Austria« (freundliche Mitteilung durch Barbara Koschlig, Staatsarchiv Hamburg).

Abb. 4: Moritatendruck der Hamburger Firma Kahlbrock, Titelseite[48]

V. Lied- und Moritatendrucke

Lied- und Moritatendrucke[49] gehören zum populären Schrifttum der Zeit und wenden sich als kommerzielle Produkte an breite Schichten. Im Gegensatz zu Periodika konnten sich diese billig hergestellten Drucke auch wenig Begüterte leisten. Bei diesen Produkten ging es weniger um Information und schon gar nicht um Diskussion, sondern in erster Linie um Unterhaltung.

Entsprechend boten sie – in Aufmachung, Inhalt und Preis – Lesestoffe für die kleinen Leute an.[50] Inhaltlich wurde vornehmlich das gedruckt, was in späterer Zeit treffend mit der Trias »Sex – Crime – Action« umschrieben wurde. Zu diesem Themenspektrum gehörten auch spektakuläre Unglücke, seien es Unfälle, seien es Naturkatastrophen.[51] Dabei ist nach Leander Petzoldt eine Tendenz zur »sozialen Beschwichtigung« auszumachen, wobei die »Frage nach der Theodizee«

---

48 Deutsches Volksliedarchiv: V 1/1135-1 (Druck: 1858-323).

49 Vgl. Riedel, Karl Veit: *Der Bänkelsang. Wesen und Funktion einer volkstümlichen Kunst.* Hamburg 1963. Petzold, Leander: *Bänkelsang. Vom historischen Bänkelsang zum literarischen Chanson.* Stuttgart 1974. Braungart, Wolfgang (Hg.): *Bänkelsang. Texte – Bilder – Kommentare.* Stuttgart 1985. Speziell zu Auswandererlieder vgl. Röhrich, Lutz: *Auswandererschicksal im Lied.* In: Der große Aufbruch. Studien zur Amerikaauswanderung. Marburg 1985, S. 71–106 (Hessische Blätter für Volks- und Kulturforschung NF 17).

50 Vgl. Schenda, Rudolf: *Die Lesestoffe der Kleinen Leute. Studien zur populären Literatur im 19. und 20. Jahrhundert.* München 1976.

51 Zum Stoff- und Motivrepertoire vgl. Riedel: *Der Bänkelsang* (wie Anm. 49), S. 47–66; Petzoldt: *Bänkelsang* (wie Anm. 49), S. 66–87.

oft unbeantwortet bleibe.[52] Anders gesagt: Kausalität und Verantwortlichkeit werden in den populären Erzählungen und Liedern oft eingeebnet; bevorzugt regiert ein blindes und anonymes Schicksal, manchmal auch – mit religiöser Grundierung – die »Vorsehung«. Interessant ist, dass die Chiffre »Gott« in diesen Texten durchaus noch gebraucht wird, zumeist in seiner Funktion als Richter und Retter. Verantwortung für das Weltgeschehen als Ganzes – inklusive der furchtbaren Tragödien – wird ihm allerdings in der Regel nicht mehr zugeschrieben.[53]

Selbstverständlich reagierten die Verlage und Druckereien, welche Lied- und Moritatendrucke produzierten, auch auf den Brand der »Austria«. Bisher sind folgende Erzeugnisse bekannt geworden:

> *Schiffsbrand des Dampfschiffes Austria, mit 538 Personen von Hamburg nach New-York bestimmt.* Gedruckt bei J. Kahlbrock Wwe., Grünersood No. 52. [Hamburg 1858].
> Nachweis: Deutsches Volksliedarchiv: V 1/1135-1 (Druck: 1858-323)

> Brand des Der Dampfschiffes »Austria«, am 13. September 1858, welches 538 Personen an Bord hatte und von Hamburg nach New-York bestimmt war. Druck von Büttner & Winter in Oldenburg [1858].
> Nachweis: Deutsches Volksliedarchiv, Sign. V1/1145-9, Nr. 83 (Kopie)

> *Der Brand des Dampfschiffes »Austria«, am 13. September 1858, welches 538 Personen an Bord hatte, und von Hamburg nach New-York bestimmt war. Verlag und Eigenthum von Heinrich Feuerhahn* [fingiert?]. Druck von Büttner & Winter in Oldenburg.
> Nachweis: Deutsches Volksliedarchiv, Sign. V1/1145-9, Nr. 78 (Kopie)

> *Der Brand des Dampfschiffes Austria mit 538 Personen, von Hamburg nach Newyork bestimmt.* Hamburg [ohne Verlagsangabe] [1858].
> Nachweis: Deutsches Volksliedarchiv, Sign. V1/1145-9, Nr. 91 (Kopie)

Welcher Druck zuerst auf den Markt kam, ist unklar. Inhaltlich sind sie weitgehend identisch; vermutlich stellen drei der vier Drucke Plagiate bzw. Raubdrucke dar. Auffallend ist dabei, dass lediglich der Kahlbrock-Druck eine Titelillustration bietet, die inhaltlich etwas mit dem beschriebenen Unglück zu tun hat. Während die anderen drei Drucke einen friedlich auf dem Meer dahinziehenden Raddampfer zeigen[54], bietet Kahlbrock einen Holzschnitt, der am linken oberen Bildrand die explodierende »Austria«, unten rechts im Vordergrund aber ein zu Hilfe eilendes zweites Schiff zeigt. Die Illustration ist denkbar schlicht, im eigentlichen

---

52 Petzoldt: *Bänkelsang* (wie Anm. 49), S. 71 u. 73.

53 Bei Riedel: *Der Bänkelsang* (wie Anm. 49), S. 63 heißt es zutreffend: »Gott repräsentiert gleichsam nur die angenehme Seite des Schicksals. [...] Gott ist im volkstümlichen Bänkelsang nicht der Herr der Welt, sondern die höchste Instanz des menschlichen Trostes.«

54 Sachlich war dies ohnehin falsch; die »Austria« wurde durch eine Schraube angetrieben, nicht durch ein Schaufelrad.

Sinn des Wortes »holzschnittartig«, will aber ähnlich wie der vornehme Stahlstich aus der Darmstädter Schrift *Austria in Flammen* die Dialektik zwischen Katastrophe und Errettung herausstellen.

Dass bei der Kahlbrock-Illustration der Akzent auf der Errettung liegt, entspricht der Dramaturgie des gesamten Drucks: Nach vier Seiten Prosaerzählung folgt eine Namensliste der Überlebenden, danach das sechsstrophige Lied, welches ebenfalls auf dieses Ziel zusteuert.

Das Lied

[1.]
Stolz zog durch die Meeresfluthen
Hin das Schiff, die Austria,
Reich mit Passagier'n beladen,
Ging es nach Amerika.
Und der Cap'tain führt das Dampfschiff,
Ahnend nicht den Schicksalsschlag,
Den der Elemente Toben
Für ihn aufgehoben noch.

[2.]
Starker Westwind trieb die Segel,
Unterstützt des Dampfes Kraft,
Doch nicht Wind noch Wellen haben
Ihm den Untergang gebracht,
Prasse[l]nd schlägt die Feuersäule
Aus der Luken engen Raum,
Weckt zu furchtbaren Erwachen
Manchen aus 'nem Hoffungstraum.

[3.]
Mittags um die zweite Stunde
Tönt der Armen Angstgeschrei:
»Hülfe! Rettung hallt's die Runde,
Alles ist für uns vorbei!«
Eiligst mit entblößtem Haupte
Stürzet von dem Schreckenswort
Der Cap'tain aus der Cajüte:
Mannschaft! Böte schnell vom Bord!

[4.]
Kaum die Taue losgelassen
Stürzt die Masse sich hinein,
Ach nicht kann das Boot sie fassen,
Ringsum hört man Todesschrein.
Krachend stürzen schon die Masten,
Die Maschine stehet still,
Seht das Schiff dreht sich nach Norden,
Muth, wer jetzt nicht sinken will.

[5.]
Seht dort den stolzen Ungar,
Einem Kinde auf dem Arm,
Segnend treibt er in die Tiefe,
Die er ach geliebt so warm;
Selbst sein Weib, die ihm die Liebste,
Sechs der Kinder groß und schön,
Treibt hinab er in die Tiefe,
Will mit ihnen untergehn.

[6.]
Doch als nun die Noth am größten,
Zeigt sich noch ein Hoffnungs Schein,
Denn es nahte eine Barke,
Nahm die höchst Bedrängten ein;
Doch von all den vielen Seelen,
Schonte wenig nur der Tod;
Und sie priesen nun gerettet,
Dankend froh dem höchsten Gott.[55]

---

55 *Schiffsbrand des Dampfschiffes Austria, mit 538 Personen von Hamburg nach New-York bestimmt.* Gedruckt bei J. Kahlbrock Wwe. Grünersood No. 52. [Hamburg 1858] S. 7f. – Populär wurde noch ein zweites Lied, nämlich »Stolz eilt es durch die hohen Meereswogen, Ein Dampfboot dessen Name Austria« des Hamburger Gelegenheitsdichters und Kolporteurs Heinrich Schacht (1817–1863). Vgl. *Deutsche Seemannslieder von Heinrich Schacht.*

In dem Kahlbrock-Druck fehlen allerdings keineswegs kritische Töne – entgegen der generellen Tendenz derartiger Literatur, wie sie Leander Petzoldt herausgestellt hat. So wird im Prosatext die Verantwortung für das Unglück gerade nicht einem anonymen Schicksal zugeschrieben, sondern der Mannschaft, die beim Umgang mit dem Teer nachlässig gewesen sein soll.[56] Zu Beginn der Erzählung wird darüber hinaus der Blick auf das allgemeine Auswandererschicksal gelenkt:

> Wohl eben so stolz und kühn wie die Flaggen und Segel des Schiffes, mochten die Hoffnungen sein, womit so mancher der darauf befindlichen Passagiere sein Vaterland verließ, um jenseits des Oceans sich eine neue Heimath zu gründen.[57]

VI. Ergebnisse

Dieser Beitrag steht unter der Überschrift »Auswandererschicksal als Medienereignis. Der Brand des Schiffes ›Austria‹ im Jahr 1858«. Er will zeigen, wie aus einem Unglücksfall im mittleren 19. Jahrhundert ein Kommunikations- und Medienereignis geworden ist. Folgende Tendenzen lassen sich ausmachen:

1. Warencharakter der Nachricht: Nachrichten und Meldungen stillen Informationshunger, befriedigen Neugier und Unterhaltungsbedürfnisse, beeinflussen Meinung und Verhalten und sind nicht zuletzt Marktartikel. Sie wurden seit der Frühzeit der Presse kommerziell hergestellt, vertrieben und gegen Entgelt konsumiert. Insofern unterliegt auch die Unglücksbotschaft den üblichen Marktgesetzen: Nachrichten sollen nach Möglichkeit neu, aktuell und exklusiv sein. Um dies sicherzustellen oder wenigstens den Anschein zu erwecken, griffen Zeitungen um 1850 auf die modernste damals verfügbare technische und logistische Infrastruktur zurück: auf die Telegrafie und – damit zusammenhängend – auf Korrespondenzbüros und Nachrichtenagenturen. Nur so konnten sie publizistisch und wirtschaftlich konkurrieren.

2. Kommunikationsverdichtung: Sowohl von der Produktions- als auch von der Rezeptionsseite findet eine Kommunikationsverdichtung statt. Um den Bedürfnissen der Leser zu entsprechen, erscheinen in dichter Folge ganz unterschiedliche Publikationsformate. Ausgewertet wurden hier die Berichte der *Allgemeinen Auswanderungs-Zeitung* samt ihrer Beilage *Der Pilot,* die Dokumentation *Austria in Flammen* sowie der Rechenschaftsbericht der HAPAG. Ergänzt wurden diese Printmedien durch Lied- und Moritatendrucke, wobei das illustrative Element – also das beigegebene Bild – eine weitere Verdichtung bewirkt. Von der Produktion her ist vor allem das Kommunikationsnetz zwischen nationalen wie internati-

---

No. 4. Hamburg: Verlag von G. Kramer [ohne Jahr]. Separat-Abdruck aus Seemann's Liedertafel. Original-Lieder mit den Melodien von Heinrich Schacht [10. Aufl. um 1885].

56 *Schiffsbrand des Dampfschiffes Austria* (wie vorige Anm.), S. 5.

57 Ebd., S. 2.

onalen Zeitungen beeindruckend. In schneller Folge wurden andere Blätter ausgewertet und deren Artikel extrahiert oder nachgedruckt – ein Verfahren, das im mittleren 19. Jahrhundert dem Standard entsprach. Schnell und erfolgsorientiert war auch der Verlag Lange in Darmstadt: Noch im Unglücksjahr 1858 konnte er die Schrift *Austria in Flammen* in zweiter Auflage herausbringen.

3. Spreizung: Die Angebotspalette versuchte alle Teile der Bevölkerung zu erreichen. Der Zeitungsmarkt war bereits um 1850 so ausdifferenziert, dass über Fachorgane, illustrierte Wochenzeitungen, Tagespresse und *special-interest*-Medien wie Auswandererzeitungen ganz unterschiedliche Lesebedürfnisse gestillt werden konnten. Was für die horizontale Segmentierung der Gesellschaft gilt, gilt auch für die vertikale Schichtung: Es wurden nicht nur billige Moritatendrucke für die Massen und Zeitungen für bürgerliche Kreise angeboten, sondern auch ausgesprochene Luxusprodukte. So erfuhr der Brand der Austria im Rahmen der Marinemalerei mehrfach eine Darstellung. Diesbezügliche Kunstwerke haben der Franzose Eugen Isabey (1804–1886) sowie der Österreicher Josef Carl Berthold Püttner (1821–1888) geschaffen.[58] Das Unglück wird dabei zum künstlerischen Monument erhoben; es wird gleichsam antikisch als »Tragödie« interpretiert.

4. Voyeurismus und Katharsis: Schiffskatastrophen standen nicht nur im 19. Jahrhundert im Blickpunkt der Öffentlichkeit, vielmehr erregen sie auch heute noch Interesse. Wie die Rezeption des Untergangs der »Titanic« zeigt, spielt dabei eine seltsame Mischung aus Faszinosum und Tremendum eine Rolle. Der Schiffsuntergang ist ein Sinnbild menschlichen Scheiterns, eine jahrhundertalte Metapher, die durch den Reiz des Monumentalen, des Großen und technisch Machbaren kontrapunktiert wird. Allerdings wird die angezielte Katharsis – es möge sich in Zukunft alles zum Besseren wenden – oft durch Voyeurismus überspielt. Angstlust, Neugier und Mitleid gehen dabei eine seltsame Mischung ein; das Schaudern mischt sich mit der Genugtuung, selbst nicht Opfer gewesen zu sein. Es handelt sich um einen ästhetischen Schiffbruch mit Zuschauer (Hans Blumenberg), denn:

> Nicht darin besteht freilich die Annehmlichkeit, die dem Anblick [des Untergangs] zugeschrieben wird, daß ein Anderer Qual leidet, sondern im Genuß des eigenen unbetroffenen Standorts.[59]

---

58 Deutsches Historisches Museum Berlin. Inventarnr. 1988/86; Musée des Beaux-Arts Bordeaux. Inventarnr. Bx E 495. – Zur Thematik vgl. die kunsthistorische Studie von Sabine Mertens: *Seesturm und Schiffbruch. Eine motivgeschichtliche Studie.* Bremerhaven und Hamburg 1987.

59 Blumenberg, Hans: *Schiffbruch mit Zuschauer. Paradigma einer Daseinsmetapher.* Frankfurt 1997, S. 31.

Abb. 5: Gemälde von Josef Carl Berthold Püttner (1858)[60]

Das mag auch auf die zeitgenössischen Leser der »Austria«-Berichte zugetroffen haben, obwohl manche der damals Interessierten um Verwandte und Freunde bangen mussten. Selbst die Überlebenden verfolgten mit ihren Aussagen die unterschiedlichsten Strategien; auch sie konnten sich einer gewissen Ästhetisierung und Distanzierung ihrer Erlebnisse nicht entziehen – wie hätten sie sonst mit dem Erfahrenen weiterleben können? Und sie bedienten freiwillig oder unfreiwillig auch voyeristische Bedürfnisse, indem sie das Geschehen dramatisierten und publikumsgerecht ausmalten. Es ist naheliegend, obgleich unerwiesen, dass auch die überlebenden Opfer der »Austria« den Prestige- und Marktwert ihrer Erlebnisse einzuschätzen wussten.

Souverän ging auch der eingangs zitierte Briefschreiber, der junge Friedrich Betke, mit seinen Erlebnissen um, dessen Bericht in der Schrift *Austria in Flammen* abgedruckt worden war.[61] Der angeführte Brief aus dem Jahr 1860 hatte jedoch eine ganz andere Funktion: Seine Unglücks- und Rettungsgeschichte war nämlich an die zukünftige Schwiegermutter gerichtet und hat nur einen Zweck: sich selbst als geeigneten Bräutigam einzuführen, der durch diese schlimme kathartische Situation hindurchgegangen war. Das Kommunikations- und Medienereignis »Brand der Austria« führte in diesem Fall zu einem günstigen Auswanderungsschicksal – nämlich zu der Hochzeit mit der von Friedrich Betke verehrten Auguste Witte.[62]

---

60 Veröffentlichung mit freundlicher Genehmigung des Deutschen Historischen Museums, Berlin, Inventarnr. 1988/86.

61 *Austria in Flammen* (wie Anm. 34), S. 24ff.

62 Nachweis: www.auswandererbriefe.de/brieflisten/serienlisten.rtf (Die Liste bezieht sich auf die in Anm. 1 genannte Sammlung. Abruf: 1. September 2009).

Waltraud Linder-Beroud

Das Eisenbahnzeitalter in Lied und populärer Kultur
Zur Mentalitätsgeschichte der Mobilität am Beispiel der Eisenbahn

Flexibilität und Mobilität sind in Berufs- wie Alltagsleben permanente Anforderungen an den Menschen von heute, dem kleinen Rad in der großen Maschinerie; Mobilität in ihren unterschiedlichen Ausprägungen ist ein aktuelles Forschungsthema der Kulturethnologie.[1] Ihre Wurzeln gehen freilich auf die Erfindung der Dampfmaschine gegen Ende des 18. Jahrhunderts zurück, der wenige Jahrzehnte darauf die Eisenbahn folgen sollte. Diese brachte einen tiefen Einschnitt in das öffentliche wie private Leben mit sich, so dass das 19. Jahrhundert generell als »das Jahrhundert der Eisenbahn«[2] bezeichnet wird, wenngleich die Lokomotive nicht die einzige technische Erfindung der Zeit ist. Sie gilt jedoch als produktivste Tat

---

1 Vgl. den Kongress Mobilitäten. Kulturanalytische Perspektiven auf Europa in Bewegung (37. Kongress der Deutschen Gesellschaft für Volkskunde 27.–30. September 2009 in Freiburg), bei dem Fragestellungen zur sozialen Mobilität sowie zu gegenwärtiger Technik und Umwelt zur Debatte standen: Wie werden Infrastrukturen der Mobilität (wie z.B. Verkehrswege, der Ausbau des EU-Straßennetzes, Billigflüge) und Kommunikationstechnologien lebensweltlich angeeignet? Wie werden Formen mehrörtigen Lebens durch technische Infrastrukturen gestützt? Welche Auswirkungen hat dies auf Ortsbezogenheit und die Ausbildung von Lokalitäten? Welche alltagsweltliche Bedeutung haben Klimawandel und Umweltdiskussionen? Wie werden Lebenswelten angesichts sozialer Verschiebungen verändert? Wie verschränken sich räumliche und soziale Mobilität und wie wirkt sich das auf Lebenswelten und Selbstbilder aus? Wie stehen Stabilität/Beharrung und Wandel/Mobilität zueinander? S. http://www.d-g-v.org/index.html?mainFrame=http://www.d-g-v.org/tagungen/ materialien/kongress_2009_callforpapers.shtml (abgerufen am 21.11.09).

2 Schadendorf, Wulf: *Das Jahrhundert der Eisenbahn.* München 1965; s.a. Roth, Ralph: *Das Jahrhundert der Eisenbahn. Die Herrschaft über Raum und Zeit 1800–1914.* Ostfildern 2005. Habilschrift Universität Frankfurt (Main) 2003/2005; die eminente Bedeutung der Eisenbahn im 19. Jahrhundert lässt sich beispielsweise auch im Umfang ihrer Darstellung in Enzyklopädien und Konversationslexika der Epoche ablesen, in denen das Stichwort »Eisenbahn«, deren Geschichte und verwandte Begriffe in über 50 Seiten ausführlich beschrieben werden, wogegen die entsprechenden Einträge in neueren Nachschlagewerken auf rund 15 Seiten reduziert sind, vgl. *Meyers Konversations-Lexikon.* 5., gänzlich neubearb. Aufl. Bd. 5, Leipzig u. Wien 1894, S. 508–561; *Brockhaus Enzyklopädie* in 20 Bänden. 17. völlig neubearb. Aufl. des Großen Brockhaus. Bd. 5, Wiesbaden 1968, S. 340–354.

der Epoche, sie stellt alle anderen technischen Fortschritte in den Schatten: Die Eisenbahn hat Geschichte gemacht, und mit ihr wurde Geschichte gemacht. Die Zeitgenossen erlebten seit ihrer Einführung ein Entwicklungstempo, das mit dem langsamen Fortschreiten auf technischem und zivilisatorischem Gebiet früherer Epochen nichts mehr gemein hatte.

Von Anbeginn an setzte sich die politische wie geistige Elite mit dem neuen Verkehrs- und Transportmittel in polemischen Schriften und Debatten auseinander, während sich seine Wirkung in breiten Volksschichten in Lied und mündlicher Erzählung niederschlägt. Im vorliegenden Beitrag soll daher der Frage nachgegangen werden, wie die Verkehrsrevolution vor mehr als anderthalb Jahrhunderten von den Menschen jener Zeit gesehen und empfunden wurde.

> Was bedeutete es für die Zeitgenossen, wenn die Reisezeit von einem Ort zum anderen plötzlich auf einen Fünftel, ja einen Zehntel des früheren Aufwands zusammenschrumpfte? Was veränderte sich in der Einstellung zur Zeit, wenn plötzlich Minuten zählen anstatt wie bisher die Viertelstunden, welche die Kirchenglocke angab?[3]

Wie wurde die beginnende Technisierung und Industrialisierung von der gesellschaftlichen Elite – Adel und Bildungsbürgertum –, wie von der Landbevölkerung, wie von den existenziell betroffenen Berufen (Fuhrleute, Kutscher, Postillone, Wirtsleute an den Haltestationen, Pferdezüchter und -händler u.a.) wahrgenommen?

Dass die Eisenbahn neuerdings wieder zum Dauerbrenner der Verkehrsdebatte wurde, ist fast täglich in der Presse ersichtlich, sie musste vor etlichen Jahren selbst für eine kuriose Schlusspointe herhalten, mit welcher der Leitartikel der ZEIT zur Eröffnung der Frankfurter Buchmesse im Oktober 1985 schließt:

> »Man begann damals das Gebiet hinter dem Bahnhof zu verändern. Die alten Schreberhäuschen wurden niedergelegt. Verleger hielten mit ihren Bücherständen Einzug. Aber bald herrschte, so vordem des Lebens Rankenwerk gewuchert, die neue Unübersichtlichkeit des Geistes. Modische Eitelkeit.« Goethe hieß der Mann.[4]

---

3   *Bahnsaga Schweiz. 150 Jahre Schweizer Bahnen.* Hg. von Heinz von Arx [u.a.]. Zürich 1996, S. 19.

4   Raddatz, Fritz J[oachim]: *Bücher-Babylon. Die Buchmesse läßt viele Fragen offen.* In: DIE ZEIT (11.10.1985), Nr. 42, S. 1, s. www.zeit.de/1985/42/Buecher-Babylon (abgerufen am 29.09.2009). Ich danke Barbara Boock für den Hinweis auf das vermeintliche Goethe-Zitat; Werdegang und Schriftenverzeichnis von F. Raddatz s. *Deutsches Literatur-Lexikon. Biographisch-bibliographisches Handbuch.* Begründet von Wilhelm Kosch. 3., völlig neu bearb. Aufl. Bd. 12. Hg. von Heinz Rupp und Carl Ludwig Lang. Bern u. Stuttgart 1990 (*Deutsches Literatur-Lexikon* 12), Sp. 496–498.

Goethe und Bahnhof? Ein Anachronismus und fataler Irrtum des Verfassers Fritz J. Raddatz, Feuilletonchef des renommierten Wochenblattes.[5] Goethe hat zwar die Erfindung von Dampfmaschine und Lokomotive erlebt[6] und lebhaftes Interesse an der technischen Entwicklung gezeigt – 1790 hat er in Oberschlesien zwei Dampfmaschinen besichtigt und ihre Anwendung im Ilmenauer Bergbau erwogen, ja er besaß sogar ein Spielzeug-Modell der ersten englischen Eisenbahn[7]; denn Eisenstraßen und andere frühe Entwicklungsprojekte gab es bereits zu Goethes Lebzeiten in Deutschland, aber der Dichter ist wenige Jahre zu früh verstorben, um die Eisenbahn in Deutschland (1835)[8] geschweige denn den Frankfurter

---

5   Raddatz war einer folgeschweren Satire aufgesessen, s. *Raddatz auf Goethes Bahnhof*. In: *Der Spiegel* 42/1985 (14.10.1985), S. 264E, www.wissen.spiegel.de/wissen/dokument/dokument. html (abgerufen am 18.09.2009); Dönhoff, Marion Gräfin: *Goethe und Bahnhof – wie denn das?* In: *DIE ZEIT* (18.10.1985), Nr. 43, www. zeit.de/1985/43/In-eigener-Sache (abgerufen am 29.09.2009).

6   Die Vorgeschichte der Eisenbahn geht auf Neuerungen bei der (von Pferden gezogenen) Kohlengrubenbahn zurück, als 1763 in England die hölzernen Schienen durch eiserne ersetzt wurden. Die Erfindung von Dampfmaschine und Lokomotive vollzog sich innerhalb von fünfzig Jahren in verschiedenen Entwicklungsstufen: 1765 baut James Watt die erste Dampfmaschine, 1769 wird der erste fahrbare Dampfwagen durch Nicolas Cugnot, um 1803 die erste fahrbare Dampflokomotive durch Richard Trevithick konstruiert. 1807 wird das erste Dampfschiff in Amerika eingesetzt, 1814 baut George Stephenson seine erste Lokomotive, 1818 findet die erste Überquerung des Ozeans (von New York bis nach Liverpool) durch einen Überseedampfer statt, 1825 fährt das erste Dampfschiff auf dem Rhein. Am 27. September 1825 wird die erste Eisenbahnlinie der Welt in England eröffnet, 1829 in den USA, 1831 in Frankreich und Kanada. Deutschland und Belgien folgten 1835, Österreich und Russland 1837, 1839 die Niederlande und Italien, 1847 die Schweiz. Die verschiedenen Entwicklungsstufen der Eisenbahn kommen in Bezeichnungen wie Spurbahn, Eisenstraße, eiserne Kunststraße, Pferdebahn, Dampfkutsche, Chausseewagen, Dampfmaschinenlokomotive u.a. zum Ausdruck. Die angehängten gelben, wie alte Postkutschen geschwungene Wagen der Frühzeit zeigten noch deutlich, dass sie aus der Postkutschenzeit stammen; zur Vor- und Frühgeschichte der Eisenbahn s. Schadendorf (wie Anm. 2); s.a. *Meyers Konversation-Lexikon* (wie Anm. 2), S. 508–561; *Zug der Zeit – Zeit der Züge. Deutsche Eisenbahn 1835–1985*. Das offizielle Werk zur gleichnamigen Ausstellung unter der Schirmherrschaft von Bundespräsident Richard von Weizsäcker. Hg. von der Eisenbahnjahr Ausstellungsgesellschaft mbH Nürnberg. 2 Bde. Berlin 1985. Bd. 1, S. 60–93.

7   Wilpert, Gero von: *Goethe-Lexikon*. Stuttgart 1998, S. 1050f.

8   Die erste Eisenbahnstrecke (Nürnberg–Fürth) war nur sechs Kilometer lang, die Fahrzeit betrug ungefähr 15 Minuten. Es war eine gemischte Eisenbahn, die auch als Pferdebahn benutzt wurde, nur zu den Stoßzeiten, zunächst früh und abends, wurde mit Dampfkraft gefahren. Die zweite Linie (Leipzig–Dresden) wurde 1837 eröffnet; 1840 war das Gleisnetz auf 500 Kilometer, 1870 auf 20.000 Kilometer ausgebaut, s. Schadendorf (wie Anm. 2), S. 89.

Bahnhof (1842 bzw. 1888)[9] oder Schrebergärten (1888)[10] je gesehen zu haben. Dass Goethe in der Modernisierung der Verkehrswege einen Schlüssel zur Einigung der deutschen Länder erkannte, ist jedoch nicht zu bestreiten, wie aus einer Aussage von 1827 gegenüber Eckermann hervorgeht:

> Mir ist nicht bange, dass Deutschland nicht eins werde; unsere guten Chausseen und künftigen Eisenbahnen werden schon das Ihrige tun. Vor Allem sei es eins in Liebe unter einander, und immer sei es eins gegen den auswärtigen Feind. Es sei eins, dass der deutsche Thaler und Groschen im ganzen Reiche gleichen Werth habe, eins, dass mein Reisekoffer durch alle 36 Staaten ungehindert passiren könne.[11]

Nach Friedrich List, dem Wirtschaftstheoretiker und eifrigsten Vertreter der Eisenbahntheorie, sollte das neue Verkehrsmittel enorme Vorteile für die politische, militärische, wirtschaftliche, gesellschaftliche wie geistig-kulturelle Entwicklung Deutschland mit sich bringen (Reise- und Transportwesen, Wirtschafts- und Finanzwesen, Entstehung der Großstadt, demografische Entwicklung, Struktur und Entwicklung der Bevölkerung, Truppenverschiebung und vieles mehr).[12] Lists Vorstellung und Goethes Vorhersage oder Wunschgedanke haben sich in den späteren Jahrzehnten verwirklicht: Die Schaffung eines Eisenbahnnetzes hat die Einigung der deutschen Fürsten bewirkt und nicht zuletzt auch die Gründung einer Nation ohne innere Landesgrenzen begünstigt.

Öffentliche Debatte

Die Einführung der Eisenbahn in Deutschland wurde von den Menschen zum einen als willkommene Erfindung begrüßt, da sie eine schnellere Fortbewegung und andere Vorteile versprach (»Glück auf, mit Gott! Der Anfang ist geschehen, /

---

9   Der älteste Frankfurter Bahnhof wurde 1842 erbaut, der Aus- und Umbau zum Zentralbahnhof erfolgte 1888, s. www.schule.de/bics/son/verkehr/eisenbah/bahnhof/deutsch/berlin/f-bahn/b005_01.htm (abgerufen am 10.11.2009).

10 In Frankfurt entstanden Kleingärten erst ab 1888 bzw. 1893 in den damals noch nicht eingemeindeten Vororten der Stadt, der erste Gartenverein auf Stadtgebiet wurde 1894 gegründet. Ich danke Herrn Klaus Rheinfurth vom Institut für Stadtgeschichte der Stadt Frankfurt am Main für die freundliche Auskunft vom 13.10.2009.

11 Eckermann, Johann Peter: *Gespräche mit Goethe in den letzten Jahren seines Lebens*. Mit einer Einführung von Ernst Behler. München 1976, S. 70.

12 List, Friedrich: *Das deutsche Eisenbahnsystem*. In: *Schriften zum Verkehrswesen*. T. 1, Einl. u. Text. Berlin 1929 (List, Friedrich: Schriften, Reden, Briefe 3,1), passim; ebd. T. 2, *Textnachlese und Kommentar*. Berlin 1931 (List, Friedrich: Schriften, Reden, Briefe 3,2) passim sowie in: *Die politisch-ökonomische Nationaleinheit der Deutschen*. Aufsätze aus dem Zollvereinsblatt und andere Schriften. Berlin 1931 (List, Friedrich: Schriften, Reden, Briefe, 7), S. 65–69.

Es liegt die Strecke Bahn!«[13]), zum anderen aber stieß sie von Anfang an auf großen Widerstand, da sie die Landschaft zu zerstören[14] und den Verlust des natürlichen Raum-Zeit-Bewusstseins mit sich zu bringen drohte: Das von Heine in der Rede zur Eröffnung der beiden Linien Paris–Rouen und Paris–Orléans im Jahr 1843[15] geprägte Schlagwort »Vernichtung von Zeit und Raum« – der Dichter nennt die Eisenbahn zwar »wieder ein solches providencielles Ereignis« nach Schießpulver, Druckerkunst und Amerikaentdeckung – wurde ein Topos des 19. Jahrhunderts:

> Welche Veränderungen müssen jetzt eintreten in unserer Anschauungsweise und in unseren Vorstellungen! Sogar die Elementarbegriffe von Zeit und Raum sind schwankend geworden. Durch die Eisenbahnen wird der Raum getötet, und es bleibt uns nur noch die Zeit übrig.[16]

Das Für und Wider, die Vorzüge und Nachteile von Pferde- und Dampfkraft sowie die Gefahr schädlicher Auswirkungen auf Leib und Seele durch die Eisenbahn wurden in der Publizistik, in Briefen, Traktaten und Schriften unterschiedlichster Art (politische, wirtschaftliche, sozialökonomische, literarische) heftig

---

13   [1.] Glück auf, mit Gott! Der Anfang ist geschehen, / Es liegt die Strecke Bahn! Und soll's nach Ost und Westen gehen, / So knüpft man eben an.
[2.] Das schöne Werk, der Gegenwart zum Lobe, / Wird's sicher anerkannt.
Als erster Punct, als musterhafte Probe / In unserm Vaterland.
[3.] Zwar eben geht's, zu Nutz und zum Ergötzen, / Von hier zur Schwesterstadt;
Doch kann der Mensch wohl Berge auch versetzen, / Wo er den Willen hat.
[4.] Und kann's nicht Einer, nun so können's Viele, / Wenn Eintracht sie umschlingt.
Geht aller Streben fest nach einem Ziele, / Gewiß das Werk gelingt.
Lied, gesungen bey dem Festmahle, das bei Eröffnung der Nürnberg-Fürther Eisenbahn am 7ten Dec. 1835 zu Nürnberg gegeben wurde: Handschriftliches Liederheft (bezeichnet *Nürnberger Eisenbahn*), o.O. [Nürnberg], o.J. [um 1835], (DVA HL 140), 1. Lied; das Heft enthält zwei weitere Lieder (Schillers *Lied von der Glocke* und dessen Ballade *Der Taucher*). Ich danke Johanna Ziemann für den Hinweis.

14   In seinen Kindheitserinnerungen berichtet der Bahnbeamte Karl Friedrich Linnebach (1849–1944) von einer fröhlichen Weinlese in der Gegend seiner Heimatstadt Gengenbach. »Schien noch die Sonne dazu, so konnte man meinen, man sei wirklich im Paradies, denn der Ausblick in die schöne weite Landschaft, deren Frieden noch kein Fabrikschlot und keine Eisenbahn störte, erhöhte das wohlige Gefühl.« S. Linnebach, Karl Friedrich: *Lebenserinnerungen eines badischen Bahnbeamten 1849–1944*. Hg. vom Haus der Geschiche in Baden-Württemberg (Südwestdeutsche Persönlichkeiten). Leinfelden-Echterdingen 2007, S. 12.

15   Zum französischen Eisenbahnwesen s. http://www.sncf.com/de_DE/html/media/CH0008-Gestern-und-morgen/BR0269-Entwicklung-der-Eisenbahn/MD0305_20070727-Artikel-lesen. html (abgerufen am 15.11.2009).

16   Zit. nach Schivelbusch, Wolfgang: *Geschichte der Eisenbahnreise. Zur Industrialisierung von Raum und Zeit im 19. Jahrhundert*. 4. Aufl. Frankfurt a.M. 2007, S. 38f.

debattiert[17], ja es kam zu einer schier unüberschaubaren Eisenbahnpolemik, wovon hier nur einige wenige Stellungnahmen beispielhaft angeführt werden können. Demnach reagierten die politischen Führungsschichten sehr unterschiedlich auf die Erfindung der Dampflokomotive. Während der Fürst von Anhalt-Cöthgen etwa erklärte, er müsse in seinem Lande »auch so eine Eisenbahn haben, und wenn sie tausend Taler koste« und Kaiser Ferdinand von Österreich beim Bau der ersten österreichischen Linie von Wien nach Baden auf dem Tunnelbau beharrte – denn eine Eisenbahn ohne Tunnel sei keine richtige Eisenbahn –, meinte der König von Preußen, er könne keine große Glückseligkeit darin finden, einige Stunden früher in Potsdam anzukommen.[18] König Ernst von Hannover soll auf das Baugesuch der ersten Linie in seinem Lande sogar gesagt haben:

> Ich will keine Eisenbahnen im Lande; ich will nicht, dass jeder Schuster und Schneider so rasch reisen kann wie ich.[19]

Vordem war das schnelle Reisen mit der teuren Extrapost ein Privileg von Adel und wohlhabendem Bürgertum und sollte es in der feudalen Standesgesellschaft wohl auch weiterhin bleiben. Daraus ist zu schließen, dass mancher Regent das neue Fortbewegungsmittel erst einmal als Unterhaltungskuriosität betrachtete, weshalb es anfangs nur zur Anlage kurzer Strecken kam, die man ebenso gut zu Fuß oder mit dem Pferde zurücklegen konnte: Nürnberg–Fürth (6 km), Leipzig–Alten (10,6 km), Berlin–Potsdam (26 km), Wien–Baden, Paris–St. Germain usw. Aber so kurz diese Strecken auch waren, so auffällig waren sie in der ländlichen, seit Jahrhunderten unveränderten Landschaft. Schon bei der Eröffnung der ersten preußischen Linie, der Berlin-Potsdamer Bahn am 29. Oktober 1838, erklärte der preußische Kronprinz (und spätere König Friedrich Wilhelm IV.):

> Diesen Karren, der durch die Welt rollt, hält kein Menschenarm mehr auf![20]

Der Siegeszug der Eisenbahn hatte begonnen. Auffallend ist, dass vor allem in den Reihen des Bildungsbürgertums zunächst eine strikt ablehnende Haltung vorherrschte. Der Romantiker Ludwig Tieck etwa weigerte sich, die Eisenbahn zu benutzen und soll zu einer Audienz beim preußischen König in Potsdam mit der Postkutsche neben der Bahnlinie hergefahren sein, und der englische Schriftsteller und Künstler John Ruskin (1819–1890) warnte bereits um 1850 vor der Entmenschlichung und Verkrüppelung der Seele durch den technischen Fortschritt:

---

17 Vgl. *Stammbuch der neueren Verkehrsmittel, Eisenbahnen, Dampfschiffe, Telegraphen und Luftschiffe. Eine Sammlung von Liedern und Gedichten, Aufsätzen und Schilderungen.* Hg. von C. Löper. Lahr 1881, S. 107ff.; s.a. Friedell, Egon: *Kulturgeschichte der Neuzeit. Die Krisis der europäischen Seele von der schwarzen Pest bis zum Ersten Weltkrieg.* Ungekürzte Sonderausgabe in einem Band. München 1974, S. 1028f.

18 Friedell (wie Anm. 17), S. 1029.

19 *Deutsche Rundschau* 1880, H. 4, zit. nach Löper (wie Anm. 17), S. 170.

20 *Preussisches Jahrbuch für 1861*, zit. nach Löper (wie Anm. 17), S. 166.

Das Eisenbahnreisen sehe ich überhaupt nicht mehr als Reisen an; das heißt einfach, an einen andern Ort verschickt werden, nicht viel anders, als wäre man ein Paket.[21]

Eisenbahnlyrik

Die Erfindung der Lokomotive war ein epochales Ereignis, dem sich Dichter und Schriftsteller nicht entziehen konnte. Viele haben sich darauf eingelassen,

> zögernd oder zupackend, begeistert oder abwehrend. Die alte und die neue Zeit stießen aufeinander; man half sich mit allegorischen Bildern, gelegentlich wurden auch Zustandsbeschreibungen geliefert.[22]

Entstanden ist eine schier unüberschaubare Zahl an Eisenbahngedichten und -erzählungen, ja dieses Verkehrsmittel hat unter allen technischen Erfindungen als literarisches Motiv bis in die Gegenwart am nachhaltigsten gewirkt[23]; Fontanes Ballade *Die Brücke am Tay* (1880) z.B., welche die katastrophale Begegnung von Naturgewalt und Technik thematisiert und der ein tatsächliches Unglück zugrunde liegt[24], fehlt bis heute fast in keinem Lesebuch. Dennoch sucht man in der einschlägigen stoff- und motivgeschichtlichen Literatur das Stichwort »Eisenbahn« vergeblich ebenso wie die Technik an sich mit ihren Bereichen »Maschine«, »Industrie«, »Fabrik«.

> Merkwürdig ist es aber schon, daß man ein wesentliches Kapitel der Kulturgeschichte vernachlässigt hat, die Frage nämlich nach der motivgeschichtlichen Bedeutung des Phänomens Eisenbahn in der Musik, in der bildenden Kunst, in der Literatur.[25]

Es steht außer Frage, dass hier nicht auf die Fülle an Gedichten zum Eisenbahnmotiv eingegangen werden kann, wenngleich vor allem in Texten bis etwa um die Mitte des 19. Jahrhunderts inhaltliche – nicht wörtliche – Parallelen zur Gesangskultur der Zeit ins Auge springen, etwa die Konfliktstoffe »alte und neue Zeit«, »Postkutsche und Dampfmaschine«, »Postillon und Dampfross«, »Romantik und

---

21 Friedell (wie Anm. 17), S. 1029.

22 *Die Eisenbahn. Gedichte, Prosa, Bilder.* Hg. von Wolfgang Minaty. Frankfurt a.M. 1984, Vorwort S. 24. Minaty hat über 100 Gedichte und Erzählungen zusammengetragen; weitere Texte sind in Löpers *Stammbuch* (wie Anm. 17) abgedruckt.

23 Vgl. die Gedichte *Interzonenzug* (Dieter Hoffmann, 1977), *Altes Eisenbahnerlebnis* (Erich Fried, 1977), *In den Zügen* (Hans Georg Bulla, 1982), *Am Bahnsteig* (Jürgen Theobaldy, 1983) sowie Erzählungen wie *Donner und Dampf* (Heinz Piontek, 1978) u.a., s. ebd., S. 425ff.

24 Die über drei Kilometer lange, 1878 erbaute Taybrücke (Schottland) stürzte während eines Sturms am 20. Dezember 1879 ein, der von Edinburgh kommende Zug mit 200 Fahrgästen versank im Fjord; s. http://gutenberg.spiegel.de/?id=5&xid=680&kapitel=7&cHash=971badab23bruecke (abgerufen am 14.11.09), s. a. *Meyers Konversation-Lexikon* (wie Anm. 2), S. 555; über das schwere Unglück berichtet auch ein Bänkellied um 1890, s. den Abschnitt *Bänkelsang*.

25 Minaty (wie Anm. 22), Vorwort S. 10.

Zeitgeist«, »Gefühl und Verstand« »Natur und Technik«, »Naturidylle und Zerstörung der Natur«, »Poesie und Technik« sowie die Klage über den Untergang des alten Berufs des Postillons:[26]

Der letzte Postillon (Scheffel)

[1.] Bald ist, soweit die Menschheit haust,
Der Schienenzug gespannt;
Es keucht und schnaubt und stampft und saust
Das Dampfroß durch das Land.

[2.] Und wiedrum in fünfhundert Jahr
Weiß der Gelahrteste nicht
Zu sagen, was ein Hauderer war,
Was Fuhrmanns Recht und Pflicht.

[3.–7.]

[8.] Jetzt geht die Welt aus Rand und Band,
Die Besten zieh'n davon,
Und mit dem letzten Hausknecht schwand
Der letzte Postillon.
usw.[27]

Die Eisenbahn als Untergang der Poesie[28], die Gefahr der Entmenschlichung und Verkrüppelung der Seele durch den technischen Fortschritt, vor allem jedoch der Verlust der Reisefreiheit und -poesie (»O Eisenbahn, was bist du kommen, / Hast Wandrers Sehnen uns genommen«[29]) wie der Beschaulichkeit der Bildungsreise sind Leitmotive der Eisenbahnlyrik der Spätromantik:

---

26 Z.B. Chamisso: *Das Dampfross* (1830); Anastasius Grün: *Poesie des Dampfes* (1837); Karl Isidor Beck: *Die Eisenbahn* (1837); Karl Beck: *Die Eisenbahn* (1838); Nikolaus Lenau: *An den Frühling 1838*; Justinus Kerner: *Im Eisenbahnhofe* (vor 1845); Emanuel Geibel: *Die junge Zeit* (1845); Heinrich Heine: *Pferd und Esel* (um 1854); Gottfried Keller: *Zeitlandschaft* (1858); Paul von Heyse: *In wilder Werkelhast* (1868); Hermann Lingg: *Auf der Eisenbahn* (1868) u.v.a.

27 *J.V. von Scheffels Gesammelte Werke in sechs Bänden*. Mit e. biographischen Einleitung von Johannes Proelß. Bd. 6. Stuttgart [1907], S. 218f. (10 Str.).

28 »Hold Asyl der Poesie! / Mög' auf Eisenreifen / Die Lokomotive nie / Deine Flur durchpfeifen!« Auszug aus dem Gedicht *Dem Dampfroß weicht der Postillon oder Meine Ruh ist hin*, s. Nötzold, Fritz: *Das Panoptikum der Technik oder auch Ein technisches Lied – Ein komisch Lied* […] Heidelberg u. Berlin 1961, S. 25f. (mit Illustration; als Entstehungsjahr ist »um 1850« angegeben).

29 Auszug aus dem Gedicht *Eisenbahn und immer Eisenbahn* (1845) von Christian Friedrich Scherenberg (1798–1881), zit. nach Mahr, Johannes: *Eisenbahnen in der deutschen Dich-*

Kein Handwerksbursche bald die Straße
Mehr wandert froh in Regen, Wind,
Legt müd sich hin und träumt im Grase
Von seiner Heimat schönem Kind.

Kein Postzug nimmt mit lust'gem Knallen
Bald durch die Stadt mehr seinen Lauf
Und wecket mit des Posthorns Schallen
Zum Mondenschein den Städter auf.[30]

Die Klage über das Ende der Postkutschenromantik, die in erster Linie in den Reihen konservativer Dichter verlautbar wurde, beruht nach Johannes Mahr auf »einer bemerkenswerten Unfähigkeit der Wahrnehmung«; denn

> die Realität des Reisens war vor dem Eisenbahnzeitalter alles andere als ›poetisch‹. Eisenbahnhistoriker beginnen heute ihre Bücher gern mit einer fast genüßlichen Reihung von Katastrophenberichten über alte Kutschfahrten, mit Berichten von grundlosem Schlamm, [...] von steinigen Wegen und Achsbrüchen; von betrunkenen Kutschern und unverschämten Wirten. Wenn schon prominente Reisende dem hilflos ausgeliefert waren, läßt sich leicht ausmalen, wie es einfachen Leuten erging [usw.].[31]

Von Anbeginn der Eisenbahn nehmen viele Dichter jedoch auch einen ambivalenten Standpunkt ein[32] oder bekennen sich offen zur Eisenbahn wie etwa Gottfried Keller in seinem, mit der Frage »Ist das nicht ein schönes Abenteuer?« schließenden Gedicht *Zeitlandschaft*:

[1.] Schimmernd liegt die Bahn im Tale,
Über Tal und Schienen geht die Brücke
Hoch hinweg, ein Turm ist jeder Pfeiler,
Kunstgekrönt in die Lüfte ragend,
Zu den Wolken weite Bogen tragend.

[2.] Wie ein Römerwerk, doch neu und glänzend,
Bindet wald'ge Berge sie zusammen;
Auf der Brücke fahren keine Wagen,
Denn kristall'nes Wasser geht dort oben,
Dessen fromme Flut die Schiffer loben.

---

tung. Der Wandel eines literarischen Motivs im 19. und im beginnenden 20. Jahrhundert. München 1982, S. 62.

30 Auszug aus Justinus Kerners Gedicht *Im Eisenbahnhofe*, s. Kerner, Justinus: *Der letzte Blüthenstrauß.* Stuttgart u. Tübingen 1862, S. 62–64.

31 Mahr (wie Anm. 29), S. 70; vgl. etwa auch Schilderungen von Schillers Flucht aus Stuttgart (nach Mannheim, Sept. 1782) oder von Mannheim nach Auerbach (Thüringen, Okt. 1782) in den Schiller-Biographien.

32 Z.B. *Die Eilfahrt* (»Die Welt wird weit und immer weiter, / Das Wissen breit und immer breiter«, 1833) von Friedrich Rückert, s. Minaty (wie Anm. 22), S. 38–40; s.a. *Die junge Zeit* (Emanuel Geibel, 1847), ebd., S. 73–75; Adelbert v. Chamisso, *Das Dampfroß* (1830), ebd., S. 36–38; Hermann Lingg, *Auf der Eisenbahn* (1868) u.a.

[3.] Unten auf des Tales Eisensohle
Schnurrt hindurch der Wagen lange Reihe,
Hundert unruhvolle Herzen tragend,
Straff von Nord und Süd mit Vogels Schnelle.
Drüber streich das Schifflein durch die Welle.
usw.[33]

In der Vormärzlyrik kommen Versuche auf, die Eisenbahn politisch zu interpretieren wie etwa in der Tannenbaumlied-Parodie *Das deutsche Reich*:

[1.] O Eisenbahn, o Eisenbahn,
Wie schnell bringst du uns weiter!
Hält auch der Hemmschuh noch den Geist,
Mit dir man noch wie'n Vogel reist,
O Eisenbahn, o Eisenbahn,
Wie schnell bringst du uns weiter!

[2.] O Zollverein, o Zollverein!
Wie ist so groß dein Segen!
Verknüpft uns auch kein Herzensband,
Wir haben doch den Zollverband:
O Zollverein, o Zollverein
Wie ist so groß dein Segen!
usw.[34]

Wie Goethe schreibt der Vormärzdichter Ludwig Börne dem neuen Verkehrsmittel noch vor seiner Einführung eine politische Sinndeutung durch die erhoffte Neuorientierung Deutschlands zu:

Diese Eisenbahnen sind nun meine und Lists Schwärmereien wegen ihrer ungeheuern politischen Folgen. Allem Despotismus wäre dadurch der Hals gebrochen, Kriege ganz unmöglich. [1831][35]

Börnes Wunschdenken eines Friedens für alle Zeiten ging nicht in Erfüllung, im Gegenteil: Bereits 1870/71 sollte die Technik ganz neue strategische Möglichkeiten der Truppenverschiebung bieten, nachdem es sich bereits im amerikanischen

---

33 Minaty (wie Anm. 22), S. 85f.; ähnlich *Poesie des Dampfes* (»Ich höre Lieder, ehrenwerte, klagen, / Seh' edle Angesichter sich verschleiern«, 1837) von Anastasius Grün, s. ebd., S. 42–45; *Mythos vom Dampf* (Emanuel Geibel, 1856), s. Mahr (wie Anm. 29), S. 104–106.

34 Petzet, Christian: *Die Blütezeit der deutschen politischen Lyrik von 1840 bis 1850. Ein Beitrag zur deutschen Literatur- und Nationalgeschichte.* München 1902, S. 421; s.a. Das Gedicht *Die Eisenbahn* (»Gleich ist's den Philistern allen, / Was zu Markt die Zeiten bringen, / In die Ohren muss es schallen, / In die Augen muss es springen« (von Karl Beck, 1837), s. Minaty (wie Anm. 22), S. 46–48.

35 Mahr (wie Anm. 29), S. 82.

Sezessionskrieg (1861–1865) gezeigt hatte, dass eine funktionelle Schienenverbindung in gewissen Situationen den Ausschlag zum Sieg gab.[36] Die politische Bedeutung des Massentransportmittels wurde in Mitteleuropa wie gesagt 1870/71 im Deutsch-Französischen Krieg, mehr noch im Ersten Weltkrieg und erst recht im Zweiten Weltkrieg deutlich, was sich über das Lied hinaus beispielsweise auch in Fotografie und Graphik, ein Kapitel, das hier ausgeklammert werden muss, widerspiegelt. Die sinnbildliche Interpretation der Eisenbahn setzt sich, um auf die Eisenbahnlyrik zurückzukommen, in Gründerzeit und Expressionismus fort, sei es in Texten anonymer Herkunft[37] oder solcher bekannter Verfasser. In diesen Gedichten wie in der Eisenbahnlyrik der Moderne geht es nicht mehr um die Eisenbahn an sich, sondern diese dient nunmehr mitsamt ihrem Umfeld (z.B. Bahnhof, Gleis, Großstadt) zur Fokkusierung gesellschaftlicher Zustände und Veränderungen wie zur Darstellung individueller Befindlichkeiten oder Fragen existenzieller Art.

Die Mentalitätsgeschichte der Eisenbahn lässt sich, wie die Skizzierung ihrer Wirkung in den politischen Führungsschichten wie im Bildungsbürgertum aufzeigt, anhand einer Fülle an historischen Dokumenten und literarischen Schriften darstellen; Berichte über die Reaktion breiter Bevölkerungsschichten sind dagegen rar[38], jedoch auch folkloristische Überlieferungsgenres wie Lied und Sage als Zeugnisse der Alltagskultur vermitteln ein annähernd aussagekräftiges Meinungsbild des Volkes in früheren Zeiten.

Erinnerungskultur und Sage

> Im April 1855 wurde der Vater nach Gengenbach versetzt [...] Bei der Hinreise [...] mussten wir die Eisenbahn von Kenzingen nach Offenburg und von dort den Postwagen benutzen. Als der Zug herannahte und ich die feurigen Augen der Lokomotive sah und den langgezogenen Pfiff derselben hörte, das Zischen und Brausen, der Rauch und Dampf, da jagte mir dieses Ungetüm einen solchen Schrecken

---

36 »Dass dabei nicht nur die Ausdehnung des Bahnnetzes entschied, bewiesen einige Jahre später die Ereignisse in Frankreich. Als dieses 1870 Preussen [!] den Krieg erklärte, verfügte es zwar über ein technisch hervorragendes Netz, das demjenigen des Gegners überlegen war, aber die Transportorganisation durch das nur mangelhaft funktionierende Berufsheer klappte nicht. So mußten etwa auf vielen Bahnhöfen Privatleute in eigener Initiative die Verpflegung der Soldaten organisieren, die in Militärzügen zu ihren Stellungen fuhren.« S. *Bahnsaga Schweiz* (wie Anm. 3), S. 181.

37 Z.B. *Der politische Lokomotivführer* [Bismarck] im Lied »Die glücklichsten Menschen sind nach meinem Begriff auf der Eisenban zu finden«; handschriftliche Aufzeichnung o.O. u.J. (DVA A 217 331). Ich danke Johanna Ziemann für die Transkription der schwer entzifferbaren Handschrift.

38 Friedell berichtet beispielsweise von einem Müller, der gegen die Linie Leipzig–Dresden prozessierte, da ihm die Eisenbahn den Wind abfange, s. Friedell (wie Anm. 17), S. 1029.

ein, dass ich mich heftig sträubte einzusteigen, so dass man Gewalt gebrauchen musste, mich unterzubringen. Die Wagenfahrt nach Gengenbach durch das schöne Kinzigtal war für uns Kinder wieder etwas Entzückendes.[39]

Aus dieser Kindheitserinnerung des späteren Eisenbahnbeamten Karl Friedrich Linnebach (1849–1944) geht hervor, welch einen Angst einflößenden Eindruck die Lokomotive auf den sechsjährigen Jungen gemacht und wie tief sich das Erlebnis in seiner Erinnerung eingeprägt hat. Daher ist es nicht verwunderlich, dass die kindliche Phantasie Erscheinungen hervorgebracht hat, wie sie etwa in der Sage vom Teufel, der beim Eisenbahnbau geholfen habe, überliefert sind:

> Als im Jahr 1844 die Eisenbahn bei Zähringen gebaut ward, sahen zwei unschuldige Kinder, während des Mittagessens der Arbeiter, zwei Teufel mit Geisfüßen und Hörnern emsig an der Bahre schaffen. Sogleich holten sie einige Arbeiter herbei; allein dieselben konnten die bösen Geister nicht wahrnehmen.[40]

Aber nicht nur Kinder fürchteten sich vor der Eisenbahn, sondern auch auf Erwachsene hat sie anfangs erschreckend und beängstigend gewirkt (»[…] fuhren mit diesem heulenden Ungeheuer«[41]) und wurde mit abergläubischen Vorstellungen verbunden, wie aus verschiedenen Sagen über den Eisenbahnbau hervorgeht. Während die Lokomotive nach mündlichen Erzählungen aus Oldenburg und Hessen noch vor ihrer Erfindung an verschiedenen Orten als etwas, das »mit glühenden Augen und unerhörter Schnelligkeit daherbraust«, als »dahinrasender Feuerwagen ohne Pferde, der mehrere Wagen nach sich zieht«[42], vorgespukt habe[43], wurde sie in südlicheren Gebieten als ein Werk des Teufels betrachtet, das die Zwerge vertrieben, die Kartoffelfäule verursacht, die Ernte verdorben und die

---

39 Linnebach (wie Anm. 14), S. 5 und S. 73.
40 *Neugesammelte Volkssagen aus dem Lande Baden und den angrenzenden Gegenden.* Hg. von Bernhard Baader. Karlsruhe 1859, S. 38, Nr. 53.
41 Annette von Droste-Hülshoff (1797–1848) in einem Brief, s. Minaty (wie Anm. 22), S. 57.
42 *Aberglaube und Sagen aus dem Herzogthum Oldenburg.* Hg. von Ludwig Strackerjan. Bd. 2., Oldenburg 1867, hier erw. Aufl. hg. von Karl Willoh. Oldenburg 1909. S. 152ff.
43 »Etwa 70 bis 80 Jahre vor der Eröffnung der Bahnstrecke Beyenburg–Krebsöge [sog. Wuppertalbahn, eröffnet 1886, s. www.bahnen-wuppertal.de/html/beyenburger-strecke.html, abgerufen am 19.10.2009], in den ersten Jahren unsers Jahrhunderts [19. Jh.], als man überhaupt noch an keine Eisenbahn dachte, sah ein Mann von dem Gehöfte zum Hofe im Thale der Wupper in einer Nacht eine ganze Reihe von Wagen durchs Thal fahren. Kein Pferd war zu erblicken, aber mit Feuer wurde die Wagenreihe pfeilschnell vorwärts getrieben. Als der Wagenzug an die Stelle gekommen war, wo nun die Station Remlingrade liegt, ertönte ein schriller Pfiff.« S. *Bergische Sagen* […] ges. und mit Anm. hg. von Otto Schell. Elberfeld 1897, S. 169, Nr. 73: »Die Erscheinung der Eisenbahn«, s.a. S. 65, Nr. 101: »Glühendes Roß«, S. 378, Nr. 17: »Vorbedeutung der Eisenbahn«.

Alpen unfruchtbar gemacht habe.[44] Die Befürchtungen und Ängste der Landbevölkerung fasst August Stöber in seinen elsässischen Sagen zusammen:

> Im Anfange des Bestehens der Eisenbahn widerstrebte es Vielen im Volke, dem unheimlichen, tosenden, feuersprühenden Ungeheuer, das mit Sturmesgewalt dahinbraust und in einem Augenblick den Sinnen entrückt ist, sich anzuvertrauen. Das Pfeifen der Dampfmaschine zumal erklärten die Leute für das Pfeifen des Teufels; die ganze Erfindung für ein Werk seiner Macht; jeder Unfall, der geschah, wurde als ein Opfer angesehen, das dem Bösen verfallen; ganze Züge, glaubten sie, kämen manchmal in seine Gewalt und verschwänden. Die Einweihung der Eisenbahn durch den Bischof beruhigte zwar Manche; allein bei Vielen gilt diese Erfindung noch immer als ein Blendwerk des Teufels, dem die Unternehmer ihre Seele verschreiben mussten.[45]

Dem Sammler wurde beispielsweise auch von einem alten Mann berichtet, der gelesen habe, dass »solche Eisenbahnen schon vor ein Paar Hundert Jahren dagewesen wären, aber sodann wieder abgekommen. In fünfzig Jahren würde dasselbe stattfinden, und Grund und Boden den angrenzenden Eigenthümern abermals zur Anpflanzung zurückfallen.« Dies zeige, »wie sehr das Volk in den das Land durchschneidenden Eisenbahnen, welche den so sehr am Althergebrachten hangenden Landmann so plötzlich und so gewaltsam aus dem gewohnten Geleise brachten, eine Art von Entweihung des der Bepflanzung geheiligten Erdbodens erblickt, die der Himmel sichtbar strafe.«[46]

Die Angst vor dem »großen schwarzen Wurm«, dem »glühenden Ross«, »Dampfross«, »Feuerross«, »Ungetüm«, »Höllenmaschine« oder »Höllengetöse mit den glühenden Augen« – frühe emotionale Benennungen der Eisenbahn – hat in älteren mythischen Vorstellungen von der überirdischen Kraft des Eisens wohl ihren Ursprung. Danach können sich die schützenden Kräfte dieses im Volksglauben hoch geschätzten Metalls bei Unachtsamkeit oder Schuld des Menschen ins zerstörerische verwandeln.[47] Wie lange sich solche irrealen Vorstellungen im Kollektivgedächtnis erhalten, kann man bis in die sagenhafte Alltagserzählung der Gegenwart verfolgen, in welcher die Technik nicht außen vor bleibt und das Flug-

---

44 Schell (ebd.), S. 207, Nr. 161; *Die Sagen des Elsasses getreu nach d. Volksüberlieferung* […] ges. von August Stöber. *Bd. 2 Die Sagen des Unter-Elsasses.* Strassburg 1896, S. 229ff.; weitere Sagen s. dessen Sammlung *Die Sagen des Elsasses.* St. Gallen 1852, S. 447f.; *Volkssagen, Bräuche und Meinungen aus Tirol* ges. und hg. von Johann Adolf Heyl. Brixen 1897, S. 699, Nr. 85; *Schweiz. Archiv für Volkskunde* 23 (1920–1921), S. 67 u.a., vgl. *Handwörterbuch des Aberglaubens.* Bd. 2. Hg. von Hanns Bächtold-Stäubli. Berlin u. Leipzig 1929/1930, Sp. 731f. (zit. als HDA).

45 Stöber: *Unter-Elsass*, Bd. 2 (wie Anm. 44), S. 230.

46 Ebd., S. 230f.

47 Vgl. Alvey, R. Gerald: [Artikel] *Eisen.* In: *Enzyklopädie des Märchens.* Hg. von Kurt Ranke zus. mit Hermann Bausinger [u.a.], Bd. 3, Sp. 1294–1300 (zit. als EM).

zeug an die Stelle der Eisenbahn getreten ist (z.B. *Die Maus im Jumbo-Jet*).[48] Moderne Eisenbahnsagen sind zwar auch noch in Umlauf, aber sie sind rar[49], geblieben ist nichtsdestotrotz eine Art Urangst vor der Übermacht der Technik, welche die Menschen einst bei der Einführung der Lokomotive überkam: die Furcht vor dem Unvorhersehbaren, vor katastrophalen Unfällen, die heute im Zeitalter der »HighTec« weitaus tragischer und folgenschwerer sind als je.[50] Erinnert die in Varianten international verbreitete Erzählung von der mehrfach getöteten Leiche etwa nicht an die alte Sage, dass beim Anhalten des Zuges jedes Mal ein Mensch

---

48 *Sagenhafte Geschichten von heute* (*Die Spinne in der Yucca-Palme. Die Maus im Jumbo-Jet. Das Huhn mit dem Gipsbein*). Hg. von Rolf Wilhelm Brednich. München 1994, S. 147f., Nr. 113.

49 »Eisenbahnsagen sind mir bei meiner Arbeit mit den modernen Sagen relativ selten begegnet«, teilt Rolf Wilhelm Brednich mit und verweist auf folgende Belege in den ersten vier Bänden seiner *Sagenhaften Geschichten von heute* (wie Anm. 48): »Die mehrfach getötete Leiche«, in: *Die Spinne in derr Yucca-Palme* Nr. 113; »Sturzgeburt«, in: *Die Maus im Jumbo-Jet* Nr. 100; »Der Erzähler einer Wandersage wird entlarvt«, in: *Die Ratte am Strohhalm* Nr. 13; zudem macht er auf die Fülle an Eisenbahnwitzen aufmerksam. (Mitteilung von R.W. Brednich vom 08.08.2009; ich danke Herrn Brednich für diese Auskunft); hier die Erzählung »Die mehrfach getötete Leiche«: »Da war ein Ehepaar, das war im Zug mit dem Opa unterwegs. Plötzlich stirbt der Opa auf der Reise an einem Herzanfall. Darauf setzen sie ihn in die Fensterecke im Abteil und hoffen, ihn so unbemerkt nach Hause zu bringen. Dann gehen sie in den Speisewagen. Der Zug hält abends an einer kleinen Station, und dort steigt ein Mann mit einem schweren Koffer ein und geht genau in das Abteil, in dem die Leiche sitzt. Er versucht, seinen Koffer in das Gepäcknetz zu wuchten, schafft es aber nicht, verliert das Gleichgewicht, kippt nach hinten über und fällt mit dem Koffer auf die Leiche. Der Kopf der Leiche kippt zur Seite ab [Bemerkung des Hg. zur Erzählsituation]. Der Mann gerät in Panik, weil er denkt, er hat dem alten Mann das Genick gebrochen. Er nimmt die Leiche und wirft sie aus dem anfahrenden Zug. Als das Ehepaar das Abteil wieder betritt und sich über das Verschwinden des Großvaters entsetzt, sagt der Mitreisende, der alte Herr sei an der letzten Station ausgestiegen.« s. R.W. Brednich (wie Anm. 48) *Die Spinne in der Yucca-Palme*, S. 147f., Nr. 113.

50 Man erinnere sich etwa an den Absturz des Airbus AF 447 (Linienflug Rio–Paris am 01.06. 2009), über dessen mysteriöse, bis heute unbekannte Ursache wochenlang in den Medien gerätselt wurde (Blitzeinschlag, Explosion, technischer Defekt, Attentat) und der künftig sicherlich auch als Erzählstoff tradiert und womöglich verfilmt wird; zur allgemeinen Entstehung von modernen Sagen s. Weißer, Herbert: *Zur Entstehung von Sagen in der Gegenwart.* In: *Volksüberlieferung.* Festschrift für Kurt Ranke zur Vollendung des 60. Lebensjahres. Hg. von Fritz Harkort [u.a.]. Göttingen 1968, S. 401–414; zur Berichterstattung über den Absturz der Maschine AF 447 in der deutschen Medienlandschaft s. http://de.wikipedia.org/wiki/Air-France-Flug_447, www.stern.de/panorama/verschwundener-airbus-air-france-befuerchtet-blitzeinschlag, www.welt.de/vermischtes/article5127537/Suche-nach-Flugschreiber-von-AF-447-verschoben.html, www.heute.de/ZDFheute/inhalt/2/0,3672, 7600834,00.html (abgerufen am 15.11.2009).

fehle?[51] So gesehen sind Sagen mehr als »reine Unterhaltungsstoffe oder harmlose, mündlich überlieferte Folklore«, wie Rolf W.Brednich hervorhebt:

> Sie sind auf so vielfältige und intensive Weise mit den Problemen unseres Alltagslebens verwoben, dass man zu dem Schluß kommen muß, sie seien Ausdruck von Ideen, Gefühlen, Befürchtungen und vor allen von Sorgen, Nöten und Ängsten der heutigen Zeit. Sie sind zugleich auch ein *Spiegel* für die jeweilige soziale, politische und wirtschaftliche Situation des Landes, in welchem sie erzählt werden, und sie sagen damit auch einiges über den *Bewußtseinszustand einer Gesellschaft* aus, in der sie zirkulieren.[52]

Diese Feststellung trifft generell auf die Entstehung von Sagen zu wie jene auf Lieder, die sich auf zeitgenössische Verhältnisse oder Erscheinungen beziehen.

Zur Gattungsfrage »Eisenbahnlied«

Im letzten Drittel des 19. Jahrhunderts schreibt der Erzähler Berthold Auerbach (1802–1882), dass

> zwei der größten Erscheinungen der neuen Zeit: die Eisenbahn, die die Gemarkung jedes Dorfes durchschneidet, und die Massenauswanderung nach Amerika [...] kein entsprechendes Volkslied [...], das dem eigenen Zeitbewusstsein und der nachfolgenden Geschichte von der Umwandlung des Lebens Kunde gäbe,

erzeugt hätten.[53] Haben Eisenbahn und Auswanderung wirklich keine Spuren im Volksgesang hinterlassen?

Mit dem Eisenbahnlied assoziieren wir heute Spiellieder aus der eigenen Kindheit wie die »lange Reihe« (»Puff, puff, puff, die Eisenbahn, wer will mit nach NN fahr'n?« bzw. »... wer fährt mit, wer hängt sich an?«)[54], Chansons und Schlager[55]

---

51 Vgl. Riehl, Wilhelm Heinrich von: *Land und Leute.* Bd. 1 Stuttgart u. Tübingen 1854 (*Die Naturgeschichte des Volkes als Grundlage einer deutschen Sozial-Politik*, 1), S. 44, s.a. *HDA 2* (wie Anm. 44), Sp. 732.

52 Brednich, R.W. (wie Anm. 48), Vorwort S. 18; zur Entstehung von Sagen s. Röhrich, Lutz: *Sage.* 2. durchges. Aufl. Stuttgart 1971 (Sammlung Metzler, 55).

53 Auerbach, Berthold: *Deutsche Abende.* Stuttgart 1867, S. 246.

54 *Kinderspiele.* Hg. von Grete Horak. Schwaz 1989 (*Tiroler Kinderleben in Reim und Spiel.* Hg. von Karl und Grete Horak, Bd. 2), S. 118, Nr. 12; DVA A 214 567 (mündliche Aufzeichnung aus Dakerode/Sachsen 1975) u.a.; gesungen wird das Spiellied zur Weise des Heinerle-Liedes in Leo Falls Operette *Der fidele Bauer* (Erstaufführung 1907); nach meinen eigenen Kindheitserinnerungen wurde das Lied gerne im Kindergarten zum Eisenbahnspiel gesungen (Raum Karlsruhe, um 1952–56).

55 In der *Chronik deutscher Unterhaltungsmusik.* Hg. vom Spitzenverband Deutsche Musik SPIDEM. Bonn 1991, S. 688 sind unter dem Stichwort »Eisenbahn« drei Lieder angeführt:

Abb. 1: Liedpostkarte o.O. u.J. (mit Verlagsangabe: M.D.St.), DVA LP 2523

wie »Es fährt ein Zug nach nirgendwo« (Christian Anders), *Sonderzug nach Pankow* (Udo Lindenberg) und »Et j'entends siffler le train« (Richard Anthony) oder das populäre Spottliedchen auf einen schwäbischen Bauern, der, aus Naivität und Ahnungslosigkeit von der Geschwindigkeit der Eisenbahn, seinen Ziegenbock an den letzten Wagen anbindet und somit das Tier ums Leben und sich selbst um den Kauf bringt.[56]

Das Lied – ein beliebtes Postkartenmotiv – ist nicht nur Ausdruck schwäbischer Selbstironie, sondern in erster Linie ein beredtes Zeugnis der Zerrissenheit ländlicher Bevölkerungsschichten zwischen Tradition und Fortschritt in der Frühzeit des

---

»Die kleine Bimmelbahn«, »Nimm den nächsten Zug« und »Weil der D-Zugführer heute Hochzeit macht« .

56 »Auf de schwäb'sche Eisebahne« ist nach dem aktuellen Bearbeitungsstand in ca. 100 Liedersammlungen seit ca. 1890 abgedruckt, zuerst: *Allgemeiner Liederschatz. Vollständiges Taschenliederbuch. Reichhaltige und ausgewählte Sammlung der beliebtesten und schönsten Volkslieder, mit Angabe der Tonarten.* Basel 1888, S. 24f. u.v.a.; zur allgemeinen Rezeption s. Holzapfel, Otto: *Auf de schwäb'sche Eisebahne. Notizen zu einem international populären Lied.* In: *Leben am See.* Heimatjahrbuch des Bodenseekreises 5 (1987), S. 235–241. Das humoristische Lied steht nicht in den älteren Sammlungen der Eisenbahnverbände, sondern erst in gegenwärtigen Ausgaben, z.B. im *Liedertextheft.* Hg. von der Gewerkschaft der Eisenbahner Deutschlands. Hauptvorstand. Abt. Jugend (o.O. 2. Aufl. 1977), Neuausgabe o.O. 1979, S. 28; zur Interpretation und Rezeption des Liedes s.a. Röhrich, Lutz: »... *Und das ist Badens Glück«. Heimatlieder und Regionalhymnen im deutschen Südwesten.* In: Jahrbuch für Volksliedforschung 35 (1990, S. 13–25); s.a. (usw.).

Eisenbahnzeitalters. »Der Spott geht nicht auf ›den Schwaben‹ […], sondern vor allem auf die relativ unbekannte Bahn mit ihren Merkwürdigkeiten.«[57] Ob es bereits in der Mitte des 19. Jahrhunderts, d.h. in der Anfangszeit des württembergischen Eisenbahnsystems (um 1850)[58] entstanden ist, wie teilweise in Liedersammlungen steht, ist bis heute nicht erwiesen. Weitere populäre Lieder mit dem Eisenbahnmotiv – abgesehen vom Kinderspiellied – sind nicht bekannt noch erschöpfend erforscht.[59] Wobei sich die Frage erhebt, ob im deutschsprachigen Raum überhaupt vom Typus des Eisenbahnliedes wie etwa im Falle des amerikanischen »railroad song«[60] oder des skandinavischen »Rallarliedes«[61] die Rede sein kann.

57 Holzapfel (wie Anm. 56), S. 240.
58 In der ersten Strophe sind verschiedenen Stationen der zweitältesten württembergischen Eisenbahn, der 1850 eröffneten Südbahn von Stuttgart nach Friedrichshafen, aufgezählt. »In Württemberg hat man sich seit den dreißiger Jahren mit der Eisenbahnfrage befasst und ähnlich wie in Baden sich bemüht, die nördlichen mit den südlichen Landesteilen zu verbinden, um die politische Einheit zu stärken. Das untere Neckartal sollte mit Oberschwaben und dem Bodensee durch eine Nord-Süd-Linie von Heilbronn über Stuttgart und Ulm nach Friedrichshafen verknüpft werden.« S. *Baden-Württemberg. Staat – Wirtschaft – Kultur.* Hg. von Theodor Pfizer. Stuttgart 1963, S. 178; s.a. www.s-line.de/homepages/m-ebener/Eisenbahnen.html#Eisenbahn1-B-erste (abgerufen am 26.10.2009).
59 Wie wenig bekannt deutsche Eisenbahnlieder sind, geht u.a. aus einer Internetumfrage vom 18.06.2003 nach »Musiktitel[n] mit dem Thema Eisenbahn« hervor:
    Dem Fragesteller, der unter ca. 30 Songs von Boxcar Willie, Cat Stevens, Elton John, Johnny Cash lediglich zwei deutschsprachige Kinderlieder anführt (»Wir fahren mit der Bimmelbahn« von Detlev Jöcker und »Eine Insel mit zwei Bergen« aus dem Repertoire der Augsburger Puppenkiste), wurden in der Hauptsache weitere amerikanische Titel sowie einige Hits aus den 1970er und 1980er Jahren wie »Es fährt ein Zug nach nirgendwo« (Christian Anders), »Sonderzug nach Pankow« (Udo Lindenberg), die Eisenbahnballade von Reinhard Mey u.a. mitgeteilt; ein mit »Otterl« signierter Netzteilnehmer antwortet noch am gleichen Tag: »Deutsche Eisenbahnlieder sind eher rar. ›Sonderzug nach Pankow‹ oder ›Auf der Schwäb'schen Eisenbahn‹ würde einem vielleicht noch einfallen. Vor ca. 25 Jahren habe ich beruflich u.a. im ›Deutschen Volksliedarchiv‹ in Freiburg nach dem Thema geforscht. Es war nichts eisenbahnspezifisches [!] aus der Frühzeit der deutschen Eisenbahn oder des Eisenbahnbaus zu finden. Lediglich aus der Zeit des Faschismus gab es vereinzelt Lieder von Betroffenen der Deportationen in die deutschen Vernichtungslager. Meist auf Jiddish, einer Sprache, die hierzulande kaum noch jemand versteht. […]. Aber da geht es eher um die Mischung aus osteuropäischer jüdischer Hochzeitsmusik und amerikanischem Jazz.« (18.06.2003, s. www.buntbahn.de/modellbau/printview.php?t=484&start=0, abgerufen am 27.10.2009).
60 *A Treasury of Railroad Folklore. The stories, tall tales, traditions, ballads, and songs of the American Railroad man.* Hg. von B.A. Botkin und Alvin F. Harlow. New York 1953; Carpenter, Ann Miller: *The railroad in American folksong 1865–1920.* In: Hudson, William M.: Diamond Bessie and the shepherds. Austin 1972, S. 103–119; *Long steel rail. The railroad in American folksong.* Hg. von David Cohen. Urbana [u.a.] 1981 (Music in American life); *Railroad Songs.* Hg. von Shelley Laura Frisch. Frankfurt a.M. 1983.

Zunächst ist festzuhalten, dass im *Handbuch des Volksliedes*[62] keine der beiden Liedgattungen abgehandelt ist. Dazu muss man sagen, dass es sich beim Eisenbahn- wie beim Auswandererlied um relativ junge Liedgenres und eher Gruppenlieder im Sinne Ernst Klusens handelt.[63] Das Auswandererlied etwa hat sich erst gegen Mitte des 19. Jahrhunderts aus dem Abschiedslied zu einer autonomen Gattung herausgebildet; in den Fokus der Volksliedforschung kam es erst in den 1980er-Jahren, nachdem Geschichtsforschung und Sozialwissenschaft die Massenemigration nach Amerika als neues Untersuchungsgebiet für sich entdeckt hatten[64]; die große Auswanderungswelle gegen Mitte des 19. Jahrhunderts ist im übrigen ohne die Erfindung der Dampfmaschine – die Eisenbahn als Transportmittel zu den Seehäfen, das Dampfschiff zwecks Überquerung des Ozeans – undenkbar. Das deutschsprachige Eisenbahnlied dagegen ist bis zum heutigen Tag noch wenig erschlossen und kaum erforscht; mit anderen Worten: hinsichtlich der Sammel- und Forschungslage beider Liedgattungen gegen Ende des 19. Jahrhunderts hatte Auerbach nicht Unrecht.

Auswandererlied und Eisenbahnlied weisen parallele Eigenschaften auf: sie sind Ausdruck eines *rite de passage*[65], einer Umbruchzeit wie eines Neubeginns, in beiden Genres geht es um Mobilität in ihren unterschiedlichen Arten. Das Eisenbahnlied ist jedoch im Unterschied zum Auswandererlied, in dem es ausschließlich um die Auswanderungswellen des 19. Jahrhunderts geht die Emigration in

---

61 »*Med slägga, borr och spett*«. *Rallarehistorier och rallarvisor*. Hg. von M. Briandt. Stockholm 1940. (Rallar=Streckenbauarbeiter).

62 *Handbuch des Volksliedes*. Hg. von Rolf Wilhelm Brednich, Lutz Röhrich, Lutz und Wolfgang Suppan. Bd. I: *Die Gattungen des Volksliedes*. München 1973 (Motive 1, I).

63 Vgl. Linder-Beroud, Waltraud: *Von der Mündlichkeit zur Schriftlichkeit? Untersuchungen zur Interdependenz von Individualdichtung und Kollektivlied*. Frankfurt a.M. u.a. 1989 (Artes populares 18), S. 13 u. S. 260.

64 *Deutsche Amerikaauswanderung im 19. Jahrhundert. Sozialgeschichtliche Beiträge*. Hg. von Günter Moltmann. Stuttgart 1976 (*Amerikastudien*. Eine Schriftenreihe, 44); Röhrich, Lutz: *Die Lieder der deutschen Auswanderer nach Amerika während des 19. Jahrhunderts*. In: Lares 51,4 (1985), S. 548–592; *Der große Aufbruch. Studien zur Amerikaauswanderung*. Hg. von der Hessischen Vereinigung für Volkskunde durch Peter Assion. Marburg 1985 (*Hessische Blätter für Volks- und Kulturforschung*, 17); Hailer-Schmidt, Annette: »*Hier können wir ja nicht mehr leben*«. *Deutsche Auswandererlieder des 18. und 19. Jahrhunderts. Hintergründe, Motive, Funktionen*. Marburg 2004 (Schriftenreihe der Kommission für Deutsche und Osteuropäische Volkskunde in der Deutschen Gesellschaft für Volkskunde e.V., 86, zugl. Diss. Universität Freiburg 2002) u.v.a.

65 Gennep, Arnold van: *Les rites de passage. Etude systématique des rites de la porte et du seuil, de l'hospitalité, de l'adoption, de la grossesse et de l'accouchement, de la naissance, de l'enfance, de la puberté, de l'initiation, de l'ordination, du couronnement, des fiançailles et du mariage, de funérailles, des saisons*, etc. Paris 1909; ders.: *Übergangsriten*. Aus d. Franz. von Klaus Schomburg. Mit einem Nachw. von Sylvia M. Schomburg-Scherff. 3., erw. Aufl. Frankfurt am Main [u.a.] 2005.

jüngerer Zeit und in andere Kontinente, etwa nach Australien, ist im Lied m.W. nicht thematisiert –, nicht auf bestimmte historische Daten und soziologische Fakten fixiert, sondern Lieder, Songs und Chansons um das Eisenbahnmotiv sind als Ausdruck des technischen Fortschritts wie zeit- und sozialgeschichtlicher Trends und Phänomene der jeweiligen Epoche bis in die Gegenwart hinein in der Gesangskultur präsent.

»Eisenbahner ist mein Titel …«. Die Lieder der Eisenbahnverbände

Gegen Ende des 19. Jahrhunderts erscheinen erstmals spezielle, von den regionalen Berufsverbänden herausgegebene Liedersammlungen für Eisenbahner[66], nachdem der Kölner Verband 1884 den Entschluss gefasst hatte, »im Hinblick auf den Mangel eines geeigneten Liederbuches […] eine Zusammenstellung von Liedern herauszugeben, welche, sich vorzugsweise für den Collegenkreise eignend, in Vereinssitzungen, bei Ausflügen in Gottes freie Natur und bei patriotischen Anlässen Verwendung finden sollten.«[67] Dementsprechend enthält das handliche Büchlein ein stattliches Repertoire von 250 Liedern: bekannte Geselligkeits-, Trink-, Kommers-, Scherz-, Heimat-, Wander-, Liebes-, Liebes-, Soldatenlieder, volkstümliche Kunstlieder sowie einige Parodien und andere Textunterlegungen auf populäre Lieder der Zeit, aber nur vier Eisenbahnlieder: das patriotische Verbandslied »Grüßt mit hellen Jubelliedern«[68], ein an das Kommerslied »Tacitus und die alten Deutschen«[69] erinnerndes Lied, in dem Arbeitsalltag und Feierabend des Innendienstes beschrieben sind[70] sowie eine Allegorie, in welcher die

---

66 *Liederbuch für die Vereine der Staatsbahn-Civil-Supernumerare.* Hg. vom Collegial-Verein Cöln. Cöln 1885 (2. Aufl. 1888, 3. Aufl. 1893, 4. unveränd. Aufl. 1901); *Allgemeines deutsches Eisenbahn-Liederbuch.* Hg. von Albert Roß. Magdeburg 1887; *Liederbuch für Eisenbahnvereine.* Ausgewählt vom Eisenbahn-Verein zu Cassel (um 1910); *Verbandsliederbuch.* Hg. vom Verband Sächsischer Mittlerer Eisenbahnbeamten. Dresden (um 1912); *Liederheft der Reichsbahn-Gesangvereine im DSB.* Hg. von Bruno Stürmer. Köln (um 1934); *Liedertextheft.* Hg. von der Gewerkschaft der Eisenbahner Deutschlands. Hauptvorstand. Abt. Jugend. 2. Aufl. 1977 (Neuausg. 1979); Das *Liederbuch des Eisenbahn-Regiments* Nr. 2 (Hg.: Hauptmann Maschke), Mühlheim-Ruhr [um 1900] enthält gängige volkstümliche Kunst-, Soldaten- und patriotische Lieder der Zeit und ist im Repertoire weitgehend mit dem *Pionierliederbuch* der Reihe identisch: *Liederbuch des Posenschen Pionier-Bataillons* Nr. 29. Mülheim-Ruhr (ca. 1914).

67 *Liederbuch für die Vereine der Staatsbahn-Civil-Supernumerare* (wie Anm. 66), 4. unveränd. Aufl. 1901.

68 Ebd., S. 114: Grüßt in hellen Jubelliedern / Den Beruf mit lautem Schall usw., Melodie: Strömt herbei, ihr Völkerschaaren.

69 Vgl. *Volksthümliche Lieder der Deutschen im 18. und 19. Jahrhundert.* Hg. von Franz Magnus Böhme. Leipzig 1895, S. 423, Nr. 562.

70 »Wo zur Zeit zwei Eisenbahnen Sausen rechts und links des Rhein's«, s. *Liederbuch für die Vereine der Staatsbahn-Civil-Supernumerare* (wie Anm. 66), S. 261f.

Altersstufen des Menschen mit verschiedenen Zugarten (Bummelzug, Militärzug, Güterzug, Arbeitszug, gemischter Zug) verglichen sind:

1. Es ist das ganze Menschenleben
In Wahrheit eine Eisenbahn,
Und ist uns das Signal gegeben,
Dann kommen mit dem Zug wir an.
Doch sind die Züge sehr verschieden,
Die uns befördern durch die Welt.
Wir harren in Geduld und Frieden,
Bis daß der letzte Zug anhält.

2. Eh' wir das Licht der Welt erblicken,
Steh'n uns're Eltern am Perron[71]
Und harr'n mit seligem Entzücken
Auf eine Tochter oder Sohn.
Und wenn nach mondelangem Hoffen
Das Schicksal nicht ein Schnippchen schlug,
Dann ist die Freude eingetroffen
Gewöhnlich mit dem Bummelzug.

[3.–5.]

6. Und haben wir die Fahrt vollendet
Hier als Matrone oder Greis,
Wo sich der Zug nach oben wendet,
Begrüßen wir das letzte Gleis'.

Dann kommt der Tod und stellt die Weiche,
Der Bahnhof winkt, jetzt ist's genug;
Hierin da fahren Arm und Reiche
Zuletzt mit dem gemischten Zug.[72]

Als Eisenbahnlied bezeichnen kann man streng genommen nur das vierte Lied, in dem sich eine reparaturbedürftige, vorschnell ausrangierte Lokomotive wehmütig an ihre Glanzzeiten erinnert und welches bereits Anklänge an die Konsumgesellschaft wie Eisenbahnromantik der Gegenwart antizipiert:

1. Es lag eine Lokomotive im alten Eisen drin,
Gebrochen zwar an Körper,
Doch jugendlich an Sinn.
Der Kessel war geborsten,
Luftdicht der Kolben nicht mehr.
Der Schlot zur Seite gebogen,
Als wär' er ihr zu schwer.

2. Da sprach die Lokomotive:
»O herrliche Jugendzeit,
Bist du auf ewig geschwunden,
Kraft und Beweglichkeit?!
Noch einmal möcht' ich fliegen
Auf glattem Schienenstrang,
Die Welt noch einmal durchjauchzen
Mit meiner Pfeife Klang!«

3. Zum Berge aufwärts brausen
In freier, frischer Luft,
Berauscht herniederschauen

4. Da donnert vom Schlagwerk die Kugel,
Vergeblich das Dampfroß bat,
Zerschmettert liegt Schlot und Kessel,

---

71   Ältere regionale Bezeichnung für »Bahnsteig«, nach dem französischen »perron« (großer Stein).
72   Ebd., S. 86f., Weise: Strömt herbei, ihr Völkerscharen. Das Lied ist bereits in einer älteren – undatierten – Liedflugschrift (o.O.) abgedruckt: *Vier schöne neue Lieder*. 2. Eisenbahn-Couplet. Stadtbibliothek Lübeck, Phil germ 8 3888 (DVA Bl 10 594). Es wurde noch bis in die 1930er-Jahre im Rheinland und in Hessen, in Ostpreußen, Pommern, Brandenburg, Niedersachsen und der Schweiz gesungen.

Auf Tannenwald und Kluft.   Zerschmettert Kolben und Rad.

»O, flickt meinen lecken Kessel,   Das Flicken war nicht mehr rentabel [,]

Verstopft meinen Kolben auf's neu,   Drum schlug man sie schleunigst entzwei,

Manch Jahr' schon hab ich gedienet,   Im neunzehnten Jahrhundert

Manch' Jahr' noch dien' ich treu!«   Gibt's keine Empfindelei.[73]

Eine Fundgrube ist dagegen das Liederbuch des sächsischen Eisenbahnverbandes, das um 1912 erschienen ist. Es enthält 77 Liedtexte, darunter 42 Eisenbahn(er)lieder, genauer: Textunterlegungen auf populäre Liedweisen des 19. Jahrhunderts. Dieses Büchlein soll im Folgenden einer genaueren Betrachtung unterzogen werden. Anstelle eines Vorworts steht das Eingangsgedicht *Zum Geleit*, in dem wiederholt von »altem deutschen Brauch« die Rede ist. Danach seien in Lied und Sage die meisten Berufsstände seit dem Mittelalter besungen worden (Ritter, Soldaten, Handwerker, Burschen, Seeleute, Bergleute, Bauern):[74]

[4.] Doch sagt, wer windet einen Kranz   [7.] Drum soll dem Eisenbahner auch

Im weiten Vaterlande,   Ein löblich Lied erklingen.

Umschwebt von hehrer Dichtung Glanz,   Es mag nach altem deutschen Brauch

Dem Eisenbahnerstande?   In fernste Weiten dringen;

O Eisenbahner, stiller Held,   Drum wird' auch ihm sein Lied zu teil,

Es sieht dein Kämpfen nicht die Welt,   Man sing's der Eisenbahn zum Heil

Dein Ruhm für wack'res Streiten   Und achte nicht geringer

Erstirbt im Strom der Zeiten! –   Des Flügelrades[75] Jünger!

[5.–6.]

Die Mehrzahl der Eisenbahnlieder beinhalten den Lebenslauf des Eisenbahners, angefangen von Ausbildung und Berufslaufbahn (*Eisenbahners Lebenslauf, Berufs-Erinnerung*) über die verschiedenen Dienst- und Tätigkeitsbereiche (*Unser Dienst, Dienst- und Bundespflicht, Eisenbahner-Losung* u.a.) bis zu Feierabend und Privatleben (*Nach dem Dienst, Eisenbahners Urlaubsfahrt, Unsere Frau*en).

---

73 Ebd., S. 88f., mit Verfasserangabe »L. Wypfel« und Melodieangabe »Ich weiß nicht, was soll es [bedeuten]«; das Lied steht in verschiedenen Ausgaben des Lahrer Kommersbuches zwischen 1882 bis um 1900 mit derselben Melodieangabe, aber mit dem Verfassernamen L. Wylpel«, s. *Allgemeines Deutsches Commersbuch*. Unter musikalischer Redaktion von Fr. Silcher und Fr. Erk. 25. Aufl., Jubiläums-Ausgabe 1882, S. 511 (ebenso 27. Aufl. 1886 und 42. Aufl. um 1900). Stichprobenweise gesichtet wurden rund 15 in Freiburg (DVA und UB) vorhandene Auflagen des Lahrer Kommersbuches zwischen 1858 (neue Aufl.) bis 1963 (156. Aufl).

74 *Verbandsliederbuch* (um 1912, wie Anm. 66), S. 3f.: *Zum Geleit*, unterzeichnet mit Richard Leskow. Aus der Feder des Verfassers stammen zehn Texte dieser Sammlung.

75 Der Begriff »Flügelrad« ist als Synonym für die Eisenbahn verwendet.

1. Als ich noch auf die Schule ging
Fing einst mein Vater an:
»Hör mal, du hoffnungsvoller Sproß,
 Geh du zur Eisenbahn!«

2. So war ich plötzlich Diätist[76],
Eh' daß ich mir's versah,
Im Leben stand ich mitten drin,
Wußt' nicht, wie mir geschah.

3. Es war mir alles noch so neu,
So gänzlich unbekannt.
Doch lernte ich und vorwärts ging's,
Ich wurde Aspirant.

4. Da schlug mein Eisenbahnerherz
Vor Stolz und auch vor Glück,
Die erste Sprosse war erreicht,
Wie leuchtete der Blick.

5. Der Blick drang in ein Mädchenherz,
Das darob jäh entfacht.
So hat mir die Beförderung
Das Herrlichste gebracht.

6. Die Zeit verstrich im Sauseschritt,
Der Prüfung kam heran,
Doch gingen hin noch viele Jahr',
Eh' man mich stellte an.

7. Nun war ich glücklich Assistent;
Die nächste Folge war:
Ich nahm mein Liebchen bei der Hand
Und schritt zum Traualtar.

8. Die Jahre eilten hin im Flug,
Die Sorge blieb nicht aus,
Doch immer lief es leidlich ab
Im Dienst und auch zu Haus.

9. Und weiter geht die Lebensfahrt,
Weiß nicht wohin? wie lang?
Als Jünger vom beschwingten Rad
Wird mir darob nicht bang.

12. Und ist mir das Signal gestellt,
Zur letzten Fahrt zu gehn,
Dann blick' noch einmal ich zurück:
»Herrgott, es war so schön!«[77]

[10.–11.]

Wie in anderen spezifischen Sammlungen[78] findet man hier zumeist Standeslob-, Gesellschafts- und Solidaritätslieder (*Heil unserm Stande, Berufsglück, Der Fahrdienstleiter*).[79] In diesen Liedern ist häufig von Pflichten die Rede, es kommt jedoch auch ein gewisser Berufsstolz und das Bewusstsein, eine nützliche Aufgabe für die Gesellschaft und damit einen unentbehrlichen Beitrag zum allgemeinen Fortschritt zu leisten, zum Ausdruck:

---

76 »Diätist«, auch »Diätar«: Anwärter, bei den Behörden nicht fest angestellte Person.

77 Ebd., S. 12f., Melodie: Im schwarzen Walfisch zu Askalon.

78 Z.B. *Liederbuch* hg. vom Verbande Deutscher Post- u. Telegraphen-Assistenten. Berlin 1898; *VWA Verbandslieder. Ein Singebuch für ernste und heitere Stunden.* Hg. vom Verband der weiblichen Handels- und Büroangestellten e.V. Berlin. 2. Aufl. Berlin 1921; *Liederbuch für den Mecklenburger Feuerwehr-Verband.* Güstrow 1897 (3. Aufl. 1924) u.v.a. berufsspezifische Sammlungen.

79 *Verbandsliederbuch* (um 1912, wie Anm. 66), S. 88f.: 1. Vor allem in der ganzen Welt / Die Eisenbahn mir sehr gefällt usw., Melodie: Der Papst lebt herrlich in der Welt.

Mein Titel

1. Eisenbahner ist mein Titel,
Ist mein Ruhm und meine Zier,
And'ren schaffe ich die Mittel,
Doch den Frohsinn schaff' ich mir.

5. Wenn dem Flügelrad ich diene,
Fühle ich mich groß im Staat;
Bin ich in der Weltmaschine
Selber doch ein nötig Rad.[80]

[2.–4.]

Von der Beschwerlichkeit der Arbeit, etwa derjenigen der Heizer, Lokomotivführer oder der Streckenarbeiter beim Schienenbau, ist hier nicht die Rede; lediglich im Lied vom Schaffnerdienst *Der Betriebsmann*, dem paradoxerweise die Liedweise »'s gibt kein schöner Leben« unterlegt ist, werden Lärm, Rauch und Hektik wie stürmende Menschenmassen auf dem Bahnsteig wie im Zug beklagt:

> s'Eisenbahnerleben ist vom Rauch umgeben
> Und von Dampf und Dunst, von Lärm und Hast.
> Da sucht man vergebens Poesie des Lebens,
> Die Beschaulichkeit mit Ruh und Rast. –
> In den Sommertagen auf und ab zu jagen
> An den Zügen endlos lang und heiß,
> Soll es gut gelingen – über Gleise springen,
> O! dann kostet's Eisenbahnerschweiß!
> usw.[81]

Etwa ein Dutzend Lieder beinhalten das Eisenbahnmotiv per se, etwa ihre Erfindung (*Die Eisenbahn*, *Eisenbahnlied* u.a.) und daraus resultierenden Vorteile beim Reisen (*Eisenbahn-Bundeslied*: »Wir sind nicht mehr an Raum und Zeit gebunden«[82], *Das Reisen*[83]) sowie den allgemeinen Fortschritt im Wirtschafts- und Gesellschaftsleben: Die Eisenbahn, »der ganzen Welt zum Segen« (*Die Eisenbahn*) geschaffen, wird hier zum Kulturträger erhoben:

Eisenbahnlied

1. Stimmt an mit hellem hohem Klang,
Stimmt an das Lied der Lieder,
Des Flügelrades Hochgesang,
Der Erdball hall' es wieder.

2. Ein großer Geist hat einst erdacht,
Wie man den Dampf bezwinge,
Wie die Maschine, glutentfacht,
Der Menschheit Nutzen bringe.

[3.–4.]

---

80 Ebd. S. 29f., Melodie: Preisend mit viel schönen Reden.
81 Ebd., S. 41f.
82 Ebd., S. 18f.: Auf Eisenwegen, die die Welt umspannen, / Fährt sausend ein geflügelt Rad dahin usw., Melodie: Wo Mut und Kraft.
83 Ebd., S. 93f.: Str. 2: »Wie brachten wir es weit / In uns'er Zeit, / Wo mit der Eisenbahn / Man fröhlich fahren kann / Für bitter wenig Geld / Flugs durch die ganze Welt«. (*Das Reisen*), Melodie: Die Musik kommt.

5. So schafft das Rad auf Eisenspur
Viel Segen allerorten,
Es ist zum Träger der Kultur
Die Eisenbahn geworden.
Usw. [84]

Die Parodie *Moderne Wanderschaft* (Untertitel: »pietistisch-ironisch-satirisches Urlaubslied«) nach Eichendorffs Wanderlied »Wem Gott will rechte Gunst erweisen« handelt dagegen von den Strapazen einer Eisenbahnreise:

1. Wem Gott will rechte Gunst erweisen,
den schickt er auf die Eisenbahn,
Er zeigt ihm, wie man heute reisen
Und sich die Welt besehen kann.

2. Schon in des Bahnhofs weiten Hallen
Welch ein erhebendes Gefühl!
Wie alle nach dem Bahnsteig wallen
Im bunten, fröhlichen Gewühl.

3. Es stört nicht der Maschine Rauchen,
Das Klappern, Pfeifen auf dem Gleis,
Und nicht der vielen Züge Fauchen,
Und nicht der eig'nen Stirne Schweiß.

8. Doch kehrst du von der Reise wieder
Zurück ins traute, stille Haus,
Dann strecke die zerschlag'nen Glieder
Behaglich auf dem Sofa aus.[85]

[4.–7.]

In dem Lied *Stoßseufzer einer alten Lokomotive* (»Es lag eine Lokomotive im alten Eisen drin«[86]), das bereits im *Liederbuch für die Vereine der Staatsbahn-Civil-Supernumerare* (1901) steht, ist eine Lokomotive, in einem anderen eine alte Weiche[87] personifiziert. Vom Bahnhof als Zentrum einer Stadt oder Ort von Abschied und Trennung handeln die Lieder *Der Großstadt-Bahnhof*, *Abschiedslied* und *Abfahrt*.

Bemerkenswert ist, dass es sich von einigen wenigen Ausnahmen nicht um Parodien im engeren Sinne, die sich wörtlich eng an die Vorlage anlehnen, handelt, sondern um neue Textunterlegungen auf bekannte Melodien. Nicht erstaunlich ist auch die hohe Zahl der Texte in Ich- oder Wir-Form: sie sollten Identifikation mit dem Liedinhalt und Solidarität unter den Eisenbahnern bezwecken. Wie in Anthologien trivialer Eisenbahnlyrik, worauf hier nicht näher eingegangen werden kann, kommt in den Liedern deutlich der Zweck solcher Sammlungen zum Ausdruck:

> Sie [...] suchen anderen Eisenbahnern Freude am Beruf zu vermitteln; der Zug wird zum
> mythischen Wesen, dem der arbeitende Mensch sich willig unterordnet, dankbar bewegt
> von der Schönheit des rastlos ineinandergreifenden Ganzen, dem er dienen darf.[88]

---

84 Ebd., S. 45, Melodie: Stimmt an mit hellem hohem Klang.
85 Ebd., S. 90f., Melodie: Wem Gott will rechte Gunst erweisen.
86 Text, s.o., Quellenangabe »Allgemeines Deutsches Kommersbuch« (o.O. u. J.).
87 Ebd., S. 15f.: »An abgeleg'nem Gleise an eines Bahnhofs Rand / Mit tiefgesenktem Kopfe ein Weichenkörper stand«, Melodie: In einem kühlen Grunde.
88 Mahr (wie Anm. 29), S. 14.

Die Aufnahme dieser Lieder sowie der Gebrauch des Bändchens über den vermeintlichen Nutzen bei Vereinsveranstaltungen ist nicht überliefert; dies trifft jedoch generell auf Sammlungen von Berufs- oder Interessenverbänden zu. Das Altersstufenlied »Es ist das ganze Menschenleben in Wahrheit eine Eisenbahn«, das einzig bekannte Lied der Sammlung, war schon zuvor durch Liedflugschriften in Umlauf. Über die jeweils genannten Verfasser, worunter der Name Richard Leskow mit mehr als zehn Texten hervorragt – je dreimal genannt sind Eugen Reichelt, Karl Stephan und Pfarrer Otto Müller – ist nichts bekannt, noch sind sie als Liederdichter in anderen Sammlungen vertreten. Daraus ist zu schließen, dass die überwiegende Zahl der rund vierzig Eisenbahn(er)lieder von dilettierenden Verbandsmitgliedern oder Eisenbahnfreunden verfasst wurde. An bekannten Namen taucht hier lediglich derjenige des Liederdichters Rudolf Baumbach (1840–1905) auf, Verfasser des Liedes »Hoch auf dem gelben Wagen« und anderer heute noch verbreiteter Lieder des 19. und 20. Jahrhunderts (z.B. »Bin ein fahrender Gesell«, »Keinen Tropfen im Becher mehr«).[89] Er ist hier mit dem humoristisch-ironischen Gedicht *Die Postkutsche* vertreten, das die Romantik wie Gefahren einer Postkutschenreise beschreibt und nichts mit dem suggestiven Eisenbahn-Enthusiasmus der besagten Laiendichter zu tun hat.

1. Uns melden Bücher und Sagen
So manches Wunderding
Von einem gelben Wagen,
Der durch die Lande ging.
Die Kutsche fuhr, man denke,
Des Tag's drei Meilen weit.
Und hielt vor jeder Schenke –
O gute, alte Zeit!

2. Es ward von den Passagieren
Zuvor das Haus bestellt.
Sie schieden von den Ihren
Als ging's ans End' der Welt.
Sie trugen die Louisdore
Vernäht in Stiefel und Kleid,
Im Sack zwei Feuerrohre –
O gute, alte Zeit!

3. Oft, wenn die Fahrtgenossen
Sich sehnten nach Bett und Wirt,
Da brummte der Schwager[90] verdrossen,
»Potz Blitz, hab' mich verirrt!«
Von fern her Wolfsgeheule,
Kein Obdach weit und breit,
Es schnaubten zitternd die Gäule –
O gute, alte Zeit!

4. Auch war es sehr ergötzlich,
Wenn mit gewalt'gem Krach
In einem Hohlweg plötzlich
Der Wagen zusammenbrach.
War nur ein Rad gebrochen,
So herrschte Fröhlichkeit.
Mitunter brachen auch Knochen –
O gute, alte Zeit![91]

---

89 Baumbach, Rudolf: *Spielmannslieder*. Leipzig 1882; ders.: *Lieder von der Landstraße*. Leipzig 1893; *Lieder eines fahrenden Gesellen*. Leipzig 1898 und *Reise- und Wanderlieder*. Stuttgart 1914 u.a.

90 Seit dem 18. Jahrhundert als Anrede für den Kutscher oder Postillon gebräuchlich und als solche vermutlich in studentischen Kreisen aufgekommen, s. Grimm, Jacob und Grimm, Wilhelm: *Deutsches Wörterbuch*. Bd. 9 bearb. von Moritz Heyne. Leipzig 1899, Sp. 2178.

91 *Verbandsliederbuch* (um 1912, wie Anm. 66), S. 87f., Melodie: Ich weiß nicht, was soll es bedeuten.

Obwohl auch dieser Text einer populären Weise unterlegt ist, ist er ebenso wenig in die Überlieferung eingegangen wie die anderen Eisenbahn(er)lieder der Sammlung. Dies trifft allerdings auch für die Eisenbahnlyrik bekannter Dichter zu, wobei die Frage ihrer Rezeption in der Musik offen ist.

Bänkelsang

Nicht nur anerkannte Lyriker wie Laiendichter haben sich mit der Eisenbahn befasst, sondern auch Bänkel- und andere Jahrmarktssänger haben in dem Thema wie in der Technik schlechthin ein lukratives Geschäft gefunden, und so ist neben den anderen technischen Erfindungen des 19. Jahrhunderts selbstverständlich auch die Eisenbahn im Bänkelsang vertreten. Zumal dessen Publikum (und potentielle Kundschaft), der einfache Mensch, viel schneller an die technischen Erfindungen und Erfolge glaubte als der Gelehrte; er hat sie nicht hinterfragt und war nicht so skeptisch wie mancher Dichter.

> Man trieb auf den Meß- und Jahrmarktsplätzen mit der Technik sein Geschäft, indem man sie in die Moritaten einbaute [...]. Das Publikum wußte meist ebenso wenig darüber wie der Vortragende selbst, aber es macht sich immer gut, von Dingen zu sprechen oder in diesem Falle zu singen, die ein Stück hinter dem Horizont liegen.[92]

Einen breiten Raum nehmen die Lieder um sensationelle historische oder fiktive Ereignisse ein: Eisenbahnunfälle, Schiffsuntergänge (Cimbria), Brückeneinsturz (Brücke am Tay)[93], Überfälle und Attentate[94], Selbsttötung (Zug von Hamburg[95]) und anderes Sensationelles, was von den Bänkelsängern vorgetragen und in den auf Jahrmarkt und Straße vertriebenen »neuen Zeitungen« abgedruckt wurde. Hin und wieder ist dem Liedtext das fiktive Geschehen in der Art eines Boulevardblattes unserer Zeit vorangestellt, etwa bei den Liedern *Der Überfall auf der*

---

92 Nötzold (wie Anm. 28), S. 6.

93 »In Schottland hatt' gebaut man eine Brücke, / Dreitausend Meter und noch etwas war sie lang! / Doch höret, wie des Schicksals graus'ge Tücke / Und ein Organ ihr brachten Untergang« (es folgen 6 Str.): *Die Brücke am Tay oder Der D-Zug im Ozean*, s. Nötzold (wie Anm. 28), S. 72f. (Liedflugschrift mit Illustration, ohne Quellenangabe); »das etwa um 1890 auf den Jahrmarkt gebrachte Bänkellied hat nur ein kurzes Leben gehabt.« Nach Nötzold war es »wohl noch zu literarisch«; m.E. konnte sich das relativ triviale Lied gegenüber Fontanes berühmter Ballade einfach nicht durchsetzen.

94 *Das mißlungene Eisenbahn-Attentat auf den Zaren Alexander von Rußland am 1. Dezember 1879*, s. ebd., S. 55ff.

95 Das Lied »Ein Mädchen jung von 18 Jahren / verführt von eines Burschen Hand« aus der Mitte des 18. Jahrhunderts war bis in die Nachkriegszeit (20. Jh.) ein berühmtes, in zahlreichen Feldforschungen belegtes Bänkellied, *Volkslieder aus der Badischen Pfalz*. Hg. von Elisabeth Marriage. Halle a.S. 1902, S. 75f.; *Ihr lieben Leute höret zu*. Hg. von R.A. Stemmle. Berlin 1938, S. 112–113 und viele andere Nachweise.

Pacificbahn sowie *Die Tochter des Banditen*. Im letzteren Lied geht es u.a. um einen Bergwirt, der sich dem Bau der Eisenbahnstrecke durch seinen Wald widersetzt, enteignet wird und daraufhin den Zug überfällt:

> [2.] Conrad liebte Nelly innig,
> Als er baut die Eisenbahn,
> Doch der Vater fluchte grimmig,
> Weil man ihm den Wald wegnahm.
> Er eilt aus Wut an jenen Ort,
> Mordet einen Menschen dort.
>
> [3.] Dann entflieht er, wie ein Räuber,
> Fällt den Eisenbahnzug an.
> Über seiner Opfer Leiber
> Mit dem Raube er entrann (usw.).[96]

Bekannter war offenbar das Lied vom Überfall auf die Pacificbahn, das in zwei Drucken des Verlages Hermann Reiche (Schwiebus) steht. Diesem geht eine sechs Seiten lange Beschreibung der angeblichen Verhältnisse in Übersee und des Ereignisses voran:

> Eine besondere, ganz amerikanische Abart der Ritter vom Stegreif sind die Eisenbahnräuber oder Posträuber, wie man drüben zu sagen pflegt. Diese unheimlichen Leutchen machen es nicht etwa wie die Italiener, die während der Fahrt oder im Gepäckraum der Bahnhöfe heimlich mit Nachschlüsseln die Koffer öffnen und etwaige darin befindliche Werthsachen stehlen, sondern sie halten einen ganzen Zug auf der offenen Strecke an und plündern dann die Passagiere aus. Gewalt wird gewöhnlich nicht angewendet, nur wenn Passagiere oder Schaffner Widerstand leisten sollten, tritt der Revolver in Thätigkeit. Derartige Vorgänge erklären sich nur durch die ungeheuren Entfernungen, welche die amerikanischen Züge, besonders die der Pacificbahn durch die völlig unbesiedelten Länderstrecken zurückzulegen haben. Plötzlich an einer Biegung im dichten Urwald oder im Gebirge zwingt ein auf den Schienen liegendes Hinderniß den Zug zum Anhalten. Während die Beamten der Bahn den Weg frei machen wollen, brechen die Räuber aus ihrem Versteck hervor, halten mit gespannten Revolvern Lokomotivführer und Schaffner in Schach und dringen dann in die Wagen ein.[97]

Im weiteren Verlauf wird vom mutigen Eingriff eines Deutschen berichtet, der einem Farmer und dessen schöner Tochter Maud das Leben rettet. Im Lied ist die langatmige Geschichte in einigen wenigen, am Schluss zusammenhanglosen Strophen zusammengefasst:

---

96 *Die Tochter des Banditen oder: Gott ist gerecht. Eine wahre, traurige Begebenheit der neuesten Zeit.* Verlag von Marie Kahnert, Schurgast i.Schl. o.J. (DVA Bl 9362).

97 *Die Straßenräuber von Arizona oder: Der Ueberfall auf die Pacificbahn* Schwiebus o.J. (DVA Bl 9437); s.a. Nötzold (wie Anm. 28), S. 58.

[1.] Angefüllt mit Passagieren
Braust der Zug dem Westen zu;
In des Urwaldes Revieren
Stöhnt das Dampfroß ohne Ruh.
Alle treibt des Geldes Drang
Des Gebirges Schlucht entlang.

[2.] Doch im Dickicht lauren Horden
Einer wüsten Räuberschaar;
Stets bereit zu Raub und Morden
Halten an den Zug sie gar.
Mit Pistolen und Stilet
Steigen sie aufs Wagenbrett.

[3.] Und ein Räuber lechzt nach Beute,
Einen Pflanzer er beraubt.
Doch es find't die wilde Meute
Widerstand, wo sie's nicht glaubt,
Denn ein Deutscher waget voller Muth
Wagt um Liebe Gut und Blut.

[4.] Er beschützt die, die ihm theurer,
Jenen Pflanzer und sein Kind.
Er entlarvt ein Ungeheuer,
Einen Mörder bös gesinnt.
In der allergrößten Noth
Hülfe naht von Gott gesandt.

[5.] Maud nun pflegte jenen Kühnen;
Seine Wunden wunderbar,
Die zuerst wohl tödlich schienen,
Heilen schnell in Florida.
Bald reicht Maud dem Mann die Hand
Der in Noth treu zu ihr stand.[98]

Populäre Überlieferung

Im Deutschen Volksliedarchiv sind außer den Eisenbahnliedern in Gebrauchsliedersammlungen und Liedflugschriften ungefähr hundert weitere Lieder zum Eisenbahnmotiv gesammelt, wobei es sich bei der Mehrzahl um Unikate (oft ohne Melodie) vor allem seit dem späten 19. Jahrhundert aus der handschriftlichen und mündlichen Überlieferung handelt. Diese sind vermutlich früher entstanden und wurden zumindest teilweise von Generation zu Generation überliefert. Im Folgenden soll ein skizzenhafter Überblick über dieses breit gefächerte Spektrum vom Loblied über die Erfindung der Eisenbahn über die Sozialkritik bis zur Eisenbahnnostalgie der jüngsten Zeit gegeben werden; im Unterschied zum Repertoire der Berufsverbände widerspiegeln diese Lieder das ambivalente Eisenbahnbild des 19. Jahrhunderts.[99] Wie in der Eisenbahnlyrik steht im mündlich überlieferten Eisenbahnlied einer optimistischen Zukunftsgläubigkeit Skepsis und Furcht vor der Unruhe gegenüber, welche die Eisenbahn ins Land zu bringen droht. Zur

---

98 Ebd., S. 8; Wiederabdruck: Nötzold (wie Anm. 28), S. 58; *Die schreckliche Pulver-Explosion zu Harburg und andere Echte und Wahrhafte Moritaten.* Ges. von Lukas Richter. Berlin 1972, S. 80.

99 Vgl. Linder-Beroud, Waltraud: *»Wer ist doch der brave Mann, der erfand die Eisenbahn?« Eisenbahnlieder spiegeln viel mehr als nur das Pro und Contra der neuen Technik wider.* In: *Momente.* Beiträge zur Landeskunde Baden-Württemberg 1/2007, S. 26–29.

affirmativen Gruppe gehören dagegen Loblieder über die Eröffnung der ersten deutschen Eisenbahnstrecke[100] wie über ihre Erfindung, z.B. das folgende Lied:

[1.] Wer war der brave Mann,
Der erfand die Eisenbahn?
Wie ein Vogel fliegen kann,
Fährt man auf der Eisenbahn.

[2.] Ich mit meinem lahmen Fuß,
Kommt die Zeit, daß ich wandern muß,
Wenn ich nicht mehr gehen kann,
Fahr' ich auf der Eisenbahn.

[3.] Trifft man keine Arbeit an,
Geht man auf die Eisenbahn,
Da giebt's Mädchen hübsch und fein,
Soll auch baares Geld da sein.

[4.] Solche Mädchen hübsch und fein,
Woll'n auch brav traktiret sein;
Drum hab' ich mein Geld verthan
Auf der sächs'schen Eisenbahn.

[5.] Viele Hunderttausend Geld
Hab'n die Kaufleut' hergestellt,
Was ein jeder geben kann,
Giebt er für die Eisenbahn.

[6.] Hundert Thaler kriegt der Mann,
Der zuerst drauf fahren kann;
Freund, ich wag' mich selber dran,
Fahre auf der Eisenbahn.

[7.] Freundchen das ist gar zu viel,
Das ist ja kein Kinderspiel,
Du wagst Leib und Leben dran
Für die sächs'sche Eisenbahn.[101]

In diesem Lied aus der Frühzeit der sächsischen Eisenbahn[102] sind gleich mehrere interessante Aspekte zu unserem Thema angesprochen: die Erfindung der Eisenbahn mit den bequemeren Reisemöglichkeiten, die soziale Problematik, die Eisenbahn als Brotgeber wie Vergnügungsstätte, die Investitionen in die Eisenbahn (Eisenbahn-Aktien) sowie das Risiko eines Eisenbahnunglücks. Es dürfte gegen 1840, d.h. in der Frühzeit der Eisenbahn, entstanden sein, denn der erste bekannte Abdruck (Leipzig 1841) gibt als Quelle eine Liedflugschrift (ohne Ort und Jahr) an. Aus der ungedruckten Überlieferung ist das Lied bereits 1866 in einer stellenweise ziemlich abweichenden Version auf das bayerische Eisenbahnwesen und noch 1935 aus in einer wesentlich kürzeren mündlichen Aufzeichnung mit Melodie und Hinzufügung einer Preisstrophe auf den bayerischen König belegt.[103]

---

100 Vgl. Anm. 13.

101 *Sammlung deutsche Volkslieder*. Hg. von Willibald Walter. Leipzig 1841, S. 124f.; ohne Verfasser und Melodie, jedoch mit Quellenangabe »Fliegendes Blatt, Eisenbahnlieder, gedruckt zu Dresden«.

102 In Sachsen wurde die Eisenbahn ab 1839 mit der 117 km langen Strecke Leipzig-Dresden-Neustadt eingeführt (Bauzeit: 26.02.1836 – 03.1839, Eröffnung 1837–1839), s. www.sachsenschiene.de (abgerufen am 08.11.2009).

103 »Wer ist doch der brafe Mann / der Erfand die Eisebahn« [!], in einem handschriftlichen Liederheft aus Röllbach b. Obernburg, 1866 (6 Str., ebenfalls ohne Melodie, DVA A 145 162); »Ist das nicht ein braver Mann, / der erfand die Eisenbahn« (usw. 4 Str.), Str. 4: »Unser König, der soll leben, / weil er solches hergestellt. / Wir wolln nun anfangen bauen / an

Dass das Lied bis in die erste Hälfte des 20. Jahrhunderts einen gewissen Bekanntheitsgrad hatte, kann man aus der Turnerparodie »Wer wahr wohl der erste Mann, der unsre Turnerei erfand«[104] schließen.

Ebenfalls aus früherer Zeit stammen die Lieder, in denen es um den Bau, die Finanzierung und Eröffnung regionaler Strecken[105] geht, obwohl sie teilweise erst im 20. Jahrhundert aufgezeichnet wurden:

> Es ist was Kleines nicht,
>
> So eine Bahnbaugschicht,
>
> an allen Eck' und Enden
>
> andere Interessenten,
>
> Und mit der Einigkeit,
>
> da feit's oft himmelweit
>
> usw.[106]

> Oder!
>
> Die Eisnbahn wird fortgebaut
>
> Aufs Schuldenzahln da wird nix g'schaut.
>
> Sagt amal a Schuastabua:
>
> Schuldn hiatn s' eh schon gnuag.[107]

Eine Reihe Lieder bestaunen die Eisenbahn als Novum und Kuriosum, als Sehenswürdigkeit, beispielsweise »Ich geh' [Wir gehen] heut lustig an den Rand [Rhein, Strand], / Die Eisenbahn zu sehn« oder »Jüngst bin i amal naus n Bahnhof ganga«[108], andere beschwören den Geist der neuen Zeit:[109]

---

der bayerischen Eisenbahn«, mündliche Aufzeichnung aus Haselbach b. Neustadt a.d.Saale, 27.6.1935 (DVA A 166 410).

104 Abdruck in Liedersammlungen um 1910 und 1928, z.B. *Bundes-Liederbuch des Arbeiter-Turn- und Sportbundes.* Leipzig 1928, S. 104f.

105 Z.B. zur Eröffnung der Strecke Wien–München 1860: »Es braust daher ein Zug auf Eisenschienen« (DVA Bl 9892); *Die Böschemer Eisenbahn*: »Es taucht einmal im Landtag auf, / Wir bauen eine Bahn die Rhön hinauf«, Einsendung aus Passau (1896) an den Verein für bayerische Volkskunde und Mundartenforschung (DVA A 175 647); *Inntaler Eisenbahn-Gstanzerln*: »1. Znachst hat uns d'Regierung a Briafal zuagschriebn: / Ös drunta habts a zwang da Eisenbahn triebn! / Hätts nöt a so triebn / Dös Geld war enk bliebn! 2. A 4000 Markl muaßts blecha istz glei, / Nach bau ma enk d'Eisnban schleunigst vorbei«, mündliche Aufzeichnung aus München/Obermenzing (Bayern o.J.), Einsendung von 1940 (DVA A 179 709).

106 *D'Waldbahn* (6 Str. mit Melodie), zur Linie Passau–Freyung: mündliche Aufzeichnung, Gegend um Waldkirchen (Niederbayern) o.J. (DVA A 162 214).

107 Str. 3 des Liedes *Die Eisenbahn*: »Durch die vielen Eisenbahnen / Sind so wenig Postillionen. / Ja, wo man friaha a Posthorn g'herscht / Das Lokamatif hiazt herscht«, Steiermark, handschriftlich 1892 (DVA A 140 661).

108 *Eisenbahnlied* (1850), Einsendung an den Verein für bayerische Volkskunde und Mundartforschung Würzburg (DVA 204 570).

Fort mit dem alten Schlendrian;
Wir lassen uns nicht halten,
Kutschieren mit der Eisenbahn
Zum Trotz euch klugen Alten.
Bewegt euch langsam nur vom Ort,
Wir rutschen mit dem Zeitgeist fort
Nach Potsdam, Potsdam, Potsdam.
Usw.[110]

Eisenbahnlied
Ich geh' heut lustig an den Rand,
Die Eisenbahn zu sehn;
Mit meinem Lottchen in der Hand,
Ihr werdet mich verstehn.
Wir singen Alle Tralala,
Tralala, Tralala,
Wir gehen nach der Eisenbahn,
nach der Eisenbahn![111]

Das letztere, ein als *Damen-Schottisch* bezeichnetes Tanzlied, das nach einer Gewährsperson im Badischen »zur Zeit der Eröffnung der Eisenbahn zwischen Mannheim und Heidelberg aufgekommen«[112] ist, war bis gegen Mitte des 20. Jahrhunderts sehr beliebt. Es ist mit rund dreißig Rezeptionsbelegen (ca. zehn Liedflugschriften und ca. zwanzig mündlichen und handschriftlichen Aufzeich-

---

109 »Es fongt die Zeit schon on, / Daß long red'n davon, / Es fongt die Eisenstroß'n / Schon in Steier[mark] on«, s. Reiterer, Karl: Wie sich's auf der Welt verändert, in: *'s Nullers* (Graz) 1, Nr. 1 (1. Okt. 1904), S. 15 (DVA B 34 019); s.a. das Lied *Zwei Itzlinga-Bauan üba d'Eisenbahn 1860*: »Glei gen Nachba habm ma gessn, / Aft schaun ma zo dar Eisnbahn; / Ma kann sö wol schia nit gnuag wundan, / Was dö Welt alls zauban kann«: *Historische Volkslieder aus Österreich vom 15. bis 19. Jahrhundert*. Hg. von Leopold Schmidt. Wien 1971 (*Wiener Neudrucke*, 1), S. 151f.

110 *Eisenbahnlied* (Melodie: Ein Postknecht ist ein armer Wicht), s. Richter, Lukas: *Der Berliner Gassenhauer. Darstellung – Dokumente – Sammlung*. Leipzig (ca. 1969), S. 43f. (neu hg. vom Deutschen Volksliedarchiv. Münster u.a. 2004 (Volksliedstudien 4). Als Quelle nennt Richter die Liedflugschrift *Sechs schöne neue Lieder von 1838* der Druckerei Trowitsch Berlin; das Lied ist anlässlich der Einweihung der ersten Berliner Eisenbahnstrecke (Berlin–Potsdam, 1838) entstanden.

111 *Vier ganze neue Lieder*. 4. Ich geh' heut lustig an den Rand. O.O. und Jahr. Staatsbibl. Berlin, Yd 7930.103–4 (DVA Bl 3654), mit Textvariante »Stand« s. *Moritaten, Lieder. Volkslieder-Sammelband aus der Bibliothek von Karl Tannen [um 1850]*, UB Bremen II.c.4966/57 (DVA Bl 6682).

112 *Oberschefflenzler Volkslieder und volkstümliche Gesänge*. Gesammelt von Augusta Bender. Niederschrift der Weisen von Josef Pommer. Karlsruhe 1902, S. 187f. (Textvariante »Rhein«). – Die Strecke Mannheim–Heidelberg, die ehemalige Rheintalbahn (Teilstrecke der Oberrheinischen Eisenbahn) wurde 1840 eröffnet, s. http://de.wikipedia.org/wiki/Oberrheinische_Eisenbahn (abgerufen 09.11.2009): Mit der Entwicklung des Eisenbahnwesens entstanden bereits Anfang der 1830er-Jahre Überlegungen zum Bau einer Eisenbahn von Mannheim nach Basel. Eine erste Initiative im Jahr 1833 geht auf den Mannheimer Unternehmer Ludwig Newhouse zurück, die jedoch ebenso wie der Vorschlag Friedrich Lists keine Zustimmung seitens der Badischen Regierung fand. Erst als sich im Elsass 1837 eine Eisenbahngesellschaft gründete mit dem Ziel, eine linksrheinische Strecke zwischen Basel und Straßburg zu bauen, begannen in Baden die Planungen zum Bau einer Eisenbahn, um eine Verlagerung der Verkehrsströme auf das linksrheinische, elsässische Ufer zu vermeiden; s. http://wapedia.mobi/de/Badische_Hauptbahn (abgerufen am 09.11.2009).

nungen) seit der Mitte des 19. Jahrhunderts aus ganz unterschiedlichen Gebieten (Pommern, Franken, Hessen), vor allem jedoch aus Baden und der Schweiz nachgewiesen.[113]

Die Eisenbahn hat die Welt den Menschen näher gebracht, daher ist in Liedern das schnellere und bequemere Reisen hervorgehoben (»Was früher fern, das ist jetzt nah, in wenig Stunden ist man da«[114]). Was die Dichter noch verdammten, wurde in der öffentlichen Meinung durchaus bejaht:

> Im deutschen Alltag war der Einbruch der Eisenbahn in die Stille der Wälder, der Einbruch der Fabrikwelt […] in die stimmungsvollen Ruinen der Vergangenheit längst vollzogen.[115]

Manche Lieder zählen in der Art der »schwäbischen Eisenbahn« die Haltestationen bestimmter Linien auf, wie etwa das Lied auf die Taunusbahn zwischen Frankfurt nach Wiesbaden:

1. Man schreibt ja, die Eisenbahn ist ja so fein,
Die erste Station ist zu Frankfurt am Main,
Es fahren viel hundert Personen darein,
Wer nichts bezahlt darf nicht hinein.
jetzt schnellt durch die Welt.

[2.–7.]

8. Die achte Stacion die heißt ja Wiesbad,
mit glanzendem [!] Spiel fahren wir nach der Stadt,
Die Bromath [Promenade] ist so schön, der Kursaal so weiß,
Kochbrunnen von Natur bist so heiß.[116]

Standeslobieder auf die Lokomotivführer, Schaffner, Gleisarbeiter, Büroangestellte usw., wie sie in den Verbandsliederbüchern des späten 19. und frühen 20. Jahrhunderts oft vorkommen, sind aus der mündlichen Überlieferung seltener belegt, dagegen umso häufiger solche auf das Eisenbahnmilitär:[117]

Eisenbahn-Betriebslied

1. **Eisenbahner** im Betrieb
Haben alle Truppen lieb.
Wenn die Truppen wollen siegen,
Fahren sie mit unsern Zügen.

2. **Eisenbahn-Betriebskompagnie**
Besseres gibt es wohl nie.
Immer lustig Tag und Nacht
Wird von ihr Betrieb gemacht.

---

113 Zuerst im Liederbuch I des Johann Philipp Brühl aus Hennethal (Untertaunuskreis) 1839–1842 (DVA A 80 060). Spätere Textvarianten: »Wir gehn heut lustig an den Rhein«, auch »Stand«.

114 Auszug aus Str. 2 des Liedes *Das Reisen* , s. Anm. 83.

115 Mahr (wie Anm. 29), S. 71.

116 Hs. Liederbuch aus Hennethal (Untertanuskreis), 1842 (DVA A 80 126); Abdruck: *Nassauische Volkslieder*. Nach Wort und Weise aus dem Munde des Volks gesammelt von Ernst H. Wolfram. Berlin 1894, S. 382 Nr. 456.

117 S.a. »Die Eisenbahner Bubn san kreuzbrave Leut, ja, ja, ja, / Hab'n sie ka Geld, so habens doch a Schneid«: Einsendung eines ehemaligen Unteroffiziers der Königlich bayrischen Eisenbahnkompagnie in Ingolstadt, 1919 (DVA 109 093) u.a.

3. **Unsre Bahn**, die lieben wir,
Züge, die verschieben wir.
Feurig fahren wir stets los
Auf den Erbfeind den Franzos.
wir die Züge leiten.
[4.–7.]

8. **Vorwaerts** geht es wie bekannt,
Mit Gott für Koenig, Vaterland!
Wir fahren in das Frankenreich
Mit Gott für Kaiser und für Reich![118]

Kritische Lieder etwa der Streckbauarbeiter oder der Lastenträger über schwere Arbeit sowie die schlechte Entlohnung liegen seit der Zeit um 1900 vor; diese Lieder wie das sozialkritische Lied an sich rückten jedoch erst in der Nachkriegszeit des 20. Jahrhunderts in den Fokus der Volksliedforschung.[119]

Eisenbahnler ist auf Wegen,
Ob es frieret oder taut;
Scheint die Sonne, gibt es Regen,
Das verdirbt ihm nicht die Haut.
Und er mag nicht darüber klagen,
Wenn er kriegt manchen Regenguß.
Dann er d'Kälte nicht mehr ertragen,
Heizt er innerlich mit Spiritus.

Tier und Menschen, Kist' und Kasten
Und viel' Tausend Tonnen Bier,
Auch noch andre größ're Lasten
Muß er flink besorgen hier.
Schon früh morgens muß er sich plagen,
Fort und fort immer experdier'n;
Dann will's Publikum sich noch beklagen,
Wenn er abends kriecht auf allen Vier'n.[120]

oder

Wer Geld an der Eisenbahn will verdienen,
Der muss ja den Schubkarren schieben,
Wohl bei dem Tag, wohl bei der Nacht.
Der Schachtmeister muß schämen,
Weil er so die Leut' thut quälen
Für so einen schlechten Lohn (usw.).[121]

---

118 Loses Blatt, unterzeichnet mit: »Mesecke. Hauptmann und Führer der Eisenbahn-Betriebskompagnie I« und Ortsangabe »Roisel, 27.1.[19]15 (Nordfrankreich)«; Textunterlegung zur Studentenweise »Studio auf einer Reis'«. Fettdruck wie im Original.

119 Vgl. *Die Entdeckung des sozialkritischen Liedes. Zum 100. Geburtstag von Wolfgang Steinitz.* Hg. von Eckhard John. Münster 2006 (Volksliedstudien 7).

120 *Lothringischer Liederhort.* Hg. von einigen lothringischen Liederfreunden Metz [1908], S. 219.

121 Wolfram (wie Anm. 116), S. 325; Abdruck: Steinitz, Wolfgang: *Deutsche Volkslieder demokratischen Charakters aus sechs Jahrhunderten.* Bd. 1 Berlin [Ost], S. 295; Textvariante: »Der Baumeister sollte sich schämen«, mündliche Aufzeichnung o.O.u.J. (DVA A 42 391).

Abb. 2: Liedflugblatt (DVA Bl 7820, Sammlung Wagner).

Die Gleisarbeiter standen im Ruf, das sauer verdiente Geld alsbald wieder auszugeben, wie aus dem folgenden Vierzeiler hervorgeht:

> Lustig ist die Eisenbahn,
> lauter Lumpen schaffen dran,
> müssen schaffen wie das Vieh,
> für lauter Brot und Kaffeebrie.[122]

Ins Blickfeld der Eisenbahnkritik zu rücken sind auch Standesklagen von Kutschern, Fiakern, Postillonen[123] wie Fuhrleuten, die von der Eisenbahn um Arbeit und Brot gebracht wurden, sowie Lieder über den Untergang dieser Jahrhunderte alten Berufe:

> Wer hat den Dampf erdacht,
> Die Fuhrleut um ihr Brot gebracht?
> Die sind jetzt wahrhaft übel dran,
> Der Teufel hol die Eisenbahn![124]

---

122 Mündliche Aufzeichnung, Kreis Bernkastel um 1930 (DVA A 100 219).

123 »Durch die vielen Eisenbahnen / Sind so wenig Postillionen. / Ja, wo man friaha a Posthorn g'herscht / Das Lokamatif hiazt herscht« (s. Anm. 107).

124 Mündlich aus Braunschweig, s. Zeitschrift für Volkskunde 23 (1913), S. 398; s.a. Holzapfel, Otto: *Vierzeiler-Lexikon* […] Bd. 1, Bern [u.a.] 1991 (Studien zur Volksliedforschung 7), S. 185f., Nr. 411.

oder

1. Es geht durch die Kutscher ein Beben und Graun,	2. Die Eisenbahn ist es, wie wird's euch ergehn?
Es zeugen von Schrecken die Mienen;	Ist einmal bis Baden sie fertig,
Man möchte von Zürich bis Baden nun baun	Dann bleiben die Pferde im Schuppen euch stehn,
Und legen die eisernen Schienen.	Und ihr seid auf Arges gewärtig.
Bald kommt es, ihr Kutscher, was saget ihr drauf?	Verkauft die Pferde samt Hafer und Heu,
Dann ändert mit Handel und Wandel der Lauf.	Denn mit euren Fahrten das ist es vorbei.

[3.-4.].

5. O Eisenbahn, herrlichstes Werk auf der Welt,
Heut preiset man laut den Erfinder!
Nun wissen die Leute, wohin mit dem Geld,
Per Dampf geht nun alles geschwinder.
Und hat man's getrieben wie's geht und nicht kann,
Dann flüchtet man schnell mit der Eisenbahn.[125]

Die Eisenbahn ist ferner als Leit- oder Nebenmotiv mit den Synonymen »Zug«, »Lokomotive«, »Dampfmaschine«, »Bahn« und assoziativen Begriffen wie »Bahnhof«, »Gleis«, »Dampf« in einer Reihe weiterer Lieder vertreten, u.a. in Soldatenliedern, in denen der Bahnhof als Ort des Abschieds von zu Hause und des Aufbruchs in ein ungewisses Schicksal eine Rolle spielt.

Vor allem in der Kinderfolklore – Spiel-, Lokomotiv-, Schaffnerlieder, Abzählreime, Lautausdeutungen der Lokomotive[126] – ist die Eisenbahn bis in die Gegenwart ein unerschöpfliches Thema. Neuere Eisenbahnlieder für Kinder haben teils die Idylle einer Bummelzugreise mit überraschendem Zwischenhalt, bedingt durch das eine oder andere Tier auf dem Gleis, teils die Bergauffahrt der Lokomo-

---

125 Mündliche Aufzeichnung aus Horgen (Schweiz), vor 1914 (DVA A 20 256).

126 Z.B. »Herr Kondukteur, wir hab'n eine Bitt': / Nehm'n Sie uns nach Frankreich mit!« (usw.), s. Lorenz, Wilhelm: *Der Spielleiter im Schreber- und Gartenverein*. Berlin 1927, S. 89f. (weitere Aufzeichnungen um 1927 im DVA vorhanden); »Auf der Eisenbahn sitzt [steht] ein schwarzer Mann, / Zünd't ein Feuerlein an, / Dass man fahren kann«, s. Böhm, Max: *Volkslied, Volkstanz und Kinderlied in Mainfranken*. Nürnberg 1929, S. 212 (das Lied ist im DVA seit 1900 mündlich belegt); »Eine elektrische Eisenbahn fuhr nach Süden«, s. Grober-Glück, Gerda: *Kinderreime und -lieder in Bonn 1967*. In: Jahrbuch für Volksliedforschung 16 (1971), S. 96.

Abb. 3: Soldatenlieder von Fritz Rumpf. 15 handcolorierte Postkarten, Nr. 9 Erich Reiß. Verlag Berlin (o.J.). (DVA LP)

tive, auch das schnelle Dahinsausen des Zuges zum Inhalt.[127] Nostalgische Töne schlagen auch jüngere regionale Lieder an, die von der Gemütlichkeit der Ära der Dampflokomotiven und Bimmelbahnen, vom Reisen und Vorüberziehen an malerischen Landschaften handeln, etwa das Lied »So lang ich nur schun denke kann, het's Bähn'l exischtiert«.[128] In Chanson und Song von Nachkriegszeit und Gegenwart ist das Eisenbahnmotiv nur noch Kontext, der Bahnhof beispielsweise das Sinnbild für die Verlassenheit nach einer gescheiterten Liebesbeziehung (vgl. Christians Anders' Schlager »Es fährt ein Zug nach nirgendwo« oder das französische Chanson »Et j'entends siffler le train«:

> Es fährt ein Zug nach Nirgendwo
> Es fährt ein Zug nach Nirgendwo,
> Mit mir allein als Passagier.
> Mit jeder Stunde, die vergeht,
> Führt er mich weiter weg von Dir.
> usw.[129]

---

127 Z.B. die Lieder »Der Schaffner hebt den Stab, jetzt geht das Züglein ab«, »Wir fahren mit der Bimmelbahn und kommen immer pünktlich an«, »Es pfeift der Zug, es dampft der Tritt« u.a., s. Klein, Richard Rudolf: *Willkommen, lieber Tag. Alte und neue Kinderlieder.* Frankfurt a.M. 1965, S. 64f.; s.a. Weinstock, Wilm: *Froh und fleißig. Ein Kinderliederbuch.* Berlin 1949, S. 19f. (enthält Berufslieder des Verf. für Kinder, u.a. zwei Eisenbahnlieder).

128 *'s Bimbelbähnl*, Abdruck: *Hanauerland.* Kehl 1972, S. 36f. (Lied über die 1892 erbaute Strecke Kehl–Lichtenau–Bühl).

129 Von der Verf. aus dem Gedächtnis notiert.

Das Eisenbahnlied ist, wie anhand der ausgewählten Beispiele verdeutlicht wurde, in Inhalt und Funktion unterschiedlichen Gattungen zuzuordnen: Berufslied (Standeslobliel), Gesellschaftslied, historisch-politisches sowie sozialkritisches Lied, Spottlied und -reim, Heimat- und Regionallied, Kinderlied, Schlager, Song und Chanson. Während die Lieder der Eisenbahnverbände eine berufs- und vereinsinterne Funktion hatten, weist die folkloristische Überlieferung Motivverwandtschaften zur Eisenbahnlyrik des 19. Jahrhunderts auf, wenngleich es – mangels Vertonungen der Texte aus der Feder bekannter Dichter – hier kaum zu einer Interdependenz von Schriftlichkeit und Mündlichkeit gekommen ist. Hat es Berthold Auerbach etwa nicht so gemeint?

Abschließend halten wir fest, dass sich das Eisenbahnbild des 19. Jahrhunderts im öffentlichen Diskurs wie in der Denkweise des Volkes zwischen Maschinenfurcht und Maschinenlob bewegt:

> [...] ein Schreckgespenst für die einen, deren natürlicher Lebensrhythmus durch sie jählings unterbrochen wird, ein Fortschritts- und Erneuerungsvehikel für die anderen, deren Parole Freiheit und Gleichheit ist. [...] Das plötzliche Erscheinen der ersten zischenden und dampfenden, in ungeahnter Geschwindigkeit fahrenden Lokomotiven bedeutet für jeden einen aufrüttelnden, sinnlichen Einbruch in die unterschiedlichen Lebenswelten.[130]

Das eine kommt in der mündlichen Erzählung, im Bänkelsang sowie im sozialkritischen Lied zum Ausdruck, das andere im Lied der Eisenbahnverbände und in all den Liedern, welche die Vorteile der Eisenbahn sowie den Fortschritt preisen. In der Lyrik dagegen sind beide Standpunkte vorherrschend, wobei es den romantisch-konservativen Dichtern weniger um Realängste vor der Maschine ging als vielmehr vor deren Macht über den Menschen. Insbesondere die Eisenbahnlyrik widerspiegelt die innere Zerrissenheit der Zeit zwischen Tradition und Wandel sowie den tief greifenden Einschnitt in das politische, wirtschaftliche und soziale Leben infolge der Verkehrsrevolution des 19. Jahrhunderts.

Heute ist die Eisenbahn, die in Deutschland in diesem Jahr [2010] ihr 175-jähriges Jubiläum feiert, aus dem Reise- und Verkehrswesen nicht mehr wegzudenken, die Züge werden immer schneller, leiser, komfortabler, die rasante technische Entwicklung zielt auf immer mehr Geschwindigkeit und Perfektionismus ab (z.B. TGV oder Magnetschwebebahn) – »vom Dampfross zum Schienenpfeil«, wie der sloganartige Titel einer »Geschichte der Eisenbahn« lautet.[131] Alte Dampflokomotiven und geschlossene Bahnhöfe sind heute Museumsobjekte und von »Eisenbahnromantik« schwärmen nicht nur Ewiggestrige – was sich unter

---

130 *Zug der Zeit* (wie Anm. 6). Bd. 2, Berlin 1985, S. 433.
131 Rossberg, Ralf Roman: Vom *Dampfroß zum Schienenpfeil. Die faszinierende Geschichte der Eisenbahn*. Stuttgart 1984.

anderem in der seit Jahren andauernden Präsenz der Eisenbahn in den Medien ablesen lässt.[132]

Ist etwas Ähnliches nicht schon einmal dagewesen?

---

132 Seit 19 Jahren (ab 1991) läuft die ursprünglich als Pausenfüller geplante TV-Sendung *Eisenbahnromantik* im Südwestfunk (s. http://www.swr.de/eisenbahn-romantik/), die sich mit mehr als 650 Folgen bis heute gehalten hat und in weiteren Regionalsendern (SR, NDR, hr, MDR, rbb, 3sat) sowie unter dem Titel *Mit dem Zug durch ...* seit 2006 auszugsweise in ARTE gezeigt wird; zudem läuft im MDR eine ähnliche, vom Sender produzierte Magazinsendung namens *Bahnzeit* (http://www.mdr.de/mdr-bahnzeit) (beide Internetseiten abgerufen am 07.08.2009).

Eckhard John
His Matter's Voice
Miniatur zum großen »Värslischmid«

dene wos guet geit
giengs besser
giengs dene besser
wos weniger guet geit
(Mani Matter)

Die Bedeutung Mani Matters einem Schweizer erläutern zu wollen, hieße nichts anderes als die sprichwörtlichen Eulen nach Athen, das Wasser in den Rhein oder – um es euro-ethnologisch zu formulieren – Kopftücher nach Istanbul zu tragen. Daher kann an dieser Stelle auf eine umfassende Würdigung des Liedermachers, der sich selbst als einfachen »Värslischmid« sah, verzichtet werden zugunsten von Überlegungen zu jenen Aspekten in seinen Liedern, die für eine kulturwissenschaftlich orientierte Liedforschung bemerkenswert sind. Matters schweizerisches Understatement steht in starkem Kontrast zum ästhetischen Potential und dem intelligenten Witz seiner Lieder. Diese berndeutschen Chansons sind brillante Miniaturen einer kritischen Reflexion unserer Lebenswelt, deren Stellenwert und Einfluss auf die schweizerische Musikszene nicht hoch genug einzuschätzen ist.

Als wesentliche Vermittlungsinstanz hierbei kann freilich nicht mehr die »mündliche Überlieferung« der traditionellen Volkskunde reklamiert werden, sondern es sind in erster Linie Schallplatten, die als zentrale Liedmedien des 20. Jahrhunderts die primären Bezugspunkte bilden.[1] Diesem Phänomen der Lied- und Musikvermittlung mittels Tonträgern gegenüber hat sich die Volkskunde/Europäische Ethnologie bislang weitgehend taub gestellt. Obwohl solche Rezeptionsformen die Alltagskultur des 20. Jahrhunderts nachhaltig prägten, mangelt es der damit befassten akademischen Disziplin an Ansätzen zu einer Methodik, die Wirkungen und Bedeutungen (kurz: die Rezeption) der Songs überzeugend zu beschreiben und zu untersuchen. Deshalb sei hier – jenseits von Verkaufszahlen

---

1   Mani Matters Lieder sind auf folgenden Platten erschienen: *I han en Uhr erfunde.* Berner Chansons von und mit Mani Matter (EP, 1966); *Alls wo mir id Finger chunnt* (EP, 1967); *Hemmige* (EP, 1970); *Betrachtige über nes Sändwitsch* (EP, 1972); *Ir Ysebahn*, live aus dem Théâtre Fauteuil in Basel (LP 1973); *I han es Zündhölzli azündt* (Doppel-LP mit den Chansons der ersten vier Platten, 1973).

als Signum von Erfolg, industriellen Produktionsbedingungen, ökonomischen Analysen, popmusikalischen Diskursen und ähnlichem, kurz: jenseits von jenen Aspekten, bei denen Überlegungen zur medialen Präsenz der Popularmusik meist versanden – der simplen Frage nachgegangen: wer hört was, wenn er hört? Vorliegender Essay versteht sich als Versuch *en miniature* dazu, als ein kommentierter Soundtrack: subjektiv gegenüber dem Objekt und dennoch objektiv gegenüber dem Subjekt bzw. dem Sujet. »His Master's Voice«, das durch seine metaphorische Ikonographie wohl berühmteste Plattenlabel des 20. Jahrhunderts, ist dafür ein sprechendes Motto, da es – neben Aspekten einer Theorie der Stimme[2] – die zugrunde liegenden Konstellationen auf treffende Weise versinnbildlicht. Zugleich kann Mani Matter (1936–1972) hierbei als wahrer Patron fungieren[3], als eine Art »Master Voice« im Konzert der schweizerischen Liedszene, in jedem Fall als eine Stimme von besonderem Gewicht.

I. *I han es Zündhölzli azündt*
Zur Relevanz singulärer Stimmen

Mani Matter ist gelegentlich als Bob Dylan der Schweiz bezeichnet worden. Das mag von außen (also vom Ausland her) betrachtet etwas vermessen erscheinen, denn dort ist seine Bedeutung gar nicht so leicht erkennbar, vielmehr ist Matter außerhalb der Schweiz kaum bekannt, allenfalls in Insiderkreisen. Ähnlich verhält es sich mit seinen Liedern. Schon ihre Titel sind selten dazu angetan, unmittelbare Neugier zu wecken, wie z.B. bei *I han es Zündhölzli azündt* – ein Titel, der auf den ersten Blick fast läppisch wirkt, geradezu etwas spießig, eher wie ein kleinbürgerliches Aufmucken denn als radikale Vision. Man muss die Lieder schon im Ohr haben, um erahnen zu können, was (daran) entflammbar ist. Matters Chanson-Miniaturen sind verdeckte Parabeln zu den Absurditäten der Alltagswelt, sind Spiegelbilder des gelebten Surrealismus, wobei er in der *Ballade vom Nationalrat Hugo Sanders* anmerkt: »jedi ähnlechkeit mit läbende persoone hei sich die sälber zuezschribe.«[4] Zugleich ist Matter von jenem seltenen Format, noch die Produkte der eigenen Überlegungen in Frage stellen zu können: Vielleicht gibt es ihn gar nicht – sagt der »Värslischmid« beispielsweise über den von ihm geschaffenen »Bueb mit Name Fritz«.[5]

Zur unaufdringlichen Stimmigkeit der Texte kommt der diskrete Charme von Matters Stimme. In jüngerer Zeit wurde auf popularmusikalischem Terrain verschiedentlich auf Bedeutung und Phänomen der Stimme abgehoben, insbesonde-

---

2   Vgl. Dolar, Mladen: *His Master's Voice. Eine Theorie der Stimme.* Frankfurt a.M. 2007.
3   Zur Verwandtschaft siehe Matter, Mani: *Bärnhard Matter (1821–1854)*, auf: Matter/*Zündhölzli*, wie Anm. 1, Nr. 13.
4   Matter, Mani: *Ballade von Nationalrat Hugo Sanders* (1972), auf: Matter/*Zündhölzli*, Nr. 26.
5   Matter, Mani: *Es git e Bueb mit Name Fritz* (1966), auf: Matter/*Zündhölzli*, Nr. 5.

re am Beispiel von Bob Dylan. Auch im Falle Mani Matters bleibt festzuhalten, das es nicht nur seine Texte und die sparsame Gitarrenbegleitung sind, die hier den ästhetischen Rahmen abstecken. Der Stimme, zumal der auf Schallplatte fixierten Stimme, kommt in der Tat eine erhebliche Bedeutung zu: sie bringt diese spezifische Verbindung von Text und Musik, von Mundart und Gesang unverwechselbar zum Ausdruck und modelliert sie im Ohr der Erinnerung. Mit ihrer Singularität verbindet sich die natürliche Autorität einer Stimme, die etwas zu sagen hat.

Sie erzählt mit einfachsten Mitteln davon, wie selbst kleinste Aktionen große Wirkungen nach sich ziehen können und womöglich – wie in *I han es Zündhölzli azündt* – die Welt in Flammen setzen.[6] Das scheinbar Unspektakuläre bildet den Fundus, aus dem Matter seine unvergleichlichen Funken schlägt. Was nicht ausschließt, dass seine Sympathie auch den außergewöhnlichen Konzeptionen gilt, die auf Unverständnis und Ablehnung in ihrer Umwelt stoßen. Eine Art Denkmal für jene Propheten, die im eigenen Lande nichts gelten, hat er beispielsweise in seinem Chanson *Dr Noah* gesetzt.[7]

II. *Dr Alpeflug*
Zur Dialektik der Aufklärung

Die Radikalität von Mani Matters Liedern liegt darin begründet, dass sie Phänomene dort an der Wurzel zu packen versuchen, wo andere längst aufgehört haben zu graben, seien die Dinge auch noch so unscheinbar – wie beispielsweise ein Sandwich. Es sind solche scheinbaren Nichtigkeiten, denen Matter eine eigene »Betrachtung« schenkt

> was isch es sändwitsch ohni fleisch?
> s'isch nüt als brot
> was isch es sändwitsch ohni brot?
> s'isch nüt als fleisch

En detail spielt Matter im Folgenden die Konstitution eines Sandwich durch, diskutiert Platzierung, Funktion, Sinn und Zweck von Brot, Fleisch und Butter, um letztlich auf das Eigentliche aufmerksam zu machen:

---

6   Matter, Mani: *I han es Zündhölzli azündt* (1967), auf: Matter/*Zündhölzli*, Nr. 10.
7   Matter, Mani: *Dr Noah* (1970), auf: Matter/*Zündhölzli*, Nr. 24.

du gsehsch: du issisch, du barbar
und füllsch dy buuch und wirsch nid gwahr
was im'ne sändwitsch uf dym tisch
für dialäktik drinnen isch [8]

Mani Matters Lieder sind getragen von einer Stimme der Vernunft, der jeglicher Zynismus fehlt. Sie ist sich ihrer Bedeutung wie Bedrohung bewusst und macht Aspekte der eigenen Ohnmacht zum Thema. Das Paradigma schlechthin dafür ist Matters *Alpeflug*, ein Meisterwerk seiner minimalistischen Poesie, das mit scheinbarer Leichtigkeit fundamentale Fragen aufwirft: Zwei Freunde unternehmen mit einem Sportflugzeug einen Alpenflug, hoch zu den Gipfeln und runter zu den Gletschern, vorne der Pilot, dahinter der Passagier und drumrum der Motorenlärm:

da rüeft dä, wo hinde sitzt:
lue, ds bänzin geit us, muesch lande!
wie? was seisch? rüeft dr pilot
los, i ha di nid verstande
wie? was hesch gseit? rüeft dä hinde
warum landisch nid sofort?
red doch lüter, rüeft dä vorne
bi däm krach ghör i kes wort

Auch in den folgenden Strophen ändert sich an dieser Konstellation nichts, gleichzeitig eskaliert die Situation beständig:

aber los doch, rüeft dä hinde
gottfridstutz mir hei nid d'weli
tue nid ufgregt, rüeft dä vorne
red doch lüter, gottverteli!
los, rüeft dise, we mir jitz nid lande
gheie mir i ds tal!
ghöre gäng no nüt, rüeft äine
los begryf doch das emal! [9]

Während der eine hier allein auf die Lautstärke der Stimme pocht, möchte der andere eine elementare Erkenntnis mitteilen, um beider Überleben zu sichern. Dieses Dilemma artikuliert Prinzipielles: Hier manifestiert sich sinnbildlich, wie wenig Wissen und Wahrheit bewirken, wenn die Aufnahmefähigkeit dafür fehlt, und es zeigt sich zugleich die Ohnmacht des Erkennenden, der unweigerlich in die tödlichen Konsequenzen mit hineingerissen wird. Matters *Alpeflug* ist ein Kabinettstück jener Dialektik der Aufklärung, die gänzlich ohne Adorno und Hork-

---

8   Matter, Mani: *Betrachtige über nes Sandwitsch* (1972), auf: Matter/*Zündhölzli,* Nr. 27; Text zit. nach Matter, Mani: *Warum syt dir so truurig? Berndeutsche Chansons.* Zürich 1973, S. 18.

9   Matter, Mani: *Dr Alpeflug* (1972), auf: Matter/*Zündhölzli,* Nr. 35; Text zit. nach Matter 1973, wie Anm. 8, S. 41f.

heimer auskommt und dennoch die Dinge auf den Punkt bringt – ohne wie in den *Betrachtige über nes Sandwitsch* eine Dialektik eigens zu beschwören.

Solche Anklänge an das akademische Terrain sind bei Matter – der seine rechtswissenschaftliche Habilitationsschrift nie einreichte – nicht ganz zufällig, ja sie sind bei genauerem Hinhören viel präsenter als es seine Miniaturen der Alltagswelt auf den ersten Blick nahe legen. So wird etwa im Chanson über die *Chue am Waldrand* recht umstandslos ein zentrales Dilemma der Wissenschaft angesprochen, denn die Umstände unter denen darin einem Maler das Objekt seiner künstlerischen Begierde abhanden kommt, sind nicht nur Facetten alpiner Volkskunst:

> doch d'wält isch so perfid, dass si sech sälten oder nie
> nach bilder, wo mir vo're gmacht hei, richtet
> so hei uf dere matte die banausehafte chüe
> dä asatz zum'ne meischterwärk vernichtet [10]

Viele Lieder Matters über die alltäglichen Dinge lassen sich auch als Zustandsbeschreibungen der heutigen Lebenswelt lesen: seien es die notorischen Seilschaften (*Mir hei e Verein*)[11], die spezifischen Psychoprofile (*Dr eint het Angscht*)[12], die basalen Kommunikationsstrukturen (*Mir het dr Dings verzellt*)[13] und die in üble Nachrede kanalisierten Konflikte (*E Löl, e blöde Siech, e Glünggi un e Sürmel*).[14] All diese bekannten Ingredienzien einer ganz normalen und dennoch aus den Fugen geratenen Welt stammen aus einer Zeit, als noch niemand von »Mobbing« redete, sondern die Kritik autoritärer Strukturen die Diskussion bestimmte. Selbst diese Zusammenhänge verbinden sich mit dem Medium Schallplatte. Nicht nur weil die Liedermacher von Mani Matters Generation ganz allgemein den antiautoritären Diskurs forcierten, sondern weil in diesem Kontext auch das Markenzeichen jener Schallplattenfirma, welche »Die Stimme seines Herrn« zur Ikone hündischer Autoritätshörigkeit werden ließ, ein prominenter Bezugspunkt ist. Seit den 1920er-Jahren ging das Platten-Logo des einem Grammophontrichter lauschenden Hundes immer wieder mit Kritik am deutschen Untertanengeist einher – bis hin zur sarkastischen Parodie des Berliner Dadaisten Jefim Golyscheff, der die »Stimme seines Herrn« dadurch konterkarierte, dass er den Hund zum Tonangeber werden lässt: er ist es, der die Schallplatte bespricht, die

---

10 Matter, Mani: *Chue am Waldrand* (1972), auf: Matter/*Zündhölzli*, Nr. 30; Text zit. nach Matter 1973, wie Anm. 8, S. 44.

11 Matter, Mani: *Mir hei e Verein* (1970), auf: Matter/*Zündhölzli*, Nr. 22.

12 Matter, Mani: *Dr eint het Angscht* (1970), auf: Matter/*Zündhölzli*, Nr. 25.

13 Matter, Mani: *Mir het dr Dings verzellt* (1972), auf: Matter/*Zündhölzli*, Nr. 34.

14 Matter, Mani: *E Löl, e blöde Siech, e Glünggi un e Sürmel, oder: Schimpfwörter sy Glückssach* (1972), auf: Matter/*Zündhölzli*, Nr. 29.

dann als »Stimme des Herrn« (miss-)verstanden wird.[15] Demgegenüber erscheint Aufklärung ähnlich chancenlos wie im *Alpeflug*. Dennoch erstarren Mani Matters Lieder nicht in abgrundtiefer Hoffnungslosigkeit, er wünscht sich vielmehr – mit der Metapher der Hemmungen (*Hemmige*) – eine Rückbesinnung auf elementare Regeln menschlichen Anstands:

was unterscheidet d'mönsche vom schimpans
s'isch nid die glatti hut dr fählend schwanz
nid dass mir schlächter d'böim ufchöme nei
dass mir hemmige hei[16]

Es sind solche Zwischentöne, die Matters poetischer Stimme dieses besondere Timbre verleihen. Da wird nicht lautstark herumgepoltert, sondern mit feinem Sensorium nach Ursachen gesucht. Als grundlegendes *Missverständnis* skizziert der Liedermacher auf subtile Weise eine Situation, die an Deutlichkeit nichts zu wünschen übrig lässt: da sitzt jemand mit Rösti und Salat zu Tisch und bekommt dazu »statt a bratwurscht es klavier«:

wi me sech doch mängisch missversteit
i ha gmeint, i heig ihm dütlech gseit
was i well, dass är
mir i ds hus spedier
jitz schickt dä statt a bratwurscht es klavier

nid dass gäg klavier ig öppis hätt
nei, ou es klavier isch an sich nätt
aber zu salat
röschti u'mne bier
nimmt me doch e bratwurscht, kes klavier

i wott gwüss nid stur sy, s'ligt mer färn
[…]
aber i ha hunger, wär gärn satt
sitze vor myr röschti mit salat
chätsche da drzue
zwüsche zwee schlück bier
luschtlos a're taschte vom klavier [17]

---

15 Vgl. John, Eckhard: *Absolute Respektlosigkeit. Jefim Golyscheff 1919.* In: Neue Zeitschrift für Musik 153 (1994), Nr. 3, S. 27–31.

16 Matter, Mani: *Hemmige* (1970), auf: Matter/*Zündhölzli*, Nr. 17; Text zit. nach Matter, Mani: *Us emene lääre Gygechaschte. Berndeutsche Chansons.* Zürich, Köln [1969] 5. Aufl. 1972, S. 16.

17 Matter, Mani: *Missverständniss* (1972), auf: Matter/*Zündhölzli*, Nr. 36; Text zit. nach Matter 1973, wie Anm. 8, S. 27f.

Diese Urszene des Matter'schen *Missverständniss* kennzeichnet in genialer Schlichtheit die Misslichkeit paradoxer Verhältnisse, bei denen der Verstand ratlos zurückbleibt.

Die Absurdität der Situation, zur falschen Zeit am falschen Ort zu sein – wie auch sein Chanson *Dr Parkingmeter* beispielhaft illustriert[18] –, ist eine Standardsituation in Mani Matters Liederwelt. Nicht zuletzt ist daher auch der Tod ein beständiges Themenfeld in seinen Chansons. Hierbei erweist sich die Konfrontation mit Musik, mit Kunst, erneut als ein potentielles Missverständnis, im Falle des Cembalo spielenden Eskimos sogar als eines mit tödlichem Ausgang: der Eskimo wird von einem durch die Cembaloklänge angelockten Eisbären ums Leben gebracht (*Der Eskimo*).[19] Die existentiellen Konsequenzen des oben beschriebenen *Alpeflug* sind bereits erwähnt worden. Tödlich verläuft bei Matter auch das Schicksal jenes legendären Berner Witze-Erzählers, dessen Lebensweg er in seiner *Ballade* nachzeichnet:

> und i däm grosse glächter wo's het ggä ab syne witze
> isch ihn uszlache keim i sinn meh cho
> da het er all di lacher i däm glächter inn la sitze
> und het sech himeltruurig ds läbe gno [20]

Mani Matter verschließt nicht die Augen vor dem Unausweichlichen – eindrücklich auch in seinem Chanson *Die Strass, won i drann wone:*

> ir lüt, i wonen anere strass
> und nid symbolisch meinen i das
> i wonen anere strass, wi gseit
> wo zum fridhof geit

– er begegnet ihm mit Nachdenklichkeit, aber auch mit dem Willen, die verbleibende Zeit als lebenswerte zu nutzen:

> ig aber findes schön das mys bett
> vorlöifig no ke holztechel het
> und das i geng no dr himel gseh
> fröit mi drum descht meh
>
> die strass won i drann wonen isch zwar
> so dänken i e sackgass s'isch wahr
> hingäge für mi und i gniesse das
> no ke einbahnstrass [21]

---

18 Matter, Mani: *Dr Pakingmeter* (1970), auf: Matter/*Zündhölzli,* Nr. 19.

19 Matter, Mani: *Der Eskimo* (1966), auf: Matter/*Zündhölzli,* Nr. 1.

20 Matter, Mani: *Ballade* (1972), Lied zum Film *Dällebach Kari;* auf: Matter/*Zündhölzli,* Nr. 32; Text zit. nach Matter 1973, wie Anm. 8, S. 35.

21 Matter, Mani: *Die Strass, won i drann wone* (1967), auf: Matter/*Zündhölzli,* Nr. 11; Text zit. nach Matter 1972, wie Anm. 16, S. 60.

III. *Trotz alledäm*
Zur Ästhetik des Widerstands

Mani Matter zählt wie alle großen Songwriter zu jenen, deren Stimme sich auch als Stimme des sozial engagierten Gewissens ins kollektive Gedächtnis eingeschrieben hat, und auf deren Lieder man – zumal beim Verlust aller Gewissheiten – gerne zurückgreift. Denn wenn plötzlich die Fundamente der vertrauten Lebenswelt auf mysteriöse Weise verschwinden, wie in *Us emene lääre Gygechaschte*, so ist das, was bleibt: das Lied:

> und so blybt no sys lied
> nume das isch no da [22]

Dieses Lied ist immer auch ein Lied der Parteinahme für die kleinen Leute, wie es pointiert in Matters Chanson *Dene wos guet geit* zum Ausdruck kommt.[23] Gegenüber dieser bekannt gewordenen Miniatur, die Matters Können als gleichermaßen kritischer wie sprachlich gewitzter »Värslischmid« beispielhaft repräsentiert, ist seine berndeutsche Übertragung von *Trotz alledem* weit weniger bekannt. Dieses auf Robert Burns bzw. Ferdinand Freiligrath zurückgehende Lied zeitigte um 1970 große Resonanz in der deutschen Liedermacherszene und zog etliche Neufassungen nach sich, die den Text politisch aktualisierten. Anders Mani Matter: seine Aktualisierung beschränkte sich auf die Übertragung in Berner Mundart:

> ou wenn'd nid zu de riche ghörsch
> la di nid deckle wägedäm!
> bisch arm, ä nütnutz, doch äbe
> hesch geng di stolz, trotz alledäm!
>
> trotz alledäm und wägedäm
> trotz obe-n unde-n und alledäm.
> mäng riiche isch en arme siech
> blib eifach mönsch, trotz alledäm![24]

Mani Matters schweizerische Nachdichtung eines politischen Liedes aus Deutschland war damals kein Einzelfall: besonders an die Adaption des *Bürgerlieds* (»Ob wir rote gelbe Kragen«) durch Ärnschd Born ist hierbei zu erinnern.[25] Doch Matters *Trotz alledäm*-Version ist eine charmante Alternative zum klassenkämp-

---

22 Matter, Mani: *Us emene lääre Gygechaschte* (1967), auf: Matter/*Zündhölzli*, Nr. 16; Text zit. nach Matter 1972, wie Anm. 16, S. 61.

23 Matter, Mani: *Dene wos guet geit* (1970), auf: Matter/*Zündhölzli*, Nr. 23.

24 Matter, Mani: *Trotz alledäm* (1971), Nachlass Mani Matter, Schweizerisches Literaturarchiv, Nationalbibliothek Bern, A-02-a/05. Ich danke Heidy Zimmermann ganz herzlich für den Hinweis auf diese Quelle.

25 Born, Aernschd: *Ob mir wissi Helmi trage*. Auf Born's LP: *Äntlig e Lied*. Duraphon HD 251 (1977), Track B 6.

ferischen Duktus anderer Barden jener Jahre und sie hebt sich auch in weiterer Hinsicht von der Rezeption des Liedes unter den deutschen Liedermachern deutlich ab: Zum einen ist *Trotz alledäm* die erste Nachdichtung dieses Liedes in Mundart – erst Ende der 1970er-Jahre sollte auch eine plattdeutsche Fassung mit Helmut Debus erscheinen. Besonders interessant ist aber, dass Matter nicht Freiligraths 1848er-Fassung von *Trotz alledem* als Vorlage nahm. Diese Liedversion mit dem Incipit »Das war ne heiße Märzenzeit« war für Sänger wie Hannes Wader, Wolf Biermann oder Hans-Eckardt Wenzel der Bezugspunkt ihrer Umdichtungen.[26] Mani Matter griff dagegen (wie später auch Debus) die ursprüngliche *Trotz alledem*-Fassung auf: »Ob Armut euer Los auch sei«. Dies war die – ebenfalls von Ferdinand Freiligrath verfasste – deutsche Übersetzung von Robert Burns *For a' that*. Schon der Text von Burns war nicht in der Hochsprache der englischen Regenten, sondern tief im Dialekt Schottlands verwurzelt, und Burns nahm mit diesem Lied auf sehr subtile Weise ein traditionelles Widerstandslied der schottischen Opposition gegenüber der englischen Herrschaft auf. Dass Matter hier anknüpft und nicht am kämpferischen Duktus des 1848er-Liedes kennzeichnet sein an Georges Brassens geschultes künstlerisches Profil. Dies ist nicht nur bemerkenswert als ein (in Deutschland bislang kaum wahrgenommenes) Detail der Liedgeschichte von *Trotz alledem*, sondern auch als weiterer Aspekt zur medialen Präsenz populärer Lieder. Denn dieses von Matter nicht auf Schallplatte aufgenommene Lied ist ein Beispiel dafür, dass es auch im 20. Jahrhundert immer wieder einzelne Lieder gibt, die sich jenseits der dominanten Medien in die Erinnerung eingeschrieben haben – in diesem Falle durch Matters Auftritte.

Wie immer sein *Trotz alledäm* in Zukunft tradiert werden wird, es ist bezeichnend für den poetischen Kopf, dass er damit die feinsinnige Ästhetik des Widerstands eines Robert Burns aufleben lässt:

> Ye see yon birkie ca'd a Lord,
> Wha struts, and stares, and a' that;
> Though hundreds worship at his word,
> He's but a coof for a' that:
> For a' that, and a' that,
> His ribband, star, and a' that,
> The man of independent mind,
> He looks and laughs at a' that.[27]

---

26 Vgl. Robb, David: *Trotz alledem* (2008). In: *Populäre und traditionelle Lieder. Historisch-kritisches Liederlexikon*. URL: http://www.liederlexikon.de/lieder/trotz_alledem/.

27 Robert Burns: *For a' that, an' a that* (1795), Str. 2; zit. nach David Robb, Eckhard John (2008), wie Anm. 26, Edition A.

Berndt Ostendorf

Afrikanische Rhythmen und die amerikanische Leitkultur

Folksong und Rock 'n' Roll als »neuronale« Waffen im Kalten Krieg

Zeitzeugen

Es ist ein Privileg des Alterns, die private Erinnerung als Unterfutter der öffentlichen Geschichtsschreibung nutzen zu können. Der Fokus meiner Ausführungen gilt den mittleren 1960er-Jahren, als ich an der University of Pennsylvania meine Dissertation über die »Myth and Symbol School« schrieb und in der geringen Freizeit, die mir verblieb, an Demonstrationen meiner amerikanischen Freunde gegen den Vietnamkrieg und für die Bürgerrechtsbewegung teilnahm. Bei dieser Gelegenheit sammelte ich alle möglichen Dinge, die ein *random sample* des Zeitgeistes darstellten: Pamphlete der John Birch Society, Wahlplakate der Präsidentschaftskampagne von 1964, Streikaufrufe der Student Union und der NAACP, Untergrundpostillen wie *I.F. Stones Weekly* oder Paul Krassners *The Realist*, Comicbücher wie *Pogos Jack Acid Society Black Book* (eine gelungene Parodie auf das Blue Book der John Birch Society), Kopien der Studentenzeitung, Propagandamaterial der Linken und Rechten, und Publikationen der Christian Crusades. Gott sei Dank stehen emotional besetzte Gegenstände, die man in einer wichtigen Sozialisationsphase gesammelt hat, unter dem Schutz einer mentalen Sperre. Meine Sammlung hat alle Umzüge überlebt. Heute finde ich gerade diese subkulturelle und zufällige Ernte meiner damaligen Sammelwut spannender als manche Dokumente der Diplomatiegeschichte. Sie machen deutlich, was wir von der Ära des Kalten Krieg vergessen haben, nämlich den Umfang, die Tiefe und die barocke Logik einer Paranoia, die große Teile der amerikanischen Bevölkerung im Kalten Krieg und im McCarthyismus erfasst hatte. Erst relativ spät wurde der mentale Bruch mit dieser Ära durch eine Studentenkultur vollzogen, die musikalische Innovation mit politischem Protest verband. Diesen Moment und diesen kulturellen Paradigmenwechsel unter Mithilfe der Musik möchte ich aus meiner Erinnerung rekonstruieren, und zwar am Beispiel einer weitverbreiteten Angst, die damals nicht nur die Rechte, sondern große Teile des amerikanischen Mainstream erfasst hatte, die Angst vor der *politischen Unterwanderung* durch

Rock 'n' Roll, Jazz und Folksong.₁ Diese Angst wird in einem Buch der Christian Crusades umfassend dargestellt und begründet.

Christian Crusades

Wenige Zeitzeugen werden sich an die öffentlichen Auftritte von Billy James Hargis (1925–2004) erinnern, dem Direktor der Christian Crusades. Obwohl im amerikanischen Südwesten zu Hause, war seine christliche Bewegung vor allem durch ihren Verlag national bekannt geworden. Christian Crusade publizierte eine Kampfzeitschrift mit 100.000 Subskribenten und verbreitete millionenfach Pamphlete und Bücher der religiösen Rechten, die in Supermärkten (auf Regalen nahe der Kasse) oder per Versandhandel angeboten wurden. Hargis hatte einen Greyhound zum christlichen Reisemobil umgerüstet, mit dem er in den Worten eines Zeitgenossen einer der erfolgreichsten Fundraiser der Rechten geworden war (Wersich, 92–103). »Dr.« Hargis, wie er sich gerne titulierte, begann als Prediger der Disciples of Christ, die sich allerdings von ihm später distanzierten. Nach nur 1 ½ Jahren im College hatte er seinen B.A. erworben. Seine Doktorwürden stammen vom Defender Seminar in Puerto Rico und von der Belin Memorial University, Chillicothe, Missouri. Beide Schulen sind nach Auskunft des US Department of Health and Education sogenannte »degree mills«, an denen akademische Grade käuflich erworben werden können (Redekop, 16). In Deutschland war Hargis schon 1953 bekannt geworden, als er Heißluftballone mit Bibeln bepackte und diese mit Hilfe des Ostwindes über den eisernen Vorhang zum kommunistischen Feind gleiten ließ.

Epstein und Foster belegen, dass Christian Crusades der John Birch Society nahe stand und wie diese in »Kapiteln« organisiert war.[2] Das kulturelle Glaubensbekenntnis dieser religiösen Fundamentalisten wird in einem Buch der Christian Crusades aus dem Jahr 1966 vorgestellt. Es wurde von Pastor David A. Noebel geschrieben, der rechten Hand von Hargis, der ihn als Dekan der Christian Crusade Anti-Communist Youth University eingesetzt hatte. Vordem Pastor einer Bibelkirche in Madison, so sagt der Klappentext, war Noebel, als Hargis ihn entdeckte, ein Doktorand in Philosophie an der University of Wisconsin. Er konnte ihn überreden, seiner Kreuzzugsbewegung gegen den Kommunismus und für eine gesunde Sexualmoral beizutreten. Sein Buch trägt den Titel *Rhythm, Riots, and Revolution. An Analysis of the Communist Use of Music – The Communist Master*

---

1 Dieser Artikel stützt sich auf Materialien aus meiner Forschungsarbeit *Rhythm, Riots and Revolution: Political Paranoia, Cultural Fundamentalism and African American Music.* In: Enemy Images in American History. Hg. von Ragnhild Fiebig-von Hase und Ursula Lehmkuhl, New York, 1998, p. 159–182.

2 Epstein, Benjamin R. and Forster, Arnold: *The Radical Right.* p. 80–81.

Music Plan.[3] Das Taschenbuch umfasst 351 engbeschriebene Seiten, der Text wird von einem umfassenden wissenschaftlichen Apparat und einen Appendix mit Photokopien von Primärdokumenten zur Musik im Kalten Krieg gestützt, die allein es wert sind, sich mit diesem Buch zu beschäftigen. Es handelt sich um sogenannte graue Literatur, die nicht über den Buchhandel vertrieben wurde und daher heute nur in Spezialbibliotheken gefunden werden kann.

Das Buch stellt eine Summa jener Geisteshaltung dar, die Richard Hofstadter 1964 als paranoiden Stil in der amerikanischen Politik gekennzeichnet hat.[4] Für unsere Zwecke mag dieses Buch als eine Art Verstärker bestimmter »creedal passions« (Huntington) dienen, die man zur damaligen Zeit in jenen Bevölkerungsgruppen vorfinden konnte, die Nixon als die »schweigende Mehrheit« identifizierte. Sehr viel später wurde diese unter Reagan und Bush als religiöse Rechte politisch aktiv. Heute ist Noebel einer der Wortführer der religiösen Rechten im Kampf gegen Obama und sein »sozialistisches Reformprogramm«. In seinem grundlegenden Essay zur paranoiden Tradition spricht Hofstadter von Ressentiments und verdrängten Frustrationen, die randständige Gruppen, die sich von der Gesellschaft im Stich gelassen und verraten fühlen, ansammeln und die gleichzeitig von einer »guten alten Zeit« träumen, die man unbedingt wieder herstellen muss, die es allerdings nie in dieser Reinheit gegeben hat. In der Regel sind diese Ressentiments Auslöser von Verschwörungstheorien, die bestimmte Einzelpersonen, Gruppen oder Institutionen für den nationalen Niedergang verantwortlich machen. Die Struktur und der Tenor von *Rhythm, Riot and Revolution* folgen dem Modell der Jeremiade, und das passt zu dem Anliegen eines fundamentalistischen Predigers, der an seine Leser appelliert, auf den Pfad der Tugend zurückzukehren, bevor es zu spät ist und das Unheil seinen Lauf nimmt. Das bedrohliche »Andere«, das wissen wir von John Higham, Richard Hofstadter und Studien des Nativismus, hat im Laufe der amerikanischen Geschichte immer wieder neue Inkarnationen erfahren: Adam Weishaupt und die Illuminati aus Ingolstadt gehören dazu, dann die Freimaurer, die Katholiken, die jüdischen Bankiers und die Federal Reserve, Kommunisten und kosmopolitische Liberale (darunter viele städtische Juden), die New York Times, säkulare Humanisten, Homosexuelle, illegale Einwanderer; sie alle wurden zu bestimmten Zeiten der Geschichte als unbekehrbare Feinde der amerikanischen Idee, als konzentrierte Negativität in einem manichäischen Weltbild gehandelt: Als unmoralische Antichristen, Anti-Amerikaner, Zerstörer einer bedrohten weiß-angelsächsisch-protestantischen Republik.

---

3   Noebel ist auch Autor der »Bestseller« *Communism, Hypnotism & the Beatles* (1965) und *The Marxist Minstrels* (1974).

4   Hofstadter, Richard: *The Paranoid Style in American Politics.* (1964) In: The Paranoid Style in American Politics and Other Essays. Chicago 1979.

Die John Birch Society hatte alle diese Gruppen im Visier ihres langjährigen Kreuzzugs (cf. Anmerkung 25). Obwohl die Akteure in diesem »unamerikanischen Pantheon der Anderen« relativ stabil bleibt, so sind die devianten Verschwörungen, die Strategien und »master plans«, mit denen sie die Republik zerstören wollen, den speziellen Krisen der jeweiligen Zeit angepasst. Diese kann man also soziopolitisch, das heißt im jeweiligen historischen Kontext, vollumfänglich erklären. Aber wie Hofstadter schreibt, schwelen darunter irrationale Ängste und nativistische Projektionen, die man als Teil jener tiefsitzenden Strukturen des Verhaltens identifizieren kann, die Fernand Braudel der *longue durée* zuordnet und die Ernest Gellner »tacit background assumptions« nannte. Hofstadter schreibt, »the paranoid disposition is mobilized into action chiefly by social conflicts that involve *ultimate schemes of values* and that bring *fundamental fears and hatreds*, rather than negotiable interests, into political action« (meine Hervorhebung, Hofstadter, 39).[5] Es dreht sich also um die letzten Dinge, um Leben und Tod; es geht hier, wie der Volksmund zu sagen pflegt, ans Eingemachte der Kultur, um Dinge also, die nicht verhandelbar sind.

Noebels Angst

Mit Hilfe von Reverend David Noebel möchte ich der Angst vor afrikanischen Rhythmen in der musikalischen Revolution der 1960er-Jahre nachgehen. Er war überzeugt, dass eine bestimmte Form der von Afrika inspirierten Tanzrhythmen in die musikalische Leitkultur der USA eingedrungen sei. Die amerikanische Nation sähe dem Ruin entgegen, wenn nicht sofort Maßnahmen zur Abwehr dieser Gefahr unternommen werden.[6] Wie ich erläutern werde, war diese Angst weder neu, noch ist sie heute vollends überwunden.

Noebel betont zunächst die Bedeutung der Kultur als Unterfutter der Politik im Kalten Krieg und antizipiert somit den cultural turn: Zunächst weist er auf Moshe Decters *The Profile of Communism*, der vom Plan der Kommunisten ausgeht, das »Bewusstsein der Menschen durch eine *kulturelle* Offensive« zu erobern, danach zitiert er den Chef der FBI Edgar Hoover, der die Meinung vertritt, dass die

---

5   Pat Robertson, Präsidentschaftskandidat der Republikaner im Jahr 1988 und wichtiger Repräsentant der christlichen Rechten, hat vier Bestseller geschrieben, welche die gesamte Bandbreite der gängigen Verschwörungstheorien abdecken: *The New Millennium* 1990, *The New World Order* 1991, *The Secret Kingdom* 1992 and *The Turning Tide* 1993. Cf. Michael Lind: *Rev. Robertson's Grand International Conspiracy Theory*. In: The New York Review of Books February 2, 1995, p. 21–25 und Ostendorf *Conspiracy Nation*.

6   Die Afrikanisierung kam besonders in der körperlichen Inszenierung und Performanz der Musik zum Vorschein. Bekanntlich hat der Showmaster Ed Sullivan sich geweigert, Elvis beim ersten Auftritt in seiner Show voll zu zeigen. Die Zuschauer sahen lediglich den Oberkörper, nicht die afrikanisierten Hüften von Elvis.

Kommunisten »have infiltrated every conceivable sphere of activity; youth groups, radio, television, and motion picture industries; church, school educational and *cultural groups*; the press; nationality minority groups and civil and political units.« Kurzum, Noebel und Hoover nehmen die politische Wichtigkeit der Kultur als Brutstätte der Subversion ernst und antizipieren damit *ex negativo* das spätere Anliegen der neuen Linken, die Cultural Studies.[7]

Die politische Instrumentalisierung der Kultur durch Kommunisten, so Noebel, bedient sich zweier Strategien: die erste gilt der Entfernung der Barriere »between classical music and certain types of popular music by substituting perverted form, e.g., jungle noises (atonality) for standardized classical form.«[8] Die zweite Strategie sei »more psychological than cultural and consists of the Communist use of music directed at destroying the mental and emotional stability of America's youth through a scheme capable of producing mass neurosis« (12). Die erste Strategie setzte Lenins ›master plan‹ um, die bürgerliche Kultur radikal umzukrempeln, indem bestehende Formen der Musik durch proletarische ersetzt und so die Hierarchie musikalischer Werte auf den Kopf gestellt werden. Noebel druckt umfangreiche Zitate aus den diversen programmatischen Verlautbarungen der »Russian Association of Proletarian Musicians« und der Fachzeitschrift *Soviet Music* ab. Bemerkenswert ist immer wieder, dass er die Autorität der sowjetischen Wissenschaftler kritiklos akzeptiert. Wenn schon die Kommunisten ihre Strategie der subversiven Unterwanderung so offen zugeben, steht die Wirksamkeit ihrer Maßnahmen, so unterstellt er, außer Frage. Ein Symposium »Art as Weapon«, das in New York im Jahr 1946 unter der Trägerschaft des Generalsekretärs der CPUSA, William Z. Foster, stattfand und an dem das gesamte linke musikalische Establishment teilnahm, bringt diese Verschwörung endgültig nach Amerika. Noebel nennt als wichtige Verbindungsmänner Norman Corwin und Sidney Finkelstein, der erste ist ein Autor von Hörspielen, der zweite schrieb aus heutiger Sicht relativ harmlose Bücher über den Jazz. Beide seien bemüht, die Trennwand zwischen populärer und klassischer Musik zu überwinden »by inundating the American public with the music of the Negro people.« Und er fügt hinzu: »one can be sure Mr. Finkelstein was not referring to ›Negro Spirituals‹ but rather to African ›beat‹ music.« Noebel beschließt sein methodisches Vorwort

---

7   Es ist interessant zu beobachten, dass der *cultural turn* heute vor allem konservative Think Tanks beflügelt: *Culture Matters. How Values Shape Human Progress.* Hg. von Lawrence E. Harrison und Samuel P. Huntington. New York 2000.

8   Deutsche Dirigenten und Kulturwächter wie Theodor Thomas oder Hans Muck propagierten einen rigorosen Qualitätskanon im Rahmen des »cultural uplift« im Progressivismus und wandten sich kämpferisch gegen populäre musikalische Formen wie Ragtime und Jazz. Wie Lawrence Levine und Macdonald Smith Moore nachweisen, handelte es sich in Amerika um einen relativ späten Import des deutschen musikalischen Establishments. Der populäre Geschmack in der Musik war immer schon für die herrschenden Klassen ein Symptom einer drohenden Degeneration und Krise.

mit dem Wunsch »that those concerned will take the proper action to assure a free Republic based on Christian precepts and Constitutional concepts« (15).

Böse Feinde kennen böse Methoden

Um in den Kausalzusammenhang ›politische Gefahr durch Musik‹ einzusteigen, beruft er sich zunächst auf die Autorität von Plato und Aristoteles, später zitiert er als Kronzeugen den amerikanischen Komponisten Howard Hanson (*1896) der die Meinung vertritt: »[music] can be soothing or invigorating, ennobling or vulgarizing, philosophical or orgiastic. It has powers for evil as well as for good« (20). Howard Hanson war zu seiner Zeit als ›great white hope‹ der amerikanischen Musik bekannt.[9]

Er zieht sowohl sowjetische als auch amerikanische Experimente hinsichtlich der Wirkung rhythmischer Musik auf das Nervenkostüm von Jugendlichen heran. Es stellt sich ein interessanter transideologischer amerikanisch-sowjetischer Konsens heraus, dass »meaningless noise wears people's nerves to a frazzle« (20). Die sowjetische Nomenklatura auf der einen Seite und J. Edgar Hoover und die Christian Crusade auf der anderen Seite mögen in der politischen Arena des Kalten Kriegs zwar Gegner sein, aber sie gehen gegen die Flut einer verderblichen Gehirnwäsche durch afrikanische Rhythmen gemeinsam vor. Es ist der Konsens einer fundamentalistischen Internationale, die trotz des tiefen ideologischen Grabens des Kalten Kriegs eine erstaunliche Übereinstimmung kennzeichnet. Rassismus verbindet ideologische Feinde. Unterschiedlich sind allerdings die Schuldzuweisungen der jeweiligen politischen Instrumentalisierung der Musik. Für die Sowjets ist der Kapitalismus, für die Amerikaner der Kommunismus für diese kulturelle Bedrohung Schuld. Der gemeinsame Nenner ist ein transideologischer Rassismus und ein gewisser verschwörungstheoretischer Automatismus, alles Böse den Umtrieben des Gegners in die Schuhe zu schieben.

Noebel bedient sich einer neuropsychiatrischen Mode, die seit dem Koreakrieg die amerikanische Öffentlichkeit beschäftigte und im Kalten Krieg wilde Blüten trieb: der Gehirnwäsche. Er zitiert einige Autoritäten, bevor er dann Edward Hunters Buch *Brainwashing* 1961 und J. Edgar Hoovers *Masters of Deceit* aus-

---

9   Auf der Innenseite des Titelblatts zitiert Noebel Henry David Thoreaus *Walden*: »Even music may be intoxicating. Such apparently slight causes destroyed Greece and Rome, and will destroy England and America.« Thoreau bezieht sich möglicherweise auf Platons Vorbehalt gegen Musik, der in der Politeia (3. und 4. Buch) schreibt, dass Innovation in der Musik für die bürgerliche Ordnung gefährlich sei und daher von den Wächtern verhindert werden müsse. Die Meinung, dass Musik schädlich sei, wurde um 1900 von dem Parteigänger der Lebensreform-Bewegung und Mediziner Norbert Grabowsky vertreten, dessen Buch den Titel *Wider die Musik* (1902) trägt. Er fand vor allem die Überhandnahme des Klavierspiels für Moral und Gesundheit schädlich.

führlicher darstellt. Beide beschuldigen die Sowjets, Methoden entwickelt zu haben, um an der amerikanischen Bevölkerung »menticide« zu begehen, das heißt eine Zerstörung des kollektiven Bewusstseins, die – da sie fließend und weitgehend unsichtbar vor sich geht – umso teuflischer ist. Diese Ängste setzten auch die populäre Kultur unter Strom. Der Film *The Manchurian Candidate* erzählt die Geschichte eines Koreaveteranen, der mittels kommunistischer Gehirnwäsche für die Ermordung eines amerikanischen Präsidentschaftskandidaten programmiert wird. Der Film wurde 1962 produziert, soll aber nach der Ermordung Kennedys vom Hauptdarsteller Frank Sinatra aus dem Verkehr gezogen worden sein. Dass Lee Harvey Oswald diesen Film vor seiner Tat angeschaut haben soll, ist eine der vielen Geschichten, die sich um die Ermordung Kennedys ranken. Ebenso typisch für die Zeit war der James-Bond-Film *Dr. No.* Der chinesische Name ist gleichzeitig Inkarnation der Negativität, kein besserer Name ist für das unaussprechliche Böse denkbar. Daneben gab es eine Menge sogenannter B-Movies, heute zu Recht vergessen, die solch populäre Fantasien hinsichtlich Unterwanderung und Gehirnwäsche thematisieren. Noebel geht weiter auf die kommunistische Nutzung von Hypnose ein, vor allem Wiederholungen seien die Geheimnisse des Erfolgs rhythmischer Musik.[10] Hier bringt er ausführliche Zitate aus der »stimulus-response-Schule« der sowjetischen Wissenschaftler Pavlov, Luria und Platonov. Noebel bemüht einen immensen wissenschaftlichen Apparat, ausführliche Zitate und Zusammenfassungen, die seine ungeheure Belesenheit in Sachen Stimulusforschung dokumentieren sollen. Es ist wieder bezeichnend für den paranoiden Stil, dass Noebel, der seiner hauseigenen amerikanischen Wissenschaft mit tiefen Vorbehalten begegnet, jedem Wort seiner politischen Gegner Glauben schenkt. Er ignoriert jedenfalls die damals gängige amerikanische Kritik an Pavlov. In seinem manichäischen Weltbild steht die Wirksamkeit des Teufels außer Zweifel. Wie Hofstadter argumentiert, gehört das Ernstnehmen der Kräfte des Bösen zum Verhaltensinventar des paranoiden Stils. Das Ergebnis der sowjetischen Amerikastudien betont die Möglichkeit, die Menschen dergestalt zu programmieren, dass sie freiwillig »fremde Kulturelemente« aufnehmen. Das »nervejammin« von Kindern, so Noebel, sei bereits eine Realität in den USA.[11] Relativ häufig benutzt er den Terminus »hypnotische Induktion« und bringt diese in Verbindung mit der »Invasion« des Volkskörpers. Dies ist eine reichhaltige Metapher der Angst vor unterschwelliger Penetration des Volkskörpers, die in vielen Filmen thematisiert wird wie etwa »Invasion of the Body Snatchers«. Und wo fängt der Teufel mit seinen teuflischen Methoden an: bei den Kindern natürlich. Die Kommunisten »are using this knowledge of the various stages of hypnotism

---

10 Was die Bedeutung der Wiederholung angeht, würden ihm Musikwissenschaftler durchaus zustimmen. Snead, James A.: *Repetition as a Figure of Black Culture.* In: The Jazz Cadence of American Culture. Hg. von Robert G. O'Meally. New York 1998, p. 62–81.

11 Seine Anthropologie ist instrumental und funktional: der Mensch ist eine formbare Masse in den Händen böser Wissenschaftler.

and music to invade the privacy of our children's minds, to render them mentally incompetent and neurotic« (26f.).

Die Angst vor individueller Beeinflussung beflügelt auch Noebels Sorge um die Sicherheit der gesellschaftlichen Einrichtungen gegenüber hypnotischer Induktion. Hier kommt es auf Mittelsmänner an. Als ein Verbindungsglied zwischen der sowjetischen Forschung und dem amerikanischen Erziehungssystem wird Norman Corwin identifiziert, ein Radioreporter, der über gute Beziehungen zu Plattenfirmen und Musikgruppen wie SING OUT oder Young People's Records verfügte. Die Furcht vor einer »epidemischen Infiltration« war, wie Frank Donner nachweist, typisch für eine bestimmte Geisteshaltung des FBI, die Noebel gerne übernimmt:

> in the view of intelligence, subversion is a disease that is hereditary, chronic, incurable – and contagious. The subject, however remote his original subversive connection, taints all the groups and causes to which he subsequently becomes attached (303f.).

Nach Meinung von Noebel stellen Plattenfirmen, die diese anstößige Musik vermarkten, kommunistische Frontorganisationen dar. Hier greift Noebel auf einen Doppelagenten des FBI, Boris Morros, zurück, der bezeugt »some of the fronts for Communist machinations and operations in the U.S. are certain record companies …« (30). Die paranoide Gesinnung setzt mit Vorliebe als besonders verlässliche Zeugen ehemalige Parteigänger ein, die inzwischen konvertiert sind, also Akteure, die das Ausmaß des Bösen persönlich kennen und nach ihrer Bekehrung bestätigen können. Das Netzwerk der kommunistischen Front umfasst nicht nur Young People's Records, sondern auch Folkways und sogar Columbia Records, vor allem durch die Aktivitäten von John Hammond Sr. und Jr. (der Erste ein CEO von Columbia Records, und sein Sohn, der die Karrieren von Bessie Smith, Billy Holiday, Count Basie und vielen anderen schwarzen Künstlern förderte). Rev. Noebel hat sich tatsächlich der Mühe unterzogen, die Platten von Young People's Records auf Herz und Niere zu prüfen und hat Kopien seiner Recherche an Neurologen, Psychiater und Erziehungswissenschaftler geschickt und um eine wissenschaftliche Analyse gebeten. Aus heutiger Sicht kommt uns die Liste seiner beanstandeten Songs absurd vor, aber unser Mangel an spontanem Verständnis markiert lediglich die Dimension seiner Paranoia. Die bloße Auflistung seiner subversiven Songs mag genügen: The Chisholm trail, Daniel Boone, Muffin in the City, Sleepy family, The little Fireman, The little Cowboy, Out of Doors, Tom's Hiccups.[12] Diese Songs, so Noebel, mögen zwar eminent singbar

---

12 Hier ist der Text eines der beanstandeten »kommunistischen« Lieder:
»My name is Tom (hic) – I am so sad. Cause these old hiccups (hic) – Make me feel bad. I'd like to cure them (hic) – wouldn't you too? Cause I (hic) all day. And I (hic) all night. What can I (hic) do?« Nach dem Schluckauf, bekommt Tom Pfiffe, stottern, Erkältungen, gähnen und schnarchen. Das Heilmittel am Ende der Aufzeichnung funktioniert: »My name is Tom and I feel so grand. My voice now is wonderful, the best in the land! I sing the whole

und harmlos scheinen, aber gerade das beweise ihre subversive Genialität: Auf der Oberfläche geben sie sich unschuldig, aber in der Tiefen sind sie völlig vergiftet. Seine »Analyse weist nach«, dass der Einsatz von unterschiedlichen Tempi, von afrikanisch-beeinflussten Rhythmen, von hypnotischen Substitutionen, subtilen Überlagerungen, die der Durchschnittshörer kaum zur Kenntnis nimmt, die amerikanischen Kinder sehr wohl erreicht und pervertiert. In diesem Zusammenhang erinnert er an Chrustschows Drohung, »die USA zu beerdigen« und meint, dass diese Drohung zuerst über den Transmissionsriemen der Musik erfolgreich sein wird (46–47). Als letzten Zeugen, der die subversive Kraft der Musik bestätigt, ruft er den radikalen Linken Bertrand Russell auf, der vor allem ihren Einfluss auf Kinder hervorhebt.

Verschwörung ist eine nicht enden wollende Geschichte, nicht umsonst kann das englische Wort »plot« sowohl als Handlungszusammenhang als auch Verschwörung bedeuten. Noebels »plot« verdichtet sich im Fortgang seiner Erzählung, die Verschwörung wird immer größer: Young People's Records hat intime Beziehungen aufgebaut zum *Book of the Month Club*, zur Zeitschrift *Good Housekeeping* und *Parents Magazine*, aber auch zum National Council of Churches, zur Southern Baptist Convention, und der Methodistischen Kirche. All diese vordergründig harmlosen Akteure in diesem Melodrama haben sich irgendwann für die Verbreitung der Platten dieser Firmen eingesetzt und sind durch ihre Unterstützung zu naiven Zuarbeitern (innocent dupes) des Kommunismus geworden. Noebel legt Dokumente in den Anhang, die beweisen sollen, dass die genannten Institutionen den erzieherischen Wert dieser Platten geradezu enthusiastisch gepriesen haben, vor allem ihre pädagogische Innovation und Singbarkeit. Es ist bezeichnend und markiert die allgemeine Atmosphäre der Angst, dass *Good Housekeeping* und *Parents Magazine* ihre Unterstützung für das Liedgut sofort kassierten, nachdem sie von Noebel Briefe mit dem Vorwurf, kommunistische Frontorganisationen zu fördern, erhalten hatten. Ohne Ausnahme zogen alle ihre Werbung zurück. Noch im Jahre 1966 waren Noebel und Hargis weitaus einflussreicher als es unsere Erinnerung zulassen möchte.

Beat-Musik und Kommunismus

Noebel wendet sich nun dem Rock 'n' Roll oder der Beat-Musik zu, die nach seiner Meinung afrikanische Rhythmen besonders subversiv einsetzen, denn diese sind »visceral and riot-causing.« Noebel zitiert das renommierte *Time Magazine* mit dem Satz: »The origins of rock 'n' roll go deep – Deep South, U.S.A.,« und er

---

day through – That's what I do – With my snore all gone and my yawn all gone and my sneeze all gone, and my shake all gone, and my whistle gone and my hiccups gone! I feel so grand. (hic) Oh Oh.«

fügt hinzu: »The full truth is that it goes still deeper – the heart of Africa, where it was used to incite warriors to such frenzy that by nightfall neighbors were cooked in carnage pots! The music is a designed reversion to savagery« (78). In der Tat, Rock 'n' Roll ist zutiefst »sexual, un-Christian, mentally unsettling and riot-producing« (79). Und wer hilft ihm, die Amerikaner von der Dringlichkeit dieser Gefahr zu überzeugen: Wiederum gute sowjetische Wissenschaft. »To understand what rock 'n' roll in general and the Beatles in particular are doing to our teena-gers, it is necessary to return to Pavlov's laboratory.« Mit pedantischer Akribie stellt er die Thesen der Sowjets vor und er fasst zusammen, was diese »Franken-steins des Rock« im Schilde führen: Rock 'n' Roll verursacht eine »scientifically induced or experimental neurosis« (81). Er reduziert das Phänomen Rock auf fol-gende prägnante Formel: Er sei eine Technik, konditionierte Reflexe hervorzuru-fen, und damit Teil einer umfassenden Verschwörung afro-beschleunigter Ener-gien im Dienste des Kommunismus.

> And the frightening – even terrifying – aspect of this mentally conditioned process is the fact that these young people, in this highly excited, hypnotic state, can be told to do practically anything – and they will. One can scarcely conceive of the possibil-ity but nevertheless the method exists, wherein the enemies of our Republic could actually use television and the Beatles (or some other rock 'n' roll or even rock 'n' folk group) to place thousands upon thousands of our teenagers into a frenzied, hypnotic state and send them forth into the streets to riot and revolt (90–91).

Es ist Zeit zu fragen, ob diese Angst vor unterschwelliger Subversion damals so außergewöhnlich war wie es uns heute vorkommt. War es nur die sogenannte lunatic fringe der Rechten, oder doch Teil akzeptierter Vorstellungen? Man mag hier an den Bestseller aus den späten 1950er-Jahren von Vance Packard, *Die Ge-heimen Verführer*, erinnern. Auf der Basis einer Theorie von Ernest Dichter und James Vicary geht Packard davon aus, dass die großen Konzerne unterschwellig Werbung einsetzen, etwa durch nicht wahrnehmbare Einblendungen von Im-pulsnachrichten (Buy Coke) im Fernsehprogramm. Wenn diese Theorien sich auch später als frei erfunden herausstellten, so deutete der Erfolg des Buches eine allgemeine Verunsicherung des Verbrauchers an.[13] Haben sich die Zeiten verän-dert? Verschwörungstheorien sind heute populärer denn je zuvor. Oliver Stones Version der Ermordung Kennedys wird von mehr Amerikanern geglaubt als die offizielle. Paranoia ist befriedigender als komplexe Historiographie, was das er-hebliche Anwachsen von Verschwörungstheorien erklären mag.[14]

---

13 Es ist nicht überraschend, dass Vance Packard vor einem Untersuchungskomitee im Kongress den Rock ‚n' Roll als den ›Feind von Innen‹ identifizierte, Trent (passim).
14 Cf. *The Rough Guide to Conspiracy Theories*. Hg. von James McConnachie und Robin
   Tudge. London 2005.

Die Beatles: Der neue Anti-Christ der Säkularisierung

Noebel wendet sich nun den antichristlichen Äußerungen der Beatles zu. Hier weist er auf die Kräfte der Modernisierung und Säkularisierung hin, die sich etwa in John Lennons schockierende Bemerkung niederschlage, dass jetzt die Beatles populärer seien als Jesus Christus. Noebel macht sich die Mühe, John Lennons *A Spaniard in the Works* zu lesen, einer Parodie von James Joyces *Finnegans Wake*, und er stolpert bald über einen Protagonisten mit dem Namen Jesus El Pifco, den er schnell identifiziert ›Ohne Frage unser Herr Jesus‹. Eine verhaltene positive Rezension des Buches im *Communist Worker* und in der Zeitschrift des W.E.B. DuBois Club von Amerika reicht ihm, um John Lennon als Communist Sympathiser zu entlarven. Hier fällt ihm ein gewisser Doppelstandard der Sowjets auf: die Kommunisten verbieten die Beatles in der Sowjetunion und fördern sie in den USA. Die geheime Logik dieser Heuchelei lässt er vom linksliberalen Musik-kritiker Irwin Silber erklären, Herausgeber von *Sing Out*, der folgende Wirkung der Musik bestätigt:

> The great strength of rock 'n' roll lies in the music of the music, – in particular in the beat and in the immensely creative harmonies, counterpoints, and answer back patterns of the sound. Because it is a sound which is basically *sexual, un-Puritan, free in expression and middle class and upper class America outside the main idiom of white*, it is music whose very form is a threat to established patterns and values (Noebels Hervorhebung, 103f.).

Man kann Noebel förmlich vor Freude jubeln hören: Hab ich's nicht gesagt, und sie geben es ja selber zu. Am 40. Geburtstag des kommunistischen Zeitschrift *The Worker*, der in der Carnegie Hall im Jahr 1964 gefeiert wurde, sang David Landsman, ein junger Beatnik, zum ersten Mal *We Shall Overcome*, um dann die Antikriegshaltung der Beatles auszuführen. All diese Vernetzungen verweisen die Beatles eindeutig in den Wirkungskreis der Kommunisten und macht aus *We Shall Overcome* eine kommunistische Hymne. Hatte nicht Castro ein ähnliches Lied im Repertoire mit dem Titel *Venceremos*, fragt er rhetorisch.

Nun richtet er seinen Blick auf die musikalische Inszenierung und die Performanz der Beatles. Seine paranoide und pornographische Angstlust hinsichtlich der animalistischen *mise en scene* und der sexuellen Anspielungen in den Texten teilt sich in seinem zusehends erregtem Stil mit. Er wettert über die niedrigen Instinkte, die angesprochen werden, die Dschungelatmosphäre, die Hysterie und Kontrollverlust beim Publikum – und all dies sei offensichtlich von Moskau so inszeniert. Hierzu greift er auf Jack Staulcup, den Präsidenten der Local No 200 der amerikanischen Musikergewerkschaft, als besonders glaubwürdigen Gewährsmann zurück. Dieser hatte sich in einem offenen Brief an Sargent Shrivers Büro, den Noebel zitiert, über die Beatlemania beschwert: Während die Sowjetunion die Beatles verbiete, was zu einer Reduktion der Straffälligkeit um 36% geführt habe, sei die Straffälligkeit in den USA durch Rock 'n' Roll um 50% gestiegen, ganz zu schweigen von den außerehelichen Schwangerschaften, dem Anwachsen der Geschlechtskrankheiten und dem Drogenkonsum. Und wer hatte all dies ausgelöst? Auch der Gewerkschaftsboss, also ein Gewährsmann der *alten* Linken, macht schräge Harmonien, blue notes, und alternative Rhythmen verantwortlich. Noebel holt sich weitere Unterstützung für diese Deutung aus dem konservativen England. Eine renommierte britische Musikpädagogin, Alice English Monsarrat, schreibt: »Any psychiatrist knows that it is precisely this two directional pull of conflicting drives and emotions that is helping to fill our mental hospitals with broken wrecks of humanity« (117).

Noebel untermauert die Glaubwürdigkeit seiner Thesen, indem er Zeugen des gesamten politischen Spektrums bemüht. Er zitiert immer wieder amerikanische und europäische Kulturkonservative, schlachtet linksliberale Musikkritik aus, bedient sich bei der alten und neuen Linken bündelt diese Aussagen geschickt und kombiniert sie mit Aussagen aus dem Bereich der Christian Right. Er fasst zusammen:

> it is precisely at this point that rock 'n' roll and much of the modern music becomes potentially dangerous. This is because, to maintain a sense of well-being and integration, it is essential that man is not subjected too much to any rhythms not in accord with his natural bodily rhythms (118).

Das erstaunliche ist, dass er für diese Meinung im Jahr 1966 noch viel Unterstützung im gesamten politischen Spektrum der Republik finden konnte, darunter viele Eltern, denen in der Tat die Klänge, die aus den Zimmern der Kinder schallten, gefährlich vorkamen. Auch ich erinnere mich an den Ruf meines Vaters: »Junge mach die Negermusik aus!«. Aber wozu die Aufregung, fragt Noebel rhetorisch: Hatte nicht Frank Sinatra einige Dekaden vorher den gleichen hypnotischen Effekt auf Teenager gehabt? Wieder ruft er den Komponisten Dr. Howard Hanson auf, um den wesentlichen Unterschied zwischen der Musik Sinatras und afrikanischen Rhythmen klarzustellen:

> The popularity of Frank Sinatra has caused his name to be mentioned frequently in connection with the deleterious effects of popular music, but I can find no evidence to support this claim. Most of the music he sings is sentimental and nostalgic. He sings with sincerity and sensitivity and not infrequently artistry. If young girls are moved to squeal with delight I do not believe any harm has been done (118).

Hier sollte man daran erinnern, dass Frank Sinatra den Rock 'n' Roll aus tiefster Seele hasste und diesen mit obszönen Epitheta zu beurteilen pflegte. Noebel konnte sich um 1966 noch einer sehr breiten Konsensbasis für seine Vorbehalte gegen afrikanische Rhythmen versichern. Die Bürgerrechtsbewegung und die musikalische Revolution waren zwar in Gang gesetzt, hatten aber noch nicht den tiefsitzenden Rassismus aus dem Weg geräumt. Die »tacit background assumptions« blieben recht stabil.

Das Folksong Movement und die Bürgerrechtsbewegung

Schlüssiger wird Noebels Darstellung, wenn er sich der Beziehung zwischen amerikanischen »folksong« und der kommunistischen Bewegung zuwendet. Denn hier befindet er sich auf relativ sicherem Boden. Das »folk movement« der späten 1940er-Jahre war eine Art musikalische Wagenburg im Zeitalter des Anti-Kommunismus, Rückzugsreservat der reduzierten radikalen Linken, wie die Bücher von Serge Denisoff oder Robbie Lieberman bereitwillig zugeben. Der Nachweis der kommunistischen Beteiligung am Folk Movement gerät ihm so leicht, dass ein gewisses Bedauern anklingt. Denn als Paranoiker interessiert er sich mehr für die »verborgenen und unsichtbaren« Kräfte hinter den Akteuren: Daher kommt er zum Schluss, dass die wahren Feinde nicht etwa jene Sänger auf der Bühne sind, die sich offen zum Kommunismus bekennen (Noebel zählt sie im Appendix auf) sondern die »soft liberals«, die die Konzerte besuchen und welche die eigentliche Gefahr für die Republik darstellen. Daher konzentriert er sich in seiner Darstellung weniger auf die Sänger als auf die Zuhörer, also auf die Unterstützer aus dem Hintergrund, die sich für People's Songs Inc. in den Medien oder in Artikeln ausgesprochen haben. Damit wird die Verschwörung umfassender: Er nennt das gesamte musikalische Establishment vom Folksong bis hin zur Tin Pan Alley, darunter Woody Guthrie, John Hammond Jr., Kenneth Spencer, Alec Wilder, Walter Lowenfels, Leonard Bernstein, Norman Corwin, Lincoln Kirstein, Oscar Hammerstein II, Lena Horne, Alain Locke, Dorothy Parker, Aaron Copland, Louis Untermeyer, Sam Wanamaker, Paul Robeson, Josh White, Moses Ash, später fügt er Langston Hughes, Sonny Terry, Brownie McGhee, Huddie Leadbelly hinzu. Alle obengenannten Musiker sind mit der Zeitschrift *Broadside Magazine* assoziiert, eine Zeitschrift des Folksong Movement und – er sagt es zwar nicht, aber jeder Leser weiß Bescheid – mit einigen wenigen Ausnahmen sind alle dieser angeblich subversiven Personen Juden oder Schwarze. Wiederholt weist er auf die enge Beziehung zwischen jüdischen Kommunisten und schwarzen Rebellen hin. Er vermeidet jedoch den Fehler des Mitbegründers der John Birch Society, Revilo Oliver, von dem Robert Welch sich trennen musste, nachdem er einen antisemitischen Vortrag in Boston gehalten hatte. Wenngleich sich die John Birch Society offiziell von diesem Rassisten distanziert hatte, so blieb er doch hinter den Kulissen der Society präsent, wo Noebel ihn prompt wiederfand. In der Widmung seines Buches dankt Noebel Oliver für »valuable information.«[15] Die Symbiose zwischen folksong und ›unnatural rhythms‹, die von einer jüdisch-schwarzen Verschwörung getragen worden sei, stellt sich als das Grundübel der

---

15 Revilo P. Oliver – der Name ist ein Palindrom – interpretiert die Ermordung Kennedys ganz in Übereinstimmung mit der paranoiden Fantasie. Kennedy habe die kommunistische Übernahme der USA zu zögerlich betrieben und sei daher für Moskau eine Belastung geworden. Daher habe man ihn aus dem Wege geräumt. *The New York Times*, 11. Februar 1964. Noebel und Hargis teilen diese Interpretation.

Nation heraus: »This new marriage of beat and folk music is proving a total capitulation on the part of the US record companies to the Red-infested folk field« (146).

We Shall Overcome ist nach Noebels damaliger Meinung der revolutionäre Folksong des Kommunismus. »The togetherness of Communism, folk music … SNCC, sing Out! … and ›We Shall Overcome‹ is phenomenal.‹« Ganz im Einklang mit der John Birch Society findet Noebel die Bürgerrechtsbewegung unnötig, ja sogar gefährlich, und er evoziert ein nostalgisches Bild von harmonischen Rassenbeziehungen im 19. Jahrhundert. Es gelingt ihm eine recht gute Geschichte der Entstehung der Folksong-Bewegung, da er akribisch die besten linken Quellen gesammelt und damit eine gute Basis für seine Darstellung gewonnen hat. So weist er zu Recht auf die Wichtigkeit der Highlander Folk School in Monteagle, Tennessee hin und wie aus ihr das Civil Rights Movement anfänglich organisiert wurde. »Out of the loins of this little Red School house issued forth a student and close friend of the school by the name of Martin Luther King« (181), der – obwohl ein geistlicher Bruder im Herrn – in Wirklichkeit einen ›Wolf im Schafspelz‹ darstelle. Dieses volkstümliche Bild zitiert er aus J. Edgar Hoovers offiziellen FBI-Bericht über Luther King. Martin Luther King Jr., so dokumentiert Noebel, werde vom vormaligen Präsidenten Truman ein »trouble maker and rabble rouser« genannt und der Direktor des FBI charakterisiert ihn als »the most notorious liar in the country«. King war nicht nur ein Student an der Highlander Folk School in Monteagle, Tennessee gewesen, sondern er »openly welded his Southern Christian Leadership Conference to the Highlander Folk School« (181). Aus christlicher Solidarität vermeidet Noebel eine grundsätzliche Verurteilung der Anliegen der Bürgerrechtsbewegung, und er gibt zu, dass es unter den Aktivisten durchaus Menschen guten Willens gegeben habe. Aber es lägen auch Beweise vor, dass es rassenübergreifenden Promiskuität gegeben habe, und diese vor allem zwischen Schwarzen und Juden stattgefunden habe. King, dieser Wolf im Schafspelz könne sehr wohl der »key to Communist revolution in the United States« (184) werden, von einer moralischen Degeneration und sexuellen Permissivität flankiert. Den Negern Wahlrecht einzuräumen, käme einer gesellschaftlichen Destabilisierung und dem moralischen Bankrott gleich (191). Es wundert nicht, dass die verschwörungstheoretische Fantasie um Kings Ermordung, die zwei Jahre später folgte, wilde Blüten treibt. Immer wieder flankiert Noebel seine Argumente mit Zeugen aus dem Feindeslager. So führt er den Showmaster Steve Allens *Letter to a Conservative* 1965 der zwar die Idee, dass die Beatles Kommunisten seien, für baren Unsinn erklärt, dafür Noebels Vorwurf, die amerikanische Volksmusik sei von Linken überlaufen, bestätigt (204). Triumph paart sich mit Befriedigung in Noebels Stimme, als er Allen, ein liberales Urgestein, in die Liste seiner Beweise aufnimmt.

In einem Kapitel mit dem Titel *Bob Dylan and Rock 'n' Folk* bündelt er sämtliche Vorbehalte noch einmal. Es lohnt nicht, seine Auslassungen gegen Dylan und

dessen Freunde Joan Baez und Phil Ochs zu wiederholen. Aber in einem Rund-
umschlag kommt er auf das Urübel, die Todsünde Amerikas, zu sprechen: afrikanische Rhythmen, Rock 'n' Roll und Hot Jazz. Wieder zitiert er den Teufel in der
Gestalt des Jazzkritikers Sidney Finkelstein:

> Any description of jazz must take in the great stream of music that came out of
> Africa, and was worked up and transformed into Spirituals, work songs, field calls,
> juba dances, cake walks, including *a music of talking drums prohibited by the slave
> owners and becoming the most intricate and vital [force] of dancing.* (Noebels
> Hervorhebung, 237).

Das Buch endet mit dem Hinweis, dass die Unruhen in Watts (Los Angeles) eine
Folge der unbändigen afrikanisch inspirierten Musik gewesen sei:

> trained revolutionists, with their disgruntled lackeys and always present dupes, de-
> stroyed acres of Watts territory with gasoline bombs and a bloodcurdling riot cry
> borrowed from a Los Angeles Disc jockey: ›Burn Baby, Burn‹ (249).

Soweit meine Vorstellung eines Buchs aus der grauen Literatur der 1960er-Jahre,
das wie in einem Vergrößerungsglas die Ängste der damaligen Zeit sichtbar macht.

Mumbo Jumbo

Noebels Paranoia gegenüber afrikanischen Rhythmen, die lediglich die Spitze eines Eisbergs an nativistischer Angst darstellt, blieb nicht ohne Wirkung auf die
afroamerikanische Kulturproduktion. In der Tat könnte man den kulturellen
Fundamentalismus dieser rassistischen Angst als eine der Ursachen für das Entstehen des Black Cultural Nationalism interpretieren. Ishmael Reeds Roman
Mumbo Jumbo, der im Jahr 1972 veröffentlicht wurde, ist das parodistische Spie-
gelbild der weißen Furcht vor afroamerikanischer Musik: eine verschwörungs-
theoretisch angereicherte Sicht der Geschichte aus einem afrozentrischen Blickwinkel. Der Roman beschreibt die drohende Epidemie einer afroamerikanischen
Tanzkrankheit namens Jes Grew während der Harlem Renaissance. Die Krankheit sei vom Congo Square in New Orleans ausgegangen, wo die Voodoo Prieste-
rin Marie Laveau die Verbindung zu Westafrika hergestellt hatte. Die Symptome
dieser ansteckenden Krankheit sind in den Worten eines weißen Doktors wie
folgt:

> people were doing ›stupid sensual things,‹ were in a state of ›uncontrollable frenzy‹,
> were wriggling like fish, doing something called the ›Eagle Rock‹ and the ›Sassy
> Bump‹; were cutting a mean ›Mooche‹ and ›lusting after relevance‹. We decoded
> this coon mumbo jumbo if this Jes Grew becomes pandemic it will mean the end of
> Civilization As We Know It. (Vorwort).

Ishmael Reeds afrozentrische Fantasie nimmt die schlimmsten Projektionen von
Noebels Angst auf und überhöht diese ins Absurde (Ostendorf, vgl. 1979). Seine

dramatis personae sind Mitglieder konspirativer Netzwerke, die hinter den Kulissen der Geschichte ihr Unwesen treiben. Reed parodiert nicht nur die verschwörungstheoretische Fantasie Noebels, sondern auch den wissenschaftlichen Duktus im paranoiden Stil, und er spickt den Text wie Noebel mit ausführlichen Fußnoten und Verweisen.

Angst vor Afrika: Familienähnlichkeiten

Wir könnten Noebels Buch als ein Beispiel der Paranoia einer »lunatic fringe« der 1960er-Jahre zu den historischen Akten legen. Sicher wäre das berechtigt. Jedoch sind sämtliche Elemente seines Weltbilds aus der Geschichte des amerikanischen Nativismus und Rassismus bekannt und viele einzelne Motive seiner Angst sind bis heute offen oder unterschwellig wirksam. Sie treten heute im Weltbild der christlichen Rechten wieder zu Tage. Diese rassistische Paranoia ist nicht nur ein Resultat von Ignoranz oder falscher Doktorgrade. Es gibt amerikanische Ausbiegungen dieser Angst auf höchster, auf mittlerer und auf populistischer Ebene, vom Weiterleben des wissenschaftlichen Rassismus bei den Neonazis bis zu Parolen der christlichen Rechten. Wir könnten diese Ängste folgenden Untergruppen zuordnen:

1) Afrikanische Rhythmen als Indiz revolutionärer Umtriebe (Subversion/ Kommunismus, Revolution, un-amerikanische Aktivitäten)

2) Afrikanische Rhythmen und heidnische Praxis (Gefahr für das christliche Amerika)

3) Afrikanische Rhythmen und Moral (Perversion, Promiskuität, Drogen, Gewalt & moralischer Niedergang, Bastardisierung, »miscegenation«)

4) Afrikanische Rhythmen und der kulturelle Kanon (Hierarchie, Status Quo, Rettung des kulturellen Kapitals).

Ein überwältigendes Maß an Evidenz finden wir in den Büchern von Dena Epstein, Winthrop Jordan, George Frederickson, Joel Williams, die diesen vier Kategorien zugeordnet werden kann. Es wäre wenig hilfreich alle Quellen zu zitieren, hier nur einige Beispiele aus dem Berg an Rassismus.

1) Schon früh wird Afrika mit Rebellion in Zusammenhang gebracht. Nach dem Denmark Vesey Aufstand schrieb ein Sklavenhalter in Charleston South Carolina an seine Zeitung: »None of the Negroes belonging to the Protestant Episcopal Church were concerned in the late conspiracy … the event which gave rise to these considerations had its origin and seat chiefly in the African church«. (Epstein 195–196). In seiner ersten Rede vor dem Unterhaus in Virginia nach der Nat Turner Rebellion sagte Gouverneur Floyd:

> The most active incendiaries among us … have been the negro preachers [from new African Methodist Episcopal churches] Those preachers […] have been the channels through which the inflammatory pamphlets and papers brought […] from other states have been circulated among the slaves […] The public interest requires that the negro preachers be silenced (Epstein, 229).

Schon hundert Jahre vorher hatte Le Page du Pratz aus Louisiana berichtet:

> Nothing is more to be dreaded than to see the Negroes assemble together on Sundays, since, under pretence of Calinda, or the dance, they sometimes get together to the number of three or four hundred and make a kind of Sabbath, which it is always prudent to avoid; for it is in those tumultuous meetings that they plot their rebellion (Epstein 32).

Nicht nur in den USA auch in Cuba wurde um 1900 das Trommeln im Santeria-Kult mit »brujeria«, Hexerei, in Verbindung gebracht und strafrechtlich verfolgt. Heute ist eine heiße Diskussion darüber entbrannt, ob Rap und Gewalt ursächlich zusammenhängen.[16]

2) Die Versuche des christlichen Klerus, heidnische Sitten der Sklaven unter ihre Kontrolle zu bringen, sind bestens belegt. Reverend Le Jau schreibt schon 1709, dass er schwarze Sklaven von der Kommunion ausschließt, »if they dance.« Reverend Whitfield beklagt sich über die Profanierung des Sabbath durch schwarze Tänze im Jahr 1739 (Epstein 39). In einem Leitartikel der neuenglischen Wochenzeitschrift *The Universalist* von 1860 distanziert sich der Autor von den lauten Gottesdiensten der Baptisten and Methodisten (und ihren schwarzen Anhängern) und beschließt diese Kritik mit dem Aufruf, allzu große Emotionalität zu vermeiden. Eine anhaltende Angst der weißen Christen war der Ring-Shout der Schwarzen, ein kollektives Ritual, in dem die Gläubigen einen Kreis bilden, sich in den Hüften wiegend bewegen und mit den Händen komplizierte Rhythmen klatschen, bis sie in einen Zustand der kollektiven Erregung gelangt sind. Schwarzerseits versuchte man die Ängste der Weißen zu beruhigen: der Ring-Shout könne kein Tanz sein, da man die Füße nicht überkreuze. Das religiöse Establishment blieb unbeeindruckt und verurteilte diese befremdliche afrikanische Gewohnheit mit aller Entschiedenheit. In der gesamten Geschichte der Sklaverei sind Versuche, diese heidnischen Praktiken auszumerzen, hinreichend belegt.

3) Eine besonders hartnäckiger Vorbehalt betrifft die kausale Verknüpfung von afrikanischen Rhythmen mit moralischem und gesellschaftlichem Niedergang.

---

16 Siehe meine Rezension von Florian Werner: *Rapocalypse: Der Anfang des Rap und das Ende der Welt.* Transcript 2007. In: Lied und populäre Kultur/Song and Popular Culture. Jahrbuch des Deutschen Volksliedarchiv 54 (2009), S. 462–466. Paul Boyer hat nachgewiesen, dass die Assoziation rhythmischer Musik mit dem Antichrist eine lange Geschichte in der apokalyptischen und prämillenarischen Überlieferung hat. *When Time Shall Be No More: Prophecy Belief in Modern American Culture,* S. 64, 232.

Dieser wurde in der Zeit der neuen Einwanderung von 1890 bis 1920, als in den USA die klassische Avantgarde, Ragtime, Jazz und populärer Song im Entstehen waren, besonders häufig artikuliert. Denn hier wurde die Symbiose zwischen Juden und Schwarzen als so bedrohlich eingeschätzt, dass konkrete Maßnahmen zur Eindämmung ergriffen werden sollten. Die Juden galten als Übersetzer der schwarzen Musik und als Türöffner für die bedrohlichen Rhythmen. Die erste Afrikanisierung des nationalen Musikerbes wurde währen der sogenannten Ragtime Periode, also von 1890 bis 1910 diagnostiziert. Die Art und Weise, wie das etablierte Musik-Establishment auf Ragtime reagiert, wurde flankiert von allgemeinen Ängsten vor einem Niedergang, der die oberen Klassen ergriffen hatte und wie sie von Theodore Lothrop Stoddard in *The Rising Tide of Color against White World Supremacy* bzw. von Madison Grants *The Passing of the Great Race* artikuliert wurde. Aus der Perspektive der weißen Oberklasse, die man heute als White Anglo-Saxon Protestants (WASPS) zusammenfasst, wurde Ragtime als pathologisches, unmoralisches, zur Promiskuität und Rassenvermischung führendes Instrument des Niedergangs beurteilt. In ähnlicher Form wurden später Jazz und Rock 'n' Roll von Noebel oder Gangstarap von Klaus Miehling gesehen.[17] Der Komponist und Musikkritiker Daniel Gregory Mason verkündete: »Let us purge America and the Divine Art of Music from this polluting nonsense.« Hans Muck, der Schweizer Dirigent des Boston Symphony Orchestra, stimmte zu, »I think that what you call ragtime is poison [...] A person inoculated with the ragtime fever is like one addicted to strong drink.« Andere Kritiker unterstellen, dass Ragtime schlimmste neurologische Folgen für das Nervenkostüm zeitige. Und doch: »Its greatest destructive power lies in its power to lower the moral standards.« Walter Winston Kenilworth schrieb einen Brief an den Pariser Herausgeber des *New York Herald Tribune* im Jahr 1913, der später im Musical Courier wieder abgedruckt wurde. Es ist eine Art Zusammenfassung aller Aspekte dieser Angst.

> Can it be said that America is falling prey to the collective soul of the negro through the influence of what is popularly know as ›rag time‹ music? [...] If there is any tendency toward such a national disaster, it should be definitely pointed out and extreme measures taken to inhibit the influence and avert the increasing danger – if it has not already gone too far [...] The American ›rag time‹ or rag time evolved music is symbolic of the primitive morality and perceptible moral limitations of the negro type. With the latter sexual restraint is almost unknown, and the widest latitude of moral uncertainty is conceded.[18]

Daniel Gregory Mason schlug in die gleiche Kerbe und definierte gleich die Rolle der Juden in dieser umfassenden Verschwörung, das weiße-arische Amerika zu zerstören:

---

17 Mehr hierzu in meinem Artikel *The Diluted Second Generation*.
18 *Demoralizing Ragtime Music*, in: Musical Courier 66 (21 May 1913), S. 22–23.

Ragtime is a mere comic strip representing American vices. Here is a rude noise which emerged from the hinterlands of brothels and dives, presented in a negroid manner by Jews most often, so popular that even high society Vanderbilts dance to it. All this syncopated music wasn't American, it is unamerican. The Jew and the Yankee stand in human temperance at polar points. The Jew has oriental extravagance and sensuous brilliance. However, ragtime is a reflection of these raucous times; it is music without a soul.[19]

In diesem Kontext ist die Entwicklung des Komponisten Henry Franklin Belknap Gilbert (1868–1928) von Interesse. Gilbert war ein klassischer Komponist, der den Ragtime als musikalische Anregung für zwei Kompositionen aufnahm, *Comedy Overture on Negro Themes* (1905) and *Dance in Place Congo* (1906–08). Der Dirigent Karl Muck weigerte sich, diese »niggah music« aufzuführen, da sie für den Konzertsaal nicht geeignet sei. Um seine Karriere als Komponist nicht zu gefährden, schrieb Belknap seine Stücke als Balletmusik um und brachte sie in der Metropolitan Opera im Jahr 1918 zur Uraufführung. Inzwischen hatte sich zwar einerseits der Schock über afrikanische Einflüsse etwas gelegt und in neuerlichen Rezensionen wurden die beiden früheren Kompositionen positiv bewertet, aber Gilbert distanzierte sich jetzt von seiner ›Negro Phase‹.[20]

Solche Reaktionen sind uns aus der Geschichte des Jazz und der populären Musik hinreichend bekannt. Sie artikulieren eine latente Furcht vor dem Niedergang des amerikanischen Experiments durch libidinöse Freiheiten, die man mit dem bedrohlichen ›Anderen‹ assoziiert.[21] Damit deutsche Leser nicht meinen, dies sei vornehmlich ein Problem der WASPS, sei ein deutscher Zeuge genannt. Der Musikkritiker Gustav Kühl erläutert seinen ersten Kontakt mit Ragtime in der Musikzeitschrift *Metronome* im Jahr 1903:

Suddenly I discovered that my legs were in a condition of great excitement. They twitched as though charged with electricity and betrayed a considerable and rather dangerous desire to jerk me from my seat. The rhythm of the music, which had seemed so unnatural at first was beginning to work its influence over me. It wasn't

---

19 Quoted in Kenneth Aaron Kanter: *The Jews on Tin Pan Alley*. New York 1982. Meine Rezension in *Popular Music*, vol. 4, Cambridge University Press 1984, p. 323–327. Mehr über das Thema der jüdischen Überfremdung in McDonald Smith Moore, *Yankee Blues: Musical Culture and American Identity*, Bloomington 1985. Hierzu meine Rezension in *Popular Music* vol. 6, no. 3, October 1987, p. 358–359. Hamm, Charles: *Music in the New World*. New York 1983, p. 419f.

20 Hamm, Charles: *Music in the New World*, p. 419f.

21 Im Jahr 1930 schreibt Mason: »And our whole contemporary aesthetic attitude toward instrumental music, especially in New York, is dominated by Jewish tastes and standards, with their Oriental extravagance, their sensuous brilliancy and intellectual facility and superficiality, their general tendency to exaggeration and disproportion.« (Tune In America, 1930, p. 160).

that feeling of ease in the joints of the feet and toes which might be caused by a Strauss waltz, no, much more energetic, material, independent as though one encountered a balking horse, which it is absolutely impossible to master. [22]

Auch die linksliberale Wissenschaft bestätigt die These, dass Juden und Schwarze zur Veränderung einer Grundeinstellung zum hedonistischen Genießen beigetragen haben, nur sehen sie diese Veränderung positiv als ein Ablegen des viktorianischen Korsetts. John Higham bemerkt in *Send These To Me*: »Jewish entertainers […] novelists […] and literary critics […] became leading disseminators of an urban morality, which gave a new emphasis to hedonism, intellectuality, and anxiety« (194). Sein Schüler Lew Erenberg bestätigt diese Beobachtung in *Steppin' Out: New York Nightlife and the Transformation of American Culture, 1890–1930* (Westport, Conn.: Greenwood Press, 1981). Auch er sieht eine musikalische Zusammenarbeit von Juden und Schwarzen, bestätigt also den Sachverhalt Noebels, zieht aber gänzlich andere Rückschlüsse.

4) Der Abbau ›natürlicher‹ Hierarchien und der Niedergang des kulturellen Kapitals der Great White Race ist eine Sorge, die heute noch ganze Bücher füllt. Die Furcht vor der Zerstörung einer Hierarchie der Kulturen und einer Hierarchie der Werte beseelte die Bücher von Alan Bloom, David Tame und Samuel Huntington, die sich in die Reihen der sogenannten ›declinists‹ gesellt haben. Dass ihre Bücher relative Bestseller wurden, deutet an, dass diese paranoide Zentralangst immer noch wirksam ist und sowohl die *culture wars* als auch die *canon debates* anfeuert.

Eines der ersten dokumentierten Berichte über schwarze Tänze stammt vom französischen Mönch Jean Baptiste Labat, der sie »deshonnetes, indecentes, lascives, cette danse infame« nannte und von der Notwendigkeit sprach, sie durch Minuet und Courante zu ersetzen (Epstein 30). Benjamin Latrobe beobachtete schwarze Tänzer am Congo Square in New Orleans im Jahre 1819.

> A man sung a uncouth song to the dancing which I suppose was in some African language, for it was not French, & the women screamed a detestablburthen on one single note. The allowed Amusements of Sunday have, it seems, perpetuated here those of Africa among its inhabitants. I have never seen anything more brutally savage, and at the same time dull & stupid than this whole exhibition (Epstein, 97).

Eurozentrische Standards waren to tief verinnerlich worden, dass die renommierten Soziologen Franklin Frazier und Gunnar Myrdal noch in den 1940er-Jahren davon ausgingen, dass »Blacks have no culture to guard and to protect.«[23] Wohlgemerkt war dies die Zeit der musikalischen Revolution im Bebop mit Charlie

---

22 *The Musical Possibilities of Rag-Time*, übersetzt von Gustav Saenger. In: Metronome 19 März 1903, S. 11.

23 Ostendorf, Berndt: *Black Poetry, Blues, and Folklore: Double Consciousness in Afro-American Oral Culture*. In: Amerikastudien/American Studies 20 (1975), S. 209–259.

Parker, Dizzy Gillespie, Max Roach, Thelonious Monk und Miles Davis. Samuel Huntington würde sicherlich zustimmen, denn in *Foreign Affairs* im Jahr 1991 entfaltet er erstmalig seine Theorie eines ›Clash of Civilizations‹, der eine kulturelle Hierarchie voraussetzt. Er führt dort aus

> the world will be shaped in large measure by the interactions among seven or eight major civilizations. These include Western, Confucian, Japanese, Islamic, Hindu, Slavic-Orthodox, Latin American.

Und dann folgt der Nachsatz »and possibly African civilization.« Jeder Leser in den USA konnte den verborgenen Sinn dieses Satzes im Kontext der amerikanischen Rassenbeziehungen erkennen: Der Beitrag Afrikas spielt für die Weltkultur eigentlich keine wesentliche Rolle. Seine Reihung erinnert an die Hierarchie der Kulturen, die zweihundert Jahre früher von John Locke aufgestellt wurde, der die gleichen Gruppen nennt, diese aber in eine Reihung bringt mit der europäischen Kultur ganz oben und mit Afrika ganz unten.

Die tiefen Vorbehalte gegen afrikanische Rhythmen als Ursachen von Wertezerfall und Verrohung sind nach wie vor weit verbreitet. Noebels Angst ist lediglich eine extreme Version einer umfassenderen und tiefsitzenden Angst, dass das Staatsschiff in einem Meer von afrikanischen Rhythmen Schiffbruch erleiden oder doch vom rechten (christlichen) Kurs abkommen könnte. Dreiundvierzig Jahre nach Noebels Buch erlebt diese Angst in Freiburg im Schwarzwald eine Neuauflage. Der Musikwissenschaftler und Cembalist Klaus Miehling legte mit *Gewaltmusik. Musikgewalt. Populäre Musik und die Folgen* ein ›Schwarzbuch gegen die populäre Musik‹ (Klappentext) vor. Erstaunlicherweise schrieb Ludger Lütkehaus, ein renommierter Literaturwissenschaftler und kritischer Philosoph, ein positives Geleitwort und nennt das Buch »eine Pionierleistung.« Es ist eine Wiederholung und Neuauflage eines alten rassistischen Vorbehalts. Miehling, der Noebels Buch über den Umweg durch David Tame Noebels Buch entdeckt hat, argumentiert ganz im verschwörungstheoretischen Duktus des paranoiden Stils.[24] Wie Noebel teilt Miehling die Musik »in eine gute (menschliche, moralische, konstruktive, positive) und eine böse (unmenschliche, unmoralische, destruktive, negative) Hälfte« ein und moniert die Dominanz der ersten Hälfte in der derzeitigen populären (vornehmlich schwarzen) Musik und Teilen der Avantgarde. Wie Noebel findet er im aggressiven Schlagzeug und in afroamerikanischen Rhythmen die Ursache für eine flächendeckende »Gehirnwäsche« und für eine »neuronale Umstrukturierung« in den musikalischen Gewohnheiten der jugendlichen Hörer. Auch der umfassende Katalog der Folgeschäden, die er nacheinander abarbeitet, lehnt sich an Noebel an: abnehmende Leistungsbereitschaft, Bil-

---

24 Tame, David: *The Secret Power of Music. The Transformation of Self and Society through Musical Energy.* New York 1984. Tame gehört der Church Universal & Triumphant an, einer synkretistischen theosophischen Religion, die New Age, Mystizismus, Buddhismus und Christentum verbindet.

dungsfeindlichkeit, Hedonismus, Drogenkonsum, Kriminalität, Erosion des Rechtsbewusstseins, kulturelle Vulgarität und Erosion der Sexualmoral. Miehling folgt Noebel allerdings nicht im Glauben, dass die musikalische Gehirnwäsche dem Kreml und der kommunistischen Indoktrination angelastet werden kann.

Was wurde aus Reverend Noebel und seinem Arbeitgeber? Hargis hatte 1971 das American Christian College gegründet, um zwei Ziele der Christian Crusades zu verwirklichen: den Studenten einen strammen Anti-Kommunismus zu vermitteln. Neben dem Kommunismus war beiden vor allem der Sexualkundeunterricht ein Dorn im Auge, gegen den Hargis im Jahr 1968 den grauen Bestseller mit dem Titel *Is the School House the Proper Place to Teach Raw Sex?* verfasst hatte. Nachdem er 1970 wegen sexueller Belästigung seiner Sekretärin belangt worden war, reduzierte er seine öffentlichen Auftritte. Im Jahr 1974 wurde Hargis von seiner eigenen sexuellen Unzulänglichkeit vollends eingeholt: Zwei Studenten, deren Hochzeit Hargis arrangiert hatte, gestanden sich in den Flitterwochen, dass sie beide von Hargis entjungfert worden waren, was ihm den Spitznamen ›Honeymoon Hargis‹ einbrachte. Drei weitere männliche Studenten vertrauten sich Noebel an, dass sie von Hargis in seinem Büro und auf einer Tournee des Schulchors mit dem schönen Namen ›All-American Kids‹ vergewaltigt worden seien. Hargis hatte den Studenten mit Maßnahmen gedroht, falls sie auspacken sollten, und versuchte nun gegenüber Noebel, die homosexuellen Übergriffe mit der Freundschaft zwischen David und Jonathan im Alten Testament zu rechtfertigen. Zudem schob er seine Übergriffe auf die »geheime Macht von Genen und Chromosomen«. Noebel stellte seinem Vorgesetzten ein Ultimatum und Hargis, der eine Ehefrau und vier Kinder zu versorgen hatte, handelte eine jährliche Abfindung von 24.000 US Dollar heraus und ging in Pension. Nach seinem Abgang gerieten alle Unternehmungen der Christian Crusades in finanzielle Schwierigkeiten, da ihnen das Talent von Hargis bei der Mittel- und Ressourcenbeschaffung fehlte. Er versuchte einige Jahre später eine Rückkehr, aber die Leitung des College verhinderte dies. Daraufhin ging das College pleite und schloss seine Pforten gegen Ende der 1970er-Jahre. Mit seinem Chef ging zunächst auch der Stern von David A. Noebel unter. Heute ist er als Direktor der Summit Ministries am alten Standort der Christian Crusades, als Sprecher der rechtslastigen National Association of Scholars und als Gegner von Barack Obamas Gesundheitsreform wieder aktiv. Inzwischen sei mit der Wahl Obamas die kommunistische Unterwanderung der Demokratischen Partei vollzogen, verkündet er auf Youtube. Von der Gefahr afrikanischer Rhythmen ist nicht weiter die Rede. Dafür kämpft er heute gegen die homosexuelle Revolution und den säkularen Humanismus.[25]

---

25 Noebel, David: *The Homosexual Revolution.* Tulsa 1977. Hardisty, Jean: *Constructing Homophobia. Colorado's Right Wing Attack on Homosexuals.* In: The Public Eye Magazine March 2003. http://www.publiceye.org/magazine/v07n1/conshomo.html.

Zitierte Literatur

Berlin, Edward A.: *The Ragtime Debate*. In: Ragtime. A Musical and Cultural History. Berkeley 1980.

Boyer, Paul: *When Time Shall Be No More: Prophecy Belief in Modern American Culture*. Cambridge, MA 1992.

Bruce, Steve: *The Rise and Fall of the New Christian Right*. Oxford 1990.

Denisoff, Serge R.: *Great Day Coming. Folk Music and the American Left*. Chicago 1971.

Donner, Frank: *The Age of Surveillance*. New York 1980.

Epstein, Benjamin R. & Arnold Foster: *The Radical Right. Report on the John Birch Society and Its Allies*. New York 1967.

Epstein, Dena J.: *Sinful Tunes and Spirituals. Black Folk Music to the Civil War*. Urbana und Chicago 1977.

Erenberg, Lew: *Steppin 'Out: New York Nightlife and the Transformation of American Culture, 1890–1930*.Westport, Conn. 1981.

Garrow, David J.: *The FBI and Martin Luther King, Jr.* New York 1981.

Grabowsky, Norbert: *Wider die Musik! Die gegenwärtige Musiksucht und ihre unheilvollen Wirkungen. Zugleich ein Nachweis der geringwertigen oder ganz mangelnden Bedeutung, welche die Musik als Kunst wie als bildendes Element in Anspruch nehmen kann. Ein Buch geschrieben zum Zwecke wahrer Bildung und Gesittung und bestimmt für alle Kreise des Volkes.* Leipzig 1900/1902.

Hamm, Charles: *Music in the New World*. New York 1983.

Hampton, Wayne: *Guerilla Minstrels. John Lennon, Joe Hill, Woody Guthrie, and Bob Dylan*. Knoxville 1986.

Higham, John: *Send These To Me: Jews and Other Immigrants in Urban America*. New York 1975.

Hill, Trent: *The Enemy Within: Censorship in Rock Music in the 1950*. In: *Present Tense. Rock & Roll and Culture*. Hg. von Anthony DeCurtis Durham. London 1992, S. 39–72.

Hofstadter, Richard. *The Paranoid Style in American Politics and Other Essays* Chicago 1979.

Jordan, Winthrop: *White Over Black: American Attitudes Toward the Negro 1550–1812*. Chapel Hill 1968.

Kanter, Kenneth Aaron: *The Jews on Tin Pan Alley. The Jewish Contribution to American Popular Music, 1830–1940*. New York 1982.

Leonard, Neil: *Reactions to Ragtime*. In: Ragtime. Its History, Composers, and Music. Hg. von John Edward Hasse. New York 1985.

Gemeinsam mit dem prämillenarischen Fundamentalisten Tim LaHaye verfasste er 2000 das Buch *Mind Siege: The Battle for Truth in the New Millenium*. Eine Verschwörung diverser Interessengruppen, so die Autoren, wollen zunächst den säkularen Humanismus in Amerika zu einer Staatsreligion erklären, um schließlich mit Hilfe der UNO eine neue Weltordnung, the one-world socialist state, zu etablieren. http://www.secularhumanism. org/library/fi/review_21_3.html. Die Interessengruppen, die nach Noebel Amerika bedrohen, sind die alten Bekannten, die wir schon von der John Birch Society kennen: die American Civil Liberties Union, die National Organization of Women, National Endowment for the Arts, National Association of Biology Teachers, die Fernsehstationen, die großen Stiftungen (Ford, Rockefeller, Carnegie), der National Council of Churches, der liberale Flügel der Demokratischen Partei, die UNO und UNESCO, Harvard, Yale, Princeton und 2.000 weitere Colleges und Universitäten.

Leonard, Neil: *Jazz and the White Americans*. Chicago 1962.

Lieberman, Robbie: *»My Song is My Weapon«. People's Songs, American Communism, and the Politics of Culture 1930–1950*. Urbana and Chicago 1989.

Lipset, Seymour Martin & Earl Raab: *The Politics of Unreason. Right-Wing Extremism in America 1790–1970*. London 1971.

Marr, Johnny: *Christ, Communists, & Rock 'n' Roll: Anti-Rock 'n' Roll Books*. www.wfmu.org/LCD/18/antirock.html (abgerufen am 02. September 2009).

Martin, Linda & Kerry Segrave: *Anti-Rock. The Opposition to Rock 'n' Roll*. Hamdon, Conn. 1988.

Miehling, Klaus: *Gewaltmusik. Musikgewalt. Populäre Musik und die Folgen*. Würzburg 2006. (Rezension von Tobias Wiedmaier in Song and Popular Culture. Jahrbuch des Deutschen Volksliedarchivs 52/2007, S. 242–243).

Moore, Macdonald Smith: *Yankee Blues. Musical Culture and American Identity*. Bloomington 1985.

Noebel, David A.: *Rhythm, Riots and Revolution. An Analysis of the Communist Use of Music – The Communist Master Music Plan*. Tulsa, Oklahoma 1966.

Ostendorf, Berndt: *Minstrelsy and Early Jazz*. In: The Massachusetts Review, Vol. XX, No. 3, 1979, S. 574 -602.

— *Chicago and the Music of the Jazz Age 1920–30*, Englische und Amerikanische Studien II/3 September 1980, S. 432–444.

— *Ethnicity and Popular Music*, IASPM, International Association for the Study of Popular Music, Working Paper No.2, Exeter, England 1983.

— *The Diluted Second Generation: German-Americans in Music 1870–1920*. In: German Worker's Culture in the US: 1850–1920. Hg. von Hartmut Keil, Washington 1988, S. 261–287.

— *Exceptional Southern Animals meet Joseph McCarthy: Pogo and Jeffersonian Democracy*. Josef Jarab, Marcel Arbeit, Jenel Virden, eds. America in the Course of Human Events. Presentations and Intepretations. Amsterdam: VU University Press, 2006, 261–278.

— *Conspiracy Nation: Verschwörungstheorien und evangelikaler Fundamentalismus: Marion G. (Pat) Robertsons »Neue Weltordnung«* In: Politisierte Religion. Hg. von Heiner Bielefeld/Wilhelm Heitmeyer Edition Suhrkamp 2073 1998, S. 157–187.

— *Rhythm, Riots and Revolution: Political Paranoia, Cultural Fundamentalism and African American Music*. In: Enemy Images in American History Hg. von Ragnhild Fiebig-von Hase und Ursula Lehmkuhl. New York 1998, S. 159–182.

— *Das amerikanische Folksong Revival: Ein Rückblick«*. In: Jahrbuch für Volksliedforschung 43. Jhg. 1998, S. 93–99.

— *Celebration or Pathology? Commodity or Art? The Dilemma of African American Expressive Culture*. In: Black Music Research Journal Fall 2000. Hg. von David Horn, S. 213–233.

— *Samuel Huntington and the Mexican Threat to the American Dream*. In: Il sogno delle Americhe: Promesse e tradimenti (The American Dream). Hg. von Bernard Vincent, Patrizio Rigobon, Francesca Bisutti De Riz Padova 2007, S. 273–296.

Pogo (as told to Walt Kelly). *The Jack Acid Society Black Book* (New York: Simon and Schuster, 1962).

Redekop, John Harold: *The American Far Right. A Case Study of Billy James Hargis and Christian Crusade Grand Rapids*, Mich. 1968.

Reed, Ishmael: *Mumbo Jumbo*. New York 1972.

(Welch, Robert): *The Blue Book of the John Birch Society*. Boston 1959.

Welch, Robert: *The Politician* Belmont. Mass. 1963.

Wersich, Rüdiger: *Zeitgenössischer Rechtsextremismus in den Vereinigten Staaten.* München 1978.

Whitfield, Stephen J.: *The Culture of the Cold War.* Baltimore 1991.

Williamson, Joel: *The Crucible of Race: Black-White Relations in the American South Since Emancipation.* New York 1988.

Nils Grosch
Überlegungen zu einer Geschichte der mobilen Musik

1. Mobile Musik als ein zeitgeschichtliches Phänomen?

Die Mobilität klanglicher und insbesondere musikalischer Phänomene wird von der jüngeren Technikgeschichte sowie den *urban studies* und den *popular music studies* in kausalen oder zumindest hypothetischen Zusammenhang mit der Entwicklung von Tertiärmedien gebracht – den elektronsichen *playern* und dem sogenannten Versprechen der Mobilität der Reproduktionstechnologien[1] des 20. und nicht zuletzt des 21. Jahrhunderts also. Insbesondere MP3-Player und *iPod* scheinen es ermöglicht zu haben, dass, wie Michael Bull ausführt, »for the first time in history the majority of citizens in Western culture possess the technology to create their own private mobile auditory world wherever they go«.[2]

Auf dem Hintergrund solcher Argumentationen hat jüngst die Techniksoziologin Heike Weber eine historische Untersuchung eingefordert, »welche die Entwicklung und Verwendung mehrerer Portables in Bezug zueinander setzt«. In ihrer eigenen Studie ist Weber allerdings auch bloß bis zu den sogenannten Kleinstradios der 1950er-Jahre zurückgegangen.[3]

So verständlich es aus der Perspektive von Autorinnen und Autoren des 20. und 21. Jahrhunderts erscheint, die eigenen Erfahrungen von technischen Entwicklungen und Geräten, insbesondere innovativen Kommunikationstechnologien, zu pointieren, so ausschlaggebend hat es sich in den vergangenen Jahren gezeigt, derartige Erfahrungen zu einer angemesseneren Bewertung im Kontext weiterreichender medien- bzw. informationshistorischer Prozesse zu analysieren. Hier stellt sich nun die Frage, ob es sinnvoll begründbar ist, die Erscheinungsformen einer *musica mobilis* überhaupt, wie in obigen Beispielen geschehen, auf Musik in Tertiärmedien zu fokussieren, oder ob es nicht sinnvoller wäre, sie mit theoretischen Vorgaben und Charakteristika, die über diese Beschränkung hinausweisen, in Verbindung zu bringen. Dies allerdings wäre Grundvorraussetzung einer Historiographie der Mobilen Musik, die auch längst zurückliegende Epochen ein-

---

1   Vgl. Weber, Heike: *Das Versprechen mobiler Freiheit: zur Kultur- und Technikgeschichte von Kofferradio, Walkman und Handy.* Bielefeld 2008.
2   Bull, Michael: *Sound Moves: iPod Culture and Urban Experience.* London und New York S. 4.
3   Weber 2008, wie Fußnote 1, 11.

schließen und die anhand zeitgenössischer Phänomene gemachter Beobachtungen entwickelten theoretischen Überlegungen historisch vertiefen könnte.

Shuhei Hosokawa hat den Begriff einer *musica mobilis* 1984 in den Reflexionen zum ›Walkmaneffekt‹ unabhängig von konkreten Kommunikationstechnologien, also auch abgelöst von seinem konkreten Betrachtungsgegenstand, dem sogenannten ›Walkman‹, als eine Musik zu definieren versucht, »whose source voluntarily or involuntarily moves from one point to another, coordinated by the corporal transportation of the source owner(s)«.[4] Hosokawa verweist dabei auch auf das Phänomen der Straßenmusik, was implizit verdeutlicht, dass mit »source« durchaus nicht zwangsläufig ein durch Tertiärmedien getragenes Reproduktionsgerät gemeint sein muss.

2. Mobile Musikpraktiken – Praktiken der Stadt oder des Transitraums?

Der funktionale Gegensatz von mobilen und nicht-mobilen Musikträgern lässt sich in urbanen Gefügen besonders deutlich aufzeigen. Innerhalb des »mittelalterlichen Ortungsraumes«, wie ihn Michel Foucault beschrieben hat[5], gibt es wohl keinen deutlicheren Marker eines urbanen *Soundscapes* als die Glocke bzw. das Glockenspiel der jeweils im Stadtzentrum gelegenen Kirche. In Glockenspielen ließen sich zudem schon im 14. Jahrhundert durch einen folgenreich etablierten Datenträger – eine Stiftwalze in Form einer gigantischen Trommel – eine Anzahl von (i.d.R. vier) Glockenmelodien in Form von Stiften eindeutig codieren.[6] Und der Klang von Glocke und Glockenspiel wiederum stellte zentrale Information zur räumlichen, zeitlichen, religiösen und sozialen Ortung omnipräsent bereit. Im Hinblick auf nicht-mobile musikalische Performanzorte lassen sich im urbanen Raum der Neuzeit Konzerthäuser, Theater etc. hinzuaddieren; Orte, an denen die physische Reproduktion von Musik in geschlossenen Räumen stattfindet, und die die (1.) zeitliche, (2.) räumliche und (3.) gesellschaftliche Bedingtheit und Befangenheit erklingender Musik besonders paradigmatisch verdeutlichen.

Den von Foucault im Hinblick auf die Entwicklung raumtheoretischer Beschreibungen nachgezeichneten historischen Prozess, der mit einer langsamen Entsakralisierung des räumlichen Gefüges einhergeht[7], mag man für die musikalische Realität der Geschichte mitteleuropäischer Städte relativ spät datieren. Dies wird umso plausibler, wenn man etwa daran denkt, welch bedeutsame Zentren

---

4 Hosokawa, Shuhei: *The Walkman Effect*. In: *Popular Music* 4 (1984), S. 165–180, hier: S. 166.
5 Foucault, Michel: *Andere Räume* [1967]. In: *Aisthesis: Wahrnehmung heute oder Perspektiven einer anderen Ästhetik*. Hg. von Karlheinz Barck u.a. Leipzig 1990, S. 34–46, hier: S. 36.
6 Vgl. Hiebler, Heinz: *Akustische Medien*. In: *Große Medienchronik*. Hg. von Hans M. Hiebel u.a. Fink, 1999, S. 541–782, hier: S. 543f.
7 Foucault 1990, wie Fußnote 5, S. 37

hier, aus der (touristischen) Fernsicht, noch im frühen 20. Jahrhundert die teilweise aus alten Zeiten stammenden Performanzorte wie Kirchen, Theater und Konzerthäuser zur räumlichen Ortung musikalischer Hochkulturen geblieben sind.

Zugleich kann man sich wohl kaum einen deutlicheren Marker für die Entwicklung hin zum modernen Lagerungsraum denken, bei dem »der Ort einer Sache […] nur mehr ein Punkt in ihrer Bewegung« (anstelle eines hierarchisch bestimmten Ortungspunktes) ist[8], als die tragbaren Stereoplayer der vergangenen drei Jahrzehnte. In der Tat: Der Anfang 1980 eingeführte *Walkman* der Firma Sony und die Folgeprodukte weiterer Hersteller, und nicht zuletzt die MP3-Player und *iPods* ermöglichten dem Gerätebesitzer den Technikgebrauch auch abseits der örtlich gebundenen Steckdose oder Anschlussbuchse. Indes bietet die Geschichte städtischer Musikerzeuger auch vergleichbare mobile Musikmedien: So entfaltete sich insbesondere (aber keineswegs ausschließlich) in den Großstädten aufgrund der massenhaft produzierten Drehorgeln eine urbane Musikpraxis, die ein Repertoire mobil musizierte, welches im Wesentlichen auf die zuvor räumlich und institutionell angebundenen Repertoires wie Theatermusik und Kirchenlied aufsattelten. Solche Lieder wurden, durch die Abkopplung von den Ausgangsmedien und -institutionen, die wiederum mit einer Anbindung an das Kolportagewesen, den Bänkelsang und den Liedflugschriftenhandel einherging, sowie durch die daraus folgende Zuwendung zum öffentlichen Raum und die darauf bezogenen Publikums- und Wahrnehmungsstrukturen, einem krassen Medien- und kulturellen Standortwechsel unterzogen.[9]

Verwunderlich, um nicht zusagen: paradox, erscheint es aber auf der anderen Seite, dass mobile Speicher- und Reproduktionsmedien, deren Modernität ja gerade in ihrer Ortsungebundenheit besteht, fast schon stereotyp assoziiert werden mit einem bestimmten Ort ihrer Entfaltung: der Stadt. Eine primäre Stufe der *musica mobilis* postuliert etwa Hosokawa als »tone of urban life«, und: »to think about it [the walkman] is to reflect on the urban itself: walkman as an urban strategy, as urban sonic/musical device«.[10] So wundert es nicht, dass Studien, die nicht unmittelbar von den Fragestellungen der *urban studies* herkommen, wie eine jüngere ethnologische Arbeit über tragbare Player, prinzipiell infrage stellen,

> ob sich in diesem Kontext das Konzept des *urbanen* nicht einfach durch das Konzept des *öffentlichen* bzw. *halböffentlichen* Raumes austauschen ließe, insofern, als der Transitraum des Pendlers / der Pendlerin aus dem ländlichen Raum mit dem

---

8   Ebd., S. 36.

9   Vgl. vom Autor: ›*Dass diese 200 Virtuosen einen Krach wie 2000 machen*‹: *Die Drehorgel und die Eroberung des öffentlichen Raums durch Populäre Musik im 19. Jahrhundert.* In: *Populäre Musik in der urbanen Klanglandschaft des 19. und frühen 20. Jahrhunderts.* Hg. von Nils Grosch, Hanns-Werner Heister und Tobias Widmaier. Münster u.a. (i.V.).

10 Hosokawa: *The Walkman Effect* (wie Fußnote 11) hier: S. 166.

Transitraum des Pendlers / der Pendlerin des städtischen Raums sehr viele Ähnlichkeiten aufweist, hinsichtlich der Heterogenität des Feldes ebenso wie hinsichtlich der Handlungsintentionen der Akteure.[11]

Die zitierte Autorin, Judith Punz, kann zwar viele der Ergebnisse Michael Bulls (s.u.) durch eigene Interviews bestätigen, zweifelt aber die Triftigkeit einer urbanen Fokussierung grundlegend an und fordert, »dass methodische Zugänge der Stadtforschung in der Untersuchung ländlicher Gegenden nicht gänzlich ausgeklammert bleiben dürfen«.[12] Wenn Bull gerade in der als aggressiv und abstoßend empfundenen städtischen Klangkulisse eine plausible Motivation sieht, sich mithilfe der Kopfhörer diesem akustischen Umfeld zu entziehen[13], so blendet er ähnliche Umgangsweisen mit dem Medium im ländlichen Raum aus, wo bestimmte klangliche Alltagserlebnisse vergleichbare Motivationen zum Gebrauch eines mobilen Players ergeben könnten. Er blendet aber auch die Möglichkeit aus, dass das städtische Umfeld für den mobilen Musikgebrauch von nebengeordneter Bedeutung sein könnte.

3. Individuation

Besonderes Forschungsinteresse spricht Bull der spezifischen Wechselbeziehung zwischen dem Auditiven und der von ihm produzierten Intimität zu.[14] Mobile Player ermöglichen es ihren Benutzern, durch das Zusammenstellen von Mixtapes, von *music libraries* oder aber von spezifischen Steuerungen im *shuffle mode*, selbstbestimmt spezifische Konfigurationen von Songs/Liedern zu produzieren, also vorgefundene Repertoires individuell zu ordnen und anzuordnen. Diese Konfigurationen erscheinen als tragende Säulen bei der individuellen Stimmungsregulierung (*mood management*).[15] Individuationsprozesse im Gebrauch von Musik verlaufen zudem etwa entlang eines gesteuerten *impression management* – eine insbesondere unter Jugendlichen verbreitete Methode im Umgang mit Populärer Musik (ggf. auch anderen Musikrichtungen), die auf dem Weg über soziale Distinktion dabei hilft, »sich selbst definieren und in der Gesellschaft verorten zu können« – und des assoziativen *involvement*, einer Möglichkeit, über »Erinnerung an alte Zeiten, Personen, Begebenheiten und Situationen« Assozia-

---

11 Punz, Judith: *Musik_Raum/Ethnografie: Tragbare Audio-Geräte*. Magisterarbeit, Universität Wien, Institut für Europäische Ethnologie, 2007: http://othes.univie.ac.at/269/1/10-15-2007_0307587.pdf (01.12.2009).

12 Ebd, S. 60.

13 Bull, Michael: *Sounding Out the City. Personal Stereos and the Management of Everyday Life*. Oxford und New York 2000, S. 186.

14 Ebd., S. 187.

15 Ebd., S. 189.

tionen und Bedeutungen herzustellen.[16] Diese selbstregulierte Konstruktion von Identität insbesondere bei Jugendlichen auf der einen Seite bildet nur zum Schein einen Gegensatz zur massenmedialen Produktion der diesen Praktiken zugrunde liegenden Songs auf der anderen. Tatsächlich ist die massenmediale Produktion notwendige Voraussetzung dieser Praktiken.

Dietrich Helms hat den systemischen Zusammenhang von Individuation und Proliferation im System des Pop überzeugend aufgezeigt, dabei aber den Aspekt der Individuation »auf den Musiker bezogen«, und nicht – wie zu erwarten gewesen wäre – auf den Rezipienten, auf den er mit mindestens gleichem Recht anzuwenden wäre.[17] Das Zusammentragen und Zusammenfügen massenmedial proliferierter Songs in einer individuellen tragbaren Musikbibliothek macht persönliche Entscheidungen eines Nutzers notwendig, die aufgrund sowohl sozialer Vorcodierung als auch individueller Bedeutungszuschreibung geschieht und so schon über das Herstellen einer spezifischen Konstellation, assoziatives *involvement* etc. einen häufig entscheidenden Bestandteil von Identitätskonstruktion und Distinktion bildet.

Spuren von Prozessen individuellen Zusammenstellens von populären Liedern etwa in Liederhandschriften lassen sich bereits im Spätmittelalter, etwa im sogenannten *Lochamer-Liederbuch* aus den 1450er-Jahren finden.[18] Seit der Etablierung des Gutenberg'schen Buchdrucksystems und der darin schon früh in Form von Liedflugschriften massiv vorgenommenen Produktion und Distribution von populären Liedern nehmen solche Zeugnisse jedoch deutlich zu. Zudem verändert sich mit der kommerziellen Verfügbarkeit gedruckter Lieder die Rolle des Rezipienten hin zum aktiven Käufer, der durch den Kauf und den sich daran anschließenden Umgang mit der Ware ›Lied‹ als kulturelle Praxis in kulturelle Vorgänge eingreift. Schon 1906 hat John Meier diesen Vorgang mit der Terminologie der damaligen Volksliedforschung beschrieben:

> Schöpferisch neu entwickelnd ist das Volk zwar nicht, aber es übt eine nicht unbedeutende, künstlerische Thätigkeit darin aus, daß es an dem zu ihm dringenden eine Auslese vornimmt […] So hat es in seinem Formenschatz ein Sammelbecken, in dem die Einflüsse vieler Zeiten nebeneinander her fließen.[19]

---

16 Schramm, Holger, und Kopiez, Reinhard: *Die alltägliche Nutzung von Musik.* In: *Musikpsychologie: Das neue Handbuch.* Hg. von Herbert Bruhn u.a. Reinbek 2008, S. 253–265, hier S. 258f.

17 Helms, Dietrich: *What's the Difference? Populäre Musik im System des Pop.* In: *PopMusicology: Perspektiven der Popmusikwissenschaft.* Hg. von Christian Bielefeld, Udo Dahmen und Ralf Großmann. Bielefeld 2008, S. 75–93, hier S. 82.

18 Vgl. hierzu vom Autor: *Lied, Medienwechsel und Populäre Kultur im 16. Jahrhundert* (unpubliziert).

19 Meier, John: *Kunstlieder im Volksmunde: Materialien und Untersuchungen.* Halle 1906, S. 14.

So wurden schon früh Repertoires, die zuvor durch marktregulierte Massenmedien verbreitet worden waren, durch verschiedene Formen individueller und monomedial vorgestellter Aneignungsprozeduren individuell rekontextualisiert[20]: etwa mithilfe von Lauten und Lautentabulaturen oder durch das Führen von handschriftlichen Liederstammbüchern, in welche Texte aus schriftlichen Vorlagen (wie Liedflugschriften) übertragen wurden (die durch den Vorgang der Übertragung freilich eine neue Bedeutung für den Buchbesitzer entwickelten), oder durch das Kombinieren von Liedflugschriften zu »Privatliederbüchern«.[21] Bei allen auf der Hand liegenden, historischen, technologischen und sozialgeschichtlichen Bedingungen geschuldeten Unterschieden solcher frühneuzeitlicher Praktiken des Kompilierens im Vergleich mit denen des späten 20. und frühen 21. Jahrhunderts, so ist doch beiden der bewusste Umgang mit proliferierten Repertoires, deren Überführung in individuelle Konstellationen und Sinnzusammenhänge gemeinsam: ein konstruktiver und, wenn man (mit John Meier) so will, kreativer Vorgang, ohne dass dabei in textuelle Strukturen eingegriffen werden müsste.

4. Miniaturisierung

Lieder und Chansons erschienen von Beginn des 16. Jahrhunderts an auch in mehrstimmigen gedruckten Musikbüchern, von denen nicht wenige schon durch ihr äußeres Erscheinungsbild den Eindruck erwecken, als alltägliche Gebrauchsgegenstände, ja im Hinblick auf »portability«[22] konzipiert worden zu sein. In Frankfurt a.M. druckte in den 1530er- und 1540er-Jahren Christian Egenolff eine Reihe von Buchpublikationen mit – im Vergleich zu den Lieddrucken der beiden vorausgegangenen Jahrzehnte – reduziertem Format[23], die ein weitgehend aus

---

20 Vgl. hierzu vom Autor: *Lied und Liebesdiskurs in der Gutenberg-Galaxis: Zur Funktion von Liebesliedern in der Frühzeit der Populären Musik in Deutschland.* In: ›*Amor docet musicam – musica docet amorem*‹: *Musik und Liebe in der Frühen Neuzeit.* Hg. von Dietrich Helms und Sabine Meine (i.Dr.).

21 Schanze, Frieder: *Privatliederbücher im Zeitalter der Druckkunst. Zu einigen Lieddruck-Sammelbänden des 16. Jahrhunderts.* In: *Gattungen und Formen des europäischen Liedes vom 14. bis zum 16. Jahrhundert.* Hg. von Michael Zywietz u.a. Münster u.a. 2005, S. 203–242.

22 Weber 2008, wie Fußnote 1, S. 17.

23 Bei der Zwickauer Auflage beträgt die Blattgröße 73*79 mm; vgl. *Gassenhawerlin und Reutterliedlin: zu Franckenfurt am Meyn; bei Christian Egenolf 1535;* Faksimileneuausgabe des ältesten Frankfurter deutschen Liederbuch-Druckes als Festgabe der Vierten Deutschen Musikfachausstellung zu Frankfurt im Juni bis August 1927, S. 8. Hg. und eingeleitet von Hans Joachim Moser. Augsburg u.a. 1927; vgl. auch Benzing, Josef: *Die Drucke Christian Egenolffs zu Frankfurt am Main vom Ende 1530 bis 1555.* In: Das Antiquariat 11 (1955), S. 139, 162, 201, 232–236.

höfischen Sammlungen rekrutiertes Repertoire mit neuen Genretiteln wie »Gassenhauer«, »Reiterlieder« und »Graslieder« anpriesen. Mithilfe eines technologisch neuartigen medialen Speichers (das Verfahren, Noten in einem einfachen Druckvorgang profitabel zu reproduzieren war in den 1530er-Jahren erst entwickelt worden), dem öffentlich zugänglich vorgestellten Speicher des publizierten Wissens, entstand eine Strategie um Musik von ihrer räumlichen, zeitlichen und gesellschaftlichen Gebundenheit abzutrennen, wie sie mit traditionellen Medienformaten für Musik einhergingen. An deren Stelle wurden nun Assoziationen mit den ›Gassen‹ (der urbanen Welt), dem ›Gras‹ des Landes und dem scheinbar ortsungebundenen Rittertum hergestellt.

Philips zu Winnenberg, der 1582 ein Buch mit gedruckten Liedern herausbrachte, stellt in der Vorrede zu seiner Sammlung eine Beziehung des veröffentlichten Repertoires an Kontrafakturen zum Widmungsträger her über ein Lied *O weh und Ach*, das dieser »Mit heller Stimm und Melodei« im Wald von Montabaur gesungen habe.[24] Als konkrete Vorlagen für seine Kontrafakturen nahm sich Winnenberg aber dann nicht gehörte und gesungene, sondern schriftliche, man mag vermuten: gedruckte Lieder, die er auf einer Bank in einem Wirtshaus gefunden habe. In diesem Paratext bringt der Kompilator das hier repräsentierte Repertoire in Zusammenhang mit der Sphäre der Ritter, die beim Richten und Reinigen des Sattelzeugs und anderen alltäglichen, ja lästigen, wenn nicht unangenehmen Verrichtungen, nebenher Lieder zu singen pflegten, die sie aber auch bei anderer Gelegenheit im Wald sängen.

Die Rezeption solcher Lieder stellt sich also als eine kulturelle Praxis dar, die – in der Funktion eines Zeit- und Leidvertreibs – alltägliche und teilweise unangenehme Arbeitsvorgänge einer Berufsgruppe begleitet, welche wie keine andere jener Zeit mit Mobilität und Bewegung zu tun hat. Die Rittersphäre wird zudem auch durch die Widmung, die wirkungsvolle Titelabbildung und insbesondere durch den von Winnenberg gewählten Genretitel »Reiterlieder« unterstrichen. Und da die gedruckte Sammlung Winnenbergs geistliche Kontrafakturen enthält, liegt die Vermutung nahe, dass er hier eine etablierte Umgangsform mit Musik beschreibt, in der jenes von ihm für seine Kontrafakturen vorausgesetzte Repertoire tatsächlich beheimatet war.

Ein Lied wie Paul Hofhaimers *Ach lieb mit leid*, das wir prominent in Winnenbergs Sammlung finden, hatte während der ersten Jahrhunderthälfte bereits eine Karriere als vierstimmige Komposition sowie als musiklos gedrucktes Flugblattlied hinter sich, innerhalb derer es in seiner literarischen und musikalischen Textur auffällig stabil überliefert wird. Nicole Schwindt hat bei ihrer Betrachtung von Winnenbergs einstimmiger Wiedergabe von *Ach Lieb mit leidt* da-

---

24 Winnenberg und Beichelsteyn, Philips zu: *Christliche Reuter Lieder.* Straßburg: Jobin, 1582, ²1592; Mikroficheausgabe München 1991 bzw. 1992.

rauf hingewiesen, dass »die ursprüngliche, komponierte Melodie nicht liedhaft vereinfacht [wird], sondern […] auch beim einstimmigen Singen in ihrer polyphonen Zurichtung erhalten [bleibt]: mit allen Ornamentierungen, Melismen und Synkopen«.[25]

5. Mobile Musik im Kopf

Was auch immer im ›inneren Ohr‹ des Nutzers jenes Liederbuchs erklang, wenn er ein Lied sang, summte oder sich leise imaginierte – die im gedruckten Buch gegebene Melodie stellte dafür wohl nur eine Erinnerungsmarke dar. Nun kamen zwar schon im 16. Jahrhundert Lautenintavolierungen von vokaler Musik mit dem Anspruch daher, die musikalische Gestalt des abgebildeten Objekts in ihrer Gänze oder doch zumindest in ihrer Substanz monomedial zu codieren und kommunizieren.[26] Doch handelt es sich dabei um medientypische Versprechungen, bei denen es letztlich nicht um faktische Performanzakte, sondern um verkaufssteigernde Simulationen geht – ähnlich dem Versprechen der Musikindustrie um 1900, mit dem Abspielen einer Grammophonplatte oder einer Phonographenwalze könne man sich die Stars der ›Met‹ ins Wohnzimmer holen.[27] Die Vervollständigung massenmedial offerierter Musik bedarf immer der Ergänzung durch den Rezipienten, um daraus ein musikalisches Ereignis werden zu lassen. Auch ohne die Zwischeninstanz eines Interpreten oder Sängers ist sie auf Primärmedien angewiesen.

Indes wird Musik seit jeher auch durch Primärmedien kommuniziert: Menschen sind, so ließe sich pointieren, schon immer die wichtigsten Speicher- und Reproduktionsmedien von Musik. Selbst in der ›walkman praxis‹, so Hosokawa, »compared with other types of musica mobilis or with the dance theatre of disco music« ist sie, so Hosokawa, »tightly conjoined with the corporality of the walk act itself.« Der Walkman fungiere durchaus nicht, so Hosokawa weiter, »as a prolongation of the body (as with other instruments of musica mobilis) but as a built-in part or, because of its intimacy, as an intrusion-like prosthesis«.[28]

---

25 Schwindt, Nicole: *Kontrafaktur im mehrstimmigen deutschen Lied des 16. Jahrhunderts.* In: *Jahrbuch der Ständigen Konferenz Mitteldeutsche Barockmusik 2005.* Hg. von Peter Wollny, Beeskow 2006, S. 47–69.

26 Vgl. vom Autor: *Tabulaturdrucke: Der Versuch interaktionsfreier musikalischer Kommunikation im 16. Jahrhundert.* In: *NiveauNischeNimbus: 500 Jahre Musikdruck nördlich der Alpen.* Hg. von Birgit Lodes (Wiener Forum für Ältere Musikgeschichte, Bd. 3). Tutzing (i.Dr.).

27 In einer Werbeannonce hieß es: »Wouldn't you like to have these Metropolitan stars as your Christmas guests?«, vgl. Millard, André: *America on Record. A History of Recorded Sound.* Cambridge 2003, S. 62.

28 Hosokawa 1984, wie Fußnote 4, S. 176.

Ausschlaggebendes Merkmal des Gebrauchs von tragbaren Stereogeräten scheint also indes weniger die (angeblich) durch Technologie generierte Option, die die Musikindustrien auf den ihnen zur Verfügung stehenden Werbeprospekten verständlicherweise seit jeher besonders pointiert haben, als vielmehr eine besondere Konfiguration kommunikativer Eigenschaften: »a specific relational qualitiy of the auditory world and its production of intimacy«: »Personal-stereo use provides the user with the sense of being ›connected‹«.[29] Dass die mobilen Musikmedien eine Ästhetisierung der Wege des Alltags ermöglichen, bedeutet also nichts anderes, als dass sie mentale, soziale und kulturelle Praktiken im Umgang mit Musik unterwegs zulassen, die anderswo (im Privaten, im Gottesdienst, im Konzert, in der Diskothek etc.) ohnehin ihren Platz haben.

Musik selbst ist hier, zusammen mit der Verwendung von tragbaren Stereogeräten (und natürlich auch immobiler Medien), eingebunden in ein kommunikatives Dispositiv, dem als solchem entscheidende Bedeutung bei jenem »being connected« zukommt. Und das nicht erst seit den 1980er-Jahren.

---

29 Bull 2000, wie Fußnote 13, S. 187.

Elisabeth Fendl

Etwas Pyramidonales: Powidltatschkerln aus der schönen Tschechoslowakei

Peter Alexander[1] war es, der uns mit den Powidltatschkerln bekannt machte. Er servierte in den 1960er-Jahren »Spezialitäten aus Böhmen, Ungarn, Österreich« (Ariola 1967) und pries dabei diese Spezialität folgendermaßen an:

[1.] Mehlspeis is für mich kein Essen,
ich bin nur auf Fleisch versessen,
wenn's auch nur ein ganz ein kleines
Stück wär.
Und die ganzen Mehlspeissorten,
Guglhupf, Palatschinke, Torten,
eß ich nicht, weil ich davon zu dick wer.
Eine Mehlspeis nur, die mag ich,
die könnt essen jeden Tag ich,
da vergesse ich ganz auf mein Gewicht;
kann ich so a Mehlspeis kriegen,
laß ich alles stehn und liegen,
denn auf die bin ich direkt erpicht:

Refrain:
Powidltatschkerln aus der schönen
Tschechoslowakei
schmecken noch viel besser
als die feinste Bäckerei,
denn so ein Tatschkerl,
so ein powidales,
das ist doch wirklich etwas
pyramidonales.
Und immer denk ich,
wenn ich Bozena erblick:
Powidltatschkerln,
-tatschkerln ist das allerhöchste Glück.

[2.] Mittags bin ich bei der Mitzel,
eingeladen auf ein Schnitzel
und dazu Salat mit Mayonnaise.
Dann, nach einer kleinen Pause,
gibt's bei Margit eine Jause:
Speck mit Paprika und Stückl Käse.
Gleich darauf um sechs Uhr zehne
krieg ich bei der Fräuln Helene
ein Stück Gansl und a Schweinskarree;
doch wenn dann um halber acht mir
Bozena die Tür aufmacht,
was glaubn Sie,
was ich als erstes seh?

Refrain:
Powidltatschkerln aus der schönen
Tschechoslowakei
schmecken noch viel besser
als die feinste Bäckerei,
denn so ein Tatschkerl,
so ein powidales,
das ist doch wirklich etwas
pyramidonales.
Und immer denk ich,
wenn ich Bozena erblick:
Powidltatschkerln,
-tatschkerln ist das allerhöchste Glück.

[3.] Strümpfe hab'n wir jetzt aus Nylon,
der Fünf-Uhr-Tee kommt aus Ceylon
und das seichte Tief von den Azoren.
U.S.A. schickt Zigaretten,
Frankreich freie Kabinetten,
Ungarn statt Salami Gladiatoren.[2]
Franco Haus kriegen wir aus Spanien
Diktaturen statt Kastanien,
und Norwegen schickt die Silberfüchs,
doch das Beste kommt entschieden
aus dem Land der Premysliden,
alles andre ist dagegen nix!

Powidltatschkerln aus der schönen
Tschechoslowakei
schmecken noch viel besser
als die feinste Bäckerei,
denn so ein Tatschkerl,
so ein powidales,
das ist doch wirklich etwas
pyramidonales.
Und immer denk ich,
wenn ich Bozena erblick:
Powidltatschkerln,
-tatschkerln ist das allerhöchste Glück.[3]

Auch der »Peter Alexander der DDR«[4], der 1927 in Brünn geborene Entertainer Lutz Jahoda hat dieses Lied immer wieder und mit so großem Erfolg interpretiert, dass er bisweilen sogar selbst den Beinamen Powidltatschkerl erhielt.[5]

Leopoldi (und Skutajan)

Doch die »Powideltatschkerln« sind keine Erfindung der 1960er-Jahre, sie sind ein Produkt der direkten Nachkriegszeit. Das Lied wurde 1949 von Hermann Leopoldi[6] komponiert, der Text stammt von Rudolf Skutajan.[7] Das Team hat un-

1 Der am 30. Juni 1926 als Peter Alexander Ferdinand Maximilian Neumayer in Wien geborene Peter Alexander hatte familiäre Beziehungen zu Böhmen und Mähren. Sein Großvater mütterlicherseits war Musikalienhändler in Pilsen. Peter Alexander besuchte einige Jahre ein Internat im südmährischen Znaim, wo er 1944 die Matura ablegte. Vgl. dazu: http://de.wikipedia.org/wiki/Peter_Alexander, zuletzt abgerufen am 27.11.2009.

2 Gemeint ist hiermit vielleicht der aus Budapest stammende Boxer László Papp (1926–2003), der unter anderem 1948 die olympische Goldmedaille im Mittelgewicht erboxte und als international erfolgreichster Amateurboxer des 20. Jahrhunderts gilt. Freundliche Mitteilung von Dr. Tobias Weger, Oldenburg.

3 Zitiert nach: www.ariva.de/Rrrrruuuuaeaeaeae_Tschechien_spielt_t259110, zuletzt abgerufen am 01.08.2009.

4 Lutz Jahoda – Der »Peter Alexander der DDR«. In: www.mdr.de/kultur/466367-hintergrund-467941.html, zuletzt abgerufen am 15.09.2009. – Das Lied wurde auch von dem österreichischen Schauspieler Heinz Conrads in den 1960er-Jahren gecovert.

5 So titelte etwa die Thüringische Landeszeitung zu seinem 80. Geburtstag: »Schmidtchen Schleicher mit elastischen Beinen – Powidltatschkerl Lutz Jahoda: Der große Volksmusikant wird heute 80«. Thüringische Landeszeitung vom 18.6.2007, Rubrik »Vermischtes«. – Auch die Tatsache, dass Jahoda aus Mähren stammte, mag dabei eine Rolle gespielt haben.

6 Zu Hermann Leopoldis Leben und Arbeiten vgl.: www.hermannleopoldi.at/content/view/23/40/; www.exil-archiv.de/html/biografien/leopoldi.htm; www.kabarettarchiv.at/Bio/Leopoldi.htm; zuletzt abgerufen am 01.08.2009.

7 Über die Person Skutajans konnte bisher nichts ermittelt werden.

ter anderem bei folgenden weiteren Produktionen zusammengearbeitet: »Schnucki, ach Schnucki«, »In der Barnabitengass'n«, »Meidlinger Buab'n« und »Beim Hauer in der Anschicht«. Die Tatsache, dass die Lieder häufig alleine Leopoldi zugeschrieben werden[8], korrespondiert mit der Erfahrung, dass über Skutajans Leben und Werk kaum Informationen zu erhalten sind.

Der am 15. August 1888 in Wien als Hersch Kohn geborene Komponist und Klavierhumorist Hermann Leopoldi (+ 28. Juni 1959 in Wien) war »einer der überlebenden jüdischen Mitglieder der pulsierenden Wiener Kabarettszene der 1920er-Jahre«.[9] Bereits 1904, mit 16 Jahren, hatte er seine erste Stelle als Klavierbegleiter inne. Gemeinsam mit seinem Bruder Ferdinand und mit dem Conférencier Fritz Wiesenthal eröffnete er 1922 das »Kabarett Leopoldi-Wiesenthal« im ersten Wiener Bezirk, das bis 1925 sehr erfolgreich war. Hermann Leopoldi, dessen Vater bereits als Entertainer und Pianist arbeitete, wurde zu einem europaweit bekannten Komponisten und Vortragskünstler mit Engagements in Berlin, Paris, Prag, Karlsbad, Budapest, Bukarest usw. In den 1920er-Jahren »zum populärsten Klavierhumoristen Österreichs« geworden (Schlager wie »I bin a waschechter Meidlinger Bua«, »Schön sind die Mädeln von Prag«, »Heut' spielt der Uridil«), wurde Leopoldi im April 1938 in seiner Wiener Wohnung von der Gestapo verhaftet und ins KZ Dachau transportiert.[10] Nach einem halben Jahr Haft in Dachau hat man ihn ins KZ Buchenwald verlegt, wo er gemeinsam mit dem 1942 in Auschwitz ermordeten Fritz Löhner-Beda (*1883 in Ústí nad Orlicí) Ende des Jahres 1938 die sogenannte Buchenwald-Hymne schuf.[11] Leopoldi wurde zu Beginn des Jahres 1939 durch Verwandte aus dem KZ freigekauft. Sie hatten Ausreisepapiere nach New York vorgelegt.[12] Mit Wiener Liedern auf Deutsch und Englisch startete er dort seine zweite Karriere. So führte er eine Zeit lang das

8   Vgl. dazu Steinthaler, Evelyn: Zwischen Hernals und Broadway. In: Extra-Lexikon der Wiener Zeitung vom 16.08.2008. http://www.wienerzeitung.at, zuletzt abgerufen am 22.11.2009.

9   http://holocaustmusic.ort.org/places/camps/central-europe/buchenwald/leopoldihermann, zuletzt abgerufen am 22.11.2009.

10 Dachs, Robert: *In einem kleinen Cafe in Hernals. Hermann Leopoldi*. In: ders.: Sag beim Abschied … Wien 1997, S. 33–38, hier S. 36. – In Dachau traf Leopoldi unter anderem auf seine Künstlerkollegen Fritz Grünbaum, Paul Morgan und Fritz Löhner-Beda.

11 Die Hymne war vom Lagerkommandanten Arthur Rödl (*1898 in München, + April 1945 in Stettin, SS-Standartenführer) in Auftrag gegeben. Das Lied zeichnete sich durch eine revolutionäre Grundstruktur aus, die von der Lagerleitung nicht erkannt wurde. Vor allem seine letzten Verse wurden zum quasi antifaschistischen Appell. Vgl. dazu: Kuna, Milan: *Musik an der Grenze des Lebens. Musikerinnen und Musiker aus böhmischen Ländern in nationalsozialistischen Konzentrationslagern und Gefängnissen*. [Prag 1990], Frankfurt am Main 1993, S. 64–66.

12 Dachs: *In einem kleinen Cafe* (wie Anm. 10), S. 37.

Musikcafé »Viennese Lantern«, das als »an oasis of authentic Vienna in the middle of New York« beschrieben wird.[13]

Zusammen mit seiner Bühnen- und spätere Lebenspartnerin Helly Möslein kehrte Leopoldi 1947 nach Wien zurück und konnte dort an seine Vorkriegskarriere anschließen. Der Wiener Bürgermeister Theodor Körner hatte an den aus der Emigration zurückgekehrten Musiker die schriftliche Einladung gerichtet, in Wien seine künstlerische Tätigkeit wieder aufzunehmen. In einem Dankesschreiben beteuerte der Entertainer, er verdanke der Stadt Wien alles, was er sei und könne und wolle sich am Wiederaufbau seiner Geburtsstadt und der seiner Eltern beteiligen.[14] Der Wiener Rocksänger und Kultautor Kurt Ostbahn fasst die durch mehrere Brüche markierte Karriere Leopoldis wie folgt zusammen: »1937 erhielt Hermann Leopoldi das Silberne, 1958 das Goldene Verdienstabzeichen der Republik Österreich. Dazwischen war er im KZ, wo er den ›Buchenwälder Marsch‹ komponierte: ›Oh Buchenwald, ich kann dich nicht vergessen / weil du mein Schicksal bist. / Wer dich verließ, der kann es erst ermessen / wie wundervoll die Freiheit ist.‹«[15]

Zu den bekanntesten Werken Leopoldis zählen: »I' bin a stiller Zecher«, »In einem kleinen Café in Hernals«, »Am besten hat's ein Fixangestellter« und eben die »Powidltatschkerln«. Die »Handelsmarke Leopoldi« wird von Wolfgang Dietrich folgendermaßen beschrieben: »Seine stets heurigenselige Vortragsweise, irgendwo zwischen Weltuntergang und ›no an Vierterl Wein‹, eine Stimme, die ironisch damit kämpft, sich nicht laufend zu überschlagen und dabei auch noch der Führung des Klaviers zu folgen, eine durch den Vortrag erzeugte melancholische Stimmung also, die vermittelt, daß jeden Moment der liebe Augustin um die Ecke kommen kann, das ist die Trademark Hermann Leopoldi. [...] Der Künstler selbst als Handelsmarke ist das Gesamtkunstwerk. Er, und nicht die Tonfolge, wird zur Botschaft.«[16]

Die Lieder, die auf den ersten Blick harmlos daherkommen, vermitteln immer wieder auch politische Ansichten. Leopoldis »Liebe« (»denn ich bleib treu der Tschechoslowakei«) zur Tschechoslowakei etwa – gemeinsam mit seiner damaligen Bühnenpartnerin Betja Milskaja gastierte Hermann Leopoldi ab 1929 zum

13 http://holocaustmusic.ort.org/places/camps/central-europe/buchenwald/leopoldihermann, zuletzt abgerufen am 22.11.2009.

14 Kurze Zusammenfassungen der »Rathauskorrespondenz« des Jahres 1947, Meldung vom 29.08.1947: http://www.magwien.gv.at/ma53/45jahre/1947/0847.htm, zuletzt abgerufen am 13.10.2009.

15 »A Meidlinger Bua«. Kurt Ostbahn über den genialen Musikhumoristen Hermann Leopoldi und dessen urwienerische Meisterwerke. In: Profil 08/1999, 22.02.1999, S. 60. Zit. nach: www.espressorosi.at/artikel/1999/pro_22_02_99.html, zuletzt abgerufen am 13.10.2009.

16 Dietrich, Wolfgang: Samba Samba. Eine politikwissenschaftliche Untersuchung zur fernen Erotik Lateinamerikas in den Schlagern des 20. Jahrhunderts. Strasshof 2002, S. 56.

Beispiel regelmäßig in Karlsbad – drückt sich nicht nur in den Powidltatschkerln, sondern auch in früheren Liedern aus, etwa in dem 1931 produzierten Karlsbader Sprudelfox, für dessen Text Peter Herz (1895–1987) verantwortlich zeichnet.

> Wie schön, wie schön auf Urlaub zu geh'n!
> Man schickt ins Haus vielerlei Prospekte!
> Deauville, Trouville ist niemals mein Ziel,
> denn ich bleib treu der Tschechoslowakei.
> Das größte Wunder ist für mich der Sprudel
> in Ka-Ka-Ka-Ka-Karlsbad,
> dort herrscht im Sommer stets ein Kudelmudel
> in Ka-Ka-Ka-Ka-Karlsbad!
> Man hört das Na-Na-Nikatoseli[17]
> und manch andre schöne Melodie.
> Zum Schluss singt dann alles den Refrain:
> ›Das Moor hat seine Pflicht getan,
> jetzt kannst Du wieder geh'n!‹[18]

1939 komponierte Leopoldi das von Kurt Robitschek (*1890 Prag, +1950 New York) getextete Lied »Die Novaks aus Prag«.[19] Das Lied, das »den Nerv des Emigrantenpublikums« wie kein anderes traf,[20] stellt ein weiteres Bekenntnis zur Tschechoslowakei dar, der »musikalische Code Wien steht hier plötzlich für eine verlorene Heimat, persönliche Traumatisierung, Exil, Integrationsprobleme, gute

---

17 Mit dem Wort »Na-Na-Nikatoseli« ist hier wohl das tschechische Kinder(tanz)lied »Šla Naninka do zelí« gemeint. Freundlicher Hinweis von Dr. Jana Nosková, Brno. – Vgl. dazu auch Zoder, Raimund: *Judentänze*. In: Jahrbuch für Volksliedforschung, 2. Jg. (1930), S. 122–139, hier S. 137. Zoder erwähnt, wie in einigen sogenannten Judentänzen, deren einer eine starke Ähnlichkeit zu dem tschechischen Kindertanzlied aufweise, der eine Kaufverhandlung begleitende Streit jüdischer Kaufleute zum Thema gemacht und diese verspottet würden. Inwieweit im »Karlsbader Sprudelfox« auf die große Zahl jüdischer Kurgäste in dem westböhmischen Bad angespielt wird, wäre zu untersuchen.

18 Zit. nach: Triendl-Zadoff, Mirjam: *Nächstes Jahr in Marienbad. Gegenwelten jüdischer Kulturen der Moderne*. Göttingen 2007 (Jüdische Religion, Geschichte und Kultur, Band 6), S. 209. In einer Anmerkung notiert Triendl-Zadoff, die Textzeilen »Man hört das Na-Na-Nikatoseli / und manch andre schöne Melodie« hätten ursprünglich geheißen [ich meine, sie hätten später so geheißen, E.F.]: »Es sind so schöne Lieder am Programm / zum Beispiel ›Egerländer halt's Euch z'samm‹« und kommentiert dies folgendermaßen: »ein Hinweis auf die zunehmend deutschnationale Stimmung in Karlsbad«. Zu diesen Zeilen, die dem »Egerländer Marsch« entstammen vgl.: Fendl, Elisabeth: *Der Egerländer Marsch. Zur Politisierung von Musik im 20. Jahrhundert*. In: Das 20. Jahrhundert im Spiegel seiner Lieder. Hg. von Marianne Bröcker. Bamberg 2004 (Schriften der Universitätsbibliothek Bamberg, Band 12), S. 39–58.

19 Zit. nach: Dietrich: *Samba Samba* (wie Anm. 16).

20 Klösch, Christian und Thumser, Regina: »*From Vienna«. Exilkabarett in New York 1938 bis 1950*. Wien 2002, S. 32.

alte Zeiten, den Zorn auf die neuen Verhältnisse in Europa, die Sehnsucht nach daheim«[21]:

> Sie kennen die Novaks, die Novaks aus Prag, / Sie haben sie sicher gekannt, / ein Gansl bei Novaks am Sonntag in Prag / berühmt war im Böhmischen Land – Gewohnt haben die Novaks am Altstädter Ring. / Ihre Wohnung war stets aufgeräumt. / Der einzige Fehler, den Novaks gehabt, / sie waren so schrecklich verträumt. [...] Der Fußtritt der Zeit hat die Novaks gekickt, / sie wurden aus Träumen geweckt. / Den böhmischen Löwen, den hat man verkauft, / die Gansln, die haben sich versteckt. – Marschierende Schritte, ein Führer, ein Volk, / da hat man im Schnellzug gesehen, / die Brbas, die Krejcis, die Bibis, die Grck. / Doch was ist mit Novaks geschehen? – Es sitzt jetzt Leo in Montevideo, / er denkt nicht mehr an die signoras, / er hat jetzt ganz andere Zoras. / Die Tante, die Anna, die sitzt in Havanna, / und wartet auf Arthur den Jüngsten, / denn der Dampfer aus Lis'bon, der kommt zu Pfingsten. – Die Köchin Marianka sitzt in Casablanca, / die Tochter, die Mali, hat kein Visum von Bali / nach Shanghai und Bombay. / Und lang wird der Tag, / die Novaks, die träumen, in gemieteten Räumen von einem Ort nur, / sie träumen von Prag.

Wolfgang Dietrich hat beschrieben, wie das Wienerlied Leopoldis den in Amerika Exilierten zum »exotische[n] Zeichen für ein ersehntes besseres Leben am anderen Ufer des großen Wassers« wurde.[22]

Der Sehnsuchtsort, auf den sich die nach der 1947 erfolgten Rückkehr nach Europa geschriebenen Lieder Leopoldis beziehen, ist immer wieder auch das Österreich der k. u. k. Monarchie. In den »Powidltatschkerln« wird das deutlich.

Mitzel, Margit, Helene und Božena

Der Protagonist des hier in Rede stehenden Liedes beschreibt seinen Tagesablauf, während dessen er von Freundin zu Freundin wandert und sich jeweils mit Landestypischem verköstigen lässt. Die Namen der Köchinnen und die von ihnen servierten Speisen entsprechen den gängigen Stereotypen über die Länder, die jeweils vertreten sein sollen. Mitzel (aus Österreich) serviert Schnitzel, Margit (aus Ungarn) Speck, Paprika und Käse, Helene (aus Deutschland?) Gans und Schweinskarree und Božena (aus der Tschechoslowakei) Powidltatschkerln. Das Lied beginnt mit einer Absage an die dick machenden Mehlspeisen im Allgemeinen (»Mehlspeis is für mich kein Essen ...«), um dann ein Loblied auf eine einzelne Mehlspeise, eben die Powidltatschkerln anzustimmen (»Denn so ein Tatschkerl, so ein powidales ...«). Diese Köstlichkeit übertrifft, dem Urteil des so vielfältig bewirteten »Erzählers« nach, alle anderen kulinarischen Spezialitäten,

---

21 Dietrich: *Samba Samba* (wie Anm. 16), S. 56.
22 Ebd.

sie übertrifft auch – so die dritte Strophe – alle anderen »Neuigkeiten« bzw. Luxusgüter wie Ceylontee, amerikanische Zigaretten, Nylonstrümpfe usw.

Mit Božena, der Schöpferin der als »pyramidonal« beschriebenen »Bäckerei« wird das Stereotyp der böhmischen Köchin aufgegriffen, die – so Georg R. Schroubek – nachgerade zum Topos für das großbürgerliche Leben in der k. u. k. Monarchie geworden ist.[23] Es wird – so kann man vermuten – mit dieser zum Abschluss des Tages angebotenen Spezialität und ihrer Produzentin auch auf Genüsse außerhalb des Kulinarischen angespielt: »Und immer denk ich, / wenn ich Bozena erblick: / Powidltatschkerln, -tatschkerln ist das allerhöchste Glück«. Zieht man in Betracht, dass Powidl als Bezeichnung für die Bewohner des Nachbarlandes seit dem 19. Jahrhundert üblich war und dass aus Tatschkerln ohne viel Zutun Tatscherln werden können, liegt die Zweideutigkeit des Liedes auf der Hand.

Das Phänomen der »böhmischen Köchin« und der von ihr produzierten (Mehl)-Speisen ist ein Hauptbestandteil des langlebigen Bildes der böhmischen Kulinarik, wie es nicht nur in der Belletristik und in der grauen Literatur der Heimatvertriebenen präsent ist. In einem Merian-Heft des Jahres 1971 lesen wir unter dem Titel »Powideltatschkerln aus der schönen Tschechoslowakei«:

> Zu einem adligen oder gut bürgerlichen Wiener Haushalt gehörte früher die böhmische Köchin, im Umfang so gut geraten wie ein Guglhupf. Die Wiener und die Prager Küche sind überhaupt eng verwandt, der alte k. u. k.-Geschmack wabert eben zeit- und grenzenlos aus den Töpfen.[24]

Und in einem kulturgeschichtlichen Österreich-Album aus dem Jahre 1990 ist zu lesen:

> Süß waren in den Ländern der Wenzelskrone nicht nur die Mädel; süß waren der Powidl und die besten Mehlspeisen des ganzen Donauraumes. Als Köchinnen, Ammen und Haushälterinnen wurden die ›Mariens‹ Böhmens und Mährens begehrenswertestes Exportgut. Ihnen zuliebe darf man getrost nostalgisch werden.[25]

Doch fernab jeder Nostalgie: In Wien gab es zu Ende der 1890er-Jahre bei etwa 1,4 Mio. Einwohnern über 91.000 Dienstboten. 97% davon waren Frauen und

---

23 Schroubek, Georg R.: *Die Böhmische Köchin. Ihre kulturelle Mittlerrolle in literarischen Zeugnissen der Jahrhundertwende*. In: Dienstboten in Stadt und Land. Vortragsreihe zur Ausstellung »Dienstbare Geister. Leben und Arbeiten städtischer Dienstboten« im Museum für Deutsche Volkskunde Berlin, Februar bis März 1981. Hg. von den Staatlichen Museen Preußischer Kulturbesitz. Museum für Deutsche Volkskunde: Berlin 1982, S. 59–72, hier S. 61–62.

24 Peschek, Lutz: *Powideltatschkerln aus der schönen Tschechoslowakei*. In: Merian Heft 11/XXIV. Hamburg 1971, S. 49–50, hier S. 49.

25 Magenschab, Christiane Marie: *Die Welt der Großmütter*. In: Magenschab, Hans: Das österreichische Familienalbum. Böhmen – Mähren – Slowakei. Wien 1990, S. 188–223, hier S. 188.

Mädchen.[26] Die größte Zuwanderung an Arbeitskräften nach Wien erfolgte im Laufe des 19. Jahrhunderts aus Böhmen und Mähren. Diese Länder stellten »klassische Rekrutierungslandschaften« für das weibliche Hauspersonal in Wien dar.[27] Diese Tatsache erklärt die große gegenseitige – österreichisch-tschechische und tschechisch-österreichische – Beeinflussung im Bereich der Küche, der Küchensprache und der Speisebezeichnungen.[28]

In der Mehrzahl der gutbürgerlichen Haushalte Wiens waren nun »böhmische Köchinnen« angestellt. Sie sind gemeint, wenn von der »heimliche(n) Macht in Böhmens [und in Wiens, E.F.] gehobenen Haushalten« die Rede ist: »Der Ruf der böhmischen Perlen verbreitete sich via Theaterstücke, Dreigroschenromane und Operetten in die ganze Monarchie.«[29] Das auch von Leopoldi und den späteren Interpretatoren der »Powidltatschkerln« zelebrierte »Böhmakeln« und das »Kuchelbehmische«, jene einfachen, phonetisch und grammatikalisch vielfach nicht korrekten Ausformungen des Österreichischen und des Tschechischen, denen, so will es die Folklorisierung, »immer ein wenig Küchengeruch zu entströmen schien«[30], zeugen vom Desinteresse an den schwierigen Verhältnissen, in denen die fremdsprachigen zugewanderten Hausangestellten lebten.[31]

---

26 Tichy, Marina: *Alltag und Traum. Leben und Lektüre der Wiener Dienstmädchen um die Jahrhundertwende.* Wien, Köln, Graz 1984 (Kulturstudien 3), S. 17.

27 Schroubek: *Böhmische Köchin* (wie Anm. 23), S. 64. – Auch für andere Großstädte lassen sich solche Rekrutierungslandschaften ausmachen, für Berlin war das zum Beispiel Schlesien. – In der Literatur wie in der Malerei wurden den Dienstboten zahlreiche Denkmale gesetzt. Vgl. etwa: Marie von Ebner-Eschenbach: *Božena.* 1876; Max Brod: *Ein tschechisches Dienstmädchen.* 1909; Franz Werfel: *Barbara oder die Frömmigkeit.* 1929; Franz Werfel: *Der veruntreute Himmel. Die Geschichte einer Magd.* 1939; Gregor von Rezzori: *Blumen im Schnee.* München 1989.

28 Vgl. dazu: Spáčilová, Libuše: *Der gegenseitige Einfluß des Tschechischen und des österreichischen Deutsch in näherer Geschichte und Gegenwart.* In: Österreichisches Deutsch. Linguistische, sozialpsychologische und sprachpolitische Aspekte einer nationalen Variante des Deutschen. Hg. von Rudolf Muhr, Richard Schrodt, Peter Wiesinger. Wien 1995 (Materialien und Handbücher zum österreichischen Deutsch und zu Deutsch als Fremdsprache 2), S. 327–353, hier v.a. S. 331–334.

29 Magenschab: *Welt der Großmütter* (wie Anm. 25), S. 192.

30 Torberg, Friedrich: *Als noch geböhmakelt wurde.* In: Ders.: Die Erben der Tante Jolesch. München 1978, S. 283–288, hier S. 284–285.

31 Vgl. dazu: John, Michael und Albert Lichtblau: *Schmelztiegel Wien einst und jetzt. Zur Geschichte und Gegenwart von Zuwanderungen und Minderheiten.* Wien, Köln 1990, S. 215; Glück, Helmut: *Deutsch als Fremdsprache in Europa vom Mittelalter bis zur Barockzeit.* Berlin, New York 2002, S. 361–364.

Eine Mehlspeis nur ...

»Daß die feinsten Altwiener Mehlspeisen aus der alten Tschechoslowakei importiert wurden, ist« – glaubt man dieser (abenteuerlichen) Erklärung aus dem Österreichischen Jahrhundert Kochbuch von Ewald Plachutta und Christoph Wagner – »alles andere als ein Geheimnis«. Ganz besonders gelte das »für die Powidltascherln [...] und die gewuzelten Mohnudeln [...]«.[32] Abgesehen von aller in diesem Zitat deutlich werdenden historischen Unkenntnis: mit der böhmischen[33] wie der österreichischen Küche wird eine große Zahl von Mehlspeisen verbunden[34], unter die man »Süßspeisen und Suppeneinlagen« subsumiert: »*Mehlspeis* bedeutet überhaupt eine jede aus Mehl bereitete Speise, so daß man also auch alle Mehlklöße, Eyerkuchen, Nudeln etc. mit darunter versteht. Insbesondere begreift man unter Mehlspeisen aber nur gewisse breyartige Speisen, die gemeinin in einer Form oder Schüssel gebacken werden, und mehrentheils aus Mehl, nicht weniger aber auch aus Reiß, Sago, Nudeln etc. mit allerley Früchten und anderen nährenden oder den Geschmack erhöhenden Zusätzen bestehen,« heißt es bei Krünitz 1802[35] und diese Zweiteilung wird bis heute weitergeführt. Neben Nockerln sind, so Rein, »Knödel, Strudel, Tascherln, Nudeln, Palatschinken/Fritatten und Pofesen [...] sowohl im Suppen- als auch auf dem Desertteller zu finden«.[36]

Unter dem Stichwort »Powidltascherl« findet man bei Wikipedia folgenden Eintrag:

> Powidltascherln (auch *Powidltatschkerln*) sind in der österreichischen und böhmischen Küche mit Powidl (Pflaumenmus) gefüllte Teigtaschen. Für die Zubereitung wird Kartoffelteig auf einem mit Mehl bestäubten Brett ca. 3 Millimeter dick ausgerollt und anschließend 6 bis 8 Zentimeter rund ausgestochen, danach gibt man in die Mitte Powidl, der manchmal mit etwas Zimt und Rum verfeinert wird. Der ausgestochene Teig wird dann halbmondförmig übereinander gelegt und die Ränder werden fest zusammengedrückt. Die gefüllten Teigtaschen werden anschließend

---

32 Bildunterschrift auf S. 522. In: Plachutta, Ewald und Christoph Wagner: *Die gute Küche. Das Österreichische Jahrhundert Kochbuch*. Wien, München, Zürich 1993.

33 Vgl. dazu: Fendl, Elisabeth und Jana Nosková: *Die böhmische Küche*. In: Esskultur und kulturelle Identität. Ethnologische Nahrungsforschung im östlichen Europa. Hg. von Heinke M. Kalinke, Klaus Roth, Tobias Weger. München 2010, S. 105–136.

34 Vgl. dazu etwa: Haslinger, Ingrid: *Die Wiener Mehlspeisküche*. In: »Heut' muß der Tisch sich völlig bieg'n«. Wiener Küche und ihre Kochbücher. Hg. von Julia Danielczyk, Isabella Wasner-Peter. Wien 2007, S. 49–57.

35 Krünitz, Johann Georg: Artikel *Mehlspeise*. In: Oeconomische Encyclopädie oder allgemeines System der Staats-, Stadt-, Haus- und Landwirthschaft: in alphabetischer Ordnung. Bd. 87. Berlin 1802, S. 577–596, hier S. 578.

36 Rein, Oliver: *Ein Lexikon der Wiener Küche*. In: *mäßig und gefräßig*. Ausstellungskatalog des MAK-Österreichischen Museums für Angewandte Kunst. Hg. von Annemarie Hürlimann und Alexandra Reininghaus. Wien 1996, S. 96–99, hier S. 97.

für 6 bis 8 Minuten in leicht kochendes Salzwasser gelegt, danach herausgenommen und in Semmelbröseln, die zuvor in Butter goldgelb angeröstet wurden, gewälzt, mit Zucker bestreut und noch warm serviert.[37]

Den Namen dieses Gerichtes »entlarvt« Heinz Dieter Pohl als »Pseudo-Bohemismus«: aus Tascherln oder Taschen[38] seien Tatschkerln geworden, das Wort sei mit dem bair. »Datschi« (Fladenkuchen) verwandt, ein häufig behaupteter Einfluss des slawischen »taška« sei nicht nachweisbar.[39] Für das hier untersuchte Lied sind wissenschaftliche Belege wie dieser ohne Bedeutung, hier geht um die Weitergabe deutscher und österreichischer stereotyper Vorstellungen von den »Powidltatschkerln« als böhmischer bzw. »tschechoslowakischer« Besonderheit.

Was bleibt von den »Powidltatschkerln«

Im Repertoire deutscher wie tschechischer Unterhaltungsmusiker scheinen die »Powidltatschkerln« bis heute beliebt zu sein, auch wenn man es mit dem Ursprung dieses Liedes nicht immer so genau nimmt.[40] Einzelne Elemente des Liedes wurden in die Umgangssprache übernommen. So titelt zum Beispiel Radio Prag am 4. Juni 2008: »Pyramidonales über die schöne Tschechoslowakei«.[41] Die Verbindung der Teigtaschen mit den Worten »Phänomenales« oder »Pyramidonales« tauchen immer wieder auf. In diversen Koch-Blogs werden diese Wortverbindungen am Leben gehalten. Auch in der Spielbeschreibung des musikalischen Tanzspieles »Reise um die Welt« etwa ist der Schlager verarbeitet. Es heißt da: »Über die Schweiz und Österreich / Ist schon die Tschechoslowakei

---

37 http://de.wikipedia.org/wiki/powidltascherl. Neben diesem Eintrag findet sich in der bayerischen Wikipedia-Version (»boarische Wikipedia«) ein im Wiener Dialekt verfasster Artikel zum Stichwort »Powidldatschgerl«, der auf »Weanarisch« geschrieben ist. http://bar.wikipedia.org/wiki/Powidldatschgerl, zuletzt abgerufen am 16.10.2009.

38 Vgl. z.B. *Rezept »Powidel-(Zwetschken) Taschen«*. In: *Sudetendeutsches Kochbuch der billigen und abwechslungsreichen Küche*. Hg. von Hedwig Tropschuh. Rehau 1955, S. 69.

39 Pohl, Heinz-Dieter: *Slawisches in der österreichischen Küchensprache um 1900 (v.a. nach den Kochbüchern von Prato und Rokitansky)*. In: Ethnoslavica. Festschrift für Herrn Univ. Prof. Dr. Gerhard Neweklowsky zum 65. Geburtstag. Wien 2006 (Wiener Slawistischer Almanach; Sonderband 65), S. 275–293, hier S. 286.

40 So werden etwa auf einer CD der »Damenkapelle Viktorky« mit dem Namen »Viktorky in Deutschland« die Autoren des Liedes »Powidltatschkerln aus der Tschechoslowakei« mit »L. Hermann/R. Skutajan« angegeben. Vgl. dazu: http://www.viktorky.cz/cd-n.html, zuletzt abgerufen am 15.9.2009.

41 Ein Beitrag über »Buntes über Böhmen vom Nachbarn Österreich«. www.radio.cz/print/de/104776, zuletzt abgerufen am 15.09.2009.

erreicht. / Hier serviert man uns was Internationales / Powidldatschkerln. So was Phänomenales.«[42]

Die nach dem Krieg beliebten Schlagerlieder Leopoldis hatten – so Ernst Weber – nichts mit dem traditionellen Wienerlied zu tun, »waren aber doch größtenteils entweder in musikalischer, sprachlicher oder inhaltlicher Hinsicht dem Wienerischen verbunden«.[43] Als den spezifischen lokalen Aspekt dieser Lieder sieht Weber »jene[n] Bezug auf Gesamt-Österreich« an, »der dem wiedererwachten patriotischen Bewusstsein der Jahre des Wiederaufbaues entsprach«.[44] Aber auch die Beobachtung von Wolfgang Bahr, der aufgezeigt hat, dass die »Abschottung zur Zeit des Kommunismus und die weitgehend abgeschlossene Integration […] die einst verachteten und gefürchteten Tschechen schließlich zum Gegenstand der Nostalgie« macht,[45] sind in diesem Zusammenhang von Bedeutung. Leopoldis Interpretation der Powidltatschkerln entspricht wie die spätere Verbreitung durch Peter Alexander und Lutz Jahoda diesem zeittypischen nostalgischen Blick auf das Nachbarland.

P.S.: Im 1930 produzierten Singspiel »Im weißen Rößl« von Erik Charell u.a. wird der Zahlkellner Leopold, der seinem Berliner Gast Giesecke Powidltatschkerln andient, mit der brüsken Ablehnung konfrontiert: »Powidltatschkerln? Nein. Haben Sie Buletten?«[46] – Aber das war und ist den Liebhabern dieses Liedes und dieser Mehlspeise vollkommen »powidel«.[47]

---

42 Tanzspiel »Reise um die Welt«. In: www.festzeitung.com/spiele/spiele.htm (= Anleitung zur Herstellung von Festzeitungen), zuletzt abgerufen am 15.09.2009.

43 Weber, Ernst: *Schene Liada – Harbe Tanz: Die instrumentale Volksmusik und das Wienerlied.* In: Fritz, Elisabeth T. und Kretschmer, Helmut (Hg.): Wien: Musikgeschichte. Volksmusik und Wienerlied. Berlin u.a. 2005 (Geschichte der Stadt Wien, Bd. 6), S. 149–455, hier , S. 422.

44 Ebd., S. 423.

45 Bahr, Wolfgang: *Die Tschechen.* In: Memoria Austriae II. Bauten, Orte, Regionen. Hg. von Emil Brix, Ernst Bruckmüller, Hannes Stekl. Wien 2005, S. 442–474, hier S. 462.

46 http://www.all2know.ch/index.php?art=art/p/o/w/Powidltascherln.html, zuletzt abgerufen am 01.08.2009.

47 Im Österreichischen als Bezeichnung für »gleichgültig« gebräuchlich.

Konrad Köstlin
Keine Wiener Küche?
Von den Wonnen des Eigenen

Es sieht so aus, als ob heute die Wiener Küche die einzige Küche Europas sei, die nach einer Stadt benannt ist. Das ist in der Tat etwas Besonderes und wird, über die Bemerkungen zu ihrer fraglosen Qualität hinaus, in vielen Texten und auch in Reiseführern notiert. So steht es auch im renommierten *Historischen Lexikon Wien* von Felix Czeike (1997). »Die W.K. ist die einzige nach einer Stadt benannte Küche.« Unter dem Lemma ›Wiener Küche‹ wird zudem vermerkt: »Die Wiener Küche hat eine jahrhundertlange Tradition. Zur ursprünglichen bayerischen Tradition kamen etwa seit dem 16. Jahrhundert Einflüsse …«

Es sind meist eher einzelne Gerichte und vor allem Würste gewesen, die den Namen einer Stadt tragen: Braunschweiger, Debreziner, Frankfurter und Wiener, Spaghetti Bolognese, das Leipziger Allerlei oder auch das Wiener Schnitzel, das von der *costoletta milanese* abstammen und vom Feldmarschall Radetzky nach Wien gebracht worden sein soll, wogegen Czeike Spanien als Herkunftsland nennt. Üblicherweise sind Küchen nach Ländern und Regionen eingeteilt. Man kennt die französische, italienische, auch die deutsche und die ungarische Küche, redet bei Tourismusregionen feiner abgestuft, von der Küche der Toskana, Bayerns oder Istriens, der Tiroler Küche, der Umbriens oder des Elsass und der Provence, Badens und der Emilia Romagna. Orte als Namensgeber für eine Küche muss man suchen – es sei denn vor Ort, in den lokalen Milieus oder bei den Feinspitzen, die sich die Küche einer italienischen Stadt angelacht und ihr eine eigene Küche andichten. Küchen sind üblicherweise also Ländersache, nicht einmal eine Pariser Küche gibt es (mehr). Und es gibt zwar ein Berliner Kochbuch, doch die Behauptung einer Berliner Küche wird allenfalls in Berlin geteilt. Außerhalb verdiente sie aber allenfalls ein nachsichtiges Lächeln, obwohl auch sie – vergleichbar der Wiener – Einflüsse der Küchen vieler Zuwanderer seit dem 19. Jahrhundert amalgamiert hat. Doch hat sie wohl außer Eisbein und Erbsenpüree, Buletten und jüngst der Currywurst zu wenig aufzuweisen, was sie heute mit einer Typik ausstatten würde, die einen Buchtitel rechtfertigen würde – obwohl es sie gibt: *Köstliches aus der alten Berliner Küche. Gerichte mit Geschichte aus Berlin und der Mark Brandenburg* (1987) und doppeldeutig *Berlin kocht* (2000). Zudem, je weiter entfernt vom Ort einer Küche man urteilt, umso großräumiger und allgemeiner werden sie wahrgenommen. Gulasch steht dann für ganz Ungarn, daneben scheint es nichts zu geben (obwohl die ungarische Küche vielfältig ist), für Bayern stehen dann vielleicht Schweinsbraten und Weißwürste, obwohl die Bayern selbst eine Vielzahl von Gerichten aufzählen würden, die sie als bayerisch bezeichnen würden. Und nur wirkliche Experten sind in der Lage, etwa die chinesische Küche nach Geschmacksregionen zu differenzieren und dann etwa die kantonesische Küche herauszuschmecken.

Für ältere Kochbücher ist ein Städtename im Titel nicht ungewöhnlich. Immerhin gab es ein *Bremisches Kochbuch* von Betty Gleim, ohne dass sich die Bezeichnung Bremische Küche und deren Besonderheiten deswegen durchgesetzt hätten – und das gilt für andere Küchen, wie die Berliner, Budapester, Hamburger, Londoner. Derlei Bücher sind keine Wiener Spezialität, sie hat es andernorts auch gegeben. In diese Reihe sind auch frühe Nennungen wie *Die praktische Wiener Köchin* der Anna Hoffbauer von 1825. Betty Gleims *Bremisches Koch- und Wirthschaftsbuch enthaltend eine sehr deutliche Anweisung wie man Speisen und Backwerk für alle Stände Gut zubereitet. Für junge Frauenzimmer, welche ihre Küche und Haushaltung selbst besorgen und ihre Geschäfte mit Nutzen betreiben* (Bremen und Aurich 1808) erhält in der 2. Auflage (1810) durch den Zusatz aller Maße und Gewichte den Hinweis, dass es dadurch »für ganz Deutschland brauchbar wird«. Eine letzte, 13. Auflage, erschien 1892. Auch das Kochbuch der Juliana Weidmann: *Neue Linzer Köchin für die bürgerliche Küche Österreichs und Deutschlands*, das in Wien 1897 erscheint, nennt mit der Stadt Linz keine Linzer Küche.

Das gilt in gewisser Weise auch noch für die Anfänge des Standardwerks der Wiener Küche von Olga Hess, später als »die Hess« bezeichnet, das eine Sammlung von Kochrezepten für eine Frauen-Bildungsanstalt versammelt. Das Werk hatte seit der ersten Auflage 1911 immerhin 44 Auflagen (2001) erlebt. Ähnlich wie die genannten Werke ging es der Autorin nicht um eine lokale Küche, auch findet sich darin kein Lobpreis der Wiener Besonderheiten. Vielmehr handelt es sich um ein trockenes Anleitungsbuch für Frauen, ohne den emanzipatorischen Hintergrund, der hinter Betty Gleims Buch durchschimmert. Die »Frankfurter Küche«, das sei schließlich angemerkt, trägt den Namen einer Stadt, weil die dort tätige Wiener Architektin Grete Schütte-Lihotzky Ende der 1920er-Jahre für Frankfurter Arbeiterwohnungen als Mitarbeiterin des Amts-Architekten Ernst May eine Küche entworfen hat. Sie wird heute in Wiener Museen als Vorläuferin der Einbauküche so ausgestellt, dass man nach dem Provenienzprinzip glauben könnte, sie wäre eine Wiener Küche. Diese fordistische Küche, den Ideen August Bebels über *Die Frau und der Sozialismus* nachgebaut und für die berufstätige Frau gedacht, ist ergonomisch so praktisch wie die Kombüse eines Schiffes oder eines Speisewagens. Sie gibt wenig Platz zum »richtigen« Kochen, taugt eher zum Aufwärmen des bereits Gekochten aus der Gemeinschaftsküche. Sie folgt damit einer Idee, die sich auch im »Roten Wien« nicht durchsetzen konnte. Aber auch in Frankfurt hat man gegessen. So findet sich im www.Netz ein schüchterner

Hinweis zur Kulinarik Frankfurts: »Die Frankfurter Küche ist wohl nicht als bahnbrechend anzusehen, aber einige Besonderheiten bietet sie doch: grüne Soße, Rippche mit Kraut und Handkäs mit Musik.«

Es mag an vielen Orten ein, zwei, drei oder auch vier Gerichte geben, die als typisch angesehen werden. Bei der Wiener Küche aber tanzt ein gesamtes Ensemble. Das ist einerseits weniger konkret, weil unklar bleibt, was dazugehört und was nicht, die Listen sind lang. Andererseits verweisen sie auf eine besondere Vielfalt, die dieses kulinarisch-ideologische Gesamtarrangement ausmacht. Dessen Marketing war halt einfach gut in Wien, denn die Story der Wiener Küche ist ethnisch-vielvölkermäßig hochplausibel organisiert. Niemand hat eine derart einleuchtend erzählbare Geschichte anzubieten wie das als Völkertopf bezeichnete Wien mit seinen kulinarischen Migrationsnarrativen.

Für Wien steht dabei offenbar mehr und Wien steht offenbar für mehr. Während sich Wien als Stadt des Gemüts und der Gemütlichkeit und des guten und reichlichen Essens profilieren konnte, galt und gilt Berlin als Stadt einer – von Wien aus gesehen – eher unsympathischen Moderne und des Tempos. Es ist dies ein Bild, das vor einigen Jahren mit dem Slogan von der »Baustelle Berlin« – für den Städtetourismus erfolgreich – ins Positive umgemünzt werden konnte. Unter kulinarischen Prämissen ist die Nagelprobe leicht zu machen: Niemand fährt nach Berlin, um dort besonders gut zu essen, nach Wien schon. Essen konnte man in Berlin schon immer, aber das war gewiss nicht als dominant akzentuiert. »Bodenständig«, gar »preußisch-protestantisch« charakterisiert die Wikipedia-Auskunft die Berliner Küche. Heute haben dort übrigens österreichische Köche das obere Ess-Segment Berlins fest in der Hand – so wenigstens vermelden es die österreichischen Medien. Österreich und insbesondere Wien verwalten dieses Genusssegment, wie auf der Expo in Hannover (2000), als Österreich mit seiner Selbstdeutung mit »Lebenskunst« aufwartete. In Wien, der Stadt der Fiaker und der Antimoderne, erlebt man, wenn man es nicht will, kein metropolitanes Tempo, obwohl es das wohl auch gab und gibt. In Wien gehen die Menschen langsamer als in allen deutschen Städten, so haben es Wiener Verhaltensforscher ermittelt und damit dem kontrastiven Selbstbild auch wissenschaftlich aufgeholfen. Und wenigstens in der Innenstadt wurden Genuss und eine gemütvolle, ausdrücklich »andere« Langsamkeit zum Markenzeichen der Stadt.

Hier, im scheinbaren Festhalten an Lebenskunst und Genuss, Gemächlichkeit und Gemüt, liegt auch die Mitte, der Plot dieser Ess-Geschichten, die die Wiener Küche konturieren. Sie sind Resultate des k. u. k. Zentralismus, genauer noch, seines touristischen Nachlebens. Die Wiener Küche ist ein Deutungsphänomen, ein Ergebnis einer lokalen Selbstfeier, in deren Mittelpunkt eine mit dem Antimodernen spielende »Lebenskunst« steht. Doch wäre – das sei sogleich eingeräumt – diese Selbstfeier gar nicht möglich, wären die Anderen, die Fremden nicht da, die dieses Spiel der gepflegten Behaglichkeit suchend mitmachen und damit bestätigend verifizieren. Im Sinne eines touristischen Marketings wird das Essen der »Wiener Küche« ebenso und oft gemeinsam wie die »Wiener Musik«, der »Wiener Charme« (der sollte zum Weltkulturerbe gemacht werden), die Morbidität (*Der Tod, das muss ein Wiener sein*) und des Wiener Nationalbarock zum Event gestylt. Events haben freilich nur dann einen Nutzen, wenn man es schafft, sie zu ritualisieren. Es gilt also, Themen zu installieren und dann zu besetzen. Solch ein Thema ist die Wiener Küche, ähnlich wie die Wiener Klassik und die Architektur des barocken *Reichsstils,* als den ihn der Ständestaatler Hans Sedlmaier deutete. Sie als Themen zu installieren, ist gelungen, und das macht auch die Besonderheit einer Küche aus, die sich selbst als Wiener Küche feiert.

Es ist einerseits gewiss richtig, dass die Wiener Küche das Ergebnis einer vielschichtigen Beziehung von Kommen und Gehen, Bringen und Nehmen, Umformen und Aussondern ist, das sich im Vielvölkerstaat der Habsburger besonders in der Metropole Wien ausgedrückt hat. Die aber ist kein Phänomen, das allein in Wien zu registrieren gewesen wäre, denn es gilt für eine Reihe anderer Metropolen ebenso – aber in Wien hat man einen Geschichten-Komplex daraus gemacht. Denn, auch wenn bereits im 19. Jahrhundert über das Essen in Wien Lobendes etwa ist von Adalbert Stifter festgehalten worden (der freilich war ein Vielfraß), und wenn auch das Wohlleben, oft als Genusssucht gegeißelt, in Wien recht früh belegt ist und oft mit dem Wiener Kongress unterfüttert wird: Die eigentliche Geschichte der Verwienerung der Küche zur »Wiener Küche« beginnt erst relativ spät. Sie ist Ergebnis und Begleiter eines Traums vom harmonischen Vielvölkerreich, das zu dieser Zeit um die Jahrhundertwende schon in allen Fugen krachte und das in Wien lokalisiert wurde. Das Auseinanderbrechen sollte wenigstens durch die Wiener Küche, die dann zu einer österreichischen Küche gemacht wurde (ähnlich wie durch die Operette) noch einmal zusammengekittet werden.

Die ideologische Begründung der Wiener Küche als gesellschaftliche, jedoch unrealistische Wunschvorstellung war als politische Deutung bereits um die Jahrhundertwende formuliert worden – gleichzeitig etwa mit »der Hess«. Da schreibt 1909 Erich Felder, ein Autor ansonsten eher leichter Feder:

> Die politische Bedeutung der Wiener Küche wurde bisher viel zu wenig gewürdigt. Die Wienerin kocht Versöhnung der Nationalitäten, Eintracht der Völker. Schon in späteren Morgenstunden, bei den erzwienerischen, vorkostenden Tafelfreuden des Gabelfrühstückes, treten die heimischen Würstel mit serbischem Rindfleisch und Szegediner Gulyas einträchtig auf den Plan. Tiroler Knödel, serbischer Sterz, böhmische Dalken, all diese Urgebilde der im Reichsrate vertretenen Königreiche und Länder sind in der Wiener Küche neutralisiert. Von den Italienern hat Wien den Risotto, von den Türken das Pilaf freundnachbarlich übernommen, während die Grenzen österreichischer Kochkunst nach dem barbarischen Norden verschlossen sind, auch mit den französischen Konkurrentinnen, die sich bisweilen in ›Pudding an Semul‹ und ähnlich verdächtig semmelblonden Mehlspeisen versuchten, werden

keine engeren Beziehungen gepflogen. Bei den aus der Provinz und den Nachbarländern übernommenen Kochkunstgegenständen geht es oft wie bei manchen Len-
bach'schen Kopien: sie übertreffen das Original.

Da muss man nicht genau lesen, um feindliche Töne in deutsche und französische Richtung herauszulesen – barbarisch die einen und allzu verfeinert, geradezu angstmachend verfeinert, die anderen, und die Kopien dem Original überlegen. Die herrische Attitude der Überlegenheit der Metropole gegenüber den aus
der Provinz und den Nachbarländern durch die Verbesserung der übernommenen Speisen ist zu registrieren: »Die übernommenen Speisen wurden in Wien ge-
schmacklich angepasst und verfeinert und allmählich zur gesamtösterreichischen
Küche«, kommentiert der Historiker Czeike. So, hegemonial nach außen aber
auch nach innen, wird die Wiener Küche auch gesellschaftspolitisch klar einge-
bettet in einen Kontext, der in den 1930er-Jahren vertieft werden sollte, in dem
sich Österreich verösterreichern wollte.

Nach dem 1. Weltkrieg, in der ersten Republik, deutlicher noch im austro-
faschistischen Ständestaat (1934–38), erscheint die Ideologie der Wiener Küche
auf eigenartige Weise in einen staatstragenden Mythos eingebunden zu sein. Hier
setzt dann wirklich das Ende der Selbstverständlichkeiten ein – und diese werden
reproduziert, indem man über die Wiener Küche ganz ausdrücklich als eine Besonderheit verhandelt. Ausgerechnet die im einst roten Wien residierende Bundesregierung der Einheitspartei, die sich an der Vielvölkerei der Hauptstadt Wien
des klein geschrumpften Landes stört, akzentuiert in Wien ihre christkatholische
und antisemitische Deutschheit und negiert dabei alle (gar nicht so kleinen) ethnischen wie religiösen Minderheiten, die in Staat und Stadt leben. 1934 sind alle
Parteien verboten und man wechselt auch die Staatsflagge. Nicht mehr der demokratische Einkopf-Adler, der die Ketten zerbricht und Hammer und Sichel in
den Fängen hält, sondern der Doppeladler der Habsburgermonarchie kommt
wieder auf die Flagge. Auch erklärt ein Traditionserlass 1934 die alte Uniform der
Monarchie zum Maß. Die Regierung des Ständestaats beginnt gleichzeitig eine
Vergangenheit zu verklären, welche eine christlich-deutsche Ästhetik der Habs-
burger-Monarchie behauptet und in den Mittelpunkt stellt – in absurdem Abse-
hen von der ethnischen und religiösen Vielfalt gerade in Wien.

Man erfindet in Wien ein neues Österreich, das sich durch Kunst, Geschichte
und Kultur auszeichnet und sich mit seinen Tugenden als das bessere Deutschland versteht. Zu dieser neuen Staatsraison gehören neben Musik, Walzer und
Schrammeln, Kunst, Kultur und Geschichte, der österreichisch gedeutete Reichs-
barock und eben auch die Wiener Küche. Dabei ist bemerkenswert, dass diese
Deutung der Wiener Küche – wie bereit angemerkt – einen ausgesprochen he-
gemonialen Zungenschlag hat. Wien, das doch durch seine Vielfalt bestechen
sollte, dominiert und wird so in die nationale Erinnerungskultur des Geschmacks
vom Eigenen eingeschrieben. Denn, was da als Ausdruck ethnischer Vielfalt und

Ergebnis von Migrationsverläufen gedeutet wird, hat nur eine Richtung: es kommt von außen wird herrisch geradezu vereinnahmt und kann nur verbessert werden. Das ist insofern bemerkenswert, als hier ein ethnischer Prozess der Verwienerung des Fremden zu einer Kulinarik des Eigenen mutiert, sich der »Wiener Küche« anverwandelt. Dominant bleibt die Deutungsmacht der Zentrale, obgleich die Herkunftsrichtung der Zutaten der Wiener Küche genannt wird. Ob das Ungarn mit dem jenem verwienerten Gulasch ist (das in Ungarn als »pörkölt« zu bestellen wäre, während man dort als »gulyás« eine Art Suppe bekommt) oder die alpinen Gröstl, die böhmischen Mehlspeisen etc. In der »Wiener Küche« werden sie als bodenständig, in unseren Tagen dann als »echt« und »authentisch« bezeichnet. Mit dem Schild »Wiener Küche« wird geworben wie andernorts mit »Hausmannskost« oder »Essen wie bei Muttern«, wenn das lokale und als »bodenständig« bezeichnete Essen à la Blunzngröstl, aber auch die feineren Nierndln gemeint sind.

Nun kochen natürlich nicht alle, was in den Kochbüchern steht, ebenso wenig, wie alle Leute, die sich Nähmaschinen gekauft haben, auch tatsächlich mit diesen Maschinen Kleider nähen, sonst müssten die Käufer zu einem Volk von Selbstnähern gehören und die Kleidergeschäfte hätten Konkurs anzumelden. Und auch in Wien hat man sich – will man zum Essen gehen (was man häufig tut) – zu entscheiden. Man kann ja in ein Lokal mit italienischer, thailändischer oder türkischer Küche gehen – oder eben sich der Wiener Küche zuwenden. Da liegen Exotik und Binnenexotik schon nahe beieinander, haben sich verschwistert. Andersherum: Die Wiener Küche ist prinzipiell genauso »besonders« wie alle anderen in der Stadt verfügbaren Küchen. Es ist nicht selbstverständlich, dass man als Wiener wienerisch isst. Die Wiener Küche ist auch in Wien ausdrücklich zu wählen. Sie ist inzwischen fast genauso exotisch wie alle anderen Küchen, eine Option unter vielen, die man als besonderen Akzent des Eigenen vorführt, etwa, wenn Fremde zu Gast sind.

Umso mehr gilt: Keine Wiener Küche. Das klingt kühn angesichts der Meldung, dass das Kochbuch *Meine Wiener Küche* des Wiener Rindfleisch-Spezialisten Plachutta, in neuen Auflagen erscheint – von der zweiten waren 2001 schnell 350.000 verkauft. Und es klingt auch kühn angesichts des Zuspruches, den diese Wiener Küche offenbar hat, denn nicht nur die Touristen scheinen nach ihr zu suchen. Nimmt man die Zahl der Kochbücher als Anhalt und die vielen Hinweise auf Lokale, in denen man ihrer, eben der Wiener Küche, habhaft werden könne, dann gibt es diese Wiener Küche zumindest im öffentlichen Bewusstsein. Doch liest man im Reiseführer, dann fällt auf, dass sie in Wien keineswegs flächendeckend, sondern in der Stadt höchst ungerecht und ungleich verbreitet scheint. Dort, wo die meisten Menschen wohnen, gibt es sie nicht. Das sind die äußeren Bezirke von 9–22, in denen dieses wienerische Element – folgt man dem Handbuch *Wien für Frauen* (1988) – überhaupt nicht zu existieren scheint. Das verwundert, wird sie doch andererseits zum Essen der »normalen« Leute erklärt und als eine Art Wiener Kommunion gehandelt. Sie scheint immerhin dort aber doch auch deshalb zu existieren, weil die lokalen Wächter der Volksgesundheit gegen sie, die gute Wiener Küche, ganz vehement angehen. Denn die Wiener essen – wie andere auch – zu viel und zu fett. Das wäre hier ein Phänomen, das in den Bezirken zu registrieren ist, in denen das Handbuch (ganz zu unrecht übrigens) das Fehlen der Wiener Küche konstatiert. Aber das ist ein Frage der Perspektive, denn in den Vorstädten – und hier lässt sich ein Graben aufmachen – hat die Wiener Küche (noch) keinen Namen. Sie ist einfach da.

Keine Wiener Küche, das klingt verdächtig auch, weil es sich gegen jene nostalgisch-multikulturelle Rede über das alte Habsburgerreich und seinen Mittelpunkt Wien zu wenden scheint. Denn die gerühmte Wiener Küche ist ein Resultat einer Selbsterzählung des späten 19. Jahrhunderts und vor allem ihrer modifizierten Revitalisierung im 20. Jahrhundert, die sich beständig weitererzählen lässt. Sie ist verknüpft mit anderen gut erzählten Geschichten, mit dem Tourismus und vor allem mit der angstvollen Behaglichkeitshaltung einer harmoniesüchtigen Mittellage, nicht nur im Ständestaat. Die Geschichten lassen sich verknüpfen mit dem Wiener Selbstlob, das in Heimatfilmen nach dem zweiten Weltkrieg, schwarz-weiß und dann auch bunt verbreitet worden und in den Gefühlshaushalt der Menschen eingedrungen ist.

Also: es geht nicht um die metropolitane, sondern eher biedere, wiewohl übliche Rede von der Vielvölkerküche, die sich hier in Wien am Herde friedlich vereint habe, an dem die böhmischen oder ungarischen Kochfrauen (in der TV-Serie über »Julia – eine ungewöhnliche Frau«, gab es eine ungarische Köchin!), aus allen Ländern eine Mixtur der alten Monarchie zusammenkochen, welche dann aber dennoch einen deutschen Anstrich bekommen hat. Alles hat sich dann – so die Les- und Deutungsart der Geschichte, zu einem harmonischen Geschmack der Stadt Wien versammelt. Das ähnelt den zärtlich-kakanischen Träumen, die im sich im Donauraum abspielen und bis in unsere Tage gerettet haben – als Gegenentwurf zum Westen. In diesem Kontext erinnert dann die Geschichte des Wiener Schnitzels nicht nur an Italien, sondern an die Herrschaft der Habsburger über Norditalien, Venetien etc., wie sie in den Sissi-Filmen, die hier durchaus geschichtsbildend waren, erinnert wird. Italien war einmal – in dieser Sicht – nicht habsburgisch, sondern österreichisch.

Die Rede von der Wiener Küche klingt oft so, als ob da ein breites Portal zum Schlemmerparadies ständig weit geöffnet gewesen sei. Das ist historisch falsch, auch in Wien gab es eine durch die gesellschaftlichen Klassen geschiedene Küche, die erst in der Wiener Küche in ihren symbolischen Ausdruck scheinbar klassenloser Harmonie gefasst worden war. Und es ist natürlich vor allem eine deutsch-touristische Rede, die Fremdes in der eigenen Sprache bestellen darf und dennoch den Schauer des Anderen verspürt (auch Nazi-Größen haben diese Küche geschätzt). Oft sind bis heute die Lobsinger auch diejenigen, die Angst vor der französischen Küche haben. Sie gehören zu einer breiten, aber kaum weltgewandten Mittellage der Gediegenheit …

Diese Rede ist nicht so alt, auch wenn die Verbreitung des Ruhmes der Küche mit dem Wiener Kongress erklärt und mythisiert wird. Dieser Kongress tanzte und tat damit etwas, was heute als Signal der Verweigerung, als Zeichen dafür, dass Österreich anders sei, für den Fremdenverkehr vermarktet wird. Was einstmals eher spöttisch gemeint war und die lange Dauer der Veranstaltung ebenso wie ihre Nutzlosigkeit brandmarken sollte, wurde im Nachhinein zu einem entscheidenden Identity-Marker ausgebaut – als Kontrastprogramm zum effektiv-kalten Piefke-Deutschland. Von Deutschland aus dieses Lob der Wiener Küche immer wieder gemacht, wie etwa mehrfach durch den ZEIT-Gourmisten Wolfram Siebeck. Es sind nicht die Böhmen und auch nicht die Ungarn, es sind nicht die Älpler und schon gar nicht die Italiener, die sich da an der Wiener Küche laben und den Mythos dieser Küche als das Eigene wiederfinden.

Es sind in jedem Falle auch die Fremden, ohne die es die Küche mit dem Vorsatz »Wiener« gar nicht gäbe. Denn wirklich zuhause wäre diese Küche eine nur normale, übliche, bräuchte also den rühmenden Städtenamen nicht. In ihrer Beziehung zur Wiener Küche sind insbesondere jüngere Wienerinnen (sie vor allem) und Wiener längst Fremde. Insofern essen Wiener heute mehr als bloß ein Schnitzel. Jener historische Wiener Aktionismus, der das Hauptgericht Wiener Schnitzel zum Weltgericht und zum Allerweltsgericht machen sollte, begann mit der Erfindung einer Geschichte, die man sich und andern erzählte. Jedes Essen braucht heute seine Geschichte, die es zum legitimen Bestandteil der Küche und – wichtiger noch – als Gericht erzählbar macht. Gerichte sind nur dann gut, wenn sie etwas symbolisieren und einen zusätzlichen, nämlich lokal-kulturellen Geschmack, den wir mitessen, bekommen. Wir essen in der Tat mehr als nur das Essen, wir nehmen den kulturellen Geschmack auf die Zunge. Das Wiener Schnitzel hat mindestens zwei, wenn nicht drei Geschichten, und die sind im Reiseführer zu lesen. Heute sind diese Geschichten in Wien abfragbar. So wird der Reiseführer zum Belegbuch, seine Wahrheit auf dem Umweg über Touristen zur erlebbaren Wahrheit, auch für Wiener.

Diese Wiener Küche ist zum Bild eines imaginierten Reiches der Vielvölkerharmonie geworden, das sich in Wien einstellte und auf das sich Wien einstellte, als es das Reich schon nicht mehr wirklich gab. Die Wiener Küche gilt als wesentlich von Ungarn und Böhmen, von Italien und von den eher kargen aber kräftigen Speisen der Alpen bestimmt (aus denen z.B. auch alles Wild zu kommen scheint). Damit wären die Spezialitäten verortet, sie bilden die Weite der zu Ende gehenden Monarchie ab. Das neue Zentrum Wien, das immer größer (und sich – gegen das Fremde – immer wienerischer) deutet, erhebt sich immer mehr über die umliegenden Länder, die nur noch als Zulieferer gelten. Dahinter steckt ein Anspruch, der Unterwerfung verlangt. Im neuen Mittelpunkt des Reiches hat sich alles zu sammeln. Und das ist auch das Abbild des Reiches: Die Böhmen liefern die Köchinnen und ihre Mehlspeisen, vornehmlich die Golatschen, die Ungarn das Gulasch, die Alpenmenschen das feste Geselchte und die Italiener die Feinsspitzeleien. Vor allem sind es die Innereien, die Nierndln und die Leber, vor allem aber auch das (lange verachtete) Rindfleisch, die heute für Kenner das Besondere dieser Küche ausmachen. Für manche ist das ein Perversitätenkatalog; sieht man genau hin, dann wäre es eine Küche der Armut, die sich hier veredelt dem Besucher und dem Wiener selbst, vergoldet durch das Etikett der Wiener Küche, darböte.

Orte dieser Kulinarik sind oft die von lokalen und fremden Matadoren gepriesenen Beisln. In ihnen kann man ein Phänomen beobachten: Die einst als Arme-Leute-Essen verschrieenen Dinge, wie Kutteln und andere Innereien und Bruckfleisch, werden als neue Bodenständigkeit inszeniert. Es ist die Exotik des Eigenen, die hier zelebriert wird. Wenn man dann schließlich in das Lied mit einstimmt, ist man zum Komplizen des Lobs der Wiener Küche geworden. Die Wiener Küche ist zum Markenartikel geworden, so, als ob alle nur Backhendl und Rahmstrudel, Ochsenschlepp und Topfengolatschen, Wiener Schnitzel und Saure Nieren äßen.

Heutzutage wird im Alltag keiner regionalen Küche das gegessen, was als typisch gilt. Das wird allenfalls dann aufgetischt, wenn Besuch da ist. So ist die Wiener Küche als touristisches Angebot auch für die Einheimischen verfügbar, die dadurch zu Touristen im Eigenen werden, sich selbst feiernd und touristisch erlebend. Das Schnitzel, das in seiner »echten«, edlen Form aus dem Kalbsschlegel geschnitten ist, gerät in der Regel verlässlich ordentlich – nicht immer ganz gut, aber dafür nie schlecht. Ähnliches gilt nur noch für das Gulasch. Der Zigeunerspieß wird Symbol ethnischer Toleranz wie die Spaghetti Bolognese, Pizza und Döner Kebab. Sie werden zum Ausweis von Weltoffenheit und der Bereitschaft, kulinarisch-kulturell tolerant zu sein.

Was isst man – kulturell gesehen – mit, wenn man in Wien isst? Die Auslagen in den Reise- und Gastroführern haben mit dem gewöhnlichen Essen nichts zu tun. Ödön von Horvath, der in Bayern aufgewachsene Ungar, der distanziert die Geschichten aus dem Wienerwald aufschreibt, lässt seine Menschen viele kleine Bissen billiger Speisen kauen und viele Schlucke trinken, Bier und Wein, und ihre Geschichten erzählen – nicht wirklich lustig und es schmeckt ihnen überhaupt nicht gut. Es fehlt die Kategorie Wiener Küche. Die Wiener Küche hingegen ist ein Mythos, eine gute Geschichte, eine »Erfindung«, die sich dieser Erfindung immer wieder erfolgreich selbst nachbildet. Es ist diese Kreation, deren Verschwinden man bedauert – das Resultat einer Ideologie. In der Tat: Heute gibt es sie, die Wiener Küche und sie ist der größte Marketingerfolg, den man sich denken kann, weil am Ende die Anmutung des Echten und Originären steht, das sich in die Ideologien der fortschrittlichen Multikulturalisten, die die k. u. k. Monarchie als gelungenes Modell des erweiterten Donauraumes preisen, ebenso passgenau einfügt wie in die der sitzengebliebenen Fremdenhasser.

Die immer wieder akzentuierte Rede vom Sammelbecken der Kulturen, die die Vergangenheit rühmt, und der daraus selbstgebastelte Ruhm der Weltoffenheit passen ins Schlaraffenland des Eingesessenseins. Doch ist es meilenweit entfernt von Wolfram Siebeck und seinen Beisln, die einerseits immer edler und andererseits immer weniger und wenn dann anders werden, und die dann im Rettungsversuch als sogenannte »Neue Wiener Küche« dem Trend des Gesundheitsbewußtseins folgen. Jeder hat eine andere Perspektive auf die Wiener Küche. Bei Medizinern ist sie eher grämlich: Die »schwere und ungesunde Wiener Küche und Bewegungsmangel« werden für das Übergewicht von 52% der Männer und 33% der Frauen verantwortlich gemacht. Auch die Esskultur hat klassen- und milieuspezifische Kontexte. Die Rede von der Wiener Küche imaginiert selbstverklärend eine soziale Homogenität, die es so nicht gibt – in Wien nicht und anderswo ebenso wenig. Die Ausstellung *Im Wirtshaus. Eine Geschichte der Wiener Geselligkeit* (2007) im Wien Museum hat eine nostalgisch-nobilitierte Beisl-Renaissance aufgenommen und wohl auch befördert. Das Faltblatt zur Ausstellung zitiert dann auch einen Liedtext:

> Dort im Beisl, in unserer Straßn,
> da fragt Dich keiner was du hast oder bist.
> Peter Alexander: *Das kleine Beisl,* 1976.

Max Matter
Schriftenverzeichnis
zusammengestellt von Jörg Giray

1973

Elevage traditionnel et innovation. Pourquoi on en est revenu au mouton Nez-noir.
In: Folklore suisse 63, S. 56–59.

1974

Eine diskontinuierliche Adoption im Lötschental/Schweiz. In: Ethnologia Europaea
7, S. 48–54.

1975

Wertsystem und Innovationsverhalten. In: Stadt-Land-Beziehungen. Verhandlungen des 19. Deutschen Volkskundekongresses in Hamburg vom 1. bis 7. Oktober
1973. Hg. von Gerhard Kaufmann. Göttingen, S. 47–59.

*Wertsystem und Innovationsverhalten. Theoretische Vorarbeiten und Pilotstudie
zu einer Untersuchung des Adoptionsverhaltens der schweizerischen Bergbevölke-
rung* (Teildruck Diss. Universität Zürich). Zürich.

1976

*Landwirtschaftliche Dienstboten im Rheinland. Nach der AVD-Umfrage zur alten
bäuerlichen Arbeit. Erster Arbeitsbericht.* In: Rheinisch-westfälische Zeitschrift für
Volkskunde 22, S. 34–50.

*Natur – Kultur. »Angeborene« Verhaltensweisen im zwischenmenschlichen Be-
reich? Franz Steinbachers Studie »Kultur: Begriff, Theorie, Funktion«, Stuttgart
1976.* In: Rheinisch-westfälische Zeitschrift für Volkskunde 22, S. 239–248.

Kommentar zu: Tolksdorf, Ulrich: *Strukturalistische Nahrungsforschung. Versuch
eines generellen Ansatzes.* In: Ethnologia Europaea 9, S. 102–105.

(gemeinsam mit Cornelia Pilgram) *20. Deutscher Volkskunde-Kongreß in Wein-
garten, 22. bis 27. September 1975.* In: Rheinisch-westfälische Zeitschrift für
Volkskunde 22, S. 273–276.

(Rezension) Tolksdorf, Ulrich: *Essen und Trinken in Ost- und Westpreußen, Teil
1.* Marburg 1975 (Schriftenreihe der Kommission für Ostdeutsche Volkskunde in

der Deutschen Gesellschaft für Volkskunde 13). In: Rheinisch-westfälische Zeitschrift für Volkskunde 22, S. 292–294.

1977

(Red.) *Wohnen*. Hg. von H.L. Cox. Bonn (Rheinisches Jahrbuch für Volkskunde 22:1).

(gemeinsam mit Jürgen Herrguth, Friedrich Münch, Walfried Pohl, Edeltraud Schomisch und Peter Thiel) *Bauen und Wohnen in einer Bauarbeitergemeinde*. In: Rheinisches Jahrbuch für Volkskunde 22:1, S. 49–80.

(Rezension) Messmer, Elisabeth: *Scharans. Eine Gemeindestudie aus der Gegenwart*. Basel 1976 (Schriften der Schweizerischen Gesellschaft für Volkskunde 59). In: Rheinisch-westfälische Zeitschrift für Volkskunde 23, S. 326–328.

1978

Wertsystem und Innovationsverhalten. Studien zur Evaluation innovationstheoretischer Ansätze – durchgeführt im Lötschental/Schweiz (Diss. Universität Zürich 1975). Hohenschäftlarn bei München 1978 (Kulturanthropologische Studien 3).

(Red.) *Gemeinde – Region*. Hg. von H.L. Cox. Bonn (Rheinisches Jahrbuch für Volkskunde 22:2).

(Red.) *Rheinischer Karneval*. Hg. von H.L. Cox. Bonn (Rheinisches Jahrbuch für Volkskunde 23).

(gemeinsam mit anderen Teilnehmern der »Arbeitsgruppe Langenfeld«) *Das Leben Jugendlicher in einer kleinen Gemeinde*. In: Rheinisches Jahrbuch für Volkskunde 22:2, S. 9–68.

(gemeinsam mit Jürgen Herrguth) *Abwandern oder Pendeln. Ein entscheidungs-respektive innovationstheoretischer Ansatz zur Erklärung des Pendelverhaltens, aufgezeigt am Beispiel der Gemeinde Langenfeld/Eifel*. In: Rheinisches Jahrbuch für Volkskunde 22:2, S. 153–180.

Gedanken zur ethnologischen Gemeindeforschung und zu den dafür notwendigen Datenerhebungsverfahren. In: Rheinisches Jahrbuch für Volkskunde 22:2, S. 283–311.

(gemeinsam mit H.L. Cox) *Das Weihnachtsfest als Indikator für soziale Veränderungen in der gegenwärtigen Gesellschaft. Eine Pilotstudie zur Erfassung der Einstellung Bonner Volkskundestudenten zum Weihnachtsfest 1976*. In: Rheinisch-westfälische Zeitschrift für Volkskunde 24, S. 96–115.

1979

Gedanken zum Verhältnis von Gemeindestudien zu Regionalanalysen. In: Regionale Kulturanalyse. Protokollmanuskript einer wissenschaftlichen Arbeitstagung der Deutschen Gesellschaft für Volkskunde am 8.–11. Okt. 1978 in München. Hg. von Helge Gerndt und Georg R. Schroubek. München, S. 7–16.

1980

Zur Frage regionaler Identität von Zuwanderern aus kleinen Gemeinden. In: Heimat und Identität. Probleme regionaler Kultur. 22. Deutscher Volkskunde-Kongreß in Kiel vom 16. bis 21. Juni 1979. Hg. von Konrad Köstlin und Hermann Bausinger. Neumünster 1980 (Studien zur Volkskunde und Kulturgeschichte Schleswig-Holsteins 7), S. 65–80.

(gemeinsam mit Annemie Buhs, Marita Kaiser und Maria Plassmann) *Das Projekt »Kiebingen«. Neue Wege der volkskundlichen Gemeindeforschung. Eine Würdigung eines Forschungsprojekts des Ludwig-Uhland-Instituts für empirische Kulturwissenschaft der Universität Tübingen.* In: Zeitschrift für Volkskunde 76, S. 92–100.

(Rezension) Köstlin, Konrad: *Gilden in Schleswig-Holstein. Die Bestimmung des Standes durch »Kultur«.* Göttingen 1976. In: Zeitschrift für Volkskunde 76, S. 105.

(Rezension) Meuli, Karl: *Gesammelte Schriften.* 2 Bde. Basel und Stuttgart 1975. In: Rheinisch-westfälische Zeitschrift für Volkskunde 25, S. 323f.

1981

(Rezension) Steinbach, Peter: *Industrialisierung und Sozialsystem im Fürstentum Lippe.* Berlin 1976. In: Zeitschrift für Volkskunde 77, S. 121.

1982

Folklorismus. Plädoyer für funktionale Analysen. In: Folklorismus. Vorträge der 1. Internationalen Arbeitstagung des Vereins »Volkskultur um den Neusiedlersee« in Neusiedel/See 1978. Hg. von Edith Hörandner und Hans Lunzer. Neusiedel/See, S. 167–189.

Regionalismus im Spannungsfeld zwischen Folklorismus und separatistischem Kampf. In: Zeitschrift für Volkskunde 78, S. 256–261.

Kommentar zu: Guilet, David: *Toward a Cultural Ecology of Mountains. The Central Andes and the Himalayas Compared.* In: Current Anthropology 24, S. 568f.

1983

Dörflicher Hausbau und Hausbesitz heute. Ein ländliches Kulturmuster – seine historische und ideologische Herkunft. Bauen und Wohnen in einer Bauarbeitergemeinde in der östlichen Hocheifel. Habil.-Schrift Universität Mainz [masch.-schriftl.].

Volkskunde des Handwerks als Sozialgeschichte des Handwerks? Versuch eines Überblicks über volkskundliche Handwerksforschung – Geschichte und neuere Forschungsergebnisse. In: Deutsches Handwerk in Spätmittelalter und Früher Neuzeit. Sozialgeschichte – Volkskunde – Literaturgeschichte. Hg. von Rainer S. Elkar. Göttingen (Göttinger Beiträge zur Wirtschafts- und Sozialgeschichte 9), S. 183–201.

(gemeinsam mit Beate Cornelia Matter) *Lebensverhältnisse und Kultur der Arbeiterschaft im 19. und 20. Jahrhundert (Tagungsbericht)*. In: Zeitschrift für Volkskunde 79, S. 251–256.

1984

Sozioökonomische Entwicklung, kollektives Gedächtnis und Dorfpolitik. Zur geschichtlichen Herleitung zentraler Werte und zu ihrer Bestimmung einer lokalen politischen Kultur. Siegen (HiMoN-Diskussionsbeiträge 38).

1986

Sozioökonomische Entwicklung, kollektives Gedächtnis und Dorfpolitik – Ein Beitrag zur historischen Analyse zentraler Werte und Bestimmung lokaler politischer Kultur am Beispiel eines Dorfes in der Hocheifel. In: Krise ländlicher Lebenswelten. Analysen, Erklärungsansätze und Lösungsperspektiven. Hg. von Klaus M. Schmals und Rüdiger Voigt. Frankfurt am Main und New York, S. 163–189.

»Im Wein liegt Wahrheit.« Zur symbolischen Bedeutung gemeinsamen Trinkens. In: Alkohol im Volksleben. Hg. von Andreas C. Bimmer und Siegfried Becker. Marburg (Hessische Blätter für Volks- und Kulturforschung NF 20), S. 37–54.

(Rezension) Waibel, Max: *Die volkstümliche Überlieferung in der Walserkolonie Macugnaga (Provinz Novara).* Basel 1985 (Schriften der Schweizerischen Gesellschaft für Volkskunde 70). In: Hessische Blätter für Volks- und Kulturforschung NF 20, S. 251–253.

1987

(Hg., gemeinsam mit Siegfried Becker) *Gesindewesen in Hessen. Studien zur historischen Entwicklung und soziokulturellen Ausprägung ländlicher Arbeitsorganisation.* Marburg (Hessische Blätter für Volks- und Kulturforschung NF 22).

(gemeinsam mit Siegfried Becker) *Vorwort der Herausgeber.* In: Gesindewesen in Hessen. Studien zur historischen Entwicklung und soziokulturellen Ausprägung ländlicher Arbeitsorganisation. Hg. von Siegfried Becker und Max Matter. Marburg (Hessische Blätter für Volks- und Kulturforschung NF 22), S. 7–9.

»Ech stohn net ob – ech treck net us – leck mech em Asch – me Johr os us.« Gesindeverhältnisse, Gesindeordnungen und Wechseltermine in Hessen und der ehemaligen preußischen Rheinprovinz. Ein Beitrag auch zur Fachgeschichte. In: Gesindewesen in Hessen. Studien zur historischen Entwicklung und soziokulturellen Ausprägung ländlicher Arbeitsorganisation. Hg. von Siegfried Becker und Max Matter. Marburg (Hessische Blätter für Volks- und Kulturforschung NF 22), S. 12–34.

Fremde im eigenen Land. Zur Situation türkischer Arbeitnehmer und ihrer Familien nach der Rückkehr aus der Bundesrepublik Deutschland. In: Fremdheit und Migration. Hg. von Andreas Kuntz und Beatrix Pfleiderer. Berlin und Hamburg (Lebensformen. Veröffentlichungen des Instituts für Volkskunde der Universität Hamburg 2), S. 221–252.

Dort waren wir die Türken – hier sind wir die Deutschler (Almancılar). Entwicklung der Ausländerbeschäftigung – »Neue Ausländerpolitik« – Rückwanderung und Reintegrationsproblematik. In: Zeitschrift für Volkskunde 83, S. 47–73.

Kommentar zu: Guilet, David: *Toward a Cultural Ecology of Mountains. The Central Andes and the Himalayas Compared.* In: Mountain Research and Development 6, S. 215f.

1988

Warum sind wir uns so fremd geworden? Aspekte des Kulturkontakts und -konflikts im Prozeß der Arbeitsmigration. In: Kulturkontakt – Kulturkonflikt. Zur Erfahrung des Fremden. 26. Deutscher Volkskundekongreß in Frankfurt am Main vom 26. September bis 2. Oktober 1987. Hg. von Ina-Maria Greverus, Konrad Köstlin und Heinz Schilling. 2 Bde. Frankfurt am Main (Kulturanthropologie-Notizen 28), S. 231–241.

Bauen und Wohnen als Spiegel von Geschichtsbild und Traditionsverständnis. In: Wandel der Volkskultur in Europa. Festschrift für Günter Wiegelmann zum 60. Geburtstag. Hg. von Nils-Arvid Bringéus u.a. 2 Bde. Münster (Beiträge zur Volkskultur in Nordwestdeutschland 60), S. 621–633.

»… an der Spitze der Landleute gingen ihre Obrigkeiten; die jungen Bäuerinnen waren im alten, mahlerischen Costum ihrer Cantone gekleidet …« Zur Folklorisierung des schweizerischen Hirtenlandes – Die Alphirtenfeste in Unspunnen. In: Sichtweisen der Volkskunde. Zur Geschichte und Forschungspraxis einer Disziplin. Hg. von Albrecht Lehmann und Andreas Kuntz. Berlin und Hamburg (Lebensformen. Veröffentlichungen des Instituts für Volkskunde der Universität Hamburg 3), S. 329–343.

1989

Entpolitisierung durch Emotionalisierung. Deutscher Muttertag – Tag der Deutschen Mutter – Muttertag. In: Symbole der Politik, Politik der Symbole. Hg. von Rüdiger Voigt. Opladen, S. 123–135.

1990

Aspekte der Revitalisierung traditioneller Kost. In: Alte Landschaftsküchen in neuer wissenschaftlicher Bewertung. Hg. von Sigrid Weggemann. Frankfurt am Main (Schriftenreihe der Arbeitsgemeinschaft Ernährungsverhalten e.V. 7), S. 22–28.

Gesellschaftsbilder und Gesellschaftskritik in Kochbüchern. In: Hauswirtschaft und Wissenschaft 38, S. 164–169.

(Rezension) *Food Conservation. Ethnological Studies.* Hg. von Astri Riddervold und Andreas Ropeid. London 1988. In: Zeitschrift für Volkskunde 86, S. 264.

(Rezension) Neu, Peter: *Eisenindustrie in der Eifel. Aufstieg, Blüte und Niedergang.* Köln und Bonn 1988 (Werken und Wohnen. Volkskundliche Untersuchungen im Rheinland 16). In: Zeitschrift für Volkskunde 86, S. 273.

1991

Aspekte volkskundlicher Nahrungsforschung. In: Körper, Essen und Trinken im Kulturverständnis der Balkanvölker. Beiträge zur Tagung vom 19.–24. November 1989 in Hamburg. Hg. von Dagmar Burkhart. Berlin (Balkanologische Veröffentlichungen 19), S. 15–23.

Die Schweiz von außen gesehen. Gedanken zum Einfluss einer europäischen, insbesondere deutschen Alpenbegeisterung des ausgehenden 18. und frühen 19. Jahrhunderts auf das schweizerische Nationalgefühl, auf die Stabilisierung, Revitalisierung und Kreierung alpinen Brauchtums. In: Grenzerfahrungen. Schweizer Wissenschaftler, Journalisten und Künstler in Deutschland. Hg. von Peter Rück. Marburg, S. 115–129.

1992

(Hg.) *Fremde Nachbarn. Aspekte türkischer Kultur in der Türkei und der BRD.* Marburg (Hessische Blätter für Volks- und Kulturforschung NF 29).

Aspekte türkischer Kultur. In: Fremde Nachbarn. Aspekte türkischer Kultur in der Türkei und der BRD. Hg. von Max Matter. Marburg (Hessische Blätter für Volks- und Kulturforschung NF 29), S. 7–11.

Ehre und Moral. In: Fremde Nachbarn. Aspekte türkischer Kultur in der Türkei und der BRD. Hg. von Max Matter. Marburg (Hessische Blätter für Volks- und Kulturforschung NF 29), S. 95–104.

»Beim Barte des Propheten«. Gedanken zur Bedeutung der Haare in der türkischen Gesellschaft. In: Fremde Nachbarn. Aspekte türkischer Kultur in der Türkei und der BRD. Hg. von Max Matter. Marburg (Hessische Blätter für Volks- und Kulturforschung NF 29), S. 105–123.

1993

Leben und Arbeiten in Deutschland aus türkischer Sicht – Bericht über ein Forschungsprojekt »Zum Wandel des Deutschen- und Deutschlandbildes der türkischen Bevölkerung im Verlaufe der Geschichte der Arbeitsmigration in die BRD«. In: Arbeiterkulturen. Vorbei das Elend – aus der Traum? Hg. von Andreas Kuntz. Düsseldorf, S. 241–251.

Sich-Benehmen bei Tisch. In: Sich benehmen. Hg. von Andreas C. Bimmer. Marburg (Hessische Blätter für Volks- und Kulturforschung NF 30), S. 69–79.

1994

Sehnsüchte und Widersprüche. Bilder von der »Heimat« und von der »Fremde«. In: Kulturtexte. 20 Jahre Institut für Kulturanthropologie und Europäische Ethnologie. Hg. von Ina-Maria Greverus u.a. Frankfurt am Main (Kulturanthropologie-Notizen 46), S. 201–21.

Volkskunde und interkulturelle Kommunikation. Erste Tagung der Kommission für interkulturelle Kommunikation der DGV in München. In: Zeitschrift für Volkskunde 90, S. 238–240.

1995

Das Eigene und das Fremde – Gedanken zur Volkskunde als Europäische Ethnologie. In: Lokale und biographische Erfahrungen. Studien zur Volkskunde »Gast am Gabelmann«. Hg. von Andreas Kuntz. Frankfurt am Main und New York, S. 272–283.

(Sammelrezension) Antonietti, Thomas: *Ungleiche Beziehungen. Zur Ethnologie der Geschlechterrollen im Wallis.* Sitten/Sion 1989 (Kantonales Museum für Geschichte und Volkskunde Valère, Forschungsstelle für regionale Gegenwartsethnologie, Ethnologische Reihe 1); *Valais d'émigration – Auswanderungsland Wallis. Begleitpublikation zur Ausstellung »Ubi bene ibi patria – Auswanderungsland Wallis 16.–20. Jahrhundert« im Kantonalen Museum für Geschichte und Ethnographie Valère 1991.* Sitten/Sion 1991 (Kantonales Museum für Geschichte und Volkskunde Valère, Forschungsstelle für regionale Gegenwartsethnologie, Ethnologische Reihe 2); *Tourismus und kultureller Wandel.* Hg. von Thomas Antonietti und Marie Claude Morand. Sitten/Sion 1993 (Kantonales Museum für Geschichte und Volkskunde Valère, Forschungsstelle für regionale Gegenwartsethnologie, Ethnologische Reihe 3); *INFO-LABREC: Bulletin du Laboratoire de recherche en ethnologie régionale contemporaine Sion/Informationsblatt der Forschungsstelle für regionale Gegenwartsethnologie Sitten.* Sion/Sitten 1992ff. In: Zeitschrift für Volkskunde 91, S. 318–323.

1996

(Hg.) *Körper-Verständnis, -Erfahrung.* Marburg (Hessische Blätter für Volks- und Kulturforschung NF 31).

Vorwort. In: Körper-Verständnis, -Erfahrung. Hg. von Max Matter. Marburg (Hessische Blätter für Volks- und Kulturforschung NF 31), S. 7.

Blicke auf den Körper. In: Körper-Verständnis, -Erfahrung. Hg. von Max Matter. Marburg (Hessische Blätter für Volks- und Kulturforschung NF 31), S. 23–33.

Sozialer Wandel und räumliche Veränderung als Folge von Migration, am Beispiel eines zentralanatolischen Landkreises (Ilce Şereflikoçhisar). In: Kulturen, Räume, Grenzen. Interdisziplinäres Kolloquium zum 60. Geburtstag von Herbert Schwedt. Hg. von Hildegard Frieß-Reimann und Fritz Schellack. Mainz (Studien zur Volkskultur in Rheinland-Pfalz 19), S. 91–108.

In memoriam Peter Assion. In: Hessische Blätter für Volks- und Kulturforschung NF 31, S. 225f.

1998

(Hg.) *1848 – »… weil jetzt die Freiheit blüht«. Lieder aus der Revolution von 1848/49*. Bad Krozingen [CD mit Textheft].

Menschen in ihren Regionen. In: Grenzen – grenzenlos. Bildungspolitische Ziele an regionalen Freilicht- und Industriemuseen. Hg. vom Verein Hohenloher Freilandmuseum e.V. Schwäbisch Hall 1998 (Hohenloher Freilandmuseum – Kleine Schriften 10), S. 9–30.

Schwierigkeiten mit der »Region«. Gedanken zu Begriffsinhalt und -umfang, zu Alltags- und Wissenschaftssprache. In: Die Region der Kultur. Hg. von Ronald Lutz. Münster (Kulturwissenschaftliche Horizonte 3), S. 31–48.

1999

(Hg.) *Goethe und das Volkslied. Röslein auf der Haiden*. Bad Krozingen [CD mit Textheft].

(Hg., gemeinsam mit Stephanie Glagla-Dietz und Marianne Jacoby) *Museum im Dialog*. Marburg (Hessische Blätter für Volks- und Kulturforschung NF 33).

(gemeinsam mit Stefanie Glagla-Dietz und Marianne Jacoby) *Vorwort*. In: Museum im Dialog. Hg. von Stefanie Glagla-Dietz, Marianne Jacoby und Max Matter. Marburg (Hessische Blätter für Volks- und Kulturforschung NF 33), S. 7.

Wanderungen, Nationalstaatenbildung, Grenzverschiebungen – Minderheiten. In: Polen in Deutschland – Deutsche in Polen. Referate der Tagung des Johannes-Künzig-Instituts für ostdeutsche Volkskunde vom 12./13. Juni 1997. Hg. von Felicitas Drobek. Freiburg (Schriftenreihe des Johannes-Künzig-Instituts 1), S. 59–77.

(gemeinsam mit Thomas Naumann) *Die Sicht der betroffenen Wissenschaftsrichtungen auf die Freilichtmuseen*. In: Wie sehen uns die Anderen? Außenwirkungen der baden-württembergischen Freilichtmuseen. Tagungsband zur Fachtagung der Arbeitsgemeinschaft der regionalen ländlichen Freilichtmuseen am 18. und 19. Juni 1998 im Odenwälder Freilandmuseum Walldürn-Gottersdorf. Hg. von der Arbeitsgemeinschaft der regionalen ländlichen Freilichtmuseen in Baden-Württemberg. Biberach, S. 13–24.

»Deutsch-Sein« in Ostmitteleuropa – an Beispielen des Zusammenlebens verschiedener ethnischer Gruppen in der Slowakei. In: Jahrbuch für deutsche und osteuropäische Volkskunde 42, S. 44–57.

(Artikel) *Gesunkenes Kulturgut*. In: Wörterbuch der Völkerkunde. Berlin, S. 151f.

(Artikel) *Sitte und Brauch*. In: Wörterbuch der Völkerkunde. Berlin, S. 342.

(Artikel) *Verkehrte Welt*. In: Wörterbuch der Völkerkunde. Berlin, S. 395.

(Artikel) *Volkskunde*. In: Wörterbuch der Völkerkunde. Berlin, S. 400f.

2000

(gemeinsam mit Nils Grosch) *Sehr geehrte Leserinnen und Leser*. In Lied und populäre Kultur / Song and Popular Culture 45, S. 5.

2001

»… Stolz wollen wir aufrecht schreiten, in Treue für Juda streiten …« Jüdische Jugendbewegung und ihre Lieder. In: »… das Flüstern eines leisen Wehens …« Beiträge zu Kultur und Lebenswelt europäischer Juden. Festschrift für Utz Jeggle. Hg. von Freddy Raphaël. Konstanz, S. 133–148.

2002

Türkisches Leben in Deutschland zwischen Integration und »Parallelgesellschaft«. In: Neue Heimat Deutschland. Aspekte der Zuwanderung, Akkulturation und emotionalen Bindung. Hg. von Hartmut Heller. Erlangen, S. 241–263.

Sterben, Tod und Trauer. In: »De Dod gehört halt zum Lewe« – Der Tod. Zur Geschichte des Umgangs mit Sterben und Trauer. Katalog zur Ausstellung im Museumszentrum Lorsch, 01.11.2001 bis 30.06.2002. Hg. vom Hessischen Landesmuseum Darmstadt. Darmstadt, S. 11–25.

»Ein jeder wird den Tod erleiden … Und zu uns werdet ihr zurückgebracht«. Sterben Tod und Trauer bei Muslimen in Deutschland. In: »De Dod gehört halt zum Lewe« – Der Tod. Zur Geschichte des Umgangs mit Sterben und Trauer. Katalog zur Ausstellung im Museumszentrum Lorsch, 1.11.2001 bis 30.06.2002. Hg. vom Hessischen Landesmuseum Darmstadt. Darmstadt, S. 45–53.

Gratulation. In: Röhrich, Lutz: Gesammelte Schriften zur Volkslied- und Volksballadenforschung. Münster (Volksliedstudien 2), S. VII.

2003

Zur Lage der »Zigeuner« in Baden vom Anfang des 19. Jahrhunderts bis zur Weimarer Republik. In: 60 Jahre: vergangen, verdrängt, vergessen? Hg. von der Stadt Herbolzheim und dem Landesverband der Sinti und Roma Baden-Württemberg. Herbolzheim (Herbolzheimer Blätter 5), S. 117–132.

EU-Osterweiterung und »ethnische Migration«. Zur Situation der Roma-Bevölke-rung der Länder Zentral- und Osteuropas und deren Migrationsbereitschaft. In: AWR-Bulletin. Vierteljahresschrift für Flüchtlingsfragen 41, S. 149–157.

2004

Kinderarbeit in der Landwirtschaft. In: Brauchen und Gestalten – Materialien zur Sachkulturforschung. Andreas C. Bimmer zum 60. Geburtstag. Hg. von Karl Baeumerth und Siegfried Becker. Marburg (Hessische Blätter für Volks- und Kul-turforschung NF 39), S. 69–83.

Migrationsgeschichte(n) im Museum. In: Museen als Foren zur Vermittlung fremder Kulturen. Hg. von der Landesstelle für Museumsbetreuung Baden-Württemberg in Zusammenarbeit mit dem Museumsverband Baden-Württemberg. Stuttgart (museumsmagazin 9), S. 57–64.

2005

(Hg): *Die Situation der Sinti und Roma nach der EU-Osterweiterung*. Göttingen (Beiträge der Akademie für Migration und Integration 6).

Vorwort. In: Die Situation der Sinti und Roma nach der EU-Osterweiterung. Hg. von Max Matter. Göttingen (Beiträge der Akademie für Migration und Integrati-on 6), S. 9f.

Zur Lage der Roma im östlichen Europa. In: Die Situation der Sinti und Roma nach der EU-Osterweiterung. Hg. von Max Matter. Göttingen (Beiträge der Aka-demie für Migration und Integration 6), S. 11–28.

Migration als volkskundliches Forschungsthema. In: Migration und Museum. Neue Ansätze in der Museumspraxis. Hg. von Henrike Hampe. Münster (Euro-päische Ethnologie 5), S. 17–30.

Zwischen Forschung und Dienstleistung. Alte und neue Aufgaben des Deutschen Volksliedarchivs. In: Volkskundliche Großprojekte. Ihre Geschichte und Zukunft. Hochschultagung der Deutschen Gesellschaft für Volkskunde in Rostock. Hg. von Christoph Schmitt. Münster u.a. (Rostocker Beiträge zur Volkskunde und Kulturgeschichte 2), S. 39–50.

(Artikel) *Gesunkenes Kulturgut*. In: Wörterbuch der Völkerkunde. Berlin (2. Aufl.), S. 151f.

(Artikel) *Sitte und Brauch*. In: Wörterbuch der Völkerkunde. Berlin (2. Aufl.), S. 342.

(Artikel) *Verkehrte Welt*. In: Wörterbuch der Völkerkunde. Berlin (2. Aufl.), S. 395.

(Artikel) *Volkskunde*. In: Wörterbuch der Völkerkunde. Berlin (2. Aufl.), S. 400f.

(Rezension) Risi, Marius: *Alltag und Fest in der Schweiz. Eine kleine Volkskunde des kulturellen Wandels.* Zürich 2003. In: Zeitschrift für Volkskunde 101, S. 297–299.

2006

Regio Basiliensis – Dreyeckland – Regio TriRhena. Grenzen – Räume – Zugehörigkeiten. In: Grenzen & Differenzen. Zur Macht sozialer und kultureller Grenzziehungen. 35. Kongress der Deutschen Gesellschaft für Volkskunde, Dresden 2005. Hg. von Thomas Hengartner und Johannes Moser. Leipzig (Schriften zur sächsischen Geschichte und Volkskunde 17) S. 437–450.

Switzerland. In: The Greenwood Encyclopedia of World Folklore and Folklife. Volume 3: Europe. Hg. von William M. Clements. Westport (Conneticut) und London, S. 306–319.

Blicke auf den Teller und über den Rand hinaus. Ansätze und Perspektiven der ethnologischen Nahrungsforschung. In: Projektieren und studieren. Berichte aus Forschung und Projektstudium. Hg. von Siegfried Becker. Marburg (Hessische Blätter für Volks- und Kulturforschung NF 40), S. 9–18.

»… die alten und einfachen Sitten und Freuden unserer Väter wieder … aufleben und fortdauren zu machen …« Folkloristische Umformungen von Elementen alpiner Volkskultur. In: Alpine Kulturen. Hg. von der Internationalen Gesellschaft für historische Alpenforschung. Zürich (Histoire des Alpes – Storia delle Alpi – Geschichte der Alpen 11), S. 215–23.

Roma – missachtete Minderheit Europas. Ein Plädoyer für eine verstärkte Beachtung in Lehre und Forschung in unserem Fach. In: Zeitschrift für Volkskunde 102, S. 17–42.

(Rezension) Siegen, Josef: *Re-konstruierte Vergangenheit. Das Lötschental und das Durnholzertal. Wirtschaftliche und sozio-kulturelle Entwicklung von zwei abgeschlossenen Alpentälern zwischen 1920 und 2000 aus der Sicht der Betroffenen.* Münster (Freiburger Sozialanthropologische Studien 3). In: Schweizerisches Archiv für Volkskunde 102, S. 264f.

2007

Lutz Röhrich. In: Österreichische Zeitschrift für Volkskunde 110, S. 460–463.

(Rezension) Weber-Kellermann, Ingeborg; Bimmer, Andreas C; Becker, Siegfried: *Einführung in die Volkskunde/Europäische Ethnologie. Eine Wissenschaftsgeschichte.* Stuttgart (3., vollständig überarbeitete und aktualisierte Aufl.). In: Lied und populäre Kultur / Song and Popular Culture 52, S. 270f.

2008

(gemeinsam mit Nils Grosch): *Vorwort*. In: Lied und populäre Kultur / Song and Popular Culture 53 (Sonderband: Populäres Lied in Lateinamerika/Special Issue: Popular Song in Latin America), S. 3.

Tourismus und Stereotypen: Ungarnreisen – Ungarnbilder. In: Fest, Brauch, Identität – Ünnep, szokás, identitás. Ungarisch-deutsche Kontaktfelder. Beiträge zur Tagung des Johannes-Künzig-Instituts 8.–10. Juni 2005. Hg. von Csilla Schell und Michael Prosser. Freiburg (Schriftenreihe des Johannes-Künzig-Instituts 9), S. 133–150.

(Rezension) Schüler, Sonja: *Integration durch Demokratisierung? Die Minderheitensituation der Roma in Bulgarien seit 1989*. Frankfurt am Main u.a. 2005. In: Zeitschrift für Balkanologie 44, S. 274–277.

2009

Liebe und Sexualität. In: Liebe, Lust & Frust. Katalog zur gleichnamigen Sonderausstellung. Hg. vom Hessischen Landesmuseum Darmstadt (Volkskundliche Sammlung im Museumszentrum Lorsch). Darmstadt, S. 13–52.

»Wir feiern deutsch«. Wie sich eine ethnische Minderheit die nationale Ausrichtung ihrer Bräuche vorstellt. In: Feste, Feiern und Rituale im östlichen Europa. Studien zur sozialistischen und postsozialistischen Festkultur. Hg. von Klaus Roth. Münster u.a. (Freiburger Sozialanthropologische Studien 21), S. 263–272.

Internationale Migration und Landwirtschaft. In: In Bewegung – Wie Alltag sich verändert. Hg. von Peter Janisch und Christina Heinz. Petersberg (Arbeit und Leben, 12), S. 134–143.

(Rezension) Ries, Johannes: *Welten Wanderer. Über die kulturelle Souveränität siebenbürgerischer Zigeuner und den Einfluss des Pfingstchristentums*. Würzburg 2007 (Religion in der Gesellschaft 21). In: Zeitschrift für Volkskunde 105, S. 327–331.